금융서비스의 원리와 실무를 다룬 국제적 가이드

FINANCIAL SERVICES MARKETING

금융마케팅

ENNEW · WAITE
역자 문병준 · 손용석

비즈프레스

ISBN : 9780750669979
Translated Edition ISBN : 978-89-92730-14-3(93320)
Publication Date in Korea : 2009. 9. 15

Translated by Bizpress
Printed in Korea

역자 서문

금융산업을 둘러싼 국내외 환경이 급변하고 있고 그 소용돌이도 그 어느 때보다도 큰 상황이다. 국내적으로는 자본시장통합법이 2월4일부터 발효됨에 따라 증권회사, 투자운용회사, 투자자문회사 등 자본시장 참여자들 간의 업무영역 구분이 철폐됨으로서 금융 빅뱅(big bang)은 아니더라도 미디뱅(medi bang) 정도의 변화의 파급효과가 예상된다. 또한 헤지펀드 등 신상품 개발에 대한 규제가 완화되었으며 투자자보호가 한층 강화되었다. 대외적으로는 서브프라임 모기지 대출의 부실화로 촉발되어 세계 경제에 엄청난 충격을 가한 미국의 금융위기는 첨단 금융기법으로 단기적 수익성을 높이는 것만이 결코 옳은 금융마케팅전략이 아니라는 교훈을 남겼다. 글로벌 투자은행들의 몰락은 눈앞의 이익에 현혹돼 금융회사 내부의 건전성 관리를 소홀히 하면 개별 회사는 물론 시장의 존립마저 위태롭게 할 수 있음을 여실히 보여주었다.

정부는 자본시장 통합 외에도 산업은행 민영화와 금융허브 구상, 금융자본과 산업자본의 분리 규제 완화, 출자총액제한제도 완화 등 금융선진화 계획을 추진하고 있다. 한편 일부에서는 미국 발 금융위기 사태를 계기로 미국식 금융모델을 재검토하고 규제를 강화하자는 주장을 펴고 있다. 생각컨대 금융업은 높은 부가가치를 창출하고 양질의 일자리를 만들어낼 성장동력 산업이다. 금융회사의 건전성 감독을 강화하는 것과 금융산업의 규제를 푸는 것은 반드시 서로 충돌하기만 하는 개념이 아닐 것이다. 규제완화의 순기능을 극대화하되 시장을 교란할 위험이 있는 행위는 철저한 감독과 제재로 통제해야할 것이다.

본서는 이러한 금융산업을 둘러싼 국내외 환경변화에 존재하는 기회를 최대한 활용하고 위협의 영향을 최소화여 조직의 목표를 달성하기 위하여 자사가 보유한 강점과 역량을 여하히 활용할 것인가 하는 금융업의 마케팅 전략을 다루고 있다. 단순히 기존의 마케팅이론을 금융서비스산업에 적용시킨 데 그친 것이 아니라 금융서비스산업만이 가지는 특성에 대한 분석을 기반으로 한 금융업에 고유한 마케팅접근을 다루고 있어 금융기관의 각급 경영자와 금융실무가 및 금융마케팅을 전문분야로 공부하는 대학생과 대학원생들에게 적합한 책으로 생각된다.

역자들은 금융서비스산업의 마케팅에 관심을 가지고 이 분야의 전문적 서적 출판을 계획하던 중 최근 Christine Ennew and Nigel Waite가 혁신적 내용을 담은 Financial Services Marketing이란 책을 발간한 것을 발견하고 우선 이 책의 번역서를 출간하기로 결정하였다. 본서의 한국어 번역판 발간을 흔쾌히 허락한 Elsevier 한국지사에 감사드린다. 또한 판권 확보와 역서 출간을 위해 노력해주신 비즈 프레스의 추일재사장님과 원고의 교정과 감수를 맡아주신 국민은행 문종선 지점장님께 심심한 감사의 말씀을 전한다.

2009년 9월

문병준 bmoon@khu.ac.kr

손용석 ysohn@khu.ac.kr

목 차

I 부 환경과 전략

Chapter 01 금융서비스의 역할, 공헌 및 환경

Chapter 02 금융서비스시장: 구조, 상품 및 참여자

Chapter 03 금융서비스마케팅 서론

Chapter 04 마케팅환경 분석

Chapter 08 시장세분화, 표적시장선정, 포지셔닝

Ⅱ 부 고객 획득

Chapter 09 고객획득전략 및 마케팅믹스

Chapter 10 상품정책

Chapter 11 촉진

Chapter 12 가격책정

Chapter 13 유통채널: 시장으로의 경로

III 부 고객 개발

Chapter 14 고객관계관리 전략

Chapter 15 서비스전달 및 서비스품질

Chapter 16 고객만족, 고객가치 및 공정한 고객대우

Chapter 17 고객관계관리 실무

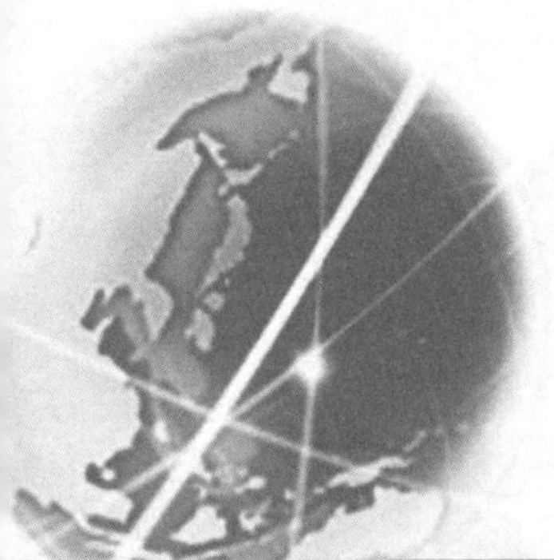

1부 환경과 전략

CHAPTER 01

금융서비스의 역할, 공헌 및 환경

1.1 서론
1.2 경제개발
1.3 정부 복지 환경
1.4 생애 소득 조정(lifetime income smoothing)
1.5 위험관리
1.6 금융배제(financial exclusion)
1.7 상호 공급 및 소유 공급
1.8 금융서비스 규제
1.9 요약 및 결론

chapter 1 금융서비스의 역할, 공헌 및 환경

학습목적

이 장을 다 공부한 후 귀하는
- 금융서비스부문의 경제적, 사회적 중요성을 이해하고
- 금융서비스가 매일의 생활의 핵심적 측면에 미치는 다양한 영향을 이해하게 될 것이다.

1.1 서론

상품과 시장환경은 마케팅의 본질과 실무에 중요한 영향을 미친다. 급속히 변화하는 소비재에 유효한 마케팅활동은 미술품 마케팅에는 전혀 효과적이지 않을 수 있다. 캐나다에서 효과적인 것이 중국에서는 비효과적일 수 있다. 따라서 마케팅 실무를 이해하기 위해서는 환경에 대한 이해가 필수적이다. 특히 금융서비스부문에서는 더욱 그러하다. 사회적, 정치적, 경제적, 조직적 요인들이 금융서비스조직과 그 고객들이 상호작용하는 데 복잡한 환경을 창출하고 이들은 또한 국가 간에도 상당한 차이가 난다. 종종 마케팅 실무에 관한 논의들이 이러한 환경적 영향을 설명하고 이해하는 것의 중요성을 인식하는 데 실패한다. 이 장의 목적은 금융서비스가 마케팅되는 환경을 살펴보고 이 부문의 경제적 중요성을 설명하는 데 있다. 금융서비스부문의 본질에 관한 보다 상세한 논의는 2장에서 이뤄진다.

아래에서는 금융서비스부문이 핵심 역할을 하고 그 활동이 경제, 사회적 복지에 중대한 영향을 미치는 경제, 사회적 활동의 측면들을 살펴본다. 우선 금융서비스부문이 경제발전에 미치는 잠재적 영향을 논의한다. 그 다음 절에서 복지제공, 소득재분배 및 리스크관리에 미치는 금융서비스부문의 역할을 논의한다. 그리고 금융서비스산업의 독특한 형태 - 상호회사(Mutual Company) 및 공동 주식회사(Joint Stock Company)의 공존 - 를 살펴보기 전에 금융배제(financial exclusion)의 중대성과 그것이 저소득계층의 복지에 미치는 잠재적 영향을 살펴본다. 마지막으로 금융서비스 규제에 관한 이슈들을 살펴본다.

1.2 경제개발

경제학자 및 정치학자들 간에 경제개발의 본질과 가치에 관하여 다양한 견해들이 존재하지만 전반적으로 잘 통제되고 관리된 경제개발이 인류의 복지를 향상시키는 바람직한 수단이라는 견해는 보편적으로 받아들여진다. 더욱이 시장경제의 긍정적 측면(특히 혁신과 자원의 효율)과 집단주의적 직관 및 국가법률에 대한 공동체의 집중이 잘 결합된 경제개발은 공익(common good)에 기여할 가능성이 가장 높다.

전 세계적으로 경제개발은 각 정부에 의하여 추구되고 있으나 그 성공의 정도는 다양하다. 투자자본에의 접근이 경제개발을 촉진하는데 그런 점에서 강력한 은행부문이 핵심적인 역할을 한다. 동유럽의 구공산권 국가들의 금융서비스의 자유화가 외국인투자를 가능하게 하였고 이것이 동유럽 국가들 중 여러 국가들이 유럽연합(EU)에 가입하는 것을 가능하게 만들었다. 이와 유사하게 아시아의 급성장하고 있는 나라들은 경제성장과 개발을 촉진하기 위하여 금융부문의 자유화에 초점을 두고 있다.

경쟁력있는 은행시스템을 통한 투자자본의 공급뿐만 아니라 주식시장의 개발은 자본 조달의 추가적인 수단을 제공해 왔다. 이는 다시 금융기관과 개인이 투자할 수 있는 자산의 종류의 폭을 넓혔다.

금융서비스부문은 거시경제적 차원에서 경제개발을 촉진하는 중요한 역할을 하는 데 더하여, 다음 절에서 논의하는 바와 같이 복지의 공급에 영향을 미침으로써 사회적 복지의 제공에 있어서 중요한 역할을 한다.

1.3 정부 복지 환경

세계의 다수의 인류들에게 있어서 복지는 금융 복지의 영향을 크게 받는다. 거시적 차원에서 국가, 조직 및 개인은 자기결정권을 수호하기 위하여 필요한 금융자원에의 접근을 필요로 한다. 국제통화기금이 설립된 Bretton Woods체제 이후 국제적 금융기관으로부터 지원을 받고자 하는 국가들은 경제적 자율의 일부를 그 기관에 할애하지 않으면 안된다. 이와 유사하게, 지불가능성과 자본의 적정성을 수호하는 데 실패한 기업들은 그들이 도움을 받고자 하는 금융기관이 부여하는 제약을 받아들이지 않을 수 없다.

그러나 금융자산과 자율간의 관계를 가장 예리하게 분석할 수 있는 차원은 개인 시민의 차원이다. 개인이 다양한 생애주기를 거치면서 소득/금융자산과 지출의 균형은 변화한다. 아동기에는 매일의 생활비에 더하여 교육 및 건강관련지출을 조달할 돈이 필요하다. 생애주기의 또 다른 한 끝인 노년기에는 매일의 생활비에 더하여 의료지출을 감당할 돈이 필요하다. 생애주기상의 이 양 극단의 시기는 최소한 선진국의 경우, 급여를 받는 직업에 종사하지 않는 시기이다.

역사적으로 가족은 소득과 지출의 불연속문제를 해결하는 메커니즘으로 작동해 왔다. 선진국의 경우 가족이 감당하는 이 역할이 덜 중요하다. 이태리, 네덜란드, 미국 등의 나라에서는 2차 대전 이후 가족의 규모, 구조, 역할 정의가 급속히 변화하였다. 이태리는 오늘날 여성당 1.3명의 아이를 출산하여 가장 낮은 출산율을 보이고 있다. 많은 선진국의 경우 자존하는 복지시스템으로서의 가족의 역할이 희석되는 현상이 국가에 의해 조직되고, 제공되며, 자금이 공급되는 복지시스템의 증가와 동반하여 발생하고 있다. 이러한 현상에 어느 정도의 인과관계나 상관관계가 존재하는지는 논쟁의 여지가 있다. 이론의 여지가 없는 것은 복지에 관하여 영국 및 미국에서 20세기동안 현저하게 진전된 국가의 역할이다. 실업 및 퇴직 등의 기간 중의 소득, 의료비 및 교육비의 필요가 개인 및 자발적 영역에서 공공영역으로 점차 전환하였다.

이처럼 전 세계적으로 정부가, 정도의 차이는 존재하지만, 시민의 복지적 필요를 뒷받침하는 중요한 역할을 맡아왔다. 동유럽국가의 경우 공산정권 기간 중 국가가 복지서비스의 제공에 있어서 모든 역할을 하였다. 시장경제로 전환하면서 국가의 역할이 감소되기는 하였으나, 개인복지 측면에서 국가의 역할이 제거되지는 않았다. 그러나 다수의 개도국의 경우 한정된 자원으로 인하여 복지제공에 있어서의 국가의 역할이 제한적이다. 이들 국가에서는 가족 - 특히 대가족 단위 - 이 구성원에 대한 주요 복지제공자의 역할을 계속 수행한다. 국가와 시민 각각의 기여가 정태적이지 않고 동태적인 점은 흥미롭다. 가령, 공공분야가 중요한 역할을 계속 수행하지만, 최근 다수의 선진국 경제에서 국가의 복지제공이 현저히 감소하고 민간부문에 그 책임이 다시 되돌려지는 현상은 주목할 만하다. 이는 금융부문 특히 소득보호나 의료지출 등의 혜택을 제공하는 금융상품에 중요한 시사점을 가진다.

다양한 요인들이 복지제공에 있어서 공공부문과 민간부문의 관계에 영향을 미쳐왔는데 특히 소비자주의(consumerism)를 들 수 있다. 이는 전 세계적으로 소비자문화의 성장과 관련이 있고 이는 실질 이익의 증가, 경쟁의 증대, 제품 혁신, 마케팅 실무의 정교화, 문화 및 가치시스템의 변화에 의해 영향을 받았다.

소비자문화의 성장의 실질적 결과는 시민들이 시장에서 소비자로서의 경험으로부터 선택, 품질, 편의를 수혜하는 데 점차 더욱 익숙해져 왔다는 점이다. 그 결과, 소비자 기대가 주로 민간부문 소비자제품 및 서비스의 공급자에 의해 촉발되었다. 이는 국가에게 두 가지의 문제점을 던져 주었다. 첫째, 시민들은 민간부문으로부터 수혜한 수준과 동일한 수준의 소비경험을 국가기관이 공급하는 서비스로부터 기대하기 시작하였다. 관료들이 그러한 기대를 충족하기에는 보다 높은 원가와 어려움이 뒤따른다는 점이 드러났다. 교육과 의료 등 복지서비스의 이중적 전달과 같은 상존하는 문제가 있다. 국가 및 민간부문에서 제공되는 복지 간의 격차에서 야기되는 커다란 불균형의 문제가 존재한다는 점이다. 가령, 프랑스와 독일에서 공공시스템에 의해 제공되는 의료서비스는 전 세계의 많은 나라로부터 부러움을 산다. 그럼에도 불구하고, 민간부문에 의해 제공되는 의료 및 교육은 보다 폭넓은 설비의 선택을 제공한다. 둘째, 국가는 소비문화에 의하여 점점 높은 수준으로 정의되는 삶의 질을 유지하기 위하여 분투해야한다. 이는 은퇴자들과 같은 청구자들의 적절한 라이프스타일을 충족하기 위하여 정부가 사회복지예산을 사용할 능력에 보다 높은 부담을 지운다. 이러한 문제점을 인식한 1980년대 영국의 대처 정부는 기초퇴직연금 증가와 평균소득지수 증가간의 연계를 단절시켰다. 그 대신 소비자물가지수의 하한선에 맞추어 연금증가를 검토하였다. 이는 다시 개인들로 하여금 연금의 효과성을 재숙고하게 만들었고, 이것이 민간연금산업의 성장을 자극하였다.

요컨대, 복지의 제공은 사회의 경제적 웰빙의 토대가 된다. 복지의 제공은 공공 및 민간부문의 보완적 혼합에 더욱 더 의존하고 있다. 민간부문의 복지제공은 더욱 더 금융서비스부문에 의존하고 있으며, 이 부문의 효율과 성과가 개별 국가의 경제적, 사회적 건강에 중요한 시사점을 가진다. 이것이 우리가 다양한 관점에서 언급할 주제이다. 우선 복지제공의 핵심적 요소는 소득조정(income smoothing)개념이라는 것을 밝히고, 그 과정에 있어서 금융서비스의 역할의 중요성을 다음 절에서 보다 상세히 논의한다.

1.4 생애 소득 조정(lifetime income smoothing)

국가 및 금융서비스산업이 개인의 생애기간동안 소득흐름의 조정을 뒷받침하기 위하여 상호보완적 역할을 한다. 대표적으로, 개인들은 아동기동안 장래 가질 직업의 기반이 되는 지식과 기능을 습득한다. 이는 소득은 없고 비용만 발생하는 기간이다. 아동기와 청소년기 기간 중 가족이 주 자금공급원이지만, 국가가 이 생애기간중의 비용을 조달하는데 중요한 역할을 한다. 성인(부모로서의)으로부터 그 자녀로의 세대 간 자금이동은 소득조정과정의 일부를 구성한다.

점점 생애주기상의 후위단계로 가면서 개인들은(최소한 선진국의) 노동력에의 참여를 중단한다. 아동기와 같이 고용처로부터의 소득이 없이 비용만 발생하는 기간이다. 이러한 은퇴의 개념은 미국으로부터 호주로까지의 국가들에서 점점 커다란 도전을 받고 있는 것이 일반화 되어 있다. 은퇴의 전형적 모델은 두 가지 중 한 가지 방법으로 돈이 연금수령자로 이전되는 것이다. 첫째, 조세시스템(이는 각종 조세와 영국의 국가보험과 같이 국가가 부과하는 모든 부담을 포함)에 의한 세대 간 이전으로, 오늘날의 노동자가 은퇴자의 연금에 기여하는 조세를 납부한다. 둘째, 점점 증가하는 모델로서, 은퇴자의 소득이 그들이 일하는 동안 연금의 형태로 저축한 재원으로 충당된다. 중요한 점은 고용자가 후원하는 직업연금제도가 20세기 후반동안 개인연금수혜에 점점 큰 기여를 해왔다. 요컨대, 기금연금제도가 개인의 고용기간 중으로부터 은퇴 후 기간으로의 소득의 이전에 관여한다. 이는 국가 및 민간조직의 자금관리가 결합된 소득조정의 형태이다.

세상의 생활 중 많은 부분이 도전받고 있고, 개인의 노년기는 과거 현역기간중의 수고의 연장이 되는 실정이다. 되풀이하거니와 많은 개도국에서는 가족이 노인을 돌보는 것이 유일한 수단이다.

은퇴자에게 적절한 수준의 소득을 제공할 필요성이 거의 모든 국가에서 점점 중요한 의제로 대두되고 있다. 다양한 요인들이 이러한 현상에 영향을 주었는데 그 중 가장 중요한 것은 인구통계학적 요인이다. 요컨대, 전 세계적으로 65세 이상 인구의 비율이 증가하고 있다. 이러한 노령화의 주요 요인은 평균수명의 연장과 저출산율이다. 가령 영국에서는 출산율이 표1.1에서 보는 바와 같이 1960년대 중반이후 계속 낮아졌다.

표 1.1 영국의 출산율, 1960-2005

출산율	(%)
1960-1965	2.8
1995-2000	1.7
2000-2005	1.6

자료: Willetts (2003), p.50

출산율의 감소는 대다수의 국가들이 경제적으로 발전하면서 나타나는 보편적인 현상이다. 이는 사회적, 경제적, 문화적 요인들 및 라이프스타일 선택의 변화 등의 결과이다. 반면, 많은 개도국들은 보다 높은 출산율과 상대적 소령화를 보이다가, 경제발전이 진전되면서 가족당 자녀수가 줄어드는 경향을 보인다. 중국은 예외인데 경제개발과정의 이른 단계임에도 불구하고 저출산율을 나타내는데 이는 주로 정부의 인구통제를 위한 의도적 정책에 기인한 것이다.

선진국에서 나타나고 있는 노령화의 주요 결과는 의존율(dependency ratio)이 전 세계적으로 증가하고 있는 것이다. 이는 노동인구 대비 피부양자(일을 그만두고 은퇴한 자) 수의 비율이다. 은퇴자가 많고 현업에서 일하는 사람의 수가 줄어들수록 현업종사자로부터 은퇴자를 부양하는데 필요한 자금흐름의 압박이 높아진다. 향후 노령층의 인구비율이 계속 증가할 것으로 추산됨으로 이 이슈의 중요성은 더 커질 것이다.

선진국에서의 소득조정에 있어서 또 다른 도전요소는 사람들의 노동연수가 최근 짧아지고 있다는 점이다. 영국의 국가감사원(National Audit Office)이 2004년 9월 발표한 자료는 65세 이전, 특히 남성 노동인구의 활동성이 뚜렷이 떨어짐을 보여준다. 1974년에는 60~64세 연령그룹의 남성의 70%이상이 취업 중이었는데, 현재는 이 지표가 40%로 떨어졌다. 즉 의존율이 높아질 뿐만 아니라 개인의 생애기간 중 취업하는 기간의 비율도 떨어지고 있다. Altman(www.rosaltmann.com)은 취업하는 기간의 비율이 생애의 67%이던 것이 55%로 줄어들었음을 보여준다. Altman의 분석은 개인이 65세에 은퇴하는 것으로 가정하기 때문에 아마 틀림없이 지나치게 보수적이다. NAO자료에 따르면 평균남성생산성지수가 47%로 떨어졌다.

예상되는 가능한 해결책은 소위 은퇴저축 갭을 해소하는 것이다. 그러나 이는 몇몇의 기본적인 옵션으로 압축되는데, 즉 사람들이 추가적으로 몇 년 더 일해야 하거나, 돈을 더 저축하거나, 이들 둘 모두를 해야 하는 옵션이다. 여하튼간에, 이 소득조정의 특별한 양상을 해결하기 위하여 정부와 민간부문이 협력해야만 한다.

아동기와 은퇴기 중의 소득조정에 대하여 논의했는데 사람들이 취업중인 기간은 어떠한가? 이는 금융서비스산업에 도전과 기회의 기간이다. 사회적, 문화적 변동에도 불구하고 소비자의 욕구는 취업기간의 초기, 중기, 말기에 걸쳐 뚜렷이 변화한다.

부채는 개인의 취업기간의 초기일수록 그 중요성이 더욱 큰데 이는 보다 더 격심해질 것 같다. 여러 국가에서 신용카드문화의 증대가 젊은층의 부채를 증가시키고 있다. 이 문제는 학생부채 건수의 증가로 더 악화되고 있다. 영국에서는 대졸자가 평균적으로 12,000파운드의 부채를 가지고 취업기를 시작한다. 〈그림 1.1〉은 개인의 취업기간 중의 전형적인 금융자산의 모습을 나타낸다.

〈그림 1.1〉은 전형적인 자산 프로필을 보여줄 뿐만 아니라, 상당한 정도의 순자산이 개인의 취업기 중 어느 정도 나중에 축적이 가능한지를 보여준다. 개인의 취업생애를 통하여 소득 및 지출흐름의 조정에 필요한 다양한 상품을 제공하는 데 있어서 금융서비스산업의 역할이 점점 증가하고 있다.

자산의 변동성, 생애 소득 및 지출 등과 관련한 중요한 이슈들과 함께 소비자들은 다양한 단기 위험에 직면한다. 이러한 위험들의 부정적인 결과로부터 보호하는 능력이 사회적, 경제적 웰빙에 큰 시사점을 가진다. 1.5절은 위험관리에 있어서 금융서비스의 역할을 논의한다.

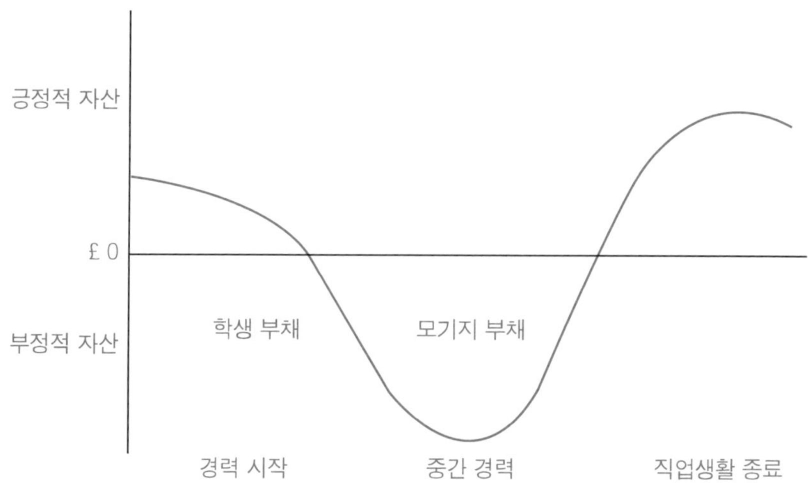

<그림 1.1> 균형 촉진자로서의 마케팅

1.5 위험관리

금융서비스기관이 경제개발의 대의를 위하여 공헌하는 중요한 측면은 위험관리의 수단을 제공하는 것이다. 간단히 말해서 이는 보험이 수행하는 역할이다. 손해보험(가령 재산에 대한 보험), 건강보험 및 생명보험은 개인이나 조직이 경제발전에 수반되는 위험을 떠안는다. 가령, 은행은 안전장치 없이 추가적으로 제조업에 투자하기 원하는 한 사업가에게 돈을 대출하기를 꺼릴 것이다. 일반적인 안전장치는 차입자가 사망할 경우에도 은행차입이 상환될 수 있도록 보장하는 생명보험이다.

다수의 개도국에서 소위 마이크로 보험(micro-insurance)이 발전되고 있는 것을 볼 수 있다. 이는 상대적으로 저비용의, 그러나 파급효과가 큰 자산에 적용되는 위험으로부터의 안전장치를 제공하는 기초적 수준의 손해보험이다. 가령, 마이크로 보험은 사례연구1에서 보는 바와 같이 인도의 하녀가 봉제기 같은 생산용 자산을 보험들 수 있게 한다. 서양인들에게는 이는 큰 문제가 아닐 지도 모르지만, 전 가족의 생계가 이 기본적인 장비에 달려있다. 캄보디아 같은 농업빈국에서의 보편적인 빈곤의 원인은 예상치 못한 의료비용을 충당하기 위하여 어쩔 수 없이 토지를 매각하는 것이다. 저비용의 건강보험은 인간의 건강 증진에 크게 기여할 수 있다.

사례연구 1.1 인도의 빈곤여성 생활을 개선하는 보험

인도의 여성 자영업자 협회(SEWA)는 7개주의 700,000명의 회원--비공식경제에서 활동하는 가난한 여성들--을 가진 노동조합이다. SEWA는 인도 서부 Gujarat에서 1972년에 도시와 농촌의 비공식 여성취업자들이 완전고용--SEWA는 이를 취업, 소득, 음식, 사회보장으로 정의--을 향하여 연대를 도모할 목적으로 출범하였다. SEWA의 둘째 목표는 회원들이 개인적으로나 집단적으로, 경제적 의사결정에 있어서 자립할 수 있도록 하는 것이다. 이는 남아프리카, 예멘, 터키 등 다른 나라에서도 유사한 운동을 촉진해 왔다.

SEWA의 비공식 경제에서의 여성들과의 수년간의 풀뿌리 운동의 경험은 건강, 육아, 교육, 주택 등의 사회적 필요가 여성노동자의 경제적 역량과 연결되어 있다는 점을 보여주었다. 그들은 경제적 안전--충분한 현금을 계속 벌 수 있도록 고용의 흐름이 계속 보장되고 필요를 충족할 수 있는 상태--을 필요로 한다. 또한 그들은 그들 자신과 가족이 직면한 만성적 위험으로부터 보호할 사회적 안전을 필요로 한다. 사회적 안전은 건강, 육아, 안식처, 보험이라는 4가지의 주요 요소를 가진다. SEWA의 보험프로그램은 Vimo SEWA(Vimo는 보험을 상징하는 현지어)라고 부른다.

1992년에 SEWA는 보험제도를 시작하였는데 이는 자연사망 및 사고사망, 입원비용을 위한 보험 및 자산보험을 회원들에게 제공한다. 주 피보험인은 항상 SEWA 회원이다. 남편은 그의 아내가 SEWA의 등록회원이 아니면 이 프로그램에 가입할 수 없다. 아동들도 추가 보험료를 납부하면 가입할 수 있다. 여성이 연회원으로 가입하려면 18-58세의 나이여야 한다. 생명보험 보장 기간은 70세에 종료된다.

Vimo SEWA는 보험가입자들에게 두가지 유형의 납부제도를 가진다. 회원들은 보험료를 매년 납부하거나 혹은 SEWA은행에 고정액을 적금할 수 있다. 고정액을 적금하는 옵션의 경우, 회원은 SEWA은행에 고정액을 한꺼번에 저축하고 여기서 발생하는 이자가 연보험료로 납부된다. 이와 같이, 한 여성이 계속적인 보험혜택을 받고 보다 필요한 장기적인 사회적 보호를 받게 된다.

SEWA가 소득보장이나 직업안전이 보장되지 않은 가난한 비공식 경제의 자영업에 종사하는 여성과 일하면서, 이들은 그날그날 생활을 영위한다. 개인들에게 위험공유의 개념을 설명하고 그 혜택을 설득하기 어렵다. 더욱이 그들이 수적으로 증가하고 점차 지역적으로 넓게 퍼져나가면서 정기적으로 접촉하기가 어려워졌다.

Vimo SEWA는 지역마을 단위로 보험프로그램을 마케팅하고 교육할 기간요원들을 육성하였다. 사실, 이들이 SEWA 보험의 진정한 일꾼이요 보험가입회원들의 손발이다. 그들은 가난하고 취약한 여성의 삶에 있어서 보험의 중요성과 그것이 어떻게 작동하는지 설명하기 위하여 마을 혹은 지역모임을 조직하였다. 또한, 필요시

회원들로부터 보상요청에 필요한 서류를 회수하는 일도 도운다. 현재 Vimo SEWA는 '선봉의 리더'라고 불리는 약 100명의 리더를 가지고 있다.

보험에서의 15년간의 경험을 쌓은 후에, SEWA는 여성이 소유하고 경영하는 자체의 생명보험조합을 결성하기를 희망한다. 이를 달성하기 위하여 SEWA는 사업규모를 확대하고 비용을 관리함으로써 그 실행가능성을 향하여 전진하고 있으며, 캐나다 보험계리사의 추정에 의하면 2010년에 자체의 생명보험조합 결성이 가능해질 것으로 예측했다

자료: Shilpa Pandya, Self-Employed Women's Association.

마지막으로, 정부는 공공재정을 관리하는데 금융서비스 수단들을 광범위하게 활용한다는 점을 지적할 가치가 있다. 사실 모든 국가들이 정부채권을 자금조달 수단으로 사용한다. 영국의 National Savings & Investments는 정부의 재정전략에 역할을 담당하는 다양한 소매금융 서비스상품을 촉진하는 정부소유의 조직이다.

1.6 금융배제(financial exclusion)

UN의 핵심 주의는 세계의 시민들이 빈곤으로부터 해방되는 일이다. 사실, 빈곤으로부터의 해방은 수세기동안 세계 각국의 근본적인 관심사였다. 영국에서는 19세기에 빈곤이 가속화되어 모든 정당들의 의제가 되었다. 이 기간은 빈곤이 막스와 엥겔스에 의해 매우 사실적으로 언급되고, 디킨스의 작품에서 묘사되었듯이 가난의 문제를 해결하기 위하여 자선단체나 구호의 노력이 급속히 발전한 시기이기도 하다. 유럽은 19세기에 산업화와 연관된 빈곤의 최악의 상황에서 빠져나오기는 하였지만 문제점은 전 세계적으로 지속되었고, 국내 및 국제적 정책담당자들에게 심각한 도전을 제기하였다.

2장에서 논의되겠지만 빈곤의 해소는 소득 흐름의 창출에만 달려있는 것이 아니라 자산의 창출에도 달려있다. 19세기 중 영국에서 금융서비스부문의 발

달을 추진한 것은 이 서비스의 공급과 관련된 긍정적인 영향의 실례를 보여준다. 19세기의 영국은 주택금융조합(building society)과 상조조합(friendly society)이 발전한 시기이다. 전자는 일반인이 자가 주택을 건축하고 소유하는 것을 돕는 목적으로 설립되었고, 후자는 근로자들이 품위있는 장례를 치를 수 있도록 하기 위함이었다. 1902년 요크에서 Joseph Rowntree는 도시빈민의 삶의 질을 제고할 수 있도록 돕기 위하여 선구적인 노력을 시작하였다. Joseph Rowntree 재단이 1904년에 설립된 후 1세기가 지난 2004년에도 빈곤문제가 여전히 동 재단의 주 관심사이다.

미국이나 영국 등의 나라에서 보여진 경제발전에도 불구하고 빈부의 격차의 측면에서 사회의 양극화는 지속되고 있다. 이 이슈는 정부로 하여금 풍요의 증대가 빈곤을 퇴치하지 못하였다는 사실을 인식시키고 있다. 1997년 Tony Blair 새정부의 노동부는 영국에서 20년 내에 아동빈곤을 퇴치하겠다는 계획을 시작하였다. Darton et al.(2003)은 사회의 최빈곤층이 1980년대 및 1990년대의 경제성장에 가려 잊혀지고 있음을 분명히 지적하였다. 그들의 분석은 영국에서 상대적 빈곤층이 1981년 이후 2001년까지 20년 동안 1천3백~1천4백만명으로 약 2배로 증가하였음을 보고하고 있다.

영국이 OECD국가들 중 상위권이기는 하지만 상당한 정도의 상대적 빈곤을 나타내는 유일한 나라가 아니다. OECD통계에서 회원국가들의 빈곤층은 스웨덴의 10%수준, 미국의 24%수준(Foster, 2000)으로 나타나고 있다. 국가 내에서 혹은 국가 간에 상당한 차이는 있지만 지리적 요인이 빈곤의 중요한 요소이다. 가령, 포르투갈의 Acortes의 1인당 GDP는 브뤼셀의 그것보다 25% 낮다.

금융서비스와 관련해서 금융배제(financial exclusion)의 발생에 대하여 우려가 존재한다. 금융배제란 개인이 주류 금융상품 및 서비스에 대한 적절한 형태의 접근과 사용으로부터 차단되는 것(Panigyrakis et al., 2006)을 말한다. 이 현상에 대하여 적절한 관심을 기울이지 않고는 어떤 금융마케팅 책도 완전할 수 없다. 앞에서도 언급하였듯이 금융서비스는 경제개발과 웰빙을 진전시키는 데 핵심적인 역할을 한다.

금융서비스가 점점 세계에서 상대적 부유층의 특권이 되어가고 있는 것은 위험한 일이다. 이는 부분적으로, 고객에 대한 서비스 비용의 증대에 기인한다. 가령 영국을 예로 보자. 20세기동안 영국의 근로자층은 다양한 저축상품에 접근할 수 있었고, Prudential, Co-operative Insurance Society, Liverpool Victoria Friendly Society와 같은 주류 금융기관의 홈서비스 유통경로를 통하여 투자 및 보험상품에 접근할 수 있었다. 홈서비스는 직원이 납부금을 수금하고 정보나 조언을 제공하기 위하여 고객의 집에 방문하는 서비스이다. Knights at al.(2004)이 지적하였듯이 홈서비스는 계속 번창하였다.

> 금융서비스 당국의 규제와 1990년대의 과도한 경쟁이 홈서비스의 고비용, 노동집약적인 업무의 활력을 위협하기 전까지 2003년 후반에 모든 홈서비스 보험회사는 새로운 산업별 지점업무를 포기하였다.

영국의 빈곤층과 농민사회를 대상으로 하는 홈서비스 보험의 철회로 인하여 은행은 지점수의 축소에 직면하였다. 투박하게 표현하자면, 주주가치 제고압력이 주류은행으로 하여금 많은 수의 사람들에게 서비스하는 것을 비경제적인 것으로 인식하게 만들었다. 특히, 최근의 연구는 영국의 은행지점수가 1989~2003년 사이에 12,775개에서 8,681개로 32% 감소하였다고 보고하였다. 가장 많이 폐쇄된 지역은 '다문화 대도시' 지역이다. 이들 지역은 실업률이 높고, 흑인과 인도, 파키스탄, 방글라데시 출신 인구가 많은 지역이다(Leyshon et al., 2006).

따라서, 다수의 보험 및 은행실무에서 수천 명의 시민들을 핵심적 금융서비스로부터 배제하고 있다. 공정거래처는 다음과 같이 언급하였다(OFT, 1999).

> 그런 사람들은 유복하고 저위험의 소비자를 표적으로 한 고도로 규제된 상품과 복잡한 상품 간에서 선택해야 하는 확대된 시장 뒤로 방치되어 있다.

이는 금융배제 소비자들을 그런 소비자의 취약성을 약탈의 기회로 삼으려는 비주류 금융기관의 먹이로 만드는 결과를 가져온다. 이는 특히 Knights et al.(2003)이 이자율(APR)이 116.5~276.4%에 달한다고 보고한 신용카드대출의 경우가 그러하다. 신용조합들이 그런 소비자들에게 실용적인 대안을 제공한다. 불행하게도 그것들은 필요한 인프라를 제공하는데 요구되는 자원도 충분한 촉진 수단도 가지고 있지 못하다. 이상적으로 금융서비스는 모든 사람의 금융적 웰빙을 개선할 수 있는 포괄적인 수단을 제공하는 것으로 이해되어야 한다. 그것은 기업들이 비합리적으로 핵심 주주들에게 불리하도록 자선을 베풀어야 한다고 하는 것은 아니다. 기업들이 틈새시장 혹은 선호하는 시장에서 사업을 경영하는 것은 정당하다. 그러나 취약계층을 약탈할 필요성을 미연에 방지하는 포괄적인 금융서비스에 대한 접근을 채택할 수 있는 수단들이 존재한다. 정책입안자나 규제담당자는 금융서비스산업의 발전목표 안에 포괄성과 약탈배제의 필요성에 초점을 두어야 한다.

1.7 상호 공급 및 소유 공급

금융서비스기관은 소유권에 관한 한, 두 가지 중 하나의 형태를 띤다. 상호(mutual) 혹은 소유(proprietary). 간단히 말해서 소유기업은 주주가 소유하고, 상호 기업은 고객들이 소유한다. 그러나 이는 지나친 단순화이고 영국에서는 Paul Myners(2004)에 의한 상호보험기업들에 대한 조사에 따르면 상호성(mutuality)에 대한 엄밀한 정의는 보다 복잡한 이슈이다.

소유형태의 공급과 상호형태의 공급의 운영 및 결과를 비교 연구한 기존 연구들이 존재한다. 특히 초점이 두어진 분야는 생명보험기업의 상대적 비용과 성과이다. 가령 Armitage and Kirk(1994), Draper and McKenzie(1996),

Genetay(1999), Hardwick and Letza(2000), Ward(2002)의 연구들을 들 수 있다. 이들 연구는 소유기업과 상호기업의 장단점을 분석하였다. 이들 다수의 연구의 기저에는 소유형태가 독립적으로 기업성과에 영향을 미친다는 가정이 깔려있다. 이는 주주의 이해와 소비자의 이해 간에는 본질적으로 갈등이 존재한다는 견해를 토대로 한다. 그러므로 상호기업은 소비자의 필요를 충족시키기 위하여 효과적으로 집중하는데 보다 자유로울 가능성이 있다.

상호형태를 지지하는 자들은 그 실체적 성과혜택 뿐만 아니라 철학적 장점을 든다. 주주에게 배당을 지불할 필요가 없음으로 고객에게 실체적인 혜택을 제공할 수 있다. 영국 주택금융조합협회(Building Societies Association 2001)의 분석에 의하면 주택금융조합들이 과거 상호 형태로 운영되던 모기지은행에 비하여 보다 낮은 영업비용률, 보다 낮은 차입자 이자율, 보다 높은 예금자 이자율을 나타내었다고 보고하였다. International Co-operative and Mutual Insurers Federation (ICMIF)은 상호회사와 소유회사의 성과를 비교분석하였다. 표본은 손해보험회사 및 생명보험회사를 포함하고, 1995~2001년 중의 성과자료를 토대로 하였다. 성과측정지표는 다음과 같다.

- 신규 보험료 수입 성장률
- 비용률
- 보상청구율
- 투자회수율
- 지급능력

동 보고의 저자들은 분석한 거의 모든 성과 측정지표에 있어서 소유기업보다 상호기업이 우월하다고 결론지었다. 상호기업은 실체적 성과 우위에 더하여 철학적 우위가 존재한다. 즉 상호기업의 경우 고객의 이해와 주주의 이해 간의 충돌이 존재하지 않는다. 상호기업은 소비자에 대한 한마음의 집중이 그들의 조직에 체화되어 있으며, 이것이 소비자 신뢰를 가져오는 기업활동을 낳는다고 주장한다.

소유형태를 지지하는 자들은 이사회에 미치는 주주, 특히 많은 투표권을 보유한 기관 주주의 막강한 영향력을 지적한다. 상호기업의 회원들은 이사회에 정당하게 압력을 행사하는 데 필요한 힘이 부족하고, 이는 성과의 부진과 권한 남용을 초래할 수 있다고 주장한다. 최악의 경우, CEO가 회사를 개인 사유물처럼 운영할 수도 있다. 상호기업 비판자들은 Edinburgh를 기반으로 한 Equitable Life사를 상호기업의 지배구조의 취약성이 어떻게 소비자이익에 참혹한 결과를 가져오는지를 보여주는 좋은 예로 종종 인용한다.

소유기업은 높은 소비자 신뢰를 누린다는 견해도 있다. Citigate Group이 수행한 연구는 상호기업은 신뢰받는 최고 20개 투자기업 브랜드에 단지 2개 있을 뿐으로 Standard Life가 11위, Royal London이 20위라고 보고하였다. 흥미롭게도 1, 2, 4위를 차지한 브랜드(Halifax, Norwich Union, Scottish Widows)들은 최근까지 과거에 모두 상호기업이었다. 이 연구에 대한 비평가들은 동 연구가 친근감과 신뢰를 혼동하였다고 주장한다. 의심할 여지없이 소비자들은 잘 알려진 브랜드가 신뢰성을 의미한다고 생각하는 경향이 있다고 믿을 만한 이유가 있다. 영국의 금융서비스 소비자패널에 의해 수행된 한 연구는 소비자가 브랜드를 신뢰의 대위변수로 생각한다는 점을 지지하였다. 따라서 소유기업들은 막대한 마케팅 커뮤니케이션 예산을 가질 만큼 대규모의 기업들이므로, 소규모인 상호기업들이 소유기업만큼 높은 수준의 브랜드 구축노력을 하기 어려워 보다 높은 소비자 신뢰를 누리는 것으로 보인다. 브랜딩이 금융서비스에서도 점점 중요해지고 있음은 의심의 여지가 없으며, 글로벌 브랜드 파워의 형성은 주요 소유기업들만이 가능할 것으로 여겨진다. 최근 Aviva가 Prudential을 인수하기위하여 170억파운드를 투입한 시도는 주요 글로벌 보험 브랜드를 형성하기 위한 의도를 잘 보여주는 예이다. 양사간에 매력적인 시너지가 보이고, Prudential의 아시아 및 미국에서의 강점이 유럽에서의 Aviva의 위치와 좋은 보완효과를 거둘 것이다.

영국에서는 Myners의 조사의 결과로 상호회사의 지배구조문제를 다루기 위한 조치들이 취해졌다. 가령, 상호보험협회가 2004년 출범하였고, 이의 첫 과업 중의 하나가 회원사들의 행동준칙 초안을 작성하는 일이었다. 이 행동준칙은 FSA가 설정한 지배구조 규칙의 핵심 내용을 포함하였는데, 이는 소유기업 지향적인 성격을 가지고, 명백히 주주지향적이며 주주이익을 중시한다. 이는 회원의 이익(소유권 및 투표권)과 보험가입자(회원권을 향유하지 않는 자) 모두의 이익을 보호하기 위한 필요조건을 추가하였다.

아마 틀림없이, 소유기업형태 및 상호기업형태의 금융서비스기관 모두 다 역할이 있다. 시장이 계속 진보하는 가운데 그 요구를 해결하기 위하여 양자 모두 필요한 다양성을 제공한다. 증거는 탈상호화(demutualization)가 반드시 전체 소비자에게 장기적인 이익을 제공하지는 않는다는 견해를 지지하는 것으로 보인다. 이사진들에게는 주식옵션, 회원들에게는 초과소득지불의 형태로 단기적 이득이 존재해왔다. 실무적으로, 상호금융 제공기관들의 전형적 형태는 다음과 같다.

- 신용협동조합
- 주택금융조합
- 상호보험 (mutual insurers)
- 협동조합보험 (cooperative insurers)
- 상조조합 (friendly societies)

사례 1.2는 하나의 상호금융서비스 기관이 어떻게 작동하는지에 대하여 개관을 제공한다. 상호형태와 소유형태 양자의 금융서비스 기관이 전 세계적으로 존재한다. 그러나 최근 북미, 호주, 영국 등 영어사용권에서는 상호형태가 소유형태로 전환되는 추세가 존재해왔다. 표 1.2는 미국 보험시장의 소유형태별 구성을 나타낸다.

표 1.2 미국에서 영업 중인 보험회사

소유형태	2002	2003
주식형	1,060	1,019
상호	99	92
기타	12	12
총계	1,171	1,123

자료: American Council of Life Insurers

사례연구 1.2 Police Mutual Assurance Society Limited

Police Mutual은 경찰 가족에게 금융서비스를 제공한다. 원래 이는 경찰에게만 금융서비스를 제공하는 것이었는데 경찰서비스가 변화하면서 Police Mutual도 변화하여 오늘날 이 조합의 회원자격은 전 현직 경찰관, 경찰청직원 및 가족에게 개방되어있다. 요컨대 이는 인적 기반 조직이며 비용효과적이고 비용효율적인 조직의 예를 보여준다. 잠재시장 크기가 다소 제한적일 것처럼 보이는데도 불구하고 Police Mutual은 176,000회원을 보유하고 12억파운드의 자금을 운용한다.

Police Mutual은 파견방식을 기반으로 한 지배구조를 가지며, 사장, 부사장, 회장 및 경찰청에서 차출한 80명의 강력한 파견위원을 가진다. 이 조합은 인력을 기반으로 한 모델로부터 비롯되는 상대적 경쟁력 우위를 가진다. 특히 주목할 점은 파견위원 총회를 통하여 이뤄지는 조합의 의사결정에 대한 진정한 민주적 관여의 힘과, 경영위원회에 의하여 이뤄지는 일상업무에 관한 의사결정에 대한 관여의 힘이다. 이러한 구조와 관련 절차가 조합과 고객 간에 극히 긴밀한 유대와 관계의 발전을 촉진한다.

조합과 회원들 간의 관계의 강도는 유통의 핵심수단을 지원하는데 도움이 된다. 저축, 투자, 연금, 모기지, 보험 서비스들이 주로 직접유통방식(퇴직 경찰관을 표적으로 한 자문서비스는 예외)으로 유통되고, 이는 직접 메일, 온라인, 전화를 사용하여 이뤄지며, 사업개발팀을 통하여 혹은 위임요원(Authorized Officers)이라 칭하는 자원요원들의 네트웍을 통하여 이뤄진다. 1000명 이상의 AO들이 있고, 이들의 대부분은 현직 경찰관이며, 잠재고객들에게 판촉물을 전달하거나 사람들이 질문을 하면 Police Mutual 본사에 그들을 인도하는 등 주로 커뮤니케이션 역할을 한다. 이 역할들은 무급봉사이며 그 결과 Police Mutual은 극히 낮은 획득비용을 가진다. 이의 비용 대비 효익의 비율은 보험료의 대다수를 급여공제를 통해 수령함으로써 추가적으로 낮아진다.

이 조합은 지속성 측면에서 매우 양호한 기록을 가진다. 최신 FSA서베이에 따르면 정규 보험 상품의 경우 직접유통방식부문에서 동 업종의 3년 평균 지속수준이 84.9%이었는데 Police Mutual의 지속성은 90.5%였다. 다른 유통방식의 업종 평균은 더욱 낮아 독립 금융 자문업의 경우 81.2%에 불과하였고, 회사대리인(company representatives)의 경우 75.3%에 불과하였다.

상조조합(friendly societies)의 특징은 '계약 이상의 그 무엇'을 할 수 있는 역량이다. 이는 상호성이라는 그들의 철학과 스타일이 그들로 하여금 특정한 보험계약의 조건이나 조건에 엄밀히 부합하지 않을 경우에도 회원들에게 혜택을 제공하도록 허용한다는 점이다. 주목할 사례는 노던 아일랜드에서의 분쟁으로 인해 발생한 경찰의 사상자와 이것이 미친 이환률 및 사망률에 대한 영향이다. 그 결과 노던아일랜드 경찰청(종래 Royal Ulster Constabulary라 지칭)의 회원들의 경우 고위험을 반영하여 보험료를 인상하도록 파견위원들에게 제안되었으나 결국 조합은 다른 회원들과 동일한 보험료를 그대로 적용하도록 결정하였다.

Police Mutual이 경찰관 고객시장의 필요에 반응할 수 있는 것이 중요하고, 또한 아마 독특하게도 이 조직은 경찰가족의 다양한 이슈들을 고려한다는 점과, 현 상품과 직접적인 관련이 없다고 할지라도 그들에게 도움을 줌으로써 긍정적인 차별화를 할 수 있다는 점이 중요하다. Affordable Housing이 그 예이다. 남동부 잉글랜드 지역의 경우 주거비용이 수년간 커다란 문제로 대두되었다. Police Mutual은 금융전문가들을 이 문제의 해결책을 개발하기 위하여 동원하였다. 사업파트너들로부터 자금이 조달되어 300명 이상의 회원들이 주택을 구입하도록 도울 수 있었다.

Police Mutual은 신축적이고 혁신적이며, 관련 법률이 도입되자 신속히 2001년 4월에 이해관계자 연금을 도입하였고, 2005년 4월에 아동신용기금을 도입하였다. 지난 수년간 Police Mutual은 자사의 제공상품 뿐만 아니라 사업파트너들의 제공상품도 확대하였는데, 이러한 관계는 Police Mutual로 하여금 경찰가족 회원들에게 전속적이고 경쟁력있는 상품을 제공하게 만들었다.

Police Mutual은 친선조합 모델이 고도로 참여적이고 민주적인 지배구조 안에서 저비용, 고가치의 금융서비스를 제공할 수 있음을 보여준다.

1.8 금융서비스 규제

금융서비스 영역에서 주요 이해관계자의 이해를 보호할 필요성은 전 세계적으로 규제에 대한 새로운 접근을 도모하게 하는 중요한 요인으로 작용해오고 있다. 최소한 지난 20여년간 정부, 협회, 다양한 정부 간 조직 및 비정부조직들은 경제발전과 거래의 자유화를 추구해왔다. 전통적인 업무영역 경계의 폐지와 경쟁의 촉진을 통한 금융서비스시장의 효율적 운영을 장려하고자 하는 희망이 있어왔다. 영국의 경우, 1980년대 중반은 금융서비스시장의 구조조정과 규제 접근의 홍수를 맞은 시기였다.

이 이슈가 제기되기 이전에는 은행, 보험회사, 건축조합들 간에 업무영역이 명확히 구분되어있었다. 새로운 법규가 기존의 업무영역 구분을 제거하는 결과를 낳았다. 이러한 경계 없는 시장에서 은행은 자유롭게 보험회사를 운영할 수 있고, 보험회사도 은행업 허가를 신청할 수 있게 되었다.

1980년대 후반 중 마가렛 대처 정부는 금융서비스시장의 자유화와 규제를 목표로 한 지속적인 법률프로그램을 추진하였다. 1986년 금융서비스법은 투자비즈니스를 정의하고 규제할 뿐만 아니라 저축시장에서의 경쟁을 촉진하기 위한 것이었다. 동 법의 초점은 투자비즈니스의 행태 및 이에 수반된 자문서비스의 제공에 두어졌다. 이처럼, 이에는 모기지, 신용카드대출, 손해 보험 및 단기저축 등이 제외되었는데 이들은 별도의 법률에서 다루게 된다. 1997

년 5월에 고든 브라운 재무장관은 은행감독과 투자서비스규제를 통합하여 증권투자위원회(Securities and Investment Board: SIB)로 일원화하는 결정을 발표하였다. 그 해 말에 SIB는 금융서비스청(Financial Services Authority)으로 개명되었다. 2001년 12월에 '금융서비스 및 시장 법'(Financial Services and Markets Act)이 도입되어 FSA가 영국에서 최고의 금융서비스 규제기관이 되었다. 이는 은행 및 증권에 대한 규제책임 뿐만 아니라 다음의 기관에 대한 책임도 맡게 되었다.

- 주택금융조합위원회
- 상조조합위원회
- 투자관리규제기구
- 개인투자청
- 상조조합등록청
- 증권선물청

FSA의 관장범위는 2004년 모기지와 2005년 손해보험에 대한 규제책임도 맡으면서 더욱 넓어졌다. FSA는 금융서비스회사들이 자금을 내어 설립된 회사로 운영되는 독립된 비정부 기구이다. FSA는 재무부에서 임명한 이사회를 가지고 있고, 재무부장관이 책임을 지며, 이를 통해 의회도 책임을 진다. 금융서비스 및 시장법은 다음과 같은 FSA가 갖는 4가지의 법정 목적을 규정하고 있다.

1. 시장신뢰--금융시스템의 신뢰 유지
2. 공적인지--금융시스템에 대한 공적 이해를 촉진
3. 소비자보호--소비자에 대한 적절한 수준의 보호
4. 금융범죄 방지--사업이 금융범죄와 연결될 가능성을 축소

FSA는 다양한 규칙과 명령을 통해 그 목적을 달성하고자 하는데 이의 위배는 일정 범위의 벌칙을 초래한다. 금융서비스의 제공에 관여하는 모든 사람은 각자의 상품 및 그 기능에 관하여 적용되는 규칙에 대한 충분한 이해를

가져야 한다는 점이 중요하다. FSA의 규정집은 지급능력 마진과 같은 근본적이고 전략적인 이슈로부터 개별 광고의 성격이나 문구 등과 같이 구체적이고 세밀한 이슈까지 다양한 범주의 내용을 포함한다.

마케팅 영역의 관점에서 특히 중요한 점은 금융서비스의 유통 및 판매에 대한 규제와 금융자문에 대한 전반적인 이슈이다. 1986년 법은 양극화주의의 도입을 가져왔다. 실무적으로, 이는 금융자문 및 그에 수반된 판매는 두 가지 형태의 자문사 중 하나에 의해 제공되어야 함을 의미한다. 즉 독립금융자문사(Independent Financial Advisers: IFAs) 및 연대 에이전트(Tied Agents: TAs)가 도입되었다. IFA가 소비자의 사실상 대리인으로 행동하고, 소비자의 금융욕구에 대한 최고의 자문을 제공하도록 요구되었다. 다른 극단의 자문 제공자는 TA로서 이는 단 하나의 회사의 상품만을 자문하고 판매할 수 있다. TA는 두 가지 형태를 띠는데, 회사대표(Company Representatives: CRs) 혹은 임명대표(Appointed Representatives: ARs)가 그들이다. CR은 금융서비스 회사의 상품에 대해 조언하고 이를 판매함으로써 동 회사를 직접적으로 대리한다. 이는 봉급을 받는 피직원이거나 혹은 커미션을 받는 자문사의 지위로 일한다. 반면에 AR은 보험회사와 유통계약을 맺은 별개의 회사의 통제를 받는 요원이다. 가령, Cheshire Building Society는 Norwich Union의 AR인데, 이는 Cheshire에 의해 고용된 금융자문사는 Norwich Union이 제공하는 상품에 대해서만 조언을 제공할 수 있다.

양극화(polarization)를 통하여 소비자가 완전히 독립적인 조언을 받는가, 아니면 단 하나의 회사의 상품에 대해서만 조언을 받는가에 대해 완전히 확신을 가짐으로써 소비자의 이익을 최대한 보장하도록 할 의도였다. 이전에는 다양한 임시적 유통수단들이 존재하였고, 종종 소비자들은 자신이 받는 자문서비스가 어느 정도 독립적인지 분명히 알지 못했다. 실제로 양극화 제도를 도입한 결과 생명보험회사들이 AR 및 CR을 유인하기 위해 서로 경쟁하면서 다소 비계발적인 유통쟁탈이 있었다. 단기적으로 투자상품에 대해 조언하고 이를 판매하는 데 소요되는 비용을 줄이는데 별 도움을 주지 못했다. 더욱이 TA형태의 유통구조를 가진 각 회사가 그 대리인이 조언하고 판매할 수 있는 충분한 폭의 상품 범주를 제공할 필요성이 동 산업의 효율성을 제고하는데 도움이 되지 못하였다. 아마 틀림없이, 회사들이 상품범주를 점차 상품들로 채우면서, 그 중 어떤 상품은 극히 낮은 수량을 판매하는데 그치고 상대적으로 낮은 가치를 제공하는데 그침으로써 정반대 현상이 나타났다. 금융자문의 기준 또한 규제의 정신에 반응하는데 느렸다. 사실, 개인연금의 부정판매가 1987년부터 1991년의 기간 중 극심하여, 이것이 소위 '연금 부정판매 추문'을 낳았는데, 이는 오늘날까지 동 산업으로 하여금 보상 및 관련 관리비용으로 150억파운드의 비용을 치르게 하였다. 모기지 기증 및 다수의 투자 계획의 부정판매 등을 포함한 소비자손해의 다른 예들이 1986년 법 이후로 발생하였다.

2005년에 오랜 논의기간 끝에 양극화 룰이 복수 연대(multi-tied) 유통을 허용하도록 개정이 이루어졌다. FSA(www.fsa.gov.uk)에 따르면:

> 2005년부터 어떤 유형의 투자상품(이해관계자의 상품뿐만이 아닌)이라도 판매할 수 있는 연대 자문사(tied advisors)가 만약 타 회사의 상품을 자사 상품범주에 편입한 회사와 연대할 경우에는 하나의 회사 이상의 회사의 상품을 제공할 수 있다.

소비자 이익을 개선시킨 보다 중요한 진보는 1990년대 초반 자문사의 훈련 및 역량에 관한 새로운 룰의 도입이다. 이는 금융자문사 및 관리자들이 제시할 수 있는 지식에 대해 보다 엄밀한 기준을 도입함으로써 동 업종의 분수령을 이루었다. 이는 또한 자문사를 고용하는 비용을 현저히 증가시키는 결과를 낳았다. 그 결과 1991~1996년까지의 기간 중 생명보험 및 연금상품에 대해 자문하고 이를 판매하는 사람의 숫자가 현저히 감소하였다. 어떤 추정은 이 숫자가 5년간 220,000에서 50,000으로 추락하였다고 보고하였다. 이는 무능하고 비생산적인 자문사를 산업에서 도태시키는 효과를 낳았고, 전형적인 금융자문사의 전문가적 기술의 기준을 상승시켰다.

앞에서 금융서비스 규제의 단 하나의 좁은 측면을 자세히 논의한 것은 학생들 및 실무가들로 하여금 각기 자신들의 나라와 산업에 적용되는 규제에 대한 충분한 이해를 하는 것이 매우 중요함을 설명하기 위한 것이다. 보험비즈니스에 대한 규제가 다양한 국가에서 어떻게 접근되고 있는지에 대한 예들을 Box 1.1에서 논의한다.

BOX 1.1 보험규제에 대한 각국의 접근

▶ **미국:**

미국에서는 각 주마다 고유한 규제를 가진다. 주마다 직함도 다양한데 commissioner, superintendent, 혹은 director 등이 있다. 어떤 주에서는 주지사가 커미셔너를 임명하고, 다른 주에서는 일반 시민들이 커미셔너를 선출한다. 각 주의 커미셔너들이 전국협회(NAIC)를 구성하여 규제의 통일성을 촉진한다. 다소의 감독기능을 하는 다른 간부들로는 보증기금의 대표나 연방정부기관 대리인 등이다.

▶ **호주:**

호주에서는 APRA(Australian Prudential Regulatory Authority)가 금융서비스 산업의 통합적 자문 규제기관이다. 이는 1988년에 설립되어 은행, 신협, 주택금융조합, 손해보험 및 재보험회사, 생명보험회사, 상조조합 등을 감독한다. APRA는 주로 피감독기관으로부터 기금을 받는다.

▶ 싱가폴:

싱가폴에서는 보험감독부(Indurance Supervision Department: ISD)가 통화청(Monetary Authority of Singapore: MAS)의 주요 규제기관이다. ISD가 보험법을 집행하는데, 이의 주요 목표는 보험가입자의 이해를 보호하는 일이다. ISD는 보험사들에 대한 자문 및 시장행위 감독에 있어서 위험중심적 접근을 채택한다. ISD

는 장외감독 및 현지 검사를 통해 책무를 수행하고 통합적 감독 접근의 일환으로 해외 감독기구와 협업하기도 한다. 표준 개발 역할의 하나로 ISD는 업종협회와 긴밀히 협력하여 최선 사례의 채택을 촉진한다.

▶ 남아프리카:

금융서비스위원회(Financial Service Board: FSB)가 금융서비스위원회법(1990년)에 의거하여 설립되어 정부는 전혀 기금을 투입하지 않고 금융서비스회사들이 기금을 제공한다. 이 기관은 비은행금융서비스에 대한 통제를 감독하고, 재무부에 자문기능을 한다.

▶ 인도:

1999년에 보험감독개발청(IRDA)이 설립되어 보험산업 및 재보험산업을 규제, 촉진하고, 질서있는 성장을 담보한다.

자료: Faye Lageu, Intelligence Unit ICMIF

1.9 요약 및 결론

금융서비스산업은 전 세계적으로 경제발전의 전망을 담보하는 핵심적 역할을 한다. 미시적 수준에서 금융서비스는 개인의 전반적 웰빙을 뒷받침한다. 도전요인은 바람직한 정도의 시장 및 소비자지향을 반영할 수 있도록 금융서비스영역의 마케팅 표준을 확립하는 일이다. 금융서비스마케팅의 잠재력을 이해하기 위해서는 각국별로 고유한 정부지원의 복지시스템 안에서 이를 접근하는 것이 필요하다. 이해관계자의 총체적 이해가 최적화되기 위해서는 금융서비스의 국가 및 민간부문이 보완적으로 협업할 필요가 있다. 결론적으로 금융서비스는 소수의 가진 자만이 아닌 모든 사람의 혜택을 위하여 제공되어야 한다.

복습문제

1. 귀하의 나라의 건강, 교육, 복지의 제공에 있어서 국가 및 민간부문의 각각의 역할을 정의하고 비판적으로 검토하시오. 귀하는 어느 정도로 이 양 부문이 보완 혹은 경쟁한다고 생각하는가?
2. 어떤 형태의 상호 금융서비스제공이 귀하의 나라에서 일어나고 있는가? 상호형태 및 회사형태 기관들이 귀국 시민들의 욕구에 부응하는지 비교분석하시오.
3. 귀국에서는 어느 기관이 금융서비스 규제의 책무를 지고 있는가? 그 기관의 주요 목표는 무엇이고, 어느 정도 그 목표를 성취하고 있다고 귀하는 생각하는가?
4. 금융자문의 제공 및 금융서비스 상품의 판매가 귀국에서는 어느 정도 잘 규제되고 있는가? 그 규제들이 어느 정도로 개인 및 기관 소비자의 이해를 보호한다고 생각하는가?
5. 혹자는 기업의 사회적 책임(Corporate Social Responsibility: CSR)에 투입되는 자원이 이해관계자로부터 훔친 것이라고 주장한다. 귀하는 CSR이 다양한 이해관계자에게 미치는 영향에 대하여 어떻게 생각하는가?

CHAPTER 02

금융서비스시장: 구조, 상품 및 참여자

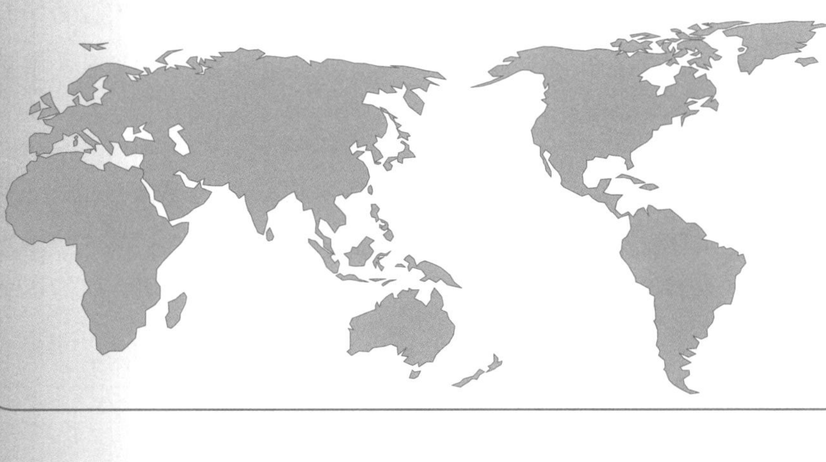

chapter 2 금융서비스의 시장: 구조, 상품 및 참여자

학습목적

이 장을 다 공부한 후 귀하는
- 금융서비스를 제공하는 다양한 유형의 조직을 파악하고,
- 금융서비스의 범위와 다양성 및 그것들이 고객욕구에 어떻게 관련되는가를 이해하고,
- 금융산업의 복잡성을 이해하게 될 것이다.

2.1 서론

종종 금융서비스라는 용어의 사용과 관련하여 어려움에 직면한다. 일반 대중의 대다수 - 다수의 소비자를 포함하여 - 는 금융서비스의 전체적 메커니즘을 충분히 숙지하지 못하고 있다. 이는 부분적으로 동 산업의 복잡성 때문이고, 또 다른 원인은 대부분의 사람들에게는 금융서비스가 본질적으로 재미가 없기 때문이다. 금융서비스 전체 및 상품부문에 대한 불충분한 지식과 이해는 이 분야에 근무하는 직원들에게도 적용된다. Alferoff 등(2005)의 연구는 금융서비스기관의 직원들의 지식토대는 본인의 좁은 업무경험에 한정되어 있음을 보고하였다.

> 다수의 창구직원 및 후선부서 직원들은 투자상품 범주의 일부 혹은 전부를 이해하지 못했다. 그들은 사실 비금융서비스기관 직원보다 더 나은 지식을 가지지 못했고 심지어는 상공회의소 직원 혹은 MBA학생 보다도 못한 수준의 지식을 가지고 있었다.

이와 유사하게 실무공동체에서 자신의 기능적 분야를 넘는 큰 그림에 대하여 단지 일부분의 지식만 보유한 사람들이 존재한다.

이 장은 두 가지 관점에서 금융서비스의 개관을 제공하는 데 목적을 둔다. 첫째, 공급측면을 설명한다. 앞부분에서는 상품/서비스 공급의 중요한 형태를 구성하는 주요 기관그룹들을 설명한다. 둘째, 이 장은 금융서비스를 구성하는 상품의 단단한 토대를 제공해 보려한다. 물론 전 세계에서 발견되는 모든 상품유형을 설명하려고 하는 것은 아니다. 그 대신 공통적으로 발견되는 주요 상품의 변형들을 파악할 것이다. 시장을 상세히 탐구하기 전에 이 장은 산업의 역사적 배경을 제공할 것이다.

2.2 약간의 역사적 관점

다양한 형태의 금융서비스 제공의 역사는 수세기 이전으로 거슬러 올라갈 수 있지만, 나름대로 내용과 규모를 갖춘 상업조직의 발전은 18세기 국제무역의 증가와 함께 이루어졌다. 사실 경제개발은 어쩔 수 없이 관련 금융기관의 발전에 연결되어있다. 은행은 대출, 안전한 저축, 수출입상품의 위탁매매 신용 등의 금융서비스 욕구에 부응하면서 성장해왔다. 영국의 상업은행은 17세기 중반 금세공 관련 은행가의 성장에 주로 기반하여 런던에서 발전하였다. 1세기 후 지역은행의 숫자는 여전히 한자리에 머물렀다. 그러나 1784년 그 숫자는 119개로, 1810년에는 약 650개로 확대되었다. 스코틀랜드에서도 은행업은 급속히 증가하는 무역에 대응하여 비슷한 속도로 빠르게 발전하였고 이와 유사한 추세가 유럽 전역에서 나타났다. 흥미롭게도 이 은행들 중 다수는 단 한 개의 지점만 가졌다. 터 닦기 과정은 아직 시작에 불과하였다. 은행들의 증가는 은행 간 결제를 위하여 런던에 청산소를 창설할 필요성을 낳았다.

전 세계의 다양한 자료들이 경제개발과 금융서비스부문의 확대 간의 연관성을 입증한다. 상업부문에서의 변화하는 욕구가 은행업의 적응을 요구하였다. 19세기 후반으로 거슬러 올라가서, Trinidad는 보다 높은 탄력성의 필요의 예로 인용된다(Paria Publishing Co. Ltd, 2000);

> 당시 경제개발기에 서인도에서의 식민은행(Colonial Bank)의 구식 영업행태는 그들의 과도하게 제한적인 대출정책에 대하여 서인도위원회(West Indian Royal Commission)의 도전을 받았다. 동 위원회는 몇몇 소작농, 흑인들로부터 그들의 소규모 사업을 위한 대출의 필요성을 청취하였다.

이란에서는 현대적 형태의 은행업이 19세기 중반에 대두되기 시작하였다. 1925년이 되어서야 이란인의 자본으로 설립된 최초의 은행인 Bank Pahlavi Qoshun이 출범하였다. 에티오피아에서는 Bank of Abyssina가 1906년에 출범하여 50년의 면허기간이 주어졌다. 요컨대, 전 세계적으로 19세기 이후에 다수의 상업은행의 발전의 예들을 발견할 수 있다.

은행과 마찬가지로 보험 역시 17세기 런던에서 그 역사를 찾아볼 수 있다. 1666년 Great Fire of London이 위험에 대한 적절한 형태의 보험을 제공하는 주요 촉진제의 역할을 했음에 틀림없다. The History of Insurance (Jenkins and Yoneyama, 2000)란 책은 초기의 몇몇 보험회사로는 Sun Fire Office, Royal Exchange Assurance, Hand in Hand 등이 있다고 보고하였다. 캐나다 보험국은 보험회사의 역사적 발전에 대하여 아래와 같이 언급하였다.

> 보험의 역사는 서구사회의 발전의 이야기이다. 농업시대로부터 산업성장시대로 이행하면서, 성장은 이익과 동시에 위험을 수반한 자본에 달려있음이 분명해졌다. 위험채택자들을 위하여 보험은 오류, 판단미숙, 불운 등으로 인하여 모든 것을 잃지는 않을 것이라는 보증을 제공하였다.

런던의 Lloyd's의 선구자들이 Lloyd's의 커피점에 모여 위험을 완화시킬 수단을 고안한 것이 16세기 중이었다. 다시 말해서, 국제무역에 수반된 위험으로부터 보호받으려는 욕구가 이러한 발전의 촉진제였다. 18세기 들어 오늘날 미국에서 존재하는 바의 보험이 발전되었다. 사실 1776년 미국 독립선언문 서명자의 한 명인 Benjamin Franklin이 1752년 출범한 필라델피아 주택화재보험(Philadelphia Contributorship for the Insurance of Houses from Loss by Fire)의 설립자였다. 18세기 말에 영국에서는 상조조합(friendly society)이라 불리는 일종의 보험회사가 출범하였다. 상조조합은 19세기에 급속히 발전하였는데, 이들 중 다수가 장례조합으로 출발하였고, 그 명칭이 시사하듯 회원들의 명예로운 장례를 위한 자금을 제공하기 시작하였다. 1910년 약 7백만명의 영국 시민이 상조조합의 가입자가 되었다.

상조조합과 마찬가지로, 18세기말 영국에서 주택금융조합(building societies)이 출범하였다. 1775년 최초의 주택금융조합이 설립되었는데. 이는 Richard Ketley's Building Society로 알려져 있고, 그 회원들은 버밍햄의 Gold Cross Inn에서 회합하였다. 1860년에 런던에서만 750개 이상의 주택금융조합이 존재하였고, 수도 밖에 2,000개의 주택금융조합이 존재하였다(Building Societies Association, 2001). 주택금융조합은 자기 집을 건축하기 위한 자금을 조달하고 싶은 평범한 남녀들의 욕망으로부터 출범하고 번성하였다. 20세기에는 주택금융조합들이 소수의 대규모의 기관으로 병합하는 과정을 거쳤다. 그 결과 20세기 말에 몇몇의 주택금융조합들(현저하게 대규모의)이 주주소유의 회사로 전환하였다. 따라서 Hailfax, Abbey National, Alliance and Leicester, Nothern Rock, Woolwich, Cheltenham and Gloucester, Bradford and Bingley 등이 더 이상 주택금융조합이 아니라 런던증권거래소에서 거래되는 은행으로 운영되거나, 다른 은행조직으로 인수되었다. 주택금융조합협회에 따르면 2002년 현재, 회원조합이 65개이고 총자산 규모가 1,700억 파운드이다.

금융서비스산업에 대한 의심과 불신의 시대에는 그들이 제공하는 상품 및 서비스가 전세계 시민들의 웰빙에 지대한 공헌을 한다는 사실에 대한 통찰을 잃기 쉬웠다. 경제개발이나 부흥은 적절한 금융서비스 인프라가 없이는 불가능하다. 사실 시리아정부가 경제개발을 촉진하기 위하여 2003년에 독점 국영은행을 분리하여 세 개의 민간은행에 면허를 부여한 것은 흥미롭다. 이는 국가 통제로 특징지어졌던 부문에 경쟁을 도입하는 세련되고 창의적인 수단이다. 이러한 과정은 현재의 후진국들이 경제발전을 추구하면서 다른 곳에서도 반복될 것이다.

2.3 공급의 지리학

전세계 금융서비스시장의 구조는 현지 환경특성에 따라 다양하다. 경제개발단계, 정부의 경쟁정책, 규제 등이 현지 시장구조에 영향을 미친다. 물리적 지리, 물류, 통신 등의 인프라, 사회적, 종교적, 문화적 요인들 또한 현지 금융서비스의 발전에 영향을 미친다.

최근의 금융서비스를 조망할 때 한 특징은 역사적으로 존재해왔던 공급의 경계 철폐이다. 가령 영국에서 1980년대 중반 이루어진 시장의 규제완화는 기존에 존재해왔던 은행, 보험, 모기지대출 간의 영역의 경계를 무너뜨렸다. 1986년 금융서비스법은 두 가지 주요 목표를 갖는다. 첫째, 투자업을 정의하고 규제하기 시작한다. 둘째, 저축상품시장에 보다 높은 강도로 경쟁을 촉진한다. 이 법과 다른 관련 법규들, 가령 1986년 주택금융조합법의 실질적 결과는 경계없는 금융서비스시장을 창출한 것이었다. 더 이상 당좌계정이 전통적인 은행의 전유물이 아니고, 주택 모기지도 더 이상 주택금융조합의 전유물이 아니며, 생명보험 및 연금이 더 이상 보험회사에 의해서만 공급되는 것이 아니다. 우리는 은행, 주택금융조합, 보험회사가 상품공급 저장고 대신, 핵심 현금관리, 대출, 연금, 투자상품이라는 일련의 서비스를 광범위하게 제공하는 변형된 금융서비스기관의 출현을 목격하게 되었다. 전 세계적으로 이러한 과정의 가장 명백한 현상은 보험상품이 은행네트워을 통해서도 유통될 수 있게 하는 은행과 보험회사 간의 파트너쉽을 구현한 방카슈랑스의 출범이다.

보험을 판매하는 소매상이라는 개념은 다른 나라에서는 뚜렷하지 않다. 가령 미국에서는 이것이 허용되지 않는다. 프랑스에서는 그런 접근이 문화적으로 적합하지 않을 것이라는 주장들이 있다. 저자가 알기로는 다른 나라에서는 은행이 유일한 다른 유통경로라는 점이다. 방카슈랑스는 대다수 유럽국가들에서 도입되었다. 그러나 캐나다에서는 지점에서 보험상품을 판매하는 모든 은행은 별도의 판매창구를 두도록 법률로 규정하고 있다.

그러나, 상품 취급에 대한 법적 경계가 철폐되었음에도 불구하고 은행, 주택금융조합, 보험회사들은 자신들의 역사적 강점인 어느 정도의 핵심역량을 지속하고 있었다. 이와 같이 각 금융기관마다 유물로 전해온 상품집합에 넓이와 깊이가 스며들어 있었다. 가령, Barclays는 다양한 소매금융서비스를 제공하는 동안, 보험회사가 보유하기 어려운 은행업의 핵심 역량을 보유하고 있다. Barclays는 Standard Life Bank보다 더 폭넓은 기업관련 은행서비스를 제공할 수 있다. 더욱이 원격뱅킹(전화 및 인터넷) 형태가 도입되었음에도 불구하고, 은행지점은 여전히 비점포은행이 모방할 수 없는 은행 포지션을 유지하는데 중요한 역할을 한다.

이와 비슷하게, 보험회사들은 주택금융조합들이 가질 수 없는 핵심역량을 보유하고 있다. 가령 연금산업에서 신축성이 점점 더 중요하게 요구되고 있고, 연금삭감이나 자기투자 연금플랜 등의 상품특성이 독립금융자문사(Independent Financial Advisers: IFAs)들의 공통적 욕구이다. Legal and General이나 Friends Provident 같은 회사들은 그러한 상품특성을 핵심 상품집합의 한 부분으로 보유하고 있다. 반면에, Nationwide Building Society는 연금에 보다 더 기본적인 접근(업계용어로 'vanilla' 또는 'plain vanilla')을 취하고,

현재 연금 상품범주에 그다지 정교한 상품을 가지고 있지 않다. 동시에 Nationwide는 Skandia Life보다 더 폭넓은 저축상품을 제공한다.

간단히 말해서, 상품제공자들의 지리학은 표 2.1에서 보는 바와 같은 핵심 요소에 달려있다.

표 2.1 공급의 지리학

활동유형	특수 형태
은행업	소매은행/상업은행
저축 및 대출	주택금융조합(영국) 신용조합 저축은행
보험	생명보험 손해보험 상조조합(영국) 건강보험 로이드 신디케이트
투자회사	뮤츄얼펀드/단위신탁회사 투자신탁 연금제공회사

앞에서도 논의했듯이, 시장은 과거보다 더욱 복잡해져 위에서 본 다양한 핵심 상품 영역들을 아우르는 보다 대규모의 다양한 금융서비스그룹들이 존재한다. 그럼에도 불구하고 좁은 상품초점을 가진 특정 상품 전문회사들도 존재한다. 종종 이들은 대규모 회사의 전문 부문조직이다. 가령 Zurich Financial Services의 자회사인 Navigators and General과 같이 소규모 선박을 위한 보험을 제공하는 조직이 그러하다. 동시에 준우량시장에 무보증 대출을 제공하는 Cattles Plc와 같이 틈새시장을 타깃으로 한 독립회사들도 존재한다.

공급의 지리학에서 또 다른 주목할 점으로 더 이상 그다지 새롭지도 않은데도 종종 '신규 진입자'라 칭하는 조직이다. 이 용어는 금융서비스 공급자로서의 역사적 혈통이 없는 공급자를 지칭한다. 이러한 회사들에게 있어서, 금융서비스로의 진입은 다각화의 한 수단으로서 이뤄지는 브랜드확장이 무엇보다 중요한 전략이다. 영국에서 그런 '신규 진입자'의 예로는 Virgin, Marks and Spencer, 그리고 대표적 슈퍼마켓인 Asda, Tesco 및 Sainsbury 등이다.

'신규 진입자'는 판매된다기보다는 구매되는, 매우 단순한 상품을 토대로 하는 경향이 있다. 예를 들면 종종 슈퍼마켓의 지불창구에 진열되어있는 자동차, 여행, 집에 관한 보험 등 손해 보험상품이 그것이다. 핵심 브랜드가 금융서비스에 확장될 수 있는 정도에는 한계가 있다는 느낌이 존재하고 (Devlin, 2003), 소비자들은 특정 브랜드 및 공급자 유형의 현저성에 대한 견해를 형성한다. 소비자들은 기본적 손해 보험상품을 슈퍼마켓에서 구입하는 것은 편하게 생각하지만, 보다 복잡하고 전문적인 금융서비스(예로 연금)를 비전문적 공급자로부터 구입하는 것은 유보적으로 생각할 수 있다. 공급자의 핵심 역량에 대한 소비자들의 인식은 금융서비스의 공급에 관한 마케팅전략에 중요한 시사점을 가진다.

또 다른 복잡한 문제는 유통의 이슈이다. 다수의 서비스가 소비자에게 직접 유통되지만, 제3자 유통도 금융서비스에서 종종 중요한 특징이다. 영국에서는 1986년 금융서비스법에 의해 IFA와 AR(Appointed Representatives)이 생겼다. IFA와 AR은 금융자문의 양극단의 한 가지를 수행하도록 되어있다. 한 쪽 극단에는 IFA가 존재하는데, 이는 소비자의 대리인으로 활동하며 여러 공급원천들 중에서 최선의 자문을 반영하는 상품추천을 제공해야 한다. 다른 극단에는 AR이 존재하는데, 이는 단 하나의 공급회사의 상품들을 토대로 최선의 자문을 제공해야 한다. AR은 가령 Nationwide Life(Nationwide Building Society의 한 부문)라는 상품제공회사가 소유하는 유통네트웍의 한 회원일 수 있거나, 혹은 AR은 별도의 보험회사의 단지 투자상품에 대해서만 자문하는 계약을 맺는 제삼자 조직이 될 수도 있다. 후자의 예로는 Legal and General의 AR인 Barlays의 경우를 들 수 있다. 따라서 상품 유통 조직에 대한 적절한 고려 없이는 공급의 지리학을 완전히 이해할 수 없다.

2.4 상품변형의 개관

이 절의 목적은 소매금융서비스 영역을 구성하는 핵심 제품 변형들에 대한 단단한 기초를 제공하는 데 있다. 도매금융의 측면을 배우고자 하는 독자들은 Pilbeam(2005)을 읽어보길 권한다.

이 이슈들이 특별한 상품의 관점에서 다루어져야 하는지 혹은 그 상품들이 만족시키고자 하는 욕구의 관점에서 다루어져야 하는지는 논쟁의 여지가 있다. 순수히 상품에만 초점을 두는 방식은 철학적으로나 실무적으로 문제가 있다. 이는 철학적 관점에서 볼 때 소비자 욕구에 비하여 제공 상품에 과도한 초점을 두는 것이다. 그렇게 함으로써 제공 상품 대신에 소비자 욕구를 마케팅지향의 본질로 생각하는 사람들의 감수성을 침해한다. 그런 사람들은 어떤 종류의 '제품지향'의 암시도 가능한 한 꺼린다. 실무적 차원에서 전세계의 가능한 모든 상품 변형을 파악하는 일이 용이하지 않다. 그러므로 실용적인 접근법은 중요한 주류적 소비자 욕구와 이를 만족시키기 위해 광범위하게 채택되고 있는 전형적인 상품을 함께 제시하는 방식이다. 이 접근법이 표 2.2에 제시되어있다.

표 2.2에 제시된 소비자 욕구와 상품솔루션들은 전 세계에서 전형적으로 볼 수 있는 대표적인 예들이다. 이것들이 전부를 나타내는 것이 아니고 일반적으로 표출되는 소비자 욕구와 이를 해소하는 수단들에 대한 개관을 보여주는 것이다. 이 장의 다음 절은 독자로 하여금 금융서비스의 실상에 대한 이해를 발전시키기 위하여 소비자 욕구와 상품 솔루션, 그리고 공급의 수단을 함께 논의한다.

2.5 은행업과 화폐의 송금

20세기 후반까지 당좌계정 서비스의 제공은 번화가 청산은행의 특권이었다. 당좌계정은 봉급을 받는 종업원들이 고용주로부터 봉급을 받고, 지불을 관리하며 현금을 인출하는 주 수단이다. 특정 국가에서 당좌계정의 점유율은 봉급을 받는 사람의 비율을 반영한다. 영국에서는 인구의 약 95%가 은행계좌를 보유하고, 인도에서는 그 비율이 약15%, 남아프리카는 그 비율이 30%에서 40%사이이다.

영국에서는 전통적 번화가 은행 외에 건축조합 역시 종종 당좌계정을 제공한다. 사실 Alliance and Leicester, Halifax and Bradford and Bingley 등 탈상호화된(demutualized) 주택금융조합들이 전체적으로 모기지 은행으로 불리게 되었다. 이 용어는 이 기관들에게 주택모기지 제공의 중요성이 여전히 두어져 있다는 점과, 그들의 소매금융지향성을 반영한다. 여전히 모기지 은행은 기업은행 분야에 그다지 큰 영향을 주지 않았다. 전과 마찬가지로, 기업들은 모기지 은행을 기업은행업 서비스의 신뢰할 만한 공급자로 인식하고 있지 않다는 점이 중요한 이슈이다. 개인당좌계정에 대한 가격경쟁이 심화된 것은 경쟁압력에 기인한다. 당좌계정 잔고에 대한 이자지급은 영국에서 1980년대 후반까지 거의 들어볼 수 없었다. 전형적인 당좌계정에 지급되는 이자율은 보잘 것 없는 수준이어서 소비자들이 그러한 지급에서 받는 혜택은 미미한 수준이라고 볼 수 있다.

당좌계정의 공급은 기술발전과 소위 '신규 진입자'의 도착 등의 요인으로 인하여 최근 훨씬 더 늘어났다. 영국에서 First Direct에 의해 처음 도입된 텔레뱅킹은 저비용의 당좌계정 공급과 당좌계정의 잔고에 대한 이자지급을 촉진하였다. 인터넷뱅킹의 도래로 비용은 더욱 낮아졌다. 이 신기술은 Box2.1에서 보는 바와 같이 신규 진입자들로 하여금 소위 고이자 당좌계정의 제공을 가능하게 만들었다.

표 2.2 소비자 욕구와 상품솔루션

소비자 욕구	상품 솔루션
언제든지 출금할 수 있는 안전한 예금	당좌계정
자금수령을 관리하고 화폐송금이 가능한 수단	당좌계정
이자지급을 위한 현금의 안전한 예금	당좌계정 저축계정 신협저축
이자가 지불되는 현금 저축	저축계정 고이자당좌계정
중기의 세금혜택 현금저축	현금 개인저축계정
중장기 목돈저축	정규저축기부금 정규저축상호펀드
장기성장을 위한 목돈투자수단	상호적립펀드 투자채권 투자신탁 기업채권 국채
소득창출을 위한 목돈투자수단	상호소득펀드 소득채권 기업채권 연금
은퇴 대비 저축수단	직장연금 개인연금
연금펀드에서 소득을 창출하는 수단	연금 소득삭감
미래소득으로 현재소비를 충당하는 수단	신용카드 무보증대출 보증대출
주택구입자금 조달수단	주택모기지
주택으로부터 유동자금을 확보하는 수단	지분양도설계
화재, 사고로부터 유형자산을 보호하는 수단	손해보험
과실 등으로부터 사람 등을 보호하는 수단	대인 배상보험
사망, 질병 등의 위험으로부터 사람을 보호하는 수단	생명보험 중대질병보험 건강보험 영구건강보험

기술과 변화하는 소비자 취향은 화폐송금과 지불에 있어서 더 많은 다양성을 촉진하였다. 직불카드 및 신용카드의 사용으로 수표의 사용은 최근 들어 현저히 감소하고 있다. 영국은행협회에 따르면 청산소에 의해 취급된 수표의 숫자는 1990년 45억장의 최고수준에서 2004년 25억장으로 감소하였다. 수표 사용은 1994~2004년까지의 기간 중 39% 감소하였고, 2014년까지 44% 감소할 전망이다. 이는 신규진입자와 인터넷은행들이 당좌계정 시장에서 경쟁하기 쉽게 만들었다.

이자지급 당좌계정의 도입은 은행업의 이런 부문에서 마진이 감소하는 역할을 해왔다. 이는 또한 공급자로 하여금 요금을 어떻게 부과할 것인가 하는 점에서 보다 비밀스럽게 만드는 촉진제 역할을 하였다고 표현할 수 있을 것이다. 영국 은행들은 종종 불투명한 과금을 하고 있다는 비판이 고조되고 있다. 비승인 초과발행, 불충분한 잔고에도 불구하고 수표를 발행하는 행동에 부과하는 요금이 은행에 대한 공중의 폭넓은 불신을 가중시켰다. 이에 대한 반론은 당좌계정이 현재 이자지불식인 점을 감안하면 금융기관은 당좌계정을 제공하는 데 소요되는 비용을 커버하기 위한 수단이 필요하다는 것이다. 명백히 당좌계정 공급자는 고객들에게 때때로 제공하는 과금 메뉴에 대하여 조언한다 - 사실 이는 법률상 의무적이다. 그러나 전반적인 과금의 접근법은 부유한 소비자에게 유리하고, 덜 가지고 정보가 적은 소비자에게 벌금을 부과하는 방식으로 작동하고 있다.

BOX 2.1 영국의 인터넷뱅킹 업체간의 가격경쟁

Sainsbury's 은행이 1992년에 당좌계정을 도입하였을 때 잔고에 대하여 6%의 이자를 제공하였다. 이것이 당좌계정이자율 전쟁을 촉발하여, Tesco가 고이자 당좌계정을 출시하여 6.5%의 이자를 제공하였다. 그 당시 Egg가 최고의 이자율을 제공하는 당좌계정 제공자로 5.5%를 지급하고 있었다. 그러나 Egg는 순수 인터넷은행으로 소비자들은 이자율 혜택이 지점네트웍에 접근할 수 없는 불리점을 어느 정도 상쇄할 것이지를 판단하여야 했다.

당좌계정은 점점 '손실리더' - 상당한 마진 잠재력을 가진 다른 상품판매를 유도하기 위한 창구로서 인식되는 상품 - 가 되었다. 사실 전형적인 청산은행이 보유하는 대다수의 당좌계정은 손실을 초래하는 것으로 인식되었다. 이는 고객관계관리(CRM)를 통하여 타 상품을 교차판매할 필요성을 낳았다. CRM은 III부에서 논의된다.

2.6 대출과 신용

대출의 제공은 수천년의 역사를 가진 가장 오래된 금융서비스 중의 하나이다. 어떤 의미에서 소비자들로 하여금 미래소득으로 현재의 소비를 누릴 수 있도록 함으로서 소득조정의 촉진자로서의 핵심적 역할을 수행한다. 그러한 과정은 미래의 초과소득이 과거의 소득적자를 충당하기를 기대하는 환경에서는 완전하게 방어가능하다. 동시에 주택자산모기지와 같이 현재 소득을 초과하는 자산의 구매의 경우 매우 타당하다. 현재의 소비기대와 미래의 소득잉여 간에 대응이 잘못 이뤄질 경우 어려움이 발생한다. 요컨대, 신용공여가능성이 전세계의 주요 관심사이다. 가령 2004년 5월 싱가폴의 Straits Times는 젊은이들의 초과대출의 문제점을 부각한 일련의 보도를 진행하였다.

신용공여 가능성에 더하여 소비경험과 그에 수반한 대출 및 신용 상환 시간의 척도 간의 관계에 관하여 다소 철학적인 우려가 존재한다. 전통적 관점은 단기 대출은 단기 소비에 적용되어야 한다는 것이었다. 그 예로는 휴가를 위한 최장 12개월 상환 대출이나, 의류 구매를 위한 단기 신용 등이 있다. 이들의 추론 결과는 주택 구매 자금 마련을 위한 25년 상환 모기지 같은 장기대출이다. 이들 중간에 자동차 및 가구 등 내구재 구매를 위한 중기대출이 존재한다. 전통적 실무는 대출의 목적(소비 경험의 시간적 척도)과 상환기간 간에 일관성을 추구하였다. 최근 단기 소비를 위하여 장기대출을 획득하는 개인 소비자들로 인하여 이러한 관계가 약화되었다. 사실 Halifax는 BBC라디오 프로그램 Moneybox(2005년 1월29일)에서 고객들로 하여금 추가적인 소비가 가능하도록 최장 6개월의 모기지 상환유예를 제공하는 직접메일을 보낸 것에 대하여 비판을 받았다. 이 촉진에 대한 비판자들은 그것이 이자지불에 미치는 장기적 영향에 관한 투명성의 부족을 우려하였다. 실질적으로 단기적 소비의 즐거움이 장기적 이자지불이라는 비용에 토대를 둔 것이라는 우려가 존재한다.

소비자들은 다양한 대출 및 신용수단에 직면한다. 간단히 말해서 대출이란 특정한 규모의 돈을 개인 및 조직으로 하여금 특정한 항목에 개인적으로 지출하도록 제공하는 것이다. 반면에 신용이란 신용원천으로부터 상품제공자에게 직접 돈이 전달되는 형태의 특정 상품품목의 지출을 위한 자금조달수단이다. 이와 같이 신용에 의한 자금 융통을 통하여 상품을 수령한 소비자는 신용공여자에게 원금과 이자를 지불한다. 주요 대출유형이 표2.3에 나타나있다.

모기지는 간단하고 디자인이나 가격구조가 단순한 상품처럼 보일지 모른다. 실제로 획득가능한 모기지의 범주는 점점 더 복잡 다단해져왔다. 2005년 2월 영국의 Portman은 주택대출 범주에 표 2.4와 같이 11가지의 모기지 상품을 보유하였다.

표 2.3 대출유형

대출 유형	핵심 특징
무담보 대출	안전이 부족한 대신에 상대적으로 높은 이자율
담보 대출	일반적으로 2순위로 차입자의 주택지분을 담보로 함. 담보가 존재함으로 상대적으로 낮은 이자율
모기지	자가주택 구입을 목적으로 하는 대출. 상대적으로 낮은 이자율의 주택을 담보로 한 장기 대출. 영국에서는 대다수 모기지가 기준금리의 변동에 연동하는 변동금리. 다수의 다른 국가에서는 고정금리 모기지의 확정성을 선호.
재모기지	주택소유자가 기존 모기지를 다른 대출자의 모기지로 전환하고자 할 때 적용. 보통 차입자가 다른 대출자로부터 보다 낮은 이자율의 모기지 획득이 가능할 때 발생.
지분 포기 계획 (equity release schemes)	노인들의 주택을 담보로 한 대출. 두 가지 유형으로 하나는 대출자가 이자에 대해서도 주택을 담보로 확보하는 유형과, 다른 하나는 그러하지 않는 유형이 존재.

표 2.4 Portman Building Society 모기지 상품, 2005년

상품	최초 이자율(%)	잔존기간 이자율(%)	전체 비용률(%)	추가 조건
2년 고정	2.35%	6.74%	6.3%	500파운드 승인비
2년 고정	4.48%	6.74%	6.7%	399파운드 승인비
2년 고정 현금반환	4.85%	6.74%	6.7%	500,000파운드까지 가치에 대하여 250파운드 현금반환
3년 고정	4.79%	6.74%	6.7%	499파운드 승인비
3년 고정 현금반환	4.95%	6.74%	6.6%	승인비 없음, 가치산정 무료, 500,000파운드까지 가치에 대하여 250파운드 현금반환
5년 고정	4.89%	6.74%	6.6%	승인비 없음, 가치산정 무료, 500,000파운드까지 가치에 대하여 250파운드 현금반환

상품	최초 이자율(%)	잔존기간 이자율(%)	전체 비용률(%)	추가 조건
5년 고정 현금반환	4.99%	6.74%	6.35%	승인비 없음, 가치산정 무료, 500,000파운드까지 가치에 대하여 250파운드 현금반환
2년 할인	4.48%	6.74%	6.7%	399파운드 승인비
2년 할인 현금반환	4.85%	6.74%	6.7%	승인비 없음, 가치산정 무료, 500,000파운드까지 가치에 대하여 250파운드 현금반환
변동금리 (flexible tracker)	4.99%	5.50%	5.7%	399파운드 승인비, 매일조정 · 월별 계산 이자, 조기상환수수료 없음
2년 기준율 변동금리	4.69%	5.50%	5.7%	399파운드 승인비, 2007년3월 31일까지 이자율부과, 잔고에 대하여 조기상환수수료 4%

소비자들은 상이한 기간, 조건 및 가격의 다양한 모기지를 제공받을 수 있고, 표 2.4는 상대적으로 간단한 상품이 되기 위해서는 무엇이 기대되어야 하는지와 관련된 복잡성을 나타낸다. 기부금, 이자율 및 이자율 지급연기 모기지 등 타 모기지 변형들이 추가되면서 복잡성의 정도는 증가한다.

기업대출 역시 담보부 및 무담보부 둘 다 존재한다. 개인대출과는 달리 기업담보대출은 잠재적 안전의 원천으로 보다 폭넓은 자산을 고려할 것이다. 개인 무담보신용의 주요 형태는 아래와 같다.

- 신용카드
- 상점카드
- 무담보대출
- 신용바우처 및 수표
- 전당 중개
- 주택 신용
- 대월

금세기 들어 지금까지 영국에서 신용의 증가규모는 극적이다. 개인에 대한 총 대출은 2005년에 1조파운드를 상회하였고, 표 2.5에서 보는 바와 같이 성장을 지속해왔다.

담보 및 무담보 신용공여는 영국에서 1994년 이후 극적으로 증가해왔고, 2003년에 총잔액 1조파운드에 도달하였다. 총 대출규모는 모든 성인남성, 여성 및 아동 1인당 17,000파운드의 부채에 달하였다. 달리 표현하면 이 부채규모는 아프리카 및 남아메리카 전체의 외채규모를 초과한다. 소비자 문화가 확산되면서 채무부담의 성장은 다수의 나라에서 발견된다. 영국은행이 발표한 통계는 2003년 가구소득 대비 가구부채의 비율이 네덜란드의 경우 약200%, 영국, 미국 및 호주는 약 140%, 일본은 약 120%, 독일은 100%를 약간 상회함을 나타낸다.

표 2.5 개인에 대한 순대출

구분	금액(백만파운드)			연간변동률(%), 계절조정		
	담보부	무담보부	총계	담보부	무담보부	총계
2002년1월	595,856	142,070	737,927	10.2	14.5	11.0
2003년1월	682,417	157,778	840,195	13.6	15.0	13.9
2004년1월	782,665	167,627	950,292	15.0	13.8	14.8
2005년1월	882,812	183,946	1,066,758	12.5	14.2	12.8
4월	902,964	186,858	1,089,822	11.3	13.5	11.7
7월	924,633	189,367	1,114,001	10.4	12.0	10.7
10월	947,797	191,112	1,138,909	10.1	10.7	10.2
2006년1월	974,582	193,183	1,167,765	10.6	8.7	10.3

자료: Bank of England

2.7 저축 및 투자

2.7.1 배경

저축 및 투자는 대출 및 신용의 상대되는 것이다. 후자는 현재의 소비를 충당하기 위하여 미래의 소득요소를 배분하는 것인데 비하여, 전자는 미래의 소비를 위해 필요한 요소를 충당하기 위하여 현재의 소비를 희생하는 것과 관계가 있다. 이 용어들의 정확한 정의에 대하여 다양한 실무가들 사이에 의견의 불일치가 존재하는 것은 흥미롭다. 생명보험 분야의 한 그룹은 저축을 미래의 일정 시점에 큰 규모의 목돈을 축적하기 위하여 일정 금액의 돈이 정기적으로 일정 형태의 저축계획에 기부되는 과정으로 간주한다. 이러한 축적 과정은 어떤 획득가능한 자산 부류의 대변에 기재되는 기부를 관찰할 수 있다. 자산 부류(asset class)는 은행 및 건축조합 계정과 같은 현금형 저축계정, 혹은 뮤추얼펀드 저축상품과 같은 순수 지분형 상품을 포함한다. 즉 저축되는 것은 기부금이 부어지는 자산부류의 특징이라기 보다 정기적 기부의 과정이다. 실무자 그룹은 투자를 이미 축적된 목돈을 다음 두 가지 중 하나의 목적을 달성하기 위하여 배치하는 과정으로 간주한다. 소득창출 혹은 추가적 자본증가, 다시 말해서 현금에서 지분에 이르는 기초가 되는 자산 부류의 본질이 이슈가 아니다.

대조적으로 전형적인 은행가 집단에서 발견되는 다른 그룹은 저축이란 용어를 동사로 사용하기 보다는 일정 부류의 자산 - 즉 현금형 자산을 설명하는 것으로 사용한다. 반면 투자는 채권, 주식 등의 비현금형 자산 부류에 축적된 자금을 배치하는 것으로 간주한다.

이 책에서는 '저축'이란 용어는 정기적 기부를 통하여 큰 규모의 자금을 축적하는 과정을, '투자'란 용어는 소득이나 추가적 자본증가를 목적으로 목돈을 관리하는 과정을 설명하기 위하여 사용한다.

다양한 연구들이 비록 아무리 보잘 것 없더라도 일정한 형태의 금융자산 제공에 의지하는 개인의 혜택에 대하여 보고하였다. 미국에서는 Page-Adams and Sherraden(1996)은 자산보유의 개인적·사회적 효과 개인적 웰빙, 경제적 안전, 시민행동, 공동체 관여, 여성의 지위, 아동의 웰빙 등을 분석한 25개 연구의 핵심을 검토하였다. 분석 결과는 자산이 인생만족, 우울증 및 알코올 남용의 감소율 등에 미치는 긍정적 영향을 보여주고 있다. 또한 자산이 개인의 자기방향감각 및 미래지향성과 관련이 있다고 지적하였다. Central Provident Fund in Singapore의 긍정적 효과에 대한 논의에서 Waite(2001)는 자산과 보다 높은 여성의 사회적 지위 간에 긍정적 관계가 있다고 지적하였다.

자산보유가 아동 특히 저소득 가정 출신의 아동에게 미치는 긍정적 효과에 대한 증거는 특히 주목할 만하다. 미국은 1998년 독립을 위한 자산법을 도입하였는데 이것은 대다수의 주들이 자산축적 프로그램을 도입하도록 촉진하였다. 이 법의 목적은 저소득 계층에게 소득을 재분배하기 보다는 이들이 자산을 형성하도록 도움으로서 빈곤을 해결하도록 하고자 함이었다.

개인 금융자산의 권장이 사회정책적 목표를 대변한다는 생각은 전 세계적으로 정부의 공감을 샀다. 싱가폴에서는 아동개발 공동저축 제도라는 미국의 IDA와 유사한 제도를 도입하였다. 2001년 4월에 도입된 이 새로운 저축 장려책은 두 가지 요소로 구성되어 있다. 갓난아이 보너스와 아동개발계정(CDA)은 각각 1군 및 2군으로 알려져 있다. 갓난아이 보너스 제도를 통하여 부모는 둘째 아이의 경우 500싱가폴달러, 셋째아이의 경우 1,000싱가폴달러를 받는다. 그 후 5년간 매년 부모는 둘째 및 셋째 아이를 위하여 각각 500싱가폴달러 및 1,000싱가폴달러를 받는다. 따라서 각 가정에 둘째 및 셋째 아이를 위하여 각각 총 3,000싱가폴달러 및 6,000싱가폴달러가 지급된다. 이 제도에 대하여 Sherraden은 아래와 같이 언급하였다.

국내 정책에 있어서, 싱가폴이 지구상에서 가장 혁신적인 국가이다. 갓난아이 보너스와 CDA정책은 미래를 향한 과감하고 긍정적인 조치이다.

또한, 아시아에서 타이완 정부는 2000년 6월 가족개발계정(FDA)을 도입하였다. FDA는 저소득 가정을 대상으로 한 빈곤을 해소하기 위한 정부의 노력의 일환인 대응저축제도이다.

Brynner and Despotidou(2000)의 연구는 미국에서의 금융자산이 인생성과에 미치는 영향에 대하여 발견한 증거를 보강하였다. 그들의 연구는 토니 블레어 영국정부가 아동신탁펀드와 저축수단을 도입하는 결정을 내리도록 하는데 상당한 역할을 하였다. 아동신탁펀드는 2002년 9월 이후 출생한 아동들에게 정부가 일정액 - 저소득가정의 경우 500파운드, 보다 높은 소득의 가정의 경우 250파운드 - 을 제공하는 제도이다. 이 제도는 2005년 4월부터 발효되었는데 사례연구 2.1에서 제공사인 Family Investment의 반응을 설명하고 있다.

이와 같이 저축습관을 장려함으로 부터 얻을 수 있는 혜택이 점차 광범위하게 실현되고 있다. 이 절의 남은 부분은 저축, 투자시장 및 제조자의 본질에 대한 몇 가지 관점을 제공한다.

사례연구 2.1 가족투자 및 아동신탁펀드-공공정책에 대한 민간부문의 지원 사례

아동신탁펀드(CTF)는 자산형 복지분야에서 영국정부의 가장 급진적인 발의이다. CTF의 주요 목표는 모든 어린이에게 18세 성인이 되기까지 저축의 보금자리를 제공하는 데 있다. 2002년 9월1일 이후 태어난 모든 아동과 부모나 후견인은 CTF 제도의 혜택을 받을 수 있다.

CTF의 구조는 다음과 같다. 부모가 아동혜택을 위해 등록하면 250파운드 상당의 바우처, CTF제도를 설명하는 내국수입 책자와 동 혜택을 제공하는 기업 리스트를 받는다. 부모는 아동을 위하여 CTF공급자와 연락하여 CTF계정을 개설하고, 그 공급자에게 바우처를 송부하며, 동 공급자는 특정 CTF계정에 투자하기 위하여 내국수입청으로부터 자금을 요청한다. 이것이 완료되면 부모, 조부모, 혹은 아동의 금융복지에 관여하는 어느 사람에 의해서도 연간 1,200파운드까지의 자발적 저축이 계좌에 추가될 수 있다. 부모가 아동을 위해 계좌를 개설하지 않는 경우 정부가 자동적으로 CTF계좌를 개설한다. CTF계좌에 저축되는 돈에 대해서는 소득세와 자본이득세를 부과하지 않고 주식, 채권, 현금 등 다양한 자산 부류에 투자된다.

이 제도의 핵심 특징은 CTF계좌에 저축된 돈은 아동의 소유이고 그 아동이 18세가 될 때까지 봉쇄된다는 점이다. 아동이 사망하거나 불치병에 걸리는 등 극단적인 경우에만 18세 이전에 돈을 사용할 수 있다.

아동투자기금에 따르면 ;

아동을 위한 면세 저축의 대표적 공급자로서, 아동투자기금은 CTF를 상품범주에의 멋진 추가로 본다.

우리의 시장 분석은 다른 새로운 상품과 마찬가지로 공중이 CTF에 익숙하기까지 시간이 걸릴 것이고, 특히 그것의 보편적 본질 때문에 절반 이상의 부모들이 아동을 위한 저축은 물론 어떤 형태이든 장기적 저축에 생소하다는 것이다. 반면에 2005년 4월 6일에 공식 출범하여 수혜가능성을 소급하여 2002년 9월 1일부터 이루어짐에 따라 160만에 달하는 바우처가 2005년 1분기에 발행되어 CTF제도에 대규모의 시동이 걸리게 하였다.

CTF를 설명하는 종합브로셔를 발행한 국세청의 최선의 노력에도 불구하고, 다수의 부모들이 그들에게 주어진 선택을 혼란스러워 하였다. 우리의 접근법은 우리의 포지션을 다음과 같이 가능한 한 단순하게 하는 것이었다. 첫째, CTF 이해관계자 계좌만 촉진하였는데 이는 18세의 시점이 투자된 돈의 위험과 수익 간에 최선의 균형을 가지는 시기라고 믿었기 때문이다.

둘째, 아동저축시장에 대하여 우리가 가진 역량을 최대한 활용하여 다수의 부모들이 익숙한 Mr. Men 캐릭터를 관련시킨 기존의 마케팅 스타일을 사용하여 부모들에게 적기에 제안을 하였다.

셋째, 저축시장에 처음으로 진입하는 사람들에게 확신을 주도록 인도스먼트 효과를 가져오는 다수의 유명하고 신뢰받는 브랜드와 제휴하였다. 현재 우리와 제휴하는 곳은 Barclays, Sainsbury's Bank, 우체국 등이고, 가족 CTF는 총 18,000개의 번화가 점포를 통해 노출되고, 이를 통해 손쉽게 가장 널리 획득 가능한 CTF가 되었다.

마지막으로, 우리가 생각하기에 이해하기 쉽고 사용하기 쉬운 자발적 저축을 장려하는 다양한 방안을 고안하였다. 우리는 이를 전반적 제도의 핵심적 부분이라고 보았는데, 왜냐하면 제공자로서 우리가 보다 많은 사람들이 저축하도록 돕지 못한다면 제도의 의미가 제한될 것이기 때문이다.

우리의 장기적 목표는 가족 CTF를 Heinz Baked Beans 같이 인식가능하고, 획득하기 쉽고, 사용하기 쉬운 것으로 만드는 것이다. 이들이 아직 초기단계이지만 신호들은 고무적이다.

자료: John Reeve, Chief Executive, Family Investments.

2.7.2 저축

1. 저축계정

소액의 기부로부터 거액을 축적하는 것이 다양한 방법에 의하여 성취가능하다. 저축의 가장 단순한 수단은 전 세계 다수의 국가에서 광범위한 공급자들 - 우체국, 은행, 건축조합, 신협, 영국의 소매상 Sainsbuty와 같은 신규 진입자 등 - 에 의해 제공되고 있는 것과 같은 현금형 저축계정이다. 상품혁신이 최근 수년간 당좌계정과 저축계정 간의 경계를 다소 불분명하게 만든 점이 주목할 만하다. 사실 다수의 고금리 당좌계정이 전통적 저축계정 보다 훨씬 높은 이자율을 제공한다.

전형적 저축계정은 종종 추가적 기부가 보다 임시적으로 이뤄지는 경향이 있다는 점에서, 저축에 대한 다소 수동적인 접근법으로 인식될 수밖에 없다. 직접 출금과 같은 수단들이 저축계정에 정기적으로 입금하는 데 사용될 수 있다는 점에서 이것이 더 이상 표준이 아니다. 현금저축은 저축에 대한 보다 훈련된 접근법을 원하지 않거나, 보다 정교한 미래저축수단에 대하여 숙달되었다고 생각하지 않는 개인들에게 기본옵션의 역할을 할 수 있다.

2. 연금

그때그때 임시적으로 얼마의 현금을 저축계정에 저축하는 것이 저축의 가장 단순한 형태이지만 연금은 저축의 가장 복잡한 형태이다. 사실 연금이란 미래사건에 대비한 저축의 한 형태에 지나지 않는다. 미래의 사건이란 개인의 전임 고용이 종료된 시기를 말한다.

이러한 형태의 저축에 대하여 정부가 인센티브를 부여하는 것이 보통이다. 그 논거는 간단하다: 개인이 자신의 은퇴 후의 필요에 대비하는 정도가 클수록 국가재정 및 납세자의 부담은 작아진다.

연금을 개인적이거나 혹은 직업적인 것으로 개념화하는 것이 관습이다. 전자는 개인을 위하여 그 개인이 가입하는 제도이지만, 후자는 고용주를 위하여 운영되는 집단적 제도이다.

직업연금제도(OPSs)에는 주로 두 가지 유형이 있다: 확정 수령(최종 봉급) 및 확정 기여(화폐 구입)형으로, 확정 수령제도(defined benefit schemes)는 피직원들이 은퇴할 때까지 월급의 일정부분을 연금자격을 위하여 축적하는 것으로 그래서 명칭이 '최종 봉급'이다. 전형적인 제도에서는 연금서비스가 수혜되는 매년마다 피직원은 최종 봉급의 60분의 일에 해당하는 금액을 받을 자격이 있다. 그런 제도를 '60분의 일' 제도라고 부를 수 있을 것이다.

보다 덜 후한 직원은 '80분의 일' 제도를 제공할 수 있을 것이고, 보다 더 후한 기업은 '40분의 일' 제도를 제공할 수 있을 것이다. 일반적으로 연금수혜가 가능한 최대 연수의 제한이 있다. 이는 영국의 경우, 피고용자의 최종 급여의 삼분의 이에 해당하는 연금 상당액이다. '60분의 일' 제도를 가진 기업에서 일하는 개인은 최종 급여의 '삼분의 이'라는 최대 연금액수를 수혜 받으려면 40년을 근무해야한다.

확정 수령제도의 핵심적 특성은 미래의 연금부채를 당면할 리스크는 고용자에게 있다는 점이다. 2000~2003년의 기간 중의 주가의 하락은 다수의 OPS들에게 심각한 자금조달의 어려움을 초래했다. 이러한 이유로 확정 수령(defined benefit)제도에서 확정 기여(defined contribution)제도로 뚜렷이 전환되었다. 후자는 피고용자와 고용자로부터의 납부액이 피고용자의 개인 연금계정에 쌓인다는 점에서 개인연금과 많은 공통점을 가진다. 퇴직하면 피고용자는 퇴직일 현재 그의 개인 펀드의 가치를 토대로 한 연금을 수령하게 된다. 즉 펀드는 납부액의 가치와 납부액이 투자된 자산의 성과를 반영하게 된다. 따라서 리스크가 고용자로부터 피고용자로 이전되게 된다. 이는 고용자의 연금부채가 직원을 위하여 납부된 납부액을 토대로 완전히 면제되기 때문에 고용자에게 통제와 확실성을 부여하는 혜택이 있다. 전형적인 OPS의 경우, 피고용자는 연금제도에 급여의 5%를 납부하고, 고용자는 급여의 7.5%를 납부해야 한다. - 실제 납부액수는 고용자마다 커다란 차이가 있다.

OPSs 내부의 관련된 연금저축제도로 AVCs(Additional Voluntary Contribu-tions)가 있다. 이는 기업의 연금제도(in-house AVCs로 알려져 있음)와 연결될 수도 있고, 독립된 보험회사에 납부되는 별개의 형태일 수도 있다(소위 Free-standing AVCs 혹은 FSAVCs). 내부 AVCs는 일반적으로 한정된 규모의 자금을 저비용으로 제공하며 상대적으로 비탄력적이다. FSAVC는 일반적으로 보다 광범위한 펀드에의 접근을 제공하고, 보다 높은 개인적 통제를 가능하게 한다. 그러나 이러한 혜택은 높은 비용을 수반한다.

개인연금은 확정 기여 OPS제도와 유사한 방식으로 운용된다. 개인이 연금제공자를 선택하고, 그 제공자가 운용하는 펀드들 중 자신이 선택한 펀드에 납부한다. 퇴직일에 그간 축적된 펀드가 연금을 구입하는데 사용되고, 이것이 퇴직 후 소득의 원천이 된다. 이와 같이 개인들은 은퇴 시까지 자신의 궁극적 연금가치를 확실히 알 수 없는데, 이는 그것이 투자성과와 보편적인 연금률의 함수이기 때문이다. 이것이 연금분야에서 발견되는 변형들을 단순화한 것이다. 소득삭감(income drawdown)이나 비과세 일정액의 인출과 같은 제품특성은 언급되지 않았다. 국가별로 현지 세금제도와 법규 및 규칙에 따라 상세한 내용은 매우 다양하다.

3. 저축기부(Savings endowments)

저축기부는 영국에서 생명보험계약을 제공할 권한을 부여받은 기업이 제공하는 정규저축이다. 사실 저축기부를 정의하는 특성은 계약에 명시된 목표만기 이전이라도 고객이 사망할 경우 일괄지급금을 지불할 수 있다는 점이다. 대다수 국가가 이러한 기부유형의 상품을 가지고 있으나 종종 다른 명칭을 사용한다. 가령 독일의 경우 모기지나 생명보험이 상당한 정도의 기부형태를 기반으로 한 상품이다.

영국에서는 이러한 유형의 저축상품 판매가 최근 10년간 급격히 감소하였다. 이러한 감소의 주요 이유는 이 상품이 중요한 역할을 하는 커미션을 받는 직접판매 상인의 감소이다. 동시에 선불부담이 높은 상품의 구조가 그 가치를 떨어뜨렸다는 견해가 증가하였다. 이러한 부담구조는 최초의 납부액이 판매원에 대한 커미션을 포함한 상품 제공비용을 커버하는데 사용됨을 의미한다. 그 결과 납부액과 펀드가치 간의 손익분기점이 최소한 7년 이전에는 도달하지 못하는 상황이 일반적이었다. 이 분기점 이전에는 저축자들은 만약 이 분기점 이전 시점에 사망하였다면 일괄지급금을 받기는 하겠지만, 단순히 저축예금에 저축한 것이 더 나았을 것이다. 사실 이 상품은 높은 조기해지율을 나타내었는데, 이는 높은 초기비용 - 많은 부분이 판매원에 지불된 커미션 - 때문에 고객들이 납부한 것 보다 더 적게 돌려받는 결과를 초래하였다.

저축기부의 변형의 하나는 모기지기부(mortgage endowment)인데, 이는 영국에서 널리 판매된 상품이다. 그러나 그 이름이 시사하듯 이 형태의 저축은 두 가지 역할을 수행한다. 그 하나는 펀드를 축적하는 일인데, 그 것의 가치는 모기지 대부자가 제공하는 모기지 총액에 상응하는 금액만큼을 축적하는 것을 의도한다. 또 하나는 계약만기일 이전에 고객이 사망할 경우 모기지를 전부 상환하는 역할이다. 저축기부와 마찬가지로 모기기기부의 판매도 지난 10년간 급격히 감소하였다. 그 원인은 높은 수수료(커미션지급을 위한)와 사례연구 2.2에서 보는 바와 같이 투자회수율의 급격한 감소에 있다.

사례연구 2.2 영국에서의 모기지기부의 성과

모기지기부는 만기시 부채를 완전히 상환할 수 있도록 전형적으로 25년 이상의 기간 동안 부채에 상당하는 펀드를 축적하도록 설계되었다. 그 기간 동안 차입자는 모기지펀드의 대부자에게 단순히 대부금에 대한 이자만 지급한다. 목표 펀드가치의 달성은 고객의 납부, 펀드성과, 관련 수수료에 달려있다. 예상되는 바와 같이 펀드성과는 불가측성을 대변한다. 영국의 경우 FSA는 추정 미래 펀드성장을 하향조정하였다. 저축기부 및 모기지기부와 같은 생명상품의 경우, 제공기업들이 연간 투자성장률이 5-8%로 나타났다. 그러나 2000년1월부터 2005년1월까지의 기간 중에 FTSE100(자본자산규모로 본 영국의 100대기업의 주가지표)가 약 29% 하락하였다. 이러한 하락과는 달리 모기지기부는 동일한 5년간 약 35%의 펀드성장을 달성하였다. 이는 64%의 성과격차를 낳았다. 이러한 성과격차의 영향은 다수의 저축자가 펀드가치의 하락을 경험하고, 그들의 모기지부채를 상환하는데 불충분한 자금을 가지게 되어 추정만기 가치를 축소시키는 결과를 낳는다. 수천명의 소비자들은 저축기부 제공사로부터 만기에 펀드가치의 적자를 볼 가능성이 있다는 통지를 받았다. 이러한 적자는 기부에 대한 저축납부금을 증액하거나, 혹은 고객이 만기에 다른 기금원천을 찾아서 충당되어야 한다.

부적절한 상황에서 모기지기부가 사람들에게 판매된 다수의 사례가 있다. 이것이 소위 '기부 부정판매 스캔들'로 불리워진 사건이다. Which라는 소비자단체가 특히 이 문제에 대하여 높은 관심을 가졌고, 웹사이트를 개설하여 여기에 소비자들이 자신의 애로를 등록하고 보상요구 문제에 대한 조언을 구할 수 있도록 하였다. 이 웹사이트는 오십만 이상의 히트율을 기록하여 이 문제에 대한 소비자의 우려정도를 잘 나타내었다.

모기지기부는 과거에 그 성과가 좋았다. 특히 세금면제가 부여되어 펀드의 성과가 예상보다 더 높아 고객들이 예기치 않은 횡재를 만났을 때이다. 그러나 오늘날 위험회피성향의, 도박이라고 여겨지는 상품을 싫어하는 소비자들에게는 너무 위험이 높은 상품으로 인식되고 있다.

4. 집단저축(Collective savings variants)

개인들은 하나의 집단저축 제도에 납부함으로써 정기적으로 저축할 수 있다. 그 예는 다음과 같다;

- 단위신탁(뮤추얼펀드)
- 투자신탁
- 개방형 투자제도(OEICS)

다수의 국가에서 정부가 국민의 저축습관을 고취하기 위하여 세제혜택을 부여한다. 영국에서는 ISA(Individual Savings Account)가 그 예이다. 이러한 유형의 저축제도는 주로 세계 주식시장에서 거래되는 주식에 대한 투자를 토대로 한다. 따라서 저축자들은 주가가 오를 수도 있고 내릴 수도 있다는 사실과 그 결과 이 제도가 상당한 리스크를 수반한다는 인식을 토대로 하여 저축한다. 이러한 이유로 이 저축들은 고도의 위험회피자이거나 단기지향적으로 저축하는 소비자에게는 적합하지 않다. 매월 납부함으로써 저축자들은 주가 변동의 영향을 완화할 수 있다. 주가가 하락할 때는 상승할 때보다 일정 납부액으로 보다 많은 수의 펀드단위를 구입할 수 있다. 이 과정을 파운드 - 비용 - 평균화라고 한다.

2.7.3 투자

저자들은 '투자'를 '일괄자금을 자본성장이나 소득창출을 위하여 어떻게 운용할 것인가' 하는 것으로 간주한다. 전형적인 투자수단과 그 토대가 되는 자산들이 표 2.6에 나타나있다.

실물자산에 대한 투자를 언급하지 않고는 투자의 논의가 완성될 수 없다. 다수의 국가에서 주택지분이 국내자산의 많은 부분을 차지한다. 요컨대 주택지분이 영국의 개인금융자산의 가장 중요한 형태이다. 개인들이 연금이나 주식 등 타 투자상품보다 실물자산을 더 선호한다는 증거에서도 나타난 바와 같이, 이것이 오늘날 저축행동의 핵심 동기 요인이다.

표 2.6 투자수단 및 자산

투자수단	기반이 되는 자산
저축계좌	이자를 지급하는 현금저축.
직접지분보유	소득이 배당에서 창출되고, 주가상승이 자본성장을 제공.
단위신탁/뮤추얼펀드	일정범위의 주식시장 및 기업의 공유에 대한 일괄자금의 투자를 통해 리스크가 분산되는 집단 투자 수단. 자산은 실물자산 및 현금 등도 포함.
투자신탁	묶음자산이 폐쇄형 기업을 구성하는 집단투자형태
보험채권	소득채권 혹은 지분성장채권으로 표현되는 지분을 포함하는 패키지투자
기업채권	채권보유자가 채권발행인에게 부여하는 대출. 이자는 쿠폰이라고 불리는 약정이율로 정기적으로 지급. 원금은 약정일에 상환.
국채	기업채권처럼 정부에 부여하는 대출. 기업채권처럼 약정이율로 약정일에 이자와 원금이 지급되거나 상환됨.
프리미엄채권	이자 대신 현금상금이 지급되는 정부에 대한 개방형 무이자 대출.

2.8 생명보험

생명보험이라는 용어가 다소 모호한데 그 이유는 이것이 종종 생명보험산업에 의해 제공되는 상품군을 지칭하는 의미로 사용되고 있기 때문이다. 즉 이는 생명 및 건강보호 및 저축상품, 연금 및 집단투자수단을 포함한다. 표 2.7은 Swiss Reinsurance to the American Council of Life INsurers가 제공한 자료에 의거한 국제생명보험시장(1998)을 나타낸다.

표 2.8은 세계보험시장이 북미, 아시아, 유럽에 의해 장악되고 있음을 생생히 보여준다. 이 대륙들 중에서도 몇몇 국가가 특히 중요하다. SIGMA,

Swiss Re(UK)가 제공한 자료에 의하면 2003년 중 보험료 소득 기준 5대 시장은 미국, 일본, 영국, 프랑스, 독일이다.

생명보험시장은 그 상품이 개인별로 혹은 집단별로 제공되는가에 따라 시장을 세분화하는 것이 일반적이다. 단순히 말해서 전자는 개인소비자 수준에서의 가격이 책정되고 제공되며, 지급되는 보험이다. 후자는 전형적으로 고용자에게 제공되고 모든 직원을 커버하며, 가령 급여의 3.5배에 해당하는 사망보험과 같은 집단 상품이다.

보험상품의 주요 범주는 다음과 같다.

1. 생명보험
   - 전체 생애
   - 동일수준 기간(level term)
   - 감소 기간(decreasing term)
2. 건강보험
   - 치명적 질병
   - 질병 및 장애(영국에서는 영구 건강보험으로 지칭)
   - 민간의료건강보험
   - 장기요양

표 2.7 국제생명보험시장(1998)

구분	보험료(백만$)	세계시장점유율(%)	일인당 보험료($)
북미	368,032	29.1	1,224
남미	10,693	0.9	21
유럽	402,348	31.8	361
아시아	439,020	34.7	24
아프리카	21,668	1.7	27
오세아니아	22,396	1.8	842
총계	1,264,156	100.0	145

표 2.8 대표적 생명보험시장

국가	십억$
미국	480,919
일본	381,842
영국	154,842
프랑스	105,436
독일	76,738

2.8.1 생명보험

명칭이 나타내는 바와 같이 생애전체(whole-of-life)보험은 개방형의 사망 시 약정된 금액의 보험금 지급을 제공한다. 한편 생애기간(term life)보험은 약정기간 이내의 사망 시 약정된 금액을 지급한다. 가령 10년 기간 보험은 10년 이내 사망 시 보험금을 지급한다. 생애전체 보험과 비교하여, 생애기간 보험은 일반적으로 더 저렴하여 상대적으로 낮은 보험료로 더 높은 수준의 커버를 제공한다.

기간보험의 변형은 감소기간보험(decreasing term insurance)이다. 이는 기간 내 사망 시 약정금액을 지급하는데 기간이 경과할수록 그 지급액이 감소한다. 이는 흔히 고객이 소위 자본상환 모기지를 통하여 부채를 서서히 상환하는 경우 그 모기지를 보호하기 위하여 사용된다.

2.8.2 건강보험

치명적 질병 보험은 1970년대 남아프리카에서 처음 고안되었고, 암, 심장, 관상동맥질병 등 생명을 위협하는 치명적 질병이 진단된 경우 약정한 금액을 지급한다. 이는 이 보험상품만 별개로 구입할 수도 있고, 일정범주의 위험으로부터 보호하는 수단으로 기간보험의 하나로 추가적 약정상품으로 구입할 수도 있다.

영구건강보험(permanent health insurance: PHI)은 급성질병이나 만성적 장애로 보험가입자가 일을 할 수 없어 소득을 상실할 경우 이를 대체하기 위하여 제공되는 보험의 하나이다. 이는 특히 자영업자나 고용자로부터 후한 질병관련보험 혜택을 받지 못하는 피고용자에게 중요하다. 최근에는 이 보험이 조기에 은퇴하고자 하는 사름들에 의해서 남용되는 경향이 있다는 주장이 제기되었다.

민영건강보험(private health insurance)은 피보험자에게 의료비용의 충당서비스를 제공한다. 보험회사는 피보험자에게 이미 발생한 의료비를 변상하거나 혹은, 일정액의 한도 내에서 의료서비스 제공자에게 직접 지불한다. 민영건강보험의 본질과 정도는 각 국가별로 국가제공 보험서비스와 밀접하게 관련된다. 가령 영국의 민영건강보험의 범위는 National Health Service(NHS)의 역할을 고려할 때 상대적으로 제한적이다. 반면에, 의료비의 15%만 민영보험회사에 의해 조달되는 영국과는 달리, 미국의 경우는 의료관련 자금조달의 절반 이상이 민영보험회사에 의하여 제공되어 다양한 민영보험부문이 존재한다. 프랑스는 의료비의 약 28%가 민영보험부문에 의해 조달되어 미국과 영국 양 국가의 중간에 위치한다.

장기요양보험(long-term care insurance)은 노인의 장기요양서비스비용을 충당하는 보험이다. 민영의료보험과 같이 이 보험의 수요의 정도는 각 국가의 복지시스템에 크게 달려있다. 영국의 경우에도 스코틀랜드와 웨일즈는 장기요양비를 국가가 부담하나, 잉글랜드는 그렇지 않다.

2.8.3 연금(Annuities)

연금은 일괄자금이 전형적으로 만기가 도래한 연금펀드 자금이 정기적인 소득으로 전환되는 수단을 의미한다. 일단 가입하면 사망 시까지 매월 정기적 소득을 지급한다. 이는 수천 개의 고객 펀드를 일정 수준의 소득에 도달하도록 통합한 개방형 제도이다. 따라서 소비자들(연금가입자들)은 퇴직 후 금방 사망할 경우 그 잉여자금이 전체 풀에 잔존하게 되기 때문에 자신의 연금펀드를 상실할 위험이 존재한다. 예상하는 바와 같이, 사람들이 점점 장기저축과 관련하여 그와 같은 리스크를 부담하기를 꺼리기 때문에 이는 논쟁을 가중시키는 문제가 되고 있다.

지불가능한 연금수준은 연금지불이 시작되는 연령, 성별, 건강상태 등의 변수의 함수이고, 보험계리에 의해 결정된다.

2.9 손해보험

간단히 말해서, 생명보험은 장기간(아마도 생애전체 기간 동안)의 계약기간 동안 사람이 사망하거나 질병을 가질 때 혜택을 제공하는 반면, 손해보험은 유무형의 비인적 자산에 대한 리스크와 관련한 혜택을 제공한다. 손해보험의 전형적 범주는 아래와 같다.

- 자동차
- 자산
- 개인 소유물
- 책임
- 재무적 손실
- 채권자
- 해양, 항공, 육상 수송
- 사고 및 건강

손해보험은 일반적으로 보험료가 12개월치를 충당할 수 있게 지불되는 연간계약으로 이뤄진다. 즉 커버가 12개월 경과시점에 종료되고, 커버를 유지하기 위하여 고객은 보험을 다음 12개월을 위하여 갱신하거나 다른 보험제공자로부터 커버를 모색해야 한다.

손해보험은 생명보험보다 더 가격민감도가 높아 매우 경쟁적인 시장이다. 영국의 경우 매우 다양한 부문으로 남아있다. 2004년에 손해보험을 거래할 수 있도록 허가받은 613개의 기업이 존재하였다. 호주는 보험규제당국인 APRA에 따르면, 인구는 영국 인구의 삼분의 일 수준인데 2005년 현재 약 112개의 손해보험 회사가 존재한다.

자동차보험은 매우 경쟁적이 되었고, 전화와 인터넷이 거래수단으로 사용되면서 가격지향적인 시장에서의 경쟁정도를 심화시켰다. Box 2.2는 상대적으로 덜 알려진, 그러나 상당히 중요한 재보험에 대하여 논의한다. 이는 생명보험 및 손해보험 모두와 관련이 있다.

BOX 2.2 재보험-그것은 무엇이며 어떻게 작동하는가?

▶ 서론

간단히 말해서, 재보험은 보험제공자를 위한 보험이다. 명백한 질문은 사업이 리스크를 부담하는 보험회사가 왜 자사가 수취한 리스크의 일부를 보험에 부보하기를 희망하는가? 하는 것이다.

보험회사가 보험계약을 제공하는 리스크에 대하여 가격을 설정할 때 보험회사는 미래 청구금액을 추정하기 위하여 과거의 보험청구 자료와 추세를 검토한다. 보험에 대해 매긴 보험료가 리스크에 상응하는 수준인지 여부에 대하여 확신을 갖기 위하여 보험인수자들에게 의존한다. 그러나 가격설정이나 인수절차가 적절히 수행되었다고 하더라도, 이것이 보험비즈니스 포트폴리오가 수익을 낳을 것이라고 보장할 수는 없다.

본질상 보험비즈니스는 예측불가하고, 청구 건수나 평균 청구 규모에 있어서 혹은 둘 다에 있어서 무작위 변동이 포트폴리오의 수익성에 큰 영향을 미친다. 재보험은 이러한 변동의 원천으로부터 보험사의 포트폴리오를 보호함으로써 보다 안정적인 청구경험을 제공할 수 있다.

▶ 재보험은 어떻게 작동하는가?

보험비즈니스의 포트폴리오는 대체로 유사한 리스크(커버하는 사건을 토대로 말해서)를 커버하는 다수의 보험증권으로 구성된다. 보험에 가입된 이벤트가 발생하면 보험사는 보험가입자에게 지급할 채무가 발생하고, 재보험은 이 채무에 영향을 미치지 않는다. 재보험은 재보험계약에 따라 보험사에게 각 청구금액의 일부를 변상함으로서 작동된다. 이 계약은 아래의 사항을 명세화해야 한다.

- 재보험 계약이 적용되는 보험증권 그룹
- 계약 당사자의 권리와 의무
- 각 청구금액의 어느 정도의 부분이 재보험가입자에게 지급될 것인가
- 재보험료의 계산방법

계약이 성립되고 어느 보험증권이 동 계약에 의해 커버되는 그룹에 속한다면, 보험사는 그 비즈니스를 재보험에 부보하고 재보험사는 그 비즈니스를 수용할 의무를 가진다.

▶ 계약의 유형

계약들은 비례적이거나 혹은 비비례적이다. 비례적 계약(proportional treaty) 하에서는 보험사와 재보험사간에 모든 청구가 동일한 비례로 분담된다. 이는 종종 쿼타분담재보험(quota share reinsurance)이라 칭해진다. 이는 예상보다 더 잦은 청구빈도나 예상보다 더 높은 평균 청구금액의 영향을 약화시킨다. 쿼타분담재보험이 일반적인 세 가지 상황이 있다.

1. 보험사가 새로운 사업라인으로 진출하거나 동 라인에 경험이 전무하거나 부족한 경우이다. 재보험사는 종종 지식과 가격자료나 경험을 가지고 있어 보험사에게 도움을 줄 수 있고, 보험사의 리스크 노출정도를 제한하는데 도움을 줄 수 있다.
2. 보험사가 청구의 변동을 줄이고, 고정비를 분산하기 위하여 비즈니스 포트폴리오를 증가시키기를 희망할 경우이다. 그러나 동사는 자본의 제약에 직면할 수 있다(규제당국이 제시하는 지급능력 요건). 리스크의 일부를 재보험 가입함으로써 보험사는 동일한 규모의 비즈니스를 유지하는데 필요한 자본을 감소시킬 수 있고, 따라서 보다 큰 규모의 비즈니스를 부보할 수 있다.

3. 재보험사가 낮은 자본비용을 가질 경우이다. 이는 재보험사가 초과잉여자본을 가지거나, 보험사보다 더 낮은 이익률을 수용하거나, 보험사와 동일한 규모의 리스크를 커버하기 위하여 보유해야 할 자본규모에 대하여 규제상의 유리점이 존재할 경우이다. 후자는 종종 재보험사가 보험사보다 더 큰 규모의 리스크 풀을 가지거나 그 결과 더 낮은 클레임 변동을 가질 경우이다. 따라서 규제당국은 재보험사로 하여금 동사의 보험 카운터파트보다 불리한 클레임 경험에 대하여 더 낮은 마진을 유지하도록 요구할 것이다.

보험사의 클레임 빈도가 예상된 바와 같더라도 평균 클레임규모가 예상보다 크다면, 클레임 경험은 여전히 초라한 것이다. 이는 모든 클레임이 예상보다 비슷한 규모로 더 높거나, 혹은 대규모의 클레임이 불균형적 건수로 존재하거나 하는 이유로 발생한다. 비비례적 재보험은 대규모 클레임의 불균형적인 발생건수의 영향으로부터의 효과적인 보호를 제공한다.

비비례적 계약하에서는 재보험사가 계약에 정의된 한도를 초과하는 모든 클레임 금액을 변상한다. 이 한도는 '보험사의 보유력'이라고 불리우고, 종종 계약으로 커버되는 모든 증권에 동일하게 적용된다. 재보험사에 의해 커버되는 총 클레임 중의 몫이 클레임마다 변동됨으로 그 명칭이 '비비례적'이다. 비비례적 계약은 종종 '초과' 혹은 '손실초과 계약'이라 불리기도 한다.

재보험사가 변상할 금액의 한도가 존재하기도 한다. 이 한도에 도달할 경우 보험사는 클레임의 나머지 부분을 스스로 충당하거나, 재보험사 이상의 추가적인 재보험 층이 존재할 수 있다.

또 다른 유형의 비비례적 계약이 보험사를 재앙의 영향으로부터 보호할 수 있다. 재앙은 '대규모 건수의 클레임을 초래하는 단일 이벤트'로 정의된다(가령 2001년의 9/11, 2002년의 유럽 홍수, 2005년 허리케인 카트리나). 재앙적 초과손실 계약 하에 일단 하나의 재앙으로 초래된 클레임이 일정 수준(보유 수준)을 초과할 경우, 재보험사는 보험사에 변상하게 된다. 일반적으로 재보험사가 변상하는 금액에는 일정한 한도가 있다. 이 한도에 도달하면 보험사는 클레임의 나머지 부분을 스스로 충당하거나, 재보험사 이상의 추가적인 재보험 층이 존재할 수 있다.

▶ **재보험시장**

세계적 재보험시장은 보험료가 천억파운드 이상인 보험을 차지한다. 이는 생명보험 및 손해보험 둘 다 커버한다. 최상위 5대 글로벌 보험사는 Munich Re, Swiss Re, Faraday, Transatlantic, 및 XL Re이다.

최상위 5대 생보사는 Munich Re, Swiss Re, GE Insurance Solutions, XL Re, 및 Revios이다. 2006년부로 발효되는 Swiss Re의 GE Insurance Solutions 매입은 Hannover Re를 최상위 5대 생보사에 포함시키는 결과를 가져왔다.

자료: Will Adler, Head of Marketing, Munich Reinsurance.

2.10 요약 및 결론

이 장은 금융서비스 제공에 관여하는 다양한 범주의 기관들에 대하여 개요를 설명하였고, 이 기관들이 제공하는 상이한 유형의 상품을 소개하였다. 이를 통해 금융서비스 마케팅이 발생하는 배경이 제공되었다. 금융서비스는 다수의 상이한 기관에 의해서 제공되고, 전통적으로 특정 기관은 특정 서비스, 가령 은행은 은행서비스에 특화하였다. 점점 전 세계적으로 이러한 기관 간의 경계는 해소되기 시작하였고, 기관들은 계속 그들의 유형(가령 은행, 보험회사 등)을 토대로 정의되지만, 그들은 더욱 더 다양한 범주의 금융서비스를 제공한다.

'금융서비스'라고 표현되는 상품들은 다수이고 다양하다. 이 장은 이 상품들이 어떻게 작동하는가에 대하여 단지 간략히 소개하였다. 이 상품들은 매우 다른 금융욕구에 부합하기 위하여 설계되었고, 다수의 상품은 고도로 복잡하다. 따라서 다수의 실제적, 잠재적 고객들이 이 상품들을 이해하기 어렵다고 생각하는 것이 놀랄 만한 일이 아니다. 3장에서 추가적으로 설명될 것이지만, 상품의 복잡성이 중요한 마케팅 도전을 창출한다.

복습문제

1. 출입구 상품(gateway product)란 무엇을 의미하는가? 귀하는 당좌계정이 귀국의 시장에서 어느 정도 그런 역할을 잘 수행한다고 생각하는가?
2. 은행 및 보험부문에서 새로운 형태의 경쟁자로부터 기업고객들이 어떤 방법으로 혜택을 받는가?
3. 귀국에서 기술혁신이 상품공급과 서비스 전달에 어떤 영향을 미쳤는가?
4. 귀국 정부는 국민들이 미래를 대비하여 저축하도록 어떤 인센티브를 부여하는가?

CHAPTER 03

금융서비스 마케팅 서론

3.1 서론

3.2 금융서비스의 정의

3.3 제품과 서비스의 차이

3.4 금융서비스의 독특한 특성

3.5 마케팅 도전

3.6 서비스 분류

3.7 요약 및 결론

chapter 3 금융서비스 마케팅 서론

학습목적

이 장을 다 공부한 후 귀하는
- 일반 서비스와 특히 금융서비스가 제품과 어떻게, 왜 다른지 파악하고,
- 이 차이들의 마케팅 실무에 대한 시사점을 이해하며,
- 서비스들이 분류되는 방법과 이 분류 안에서 상이한 유형의 금융서비스의 위치를 이해하게 될 것이다.

3.1 서론

마케팅은 소비자 욕구를 만족시킴으로써 사업성과를 개선하는 데 초점을 둔 비즈니스적 접근이다. 따라서 이는 자연히 외부에 초점을 둔다. 그러나 마케팅은 단순히 소비자에만 초점을 둘 수는 없다. 좋은 마케터는 경쟁자를 알고 그들의 활동을 이해해야만 한다. 고객이 원하는 것을 제공하고, 이를 경쟁자보다 더 효과적으로 수행하기 위해서는 자사 조직 스스로가 무엇을 잘하는지, 보유한 자원과 역량이 무엇인지, 고객을 만족시키기 위하여 이들을 어떻게 전개할 것인지를 잘 이해해야만 한다. 일반적으로 마케팅과정 및 활동(환경분석, 전략계획, 광고, 브랜딩, 제품개발, 경로관리 등)들이 모든 조직에 관련되기는 하지만, 일반 서비스, 특히 금융서비스는 다수의 다른 물리적 제품과 다르다는 점을 우리는 인식해야만 한다. 그 결과 마케팅과정에서의 주의할 초점이 다를 것이고, 마케팅활동의 실행도 다를 것이다. 코카콜라에 잘 맞는 광고는 아마도 Aetna에는 적합하지 않을 수 있고, 포드자동차에 사용되는 판매전략이 씨티은행 단위신탁에는 맞지 않을 것이다.

이 장의 목적은 서비스 및 금융서비스가 물리적 제품과 어떻게 다른지를 살펴보고, 이 상이함이 마케팅과정에 주는 시사점을 탐구할 것이다. 이 장에서는 우선 금융서비스를 정의한다. 그리고 마케팅관점에서 제품과 서비스의 차이를 검토한다. 이 논의를 기반으로 하여 다음 절에서 금융서비스의 구분되는 특성과 그 마케팅 시사점을 설명할 것이다. 그리고 금융서비스 마케팅의 지침으로 사용될 수 있는 몇 개의 본원적 원리들을 확인하며, 마지막으로 서비스 분류를 검토하고, 그들의 금융서비스에 관한 관련성을 생각해볼 것이다.

3.2 금융서비스의 정의

2장에서 논의한 바와 같이 금융서비스는 개인, 조직 및 그들의 금융에 관련된다 - 즉 그들은 특히 사람들의 무형자산(돈 혹은 부)에 관련된 서비스이다. 이 용어는 종종 은행서비스, 보험(생명 및 손해), 주식거래, 자산관리, 신용카드, 외환, 무역금융, 벤처캐피탈 등의 범주를 폭넓게 아우르는 의미로 사용된다.

이러한 상이한 서비스들은 상이한 욕구들을 충족시키기 위하여 설계되었고 다수의 상이한 형태를 띤다. 그들은 흔히 제공자와 소비자 간에 공식적(계약적) 관계를 필요로 하고, 전형적으로 일정 수준의 고객맞춤(기본적 은행 계정의 경우 매우 제한적이지만, 벤처캐피탈의 경우에는 꽤 높은 수준)을 필요로 한다.

이와 같이 다양한 상품과 함께 대두되는 마케팅 이슈들은 다음과 같다.

- 어떤 금융서비스는 매우 단기적이고 (가령 주식 매매), 다른 것들은 매우 장기적이다(모기지, 연금).
- 상품들의 복잡성 정도가 다양하다; 개인소비자를 위한 기본적 예금계정은 상대적으로 단순한 상품으로 인식될 수 있고, 레버리지드 바이아웃(leveraged buy-out)을 위한 금융구성은 고도로 복잡하다.

- 고객들이 그들의 욕구와 이해수준의 면에서 다양할 것이다--기업고객들은 그들이 구매하고자 하는 금융서비스 유형에 대하여 상당한 전문능력과 지식을 보유할 가능성이 있고, 다수의 개인고객은 매우 단순한 상품도 혼란스럽게 인식할 수 있다.

그러한 다양성과 다수의 상이한 유형의 금융서비스를 고려할 때, 금융서비스 마케팅에 관하여 일반론을 제시하는 것이 어렵게 보일 수 있다. 사실 모든 마케팅 도전들이 모든 유형의 금융서비스와 관련되는 것은 아니다. 마케팅은 금융서비스가 제기하는 도전들을 이해하고 특정 조직, 특정 서비스 및 특정 고객이라는 환경에 적합한 창의적이고 현명한 접근방법을 찾아내는 일이다.

3.3 제품과 서비스의 차이

금융서비스는 무엇보다도 서비스이고 따라서 물리적 제품과 다르다. 다른 많은 사물들처럼 서비스는 종종 인지하기는 쉬우나 정의하기는 어렵다. 초기의 서비스 마케팅에 관한 논의에서 Rathmell(1966)은 제품과 서비스 간에 단순하면서 기억하기 쉬운 구분을 제시하였다. 그는 '제품'은 명사이고 '서비스'는 동사이다 - 제품은 사물이고 서비스는 행동이라는 사실을 인식해야한다고 제안하였다.

그러나 아마도 기억할 만한 최초의 정의는 Gummesson(1987)에 의해 제시되었다.

> 서비스는 사고 팔 수 있는 어떤 것이다. 그러나 그것을 귀하의 발아래 떨어뜨릴 수는 없다.

본질적으로 서비스는 과정 혹은 경험이다 - 귀하는 은행계좌, 휴일, 혹은 극장으로 여행을 하기 위해서 자동차, 컴퓨터, 혹은 청과물 한 가방을 소유하는 것처럼 소유할 수는 없다. 물론 우리는 서비스에 관하여 소유물로 이야기할 수는 있으나(나의 은행계좌, 나의 휴일, 혹은 나의 극장티켓), 그 서비스를 실제로 소유하는 것은 아니다. 은행계좌는 계좌 제공자에 의해 우리를 대신하여 수행되는 다양한 금융거래를 가질 권리를 나타내는 것이고, 휴일티켓은 수송, 숙박, 레저활동의 혼합품을 경험할 권리를 우리에게 부여하는 것이다. 즉 명백한 소유권의 표시에도 불구하고, 금융서비스 그 자체는 관습적 개념으로 볼 때 소유물이 아니다(어떤 저자에 의하면 서비스의 소유권 부재는 물질적 제품과 서비스를 구분하는 핵심요소이다). 은행계좌 명세나 휴일티켓은 사실 단순히 특정 경험 혹은 과정에 대한 '자격의 증빙'일 뿐이다.

대다수의 물리적 제품은 서비스를 제공하기 위하여 존재하고, TV에 의해 제공되는 오락 혹은 세제에 의해 제공되는 세탁은 은행계좌를 이용하거나 극장에 가는 것과 같은 과정이라고 주장할 수 있다. 이러한 주장 그 자체에 대하여는 반박할 사람이 그다지 없을 것이다. 그러나 그것이 제품과 서비스를 구분하는 것의 가치를 자동적으로 떨어뜨리지 못한다. 우리가 다수의 물리적 제품에서 서비스 요소를 인식할 수 있지만, 소유권의 차이는 존재하고 서비스의 경우에는 과정 혹은 경험의 요소가 더욱 크다.

그들의 가장 공통적으로 지적되는 특성 - 서비스는 형체가 없다 - 에 이르게 하는 바, 서비스는 현저히 경험적이라는 사실이다. 즉 그들은 물리적 형체가 없고, 구매하기 이전에 보거나 접촉하거나 전시될 수 없다. 그 결과 고객들은 구매결정을 내린 후에만 서비스의 진정한 본질을 알 수 있다. 사실 고객이 서비스 경험을 소비하기를 원하기 이전에는 서비스는 존재하지 않으며, 이것이 서비스의 또 다른 특성이다 - 불가분성(inseparability). 서비스는 생산되는 동시에 소비되며 종종(항상은 아님) 소비자의 면전에서 이루어진다. 이 특성의 특별한 결과는 서비스가 소멸적이라는 점이다 - 그것들은 저장될 수 없다. 고객들의 서비스 욕구가 상이하고, 서비스 소비가 고객과 제공자의 상호작용을 수반한다는 사실이 물리적 제품의 경우보다 품질의 이질성(heterogeneity)의 잠재력을 더 크게 만든다.

서비스의 구분되는 특성을 유형화하는 이러한 접근법은 가끔 IHIP(Intangi-bility, Heterogeneity, Inseparability, Perishability)라는 두문자로 표현되기도 한다. 이는 서비스 마케팅에서 널리 사용되고 있기는 하지만 최근 비판을 받고 있다. 가령 Lovelock and Gummesson(2004)은 그 프레임웍이 심각한 약점을 가진다고 주장하였다. 그들은 무형성(Intangibility)이 애매모호하다고 주장한다. 많은 서비스가 상당한 유형적 요소와 상당한 유형적 결과를 수반한다. 이질성은 다수의 물리적 제품에서 존속하고, 서비스의 경우에는 시스템과 과정의 표준화의 결과로 감소되고 있으므로 제품과 서비스를 구분하는데 그다지 효과적이지 않아 보인다. 불가분성은 비록 중요하기는 하지만, 점점 증가하는 수의 서비스들이 원거리 생산이 가능해지고 그 결과 실제로 분리가능하게 되었으므로 제품과 서비스를 구분하는 능력이 없어 보인다. 이와 유사하게 어떤 서비스들은 소멸적이지 않으며, 어떤 제품은 소멸적이라고 주장된다. 따라서 Lovelock and Gummesson은 IHIP가 제품과 서비스를 적절하게 구분하지 못한다고 제안하였다. 그들은 대신 소유권의 존재여부에 초점을 둘 것을 주장하고 서비스는 다른 형태의 렌탈(물리적 제품, 장소 혹은 공간, 전문능력, 설비, 네트웍)에 관여한다고 주장하였다. Vargo and Lusch(2004)는 유사한 비판을 제기하였고, IHIP가 제품과 서비스를 구분하지 못한다는 사실을 강조하였다.

IHIP가 비판의 여지는 있지만 그것이 아마도 서비스 마케팅에서 지배적인 패러다임이고, 이것이 현명하게만 사용된다면 제품과 서비스의 차이를 이해하는데 여전히 유용한 프레임웍으로 생각된다. 다음 절에서 IHIP의 각 특성이 금융서비스와 관련하여 보다 자세히 분석될 것인데, 현 시점에서 서비스와 물리적 제품을 단순히 정반대되는 것으로 보는 것은 오도할 가능성이 있다는 점을 강조하는 것이 중요하다. 두 가지 유형의 상품 구분을 지속하기를 추구하면서, 다수의 서비스 마케터는 한쪽의 극단에 고도로 무형적인 서비스(금융자문, 교육, 컨설팅 서비스)가 존재하고, 또 다른 극단에 고도로 유형적인 제품(커피, 스포츠화, 부엌용품)이 존재하는 제품 - 서비스 연속체의 존재를 인식한다. 이 연속체의 중간에 서비스와 유사한 다수의 제품들(자동차)과 제품과 유사한 다수의 서비스들(패스트푸드)이 존재한다. 하지만 Grónroos(1978)는 제품과 서비스 간에 근본적인 차이가 존재한다는 인식을 흐리게 할 잠재성 때문에 이러한 인식에 비판적이다. 그는 학계와 실무계에서 상이한 마케팅 접근법의 필요성을 인식할 수 있도록 보다 더 예리한 구분을 유지하는 것을 제안한다. Box 3.1에서 보는 바와 같이 이 아이디어는 서비스 마케팅의 존재를 인식해온 기간만큼 오랜 기간 동안 인식되어왔다.

BOX 3.1 G Lynn Shostack--'제품 마케팅으로부터의 탈출'

Lynn Shostack이 Journal of Marketing에 1977년 발표한 논문은 서비스 마케팅 발전에 있어서 형성적인 논문의 하나이다. Shostack은 제품 마케팅에서 서비스 마케팅으로 전환한 마케팅 실무가들이 경험한 문제들에 착안하는 데서 시작하였다. 마케팅 학계에서는 이러한 상황 하의 마케팅 실무를 지도할 프레임웍을 미처 갖지 못하였다. Shostack의 응답은 서비스의 수정적 특성이 아닌 근본적 특성으로서의 무형성의 중요성을 강조하는 것이었다--그녀는 아무리 많은 물리적 증거라 할지라도 오락이나 자문과 같이 근본적으로 형체가 없는 어떤 것을 형체가 있는 어떤 것으로 바꿀 수 없다는 것에 주목하였다. 서비스는 소유물이라기보다 경험이다.

물론 물리적 제품도 서비스를 제공하지만, 이 양자 간의 구분은 자동차와 항공서비스의 예로 설명된다. 둘 다 수송서비스를 제공하지만 전자는 근본적으로 형체가 있으나 무형적 측면을 아울러 가지고, 후자는 형체가 없으나 유형적 측면을 아울러 가진다. 자동차는 수송을 제공하지만 또한 고객이 소유할 수 있는 것이다. 항공서비스 역시 수송을 제공하지만 소유권적 요소는 없다.

이렇게 Shostack은 우리가 제품과 서비스를 극단적 무형체로부터 극단적 유형체로 이루어진 연속체 상에 존재하는 것으로 보아야한다고 주장하였다. 그녀는 핵과 몇 층의 외부요소로 구성되는 상품의 분자모델로 이 프레임웍을 지지하였다. 핵은 소비자에게 제공되는 핵심 편익을 나타내고, 단층들은 상품이 소비자들에게 획득가능하게 되는 방식들--가격, 유통, 마케팅 커뮤니케이션에 의한 포지셔닝 등을 포함--을 나타낸다. 항공여행의 핵은 현저하게 무형적이지만 자동차의 핵은 현저하게 유형적이다.

마지막으로 Shostack은 그녀의 분석이 주는 마케팅 시사점을 생각하였다. 그녀는 서비스의 추상적 본질이 마케팅 과정으로 하여금 구체적이고 비추상적인 이미지 혹은 소비자에게 이해하기 쉬운 서비스의 유형적 표현을 제공할 수 있도록 서비스의 표시를 필요로 한다고 지적하였다. 반면에 소비자들이 제품을 보고, 그리며, 느낄 수 있기 때문에 그러한 유형적 이미지는 덜 중요하고, 그러므로 마케팅 프로그램이 소비자의 주의를 끌기 위하여 추상적 아이디어나 이미지에 더 집중할 수 있다.

자료: Shostack, G. L.(1977), Breakinf Free from Product Marketing, Journal of Marketing, 47, 73-80.

3.4 금융서비스의 독특한 특성

앞에서 서비스가 물리적 제품과 다른 영역의 일부에 대하여 소개하고, 금융서비스의 기본적 특징의 일부에 대하여 소개하였다. 이 절에서는 서비스의 특성을 보다 자세히 살펴보고 특히 그들의 금융서비스 상황에서의 시사점을 살펴본다. 아래에서는 무형성을 서비스의 가장 중요한 특성으로 간주한다. 무형성이 불가분성을 유도하고, 이는 다시 소멸성과 이질성을 낳는다. 마지막으로 특히 금융서비스에 관련된 추가적인 세 가지의 특성 - 수탁책임, 소비기간 및 우발적 소비 - 을 소개하고 그들의 마케팅 시사점을 논의한다.

3.4.1 무형성

서비스는 과정 혹은 경험임으로 무형성이 일반적으로 서비스를 제품과 구분시키는 핵심 특징으로 인용된다. 실제로 이는 서비스가 감지할 수 없음을 의미한다 - 그것들은 실체적인 물리적 형태가 없고 따라서 보여질 수도, 만져질 수도, 전시될 수도, 느껴질 수도, 구매 전에 시용될 수도 없다. 한 고객이 특정 서비스, 가령 예금계좌를 구매할 수 있다. 그러나 전형적으로 구매의 결과로 전시될 만한 물리적인 실체가 없다. 어떤 경우에는 서비스는 Bateson(1977) 등이 표현한 것처럼 '정신적 무형성'이라고 특징지어질 수도 있다 - 즉 그들은 복잡하고 이해하기 어렵다.

고객의 관점에서 이러한 특성은 중요한 시사점을 가진다. 물리적 무형성(감지할 수 없음)과 정신적 무형성(복잡성)은 서비스가 경험과 신용의 질에 의해 전적으로 특징지어진다는 것을 의미하고, 이들은 경험한 경우에만 평가할 수 있거나, 혹은 경험한 이후에도 평가할 수 없는 속성들을 설명할 때 사용되는 표현들이다. 반면에 물리적 제품들은 탐색품질(search qualities)에 의해 압도적으로 특징지어지는데, 이는 구매 전에 평가될 수 있는 속성들을 말한다. 즉 자동차의 잠재구매자는 시험주행을 해 볼 수 있고, TV의 잠재구매자는 영상의 질을 평가해볼 수 있으면, 의류 구매자는 구매 전에 몸에 잘 맞는지와 스타일을 확인해볼 수 있다.

이와 비교하면 금융자문사에 의해 제공된 서비스는 그 서비스가 경험된 후에야 진정으로 평가될 수 있고, 이는 고객으로 하여금 실제 구매결정을 내렸을 때 무엇을 취할 수 있는지에 대하여 진정으로 알지 못하는 문제점을 안고 있다. 고객의 관점에서 더욱 어려운 점은 서비스의 품질을 평가할 수 없다는 점이다. 많은 서비스의 기술적 복잡성이 소비자들이 받은 서비스에 대한 평가를 방해할 수 있다. 전문가적 지식의 결여는 다수의 소비자가 그들이 받은 금융자문서비스의 품질을 평가할 수 없다는 것을 의미하고, 단지 가장 열광적인 투자광들만이 특정 펀드매니저가 특정 시장에서 최선의 투자의사 결정을 하였는지 진정으로 판단할 수 있을 것이다.

물론 궁극적으로 소비자는 금융자문사 혹은 투자매니저를 포트폴리오 혹은 특정 상품의 성과를 토대로 평가할 수 있다고 주장할 수 있을 것이다. 그러나 어느 서비스에서든 부적당함이 밝혀지는 데 시간이 걸리고, 특정 결과가 발생하더라도 - 가령 자산포트폴리오의 가치가 하락 - 소비자가 이 실패가 잘못된 자문에 기인한 것인지 아니면 예측불가능한 시장의 문제인지 어떻게 확실히 알 수가 있겠는가? 이와는 대조적으로, PDA나 TV와 같이 상대적으로 복잡한 제품의 경우 품질에 대한 가시적인 명시가 존재하는데(PDA에 의해 저장되고 불러올 수 있는 정보, TV화면에 의해 보여지는 영상), 이는 소비자에게 평가할 수 있는 무언가 유형적인 것을 주고 잠재적으로 원인과 결과 간의 관계에 대한 명확한 아이디어 - 저품질의 영상이 TV세트의 성과에 관한 문제점을 가장 잘 대변할 수 있다 - 를 제공한다.

전반적으로 경험과 신뢰의 질의 압도성은 금융서비스 소비자들이 무엇을 제공받을 것인가에 대하여 확신하지 못한다는 것을 의미하고, 그 결과 구매결정을 할 때 상당한 정도의 지각된 위험을 경험할 가능성이 크다는 것을 의미한다. 따라서 금융서비스 마케팅은 구매 과정을 손쉽게 하는 방법에 특히 주안점을 둘 필요가 있다. 아래의 사항들은 금융서비스 마케팅이 꼭 갖추어야 할 중요한 이슈들이다.

1. 물리적 증거 혹은 상품의 물리적 표현을 제공하는 것이 중요하다. 물리적 증거 자체는 서비스와 직접 관련된 아이템의 형태(보험가입에 동반되는 보험증서)를 띠거나, 혹은 서비스가 제공되는 환경(은행이 점유하는 최상의 지역의 웅장한 구내)일 수 있다. 물리적 증거를 대체하거나 보완하는 것은 유형의 이미지를 창조하는 것이다. 가령 '씨티은행 - 돈이 거하는 곳', 혹은 잠재고객에게 물리적 선물을 주는 것 등이다.

2. 서비스의 혜택을 특히 강조하는 것이 중요하다 - 고객들은 모기지 자체를 원하는 것이 아니라 집을 소유하기를 원한다. 고객들은 저축계좌 자체를 원하는 것이 아니라 아이들의 교육비를 지출할 수 있기를 원한다. 즉 말레이시아의 한 은행인 Maybank는 플래티넘 비자카드를 홍보하면서 그 카드로 구입한 한국산 도자기를 제시하였다. 이와 유사하게 홍콩에서 HSBC는 PowerVantage란 은행 서비스를 '귀하가 인생에 대하여…… 귀하의 돈에 대하여…… 귀하의 시간에 대하여…… 귀하의 기회에 대하여 보다 높은 보답을 받을 수 있도록 돕는'이란 슬로건으로 촉진하였다.
3. 다른 고객으로 하여금 그 서비스의 옹호자가 되도록 권장하거나, 적절한 인도스먼트를 찾거나 서비스 보장을 제공함으로써 지각된 위험을 감소시키고 소비자로 하여금 구매 결과에 대하여 불확실성을 적게 느끼도록 만드는 것이 중요하다. 가령 State Bank of India Mutual Fund는 잠재고객들에게 자사가 State Bank of India에 연관되어 있음을 강조함으로써 - '인도 최고의, 최대 은행' - 확신감을 불러일으켰다. 미국에서 US Bank는 '타 은행들은 훌륭한 서비스를 약속합니다. US Bank는 그것을 보장합니다.라는 슬로건으로 자사를 홍보하였다.
4. 소비자들로 하여금 그들이 받는 것이 적절한 품질일 것이라고 확신할 수 있도록 신뢰와 신용을 구축하는 것이 중요하다. 다수의 금융서비스 기관이 자사의 오랜 역사 - 자사가 수 백 년 영업했다는 사실이 신뢰도와 신용도를 나타낸다는 것 - 를 강조하기 위하여 특별히 노력한다. 미국에서 Bank of America의 프라이빗 뱅킹 조직은 신뢰도 제고를 위하여 자사의 오랜 역사를 강조하였다 - '150년 이상, Private Bank는 부자의 선택을 위한 조언자였습니다'. HSBC나 Axa Insurance는 고객들로 하여금 그들의 돈과 사업이 안전할 것이라는 확신을 주기위하여 자사의 전세계적 커버리지와 규모를 강조하였다.

3.4.2 불가분성

하나의 과정 혹은 경험으로서의 서비스의 본질은 서비스가 분리·불가능함을 의미한다 - 동시에 생산되고 소비된다. Zethaml and Bitner(2003)가 아래와 같이 언급하였다.

대다수의 제품이 먼저 생산되고 그 후 판매되고 소비되는데, 대다수의 서비스는 먼저 판매되고 그 후 생산과 소비가 동시에 이루어진다.

특정 서비스는 특정 고객이 그것을 구매하고 경험하려고 할 경우에만 제공될 수 있다. 즉 금융자문 그 자체는 만약 특정한 요청이 제기될 경우에만 제공될 수 있다. 그 요청이 제기될 때까지 그 자문은 존재하지 않는다 - 자문사의 마음속에 구체화된 잠재적 자문이 존재할 뿐이다. 서비스의 제공은 전형적으로 물리적 제품의 경우보다 더 높은 정도로 소비자의 관여를 필요로 한다. 완전히 표준화된 서비스가 거의 없음으로 소비자로부터 최소한의 투입은 필요와 욕구에 관한 정보일 것이다. 가령 투자자문사는 자문을 수행하기 전에 최소한 소비자 개인의 위험에 대한 태도와 자본증가를 위한 투자를 원하는가 혹은 소득을 위한 투자를 원하는가에 대하여 알 필요가 있다. 많은 경우 고객으로부터의 투입은 더욱 더 광범위할 필요가 있다. 고객이 적극적으로 개입하고 제공자와 상호작용함으로 서비스는 종종 상호작용적 과정이라고 표현된다. 이 상호작용이 전통적으로 마주 대하여 이뤄져왔지만, 전화와 정보통신기술의 발전으로 점점 많은 수의 고객과 제공자 간의 상호작용이 원거리에서 이뤄지고 있다.

서비스의 상호작용적 특질의 결과 서비스가 수행되는 방법이 실제 서비스 그 자체만큼 고객들에게 중요할 수 있다. 한 금융서비스 제공자의 직원은 이 과정에서 특히 중요할 수 있다. 직원은 고객이 가장 많이 관여하는 그룹으로서 고객의 서비스 경험에 대한 평가에서 결정적인 역할을 할 수 있고 실제로 한다.

마케팅 관점에서 불가분성은 흥미로운 도전을 제기한다. 서비스 제공의 상호작용적이고 불가분적 특질을 감안할 때 아래의 이슈들이 특히 중요하다.

1. 서비스 전달의 과정이 명확하게 상술되고 고객지향적이도록 확실하게 하여야 한다 - 사실 서비스는 조직에 맞추기보다 고객에게 맞춰 설계되어야 한다. 가령 다수의 은행들이 상품전문가, 즉 특정 상품에만 전념하는 직원을 소유하는 것을 선호하는 경향이 있다. 그러나 특정 기업으로부터 복수의 서비스를 소비하는 한 고객은 한 명의 개인과 상대하기를 선호할 가능성이 크다. 뉴질랜드의 Westpac Banking Corporation은 기업고객에게 초점을 두고 '귀하의 모든 은행서비스 욕구를 위하여 하나의 번호를 제공합니다'라고 제안하였다. United Overseas Bank of Malaysia는 '귀하는 단 한사람만 상대하시면 됩니다'라고 강조하면서 자사의 'Privilege'라는 은행 서비스를 촉진하였다.
2. 서비스 제공에 관여하는 모든 직원들이 고객지향적 접근법의 중요성을 인식하고, 고객과의 상호작용에서 감응적이고 탄력적이 되도록 권한을 위임받았는지 확실히 할 필요가 있다. 미국의 Pacific Crest Savings Bank는 고객들에게 아래와 같이 확신을 심어준다.

   의사결정 권한을 위임받은 직원에 의해 최고의 고객 서비스가 제공됩니다. Pacific Crest 서비스 보증은 고객들이 약속된 높은 수준의 서비스를 받을 것을 보장합니다.
3. 제공하는 서비스의 품질을 제고하는 방향으로 고객들의 관여를 손쉽게 하는 방법을 찾아야 한다. 이는 고객으로부터 어떤 정보가 필요한지를 결정하는 일과 같이 단순할 수도 있고, 혹은 고객의 책임에 대하여 개요를 말하고 설명하는 일 등으로 확대될 수도 있다. 대다수의 금융서비스 제공자는 고객 책임의 개요를 설명하는 사용용어를 가지고 있는데, 종종 이들은 법적 서류형태로 제시되어 고객들이 자신들의 책임을 진정으로 이해하는 정도를 제한할 수도 있다.

3.4.3 소멸성

서비스들이 생산과 소비가 동시에 이루어진다는 사실은 또한 그것들이 소멸적임을 의미한다. 서비스는 소비자들이 구매하기 원할 때만 생산될 수 있고, 수요가 적거나 없을 때 서비스 생산자는 수요가 높을 때 판매하기 위하여 잉여 서비스를 제조할 수도 없다. 서비스는 소멸적이고 재고로 저장될 수 없다. 특정 날짜에 투자자문사의 시간이 사용되지 않았더라도 다음 날에 초과 용량을 제공하기 위하여 저장될 수 없다. 은행의 창구직원이 고객이 없는 조용한 시간을 가진다고 하더라도, 고객이 몰릴 경우에 대비하여 그 시간을 저장해둘 수 없다.

이러한 소멸적 특성은 마케팅을 수행하는 데 있어서 획득 가능한 용량을 최대한 사용할 수 있도록 수요와 공급을 관리해야만 하는 과업을 던져준다. 특히 고려해야할 이슈들은 아래와 같다.

1. 특정 금융서비스에 대한 소비자 수요에 현저한 정점과 저점이 있는지 평가할 필요가 있다. 가령 은행 지점들은 점심시간에 특히 바쁠 가능성이 있고, 조세자문사는 연말이 세금 납부일이 가까워지면서 정점을 경험할 가능성이 높다.
2. 정점시기에 수요를 줄이고 저점기에 수요를 늘리는 메커니즘을 제공할 필요가 있다. 가령 조세자문사는 조세 납부기일 이전에 자신의 서비스를 이용하는 고객에게 할인 수수료를 적용하는 것을 검토할 수 있다.
3. 수요의 변동성이 수용될 수 있도록 서비스 용량을 조정할 기회가 있는지 평가할 필요가 있다(작업 패턴을 변화시키든지 일정 정도의 기계화를 통하여). 다수의 은행들은 고객수요가 높은 시점에 서비스 용량을 증대시키기 위하여 파트타임 직원을 고용하고, 대면서비스를 위하여 대기하는 것을 대체하여 ATM이 표준적인 은행서비스를 신속히 제공한다.

3.4.4 이질성

생산과 소비의 불가분성이 서비스의 네 번째 특성을 낳는데 변동성 혹은 이질성이 그것이다. 서비스의 변동성은 두 가지 방향으로 해석될 수 있다. 첫째 해석은 서비스들은 표준화되지 않는다는 점이다 - 서로 다른 고객들이 서로 다른 서비스를 원할 것이고 경험할 것이다. 이러한 변동성의 원천은 고객들이 서로 다른 욕구를 가진다는 사실에 기인한다. 매우 단순하게(가령 저축플랜에 투자하기로 소비자가 선택한 금액), 혹은 매우 복잡한(가령 대규모 인수를 시도하는 기업에 대한 공인회계사, 컨설턴트, 은행가의 자문) 서비스는 다양한 방식으로 그러한 욕구에 맞춤화할 것이다.

변동성의 둘째 해석은 경험된 서비스는 고객마다 상이하고(본질적으로 유사한 욕구를 가진 경우에도), 특정 고객에게 있어서도 시점마다 변동할 수 있다. 사실 이러한 유형의 변동성은 변화하는 고객욕구 때문에 발생하는 것이 아니다. 그것은 주로 고객과 서비스 제공자 간 상호작용의 특질의 결과이고, 서비스 제공자의 통제를 벗어나는 이벤트에 의해 영향 받을 수 있다.

변동성의 첫째 원천은 고객욕구의 차이에 대한 반응으로서 쉽게 이해할 수 있다. 마케팅에 있어 명백한 시사점들은 아래와 같다.

1. 서비스 과정은 상이한 욕구에 적응하기에 충분할 만큼 탄력적일 필요가 있고, 고객욕구가 다양할수록 그리고 고객 기대가 높을수록 탄력성의 필요는 더 커진다. 가령 중소기업을 대상으로 한 기업금융은 오랜 역사를 가진 지역 소기업의 욕구와 주로 해외시장에서 판매활동을 하면서 급성장하는 바이오기술 기업의 욕구를 수용할 필요가 있다. 마찬가지로 주식중개회사들은 주식을 간헐적으로 소규모로 사고파는 개인뿐 아니라, 시장을 추적하고 자주 대량으로 주식을 거래하는 주거래자를 대상으로 자사의 서비스를 적응시킬 필요가 있다.

2. 서비스 과정이 필요한 시점에 필요한 정도로 적응될 수 있도록 하기 위하여 상이한 욕구와 상황에 대응할 수 있도록 직원들에게 권한이 위임되는 것이 점점 중요해지고 있다. 전형적으로 이는 이론의 여지가 없는 서비스 수정이 고객을 직접 접하는 직원에 의해 처리될 수 있도록 서비스 시스템을 분권화하고 권한을 위임하는 것을 의미한다. 가령 중소기업을 대상으로 한 정상적 대출조건에 대한 모든 요청된 변화들이 반드시 본점의 승인을 필요로 하지 않는다는 점에서 은행은 대출권한의 상당범위를 고객관리자에게 위임할 필요가 있다.

둘째 형태의 변동성은 서비스 유형상의 변동성이라기보다 소비자가 받는 서비스 품질 수준의 변동을 나타냄으로 보다 많은 문제점을 제기한다. 본질적으로 이러한 형태의 변동성은 불가분성 및 개인적 상호작용의 중요성의 결과로 발생하고, 외부 이벤트의 영향도 받는다. 즉 고객들도 상이하고 서비스 제공자들도 상이하다. 고객이 접하는 직원은 기계가 아닌 사람이고 다른 모든 사람들과 마찬가지로 어떤 범주의 기분과 감정을 경험할 것이다. 개인간(직원 개개인 간) 및 개인 내(어느 날과 다른 날)에 차이가 발생한다. 주초에 행복하고 여유를 느끼며 긍정적인 고객관리자에 의해 제공된 서비스는 긴 하루의 말미에 두통을 느끼고 존중받지 못하는 느낌을 받은 동일한 고객관리자에 의해 제공된 서비스보다 확실히 좋을 것이다.

소비자 측면에서 고객이 자신의 욕구를 명확히 표현하지 못하면 서비스 경험 간에 품질의 변동성이 역시 발생한다. 고객들이 욕구와 환경에 대한 적절한 정보를 적극적으로 제공할 의사가 클수록, 그들이 기대하는 양질의 서비스를 제공받을 가능성이 높아진다. 자신의 위험선호, 투자목적, 나머지 포트폴리오의 특성 등을 명확하게 설명할 수 있는 고객들은 단지 '괜찮은 수익'을 줄 투자에 대한 조언을 요청하는 데 그치는 고객에 비하여 더 좋은 자문을 받을 가능성이 크다.

품질에 대한 개인적 요인의 영향에 더하여 서비스 제공자의 통제를 벗어나고, 전반적 서비스 경험과 서비스 상품의 품질에 중대한 영향을 미치는 다수의 요인들이 있음을 인식하는 것이 중요하다. 가령 투자펀드의 성과는 펀드 매니저가 변경할 수 없는 광범위한 거시경제적 요인들에 의해 영향을 받는다. 2000년대 초반의 주가 폭락은 다수의 개인연금 및 지분 기반 투자상품의 성과에 중대한 부정적 영향을 미쳤으나, 이 상품을 제공한 기관의 즉각적 통제 밖에 있었다(다수의 영국계 금융서비스 제공자들이 주가의 지속 상승을 전제로 하여 고객 기대를 상승시킨 점에 대하여 이 사건 이후에 비판을 받았다).

개인적 상호작용 및 통제 불가능한 외부 요인이 낳을 수 있는 것은 고객들이 서비스에서 상당한 변동성, 때로는 불만족스러운 경험을 경험했다고 느끼는 것이다. 이러한 변동성을 다루기 위하여 서비스 마케터는 아래의 이슈들에 특히 유의할 필요가 있다.

1. 좋은 서비스를 제공하고 접근법상의 일관성을 장려하기 위하여 직원들을 동기부여하고 보상할 필요가 있다. 좋은 고객서비스의 중요성을 강조하는 내부마케팅 캠페인이 그 일환이다 - 마찬가지로 중요한 것이 직원들을 대하고 보상하는 방식이다. 단순히 특정 고객서비스 에이전트가 텔레뱅킹서비스를 위하여 전화건 횟수를 토대로 한 보상 메커니즘은 고객의 욕구를 적절히 해결하기 보다는 가능한 신속히 통화를 끝내게 하는 인센티브를 창조할 가능성이 높다.
2. 서비스 제공자가 사용할 대화 문안을 파악하든지 혹은 고객에게 정보를 공유하도록 특별히 요청하는 마케팅 커뮤니케이션을 통하여 고객들로 하여금 욕구를 가능한 한 명확하게 표현하도록 설득하는 방식을 파악하는 것이 필요하다. 서비스의 온라인 제공 및 온라인 견적의 증가가 고객이 제공할 필요가 있는 정보 유형을 구조화하고 분명하게 함으로

써 이 과정을 도우고 있다 - 최소한 보험 견적 및 표준 대출과 같이 보다 간단한 금융서비스를 위하여.

3. 한 서비스가 소비자 관점에서 상대적으로 단순하다면 품질의 변동성을 제한하기 위하여 기계화하는 것을 검토할 필요가 있다. ATM 및 인터넷을 통한 셀프서비스 금융이 이러한 기계화 과정의 한 예이며. 자동화된 텔레뱅킹도 다른 예이다.
4. 한 서비스가 고객들에게 어떻게 제시되는지 조심스럽게 검토할 필요가 있다. 상품의 성과에 영향을 미칠 수 있는 요인들을 밝힐 수 있다. 다수의 지분 기반 상품들은 고객들에게 투자의 가치가 오를 수도 있고 내릴 수도 있음을 알리지만, 종종 그러한 경고가 작은 글씨체로 제시되고 있어 고객들이 이를 읽는지 혹은 이해하는지에 대하여 논란이 있다. 기업들이 상품의 품질을 나타내는 방식으로 과거의 성과지표에 의존하는 경우가 많은데 이들은 미래성과의 지표로 사용하기에는 신뢰할만하지 못하다는 사실에도 불구하고 말이다. 더욱이 기존 연구는 과거 성과 정보가 제시되는 방식이 위험의 지각과 소비자선택에 중대한 영향을 미친다고 시사하고 있다.

3.4.5 수탁 책임

수탁책임이란 금융서비스 제공자가 펀드관리 혹은 고객에게 제공하는 금융자문과 관련하여 지는 암묵적 책임을 말한다. 비록 모든 사업이 소비자에게 제공하는 상품의 품질, 신뢰성, 안전에 대한 책임을 지지만 특히 금융서비스 제공자에게 이 책임이 더욱 크다. 그 이유로 아래의 두 가지 설명이 가능하다.

첫째, 다수의 소비자는 금융서비스를 이해하기 어렵다고 생각한다. 금융서비스에 대한 이해는 상당한 수량적 사고능력, 개념적 사고 및 흥미를 필요로 한다. 다수의 소비자는 금융서비스를 이해할 수 없거나 혹은 이해하려고 하지 않는다. 가령 최근 영국의 FSA를 대신하여 수행된 한 연구는 응답자의 20%가 인플레이션과 이자율의 관계를 이해하지 못했으며, 이러한 몰이해는 젊은층, 저소득층에서 더 높게 나타났다. 소비자는 적절한 금융서비스를 받기 위하여 전문가 - 은행, 투자회사, 보험회사, 금융자문사 등 - 에게 의존하며, 어떤 소비자들은 가족, 친구, 동료 등 참조그룹에 의존한다.

둘째, 다수의 금융상품의 '원재료'는 소비자의 자금이다. 따라서 대출상품을 제조하고 판매함에 있어서 은행은 대출을 받는 사람에게 책임이 있을 뿐만 아니라 동시에 그 대출을 가능하게 한 예금자에게도 책임을 진다. 마찬가지로 보험은 보험가입자들의 위험을 풀링한 것을 토대로 한다. 위험을 지고 (보험을 판매) 클레임에 대하여 지불할 때 보험회사는 관련 개인들뿐만 아니라 모든 다른 보험가입자에게도 책임을 진다.

따라서 다수의 금융서비스 기관은 구매자에 대한 책임만을 고려하기보다 공급자에 대한 책임도 고려해야 한다 - 사실 공급자의 욕구를 고객의 욕구보다 우선해야 할 필요가 있다고 볼 수도 있을 것이다. 가령 한 보험회사는 기존의 자동차보험 고객에 대한 책임 때문에 고위험을 가진 것으로 판단되는 다른 고객의 요구에 응할 수 없다고 생각할 수도 있다. 마찬가지로 한 차입자에게 대출하는 것이 그 차입자로 하여금 더욱 큰 부채 부담만 지우는 것으로 우려된다면 은행은 그 차입자에게 대출을 하지 않기로 결정할 수 있다. 실제로 이러한 책임을 충분히 인식하지 못한 결과 영국의 경우 신용카드회사가 채무를 갚을 가능성이 낮은 개인에게 신용카드를 발급한 데 대하여 심한 비판이 있었다.

마케팅 관점에서 이는 특정 상품(대출, 보험, 신용카드 등)을 구매하기 원하는 고객과 그들의 위험도가 너무 높다고 판단되기 때문에 거절하는 기관의 유별난 문제를 나타낸다.

수탁책임의 이슈를 인식하기 위하여 아래의 이슈들을 고려하는 것이 필요하다.

1. 상품이 적격이 아닌 고객을 표적으로 하지 않도록 하기 위하여 세분화, 표적화, 포지셔닝 과정을 검토할 필요가 있다. 사려깊은 표적화는 잠재고객으로 하여금 상품이 자신에게 적합한지 판단하도록 도울 수 있다. 시장세분화가 명확하다면 이는 상대적으로 간단한 과정일 수 있다 - 가령 자동차 보험회사 'Sheilas Wheels'는 여성운전자를 표적으로 하는 보험회사라는 점을 명백히 한다. 시장세분화가 더욱 복잡하면 옳은 소비자그룹을 표적화하기가 더 어려울 수 있다.
2. 금융서비스를 고객에게 판매하는 직원은 고객에게 적합하지 않은 상품을 판매하지 않을 책임이 있다는 것을 분명히 알 필요가 있다. 영국에서 금융서비스 부문에서 가장 심각한 손상을 입은 경험 중의 하나는 지불할 능력이 없거나 필요로 하지 않는 사람들에 대한 개인연금의 판매였다. 그 스캔들이 밝혀졌을 때 보상금 및 명성의 추락으로 동 산업에 수십억 파운드의 비용을 초래하였다.

3.4.6 우발적 소비

상품에 소비한 돈이 직접적 소비 혜택을 가져오지 않는 것이 다수의 금융서비스상품의 특징 중 하나이다. 경우에 따라서는 그것이 미래에 소비기회를 창출할 수 있거나 혹은 경우에 따라서는 구매한 소비자 개인에게 결코 유형적인 소비를 낳지 않을 수도 있다. 현재 소득에서 돈을 저축하는 것은 동일한 규모의 현재 소비를 줄이고, 다수의 사람들에게 현재의 소비는 저축보다 더 즐길 만하다. 어떤 개인에게는 퇴직시 합리적인 연금펀드를 구축하기 위하여 요구되는 기여의 수준이 필요한 동기부여를 제공하기에 너무 높은 소비의 즐거움을 포기하도록 요구한다.

손해 보험의 경우, 대다수의 고객들은 그 서비스의 다양한 측면을 소비하기를 원하지 않는다 - 보험증권에 대하여 클레임을 제기할 일이 없기를 희망할 것이다. 이와 유사하게, 생명보험의 경우에 사망 시에만 지불이 일어난다는 점에서 소비자들은 계약의 재무적 혜택의 수령자가 결코 될 수 없다. 물론 양자 모두의 사례에서 소비자들은 보험가입한 이벤트에 대하여 클레임을 제기할 능력 이상을 구입한다. 그들은 마음의 평화와 보호를 구입한다. 그러나 후자의 두 가지 혜택은 특히 무형적이고, 소비자들은 여전히 그들이 지불한 가격에 비하여 받는 혜택에 대하여 의문을 가지게 된다.

그러한 우발적 소비는 경험되지 못할 혜택을 위하여 현재의 소비재 및 서비스의 소비를 줄이는 무형적 상품을 판매하고자 하는 마케팅 관리자에게 중대한 도전을 제기한다. 우발적 소비의 이슈를 다루기 위하여 아래의 사항들이 도움이 될 것이다.

1. 상품과 관련된 혜택이 분명하게 의사전달 되어야 하고, 그것도 가능한 한 유형적 형태로 이루어져야 한다. 장기 저축플랜 (연금을 포함하여)을 위한 마케팅전략은 미래 소비와 관련된 상당한 혜택과 즐거움을 제시하는 한편, 현재의 소비를 줄이는 데서 오는 손실이 미미하다고 제시하도록 노력해야만 한다. 이와 유사하게 보험 제공자는 보험가입자에게 그들이 피부양자의 재무적 웰빙과 자산의 보호를 할 만큼 충분히 사려 깊었다는 마음의 평화라는 혜택을 받을 수 있다는 확신을 주어야 한다.
2. 보다 장기적으로 설계된 상품의 매력을 증가시키는 상품 설계에 관련된 이슈들이 고려되어야 한다. 가령 지불에 있어서의 다소의 탄력성, 지불을 잠정적으로 중지할 능력, 단기 회수를 할 능력 등은 정기적으로 저축할 능력에 대한 소비자의 우려를 줄이는 데 도움이 된다.

3.4.7 소비의 기간

금융서비스는 고객과의 계속적인 관계를 수반(당좌계정, 모기지, 신용카드)하거나, 혹은 혜택이 실현되기까지 시차가 존재(장기저축, 투자)하기 때문에 대부분 장기적이거나 장기적일 잠재성이 있다. 거의 대부분의 경우 관계는 조직에 고객정보를 제공하고 고객들로 하여금 다른 제공자로 전환하는 것을 막는 역할을 하는 고객과의 유대관계 형성의 기회를 창출하는 계약적인 것이다. 고객과 제공자 간의 장기 관계는 제공자가 고객에 대하여 가지는 정보의 양에 의해 보강된 상당한 정도의 교차판매의 잠재력을 창출한다. 그러나 그러한 관계가 혜택이 되고 교차판매 기회가 작동되기 위하여 조직은 관계를 활용해야만 한다 - 고객을 수년간 무시했다가 그 고객들이 추가 구매하기를 기대하는 것은 비효과적이다.

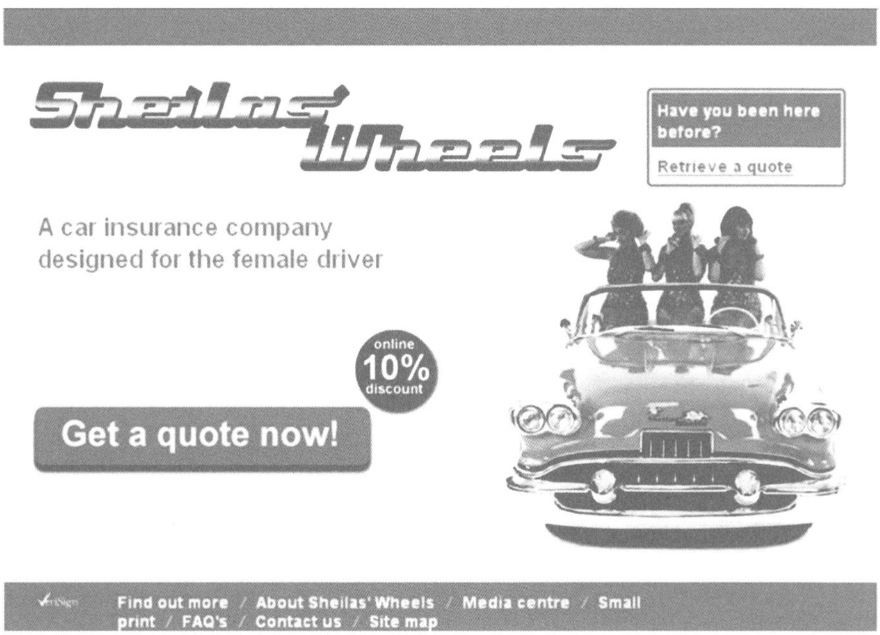

<그림 3.1> 'Sheilas Wheels' 자동차보험사가 표적시장의 특성을 분명히 하다

마케팅관점에서 이는 아래의 영역들에 유의해야 함을 시사한다.

1. 관계들을 조심스럽게 관리할 필요가 있다. 상품이 장기적이면 조직과 고객 간에 정기적 접촉이 긍정적 관계를 유지하는 데 도움이 될 수 있다. 상품이 지속적인 것이라면(가령 모기지) 정기적 커뮤니케이션이 아마도 상품의 필수적 요소일 것이나 고객접촉의 형태가 적절하도록 조심스럽게 관리되어야 한다. 양자 모두의 경우 교차판매의 기회가 존재할 것이나 상이한 많은 상품으로 고객에게 융단폭격하는 것은 소수의 상품으로 조심스럽게 표적화하는 것보다 덜 효과적일 수 있다.
2. 적절하게 충성도에 대하여 보상할 준비를 할 필요가 있다. 조직이 유지하고 싶은 가치있는 고객은 그렇게 대우해야 한다.
3. 고객 프라이버시를 존중하고 고객과 관련하여 수집된 데이터는 적절히 관리되어야 한다.

3.5 마케팅 도전

앞의 토론에서 서비스 마케터들에게 닥친 마케팅 도전들을 파악하였다. 이 토의에서 가장 흔히 상기되는 주제는 사람의 중요성 및 서비스 전달과정의 관리방법이다. 물리적 제품에 대한 토론과 달리 조직으로부터 고객에 이르는 커뮤니케이션(광의의 개념)에 관여하는 전통적 형태의 마케팅에 그다지 중점을 두지 않았다. 이는 보다 전통적인 형태의 마케팅이 관련성이 없음을 시사하는 것이 아니라 그들이 매우 관련성이 있으나, 서비스 마케팅에 똑같이 중요한 다른 차원의 마케팅이 존재한다는 것이다. 이는 〈그림 3.2〉에서 보는 바와 같이 Philip Kotler에 의해 잘 요약되어 있다. 서비스 마케팅은 서비스의 본질과 속성을 제시하는 외부 마케팅(조직으로부터 고객으로)을 필요로 한다. 그것은 또한 서비스를 전달하기 위하여 직원들이 동기부여되고 정보를 가질 수 있도록 하는 내부 마케팅을 필요로 한다. 물론 고객과 직원 간의 상호작용적 마케팅 역시 모든 서비스 상호작용 동안 발생한다. 여러 관점에서 고객과 접촉하는 모든 서비스 조직 직원들은 스스로의 마케팅 역할을 발견할 것이다. 핵심 서비스의 내재적 품질이 중요하지만, 서비스가 전달되는 방식 또한 중요하고, 서비스 상호작용의 특질도 전반적 경험에 대한 고객의 평가에 중대한 영향을 미친다.

3.6 서비스 분류

지금까지의 토론을 토대로 할 때, 물리적 제품과 서비스 간에 많은 중요한 차이가 존재함이 분명하다. 그러나 앞에서도 강조되었듯이 이 차이들은 절대적 차이로 존재하기 보다는 연속선상의 점들과 같다. 우리가 서비스로 분류하는 것의 연속선에서도 상이한 유형의 서비스들 간에 상당한 다양성이 존재한다. 많은 마케팅 활동들이 상황 의존적이라고 주장해왔다는 점에서 이러한 변동성에 대하여 토론하지 않으면 안된다. 결국 상이한 특성을 가진 서비스들은 상이한 유형의 마케팅 문제를 제기할 것이다.

이 이슈를 인식하는 것은 다수의 서비스 마케터들로 하여금 마케팅활동에 추가적인 지침을 제공하기 위하여 체계적인 분류를 모색하도록 만든다. 사실 이러한 과정은 서비스 마케팅 초기로 거슬러 올라간다. 그 결과 분류체계가 많고 다양하지만 아래와 같이 구분된다.

- 전문 서비스 및 기타 서비스
- 개인 고객 및 조직 고객
- 인간 기반 및 장비 기반 서비스
- 고 고객접촉 및 저 고객접촉 서비스
- 공공부문 및 민간부문/영리 및 비영리

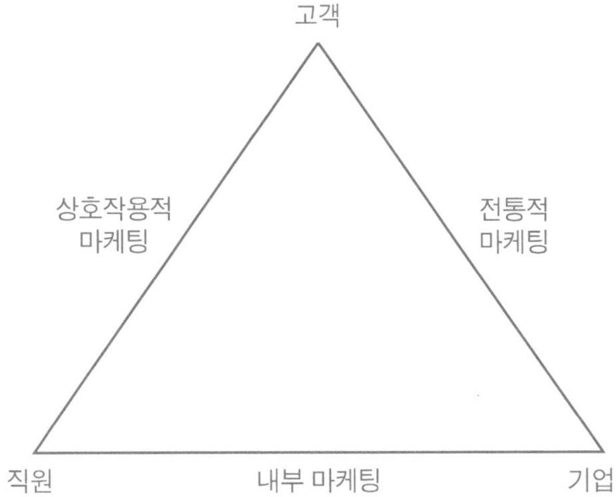

<그림 3.2> 서비스 마케팅 삼각형

아마도 가장 종합적인 서비스 분류의 하나가 Lovelock(1983)에 의해 시도되었다. 그는 5가지의 상이한 분류체계를 제시하였다.

1. 서비스 활동의 본질(유형 혹은 무형의 활동에 관여하는지) 및 서비스 수령자(인간 혹은 사물)
2. 서비스 제공자와의 관계의 본질(공식 혹은 비공식) 및 서비스가 연속적 혹은 불연속적으로 제공되는지 여부
3. 핵심 서비스에서의 표준화와 고객맞춤의 정도 및 직원들이 서비스 전달 시에 개인적 판단을 요하는 정도
4. 수요에 부응하는 용량(어려움이 있는지 혹은 없는지) 및 수요의 변동 정도
5. 고객과 서비스 제공자 간 상호작용과 취급점포 수

Lovelock의 최초 프레임웍의 난점은 분류를 위한 5가지 상이한 시스템을 도출하였는데 특정 상황에 어느 분류를 사용하는 것이 가장 좋은지 항상 명

확하지는 않다는 점이다. 최근에 Lovelock and Yip(1996)이 아래와 같이 구분한 보다 더 간단한 분류를 제공하였다.

1. 사람을 직접 대상으로 한 서비스인 인간 프로세싱 서비스(건강관리, 헬스, 수송) 및 서비스가 소비되기 위하여 소비자가 반드시 있어야 하는 서비스
2. 사람들의 소유에 가치를 추가해주는 데 주안점을 둔 서비스(장비수선 및 유지, 창고보관, 드라이클리닝)인 소유 프로세싱 서비스. 이들은 서비스 제공자가 그 소유물에 접근이 가능해야 하지만 완전한 서비스의 전달을 위하여 반드시 소비자가 있어야만 하는 것은 아닌 서비스
3. 정보를 수집하고 관리하며, 전달을 통해서 가치를 창조하는 서비스인 정보 프로세싱 서비스. 명백한 예로 미디어산업, 정보통신, 컨설팅, 및 대다수의 금융서비스가 있다. 어떤 경우에는 불가분성이 중요하지만(컨설팅, 금융서비스), 물리적 상호작용에 덜 의존하기 때문에 원격 전달의 잠재성이 높은 서비스

금융서비스는 본질적으로 개인의 자산을 향한 것이기 때문에 그런 점에서 그들은 부분적으로 소유 프로세싱 서비스일 수 있다. 어떤 금융서비스는 한 사람을 향한 것이다(조세자문, 금융자문). 대다수 금융서비스는 정보로서 효과적으로 제시될 수 있고 원격전달이 가능하다는 점에서 정보기반으로 인식되어질 잠재성이 있다. 가령 개인이 호주에 있는 ATM을 사용하여 독일의 은행계좌로부터 현금을 인출할 수 있다. 이는 호주의 은행시스템을 사용하여 현금인출이 가능할 만큼 충분한 잔고가 있다는 정보가 호주 은행에 전달될 수 있고, 호주 은행은 독일 은행에 의해 적절한 금액을 이전받기 때문에 가능하다. 6장에서 보는 바와 같이 다수의 금융서비스가 본질적으로 정보 프로세싱 서비스라는 생각은 서비스를 국제적으로 경영하는 데 중요한 시사점을 던져준다.

3.7 요약 및 결론

물리적 제품, 서비스, 혹은 그 둘의 결합이든, 모든 상품은 소비자에게 기능적 및 심리적 혜택의 혼합물을 제공하기 위하여 존재한다. 소비자에게 혜택을 제공하고 장기적 만족을 전달함을 통하여 그러한 상품들은 조직으로 하여금 목적을 달성할 수 있게 한다. 그러한 점에서 서비스와 물리적 제품은 많은 공통점을 가진다. 그들은 또한 매우 중요한 차이점들을 나타내고, 그 차이점들이 중대한 마케팅 시사점을 던져준다. 서비스는 과정, 행위, 혹은 행동이다 - 그것들은 소비자가 소유하는 어떤 것이라기보다 소비자가 경험하는 어떤 것이다. 요컨대 서비스는 무형적이다 - 물리적 형체가 없다. 그 결과 그것들은 또한 분리불가능하고, 생산과 소비가 동시에 이루어지며, 고객이 서비스의 생산 및 전달에 관여한다. 불가분성은 다시 소멸성 및 품질 변동성을 낳는다.

이러한 특성의 결과로 서비스 마케팅은 서비스를 유형화하고 소비자의 지각된 위험을 줄이는 데 특별한 주의를 기울여야 한다. 더욱이 이 과정에서 소비자가 관여하는 것이 소비자의 서비스 평가에 중대한 영향을 미칠 수 있음을 시사하기 때문에 서비스 전달 과정 또한 마케팅에 있어서 유의해야할 점이다. 마지막으로 고객과 상호작용하는 것은 원초적으로 서비스를 제공하는 직원이기 때문에 그 과정 안에 '사람'의 요소가 상당히 중요하다. 서비스 마케팅의 상이점은 Philip Kotler에 의해 깔끔히 요약 정리되었고, 그는 외부 마케팅뿐만 아니라 내부마케팅 및 상호작용적 마케팅도 강조하였다.

불가피하게도 모든 서비스가 같지 않고 무형성, 불가분성, 소멸성, 이질성의 정도가 상당히 다를 수 있다. 사실 대다수 서비스 마케터는 제품 및 서비스가 양극단에 존재하기보다 연속선상에 존재한다고 인식할 것이다. 서비스가 가지는 특성과 그 마케팅 시사점에 따라 서비스를 분류해 보려는 많은 시도들이 있었다. 그러한 기획들이 투박하기는 하지만 현대의 마케팅 도전 및 새로운 서비스의 개발에 유용한 통찰력을 제공해 준다.

복습문제

1. 한 금융서비스 제공자를 선택하고 그 서비스를 어떻게 제공하는지 분석하라. 이 제공자는 무형성, 불가분성, 소멸성, 이질성의 이슈를 어떻게 다루는가?
2. 외부 마케팅, 내부 마케팅, 상호작용적 마케팅의 차이점은 무엇인가?
3. 세 개의 보험회사가 생명보험상품을 마케팅하는 방식을 살펴보라. 이 보험회사들이 위험축소와 마음의 평화라는 혜택을 전달하는데 얼마나 효과적인가?
4. 세 개의 연금 제공자가 개인연금을 마케팅하는 방식을 살펴보라. 이 마케팅 캠페인들이 연금이 상당한 잠재적 불확실성으로 특징지어지는 장기 상품이라는 사실을 어느 정도로 효과적으로 다루는가?

CHAPTER 04

마케팅 환경 분석

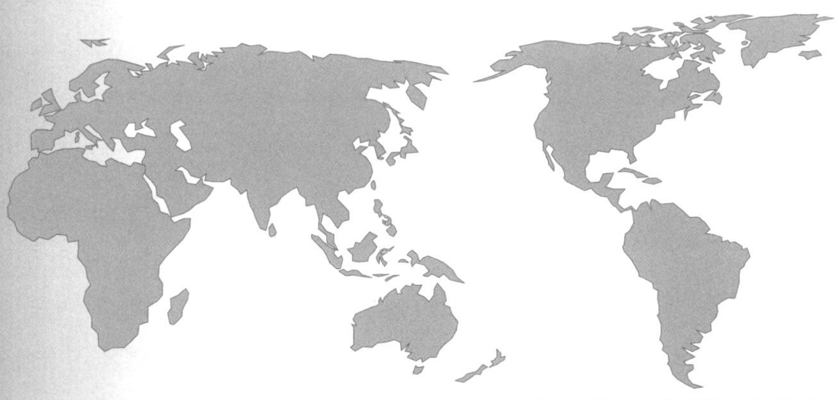

chapter 4 마케팅 환경 분석

학습목적

이 장을 다 공부한 후 귀하는

- 마케팅환경의 핵심 요소들을 이해하고 그들의 금융서비스 제공자에 대한 영향을 평가하고,
- 거시적, 시장 및 내부환경의 핵심 요소들을 분석하며,
- SWOT분석과정과 그것이 마케팅환경에 관한 정보를 이해하는데 차지하는 역할을 깨닫게 될 것이다.

4.1 서론

3장에서 마케팅은 고객욕구를 만족시키는 것과 관계가 있으며, 그것을 경쟁자보다 더 효과적으로 수행하며, 이 과정에서 조직의 자원과 역량을 적절히 사용하는 것에 관심을 갖는 것이라고 정의하였다. 따라서 모든 마케팅과정의 첫 단계 중의 하나는 조직이 활동하는 환경을 이해하는 것이다. 사실 당초 Kohli and Jaworski(1990) 및 Narver and Slater(1990)에 의해 옹호된 '시장지향'의 개념은 고객과 경쟁자에 대한 정보를 수집하고, 공유하며, 대응하는 것을 그 핵심으로 한다. 많은 다른 조직과 마찬가지로 금융서비스 제공자들은 급격히 변화하는 환경에서 활동한다. 세계화와 정보통신기술의 발전 및 고객욕구와 정부정책의 변화는 복잡성과 불확실성을 가중시키고 있다. 마케팅은 조직으로 하여금 밖을 보고 그들이 활동하는 환경에 대한 인지와 이해를 개발하도록 강제한다. 자신이 활동하는 환경을 이해하고 이에 대응하는 조직은 경쟁자보다 더 효과적으로 고객을 만족시키고, 핵심 시장에서의

변화와 발전을 예상하는 능력을 통하여 우월적 성과를 제공할 수 있을 것이다. 그러나 조직이 변화하는 시장이 제기하는 도전에 대응하여 자원과 역량을 전개할 수 있기 위해서는 외부환경에 대한 분석이 내부환경에 대한 충분한 이해가 수반되어야 할 것이다.

역사적으로 금융서비스 부문은 늘 매우 안정적인 것으로 생각되어왔다. 고도로 규제되고 시장이 변화하되 매우 천천히 그리고 예측가능하게 이루어진다. 경쟁은 제한적이고, 고객이 요구하는, 그리고 고객에게 제공되는 금융서비스 유형이 상대적으로 단순하였다. 그런 환경에서는 마케팅은 어떻게 최선으로 광고할 것인가와 현존하는 서비스를 어떻게 최선으로 판매할 것인가 등 주로 전술적 활동이었다. 사실 많은 경우에 금융서비스 조직은 마케팅부 대신에 광고 및 판매부를 가졌다. 변화의 속도가 빨라지고 불확실성이 증대되면서 마케팅 기능이 변화하는 환경을 이해하고 자사의 특별한 조직에 의하여 제공되는 제품 및 서비스에 미치는 시사점을 발견하는 데 있어서 더욱 활동적인 역할을 맡지 않을 수 없게 되었다.

이 장은 금융서비스 제공자에 관련된 환경분석의 핵심요소들을 소개할 것이다. '마케팅환경'이란 용어는 조직이 시장과 상호작용하는 방식에 영향을 주는 외부 및 내부요인들을 설명하는데 사용된다. 그런만큼 그것은 매우 광범위하고 모든 환경분석은 다량의 정보를 창출할 것이다. 따라서 효과적인 환경분석은 덜 중요한 요인으로부터 더 중요한 요인을 구분할 수 있어야 한다. 즉 환경분석은 무엇보다도 먼저 무엇이 일어나고 있는지를 파악하고, 어떤 발전이 조직에 가장 중요한가를 평가해야 한다.

이 장은 마케팅환경을 구성하는 요소들을 정의하는 것으로 시작할 것이다. 그 다음 절에서 외부환경분석의 과정(거시적차원 및 시장차원)을 살펴보고, 그 후 자원과 역량에 초점을 맞춰 내부환경분석을 탐구할 것이다. 마지막으로 마케팅환경에 관한 정보를 요약하는 방법의 하나로서 그리고 미래전략을 파악하는 옵션으로서의 SWOT분석의 본질을 설명할 것이다. 본질 상환경을 분석하고, 미래에 시장이 어떻게 발전될 것이지 예측하는 과정은 일회적인 과정이 아니고 계속적인 과정이다. 운용환경의 특질과 그 변화방식이 마케팅 계획가에게 부닥치는 불확실성의 주 원천이다. 환경분석이 이 불확실성을 제거할 수는 없지만 그것을 감소하도록 도와줄 수는 있다.

4.2 마케팅 환경

전반적 마케팅환경에 몇 개의 구성요소들이 있다. 가장 단순한 수준에서 우리는 내부환경(조직 내 여건) 및 외부환경(조직 외부의 여건)으로 구분할 수 있다. 외부환경은 다시 거시환경과 시장환경으로 나뉜다. 거시환경은 업종이 무엇이든 간에 모든 조직에 영향을 미치는 경제 및 사회의 폭넓은 일반적 추세에 관한 것이다. 시장환경은 조직이 활동하는 특정 시장에 관련된 요인들을 나타낸다. 외부환경은 조직이 개발할 기회를 창조할 수도 있고, 혹은 현재 및 계획된 활동에 위협을 제기할 수도 있다. 마케팅환경의 핵심 요소들에 대한 개요가 〈그림 4.1〉에 나타나있다.

전략적 활동으로서의 마케팅은 조직과 그 환경 간의 관계를 관리하는 것이다. 이는 환경의 외부적 변화에 대응하기 위하여 조직의 마케팅활동을 조정하고 적응시키는 일이다. 또한 조직이 실행하기를 원하는 데 적합하도록 환경을 변화시키고자 시도하는 것을 의미할 수도 있다. 즉 환경을 단순히 제약으로 볼 것이 아니라 필요시 조직에 의해 영향을 받고 변화될 수 있는 어떤 것으로 봐야 할 것이다. 규제 프레임웍에 변화를 도모하기 위하여 로비를 하는 것은 외부환경을 변화시키고자 시도하는 명백한 예이다. 마찬가지로 인수 합병은 경쟁패턴을 변화시키고 특정 조직에 획득가능한 자원과 역량을 변화시키는 수단으로 기여한다. 고객욕구와 기대에 영향을 미치기 위하여 어떤 형태의 마케팅 커뮤니케이션이 구사될 수 있고, 잠재 경쟁자에 의한 시장진입에 대비한 장벽을 구축하기 위하여 브랜드 결정 및 유통전략이 종종 사용될 수 있다. 환경의 어떤 측면을 관리할 것인가 하는 정도는 변화한다. 전형적으로 거시환경 요인들은 가장 통제되기 어렵게 여겨지는 반면 시장환경 요인들은 가장 통제되기 용이한 것으로 여겨진다.

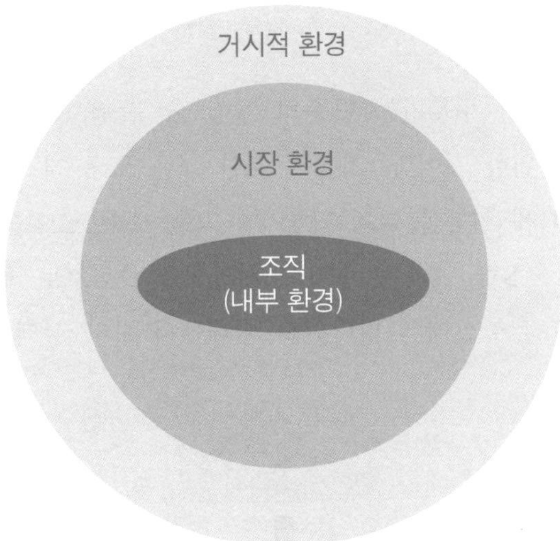

<그림 4.1> 마케팅환경

4.3 거시적 환경

거시적 환경은 경제 및 사회 내에 존재하는 폭넓은 일반적 추세에 관한 것이다. 거시적 환경은 폭넓은 전략의 개발을 고려할 때는 보다 더 큰 관련성을 갖게 되지만, 특정한 업종에 맞는 상품 전략을 고려할 때는 시장환경이 보다 더 중요하다. 전통적으로 거시적 환경의 분석은 PEST분석 혹은 STEP 분석이라고 불리어졌는데 이를 상설하면 아래와 같다.

- PEST=정치, 경제, 사회, 기술
- STEP=사회, 기술, 경제, 정치

최근에는 이 두문자를 포함하는 내용들이 확대되었는데 가령,

- STEEP=사회, 기술, 경제, 환경, 정치
- SLEPT=사회, 법률, 경제, 정치, 기술
- PESTLE=정치, 경제, 사회, 기술, 법률, 환경

이와 같이 상이한 두문자는 단순히 어떤 요소들을 포함할 것인가를 기억하기 쉽게 하기 위한 것이다. 가장 중요한 것은 모든 거시적 환경의 분석은 종합적이고 조직에 영향을 미칠 가능성이 있는 모든 요인들을 포함한다. 아래의 논의는 단순성을 위하여 PEST 프레임웍을 중심으로 구성될 것이다. 이 프레임웍은 〈그림 4.2〉에 나타나있고 아래에서 보다 상세히 논의된다.

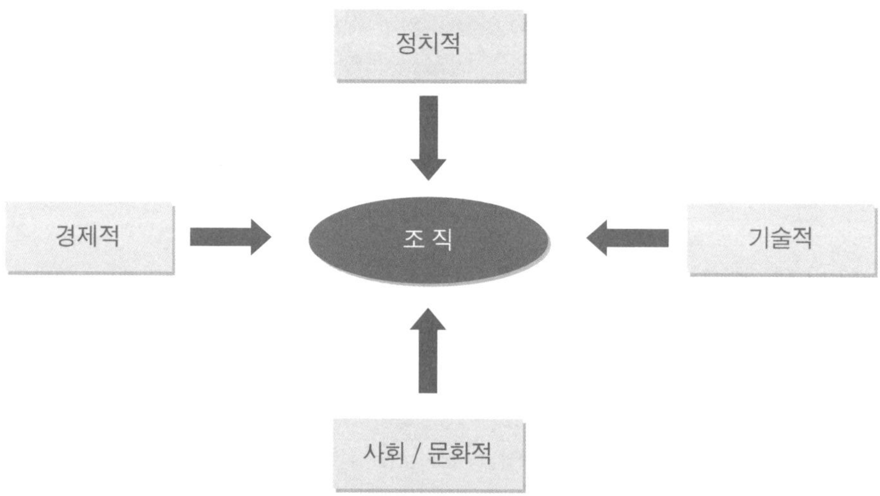

<그림 4.2> 거시적 환경

4.3.1 정치적 환경

'정치적 환경'이란 용어는 정당정치, 정부 자체의 정치적 특성, 법적 및 규제적 시스템 등의 이슈들을 포괄하는 의미로 사용된다. 금융서비스부문은 경제개발과 국가의 경제적 웰빙에서 차지하는 역할을 고려할 때 아마도 경제분야 내에서 정치적으로 민감한 부문 중의 하나이다. 금융서비스에 관련된 위험, 복잡성 및 중요성으로 인하여 경제분야에서 높게 규제되고 있는 부문의 하나이다.

정부의 정치적 특성 및 변화의 잠재성은 국내적으로나 국제적으로 사업에 중요한 시사점을 갖는다. 어떤 정당은 다른 정당보다 기업에게 보다 더 호의적일 수 있고 이러한 태도가 법규와 규제에 종종 반영된다. 정부의 거시경제정책의 중요성은 나중에 언급될 것이지만, 특정 부문에 관련된 정책형성, 법규, 정부지출에 대한 결정, 부분적 민영화 등을 포함하는 금융부문에 영향을 주는 폭넓은 정부활동들이 존재한다. 가령 영국에서 1980년대에 일련의 과거에 정부가 소유했던 산업들을 민영화한 정책이 소유권 공유에 대한 일반국민의 태도를 바꾸었고 소규모의 지분 처리 서비스에 대한 수요를 창출하였다.

광의로 정의된 정치적 환경의 두 가지 측면이 금융서비스에 특히 관련된다 - 소위 산업규제와 소비자보호. 규제란 일반적으로 산업의 운영과 산업내 기업의 행동을 지도하는 일련의 규칙과 법적 요구사항을 지칭한다. 그런만큼 그것은 금융서비스에 독특하다. 금융규제는 전형적으로 제공자에게 면허를 주고 사업행동을 지도하며, 관련법을 집행하고 고객을 보호하며, 부정행위나 사기를 방지하는 일에 관계된다. 소비자보호는 소비자가 기업 및 다른 주체들과 상호작용하는 데 있어서 소비자의 권리와 이해에 특히 초점을 둔 규제시스템을 의미한다. 전형적으로 소비자 보호 법규는 경제의 모든 부문에 통틀어서 적용되고, 그 결과 특정 산업에 대한 규제와 경제전반적 소비자보호시스템 간에 겹치는 부분이 존재할 수 있다.

금융서비스 규제의 일부 측면은 1장에서 논의되었다. 가령 영국의 경우 금융서비스청(Financial Services Authority)이 시장신뢰와 공적 인지를 구축하고 소비자보호를 제공하며, 금융범죄를 감소시킬 책임을 지는 최고의 유일한 금융서비스 규제당국이다. 그것의 규정과 명령은 상품설계와 마케팅을 포함한 사업행동의 모든 측면에 대한 상세한 지침을 제공한다. 그것은 예금, 모기지대출, 보험 및 금융자문 등에 대한 규제의 책임을 진다. 그러나 영국은 또한 EU의 한 회원국이어서 금융서비스 제공자는 금융서비스의 단일 유럽시장에 대한 규제를 인지하고 이해할 필요가 있다.

이와는 대조적으로, 미국에서는 금융규제의 책임이 증권산업의 모든 측면을 규제하는 증권거래위원회(SEC), 은행부문을 규제하는 연방준비위원회(FRS)와 연방저축보험위원회(FDIC)에 분산되어있다('증권'이란 용어는 모든 양도가능 투자를 지칭하는 용어로 사용되고, 이는 주식 및 지분, 회사채, 국채, 뮤추얼펀드, 일련의 기타 금융수단들을 포괄한다. 전형적으로 그런 상품들은 일종의 증서형태로 표시된다). SEC는 '투자자를 보호하고, 공정하고 질서 있는 효율적인 시장을 유지하며, 자본형성을 촉진하는 것을 그 사명으로 한다. 그것은 정보가 충분한 상태에서의 의사결정에 특별히 역점을 두고, 모든 공개기업은 투자자가 구매결정을 내릴 때 동일한 지식의 풀에 접근할 수 있도록 하기 위하여 모든 의미있는 정보를 공시하도록 요구한다. FRS는 미국의 중앙은행이고 그 책임 중의 하나로서 은행 및 금융시스템의 감독과 규제의 책임을 진다. 그것은 연방준비의 회원이 되기로 선택한 국내은행과 외국은행에 특히 책임이 있다. FDIC는 각 주에 의해 면허를 받았으나 연방준비의 회원이 되지 않기로 선택한 은행들에 대한 일차적 규제당국이다. 그것의 주기능은 미국의 금융시스템의 공적 신뢰를 촉진하는 것이고, 가장 잘 알려진 정책도구 중의 하나가 예금보험(최대 십만달러)이다. 호주도 이와 유사한 분산된 규제시스템을 가지고 있는데 호주금융감독청(Australian Prudential Regulation Authority: APRA)이 은행, 보험, 신협, 건축조합, 친선조합 및 퇴직펀드를 감독할 책임을 진다. APRA는 효율적이고 안정적이며, 경쟁적인 금융시스템을 창조하기 위하여 적절한 표준을 확립하고 강제하려고 하는데, FSA와 마찬가지로 기본적으로 자율규제 - 즉 피규제 조직의 고위경영자가 APRA 요구사항에 대한 책임을 진다 - 에 의존한다. 호주증권투자위원회(ASIC)가 소비자, 투자자, 및 채권자를 보호하기 위하여 금융시장, 증권, 선물 및 기업을 규제하는 책임을 진다.

소비자보호와 관련된 규제들은 정보제공(특히 광고), 상품책임, 프라이버시 권리, 불공정 기업행위, 사기, 허위진술, 기타 소비자와 기업 간의 상호작용 등 광범위한 토픽을 망라한다. 소비자보호를 위한 규제는 국가간에 상당히 다르다. 영국에서는 소비자보호에 관한 국가적 우선순위는 공정거래사무소(OFT)에 의해 설정되고, 집행은 전국에 걸쳐서 거래표준사무소에 의해 지역적으로 이루어진다. OFT는 FSA에 의해 커버되지 않는 금융서비스의 한 주요 영역 - 소위 소비자신용 - 에 관한 규제를 책임진다. 고객에게 신용을 제공하거나 대출을 제공하는 모든 기업은 OFT로부터 면허를 받아야하고, 소비자의 의사결정을 돕기 위해 특정 유형의 정보를 고객에게 제공해야 하며, 그들의 역할과 책임을 분명하게 해야 한다. 이와 유사한 시스템이 다수의 다른 나라에서 작동된다. 가령 미국에서 연방거래위원회와 법무부가 연방 법률의 집행을 책임지고, 각 주에 이에 대응되는 조직이 존재한다. 호주에는 Trade Practices Act 1974와 관련 소비자보호 법규들이 호주경쟁소비자위위원회(ACCC)에 의해 집행되고, 그 일들이 각 주의 상응하는 기구들에 의해 지원된다. 싱가폴의 경우 Consumer Protection (Fair Trading) Act of 2004가 소비자보호 제도의 주요 구성요소이다. 그 목적은 소비자가 법에 호소하였을 일련의 불공정 거래행위를 파악함으로써 보다 공정한 거래환경을 창조하는 데 있다.

경제통합이 증가하면서 정치적 환경의 분석은 ASEAN, APEC, NAFTA, EU 등 초국가 조직의 역할을 또한 고려할 필요가 있다. 6장의 사례분석 6.2에서 개요가 설명된 바와 같이 EU는 소비자선택을 향상시키기 위한 경쟁 증대의 관점에서 유럽의 단일 금융시장을 창조하는데 매우 적극적으로 임해왔다. 이와 유사하게, ASEAN 및 General Agreement on Trade in Service(GATS)에 의한 동남아시아에서의 금융부문 자유화의 움직임은 국내은행 및 보험부문의 통합 욕구에 기여하는 요인으로 자주 인용된다. 특히 은행부문에서 13개국 중앙은행가로 구성된 은행감독에 대한 바젤위원회는 은행시스템을 통틀어 위험관리에 있어서 보다 높은 일관성을 도모하기 위하여 은행 자본의 적정성을 측정하는 국제적 표준을 개발하였다. 그 결과 Basel II Accord에 기술된 표준은 대출 결정에 중요한 시사점을 제공한다.

물론 정치 및 법률적 환경을 고려할 때 건강과 안전 법규 및 고용 법규를 포함하는 금융서비스조직에 영향을 미칠 수 있는 다른 보다 일반적인 규정들을 또한 인식해야 한다. 노동 관련 법규와 규제들의 모든 측면들이 직접적으로 마케팅에 영향을 미치지는 않을 것이나 좋은 환경분석은 최소한 그들의 존재와 잠재적 영향을 인지하는 것을 허용할 것이다.

4.3.2 경제적 환경

경제적 환경은 총량수준의 경제활동의 모든 측면을 망라하고, 소득성장, 이자율, 인플레이션, 실업, 투자 및 환율 등의 요인들에 대한 고려를 포함한다. 정부의 경제정책(실제적 및 의도된)은 그것이 경제적 성과에 미치는 영향때문에 전형적으로 거시적 환경의 중심적 부분요소이다. 금융서비스에 대한 소비자수요의 특징은 불가피하게 경제적 성과의 영향을 받는다. 높은 수준의 경제성과는 새로운 금융서비스에 대한 수요를 창출할 뿐만 아니라 기존 금융서비스에 대한 높은 수준의 수요를 낳을 것이다. 개인소비자에 의한 지분투자의 증가와 뮤추얼펀드 수요의 증가는 이러한 수요패턴 변화의 한 측면이다. 소득수준과 성장률에 더하여 소득에서 저축되는 비율이 또 다른 핵심 고려사항이다. 가령, 미국은 현재 14%이하의 국민저축률을 나타내고, 가계저축률이 소득의 1%미만으로 보고되고 있다. 이와는 대조적으로 국민저축률이 유럽은 20%, 일본은 25%, 중국은 약 50%에 육박한다. 저축률은 전반적 경제성과에 영향을 미칠 뿐 만 아니라 저축 및 투자상품의 잠재적 시장규모를 나타낸다.

똑같이 중요한 거시경제적 영향변수는 이자율과 인플레이션이다. 높은 실질이자율(명목이자율과 인플레이션의 차이)은 저축을 장려하고, 낮은 실질이자율은 차입을 장려할 것이다. 마찬가지로 현재의 영국과 미국에서의 저이자율과 저인플레 환경은 비용증대가 고가격의 형태로 전가될 수 있는 정도를 제약한다.

종종 경제변수들 간의 상호작용이 중요함으로 개별 경제변수들 그 자체를 고려하는 것만으로는 충분하지 않을 수 있다. 이자율의 하락이 모기지 수요의 증가를 가져올 것으로 예상하기 쉽지만, 만약 저이자율이 실업의 증가나 평균소득의 하락을 동반한다면 예상된 수요증가는 발생하지 않을 것이다. 역으로, 단지 소득총액이 증가하였다고 해서 저축총액이 역시 증가할 것이라고 가정할 수는 없는데 이는 저축 의사결정이 다른 요인들 - 지배적 이자율 및 조세 - 에 의해 영향을 받기 때문이다.

4.3.3 사회적 환경

사회적 환경은 매우 광범위하여 인구통계, 문화, 가치, 태도, 라이프스타일 등 사회의 모든 관련된 측면을 망라한다. 아래의 논의는 금융서비스부문에 특히 중요한 시사점을 주는 측면을 강조할 것이다.

■ 인구통계

인구통계적 환경은 인구의 규모, 구조 및 분포에 관련된 모든 요인들을 포괄한다. 특정 상품의 잠재시장은 인구의 수 뿐만 아니라 연령구조 및 인구의 지역적 분포에도 영향을 받는다. 비록 세계 인구가 증가하고 있지만 다수의 서양 경제권의 변화의 속도는 느리고, 어떤 경우는 사실상 제로이다. 인구변화는 출생률과 사망률에 달려있고, 사망률은 전 세계적으로 하락하고 있지만 다수의 경제권에서의 출생률의 하락이 이 효과를 상쇄하고 있다. 가령 영국의 출생률(1,000명당 출생자 수)은 2005년 현재 7.8로 추정된다. 홍콩은 이 지표가 7.26, 미국은 14.14이다. 저출생률을 가진 나라들은 전형적으로 노령화된 인구를 가지는데 이는 연금상품, 건강보험, 장기요양보험에 중요한 시사점을 갖는 특성이다. 이와는 대조적으로 다른 나라들은 고출생률과 낮아지는 사망률의 결과로 빠른 인구증가율을 경험하고 있다. 가령 오만은 출생률이 36.73이고, 파키스탄은 출생률이 30.42이며, 파라과이는 출생률이 29.43이다. 사망률의 감소를 허용하더라도 이 국가들은 매우 젊은 인구들을 가지며 잠재적으로 금융서비스에 대한 매우 상이한 수요의 형태를 가질 것이다.

금융서비스에 관련된 인구구조의 다른 몇 가지의 측면들이 있다. 인구의 지역적 분포, 특히 도시와 시골지역의 균형이 중요하다 - 특히 소매금융과 지점의 유통에 중요하다. 가계구조가 또한 관련성이 있다. 영국 등 다수의 서양경제권에서 가구규모의 감소와 개인이 집을 떠나지만 결혼을 미룸에 따라 1인가구가 증가하는 추세를 보이고 있다. 이 추세는 모기지상품과 생명보험상품에 시사점을 가질 것이다 - 미혼의 모기지 보유자들은 걱정해야 할 피부양자가 없다면 생명보험의 필요를 적게 느낄 것이다. 물론 세계의 많은 지역에서 대가족의 감소는 연금, 요양보험, 지분포기상품 등 퇴직 후 금융지원을 제공하는 상품에 대한 더 큰 수요를 창조할 것이다.

■ 문화

소비자욕구를 이해하는 것은 모든 마케팅활동의 핵심이고 그 욕구들은 문화적 요소에 종종 강하게 영향을 받는다. 문화는 복잡한 개념이고 정의하기 어렵다. 일반적으로 '여기에서 우리가 어떻게 하는가'를 정의하는 용어라고 생각할 수 있다 - 그것은 사람들이 어떻게 행동하는가, 그들이 무엇을 믿는가, 그들이 무엇을 소중히 하는가, 그들의 관습과 전통, 무엇이 수용가능하고 무엇이 수용불가능하다고 생각되는가와 관련된다. 모든 유형의 마케팅은 문화의 중요성을 인식해야 하고 금융서비스도 그 예외가 될 수 없다. 문화가 제기하는 가장 큰 도전은 국제시장에 관련되는데, 이곳에서는 지배적인 문화를 이해하고 거기에 조정하고 적응하는 것이 필수적이다. 그러나 문화와 문화의 변화를 이해하는 것이 국내시장에도 역시 관련이 있다. 마케팅 커뮤니케이션의 본질, 색깔이나 특정한 상징의 사용이 문화적 민감도를 건드릴 수 있다. 어떤 국가들은 상대적으로 동질적인 문화를, 다른 국가들은 매우 다양한 문화를 가질 수 있다. 가령 영국의 경우 마케터들은 히스패닉, 흑인, 백인 소비자들의 상이한 유산과 문화에 민감해야 한다. 영국의 경우 높은 비율의 인구가 남아시아 및 캐리비언 유산을 가져 상당한 다양성이 존재한다. 상이한 문화적 배경이 마케팅 커뮤니케이션에 대한 상이한 반응, 상이한 의사결정과정, 상이한 상품선호로 반영된다. 문화의 가장 강력한 요소 중의 하나는 종교이고, 이는 문화가 마케팅에 미치는 영향의 예를 명확하게 보여준다. 이자를 지불하고 받는 것(riba)은 이슬람의 가르침에 반하는 것이고 비합법적이다. 이슬람은 도덕적으로나 사회적으로 유해한 모든 형태의 경제적 활동이 금지된다. Riba는 진정한 경제적 활동이라기보다 단순한 돈의 소유에 기인하여 창출된 부로 여겨짐으로 해로운 것이다. 이슬람법에서의 이자 금지는 이자마진을 중심으로 하는 전통적 은행에 중대한 도전을 제기하고, 동시에 수가 증가하고 있는 특수 이슬람은행에게 중요한 기회를 제공한다. 이슬람 금융서비스에 대한 추가적인 자세한 내용은 10장에서 논의된다.

■ 다른 사회적 영향들

변화하는 근로 패턴, 변화하는 사회구조 및 가치 등을 포함하는 사회구조 및 사회적 가치와 관련된 다른 일련의 이슈들도 금융서비스 제공자에게 또한 중요하다. 이 요인들은 사람들이 금융서비스에 접근하고자 하는 방식에 영향을 줄 수 있다 - 가령 장시간 일하는 사람들은 자신의 은행계좌를 ATM, 텔레뱅킹, 인터넷뱅킹을 통해 접근하는 것에 더 큰 중요성을 부여할 수 있다. 사회적 영향은 요구되는 금융서비스의 유형에 영향을 미칠 수 있다. 가령 교육에 점점 더 큰 가치가 부여되면서, 미래의 부모들은 자녀교육을 위해 저축할 수 있는 금융서비스를 추구할 것이다. 점점 더 많은 사람들이 해외여행을 하면서 국제적으로 알려진 직불카드나 신용카드에 대한 수요가 계속 증가할 것이다. 소비자들이 환경 및 윤리적 이슈에 관심이 있는 곳에서는 그들의 가치에 부합하는 방식으로 제공되는 금융서비스를 수요할 것이다. 이러한 추세는 앞에서 이슬람금융에 대해 논의하면서 언급되었는데 만약 소비자들이 녹색(환경친화적인)차원을 가진 주식 혹은 뮤추얼펀드에 투자하기 원한다면 그 영향은 보다 광범위해질 것이다.

4.3.4. 기술적 환경

기술은 본질적으로 '어떻게 일이 이루어지는가'에 관한 우리의 지식수준을 지칭한다. 즉 마케팅환경의 이러한 측면을 이해하는 것은 단순히 최신 하이텍 혁신에 친숙한 것과는 다르다. 기술은 획득가능한 상품의 유형에 영향을 미칠 뿐만 아니라 사람들이 생활을 조직화하는 방식과 제품과 서비스가 마케팅되는 방식에 영향을 미친다. 금융서비스부문에서 기술의 유일한 가장 중요한 측면은 정보통신기술(ICT)이다. ICT는 금융서비스의 전달, 제공 가능한 금융서비스의 유형, 그 금융서비스가 마케팅되는 방식에 극적인 영향을 미쳐왔다.

금융서비스는 오늘날 ATM, 전화 및 인터넷으로 전달이 가능하다. ATM은 미국에서 1970년대에 도입되었는데 그 당시 주요 기능은 현금인출이었다. 기술이 발달되고 소비자의 ATM 수용도가 증가하면서, 기계들이 개인들로 하여금 보다 폭넓은 금융거래를 할 수 있도록 다양한 기능을 갖게 되었다. ABN-AMRO, Standard Chartered, HSBC 등 다수의 은행 고객들은 인출, 예금, 잔고확인, 자금이체, 요금납부, 통장확인 등 대부분의 표준적 은행거래를 24시간 할 수 있게 되었다. 인도의 ICICI Bank는 충전식 혹은 선불식 이동전화, 기부금 납부, 전화카드, 뮤추얼펀드 거래, 선택한 사찰에 대한 기부를 포함한 폭넓은 서비스를 ATM에 의해 제공하는 점증하는 은행 중의 하나이다. ATM의 발전은 소비자로 하여금 은행서비스에의 접근에 있어서 보다 높은 탄력성을 제공하였다. 그것은 또한 은행들이 ATM을 다른 서비스를 촉진하는데 사용하면서 추가적 마케팅수단으로 활용하였다.

전화는 금융서비스를 구매하고 관리하며, 개인간의 상호작용과 서류기반 거래를 지원하는데(가령 고객이 전화로 보험요율을 제공받는 일) 오래전부터 사용되어 왔다. 폰뱅킹은 최초로 1980년대 중반에 출현한, 두번째 주요 서비스 전달 수단이다. 대다수의 금융서비스제공자는 오늘날 업무시간 이외에는 자동음성인식시스템을 사용하고, 업무시간 중에는 사람이 직접 응대하는 방식의 혼합적 시스템을 사용한다. 영국에서는 최초의 순수 전화은행으로 First Direct가 1989년에 출범하였고 가장 성공적 은행으로 급속히 발전하였다. 또 다른 혁신으로 First Direct는 문자메시지 뱅킹을 도입하였는데 현재는 이 서비스의 영국 최대 제공자이다.

오늘날 점증하는 수의 금융서비스가 온라인으로 수혜가능하다. 웹의 발전이 컴퓨터기반 뱅킹의 발전에 주요 동력을 제공하였다. 현재까지 다소의 예외는 있지만 컴퓨터 기반 뱅킹은 주로 기업시장에 국한된다. 1990년대 중반 인터넷 뱅킹 서비스를 미국, 유럽, 일본, 호주, 뉴질랜드에서 도입하였다. 동남아시아, 남아시아, 중동, 남아메리카 등의 지역은 빠르게 따라왔다. 그러나 소매금융고객에게는 인터넷뱅킹이 전통적 지점을 대체하지 않았다 - 그것은 본질적으로 하나의 대안적, 보완적 유통경로가 되어 순수 인터넷은행은 제한적이다. 인터넷은 단순한 보험, 대출, 모기지, 주식거래 및 뮤추얼펀드 거래를 포함한 일련의 서비스를 취급하는데 효과적임이 입증되었다. 그러나 고객태도에 대한 연구는 상대적으로 단순한 상품의 거래에 인터넷을 사용하는 것에 대하여 소매금융 고객이 편리하게 느낀다고 보고되지 않았으며, 대부분 보다 복잡한 금융상품의 거래에 인터넷을 사용하는 아이디어에 대하여 덜 편리하게 느낀다고 보고하였다(Black et al 2001).

확실하게 기술기반 유통경로는 일부 세분화된 고객에게는 많은 혜택을 제공한다. 그것은 조직에게는 중대한 원가혜택을 제공하는데, 인터넷기반 거래의 원가가 폰뱅킹 원가의 10%로 추산되고, 지점거래 원가의 1%로 추산된다. 그러나 점점 적은 고객이 지점을 방문하고, 고객들에게 적극적으로 판매할 기회가 줄어든다면 인터넷 기반 유통은 마케팅 문제점을 던져줄 수도 있다. 다수의 은행들에게 증대되는 도전은 점점 많은 고객들이 새로운 서비스 전달형태에 관심을 보이는 이 시점에 대규모의 지점 네트웍을 관리하는 일이다.

ICT발전의 영향은 전달경로의 외형적 발전에서 가장 현실적이다. 그러나 ICT의 내부적 마케팅 시사점도 고려할 만하다. 정보처리 능력의 급속한 발전은 금융서비스기관으로 하여금 방대한 고객정보의 수집과 처리를 가능하게 한다. 마케팅 데이터베이스는 가령 신용카드나 모기지 신청서로부터 제공된 정보를 기반으로 개발될 수 있다. 그리고 이 자료들은 기존 고객을 보다 상세히 이해하는데 사용될 수 있고, 특정 상품을 구매할 가능성이 가장 높은 고객유형을 파악하는 데도 사용될 수 있다. 고객관계관리의 본질과 중요성 및 고객정보의 효과적 사용의 중요성은 III부에서 보다 자세히 논의된다.

4.4 시장 환경

시장환경은 기업이 활동하는 시장의 직접적인 특징에 초점을 둔다. 시장환경이 조직의 활동에 직접적인 영향을 줄 것임으로 이러한 환경의 측면을 이해하는 것은 특히 중요하다. 시장환경에서 일어나는 것을 이해하는 데 사용될 수 있는 다양한 접근법들이 존재한다. 가장 많이 사용되는 것 중의 하나가 시장/산업 수익성을 결정하는 다섯 가지 요소를 분석하는 아이디어이다 - Michael Porter가 1980년대에 개발된 접근법. 이는 〈그림 4.3〉에 제시되어 있다.

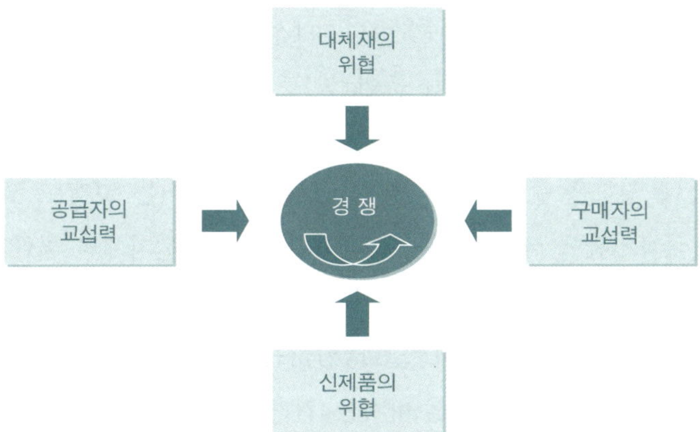

<그림 4.3> 5요소 분석(자료: Porter, 1980)

효과적인 마케팅전략은 어떻게 이 다섯 요소들이 함께 일하는지 그들이 조직을 위하여 의미하는 것이 무엇인지를 이해하는 것이 필요하다. 만약 특정 시장환경이 호의적이거나 매력적이면 조직은 효과적으로 경쟁하기가 쉬워진다. 조직에 반하여 작동하는 요소들이 상대적으로 약하면 시장이 호의적 이거나 매력적인 것으로 인식된다. 요소가 강력하여 조직의 활동에 제약을 가할 경우 마케팅전략은 조직이 직면한 문제들을 여하히 중립화하고 대응할 것인지를 고려해야만 한다. 고객들이 상이한 제공자 간에 전환이 상대

적으로 용이함으로 강력한 위치(높은 교섭력)에 존재할 수 있다. 이러한 상황에서 은행은 고객과 강력한 관계를 구축하는(아마도 일련의 상품을 교차판매) 마케팅전략에 초점을 둠으로써 고객들이 그 은행에 잔존할 수 있도록 하는 것을 고려할 수 있다. 만약 이것이 성공한다면 이 전략은 시장을 더욱 매력적인 것으로 만들어 은행의 경쟁지위를 향상시킬 것이다.

Porter는 시장 및 산업의 매력도와 수익성은 산업의 구조 특히 아래의 다섯 가지 핵심 특성에 달려있다.

1. 공급자의 교섭력; 강력한 공급자는 조직이 투입물에 지불하는 가격을 상승시켜 이익률을 줄인다. 금융서비스에서의 공급자는 사무용 제품과 서비스의 공급자(컴퓨터 장비, 훈련 등)를 포함하고, 이 공급자들이 강력한 위치에 있다면 관련 제품 및 서비스에 지불할 가격에 영향을 미침으로 원가에 영향을 준다. 어떤 경우 '공급자'란 용어는 고객도 포함할 수 있다. 금융기관에 예금을 하는 고객들은 하나의 원자재의 공급자로서 행동할 수 있고, 이 원자재 공급자가 상대적으로 강력한 위치에 있다면 그들은 이와 관련된 금융서비스를 공급하는 원가에 영향을 미칠 수 있다.
2. 소비자의 교섭력; 강력한 소비자는 저가격과 보다 유리한 조건을 주장할 수 있고, 이는 이익률에 부정적인 영향을 미친다. 분명히 금융서비스 구매자의 교섭력은 상당히 변동한다. 개인시장의 경우 개인소비자의 힘은 상대적으로 약하지만 그러나 소비자단체가 부분적으로 이를 보완한다 - 특히 금융기관에 대한 평가를 통하여. 기업시장의 경우 그 상황은 다를 수 있는데 상대적으로 대규모의 금융기관이 보다 더 강력한 위치에 존재할 수 있다.
3. 진입의 위협; 수익력이 높은 사업은 일반적으로 새로운 진입자를 유인한다. 신규 진입자가 시장에 진입하는 것이 상대적으로 매력적으로 보인다면, 이익률은 잠식되는 경향이 있다. 금융시장에 진입하는데 있어서

장벽이 존재함에도 불구하고, 그 중 적잖은 사항들이 규제적 요구사항인 경우가 많은데, 금융부문은 다양한 신규 진입자를 유인한다. 때로는 이들은 국내 경제의 다른 부문으로부터의 진입자이다. 점증하는 수의 소매상들이 소비자의 구매를 위한 자금을 공급하기 위하여 소비자신용카드나 상점카드를 제공한다. 미국에서는 General Motors가 신용카드를 제공하고, 영국에서는 Tesco나 Sainsbury 등의 슈퍼마켓이 그들의 전통적인 신선식품과 함께 다양한 금융서비스를 제공한다. Richard Branson's Virgin Group은 원래 음악산업에 종사하였는데 오늘날 신용카드로부터 개인연금에 이르기까지의 다양한 금융서비스를 제공한다. 많은 경우에 이러한 신규 진입자들은 여전히 전통적 금융서비스 제공자들에 의존하기도 하는데, 이들은 신규 진입자의 브랜드를 사용하여 소비자에게 제공된다. 비록 그들이 기존의 금융서비스 공급자에 의존하지만, 또한 그들이 중대한 새로운 경쟁의 원천을 형성한다. 신규 진입의 위협이 경제의 다른 부문에 있는 기업에 국한되지 않는다. 6장에서 보다 상세히 논의되는 바와 같이 해외의 신규 진입자로부터 진정한 위협이 증가하고 있다.

4. 대체재로부터의 경쟁; 가까운 대체재의 존재는 소비자선택을 향상시키고 특정 욕구를 충족시키는 대안을 제공한다. 즉 가까운 대체재가 존재하는 시장에서는 소비자의 선택의 폭이 훨씬 높아지기 때문에 소비자의 교섭력은 효과적으로 향상된다. 금융서비스의 진정한 대체재의 존재정도는 아마도 제한적이다. 그러나 투자서비스와 같은 일부 시장부문에서 금, 보석, 골동품 및 다른 수집품들이 뮤추얼펀드, 지분 및 다른 형태의 저축의 대체재로 간주될 수 있을 것이다. 점증하는 수의 사람들이 노년의 소득 및 자본 제공의 수단으로서의 자산에 대한 투자를 전통적 연금에 대한 투자의 대체재로 보는 것이 흥미롭다. 부분적으로 이것이 소위 'buy-to-let' 시장을 급성장하게 만들었다.

5. 기업간 경쟁; 명백하게 경쟁이 심할수록 산업의 이익력이 떨어지고 결과적으로 매력을 떨어뜨린다. 금융서비스와 밀접하게 가까운 대체재는 없지만 산업내에 상당한 경쟁이 존재한다. 대다수 국가에서 금융서비스부문에서 다소의 합병이 관찰되었는데, 이것이 경쟁자의 수를 감소시키기는 하였지만, 남은 금융기관들은 종종 더 강해졌고, 그 결과 경쟁이 심화되었다. 또한 금융시장이 자유화되고 기관유형 간 장벽이 철폐되면서 경쟁이 더욱 치열해졌다. 보험회사는 더 이상 단지 다른 보험회사들과만 경쟁하는 것이 아니고, 은행, 저축기관, 투자회사와 경쟁한다. 전 세계적으로 다수의 금융부문에서의 방카슈랑스(은행이 전통적으로 특수전문화된 기관이 취급했던 광범위한 범위의 보험상품, 저축 및 투자상품을 취급하게 된 시스템을 지칭하는 용어)의 개발은 이러한 발전의 하나의 예에 불과하다. 또 은행부문을 보면 전통적으로 보험에 전문화했던 기관에 의하여 당좌계정 및 주택금융이 제공될 수 있다. 말레이시아의 경우 보험회사인 AIA가 최근 주택금융을 전통적 공급자와 직접적으로 경쟁하여 제공한다. 영국의 경우 보험회사 Prudential이 일련의 전통적 은행상품을 매우 경쟁적인 조건으로 제공하는 온라인 은행 Egg를 출범시켰다.

이 다섯 가지의 요소들이 발생원가에 영향을 미치거나, 수령하는 가격에 영향을 미치거나 혹은 둘 다에 영향을 미침으로써 산업의 매력도를 결정한다. 효과적인 마케팅전략의 개발은 조직으로 하여금 이 다섯 가지 요소들의 영향을 상쇄하는 전략적 접근법을 파악할 수 있도록 시장을 면밀히 분석하는 데 달려있다.

4.5 내부 환경

분명히 내부환경은 기업이 가장 통제하기 쉬운 영역이다. 내부환경을 이해하기 위해서는 조직의 표적시장에 금융서비스를 전달하는 데 있어서 경쟁우위를 창조하기 위하여 조직의 자원 및 역량이 어떻게 사용될 것인지 이해하기 위하여 이들을 분석할 필요가 있다.

4.5.1 자원

'자원'이란 용어는 산출물을 생산하기 위하여 조직에 의해 사용되는 모든 투입물을 말한다. 자원은 보통 유형적 혹은 무형적 자원으로 분류한다. 유형적 자원은 아래의 것들을 포함한다.

1. 직원의 수와 유형을 포함한 인적 자원 및 그들의 특별한 기술이나 질(탄력성, 적응성, 몰입 등의 속성들이 다수의 조직에 중대하다). 영국은행인 First Direct는 그들의 직원 - 그들의 고객지향, 전문기술, 기능 - 을 핵심 유형적 자원으로 지목한다.
2. 현금보유액, 부채 및 지분의 수준, 미래개발을 위한 자금에 대한 접근성, 핵심 재무 당사자(가령 은행, 주주)와의 관계 등 다양한 요인들을 포함한 재무적 자원. HSBC나 Citibank같은 선도적 국제은행은 그들의 재무적 강점을 중대한 자원으로 생각한다.
3. 토지, 설비, 내부시스템(가령 정보기술 시스템), 운용절차를 포함한 물리적/운용적 자원. 신용카드회사인 CapitalOne은 신속한 제품개발 및 제품의 고객맞춤을 위한 자사의 시스템을 회사의 핵심 자원으로 지목할 것이다. 국내은행의 경우 특히 새로운 국제 진입자와 경쟁할 때 지점망이 핵심자원일 수 있다.

무형적 자원은 전형적으로 물리적 형태가 없고, 어떤 것은 명백한 현금가치가 전혀 없을 수 있지만, 다수의 조직의 경우 경쟁우위를 창출하는데 도움을 주는 핵심 자원의 하나일 수 있다. 무형자원의 예로는 전문가 지식 및 경험, 브랜드명, 브랜드자산, 조직의 내부문화 등을 포함한다. American Express는 자사 브랜드의 힘을 중대한 무형적 자원으로 인용할 것이다. 투자회사는 고객에게 뛰어난 이익을 제공하기 위하여 펀드매니저들의 기능과 지식에 초점을 둘 수 있다. 조직 내의 지배적 가치시스템으로 정의되는 기업문화는 중요한 무형적 자원으로 널리 인식되고 있다. 가치시스템은 시간이 지나면서 자연히 발생한 것일 수도 있고, 혹은 고위직원에 의해 창조되고 관리될 수도 있다. 신속한 혁신 및 위험부담과 연관된 기업문화는 고품질과 배타적 이미지를 지향하는 문화에 상이한 마케팅 시사점을 가질 것이고, 이는 또한 표준적 상품으로 시장을 따라가고자 하는 저위험 문화를 가진 조직과도 상이할 것이다.

어떤 논자는 실제로 조직 내부에 속하는 내적자원과 조직밖에 존재하면서 여전히 조직의 통제아래 있는 외적자원(공식 및 비공식적 네트웍, 인적 접촉, 위치, 주위환경 등)을 구분한다. 어떤 금융서비스제공자는 금융자문사 네트웍과의 관계를 중요한 외부자원으로 볼 수 있다.

4.5.2 능력/역량

'능력' 또는 '역량'이란 단어들은 종종 상호 교환적으로 사용되지만, 어떤 사람들은 그들이 약간 다른 의미를 가진다고 제안한다. 우리는 이 두 단어를 상호 교환적으로 사용할 것이다. 그것들은 특정 산업 내에서 작동할 수 있기 위하여 필요한 어떤 기능이나 속성을 지칭한다. 능력이나 역량은 산업 내의 대다수 조직에 존재할 것이다 - 그 역량이 없는 조직은 작동할 수 없다. 은행산업에서 작동하기 위해서는 예금, 대출, 서비스제공, 재무관리, 금고 등과 관련된 역량을 필요로 한다. 마찬가지로 보험회사는 보험료 수납과 관리, 인

수, 고객서비스 및 클레임 관리와 관련된 역량을 필요로 한다. 역량의 분석에서의 핵심은 자사 조직이 눈에 띄게 경쟁자보다 더 효과적인 무엇을 파악해내는 것이다. 이 핵심능력 혹은 독특한 역량은 뛰어난 고객가치를 제공하는 기반을 공급하고, 그 결과 경쟁우위를 창조한다. 핵심역량은 자원과 특정 시장과 관련하여 가치있는 능력의 결합으로부터 발생한다. 미국에서 Wachovia Bank의 사람과 시스템에서 도출된 신용에서의 역량은 산업평균과 비교하여 훨씬 낮은 상각률을 보고할 수 있게 하였고, 이는 지분이익률에 중대한 긍정적 영향을 미쳤다(Coyne et al, 1997).

핵심역량의 독특한 특성은 그것들은 산업 내 성공적인 조직만이 소유하고, 고객욕구를 충족하는데 중요하며, 모방하기 어렵다는 점이다. 핵심역량은 조직에 시장에서의 진정한 경쟁우위를 제공한다. 적절하게 이용된다면 핵심역량은 뛰어난 고객가치를 제공하는 기반이 된다(Prahalad and Hamel, 1990).

4.5.3 내부환경 감사

내부환경의 분석은 조직의 자원과 역량에 대한 면밀한 평가와 감사를 필요로 한다. 이는 단순히 자원 혹은 역량의 양을 평가하는 것 이상이다 - 질에 대한 평가를 포함한다. 좋은 감사는 아래의 것들을 고려해야한다.

1. 특이성 - 자원/역량이 특정 유형의 산업에 독특한가 혹은 일반적인가? 특정 산업에 독특하고 중요한 자원/역량은 핵심역량을 개발하기 위한 기반을 제공할 가능성이 높다.
2. 대체가능성 - 이 자원/역량은 다른 것으로 대체할 수 있는가? 대체가능성은 고객을 위한 가치전달과정에서 보다 높은 탄력성을 허용한다.
3. 이동성 - 이 자원/역량은 쉽게 경쟁자에게 이전될 수 있는가? (가령 직원은 중요한 자원일 수 있으나, 잠재적 이동성이 높다.) 자원의 이동성

이 높은 경우, 그것들을 어떻게 보호하고 조직 내에서 그 가치를 유지할 것인가에 대하여 면밀하게 검토해야 한다.

4. 기여도 - 전반적 제공물에 대한 가치 증대를 위하여 차지하는 특정 자원/역량의 중요성은? 부가가치활동에 있어서 핵심역할을 하는 자원/역량은 전략적으로 중요하지 않은 자원보다 더 잘 보호되고 투자되어야 한다.

내부분석은 또한 내부구조(가령 마케팅은 어떻게 다른 활동과 관련되는가?), 직원채용 및 보상시스템, 내부 커뮤니케이션의 효과성, 중앙집권의 정도 등에 초점을 둘 수 있다. 비록 이것들이 마케팅에 직접 관련되지는 않지만, 마케팅이 수행하는 것에 중요한 시사점을 갖는다. 가령 판매한 신용카드나 개설한 신규 계좌수를 토대로 하여 특정 그룹의 직원들에게 보상하는 은행은 직원들로 하여금 가능한 신속히 모든 고객과 접촉하도록 하고 고객들에게 구매하도록 압력을 가하도록 인센티브를 부여할 것이다. 이는 단기적 혜택을 낳겠지만, 장기적으로는 이러한 방식으로 조달된 고객들이 덜 만족하고 수익성이 낮을 위험성이 있다는 점이다.

4.6 마케팅환경의 발전에 대한 평가

앞 절에서 논의한 분석들은 다량의 데이터를 창출할 것이다. SWOT분석과정은 마케팅환경에 관한 정보를 요약하고 전략의 방향을 안내하는 가장 단순한 기법 중의 하나이다. 환경분석에서 수집된 정보는 외부정보(조직 바깥의 환경과 관련된 정보) 혹은 내부정보(조직 자체와 관련된 정보)로 분류될 수 있다. 외부정보는 조직에 기회를 제시하거나 혹은 위협을 창출할 수 있다. 마찬가지로 내부정보는 강점 혹은 약점을 설명한다. 환경분석에서 생산된 모든 증거는 이들 그룹 중 어느 한 그룹에 속한다.

1. 강점 - 조직이 그 목적을 달성하는 것을 돕는 모든 특별한 자원 및 역량은 강점으로 분류된다. 이들은 특별한 유형의 시장에서의 경험과 관련될 수 있다 - 가령 HSBC는 아시아시장에 대한 자사의 축적된 지식을 지목할 수 있다. 특별한 기능과 능력은 강력한 브랜드이미지, 광범위한 지점망 혹은 ATM망과 같은 자원들이 강점을 구성할 수 있다.
2. 약점 - 약점은 특별한 목적을 달성하는 것을 방해하는 조직의 모든 측면을 말한다. 약점은 종종 강점의 정반대일 수 있다. 가령 작은 지점망, 빈약한 내부정보시스템, 혹은 비호의적인 브랜드 이미지등이 약점으로 구성된다.
3. 기회 - 주어진 목적 아래 조직에 유리한 외부적 환경의 모든 특성은 기회로 분류된다. 신용카드 발급자는 해외여행 수요의 증가를 신용카드 판매 증대의 기회로 볼 수 있다. 중국시장을 보는 보험회사는 현재의 낮은 생명보험 채택률을 기회로 볼 수 있다.
4. 위협 - 위협은 조직이 그것의 특별한 목적을 달성하는데 문제를 일으키는 모든 환경상의 현상을 말한다. 어떤 조직에 기회는 다른 조직에 위협이 될 수 있다. EU의 단일 금융시장 형성을 위한 노력은 그것이 경쟁을 심화시킬 가능성 때문에 어떤 금융제공자에게는 위협으로 분류될 수 있다.

일단 정보가 이러한 방식으로 분류되면 강점, 약점, 기회 및 위협으로 구성된 매트릭스로 나타낼 수 있다. SWOT분석이 가치를 지니기 위해서는 강점과 약점이 특정 조직의 내부 요인들이고, 기회와 위협이 외부환경 요인이며 조직과 독립적인지 확인하는 것이 중요하다. SWOT분석에서 흔히 발생하는 실수는 기회와 위협을 전략 및 전술과 혼동하는 것이다. 가령 직접메일로 고객과 접촉할 능력은 기회가 아니라 마케팅 전술이다. 직접메일에 의한 촉진에 호의적으로 대응할 세분시장의 존재는 관련된 기회이다.

정보의 양을 감안할 때 SWOT분석은 가장 중요한 강점, 약점, 기회 및 위협에 집중할 필요가 있다. 무엇이 중요한가 여부는 그것이 얼마나 발생할 가능성이 높은가, 그 영향이 얼마나 중대할 것인가에 달려있다. 즉 주택금융 제공자는 경제침체를 신규 및 기존사업에 큰 영향을 미칠 요인으로 생각할 수 있지만, 그러나 그것이 발생할 확률이 낮다면 이 요인은 심각한 위협으로 볼 수 없을 것이다. 〈그림 4.4〉의 예에서 각 셀 속의 정보는 이들 요인을 설명하는 순서로 나열되어있다.

강 점(S)	약 점(W)
1. 대규모의 포획계좌 기반 2. 광범위한 지점망 3. 확대에 적합한 자본 4. 신뢰	1. 판매기술의 개발 미흡 2. 고원가 구조 3. 비탄력적 정보시스템 4. 역사적 은행문화
기 회(O)	**위 협(T)**
1. 개인금융서비스의 비은행 공급자로부터의 경쟁 2. 보다 비판적이 되는 소비자 3. 서비스에 대하여 더 높은 기대를 가진 소비자 4. 유럽 내 다른 지역으로부터의 경쟁 증가의 잠재성	1. 개인금융서비스에 대한 수요 증가 2. 개인 부의 증가 3. 젊은 소비자층의 수요 증가 4. 유럽시장으로의 더 쉬워진 미래의 접근

<그림 4.4> 개인금융서비스시장에서의 영국 청산은행의 SWOT분석

이 매트릭스가 만들어졌다면, 그것이 전략형성을 안내하는 SWOT분석의 사용을 가능하게 한다. 두 가지의 주요 전략옵션은 아래와 같다.

1. 대응 - 이는 조직의 강점과 시장의 기회를 대응시키는 것이다. 획득 가능한 기회와 대응되지 않는 강점은 사용가치가 낮으며, 대응되는 강점이 없는 기회는 전략적 관점에서 즉각적인 가치가 미미하다. 가령 〈그

림 4.4〉의 은행은 자사의 포획계좌를 은행의 신뢰할 만한 이미지를 강조하는 직접메일을 통하여 다른 금융상품을 교차 판매하는 전략을 추구하는 데 활용할 필요가 있다.

2. 전환 - 이는 특정한 기회를 활용하기 위하여 약점을 강점으로 전환시키거나, 기존의 강점과 대응시키기 위하여 위협을 기회로 전환하는 전략의 개발을 말한다.

사례연구 4.1은 체코의 보험회사 Kooerativa가 자유화와 보험상품의 낮은 침투라는 기회를 최대한 활용하기 위하여 직원의 숙련, 경험, 학습의지 등과 관련된 핵심 강점에 어떻게 유지하였는지를 보여준다.

사례연구 4.1 Kooperativa Insurance Company Ltd

Kooperativa Insurance Company는 구 공산권 동유럽에서 최대 규모의 급성장하는 보험회사 중의 하나이다. 출범한 지 단 15년만에 체코의 최대 2위 보험회사이고, 2005년 현재 보험료수입 11억달러의 기록을 세운 보험회사이다.

아래의 요인들은 Kooperativa로 하여금 성공을 거두게 한 중요한 것들이다.

- 새로운 기업을 세우기 위해 종래의 독점적 회사를 기꺼이 떠나는 위험을 감수한 보험업계의 역량있고 숙련된 직원 그룹의 형성.
- Wiener Staedtische Allgemeinge Versicherung를 필두로 한 주주들로부터의 지원.
- 체코 보험시장이 새로운 종류의 보험에 개방된 유리한 환경.
- 위험을 헤지하기 위한 재보험의 광범위한 사용.
- 외국 주주 및 재보험회사로부터 노하우를 얻고자 하는 의지.

Kooperativa는 시장에서 2위 기업으로 위치를 강화하고, 2005년말에는 시장점유율이 22.9%로 증가하였다. 비생명보험은 시장의 28.9%를 점하였다. 생명보험

가입보험료가 25% 증가하여 총 60억CZK에 달하였으며, 고객수가 이백만명을 상화하였다--즉 Kooperativa가 체고 국민 5명 중 한 명을 고객으로 만들었다. 금융성과도 긍정적이다. 가령 2004년에 Kooperativa는 7억6천5백만CZK(3천만U$)의 총이익을 달성하였고, 2005년에는 그것이 13억CZK(5천2백만U$)에 달하였는데 세전 연간 이익증가율이 각각 11.9%와 70%에 달하였다.

오늘날 Kooperativa는 개인과 기업의 모든 종류의 고객을 대상으로 모든 보험서비스를 제공한다. 상품범위는 책임보험을 포함한 손해보험 및 생명보험을 포함한다. 처음부터 Kooperativa는 시장에서 자사를 고객에 대한 개별적 접근--체코보험시장에서는 새로운 현상--으로 포지션하였다. 이 나라의 막 싹트기 시작한 기업가들을 위하여 개인적 문제와 사업적 문제 모두의 측면에서 그들의 경제적 전망을 위협하는 위험을 파악하는 것을 도왔다. 동사는 불편을 최소화하기 위하여 현대적 계약서의 초안을 제공하였다. 단순하고 신속히 완료되었으므로 시간을 절약하고, 고객들의 희망, 욕구, 금융가능성에 따라 광범위한 범위의 보험커버리지를 가능하게 하였다--처음부터 동사는 항상 그들의 상품 및 서비스욕구에 맞춘 보험을 제공하였다.

Kooperativa의 또 다른 성공이유는 동사의 클레임 조정의 질이다. 이는 손실을 전화로 보고하는 능력, 최신화한 커뮤니케이션 방식의 사용, 디지털화 및 인터넷 등의 기술을 포함한다.

2004년에 동사는 소규모 보험회사를 인수하고 Ceska Sporitelna Financial Group(체코의 최대은행 중의 하나)과 전략적 제휴를 체결하였다. 이러한 이벤트들은 동사의 사업환경에 대한 대응을 나타내었다. 새로운 환경은 체코공화국의 EU가입, 새로운 경쟁, 보다 경제적으로 발전된 국가에서 발견되는 최신 추세에 대한 체코의 계속적인 적응 등이다. 이는 Kooperativa로 하여금 단일 판매창구에서 고객의 모든 금융 욕구를 제공하고자 하는 노력의 일환인 방카슈랑스 및 다른 신 금융상품개발이 제기한 도전에 대응하는 것을 가능하게 하였다.

Kooperativa의 거래직원은 모든 고객의 보험욕구 및 신용카드나 모기지를 얻거나, 예금계좌 개설이나 연금보험을 위한 계약 등 다른 금융서비스의 중개인으로 활동하는 등 점차 진정한 금융자문가가 되고 있다. 그들은 고객의 소비자 대출을 중개하거나, 은행계좌 개설을 도울 수도 있다.

최근 동사는 향후 수년간의 기업전략의 핵심은 아래의 점에 토대를 둘 것이라고 확인하였다.

- Kooperativa를 고객의 욕구를 바탕으로 모든 유형의 생명보험 및 손해보험을 거래하는 대규모의 현대적 보험회사로 개발한다.
- 제공된 서비스의 질과 포괄성을 계속적으로 향상시키고, 거래를 신속하게 하며, 고객에게 탄력적이고 개인적인 접근법을 취한다.
- 높은 등록 자본과 고품질 재보험 프로그램을 토대로 고객에게 상당한 수준의 안전을 보장한다.

Kooperativa는 보험회사일 뿐만 아니라 모든 상황에서 조언과 지원을 제공하는 믿을만한 파트너가 되도록 노력한다.

다시 말해서 동사의 핵심 전략목표는 국내시장에서의 자사의 위치를 강화하고 시장점유율을 증가시키는 것이다.

자료: Vladimir Chludil, Kooperativa

4.7 요약 및 결론

조직이 활동하는 환경은 점점 더 복잡한 난류상태이고, 그 결과 점점 더 불확실하다. 이러한 환경의 본질과 그것이 조직에 미치는 시사점을 이해하는 것은 모든 마케팅전략의 핵심요소이다. 환경은 폭넓은 거시요인으로부터 시장별로 특수한 요인, 조직적 요인들에 이르기까지 다양한 수준에서 분석되어야 한다. 이러한 환경의 요소들이 조직의 활동을 제약하지만, 조직 그 자체가 마케팅활동을 통하여 자사의 전략의 성공에 유리한 여건을 만들기 위하여 환경에 영향을 미칠 수 있다는 것을 인식하는 것이 점점 중요해지고 있다.

복습문제

1. 외부환경을 이해하는 것이 왜 중요한가? 마케팅은 어떤 역할을 하는가?
2. 하나의 금융서비스제공자를 선택하라. 거시적 환경이 제공하는 기회와 위협은 무엇인가?
3. 귀하가 잘 아는 하나의 시장을 선택하고(가령 당좌계정, 뮤추얼펀드, 신용카드, 주택금융) 다섯 요소를 분석하라. 기회와 위협은 무엇인가?
4. 문제3에서 귀하가 분석한 조직에 관하여 SWOT분석을 실시하라. 귀하가 생각하는 관련되는 시장수준의 기회와 위협은 무엇이고, 거시적 수준의 기회와 위협은 무엇인가? 그것들을 분석에 포함시켜라.
5. 기후와 관련된 이슈와 같은 물리적 환경 요인들이 어떻게 금융서비스에 영향을 미치는가?

CHAPTER 05

전략 개발과 마케팅 계획

chapter 5 전략 개발과 마케팅 계획

학습목적

이 장을 다 공부한 후 귀하는
- 마케팅활동 계획의 중요성을 설명할 수 있고,
- 마케팅에 대한 전략적 접근의 가치를 이해하며,
- 마케팅계획 과정의 단계들을 개괄하며,
- 마케팅전략을 개발하는데 사용되는 도구와 기법들을 이해할 것이다.

5.1 서론

계획은 마케팅의 근본적인 요소이다. 계획은 조직의 마케팅 활동들이 그 목적, 역량, 시장의 욕구에 부합하는지를 보증하는 것을 도와준다. 계획은 마케팅 활동들이 무엇을, 왜, 어떻게 착수하는지에 대한 체계적 분석을 제공한다. 효과적인 계획은 표적을 설정하고, 그 표적이 어떻게 언제 공략될 것인지를 파악하고, 누가 관련된 마케팅과업들에 대한 책임을 질 것인지 확립한다. 마케팅활동을 실행하기 전에 목적, 절차, 과정, 인적 요구사항 등을 기술함으로써, 계획은 마케팅을 모니터하고 통제하는 프레임웍을 제공한다.

계획은 항상 중요한 활동이었고 최근의 환경에서 그것은 특히 중요하다. 4장은 마케팅환경에서 발생한 일부의 변화들을 논의하였다. 변화는 점점 더 일반적이 되고, 급속하게 발생하며 종종 복잡하다. 가령 EU의 금융서비스 실행계획은 1998년 출범할 때, 도매금융서비스에서 단일 시장을 확립하고, 소매시장을 개방하며, 신뢰성감독의 규칙을 강화하기 위한 일련의 정책이니셔티브를 제안하였다. 그렇게 하는 과정에서 금융서비스부문에서 상당한 변화의 시기를 예고하였다. 계획은 조직으로 하여금 미래에 대하여 생각하고 전략적 초점을 채택하게 권장하는데, 이는 조직이 급속하게 변화하는 환경에 대응하기 위하여 더 잘 배치되어야 함을 의미한다.

앞장에서 논의된 변화들은 기존의 확립된 서비스 조직에 상당한 경쟁적 위협을 창조하였다. 동시에 변화의 다수는 또한 새로운 기회를 창조하였다. 이러한 환경에 직면하여 마케팅에 대하여 무계획적인 접근을 취하는 것은 현명하지 못하다. 동일한 시장에 동일한 상품을 제공하는 단순한 전술적 접근에 의존하는 것은 마찬가지로 현명하지 못하다. 복잡하고, 변화하며 불확실한 환경에 직면할 때, 조직이 시장에 전략적 접근을 취하는 것이 점점 더 중요해지고 있다. 그러한 접근법은 제공된 상품과 진출한 시장에 대한 주의 깊은 고려를 장려하고, 조직이 특별한 목적을 추구하여 자원을 효과적이고 효율적으로 배분하는 수단을 제공할 수 있다.

이 장은 마케팅에 관한 전략과 계획 둘 다를 다룬다. 전략적 마케팅의 정의로부터 시작하여, 마케팅계획의 구조를 검토하고, 계획과정의 단계를 간략히 살펴볼 것이다. 뒤의 절들은 전략개발을 검토하고 전략적 사고를 안내하는데 사용되는 상이한 도구들을 탐구할 것이다. 일관된 초점은 성장전략, 경쟁우위의 원천, 상품포트폴리오 계획의 방법을 포함하는 마케팅계획의 전략적 측면에 두어질 것이다.

5.2 전략적 마케팅

금융서비스부문의 기관들은 그들의 마케팅활동에서 전략적 접근법을 채택하는데 일반적으로 느리다고 생각하고 있다. 오랫동안 금융서비스 마케팅은 기존시장에서 기존 상품을 여하히 잘 광고하고 판매할 것인가에 주로 관심을 기울여왔다. 사실 다수의 사람들이 이것이 마케팅의 전부라고 생각했다. 그러나 마케팅에 또 다른 것들이 있다. 금융서비스에서 마케팅에 대한 전략적 접근은 소비자를 이해하고 그들의 욕구에 어떻게 가장 잘 대응할 것인가를 결정하는 일에 관계가 있다. 그것은 또한 경쟁에 초점을 두고 핵심 경쟁자보다 어떻게 더 우위를 가질 것인가를 파악하기 위하여 노력해야 한다.

마케팅에 대한 전략적 접근의 채택과 실행은 조직의 성과에 긍정적 영향을 미쳐야 할 것이다. 고객과 경쟁자에 대한 이해는 조직이 시장에 우량한 고객가치를 전달할 수 있도록 만들 것이다. 다음에는, 우량한 고객가치는 고객획득과 고객유지를 용이하게 만들 것이다. 신규 사업을 성공적으로 성장시키고 기존 고객을 유지하는 것은 조직성과에, 특히 이익과 현금 흐름에 긍정적 영향을 미칠 것이다. 그러나 생명 및 연금사업에서 성장에 동반되는 새로운 사업부담을 지원할 자본의 필요성을 추가적으로 고려할 필요가 있다. 이는 효과적인 장기 마케팅계획의 필요성을 더 강화하는 데 기여한다. 이 책의 Ⅲ부에서 더 자세히 논의될 서비스 - 이익 체인의 개념은 새로운 고객을 확보하는 것보다 기존 고객을 유지하는 것이 비용이 더 적게 든다는 점에서 성과를 개선하기 위해서는 고객유지의 중요성이 강조된다. Doyle(2000)은 수익을 증가시키기 위하여 전략적 마케팅에 투자하는 것이 비용을 절감하는 노력보다 주주가치를 개선하는 데 더 효과적인 방법이라고 주장한다. 원가가 절감될 수 있는 정도는 제한적이고, 원가통제가 중요하기 는 하지만 재무성과를 향상시킬 수 있는 최선의 기회는 판매량 및 판매액을 늘리는 데서 온다. 전략적 마케팅은 조직을 고객, 경쟁자, 계속적으로 변화하는 시장의 변화에 초점을 맞추게 함으로 수익증대에 매우 중요하다. Doyle의 관점의 핵심은 마케팅지출은 (연간비용이라기 보다) 하나의 투자로 봐야하고 그것의 영향은 보다 긴 시간동안 모니터되어야 한다는 주장이다. 브랜드 구축, 새로운 유통경로의 개발, 신시장으로의 진출 등은 모두 장기적 활동이다. 그것들의 매출에 대한 최초의 영향은 실제로 제한적이지만 그것들의 장기적 영향은 상당할 것이다.

따라서 마케팅에 대한 전략적 접근은 조직의 성과와 조직이 시장지향적이며, 변화하는 시장환경을 이해하고, 경쟁자보다 더 우수한 가치를 고객에게 전달할 수 있도록 반응할 수 있다면, 성과가 향상될 수 있다는 아이디어에 그 핵심을 둔다. 이러한 점에서 전략적 마케팅을 폭넓고, 포괄적인 마케팅 접근법으로 생각할 수 있다. 전략적 마케팅이 취하는 구체적 형태는 조직과 시장별로 다양할 것이고, 조직의 마케팅전략에 의해 대변될 것이다.

모든 금융서비스 제공자들의 경우 전략은 몇 개의 수준에서 개발된다. 기업전략은 사업의 전반적 개발에 관계되고, 상이한 영역별로 특수한 전략들(IT전략, 인적자원전략, 마케팅전략)을 포함한다. 마케팅전략은 특히 시장에 관련된 조직의 활동에 초점을 둔다.

다른 전략과 마찬가지로, 마케팅전략은 효율성과 효과성 양면 모두에 관계된다. 효율성은 특별한 활동을 잘 하는 것과 관계가 있다. 효율적 폰뱅킹 업무는 고도로 비용절감적이고 신뢰할 만한 것을 말한다. 이와는 대조적으로 효과성이란 올바른 일을 하는 것과 관계가 있다. 따라서 효과적 폰뱅킹 업무란 표적소비자에게 올바른 서비스 - 소비자가 필요로 하고 원하는 서비스 - 를 제공하는 것을 말한다. 효과적이기 위해서는 금융서비스 제공자는 올바른 종류의 서비스를 가지고, 그것을 올바른 시장에 제공하여야 한다. 조직이 올바른 일을 하고 있는지 확신을 가지기 위해서는 시장을 이해하고 그것이 어떻게 변화할 것인가를 이해함으로써 가능할 것이며, 이는 다시 환경의 이해가 긴요함을 의미한다. 1990년대 중반 인도의 은행시스템이 자유화되었을 때, 조기 진입자의 하나인 HDFC Bank의 성공은 변화하는 고객의 기대를 인지하고, 더 좋은 서비스에 대하여 기꺼이 지불할 의사가 있는 상당한 수의 중간수준 시장의 고객을 파악한 데 기인한다(Saxena, 2006).

좋은 마케팅전략은;

- 조직이 성취하기를 원하는 특별한 목적을 확립하고,
- 이 목적의 달성을 돕기 위하여 자원(돈, 시간, 사람)을 투입하며,
- 마케팅환경에 대한 면밀한 평가에 관여하고,
- 환경의 기회와 조직의 자원을 대응시키고자 노력하며,
- 우월적 가치의 전달에 초점을 맞춘다.

고객에게 우월적 가치를 전달하는 것은 전략적 마케팅과 경쟁적 마케팅전략 개발의 핵심이다. '우월적 가치'의 인식은 경쟁자보다 더 뛰어난 성과달성의 중요성을 강조해준다. 사실, 경쟁전략에 대해서 보다 폭넓게 논의하면서 Porter(2002)는 아래와 같이 언급하였다.

> 경쟁전략은 남과 다른 것을 의미한다. 그것은 독특한 가치믹스를 전달하기 위하여 다른 활동집합을 신중하게 선택하는 것을 의미한다.

분명히 우월적 가치의 전달은 조직 그 자체와 뛰어난 활동으로부터 시작된다. 전달된 것은 경쟁자보다 더 우수해야하며 고객에게 적절한 것이어야 한다. 우월적 가치는 고객에 대한 비용절감 혹은 혜택의 증가로부터 오며, 그 혜택은 기능적이거나 혹은 감성적인 것이다. 대표적 브랜드들과 연관된 감성적 혜택들(축소된 위험, 증가된 신뢰)이 금융서비스의 어떤 영역에서 가치의 특별히 중요한 요인일 수 있다.

5.3 전략적 마케팅계획의 개발

마케팅전략은 본질적으로 한 조직이 특정 시장에서 사업을 위해 어떻게 경쟁할 것인가에 대한 계획을 진술한 것이고, 대다수 마케팅전략은 전반적 마케팅계획의 형태로 제시될 것이다. Philip Kotler(1994)는 전략적 계획을 아래와 같이 정의하였다.

> 조직의 목적과 자원 및 변화하는 시장기회 간의 실행가능한 적합성을 개발하고 유지하는 관리적 과정. 전략적 계획의 목적은 기업의 사업과 상품이 만족스러운 이익과 성장을 달성할 수 있도록 결합하여 고안하고 재고안하는 것이다.

모든 조직은 마케팅 계획을 수립하는 자사만의 고유한 접근법을 가지고, 유일한 옳은 접근법은 존재하지 않는다. 그러나 올바른 계획은 아래와 같은 중요한 특성들을 가진다.

- 논리적 구조를 가진다.
- 기업목적에 연결되는 명백한 마케팅목적을 포함한다.
- 환경 및 조직의 현재 위치를 분석한다.
- 이 분석을 토대로 어떤 상품과 시장의 조합에 대하여 자사 조직이 가장 잘 욕구를 만족시킬 것이며, 어떻게 경쟁할 것인가(시장세분화, 표적화, 포지셔닝)를 파악한다.
- 상품, 가격, 유통, 촉진 등 핵심 마케팅변수들(마케팅믹스)에 관한 구체적인 의사결정을 포함한다.
- 예산, 책임성, 평가 등 수립된 전략을 실행하기 위한 적절한 방법의 개요로 결론을 맺는다.

계획은 어떻게 마케팅활동들이 관리될 것인가에 대한 명백한 안내를 제공할 필요가 있지만, 동시에 예상치 못한 변화에 조직이 적응하고 대응할 수 있도록 탄력성을 가질 필요가 있다.

앞에서도 언급했듯이 계획을 위한 유일한 형태는 존재하지 않으나, 하나의 가능한 접근법이 〈그림 5.1〉에 제시되어 있다. 이는 마케팅계획의 핵심요소들을 제시하고 계획의 조정을 유도하는 피드백의 중요성을 강조한다.

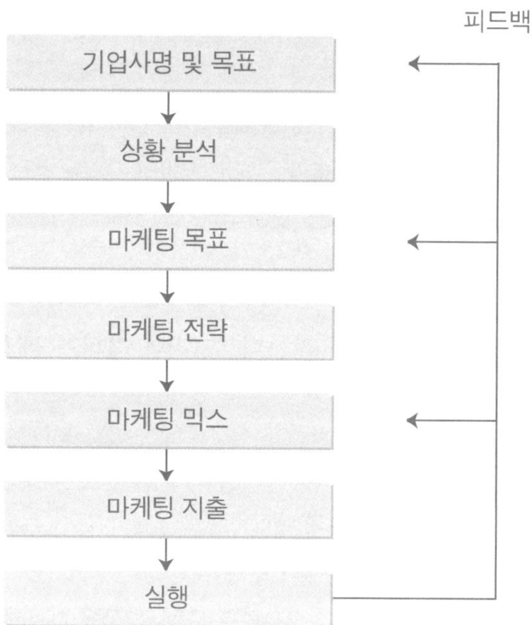

<그림 5.1> 전략적 마케팅계획의 예

5.3.1 기업사명 및 목적

기업사명은 조직이 영위할 사업의 영역을 정의하는 것을 요구하고, 초점과 방향을 줄 수 있도록 정의하도록 요구한다. 실제로, 기업사명의 목적은 조직의 목적을 밝히고, 조직이 그 목적들을 달성할 방법을 개략적으로 수립하는 것이다. 가령 인도의 Bank of Baroda의 사명은;

관심, 배려, 능력을 통하여 주주가치를 확대하고자 결의하는 국제적 수준의 최고 전국은행이 되는 것.

기업사명의 특징은 다양한 요인들에 의존한다. 기업역사는 종종 섬기는 주체와 고객그룹에 영향을 미친다 - 가령 Credit Agricole의 농촌 및 상호적 전통은 동사가 시장에 접근하는 방식에 영향을 미친다. 농촌지역에서만 활동해야 한다는 제한은 결코 없지만, Agricole의 유산은 동 은행이 지역사회에 대한 관여에 특별한 중요성을 두고 고객에게 보다 가까이 다가가며, 최다 지점망을 보유하는 것에 대하여 동사 스스로 자부심을 가진다는 것을 의미한다. 이와 유사하게 광의의 문화도 중요한 영향을 미친다 - 아마도 이슬람 은행들에서 현저하게 나타나는데, 말레이시아의 Bank Islam의 기업사명에 뚜렷이 나타나 있다.

스스로 지속가능하며 성장할 수 있는 활력과 역량을 가지고 이슬람 원리에 토대를 두고 기능하며, 무슬림과 이 나라 전체 국민에게 은행시설과 서비스를 제공하는 상업은행으로 운영하는 것을 추구한다.

전형적으로 기업사명은 고객유형(가령 무슬림 및 전체 인구), 만족시키는 욕구(은행업무 편의), 사용되는 기술(이슬람 원리)을 토대로 정의될 것이다. 이러한 기업사명 정의방식은 관리자에게 고객과 고객욕구에 관하여 생각하게 만들기 때문에 마케팅관점에서 도움이 된다. 이상적인 기업사명은 상품을 언급하는 것을 배제한다. 가령 보험회사는 사명으로 단순히 '보험'이라기보다는 '위험축소 및 금융안전에 대한 소비자욕구 충족'으로 생각해 볼 수 있다. 상품이 아니라 욕구에 초점을 맞춤으로써 사명진술은 조직의 미래발전을 안내하는 데 도움을 줄 수 있다. 그것은 또한 조직으로 하여금 '마케팅 근시' - 조직이 상품에 지나치게 초점을 맞추고 고객욕구에 충분한 주의를 기울이지 않는 데서 발생하는 문제 - 를 배제하는 데 도움이 된다.

5.3.2 상황분석

여러 관점에서 마케팅전략과 마케팅계획은 조직과 환경 간의 '맞춤' 혹은 '대응'에 관계된다. 효과적이기 위하여 조직은 자사의 자원과 역량을 최고의 가치를 발휘할 수 있는 환경에서 사용할 필요가 있다. 따라서 모든 마케팅계획은 외부 및 내부환경의 면밀한 분석을 필요로 한다. 이러한 분석은 조직으로 하여금 고객욕구를 경쟁자보다 더 효과적으로 충족할 수 있도록, 가용자원을 최대한 활용하도록 돕는다. 마케팅환경 분석의 과정에 대한 자세한 내용은 4장에서 논의하였다. PEST분석, 5요인분석 및 SWOT분석의 결과가 좋은 마케팅 계획을 위한 중요한 투입을 제공한다.

마케팅조사와 마케팅 인텔리전스가 마케팅환경 분석에 사용되는 많은 정보를 제공한다. 이 정보들은 다양한 공식적 비공식적 수단들, 고객서베이로부터 상업적 데이터베이스에 이르기까지, 비공식 접촉에서부터 컨설팅 보고서에 이르기까지, 점차 더 많이 사용되는 인터넷 상의 자료 등을 통하여 수집된다.

SWOT분석이 전략적 및 전술적 수준에서 지침을 제공하는 데 핵심적 역할을 한다는 것이 인식될 필요가 있다. 근거가 충분하고, 지적으로 접근된 SWOT분석은 기회가 간과되지 않고, 기업의 강점이 발휘될 수 있도록 선택이 이루어지도록 한다. SWOT분석의 질은 상황검토의 질의 함수이다. 피상적이고, 별생각 없이 수행된 상황검토는 초점이 없는 SWOT분석들을 낳게 된다. 문제의 시장과 상품에 상응하는 어느 정도의 상세함이 요구된다.

우리가 강점을 언급할 때 상대적 경쟁강점을 나타내는 조직의 자산, 역량, 능력의 측면들을 파악하도록 노력해야 한다는 점을 인식하는 것이 중요하다. 자사가 능숙하다고 생각하는 업무의 측면만을 파악하는 것만으로는 충분하지 않다. 경쟁우위의 탐색은 외부환경과 기업의 상대적 강점을 대응시키는 것을 필요로 한다. 이와 유사하게 약점의 파악을 위해서는 상대적 경쟁

약점 영역을 탐색하는 것이 필요하다. 그러한 특성들은 기업으로 하여금 특히 외부의 위협에 취약하도록 노출시킴으로, 자사가 다른 기업에 비하여 경쟁우위에 있는 영역들을 보다 더 왕성하게 다룰 필요가 있다.

따라서 SWOT분석은 종종 상품그룹수준에서만 성취 가능한 정도의 초점을 통하여 혜택을 받을 수 있다. 생명보험회사의 경우 이는 보호, 연금, 투자상품 그룹별로 각각 별개의 계획에 대한 관여를 필요로 한다. 각 계획은 더 큰 그림과 일관성을 유지해야 하고, 효과적인 조정이 이루어지도록 하는 것이 최고경영자의 몫이다.

5.3.3 마케팅 목적

마케팅 환경의 특질이 완전히 분석되고, 적절한 SWOT분석이 실시되었다면, 적절한 마케팅 목적을 구체화하는 것이 가능하다. 이 마케팅 목적들은 그 자체가 최종 종착점이 아니다. 그것들은 조직이 기업목적을 달성하도록 인도해주는 중간 결과물이다. 따라서 마케팅 목적을 구체화할 때, 그것들이 기업목적으로부터 유도되었고, 기업목적에 기여할 것인가를 확실하게 하는 것이 중요하다. 가령, 기업목적이 확대를 강조한다면 마케팅 목적은 시장점유율, 매출량, 혹은 매출액의 증대라는 방향으로 구체화되어야 한다.

마케팅 목적은 명확하고, 측정가능하며, 현실적이고, 한시적이어야 한다. 목적을 구체화하는 데 있어서 특히 문제점은 의도된 목적과 목적 달성 수단 간의 잠재적 혼동이다. 전자는 목적을 나타내고, 후자는 과정에 관계된다. 때로는 마케팅 계획 문건에 목적이라고 구체화된 것이 사실은 단순히 계획된 활동을 나타낸 것에 불과한 경우가 있다. 아래의 몇몇 마케팅 목적의 예는 이 논점을 예증해 준다.

예1: 회계연도 내에 신개인연금의 판매량의 12.5% 증대를 달성. 이 예는 측정가능한 결과(매출의 12.5% 증가)를 구체화하고, 개인연금 판매량에 관한 것으로 한정하고, 성과달성의 시간계획을 구체화하였다는 점에서 건전한 목적이다.

예2: 연말까지 연금매출을 증가. 이 예는 목적이기는 하지만 잘못 작성된 것이다. 그것은 달성할 성장 표적 수준을 제시하지 않고, 건수를 증가시킬 것인지 혹은 연금 수입 액수를 증가시킬 것인지 한정하지 않고 있다. 마지막으로 그것은 연금성장을 위한 모든 원천에 관계되는지 혹은 기존 연금고객으로부터 성장을 도모하는 대신 신규매출로부터 성장을 도모하는지 구체화하지 않았다.

예3: 지점망을 통하여 개인연금을 촉진. 이는 목적이 아니다 - 최소한 마케팅 계획수준에서 목적이 아니다. 차라리 그것은 주어진 목적을 달성하는 일련의 활동을 나타낸다.

예4: 경쟁순위를 향상시키기 위하여 개인연금상품의 가격을 조정. 이는 과정 요소의 한 예이지 유효한 목적이 아니다.

유효한 마케팅목적으로 자격을 갖추기 위해서는 아래와 같은 최소한의 조건이 충족되어야 한다.

1. 희망하는 결과가 구체화되어야 한다--가령 매출성장, 시장점유율 성장, 소비자 인지수준, 소비자 만족수준.
2. 결과는 모호성을 배제할 수 있도록 충분히 한정되어야 하고, 정확하게 측정이 가능해야 한다--가령 신규고객에게 판매된 보험건수의 증가, 신규 기업 보험료수입에 의한 시장점유율 증가.
3. 특정량의 결과가 제안되어야 한다--가령 신규 기업고객 매출량의 7.5% 성장.
4. 결과 달성의 시간계획이 구체화되어야 한다--가령 2/4분기 말까지.

잘 정의된 목적 없이는 결과를 적절히 측정하는 것은 불가능하다.

5.3.4 마케팅전략

환경이 분석되고 목적이 수립되었다면 마케팅 계획은 마케팅전략의 고려로 옮겨가야 한다. 물론 전반적 기업전략이 마케팅전략의 선택에 영향을 미치겠지만 마케팅전략은 특히 시장의 선택과 그 시장에서 조직이 어떻게 경쟁하고 가치를 창조할 것인지에 초점을 맞춘다.

마케팅 전략의 주요소들은 종종 STP(시장세분화, 표적시장선정, 포지셔닝) 과정이라고 설명된다.

1. 시장세분화는 시장에 존재하는 상이한 그룹(세분시장)의 소비자들을 파악하고, 그들의 필요와 욕구를 이해하는 것이다.
2. 표적시장선정은 상이한 세분시장의 매력도를 평가하고, 조직의 상품과 서비스로 어느 세분시장을 표적으로 할 것인지 선택하는 것이다.
3. 포지셔닝은 조직의 경쟁우위, 고객을 위해 가치를 창조하는 방식, 이 제공물이 어떻게 고객에게 제시되어야 하는지 등을 파악하는 것이다.

사례연구 5.1 Parish National Bank(PNB) – 전략적 마케팅에서의 세분화, 표적시장선정, 포지셔닝

미국의 금융서비스부문은 탈규제화, 기술혁신, 경쟁패턴의 변화의 시기를 경험하였다. 1999년 금융현대화법은 미국 은행업에서 과거 경쟁을 제한했던 다수의 제약들을 폐지하였다. 부문 간의 경계를 넘어 영업하는 데 대한 장벽들이 제거되고, 동시에 주와 주 간의 영업 및 국제은행업에 대한 제약들도 제거되었다. 규제의 변화는 변화하는 시장환경과 결합하여 경쟁의 심화와 보다 큰 규모의 결합을 낳았다. 소규모의 지역은행들은 점점 '멸종위기의 품종'이 되었다.

Parish National Bank(PNB)는 뉴올리안즈의 4개 군에서 영업하는 소규모 상업은행이다. 변화하는 환경에 직면하여 이 은행은 적절한 대응책을 개발해야만 하였다. 일부 소규모 은행들은 소비자시장에서 공격적으로 성장을 추구함으로써 인수합병의 표적으로 만드는 전략으로 대응하였다. 다른 은행들은 자사가 효과적으로 경쟁할 수 있는 틈새시장을 찾았다. PNB는 후자를 선택하였다. 획득가능한 상이한 세분시장 중에서 동 은행은 지역 소기업과 소기업 종업원을 매력적인 세분시장으로 파악하였다. 이 세분시장의 고객들에게 가치를 제공하기 위하여 PNB는 자사를 '고기술 고접촉'으로 포지셔닝하고, 고객들에게 좋은 은행거래관계, 혁신적 서비스, 전달을 지원하기 위하여 웹기반 기술의 적절한 사용을 제공하려고 하였다.

자료: Henson and Wilson(2002)

5.3.5 시장별 특수 전략

시장별 특수 전략은 특정 상품 및 서비스를 특정 소비자그룹에 어떻게 마케팅할 것인가에 관한 특수한 의사결정의 개요를 설명한다. 이는 필요한 수준의 마케팅지출, 상품 자체, 어떻게 촉진하고, 가격을 책정하고, 유통할 것인가(마케팅믹스)에 대한 상세한 내용을 포함한다. 이러한 의사결정들은 시장포지션의 선택에 의하여 인도되어야 할 것이다. 가령 조직이 자사를 고가치의 개인맞춤화된 상품으로 부유층 소비자를 대상으로 영업하는 포지션을 선택했다면, 시장별 특수 전략은 적절한 가격(상대적 고가)을 찾고, 상품의 어떤 특성을 맞춤화할 것인지 결정하고, 선택한 소비자그룹에게 어필할 촉진 및 유통방식을 선택해야 한다. 이러한 의사결정들은 이 책의 II부에서 보다 상세히 논의된다.

5.3.6 실행

실행은 마케팅 계획이 어떻게 실천되는가 하는 것과 관계된다. 그것은 예산, 책임성, 평가를 고려하여야 한다. 시간의 척도가 파악되어야 하고, 우발상황별 계획도 고려되어야 한다. 아무리 잘 고려된 마케팅 계획이라 하더라도 시장은 항상 변화함으로 어떤 계획된 활동이 부적절하거나 비효과적으로 판명날 수 있다. 이러한 점들을 인식하고 대응할 위치에 있는 것이 중요하다 - 즉 새로운 정보가 획득가능하면 전략을 수정하는 것이 중요하다.

마케팅 계획의 신뢰도를 위하여 효과적인 재무통제가 긴요하다 - 참으로, 그것은 마케팅 기능 전체의 신뢰도를 위하여 지극히 중요하다. 예산은 정확하고 방어할 수 있음을 기본 전제로 하여 작성될 필요가 있다. 그들은 효과적 통제와 효율적 이득의 추구를 촉진할 수 있도록 충분히 상세하게 이루어질 필요가 있다. 상세함에 대한 충분한 주의를 기울이지 않으면 특히 문제가 될 수 있다. 가령 다이렉트 메일 캠페인의 총비용을 파악하는 것은 상대적으로 쉬울 수 있지만, 개인별 접촉 비용이나 매출액당 비용이 무시된다면 자원들이 잘못 배정될 수 있다. 가령, 은행부문에서 한 다이렉트 메일팀이 캠페인의 총예산을 책정하였는데 그 결과 촉진되는 상품의 총마진보다 더 많은 매출당 비용을 지출하도록 계획을 수립하는 경우가 있다.

계획은 계획 내의 상이한 활동들에 대한 책임이 어디에 있는지를 명확히 해야 한다. 소유권을 분명하게 해야 하며 특정 과업에 대한 명확한 소유권이 추구되어야 한다. 흔히 책임성이 공유되는 경우를 많이 볼 수 있는데 그 결과 불명확한 소유권 의식을 낳는다. 참으로 잘 정의된 책임성은 적절한 평가 시스템과 성과검토에 필요한 선행요소이다.

실행에서 그 중요성이 점증하는 차원은 내부 마케팅이다. 내부 마케팅은 조직이 그 자체와 모든 수준의 종업원들 간의 관계를 관리하는 방식을 다룬다. 그것은 시장지향적 기업문화를 창조하고 유지하는데 중요한 역할을 한다. 내부 마케팅 과정은 금융서비스부문에서 마케팅과정 상의 사람의 중요성을 감안할 때 특히 중요한 것으로 보인다. 내부 마케팅은 직원이 상품 자체를 이해하고 조직이 하고자 노력하는 것을 믿게 만든다. 조직의 직원들이 시장지향적이 아니라면, 그들이 전반적 기업 및 마케팅 전략을 지원하지 않는다면 성공적인 계획실행의 가능성은 미미하다.

5.4 전략개발의 도구들

향후 장들에서 마케팅 계획의 다양한 요소들을 보다 상세히 고려할 것이다. 이 장의 나머지 부분은 마케팅 계획 개발의 맥락에서 조직이 마케팅전략을 개발하는 것을 도울 수 있도록 몇 가지의 기법을 소개할 것이다. 이 도구들은 관리자들이 어떤 것이 추구할 최선의 전략인가를 생각하는데 도움을 줄 수 있다. 그것들은 유용한 통찰력과 권고를 제공할 수 있다. 그러나, 좋은 마케팅 관리자는 이 도구들을 조심스럽게 사용할 것이다 - 그것들은 확답을 제공해주지 않을 것이고, 조직이 무엇을 해야 할 것인지에 대하여도 귀하에게 정확히 이야기해주지 않을 것이다. 그것들이 할 수 있는 것은 귀하가 당면한 마케팅 도전들과 조직이 그 도전들에 대하여 어떻게 대응할 것인지에 관하여 생각하는 것을 도와준다.

우선 성장을 위한 옵션들을 살펴본 후 상품 포트폴리오(상이한 표적시장들에 제공될 상품 및 서비스 믹스)를 선택하는데 사용될 수 있는 도구들을 고려할 것이다. 그 후 경쟁우위 이슈들을 논의할 것이다.

5.4.1 성장전략

최선의 성장과 확대를 모색하는 조직은 신상품을 고려하든지 혹은 신시장을 고려함으로써 이 문제를 생각해 볼 수 있을 것이다. 획득가능한 선택들은 Ansoff의 상품/시장 매트릭스에 나타나 있다. 〈그림 5.2〉에서 보는 바와 같이 이는 네 가지의 가능한 옵션들을 제시한다 - 시장침투, 시장개발, 상품개발, 다각화.

1. 시장침투

시장침투란 기존 시장에서 기존 상품을 더 판매하고자 노력하는 것을 말한다. 이것을 하기 위해서는 조직은 기존 사용자에게 더 많이 사용하도록 설득하거나, 비사용자에게 사용하도록 유도 혹은 경쟁자로부터 소비자를 유인해야 한다. 시장침투전략을 지원하는 마케팅전술의 많은 예들이 있다. '항공마일리지'같은 촉진 제공은 기존 고객들이 신용카드를 더 많이 사용하도록 설득하기 위하여 고안된 것이다. 말레이시아의 경우 Public Bank의 ACE계정(최소 잔고 필요)의 신규 혹은 기존 고객에 제공되는 공짜 휴대폰은 기존 및 신규고객으로부터 새로운 구매를 설득함으로써 시장에 침투하려는 시도이다. 일반적으로 시장이 여전히 확대될 여지가 있을 때, 시장침투전략이 더 적절하다. 성숙시장(대부분의 잠재구매자가 이미 그 상품을 구매한 시장)에서는 조직이 경쟁자로부터 고객을 유인할 필요가 있기 때문에 시장침투가 더 어렵고, 이는 종종 시장으로 새로운 고객을 유인하는 것보다 더 어렵다. 영국의 경우 당좌계정 시장은 거의 포화되었다. 인터넷은행인 Smile같은 하나 혹은 두개의 신규 진입자가 다른 은행의 고객들로 하여금 계정을 옮기도록 설득하여 시장침투전략을 시도하였는데, 대다수의 제공자들은 기존 고객을 유지하고 교차판매 기회를 최대한 활용하는 데 초점을 두는 것으로 보인다.

<그림 5.2> Ansoff의 상품/시장 매트릭스

2. 시장개발

시장개발은 조직이 기존 상품을 위해 신시장을 개척하는 노력을 시도하는 것을 말한다. 일반적으로 이 전략은 지리적으로 새로운 시장으로 확대하는 것과 연관된다. American International Group(AIG)이 중국에서 영업할 수 있도록 외국보험회사로는 처음으로 면허를 받았을 때, 동사는 지리적 확대에 의한 시장개발에 종사한 것이다. 미국의 Morgan Stanley는 원래 투자은행으로 설립되었다. 글래스 - 스티걸법은 다른 국내 시장으로의 확대를 금지하였는데, 그래서 Morgan Stanley는 주로 해외시장으로의 확대를 추구하였다. 그러나 규제완화는 새로운 세분시장으로의 이동 역시 시장개발의 중요한 접근법임을 의미하였다. 영국을 근거지로 한 Alliance and Leicester는 주택금융조합에서 은행으로 전환한 이후 은행서비스를 기업시장으로 확대함으로써 시장개발전략을 추구하였다.

3. 상품개발

상품개발을 통한 성장은 관련 상품을 개발하고 기존 상품을 기존 시장에 소구하기 위하여 변형시키는 것을 의미한다. 영국시장에서 획득가능하게 된 새로운 모기지 상품의 다양성은 기존 상품을 기존 시장에 더 매력적으로 만들기 위하여 변형시킨 예를 제공한다. American Express의 역사는 일련의 상품개발들로 가득 차있다. 초기에 동사는 송금환, 여행자수표, 외환에 초점을 두었다. 1958년에 American Express는 최초의 직불카드를 발행했다. 그 후 동사는 새로운 고객과 기존의 직불카드 고객을 표적으로 하여 신용카드를 또한 발행하였다. 이러한 종류의 전략은 좋은 서비스 설계, 포장 및 촉진, 신상품으로 소비자를 유인하는 기업의 명성에 의존한다. 사례연구 5.2는 호주의 HBF(Health Fund Inc)가 상품개발을 전략으로 사용한 예이다.

사례연구 5.2 HBF(Health Fund Inc)

Hospital Benefits Fund of Western Australia Inc.는 1941년에 Western Australia의 사람들에게 민간 의료보험 서비스를 제공하기 위하여 설립되었다. 그 후 HBF(나중에 이 이름으로 알려짐)는 민간의료보험시장의 65%를 점하는 Western Australia에서 가장 큰 민간의료보험 조직이 되었다. 상호조직으로 설립되어, HBF는 약 백만명의 회원을 가지고 있는데 이는 Western Australia주의 전체 인구의 약 절반이다. HBF브랜드는 즉각 인구의 99%를 넘는 사람들에 의하여 인지되고, 그 조직은 회원들에 대한 서비스, 높은 윤리적 기준, 건전한 재무관리로 명성이 높다.

1980년대 종반과 1990년대 초반, 경쟁우위가 점증하는 규모로 존재하는 신흥 글로벌 경제가 HBF에게 회원의 욕구를 위한 서비스를 지속하는 동시에 자사보다 몇 배나 큰 규모의 영업을 하는 전국 및 국제 경쟁자와의 경쟁이라는 도전을 제기하였다.

호주의 다른 지역에 회원기반이나 브랜드 인지도가 없이, HBF의 영업을 전국으로 확대함으로써 주요 경쟁자의 규모를 기반으로 한 전략을 모방하는 것은 동사로 하여금 대부분 Western Australia에 사는 회원들의 욕구에 대한 서비스로부터 주의를 딴 데로 돌리는 한편 동시에 조직을 수용불가능할 정도로 과도하게 높은 위험에 노출시키는 것이다. 오히려 HBF에게 획득가능한 핵심 전략적 우위에 초점을 맞추어, 특히 회원들과 가지고 있는 관계를 중심으로 회원들에 대한 보완적 서비스를 커버하기 위하여 조직의 영업을 확대하는 의사결정이 취해졌다.

최초의 상품은 주택, 자동차를 위한 국내 손해보험 상품이었다. 그러나, Western Australia의 손해보험시장은 이미 성숙되어 소수의 잘 정착된 경쟁자들에 의하여 지배되고 있었다. 또한 민간의료보험에 뿌리깊은 역사와 함께 HBF브랜드는 Western Australia 지역에서 민간의료보험과 동의어로 인식되었다. 그러므로 그 브랜드를 국내 보험상품을 커버하도록 확장하는 것은 중대한 도전이었다.

HBF가 취한 접근은 민간의료보험 제공자로서의 HBF브랜드를 둘러싸고 개발된 특성을 강조함으로써 동사의 손해보험상품을 이미 시장에 존재하는 다른 상품과 차별화하는 것이었다. HBF는 회원에 대한 서비스, 상호성, 높은 윤리적 기준이라는 조직의 강점에 초점을 맞추었다. 국내보험시장에서 지위를 확립한 경쟁자들은 손해보험의 '제조'에 명백히 경쟁우위를 보유하고 있지만, HBF가 회원들과 가지고 있는 관계의 깊이에 상대가 될 수는 없었다.

처음에는 손해보험 포트폴리오의 성장이 느렸지만, 국내보험상품을 구매한 HBF회원들은 곧 의료보험서비스에 귀속된 품질이 손해보험서비스에도 역시 존재한다는 것을 인식하였다.

처음에 성장이 느렸지만 HBF는 상호조직으로서 자본시장이 아닌 회원(고객)들에게 책임을 지기 때문에 상품개발 이니셔티브로 버틸 수가 있었다. 전통적 자본시장이라면 새로운 사업라인에서의 재무적 수익을 요구했겠지만, HBF는 회원들에 의한 새로운 사업라인에 대한 점증하는 수용으로 대변되는 전략적 가치를 감안할 수 있었다.

2005년에 HBF의 손해보험사업은 Western Australia 시장의 12% 점유를 달성하였다. 동사는 약 25%의 연간 자본수익률을 창출하고 보험가입자수가 연간 15%의 성장을 기록하였다. 손해보험사업에 대한 투자는 세후 평균 20% 이상의 연간 수익률을 창출하였다.

HBF는 2003년에 퇴직 및 투자자문사업을 출범시키면서 유사한 전략을 따랐다. 단 2년간의 영업 후 HBF 금융서비스는 영업 손익분기점에 도달하였다. 2006년말에 흑자의 현금흐름을 창출할 것으로 추정되었다.

15년 전 손해보험의 출시 때와 마찬가지로 HBF는 조직의 강점을 강조하고, 기존 경쟁자들의 부적절한 행동에 의해 야기된 일련의 스캔들을 경험한 산업에 그것들을 적용하였다. 금융자문산업의 경우 등급이 존재하지 않았지만, HBF는 명성있는 조직에 의해 제공되는 신뢰와 안전을 추구하는 세분시장을 포획하는데 성공했다.

자료: Paul Italiano, HBF.

4. 다각화

다각화는 조직이 신시장과 신상품에 관여함으로 더욱 위험이 높은 전략이다. 순수 다각화는 금융서비스에서는 상대적으로 찾아보기 힘들지만, 방카슈랑스의 개발이 확립된 은행의 보험관련 상품을 제공하기 시작했다는 점에서 일종의 다각화를 나타낸다. 이와 유사하게 전통적 은행이 이슬람 은행서비스를 제공하기로 한 결정도 다각화의 한 형태로 볼 수 있다.

5.4.2 상품 포트폴리오의 선택

마케팅 전략의 한 부분은 일련의 상이한 상품들을 어떻게 관리할 것인가를 고려하는 것이다. 이는 어느 상품은 개발할 필요가 있고, 어느 상품은 유지할 필요가 있으며, 어느 상품은 폐기할 것인가에 관한 결정이다. 상품전략의 자세한 내용은 10장에서 논의될 것이나, 전략적 수준에서 마케팅 관리자로 하여금 기존 상품들을 평가하고 각 상품에 대하여 무엇을 해야 할 것인지를 결정하는 것을 돕는 수단들이 있다. 상품 포트폴리오를 결정하는 데 사용되는 두 개의 일반적인 접근법이 보스턴 컨설팅 그룹(BCG)과 제너럴 일렉트릭(GE)의 매트릭스 기반 접근법과 상품수명주기 개념이다.

1. 매트릭스 기반 접근법

BCG 및 GE 매트릭스 둘 다 특정 시장의 매력도와 그 시장에서의 자사의 강점에 따른 상품/사업 단위의 분류를 필요로 한다. BCG 매트릭스는 그 분류도식이 순전히 시장점유율과 시장성장률에 의존하는 데 비해, GE매트릭스는 시장매력도와 사업강점의 다변수 측정치에 의존한다. 양쪽 모두의 경우 적절한 전략은 매트릭스 상에서의 상품의 위치에 의해 결정된다. BCG매트릭스의 단순한 예는 〈그림 5.3〉에서 보는 바와 같다. 수평축 상의 구획은 기업의 가장 유사한 경쟁자의 그것과 동일한 시장점유율을 토대로 하고, 수직축 상의 정확한 위치는 시장의 성장률을 토대로 한다 - 통상 10%를 합리적인 기준점으로 한다. 상품은 매트릭스 상에 매출액에 비례하여 서로 다른 크기의 원으로 나타내진다. BCG매트릭스는 보다 큰 시장점유율이 저비용을 낳고 그 결과 고마진을 낳는다는 가정에 의존한다.

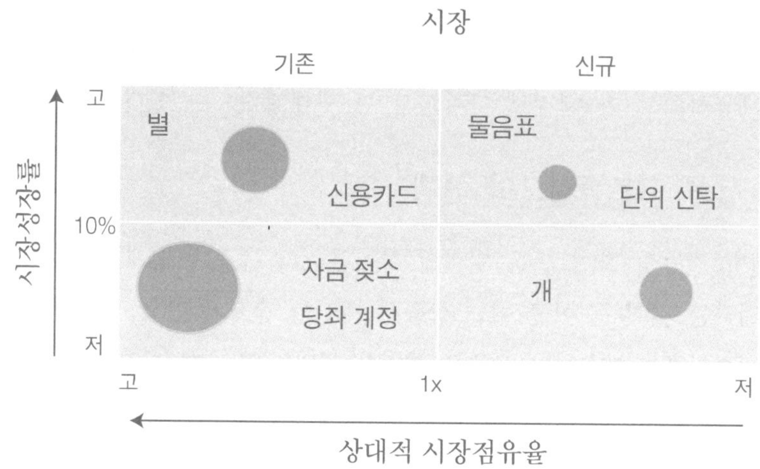

<그림 5.3> BCG 매트릭스

특정 상품에 적절한 전략은 매트릭스 상의 그것의 위치에 달려있다. 의문부호(혹은 문제아)는 고성장 산업에서 낮은 시장점유율을 가진다. 기본적 상품은 인기가 있으나 특정 기업의 상품에 대한 고객의 성원은 제한적이다. 미래 시장성장이 예상되고 상품이 성장가능성이 있으면 조직은 이 상품에 대하여 마케팅지출을 증가시키도록 결정하는 것을 고려할 필요가 있다. 그렇지 않으면 상품을 폐기시키는 것도 고려할 수 있다.

스타는 고성장 산업에서 고점유율을 점하는 상품이다. 그 시사점으로 스타는 현재 및 미래에 상당한 수익을 거둘 잠재력을 가지고 있다. 현 단계에서는 이 위치를 유지하기 위하여 상당한 마케팅지출을 필요로 할 것이지만 그것은 미래를 위한 좋은 투자라고 생각될 수 있다. 반면에, 자금젖소는 저성장 사업에서 고점유율을 점하는 상품이다. 전통적 은행의 당좌계정이 아마도 이것에 해당한다. 자금젖소를 위한 상품개발비용은 전형적으로 낮고, 마케팅 캠페인은 잘 확립되어 있어서, 이는 보통 전반적인 이익률에 합리적인 기여를 한다.

마지막으로, 개는 저성장 산업에서 저점유율을 점하는 상품을 말한다. 자금젖소와 마찬가지로 이 상품은 잘 정착되어 있으나 고객의 성원을 잃고 있으며 원가경쟁력이 없다. 일반적인 전략은 현금흐름 형편이 강력하지 않으면 상품을 폐기하는 것을 고려해야 한다. 현금흐름이 좋은 경우 바람직한 전략은 지출을 줄이고 순기여를 극대화하는 것이다.

BCG매트릭스는 잠재력으로 유용하지만, 그 권고는 사려 깊게 해석되어야 한다. 특히, 그것은 조직의 하나의 관점(시장점유율)과 시장의 하나의 관점(매출 증가율)에만 초점을 둔다. GE매트릭스는 유사한 원리로 작동하지만, 시장매력도(단지 시장성장률 대신)와 경쟁적 강점(단지 시장점유율 대신)을 측정하고자 함으로써 보다 광범위한 점에 초점을 둔다. 이는 GE매트릭스가 비록 그것을 구축하기는 더 어렵지만, 상품포트폴리오의 강점과 약점에 대하여 보다 폭넓은 그림을 제공해준다.

Best(2005)는 GE매트릭스를 〈그림 5.4〉에서 보는 바와 같이 공격적 전략 대 방어적 전략을 안내하는 데 사용할 수 있음을 제시하고 있다. 시장매력도와 경쟁적 강점을 비교함으로써 조직이 시장에서 경쟁하는 가장 적절한 방식에 대한 일련의 권고를 도출할 수 있다. 이러한 전략적 옵션들은 공격적 혹은 방어적으로 분류된다.

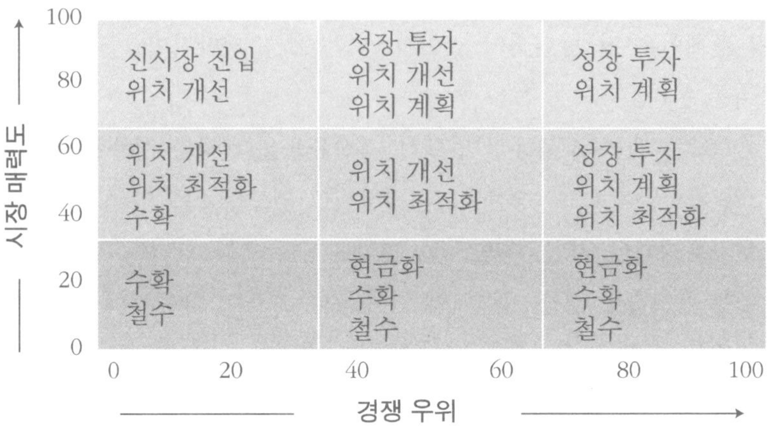

<그림 5.4> 공격적 및 방어적 전략

공격적 전략은 다음과 같은 활동을 포함한다. 성장을 위하여, 위치를 개선하기 위하여, 신시장에 진입하기 위하여 투자. 이들은 Ansoff의 성장전략과 매우 유사하다. 성장을 위한 투자는 시장점유율을 제고하거나 심지어 시장 전체를 성장시키기 위한 투자를 말한다. 이는 본질적으로 시장침투전략에 해당한다. 위치를 개선하는 것은 경쟁자가 소비자에게 제공하는 가치에 비하여 자사가 소비자에게 제공하는 가치를 향상시키기 위하여 자원을 투자하는 것이다. 그러한 접근은 상품개발전략과 유사한 것이다. 신시장 진출은 시장개발 및 다각화전략에 효과적이다.

방어적 전략은 다음과 같이 분류된다. '위치 보호, 위치 최적화, 현금화, 수확/철수', 위치 보호 전략은 조직이 현재 매력적인 시장에서 강력한 위치에 있을 경우 적절한 전략이며, 그 목적은 신규 진입자를 좌절시키고, 다른 경쟁자의 확대잠재력을 제한하는 데 있다. 성장이 둔화되는 시장에서 위치 최적화는 마케팅환경으로 부터의 수익을 극대화하는 데 주의의 초점을 둔다. 전형적으로 그러한 접근은 수익성이 높은 고객에게 초점을 맞추고 마케팅 지출을 통제하는 일에 관여한다. 수익성이 낮은 고객을 저비용 경로(전화나 인터넷)를 사용하도록 설득하거나, 고비용 경로(지점)를 덜 사용하도록 하는 것이 최적화 전략의 예이다. 현금화는 최적화의 보다 공격적 접근이고, 시장에서 실제로 철수하는 준비를 함이 없이 현금흐름을 극대화하는 데 초점을 둔다. 마지막으로 수확/철수 전략은 한 단계 더 나가 시장에서 빠져나가기 전에 상품으로부터 현금흐름을 극대화하는 것이다. 현금흐름을 극대화할 기회가 없으면 조기 시장철수가 선호될 것이다.

2. 상품수명주기

상품수명주기(PLC)는 조직이 상품들의 적절한 균형을 결정하고, 이 상품들을 위한 적절한 마케팅전략의 개발을 안내하는데 사용될 수 있다는 점에서 시장계획의 수단으로 널리 사용된다. 그것의 유용성은 정기적으로 도전을 받았고, 명백히 PLC는 상품의 발전을 고도로 단순화할 위험이 있다. 이러한 한계점을 인식하면서도, PLC는 상품의 전략적 관리에 관하여 사고하는 방법에 잠재적으로 도움이 된다.

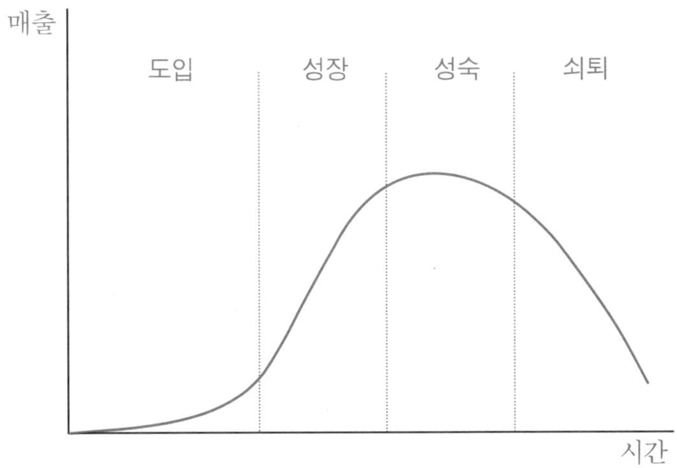

<그림 5.5> 상품수명주기

〈그림 5.5〉에서 보는 바와 같이 상품수명주기는 어떤 상품 혹은 서비스가 네 개의 기본적인 단계를 거친다고 제시한다. 즉 도입, 성장, 성숙, 쇠퇴 등의 단계이다. 마케팅의 역할은 종종 신상품 개발보다 덜 위험하다고 인식되는 상품 변형 전략이나 상품 개선 전략을 통하여 성장기나 성숙기를 연장하는 것 중의 하나로 인식된다.

기존의 일련의 상품들의 상품주기상 위치를 평가해보는 것은 기존 상품 포트폴리오의 균형에 대한 어떤 암시를 줄 수 있다. 더욱이 상품주기상의 단계에 따라 조직은 적절한 마케팅 전략적 지침을 얻을 수 있다.

상세한 상품주기상의 단계들은 아래와 같다.

1. 도입: 서비스에 대한 광범위한 수용을 획득하기 위하여 노력들이 전개되고 있기 때문에 성장이 느리고 아마도 이익은 마이너스일 가능성이 있는 기간이다. 현금흐름은 전형적으로 부정적이고, 우선순위는 인지도의 제고와 상품인식에 두어지며, 그 결과 마케팅믹스는 촉진에 강한 중점이 두어진다. 모바일 뱅킹이 도입기에 있는 서비스의 예이다.
2. 성장: 매출량이 꾸준히 증가하고 상품이 이익에 상당한 기여를 하기 시작한다. 매출증가는 더 많은 세분시장을 표적으로 하여 상품 특성들을 개선함으로써, 혹은 가격경쟁력을 증가시킴으로써 유지될 수 있다. 새로운 서비스가 상당한 경쟁을 유도하기 시작하는 시기이다. 성장기의 서비스로는 현재 텔레뱅킹과 보다 정교한 유형의 ATM 등이 있다. 단위신탁 및 다른 관련된 유형의 투자상품 역시 아마도 상품주기상 성장기에 도달한 것으로 보인다.
3. 성숙: 매출성장이 상대적으로 느리고, 마케팅 캠페인과 상품이 잘 확립되어있다. 경쟁이 아마도 최고조에 달해 있고, 미래의 쇠퇴를 방지하기 위하여 서비스의 변형과 새로운 특성의 추가를 고려하는 것이 필요하

다. 다수의 은행 당좌계정이 성숙기에 도달한 상품으로 볼 수 있고, 많은 경우 그들의 상품수명주기를 연장하기 위하여 상품들이 변형되고 있다.

4. 쇠퇴: 매출이 눈에 띄게 떨어지기 시작하고, 관리자들로 하여금 상품을 완전히 폐기하는 옵션을 검토할 여지를 준다 - 혹은 최소한 마케팅 지원을 철회하도록 결정. 금융서비스부문에서 어떤 상품들(생명보험)은 소비자들이 여전히 보험료를 납입하고 있기 때문에 상품폐기는 어려울 수 있다. 기부보험(생명보험 기반 저축)은 아마도 상품수명주기상 쇠퇴기에 있다.

마케팅 계획에서 상품수명주기를 사용하는 것은 조직으로 하여금 성장기 상품에 높은 우선순위를 두게 하고, 성숙기 상품에 중간 수준의 우선순위를 두게 하며, 쇠퇴기 상품의 폐기를 검토하게 함으로써 서비스 상품간의 자원 배분에 대한 안내를 제공해 줄 수 있다. 그러나 BCG매트릭스와 마찬가지로 그 권고는 주의깊게 해석될 필요가 있고 의문없이 단순히 받아들여져서는 안된다. 특히 상품유형별로 상품수명주기가 극적으로 달라질 수 있다는 것을 인식하는 것이 중요하다 - 매우 짧거나 매우 길 수 있다. 어떤 상품은 쇠퇴기에 절대 도달하지 않을 것처럼 보일 수도 있고, 다른 상품들은 도입기를 결코 벗어나지 못할 것처럼 보일 수도 있다. 상품류(가령 은행계정)의 수명주기는 특정 브랜드의 그것보다 더 길다. 더욱이 마케팅 권고는 수명주기가 자기충족적 예언이 될 가능성을 배제하기 위하여 조심스럽게 해석되어야 한다 - 가령 한 상품이 성숙기에 도달하였고 아마도 쇠퇴기가 시작된 것처럼 보인다면, 마케팅 지원을 줄일 것이고 이는 예측대로 쇠퇴를 낳을 것이다. 마지막으로 상품을 수명주기상의 위치만을 고려하지 않는 것이 중요하다. Hooley(1995)가 보여준 바와 같이 전략과 성과는 수명주기 뿐만 아니라 시장위치(특히 점유율)에 의해 영향을 받는다.

5.4.3 경쟁우위

조직의 경쟁우위를 파악하는 것이 모든 마케팅 전략의 근본적인 부분이다. Michael Porter는 효과적으로 경쟁하기 위하여, 조직은 저원가 혹은 차별화에 초점을 두어야 한다고 주장하였다. 저원가 전략은 상대적으로 표준화된 상품에 의존하고, 조직은 저원가와 저가격을 통하여 가치를 제공한다. 차별화 기반의 접근은 조직이 독특한 상품을 제공하고, 상품이 소유한 일련의 특성 때문에 고객에게 가치를 제공하는 것을 의미한다. 차별화가 성공하기 위해서는 조직이 수령한 고가격이 차별화된 상품을 제공하는 원가보다 더 높아야 한다. 동시에, 상품의 독특한 이미지와 제공된 추가적 특성이 고객으로 하여금 더 많이 지불할 가치가 있다고 느끼도록 해야 한다.

경쟁우위의 두 가지 방법과 표적시장의 특질을 고려하여 Porter는 크게 세 가지의 전략적 옵션을 제시하였다.

1. 원가우위: 원가우위 전략은 상대적으로 표준화된 상품을 제공함으로써 가장 낮은 원가 제조자가 되기를 추구하는 것이다. 저원가는 조직으로 하여금 저가격을 제공함으로써 고객을 유인할 수 있게 만든다. 그러한 전략은 최신의, 고도로 효율적인 서비스 전달 시스템을 필요로 한다. 원가우위는 금융서비스의 많은 영역에서 전통적인 전략이었다고 주장할 수 있다. 그러나 다수의 조직들이 경쟁자보다 낮은 원가를 달성하는 것이 점점 더 어렵다는 것을 알게 되었고, 그 대신 차별화에 더 초점을 맞추고 있다.
2. 차별화: 차별화 기반의 전략은 독특하고 다른 상품을 제공하는 것을 의미한다. 지각된 유용성 및 관련된 고객충성도는 기업을 경쟁자로부터 진입 위협 및 대체재로부터 보호한다. HSBC, Citibank, 및 American Express는 그들의 글로벌 존재와 경험을 토대로 지각된 독특성을 주장할 수 있을 것이다. 그러나 금융서비스부문에 대한 기존 연구는 이러한

목표는 다수의 제공자들에게 성취하기 어려움을 보여주고 있다. Devlin and Ennew(1997)는 영국의 금융서비스제공자들이 매스시장에서 가격적 차별화를 토대로 하여 명백한 경쟁우위를 창조하기는 어려움을 보여주었고, 집중이나 틈새전략에 보다 많은 기회가 존재함을 보였다.

3. 집중/틈새: 이 전략은 원가 혹은 차별화를 사용하지만, 특수한 세분시장에 집중한다 - 틈새시장. 그 목적은 큰 규모의 조직에 의하여 적절히 제공되지 않는 독특한 욕구를 가진 시장의 부분을 파악하는 것이다. 차별화 집중이 집중전략의 가장 일반적 형태이고, 매우 특수한 소비자 그룹을 위하여 고도로 맞춤화된 상품을 생산하는 것을 의미한다. 가령 말레이시아에서 Scotia Bank는 일련의 상품과 관련하여 집중전략을 추구하고 있다. 그 중 하나가 주택대출인데, 다른 대다수의 제공자처럼 Scotia Bank는 할인 이자율을 제공한다. 특별한 점은 그 은행이 고객과 관계를 맺는 방식과 그들의 특별한 상황에 맞추어 상품을 맞춤하는 데 있다. 이익은 주택대출에서 그다지 나오지 않고, 이들 고객에게 Scotia Bank가 판매하는 다른 상품들로부터 나온다. 차별화 기반의 집중 전략의 다른 예는 영국의 친환경 주택금융조합이 지속가능한 주택, 공동체, 기업을 지원하는 대출에 집중하는 것이다.

Porter의 분석은 조직이 '중간에 끼이는' 상황 - 즉 모든 소비자에게 모든 것을 제공하려고 하는 - 을 배제하는 것의 중요성을 강조한다. 원가 및 차별화 두 측면에서 모두 훌륭히 수행하고자 노력하는 기업은 어느 한가지의 전략에 집중하는 경쟁자에게 패할 가능성이 높다. 그러나 '중간에 끼이는' 개념은 그것의 모호성과 Porter의 프레임웍의 모든 고려상 가치의 중요성을 인지하는 것이 긴요하다는 점에서 비판받아왔다. 가치는 원가와 소비자와 혜택간의 관계를 토대로 한다. 우월한 가치는 혜택을 추가하든지 혹은 원가를 감소시킴으로써 창조될 수 있다. Porter의 경쟁우위 구축을 위한 원가 및 차별화 기반의 접근은 주어진 범주의 혜택에 비례하여 원가를 감소시키는데 집중하든지(원가우위), 주어진 원가에 비례하여 혜택을 개선하는 것에 의하여 가치를 제공하는 방법으로 접근될 수 있다.

5.5 요약 및 결론

최근 금융서비스 시장은 더욱 더 경쟁이 격화되고 있다. 규제의 변화(현재 및 미래의), 정보기술의 발전, 세계화, 경제성과의 변동 등은 점점 더 경쟁적인 시장환경을 낳았다. 그러한 환경에서 성공은 마케팅에 대한 계획적이고 전략적인 접근을 필요로 한다. 마케팅을 안내하기 위하여 계획을 개발하는 것은 사려깊은 사고와 분석을 고무시킴으로 매우 가치있는 일이다.

조직은 명확한 사명과 목적을 가져야 하고, 영업환경을 이해해야 하며, 취급하는 상품과 시장에 대해 분명히 알아야 한다. 상품과 시장에 관하여 선택함에 있어서 조직은 자사의 특별한 강점과 상이한 세분시장의 욕구간의 조화를 개발하고자 노력하는 것이 긴요하다.

조직이 마케팅 계획 및 마케팅 전략을 개발하는 것을 돕기 위하여 획득가능한 다수의 상이한 수단들이 존재한다. 이 수단들은 조직 및 그들이 무엇을 하는지에 대한 정보를 분석하는 방법들을 제공한다. 그것들은 또한 마케팅 관리자의 지식 및 환경에 대한 이해와 결합되면 전략개발에 유용한 도움이 될 수 있는 전략선택에 대한 권고를 제공한다.

복습문제

1. 마케팅 활동을 계획하는 것이 왜 중요한가?
2. 귀 조직의 기업사명은 무엇이고, 이것이 어떻게 미래의 마케팅 활동의 안내를 도울 것인가?
3. 마케팅 계획의 주된 요소들은 무엇인가?
4. 시장개발과 상품개발의 차이는 무엇인가? 금융서비스부문에서 이 둘의 예들을 찾아보라.
5. 원가우위와 차별화우위의 차이는 무엇인가? Michael Porter의 본원적 전략을 사용하여 조직이 어떻게 경쟁우위를 창출할 수 있는가? 이러한 접근법을 사용한다고 생각하는 조직의 예를 들어라.

CHAPTER 06

금융서비스의 국제화전략

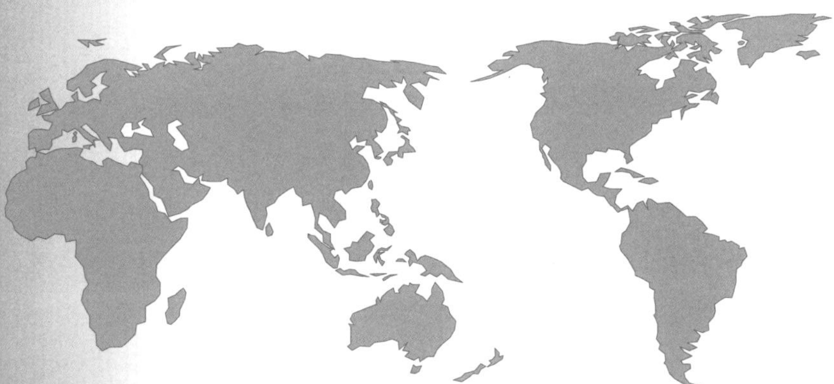

chapter 6 금융서비스의 국제화전략

학습목적

이 장을 다 공부한 후 귀하는
- 금융서비스부문에서의 국제화의 핵심 요인을 이해하고,
- 국제화전략의 선택에 영향을 미치는 요인을 이해하며,
- 국제화와 관련된 마케팅 시사점을 파악할 것이다.

6.1 서론

국제화란 폭넓은 개념이다. 그것은 무역이나 수출이라는 기본적 개념보다 더 나아가 국경을 넘어 이루어지는 모든 측면의 기업활동을 포괄하는 개념이다. 수출이 종종 이 과정의 첫 단계로 인식되는데, 이것이 확대되어 해외시장에 본격적인 사업의 존재를 구축하는 단계로 발전될 수 있다. 금융서비스를 포함한 대부분의 서비스마케팅은 국내시장에서 마케팅에 초점을 두는 경향이 있다. 마찬가지로 국제전략과 마케팅에 관한 대부분의 교과서들도 대부분 유형의 제품을 제공하는 기업과 관련된 이슈에 초점을 둔다. 그러나 서비스가 국제무역에서 차지하는 비중이 점점 더 커지고 있고, 금융서비스부문에 오랜 국제활동의 전통이 존재한다. 세계무역기구의 통계치는 2003년에 서비스가 국제무역 가치의 약 20%를 차지하였고, 전년 대비 13% 성장하였음을 보여 주었다. 미국에 기반을 둔 씨티은행은 1906년부터 프랑스에서 활동해왔고, 아르헨티나에서는 1914년부터, 브라질에서도 1915년부터 활동해왔다. 영국에 기반을 둔 Barclays은행은 Colonial Bank, Anglo-Egyptian

Bank 및 National Bank of South Africa를 흡수 합병하여 1925년에 국제부를 설립하였다. 보험부문에서 Prudential은 손해보험상품 판매를 위한 해외대리점을 1920년대에 설립하였고, 생명보험상품을 위해서는 1930년대에 설립하였다. 그러나 이렇게 오랜 국제활동의 전통에도 불구하고, 금융서비스마케팅의 대부분의 논의는 해외시장에서의 활동에 대해서는 그다지 언급하지 않았다.

이 장의 목적은 금융서비스의 국제화 및 그것들의 마케팅 시사점에 관한 이슈들을 개관하는 데 있다. 다음 절은 국제화 과정과 금융서비스의 특성 간의 관계를 살펴본다. 그 후 금융서비스의 국제화의 요인들을 검토한다. 그리고 국제화 전략 및 그것들의 금융서비스에 대한 관련성을 살펴본다. 마지막으로 국제환경과 관련된 마케팅 도전을 논의한다.

6.2 국제화와 금융서비스의 특성들

금융서비스의 독특한 특성과 그것들의 마케팅 시사점이 3장에서 논의된 바 있다. 이러한 특성들은 국제화에 대해서도 또한 시사점을 가진다. 금융서비스의 무형성은 실제로 생산자로부터 소비자에게 물리적으로 이동할 것이 없다는 것을 의미한다. 원칙적으로 이 무형성은 금융서비스를 수출하는 것을 용이하게 하는데, 특히 기업시장에서 그러한다. 예를 들어 투자은행 UBS가 일본에 있는 고객을 위해서 뉴욕의 주식거래를 취급한다면, 그것은 효과적으로 서비스를 수출하는 것이다 - 물리적인 것은 아무것도 수송되지 않고, 서비스만 원거리에서 제공된다. 소매시장에서는 수출이 종종 더 어렵다. 종종 국내 시장에서 물리적 실체 없이 이루어지는 무형성의 금융서비스에 대한 소비자의 반응은 냉담하다. 이질성은 상이한 국가들을 통틀어 일관된 서비스를 제공하는 것과 관련된 추가적인 도전을 상기시켜주는 데 비하여, 불가분성은 상이한 장소에 있는 고객들과의 상호작용을 어떻게 관리할 것인가에 대하여 특별한 주의를 기울일 필요가 있음을 시사한다. 물론, 수탁책임에 대한 염려는 금융서비스가 국제화할 때는 금융서비스제공자는 잠재적으로 다양한 규제적 환경을 직면하게 된다는 것을 의미한다.

서비스 분류 측면에서 금융서비스들은 전형적으로 고도의 정보기반 서비스이고, 원칙적으로 디지털화하기 용이하다. 수출을 이론적으로 볼 때 상대적으로 간단하게 만드는 것이 이러한 특성이다. 그러나 다수의 금융서비스의 복잡성은 그것의 전달에 있어서 상당한 수준의 사람과 사람간의 상호작용이 필요함을 암시한다. 이는 중요한 시사점을 가진다. 첫째 금융서비스조직이 서비스를 전달하는 시장에서 물리적 실체를 가질 것에 대한 강한 압력이 종종 존재한다. 다수의 구매자들(특히 소매시장의)은 서비스제공자를 접촉하고자 하는 욕구를 가지고, 물리적 실체에 의해 확신을 갖게 되며(제공자와 원격 거래를 하기는 하지만), 규제당국은 일반적으로 실체를 요구한다. 따라서 제조제품의 공급자와 비교할 때 금융서비스제공자는 수출에 덜 의존적이며, 해외경영을 확립함으로써 국제화하는 경향이 강하다. 이는 다시 서비스 전달의 특성과 관리에 관련된 중요한 이슈들을 제기한다.

국제적으로 경영할 때 조직이 부딪치는 주요 도전 중의 하나가 문화적 차이와 관련되고, 문화의 차이가 클수록 도전도 그만큼 크다. 문화적 차이는 금융서비스의 국제화에 두 가지 방향에서 영향을 미친다. 첫째, 친숙감과 금융상품의 사용과 관련된 이슈들이 있다. 다수의 이슬람국가에서는 이자율의 금지가 신용카드 보유자로 하여금 카드사용 잔고에 대해 이자율이 쌓이도록 두는 대신 매달 말에 갚게 만든다. 영국에서는 변동금리 모기지가 보편적인데, 대륙지역 유럽은 고정금리 모기지가 오랜 전통이다. 둘째, 양 당사자가 상이한 유산을 가지고 있을 경우 문화가 상호작용에 상당한 영향을 미칠 수 있다. 문화적 차이가 장기적 관계의 발전에 영향을 미칠 수 있는데, 여기서 신뢰의 창조가 핵심 역할을 한다 - 가령, 영국과 미국의 단도직입적 협상스타일은 일본에서는 무례하고 위협적으로 비쳐질 수 있고, 그 결과 상호신뢰의 발전을 저해할 수 있다. 또한 문화적 차이는 모든 종류의 서비스제공의 부정적 결과와 더불어 커뮤니케이션 상 오해의 원천이 되기도 한다. 가령 영국 기반의 인터넷은행인 Egg는 프랑스에 2억8천만파운드를 투자하였다가 2년후 철수하였는데, 이 사업의 실패는 문화적으로 민감하지 못한, 잘못 생각한 광고캠페인이 그 실패 요인 중의 하나였다. 반면에 인도를 기반으로 하는 역외 아웃소싱을 통하여 국내 고객에게 고객서비스를 제공하는 영국 은행들은 현지 직원들이 영국문화의 핵심요소에 친숙하도록 만드는데 많은 노력을 기울였다.

문화적 차이의 중대성을 감안하면, 국제화과정의 많은 예들이 문화적으로 유사한 지역으로의 이동과 함께 일어난다는 것을 관찰할 수 있는데 이는 놀랄 만한 일이 아니다. 가령 다수의 스페인 은행들이 국제적 활동을 남아메리카지역에 집중한다든지, 다수의 영국 금융서비스제공자들이 해외업무를 처음에 옛 식민지였던 국가나 앵글로색슨 문화권에서 시작하는 것은 놀랄만한 일이 아니다. '문화적 유사성'이 이러한 현상을 설명하는 유용한 표현이다.

금융서비스의 특성들이 국제화과정에 중요한 도전들을 제기하지만, 국제경영에 분명한 매력이 존재함이 명백하고, 이는 다수의 금융서비스로 하여금 국내시장을 넘어 확장하는 것을 장려한다. 다음 절은 금융서비스제공자로 하여금 국제적으로 경영하도록 영향을 주는 여건들을 살펴본다.

6.3 국제화 요인

국제화 요인들을 고려할 때, 기업에 특수한 요인과 거시환경적 요인을 구분하는 것이 유용하다. 기업에 특수한 요인은 개별 기업으로 하여금 국제시장으로 이동하는 것에 대하여 인센티브를 창출하는 요인들을 말한다. 거시환경적 요인은 모든 기업에 있어서 국제화를 유리하게 만드는 여건을 창출하는 전반적 환경을 말한다. 자연히 이 두 요인들은 서로 관련되고 상호의존적이다.

6.4 국제화의 기업 특수 요인

개별 기업수준에서 국내시장을 넘어 확대하는 요인은 '푸시'요인과 '풀'요인으로 나눌 수 있다. 푸시요인은 본질적으로 기업으로 하여금 국내시장 밖을 바라보게 장려하는 국내시장의 여건들이고, 풀요인은 경영을 해외시장으로 확대할 것을 고려하도록 장려하는 비국내시장의 특성들이다.

푸시요인들은 어떤 면에서 기업으로 하여금 자사의 전략적 목표를 달성하는 것을 방해하는 국내시장의 여건에 초점을 맞춘다. 푸시요인의 가장 단순한 예는 국내시장의 저성장, 고원가, 고경쟁 등이다. 가령 원가에 대한 고려가 다수의 금융서비스제공자로 하여금 인도 등의 국가에 콜센터를 설립하게 만든 주요 요인이었다. 또 다른 푸시요인은 국내 규제이다. 가령 미국에서 1933년의 글래스 - 스티걸법이 1999년에 폐지될 때까지 은행이 상업은행 및 투자은행 모두에 종사하는 것을 금지한 것이 미국 은행들로 하여금 국내에서는 허용되지 않던 사업을 할 수 있는 해외시장으로 진출하게 만든 원인이었다. 스페인에서는 국내경쟁 및 이익마진에 대한 압력이 다수의 은행들이 국제시장에 진출하게 만든 원인 중의 하나였다.

보다 일반적으로 해외진출은 해외시장을 사업하기 매력적인 장소로 만드는 풀요인들에 의해 영향을 받는 것으로 여겨진다. 아마도 가장 일반적인 풀요인은 다른 나라 시장의 규모와 성장이다. 인도와 중국의 경제자유화는 양국의 빠른 경제성장에 기여하였고, 이는 그 규모와 함께 이들 시장을 고도로 매력적인 시장으로 만들었고, 다수의 금융서비스제공자들로 하여금 이들 국가에 그 존재를 확립하도록 장려하였다. 가령 ING는 인도의 Vysya Bank의 20%의 지분을 취득하였고, Chase Capital은 HDFC Bank의 15%의 지분을 취득하였다. 최근 중국에서 영업하는 은행들로는 Citibank, HSBC, Standard Chartered, BNP Paribas, Dresdener Bank 및 한국산업은행 등이 있다. 양 시장 모두 증가하는 소득과 보험상품에 대한 상대적으로 낮은 수준의 지출 결합의 결과 또한 보험회사들에게도 매력적이다. Cardone-Riportella and Cazorla-Papis(2001)는 낮은 경쟁, 낮은 수준의 은행서비스, 증가하는 규제완화 덕분에 라틴 아메리카 국가들이 해외로 진출하려는 스페인 은행들에게 매력적인 표적시장이 되고 있다. 국제시장은 또한 특정 경쟁강점을 활용할 수 있는 기회를 제공하거나, 자사의 서비스에 가치를 추가할 수 있는 수단을 제공하기 때문에 매력적이다. 가령, 다수의 금융서비스제공자들은 자사의 국제 고객들을 따라서 또한 그 고객들에게 통합된 서비스를 제공하는 위치에 있기 위해서 해외로 진출한다.

개별 기업에 영향을 주고 해외로 확대하는 데 대한 인센티브를 창조하는 요인들이 분명히 중요하고 완전히 이해될 필요가 있지만, 또한 어떤 산업 혹은 부문이 다른 산업보다 더 국제화에 적합하다는 것을 의미하는 보다 폭넓고, 거시적인 수준의 요인들이 있다. 다음 절에 이 요인들을 논의한다.

6.5 국제화의 거시적 수준 요인들

거시적 수준에서 국제화를 점점 더 매력적인 활동으로 만드는 비즈니스환경상에서 일련의 발전이 존재한다. 국제화가 취할 수 있는 상이한 형태들이 다음 절에서 보다 상세하게 논의되고, 글로벌, 국제적 및 초국가적 전략 간의 구분이 지어질 것이다.

Yip(1992)은 처음으로 글로벌라이제이션의 5대 동인 - 시장, 원가, 기술, 정부, 경쟁 - 을 제시하였다. Lovelock and Yip(1996)은 그 후 서비스부문에 이 다섯 요인들의 적용가능성을 탐구하였다. 이 절의 남은 부분에서 Yip의 프레임웍에 기초하여 금융서비스의 글로벌라이제이션의 동인을 탐구한다.

■ 시장 요인

이 범주는 글로벌라이제이션을 장려하는 시장의 특성들을 지칭한다. 이 중 특히 중요한 것들은 아래와 같다.

1. 공통된 고객욕구: 고객욕구가 전 세계적으로 본질적으로 동일한 시장에서는 한 기업이 일련의 시장에 상대적으로 표준화된 상품을 제공할 수 있음으로 글로벌라이제이션이 매력적인 전략으로 생각된다. 글로벌 증권산업에서 투자 가정의 욕구와 기대는 여러 국가를 통틀어 매우 유사하기 때문에 이 고객들을 섬기는 증권회사들은 점점 더 많이 글로벌 시장에서 경영한다.

2. 글로벌 고객: 고객들 자체가 범세계적으로 행동하면 그들을 섬기는 기업들도 유사한 규모로 경영하도록 만드는 인센티브가 있다. 은행의 국제화의 중요한 요인들 중 하나가 그 은행이 섬기는 기업들의 국제화였다. 마찬가지로, 개인소비자시장에서 American Express 등의 기업은 섬기는 고객들이 단순히 그들이 사는 장소뿐만 아니라 여행하는 정도로 볼 때도 글로벌함으로 글로벌 경영을 해야만 한다.

3. 글로벌 유통경로: 만약 유통경로 자체가 글로벌하면, 이 유통경로를 통하여 판매하는 기업은 글로벌하게 경영하기가 용이하다. 우리는 금융서비스가 상대적으로 짧은 유통경로를 가지는 특징이 있다고 생각하는 경향이 있는데, 금융서비스가 전형적으로 정보집약적이고, 전자적 유통시스템의 발전이 어떤 의미에서 글로벌 유통시스템을 창조하였다는 점을 기억하는 것이 중요하다. 가령 고객으로 하여금 전 세계적으로 ATM을 통하여 자금을 인출할 수 있게 하는 Cirrus 같은 네트웍은 은행들로 하여금 서비스의 일부를 고객들이 글로벌하게 획득 가능하도록 할 수 있는 수단을 제공한다.

4. 이전가능한 마케팅: 한 나라에서 개발된 마케팅 캠페인이 다른 나라에 쉽게 이전가능하다면 글로벌 경영을 실행하기가 더욱 용이하다. 특정한 환경에만 적용가능하고 이전하기 어려운 특수한 마케팅 활동은 해외에

서 경영하는 비용을 증가시킨다. 사실 글로벌 경영을 실제로 하거나 예상하고 있는 다수의 기업들은 자사의 캠페인들이 이전 가능하도록 설계되었는지 확신할 수 있도록 특별히 주의를 기울여야 한다. HSBC의 '세계의 지역은행'이라는 슬로건으로 전세계적인 문화적 차이를 이해함을 과시한 브랜드구축 연습은 이 점을 잘 구현한 사례이다. 비록 동 은행이 자사의 서비스를 개별 국가별로 현지화하고자 추구하지만, 범세계적으로 이전 가능한 마케팅 캠페인과 글로벌 브랜드로부터 상당한 경제적 이점을 얻는다.

■ 원가 요인

원가 요인은 글로벌하게 확장하는 것이 기업으로 하여금 어느 정도로 원가를 절감할 수 있게 하는가와 관련된다. 일반적으로 원가 요인은 규모의 경제 - 경영규모의 확대에 수반되는 원가의 절감 - 와 관련된다. 그러한 원가절감은 종종 금융서비스를 포함한 서비스부문에서는 상대적으로 중요하지 않다고 여겨진다. 그러나 원가절감은 다른 방법으로 발생할 수도 있으며, 명백히 보다 저렴한 자원에 대한 접근을 통하여 가능하다. 금융서비스에서 IT의 발전은 프론트 및 백 오피스 프로세싱의 구분을 촉진하였고, 그 결과 해외로 확장의 한 형태가 저원가 국가로 업무 과정의 아웃소싱 형태이다. 최근에는 이것이 아웃바운드 텔레마케팅과 고객서비스를 포함한 프론트 오피스 기능의 아웃소싱으로 확대되었다. 영국의 경우 일련의 금융서비스제공자들(Lloyds TSB, Barclays, Zurich Financial Services, Prudential, Capital One 등)이 시장에서의 저원가로부터 혜택을 얻기 위해 일련의 활동을 인도에 외주하였다.

■ 기술 요인

기술 요인들은 여러 면에서 - 최소한 금융서비스 상황에서 - 원가 요인과 밀접하게 관련된다. 정보 및 커뮤니케이션 기술의 발전은 글로벌 유통을 촉진하고, 일련의 업무 과정의 아웃소싱을 지원함으로써 국제화를 지원해 왔다.

■ 정부 요인

국제화에 대한 정부 요인들은 외국 기업이 국내 시장에서 경영하는 것을 쉽게(혹은 어렵게) 만드는 모든 정부 및 공공정책을 지칭한다. 일반적으로 정부 요인은 시장 진입에 대한 제약의 존재 혹은 부존재, 외국 진입기업이 하는 일에 대하여 제약을 가하는 규제 시스템의 존재이다. 사례연구 6.1은 중국의 WTO가입이 은행 및 보험부문의 잠재적 진입자에게 미친 결과를 설명한다.

사례연구 6.1 중국과 WTO

세계무역기구는 중국의 가입에 관한 협상의 결론에 대응하여 아래와 같은 성명을 작성하였다.

▶ **은행**

가입과 동시에 외국 금융기관은 외화 사업에 대한 고객 제약 없이 중국에서 서비스를 제공하도록 허용될 것이다. 현지통화 사업에 대해서는 가입 후 2년 내에 외국 금융기관이 중국 기업에게 서비스를 제공할 수 있도록 허용될 것이다. 가입 후 5년 내에 외국 금융기관은 모든 중국 고객들에게 서비스를 제공할 수 있도록 허용될 것이다.

▶ **보험**

중국의 WTO가입과 동시에 외국 비생명보험사는 지점 혹은 외국인 지분비율 51% 이내의 합작회사를 설립할 수 있도록 허용될 것이며, 가입 2년 내에 외국 비생명보험사는 지분 100% 소유의 지사를 설립할 수 있도록 허용될 것이다. 가입 이후부터 외국 생명보험사는 자사가 선택한 파트너기업과의 합작회사로 50%의 외국인 지분소유가 허용될 것이다. 대규모 상업적 위험, 재보험, 국제 해상, 항공, 수송보험과 재보험의 경우 가입 이후부터 50%이하의 외국인 지분비율이 허용될 것이다. 중국이 가입한 후 3년 내에 외국인 지분은 51%로 증가할 것이 가입한 후 5년 내에 외국인 100%지분소유 단독 지사의 설립이 허용될 것이다.

자료: WTO(2001)

■ 경쟁 요인

경쟁 요인은 상이한 시장에서의 경쟁의 본질과 수준에 관련된 일련의 요인들에 관련된다. 국제시장으로의 이동은 경쟁 기업이 국내 시장으로 진입함에 의해 촉발될 수 있다. 마찬가지로, 경쟁 기업의 신시장으로의 진입은 한 기업이 어느 정도의 경쟁 동기를 유지하기 위하여 이를 모방할 인센티브를 창조할 수 있다.

6.5.1 금융서비스부문에서의 국제화의 정도

분명히 국제적으로 활동하는 다수의 금융서비스 제공자들의 예가 존재하고, 산업의 여러 부문에서 거시적 환경이 국제경영을 촉진하는 예가 있다. 특히 대규모 기업을 표적으로 하는 금융서비스는 고객욕구의 유사성과 다수의 고객들 자체가 글로벌 기업이라는 점 때문에 금융기관들이 국제경영을 하게 된다. 반면에 개인금융자문은 욕구가 상이하고, 유통이 본질적으로 개인적이고 규제가 매우 상이함으로 국내 공급이 보다 적절하다. 소매금융은 압도적으로 국내 지향적이지만, 점점 많은 은행들(HSBC, Citibank, Standard Chartered 등)이 전 세계적으로 금융서비스를 제공하고 있다. 표적시장의 일부는 파견 직원들이고 나머지는 국내 내국인이며, 제공되는 서비스는 다른 나라들에서 제공되는 것과 거의 유사하다. 다수의 보험회사들이 이와 유사한 전략을 추종하고 업무네트웍을 전 세계적으로 구축하고 있다. 사례연구 6.2는 EU가 회원국가 간에 금융서비스의 국제경영을 장려하기 위한 노력의 경험을 설명하고 있다.

사례연구 6.2 EU에서의 금융서비스의 국제화

1985년에 European Commission은 회원국들 간에 단일의 내부시장을 창조하기 위한 수단들을 제안한 '국제시장의 완성'이라는 백서를 발표하였다. 이는 로마조약의 최초의 중요한 수정판인 1986년 단일 유럽법에 명문화되었다. 이 법은 1985년 백서에 언급된 수단들이 1992년 말까지 실행되어야함을 요구하였고, 유럽연합 내에서 거래의 장벽을 제거하기 위하여 국가 상품기준에 대한 상호 이해와 일련의 다른 수단들의 제공을 포함하였다. 단일 유럽시장은 '네 가지의 자유'--제품, 서비스, 노동, 및 자본 이동의 자유--를 토대로 하여 공식적으로 1993년에 출범하였다.

금융서비스의 경우 단일 유럽시장은 국경을 넘어 이뤄지는 활동에 대한 장벽을 제거함으로써 더 많은 경쟁, 더 높은 효율, 낮은 가격 및 더 좋은 서비스를 장려하고자 의도하였다. 금융서비스에서의 고수준의 규제와 업종전통 상의 상당한 차이점을 감안하여, 단일 시장은 상호인식의 원칙에 의존하였다--한 금융기관이 자국에서 영업면허를 받았다면 유럽연합 내에서 자유로이 소비자에게 금융서비스를 유효하게 제공할 수 있도록 하였다.

금융서비스의 국경을 넘은 활동에 대한 공식적 법적 제약은 단일 유럽법에 의하여 거의 모두 제거되었지만 소매금융서비스에서의 진정한 단일시장을 향한 진전은 느렸다. 금융서비스에서의 진정한 국경을 넘은 거래는 실질적으로 증가하는데 실패하였고, 비국내시장을 섬기는 대다수 제공자들은 수출보다는 물리적 실체--전형적으로 신설보다는 흡수합병--를 통하여 서비스를 제공하였다. 원칙적으로 다수의 소매금융서비스가 지역적으로 제공되어야할 필요는 없다. 그런데 실제로는 대부분 그러하다. 모기지의 예를 생각해보자. 독일에 거주하는 사람이 독일에 있는 주택을 구입하기 위하여 스페인은행으로부터 모기지를 획득하는 것이 기술적으로는 가능하지만 실제로는 다수의 고객들이 시장에 물리적 실체가 없는 비국내 제공자로부터 받는 것을 꺼린다. 마찬가지로, 은행들도 회수불능의 경우 안전성(즉 주택)을 회복하는데 비용이 더 많이 소요되는 상이한 환경으로 대출을 하는 것을 꺼릴 수 있다. 국가 간의 조세처리와 소비자보호법규 상의 상이점도 또한 국경을 넘어 저축 및 투자상품을 구매하는 것을 꺼리는 요인으로 작용할 수 있다. 기업시장의 경우, 자본의 적정성 요구 및 회계기준 등의 문제를 해결하는데 상당한 노력이 소요되었지만, 진전이 더 빨랐고 통합의 정도가 더 컸다.

금융서비스 상의 특별한 어려움을 인식하여 European Commission은 국경을 넘어 이뤄지는 거래에 대한 장벽을 제거하는 데 초점을 둔 1998년 금융서비스 실행계획(FSAP)을 개발하였다. 이 실행계획은 도매금융서비스의 진정한 단일시장을 발전시키는데 집중하는 한편, 개방되고 안전한 소매시장을 창조하고, EU금융시장의 계속적 안정을 담보하며, 금융시장통합의 방해가 되는 조세장애를 제거하였다. 도매금융시장에서는 상당한 진전이 이루어졌다. 그리고 소매시장에서의 진전은 느렸고 국경 간 거래 규모도 저조하였다.

그 결과 2005년 12월에 EU집행위원회는 향후의 정책의 개요를 설명하는 백서인 '2005-2010 금융서비스정책'을 발간하였다. 이 백서는 기존의 정책변화가 집행되고 공고히 되고, 규제를 개선하며, 감독의 통합을 제고하고 서비스제공자들 간의 경쟁을 촉진하며, 글로벌 금융서비스에 대한 EU의 영향을 확대하는 데 주안점을 두었다.

자료: European Commission(2006)

6.6 글로벌전략

지금까지 국제화와 세계화란 단어는 어느 정도 동일한 의미로 사용되었다. 그러나 국제경영 연구자들은 양자를 구분하고, 국경 밖에서 경영하는 꽤 상이한 접근법으로 본다. 특히 Ghoshal and Barlett(1998)은 국제화의 적절한 접근은 아래의 요소들이 어느 정도 존재하는가에 달려있다고 주장한다.

- 시장을 통틀어 활동을 통합하라는 압력, 즉 특별한 자산과 역량을 최대한 활용하는 규모의 경제를 극대화하고, 상대적으로 표준화된 상품을 제공하라는 압력.
- 현지에 대응하고, 현지의 (국가별로 특수한 혹은 지역별) 욕구에 적응하는 서비스를 제공하라는 압력.

이는 〈그림 6.1〉에서 보는 바와 같이 네 가지의 기본적 옵션을 제시한다.

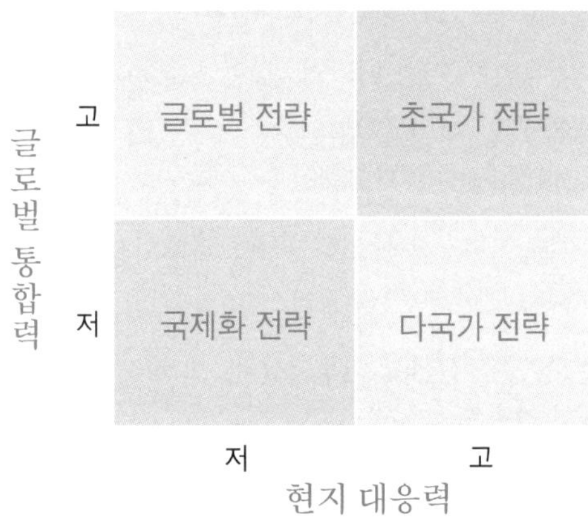

<그림 6.1> 국제화의 상이한 형태들

6.6.1 국제화전략

여러 면에서 국제화전략은 취약하고 불안정한 위치이다. 이 전략은 원가를 절감하거나 특별한 시장에 맞추기 위하여 통합하려는 노력이 없이, 일련의 상이한 시장에서 대체로 동일한 일을 하는 것에 관여한다. 통합 혹은 대응성의 압력이 크지는 않지만, 국제화전략을 취하는 기업은 원가 측면에서 자사를 능가하거나 통합을 실행할 수 있는 경쟁기업이나, 소비자에게 제공되는 혜택 측면에서 자사를 능가하거나 맞춤화 할 수 있는 경쟁기업에게 늘 취약하다. 역사적으로 이는 다수의 금융서비스기관들이 국제화의 초기 단계에 사용하는 전략이다. 예를 들어 HSBC는 전통적으로 일련의 상이한 시장에서 경영하였는데 상대적으로 표준적인 상품을 제공하는 한편, 국가마다 상이한 브랜드를 사용하였다. HSBC는 영국에서 Midland Bank로, 호주에서는 Hong Kong Bank of Australia로, 중동에서는 British Bank of the Middle East로, 미국에서는 Marine Midland Bank로 경영하였다. 1998년에 동 은행은 마케팅활동을 통합하고 마케팅효과를 개선하며, 주주가치를 증대시키기 위해서 전세계적인 경영에 대하여 통합된 브랜드로 전환한다는 방침을 발표하였다. 실제로 HSBC는 전세계에서 수행되는 자사의 마케팅활동을 보다 완전히 통합함으로써 기존의 국제화전략에서 벗어나 글로벌전략을 향해 이동한 것이었다.

6.6.2 글로벌전략

글로벌전략은 본질적으로 업무상의 보다 높은 효율을 거두기 위하여 시장들을 통틀어서 비즈니스활동을 통합하는 데 초점을 둔다. 시장들 간의 차이점은 다소 무시되는 경향이 있고 현지에 대한 대응압력이 약하다. 고객욕구상의 가능한 차이점에 초점을 맞추기보다 글로벌전략은 유사성에 초점을 맞추고 상이한 국제시장들을 본질적으로 동질적인 것으로 인식한다. 전형적으로 그러한 전략은 고도로 표준화된 물리적 제품의 제조기업과 관련되고 생산 및 마케팅의 규모의 경제를 강조한다. 마쯔시타가 Ghoshal and Barlett(1998)가 인용한 그 예인데 생산의 90%가 일본의 고도로 효율적인 공장들에 집중되어있고, 그런데 수입의 40%는 해외판매로부터 창출된다.

규제체제가 국가마다 다양하고 진정한 표준화의 정도를 제한함으로 여러 면에서 모든 금융서비스제공자가 진정으로 글로벌해지는 것은 어렵다. 그러나 소매시장에서 HSBC나 Citibank는 인식된 글로벌 브랜드와 강한 전세계적 실체로써 글로벌전략에 근접한 전략을 취하고 있다고 말할 수 있다. American Express, Visa, Mastercard 등도 그러하다고 말할 수 있다. 기업시장에서는 다원화된 글로벌 네트워과 전세계의 고객들에게 완전한 범위의 서비스를 제공할 능력을 가진 Bank of Tokyo Mitsubishi도 아마 글로벌전략에 근접한 전략을 취하고 있다.

6.6.3 다국가전략

통합에 대한 압력이 낮고 현지 대응성에 대한 압력이 높을 때 다국가전략이 나타난다. 그러한 전략은 다수의 시장에서 경영하면서, 서비스가 현지의 욕구에 맞춤화되는 것을 담보할 수 있도록 고도의 분권화를 그 특성으로 한다. 통합을 장려하는 원가측면의 압력보다 현지 대응성의 중요성이 더 크다. 본부가 존재하더라도 그 통제는 상대적으로 약하고, 조직은 아마도 준자율적인 기업들의 연방쯤으로 생각할 수 있다. 다국가전략은 문화적으로 민감한 상품(음식 및 개인용품 등) 및 적응화가 중요한 상품의 제조기업과 가장 깊이 관련된다. 다국가전략은 상대적으로 흔하지 않으나, 그러한 전략이 금융서비스와 같이 상대적으로 정보집약적이고, 사람중심적인 서비스이며, 현지 대응력이 중요한 산업에서 적용할만하다. 가령, 독립금융자문사의 대규모 체인 중의 하나인 De Vere and Partners는 전세계 30개 국가에서 경영한다. 규제의 차이와 소비자의 차이는 통합의 여지가 제한적임을 의미하고, 자문이 고객과 국가의 상황에 맞춤화하여 이뤄져야 함을 의미한다.

6.6.4 초국가전략

Ghoshal and Bartlett에 따르면 초국가전략은 상대적으로 최근의 현상으로 글로벌 통합을 통하여 저원가를 유지해야 할 상당한 압력이 존재하고, 또 고도의 현지 적응성이 요구되는 시장에서 발흥하였다. 이 접근법은 효율 증대의 기회를 최대한 활용하고, 주어진 시장에 서비스를 맞춤화할 수 있는 탄력성을 유지할 수 있도록, 고도의 글로벌 조정과 조심스런 업무관리를 필요로 한다. 원칙적으로 초국가전략은 강력한 경쟁지위를 창조하고, 글로벌전략보다 더 현지 적응성이 높으며, 다국가전략보다 원가가 저렴하다. 통합성과 대응성을 함께 제공하는 것의 어려움 때문에 서비스분야에서 진정한 초국가전략의 예는 상대적으로 적다. 일반 서비스부문에서, 맥도널드는 때때로 초국가전략으로 이행하는 서비스 기반 기업의 예로 인용된다. 맥도널드는 고도의 통합을 도모하고 이 틀 안에서 각국 소비자의 입맛과 국내 소비자의 기대를 충족시키기 위해 상품을 조정할 수 있도록 공급체인시스템과 글로벌 브랜딩을 활용한다. 금융서비스부문에서, IT가 고도의 원격제공을 가능하게 하고, 프론트 오피스활동과 백 오피스활동의 분리를 용이하게 함으로, 일부 금융서비스제공자가 최종적으로 초국가전략에 도달하기 위하여 글로벌전략으로 이행할 가능성이 존재한다.

6.7 전략 선택 및 실행

앞 절에서의 국제시장에 대한 상이한 전략적 접근에 대한 논의를 통하여, 전략의 선택은 서비스유형 및 사업환경의 특성에 달려있음을 알 수 있다. 가령 고도의 국제적 상호작용을 필요로 하는 서비스(Lovelock and Yip(1996)은 사람이 처리하는 서비스라고 표현)의 경우, 특히 국가시장 간에 문화적 및 규제적 차이가 클 경우 다국가전략이 가장 적합할 것이다. 반면에, 사람 간의 상호작용에 대한 필요가 제한적인 서비스(정보 혹은 소유 - 처리 서비스)의 경우에는 글로벌 혹은 초국가전략이 적합할 것이다. 이 둘 중 선택은 고객욕구가 어느 정도 상이한지, 차별화된 서비스를 제공할 조직의 역량이 어느 정도인지에 달려있다.

국제업무를 위하여 채택할 올바른 전략적 접근에 대한 고려에 더하여 또 다른 고려해야할 세 가지의 중요한 선택이 존재한다. 어느 시장에 진입할 것인가, 그 시장에 어떻게 진입할 것인가, 그 시장에서 서비스를 어떻게 마케팅 할 것인가 등이다

6.7.1 어느 시장에 진입할 것인가

간단히 말해서, 진입할 시장의 선택은 최선의 장기적 수익을 제공하는 것들을 파악하는 것을 기반으로 한다. 피상적으로는 이 선택이 단순한 선택인 것처럼 들릴 수도 있다. 하지만 실제로는 잠재적으로 매우 복잡하다. 5장에서 논의한 국내 표적시장의 매력도에 대한 평가의 기반이 되는 요인들이 모두 국제 표적시장의 선택과 관련이 있다. 문화적 유사성이 최소한 해외 확장 전략의 초기단계 동안 종종 국제발전을 결정하는 주요 요인이 된다. 그러나 보다 광범위한 거시적 영향들도 시장선택의 기반으로 고려해야 한다. 인구규모, 소득수준 및 성장률 등의 요인들이 시장 매력도에 중요한 시사점을 가질 것이다. 인도와 중국이 다수의 금융서비스기관에게 매력적인 이유 중의 하나는 이 나라들이 대규모시장이라는 것과 소득수준이 상대적으로 낮지만, 경제성장률이 높아서 상당한 장기적 잠재력을 시사하기 때문이다. 경제적 변수들이 시장 매력도를 결정하는 데 중요하지만, 특정 시장에서의 활동 가능성을 고려하는 것 또한 중요하다. 커뮤니케이션 네트워의 질과 용량, 중요한 지원서비스(시장조사 등)에 대한 접근 등을 포함한 인프라도 중요한 고려사항이다. 서비스사업에서 사람의 중요성을 감안할 때, 적절한 수준의 직원의 획득가능성도 고려해야 하는데 이는 본국과 표적시장 간에 문화적 차이가 클 경우(높은 심리적 거리) 특히 중요하다. 금융서비스의 경우 국내 시장 규제의 본질과 그것이 사업수행에 미치는 영향을 이해하는 것이 중요하다. 마지막으로 어떤 국제시장은 전략적으로 중요하고, 다른 요인들과 무관하게 그 시장들에 현존할 필요가 있다는 것을 기억하는 것이 중요하다. 국제적으로 영업하는 은행의 경우 단순히 고객 및 경쟁자들이 그곳에 존재할 것으로 예상하기 때문에 런던, 도쿄, 뉴욕 등 핵심시장에 현존하는 것이 중요할 수 있다.

6.7.2 시장진입방법

시장진입방법은 통상 세 가지로 분류된다. 수출, 계약적 방식, 투자, 간단히 말해서 이러한 시장진입방법들을 원가와 통제 측면에서 수출이 저원가, 저통제의 한 극단에 있고 투자가 고원가, 고통제의 다른 한 극단에 있어 구별되는 것으로 생각해볼 수 있다. 그리고 진입방법의 선택은 기업이 상품과 서비스의 마케팅과 전달을 어느 정도 통제하기를 원하는가 하는 점과, 이에 소요되는 원가를 어느 정도 통제하기를 원하는가 하는 정도에 달려있다고 생각해볼 수 있다. 수출은 상대적으로 낮은 수준의 자원에 관여를 함으로 종종 국제화의 첫 단계로 제시된다. 기업이 경험을 축적하면서 계약적 방식이나 직접투자와 같은 보다 복잡하고 높은 수준의 자원에 관여하는 방법으로 전이해 간다. 실제로는 선택이 그리 단순하지 않으며, 금융서비스의 특성이 시장진입방법의 선택을 제약한다. Whitelock(2002)은 국제화 및 시장진입방법에 관련된 복잡성을 설명해주는 개관을 제공하였다. 시장진입방법들이 아래에 설명되어있다.

1. 수출: 수출은 본국으로부터 국제시장에 위치해있는 고객에게 제품을 공급하는 것이다. 제공자와 고객이 본질적으로 근접가능한 거리에 존재한다. 유럽연합 내의 규제완화가 상호인식 시스템을 통하여 금융서비스의 거래 증가를 장려하고자 추구하지만, 상이한 규제시스템과 물리적 현상에 대한 고객의 선호가 금융서비스제공자의 경우 이 형태의 시장진입을 어렵게 만든다. 또한 금융서비스에서 높은 수준의 정보 강도와 디지털화 능력이 서비스 수출의 잠재력을 증가시킨다. 틀림없이 디지털 정보에 강하게 의존하는 글로벌 증권사업은 가령 뉴욕에 있는 투자회사가 홍콩에 있는 증권회사와의 거래를 통하여 동사가 정보를 기반으로 하여 원격 서비스를 제공하는 식으로, 점점 증가하는 수출형태의 활동에 의존한다.

2. 계약적 방식: 계약적 진입방법은 소유권의 공유를 하지 않는 국내 제공자와 파트너쉽 형태의 관계를 맺는 것을 말한다. 계약적 진입방법은 수출보다 비용이 더 많이 들지만, 동시에 더 높은 통제가 가능하다. 가장 즉각적으로 인식할 수 있는 계약적 진입방법의 예가 프랜차이징과 라이센싱이다. 이 둘 다 외국 기업으로 하여금 국제화하기를 희망하는 기업과 관련된 지식 및 역량을 사용할 권리를 부여한다. 이들은 현지의 경영역량에 근거함으로 현지 문화에 민감할 필요가 있거나 적응할 필요가 있을 경우 특히 가치가 있다. 라이센싱은 물리적 제품부문에서 흔히 볼 수 있다. 전세계에서 볼 수 있는 다양하고 상이한 유형의 음료수 및 식품이 라이센스로 - 즉 라이센스된 제품조리법, 제조과정 등을 사용하여 - 제조된다. 프랜차이징은 라이센싱의 개념을 확대하여 상품뿐만 아니라 보다 폭넓은 사업형태를 포괄한다. Hertz, Hilton Hotel, MacDonald's 등의 서비스 사업이 시장진입의 방법으로 프랜차이징에 크게 의존한다. 그러나 이는 금융서비스의 경우 금융자문 및 금융중개 등이 국내시장에서의 경영에 사용되지만, 금융서비스부문의 국제화에는 상대적으로 덜 선호한다.
3. 투자: 투자기반의 진입은 국제시장에서 물리적 자산에 대한 통제가 이뤄지는 모든 유형의 업무를 말한다. 이는 가장 비용이 많이 드는 진입형태이고 상당한 몰입을 필요로 하지만, 업무수행에 대한 가장 높은 통제를 가능하게 한다. 투자기반 진입은 완전히 새로운 개발(때때로 그린필드 개발이라고 칭한다). 합작투자, 전략적 제휴, 인수/합병 등의 형태를 띤다. 그린필드 개발은 비용이 많이 소요되나, 조직으로 하여금 정확히 자사가 원하는 것을 할 수 있도록 한다. 씨티뱅크의 1980년대 일본시장 진입은 단독투자로 이뤄졌다. 합작투자와 전략적 제휴는 현지 파트너와 함께 협력해야 함으로 덜 탄력적이지만, 현지에 대한 지식(어떤 시장에서는 매우 중요한)을 가진 조직에 대한 접근을 담보한다. 다수의 국가

에서는 정부규제로 외국인 진입자는 합작투자로 활동해야 한다고 규제하고 있어(사례6.1의 중국사례 참조) 새로운 시장의 진입자는 선택의 여지가 없다. 인수합병이 기존의 고객기반에 빠르게 접근할 수 있도록 하고, 신규 진입자로 하여금 무에서 비즈니스를 구축하는 어려움으로부터 구제해 주기 때문에 매력적 시장진입방식일 수 있다. Spanish Banco Santander에 의한 영국 기반의 Abbey plc사의 인수는 그러한 접근의 좋은 예이다. 그러나 둘 혹은 그 이상 조직의 직원과 시스템을 통합하는데 분명한 도전이 존재하고, 이것이 인수합병을 관리하기 어렵게 만든다. 일반적으로 투자기반 진입모드가 금융서비스에서 광범위하게 사용되었다. 규제와 시장상황에 의해 요구된 합작투자의 예가 무수히 많지만, 대규모의 국제금융서비스기관이 일련의 인수합병을 거쳐 현재의 지위에 이르렀다. 가령 Deutsche Bank은 1986년 Banca d'America e d'Italia(이태리), 1989년 Morgan Grenfell(영국), 1999년 Bankers Trust(미국), 2002년 Scudder Investments(미국), 2003년 Rued Blass & Cie(스위스), 2006년 United Financial Group(러시아)등을 인수함으로써 글로벌 은행이 되었다.

시장진입 방법의 선택은 서비스의 특질, 기업의 내부자원 및 역량, 규제환경 및 피투자국 환경 등 다양한 요인들에 의해 영향을 받는다. 이는 특정 서비스의 최선의 진입방식에 대해 일반화하기 어렵다는 것을 의미하지만, 그러나 대다수의 금융서비스제공자들이 투자형태를 가장 선호하는 것처럼 보인다. 이는 아마도 시장에서의 물리적 현존의 중요성, 규제적 고려, 현지 지식의 중요성과 서비스 자체 및 전달방법에 대한 통제의 필요성 등의 요인들을 반영한 결과로 보인다.

6.7.3 국제시장에서 마케팅하는 법

시장진입방법이 결정되어 실행되었다면 마케팅욕구의 이슈가 해결되어야 한다. 국제마케팅의 논의는 전통적으로 표준화 및 현지화 - 모든 시장을 통틀어 동일한 마케팅 전략과 전술로 경영할 것인가 혹은 현지시장에 맞춤화한 마케팅전략과 전술로 경영할 것인가 - 를 중심으로 이루어졌다. 기본적 용어로 말해서 이는 글로벌전략(저수준의 현지 적응화)을 택할 것인가 혹은 다국가전략(고수준의 현지 적응화)을 택할 것인가의 선택과 유사한 것으로 생각할 수 있다. 이러한 논쟁이 마케팅 학술지와 교과서에서 많은 관심을 끌어왔지만 대다수 학자와 실무가들은 어느 정도의 고객맞춤이 불가피하고, 국제시장에 대한 현명한 접근은 가능한 부문(브랜드, 광고 메시지, 로고, 색상의 사용, 유통의 방식)에서의 표준화와 필요한 부문(제품특성, 창조적 표현, 언어의 사용, 가격)에서의 고객맞춤화의 준비를 하는 것이라는 것을 인식하고 있다. Standard Chartered Bank, American Express, HSBC, Citibank와 같은 선도적 글로벌 금융서비스기관은 이것이 어떻게 이루어지는가에 대한 예를 보여준다. 어떤 마케팅활동들은 특수한 상황에 적응화되고, 마케팅 커뮤니케이션 측면에서 상당한 표준화가 이루어져 브랜드가 전 세계적으로 인지될 수 있도록 담보한다.

6.8 요약 및 결론

이 장에서는 금융서비스부문에서의 국제화에 관련된 주요 이슈들을 소개하였다. 규제 프레임웍과 물리적 현존에 대한 소비자의 기대 등으로 금융서비스는 주로 국내시장에서 마케팅하는 것이라는 인식이 일반적이었으나, 이 산업의 여러 측면들이 고도로 국제적이다. 또 많은 요인들이 국제화를 장려한다. 미시적측면에서 조직을 해외로 푸쉬요인과 풀요인으로 나눌 수 있다.

거시적측면에서 환경의 변동성이 국제영업을 더 매력적으로 만들거나 덜 매력적으로 만들 수 있다.

규모의 경제를 거두기 위한 통합의 압력이 존재하는 정도와 현지 적응화가 필요한 정도를 토대로, 국제활동에 대한 일련의 폭넓은 전략적 접근들을 분류할 수 있다. 국제경영에 대한 폭넓은 전략적 접근을 수립하는 일뿐만 아니라 조직은 진입시장의 결정, 시장진입방법의 결정, 서비스의 마케팅접근법 등도 고려해야만 한다.

복습문제

1. 왜 은행이 금융자문보다 더 국제적인가? 왜 기업금융서비스가 소매금융서비스보다 더 국제적인가?
2. 글로벌 브랜드의 개발의 HSBC에 대한 혜택은 무엇인가?
3. 금융서비스에 있어서 시장진입방식으로 수출과 투자형태를 비교하라. 투자방식이 더 광범위하게 사용된 이유가 무엇이라고 생각하는가?

CHAPTER 07

금융서비스 소비자의 이해

7.1 서론
7.2 소비자선택과 금융서비스
7.3 금융서비스에서의 소비자 구매행동
7.4 산업의 대응
7.5 요약 및 결론

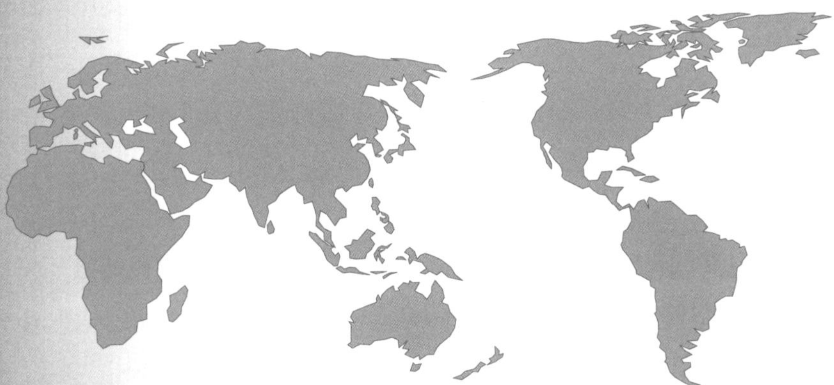

chapter 7 금융서비스 소비자의 이해

학습목적

이 장을 다 공부한 후 귀하는

- 금융서비스에서 소비자의사결정에 영향을 미치는 요인들을 이해하고,
- 금융서비스제공자가 구매과정에 영향을 미칠 수 있는 방법을 인식하며,
- 금융서비스에 관련된 최종소비자와 기업소비자 간의 차이점을 인식할 것이다.

7.1 서론

소비자를 이해하는 것이 효과적인 마케팅의 핵심이지만 소비자가 어떻게 금융서비스를 구매하는가에 대한 우리들의 이해는 오히려 제한적이다. 다수의 개인 소비자에게 금융서비스들은 특별히 흥미롭거나 흥분되는 구매가 아니다. 금융서비스는 소비자들에게는 복잡해 보이고, HSBC의 은행계좌와 Standard Chartered의 은행계좌 간의 차이점이나, Aetna의 보험상품과 AIA의 보험상품 간의 차이점을 파악하는 것이 어렵다. 소비자들이 사전에 구매품에 대하여 평가하는 것을 어렵게 생각하고, 그 결과 고수준의 지각된 위험을 인식한다. 더욱이 3장에서 설명된 바와 같이 금융서비스는 종종 흥미 없는 것, 소비가 우발적인 것으로 인식되고 - 즉 서비스 자체가 현재의 소비혜택을 창출하지 않는다고 인식된다. 사실 그것들은 현재의 소비의 즐거움을 줄이는데 기여할 수 있다. 어떤 경우에 금융서비스가 미래의 소비기회를 창출할 수 있다. 다른 경우에는 구매(가령 생명보험)하는 개인에게 유형의 소비를 결코 가져오지 않을 수 있다. 다수의 소비자는 그것들을 '고통 구매'

- 그들이 구매해야 하지만 구매하기를 원하지는 않는 것 - 로 간주하고 그러한 상품에 대하여 더 배우고자 하는 인센티브가 거의 없다. 따라서 개인소비자들은 종종 흥미가 없거나 상대적으로 수동적인 소비자이다.

기업고객의 경우에는 이와 다를 수 있는데, 그들 중 다수는 금융서비스 및 자사의 금융욕구에 대하여 상세한 지식을 가지고 있다. 그들의 금융서비스 구매는 비즈니스의 성과에 기여하는 중요한 요인으로 인식되고 그 결과 구매과정에서 더욱 적극적이고 더 정보를 많이 가질 가능성이 크다. 물론 이는 일반적인 이야기이고 소비자들을 지나치게 상동적(stereotyping)태도로 보지 않도록 유의할 필요가 있다. 그러나 그 비교는 금융서비스 구매행동을 이해하는 것이 매우 복잡할 수 있다는 것을 보여주는데 도움이 된다.

Ennew and McKechnie(1992)에 상당히 토대를 둔 이 장에서는 소비자들이 금융서비스를 구매할 때 어떻게 의사결정을 내리는가를 설명하는 데 초점을 둔다. 주 초점은 개인소비자에게 둘 것이나, 필요할 경우 개인 소비자의 경험이 기업고객의 경험과 비교될 것이다. 이 장은 소비자선택의 정보처리 모델에 토대를 둔 소비자 의사결정의 논의로부터 시작한다.

7.2 소비자선택과 금융서비스

'고객'이란 용어가 다원적이라는 것, 다양한 역할이 결합하여 궁극적으로 소비를 낳는다는 것을 염두에 두는 것이 중요하다. 어떤 욕구를 만족시키기 위한 희망을 개시하는 역할이 있다. 이는 영향자의 역할로 연결이 되고 결정자, 구매자, 사용자에 이르게 된다. 소비자 영역에서는 모든 다섯가지의 역할이 특히 일상적 구매에 있어서는 종종 한 사람에 의해서 수행된다. 그러나 기업간거래 영역에서는 그 역할들이 상이한 개인 혹은 개인그룹에 의해 수행된다. 우리는 이것을 의사결정단위(dmu)라 부르고 이는 마케팅활동의 조직화에 중요한 시사점을 가진다. 개별 사업주체의 수준에서 의사결정단위에 대한 상세한 지식을 필요로 하고, 이것이 기업고객에게 금융서비스를 마케팅할 때 주요 도전이 된다.

소비자행동을 이해하기 위한 다양한 틀이 존재한다. 해석학적 관점에서 특정 유형의 상품 소비가 개인에게 주는 의미, 본질, 중요성을 이해하고자 하는 연구에 대하여 점점 관심이 증대되고 있다. 그러나 금융서비스 소비자에 대한 연구의 다수는 전통적 인지 기반 접근에 의존한다. 이러한 소비자를 이해하기 위한 접근법은 소비자선택이 일종의 체계적 정보처리와 평가의 결과라는 인식에 기반하고 있다. 소비자는 구매를 하기 전에 일련의 단계별 의사결정과정을 밟아나가는 문제해결자로 인식된다. 최종 소비자에 대한 이 접근법의 가장 좋은 예는 〈그림 7.1〉에서 제시되어 있는 Engel-Kollat-Blackwell 모델(Engel et al., 1991)이다.

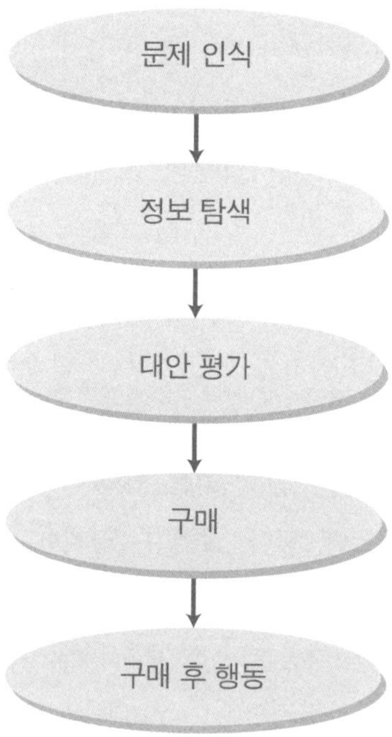

<그림 7.1> Engel-Kollat-Blackwell 모델

요컨대, 구매자가 '문제'(즉 이상적 상태와 실제 상태의 차이)를 인식하고 행동할 동기가 부여되면 의사결정과정이 시작된다. 욕구인식은 외부요인(광고, 촉진, 타인의 소비에 대한 인식) 혹은 내부요인(배고픔, 목마름, 안전욕구)에 의해 자극된다. 문제를 해결하기 위하여 구매자는 관련 정보를 탐색한다.(기억으로부터 혹은 외부원천으로부터 혹은 둘 다) 그 정보를 토대로 하여 소비자는 획득 가능한 대안을 평가하고 최초의 욕구를 가장 잘 충족시키는 옵션들을 평가하여 구매결정을 한다. 최종적으로 구매가 이루어졌으면 만족에 대한 평가, 자발적 추천의사 혹은 재구매의사 등 추가적인 평가와 반응을 나타낸다.

소비자선택을 문제해결과정으로 취급하는 것은 통찰력 있는 어필이 되지만 동시에 약점들도 존재한다. 특히 그러한 접근은 구매의사결정 상의 고도의 합리성을 전제로 한다. 그것은 의사결정이 매우 논리적이고 선형적이라고 가정하고, 행동 상의 일정한 정도의 일관성을 가정한다. 이러한 한계점을 인식하는 것이 중요하고, 금융서비스에서 소비자선택은 잠재적으로 매우 복잡한 과정이라는 것을 인식하는 것이 중요하다. 그러나 〈그림 7.1〉에서 보는 바와 같은 단순한 프레임웍이 금융서비스에서의 소비자선택에 대한 논의를 구조화하는데 도움이 된다. 특히 마케팅은 선택과정에 영향을 미치는 다양한 방법에 대한 이해를 돕는 수단으로 유용하다. Engel-Kollat-Blackwell 모델의 모든 다섯 단계들이 모든 구매에 항상 순차적으로 적용되는 것은 아니라는 것을 인식할 필요가 있다. 어떤 경우에는 자주 구매되거나 단순한 상품의 경우 주어진 욕구를 만족시키는 수단들에 대하여 익숙하기 때문에 소비자들은 문제인식에서 바로 구매로 이행한다. 금융서비스가 복잡하고 덜 자주 구매됨으로, 선택과정이 더욱 철저하고 세심할 것이라고 예상할 수 있으나, 실제적인 일화적 증거는 어떤 소비자는 상품에 대한 흥미의 결핍 때문도 아닌데 매우 충동적인 구매를 한다는 것을 보여준다.

7.2.1 문제인식

이는 소비자의 필요와 욕구 및 그 필요와 욕구를 만족시키도록 어느 정도로 동기화되었는가를 이해하는 것과 관련된다. 개인 고객의 필요와 욕구는 개인 환경에 따라 변동할 것이지만, 기업고객의 욕구는 비즈니스의 발전단계와 상황에 달려있다. 개인고객의 경우 지급결제의 욕구(수표), 지급의 이연 욕구(대출, 모기지, 신용카드 등), 보호의 욕구(주택보험, 건강보험, 생명보험 등), 자산축적 욕구(펀드, 주식, 생명보험기반 저축 등), 정보 및 자문 욕구(조세/재무계획 등) 등을 포함한 금융서비스의 구매를 통하여 만족되는 일련의 욕구들이 존재한다. 다수의 개인 소비자들에게 이러한 특성의 욕구들은 내재적으로 흥미롭지 않다. 강도, 질병, 사망과 관련된 불쾌한 사건과 관련된 어떤 욕구는 종종 애써 무시하려는 경향이 있다. 금융서비스는 종종 소비자들이 그것에 관하여 생각하지 않기를 선호하는 상품임으로 금융서비스의 욕구를 인식하지 않을 위험성이 있다. 중상질병보험과 같이 상대적으로 저조한 채택을 보이는 상품은 부분적으로 소비자들이 자신들에게 이러한 일이 발생할 가능성을 고려하기를 꺼리는 데 기인한다. 이와 유사하게, 다수의 금융서비스의 복잡성과 마케팅 상의 투명성의 결여가 고객들로 하여금 그러한 서비스들이 자신들의 욕구를 충족시키는 방법들에 대하여 인식하지 못하도록 할 가능성이 있다.

내재적 어필의 부족과 획득 가능한 금융서비스 범주의 복잡성으로 소비자들이 금융상품에 대해 다양한 욕구를 가지고 있다는 것을 적극적으로 인식하지 않는다는 주장이 종종 제기된다. 그 대신 그들은 구매시점까지 본질적으로 의사결정 과정의 수동적인 참여자로 남는다. 이 시점에서 마케팅과정이 그러한 욕구의 파악 및 활성화(혹은 창조)를 시작한다. 이는 많은 이슈들을 제기한다. 분명히 소비자들이 상품의 혜택에 대하여 흥미가 없거나 인지하지 못할 경우 마케팅이 더욱 어렵다. 소비자의 풀에 의존하는 것은 비실용적이고, 그 대신 다수의 조직들은 판매 푸시에 강조를 둘 것이다 - 즉 적극적으로 상품을 소비자에게 푸시하고 그들을 구매 혜택에 대하여 설득한다. 이러한 상대적으로 판매 푸시에 더 많이 의존하는 것이, 특히 보다 더 복잡한 상품의 경우, 판매촉진의 광범위한 사용으로 반영된다. 판매 푸시에 대한 의존은 잠재적 문제점을 야기한다 - 고객들은 제한된 지식과 흥미를 가지고 적극적인 판매노력에 의존하는 산업의 특성이 결합하여 잠재적 부정판매(즉 명백히 부적절한 사람에 대한 상품의 판매)의 가능성을 낳는다.

문제 인식과 관련하여 소비자가 경험하는 어려움들은 종종 마케팅에서의 투명성 부족 문제와 결합하여 복잡해진다. 전세계 다수의 지역에서 공통된 불평은 상품디자인과 가격에 관한 핵심 측면들이 명확하게 제시되지 않거나 설명되지 않는다는 점이다. 투명성은 이러한 형태의 개방성에 적용되는 용어다.

최근에 여러 나라에서 규제당국이 상품들을 보다 투명하게 만들도록 유도함으로써 큰 폭의 진보를 이루어왔다. 그러나 유동적이고 불확실한 결과, 복잡한 상품, 상대적으로 충분한 정보를 제공받지 못하는 소비자 등의 특성을 갖는 부문에서 만족할만한 수준의 투명성을 성취하기가 특히 어렵다. 12장에서 금융서비스에 적용되는 복잡성과 잘 판단된 선택을 하기 위하여 소비자들이 익숙해질 필요가 있는 일련의 상이한 가격개념을 설명한다.

투명성의 기준에 적용되는 문서화된 규칙에 더하여 마케팅관리자가 투명성의 정신을 옹호하는 것이 중요하다. 이것이 제공자의 장기적 이익에 기여할 것이고, 그러한 접근은 보다 잘 관리된 소비자 기대를 낳을 것이고, 고객들로 하여금 욕구를 인식하고 적절한 상품을 보다 명확히 파악하게 한다.

기업고객의 경우 기본적 욕구의 범주는 유사할 것이나, 그 욕구를 만족시키는 상품 중 다수는, 특히 고객이 대규모의 사업조직을 대표할 경우, 보다 더 복잡할 것이다. 더욱이 기업고객들, 특히 대규모 조직에 속한 자들은 자신들의 욕구에 대하여 더 잘 이해하고 인지한다. 이는 마케팅 관리자로 하여금 고객 자신의 욕구가 무엇인지 이해하는 것을 돕는 일에 신경을 덜 써도 될 것이며, 그 욕구들을 최대한 만족시키는데 더 많은 신경을 쓰도록 만든다.

7.2.2 정보탐색

정보탐색이란 소비자가 자신의 기억으로부터 혹은 외부원천 - 마케팅 커뮤니케이션이나 타 소비자 혹은 독립된 제3자로부터 관련된 정보를 수집하는 과정을 말한다. 금융서비스의 특성이 소비자의 수동성을 유도하면 할수록, 정보탐색의 정도가 제한적이 될 가능성이 크다. 소비자가 구매과정에서 자발적으로 더 적극적이고자 하더라도 정보수집 과정이 문제를 야기한다. 정보수집의 중요한 요소는 탐색의 질과 관련되는데, 무형성과 불가분성은 금융서비스가 탐색의 질은 낮고, 경험 및 신용의 질은 높은 것을 의미한다(Zeithaml, 1981). 소비자가 자신의 상품 경험(대다수 금융상품이 장기적이고, 계속적이며, 혹은 둘 다에 해당되어 이의 가능성은 낮다)에 의존할 수 없을 경우, 구전효과 등 타인의 경험에 의존하거나 조직 전반의 신뢰도에 강하게 의존하는 경향이 있다.

소비자가 정보를 수집하는데 가지는 어려움뿐만 아니라 정보의 타당성 및 접근성과 관련된 추가적인 문제점들이 존재한다. 첫째, 다수의 금융서비스가 본질적으로 장기적이다. 그 결과 소비자들이 구전효과를 통하여 대리적 경험을 하더라도, 상품의 완전한 혜택은(가령 10년 만기 저축) 실현되지 못함으로 그 경험은 기껏해야 매우 부분적인데 그칠 것이다. 둘째, 다수의 상품이 개인에게 효과적으로 맞춤화됨으로(건강상황, 연령, 결혼상태 등) 타인의 경험에 의존하는 것은 개인적 상황이 다를 경우 오도되는 결과를 낳을 수 있다. 셋째, 다수의 금융서비스의 복잡성이 다수의 소비자들이 정보를 수집하지만 실제로 그것을 해석하지 않거나, 혹은 부정확하게 해석할 가능성이 큼을 의미한다. 정보탐색과 관련된 어려움이, 위에서 논의된 바와 같이 투명성의 부족과 결합하여 더 복잡해질 수 있다. 영국의 경우 금융서비스부문이 소위 보장된 지분채권(GEB)의 표시에 있어서 투명성의 부족으로 비판받았다. Caine(2005)은 2005년에 이러한 유형의 200가지 이상의 채권이 발행된 것을 관찰하였다. Caine은 최초 투자의 수익에 대한 보장이 투자가들이 고려해야 할 이자손실의 기회비용을 항상 명백하게 하지는 않는다는 것에 대하여 특히 비판적이다. 그녀는 또한 배당뿐만 아니라 순수 주식가격 성장의 각각의 역할과 기여에 대한 명백한 인용이 부재하다는 점에서 불충분한 프로필이 주어진다고 주장한다.

정보탐색에 분명히 문제가 있지만 소비자의 금융서비스에 대한 이해와 지식의 상당한 증가가 있어왔고, 다양한 독립적 정보원천의 상당한 증가가 있었음을 인식하는 것이 중요하다. 대다수의 일간신문들이 지면을 개인재무에 할애하고, 고객에게 정보와 자문을 제공하는 Smart Investor(호주), Outlook Money(인도), Investors' Chronicle(영국), Money(미국) 등 특수잡지의 수가 증가하고 있다. 또한 영국의 Which?나 미국의 Consumers' Union과 같은 조직이 정기적인 자문이나 상품비교를 제공한다. 아울러 대다수의 선도적인 인터넷 포털사이트가 점증하는 양의 재무정보를 제공한다. 가령 영국의 경우 Motley Fool(www.fool.com)은 투자 및 다른 금융서비스에 관한 자문을 제공하고, Money Expert(www.moneyexpert.com)는 상품비교를 제공하며, Uswitch(www.uswitch.com)은 상품비교와 전환에 관한 자문을 제공한다. 이처럼 개인소비자들은 일반적으로 과거보다 더 많은 정보를 제공받고 있는 것으로 생각된다. 그러나 단순히 정보의 획득가능성이 반드시 좋은 효과를 발휘한다고 볼 수는 없다.

기업고객의 경우 금융서비스를 사용해 본 경험이 더 많고 경쟁상품을 비교할 능력이 더 많음으로 정보의 탐색이 더 쉽다. 또한 핵심 의사결정자가 더 많은 특수 정보를 가질 가능성이 높기 때문에 원래의 욕구가 더 복잡하더라도 정보탐색이 더 간단하다.

7.2.3 대안평가

소비자가 정보수집에 어려움이 있다면, 소비자가 대안 서비스들을 평가할 때 그 어려움은 확대된다. 다수의 서비스처럼 금융서비스는 물리적 실체라기보다 과정이다. 경험품질이 압도적인 것은 구매전 평가를 어렵게 만들고, 신용품질이 중요할 경우 구매후 평가도 또한 어려울 수 있다. 전형적 대안들은 최초 문제인식단계에서 파악된 차원들과 관련하여 평가된다. 만약 소비자가 어떤 면에서 활발하지 못하고 비활동적이라면 평가에 사용되는 기준들도 잘못 정의될 가능성이 크다. 그러나 소비자가 평가를 할 수 있다고 인정하더라도, 그 과정이 금융서비스의 여러 가지 특징에 의해 복잡해질 수 있다. 특정 욕구를 만족시키는 다양한 상품들이 존재한다. 예를 들어 부를 축적하기를 희망하는 소비자는 일련의 상품을 고려할 수 있다. 국민저축증서, 보증주식펀드, 단위신탁, 주식투자. 이 서비스들의 위험 - 수익 특성은 상당히 변동하고, 가격도 변동하며, 상이한 서비스 유형을 통틀어 직접적으로 비교하는 쉬운 방법은 거의 없다. 이러한 문제는 다수의 금융서비스의 가격설정과 촉진상의 투명성의 결핍으로 더 악화되어 왔다(Diacon and Ennew 1996). 최근 커미션 공표에 관한 규제의 변화가 이러한 상황을 부분적으로 치유하였지만 서비스 유형을 통틀어 비교하는 것은 여전히 어렵다.

다수의 금융서비스에 존재하는 신용품질이 또한 평가를 복잡하게 만든다. 상당한 정도의 자문을 필요로 하거나, 그들의 생애주기 동안 '관리'를 요하는 상품의 경우 구매 후에도 평가하기가 어렵다. 특히 다수의 장기투자상품의 성과는 관련 펀드매니저의 숙련에 의해 부분적으로 결정되고, 또 공급자의 통제를 뛰어넘는 경제적 요인에 의해서도 부분적으로 결정된다. 따라서 이러한 상품을 구매할 때 소비자가 스스로를 일정한 위험(실제위험 및 지각된 위험 둘 다)에 노출시킨다. 그러나 그 결과 빈약한 성과가 기업특수요인에 의한 것인지 외부 제약요인에 의한 것인지 판단하는 데 어려움을 겪을 것이다. 이러한 상황의 결과는 고객들이 서비스제공자들을 평가하려는(서비스 자체를 평가하기보다) 경향을 보이고, 이 제공자들의 속성으로 신뢰와 확신에 의존하는 경향을 보인다. 사실 신뢰는 금융서비스 제공자와 고객 간의 관계에서 핵심을 차지하는 개념이다. HSBC의 그룹CEO인 Stephen Green에 의해 관찰된 바와 같이 금융서비스 브랜드가 공중에게 주입시킬 수 있는 신뢰의 펀드는 주요 자산을 나타낸다.

> 고객들이 HSBC 브랜드에 대하여 믿음을 가지고 있다면 그들이 우리에게 그들의 생애동안 신뢰성있는 역할을 줄 것이고 우리의 사업을 구축하는 것을 도와 줄 것이다.

금융서비스마케팅에 관여하는 사람은 소비자의 신뢰를 창출하는데 최우선 순위를 두어야할 것이고, 신뢰를 저해하는 정책이나 실무를 회피해야 할 것이다.

7.2.4 구매

예상외의 문제가 생기지 않는 한 평가 후 논리적으로 구매가 뒤따른다. 그러나 앞에서의 논의가 시사하듯, 다수의 금융서비스 고객에 있어서 욕구가 구매시점에 창출되거나 활성화된다. 따라서 실제 구매절차는 공급자에 의한 활발한 판매노력의 결과로 나타난다. 따라서 판매요원과 고객과의 상호작용이 구매과정에서 특히 중요할 가능성이 크다. 인터넷, ATM, 전화판매가 발달하고 있음에도 불구하고 면대면 상호작용의 중요성은 당분간 지속될 전망이다. 그러나 동정적이고 압력을 받지 않는 판매는 고도로 효과적이겠지만, 금융서비스의 복잡성과 위험성 및 '회피'상품으로서 그들의 일반적인 지위가 결합하여 다수의 고객들이 과잉판매노력에 취약한 상황이다. 과거에 일부의 시장에서 이러한 현상이 나타난 것은 의심의 여지가 없고(Ennew and Sekhon, 2003), 그 결과 신뢰가 매우 중요한 산업에서 심각한 소비자 신뢰의 상실을 초래하였다.

더욱이 구매과정이 금융서비스의 생산과 소비의 불가분성에 의하여 영향을 받는다. 프론트라인 서비스요원들이 서비스 생산에서 중요한 '경계 획정 역할'을 하고, 소비자 자신들도 '부분적 종업원'의 역할을 한다(Bowen and Schneider 1988). 그러므로, 구매과정에 대한 중요한 영향은 구매자와 공급자 간의 상호작용일 것이다. 서비스는 그 생산을 위하여 서비스 요원 및 소비자 둘 다로부터의 투입에 의존함으로, 서비스 산출의 품질은 이 양자 간 상호작용의 특성에 크게 의존한다.

수탁책임이 금융서비스를 다른 서비스 및 제품과 구별하게 하는 중요한 특성으로 종종 지목된다. 수탁책임의 한 차원은 공급자가 어떤 상품의 판매와 관련하여 재량권을 행사할 필요가 있다는 점이다. 예를 들어, 은행이 생존 및 성공할 가능성이 낮은 기업에 대출하는 것은 부적절할 것이다. 그러나, 한 소비자가 구매할 의사를 표시하기까지는 그 고객에게 상품을 공급하는 것이 적절한지 혹은 적절하지 않은지를 파악하는 것이 불가능할 것이다. 따라서 소비자는 구매를 위한 세심한 의사결정이 내려졌다 하더라도, 금융기관이 그 상품을 공급하기를 원하지 않을 수 있는 부가적인 문제에 봉착할 수 있다.

7.2.5 구매 후 행동

앞에서 논의한 이유로 인하여 금융서비스의 구매 후 평가는 어렵다. 사실 평가는 서비스의 기술적 측면(무엇이 수행되었는가)보다 기능적 측면(어떻게 일들이 이루어졌는가)에 더 많은 강조점이 두어진다고 종종 주장되고 있는데, 이는 전자가 더 평가하기 어렵기 때문이다(Zeithaml 1981). 구매 후 평가의 어려움은 소비자들 간에 인지적부조화의 위험이 높고, 이것이 결과적으로 브랜드 충성도를 감소시킬 것이라고 시사하는 경향이 있다. 그 증거는 모호하다. 은행계좌 같이 계속적 상품의 경우, 고수준의 인지적부조화는 고수준의 상표전환으로 반영될 수 있다. 실제로 은행을 전환하는 소비자의 수가 증가하기는 하지만(Burton 1994; Ennew and Binks 1996) 여전히 낮다. 이는 저수준의 인지적부조화를 반영하거나, 아니면 주어진 전환비용에서 소비자가 행동하려고 동기부여되기 전에 고수준의 인지적부조화를 기꺼이 견디기 때문일 수도 있다. 저축 및 투자상품의 경우 전환수준이 더 높고, 유지된 고객의 상대적으로 낮은 비중이 고수준의 인지적부조화 경험을 반영하는 것일 수 있다.

그러나 구매자와 판매자 간에 고도의 신뢰가 확립된 곳에서는 양자 모두에게 상당한 혜택이 주어질 가능성이 있다. 신뢰구축은 구매자 - 판매자 관계에 있어서 어느 정도의 무력증을 야기할 수 있다. 기관의 신뢰도를 평가하기 위해서 필요한 경험과 정보를 얻기 위해서는 돌이킬 수 없는 양의 시간과 노력이 요구됨으로, 소비자는 일단 만족하면 다른 공급자를 탐색하고 여기에 베팅하는 비용을 초래하기 보다는 그 기관에 잔존할 가능성이 높다. 이는 조직으로 하여금 고객은 일단 획득되기만 하면 그 조직에 잔존할 것이라고 가정하여, 그 결과 고객유지에 불충분한 주의를 기울이고 고객획득에 과도한 강조를 두는 덫에 빠질 문제점을 만든다.

Engel-Kollat-Blackwell 모델은 개인들이 그들의 잘 정의된 선호의 최적화를 추구함에 따라 의사결정의 고도로 합리적인 접근법을 가정하여, 지식의 획득을 통하여 관련 위험을 완화시킨다. 그러한 합리적 접근법은 기업의 재무적 목적을 만족시키기 위하여 구매가 일어나는 B2B환경의 모습일 가능성이 높다. 그러나 이 경제적 합리성 모델은 소비자영역에서는 유효하지 않을 가능성이 있다. 상대적인 재무에 대한 무지, 종종 관찰되는 것처럼 금융서비스상품에 대한 저수준의 흥미와 관여 등의 요인들이 경제적으로 덜 합리적인 소비행동을 낳을 수 있다. 행동재무 및 경제재무는 왜 인간이 개인적 및 집단적으로 비합리적이고 비논리적인 방식으로 의사결정에 접근하는지를 설명하고자 하는 지식영역이다. 이러한 지식집적체는 심리학과 경제학에서 비롯된 개념들의 결합을 토대로 한다. 이 영역에 대하여 더 배우기 원하는 독자들은 프린스턴대학교의 Daniel Kahneman 등의 작업을 참조하기 바란다.

7.2.6 요약

앞에서의 논의로부터 소비자들이 금융서비스의 선택과 관련하여 어려움에 직면한다는 예상을 하기에 충분한 개념적 이유가 존재한다는 것이 명확해져야 한다. 이 문제점의 심각한 정도는 세분시장별로 상이할 것이다. 예를 들어 복잡성의 문제는 연금제공자를 고려하는 개인소비자보다 상이한 리스기업들을 평가하는 기업고객에게 덜 중요할 것이다. 더욱이 기업구매자는 개인고객보다 욕구를 더 활발히 그리고 정확히 표현할 것으로 생각된다. 그럼에도 불구하고, 개인시장 내에서도 다른 사람들보다 더 활발히 자신의 욕구를 인식하는 고객의 하위그룹이 존재한다. 소비자가 경험하는 어려움의 정도와 유형 상의 변동성을 고려할 때, 선택과정에 특별히 관련되는 것으로 보이는 다수의 주제들이 존재한다. 이들은 공급자에 대한 신뢰의 중요성, 고객의 수동성에 대한 고려, 서비스상품의 기능적 측면의 상대적 중요성, 사람들과의 상호작용 및 접촉의 중요성 등을 포함한다.

7.3 금융서비스에서의 소비자 구매행동

앞 절에서 고객들이 금융서비스를 구매할 때 부딪치는 몇몇 어려움들에 대하여 논의하였다. 이 절에서는 구매행동에 관한 기존의 실증분석들을 간략히 검토하고, 앞 절에서 논의한 이슈를 어느 정도 보강하는지 그 정도를 고려할 것이다. 개인 소비자 및 기업 소비자의 금융서비스 구매행동에 관한 다양한 연구들의 결과가 표 7.1 및 표 7.2에 요약되어 있다. 최근까지의 연구 중 대다수가 전반적인 구매과정을 분석하기보다, 은행선택에 영향을 주는 요인, 금융서비스의 사용과 고객충성도 등 구매행동의 특별한 측면을 강조하였다. 이는 주로 전체 의사결정모델을 테스트하기가 어렵다는 것을 의미하는 것이다.

개인소비자시장에 관한 실증분석들은 확신, 신뢰, 고객충성도 등의 요인들의 중요성을 강조한다. 은행선택의 공통된 선택기준은 신뢰성, 기관규모, 위치, 편의성, 거래의 용이성, 은행직원의 전문성, 대출 획득 가능성 등을 포함한다. 그러므로 개인소비자들은 금융서비스의 기술적품질 차원(즉 생산과정의 결과 무엇을 실제로 수령할 수 있는가)보다 기능적품질 차원(즉 서비스가 어떻게 전달되는가)에 더 흥미가 있는 것처럼 보인다(Gronroos1984). 이는 소비자가 서비스를 평가하는 데 갖는 어려움을 고려하면 전혀 놀랄만한 일이 아니다.

반면에 기업고객에 관한 연구들은 상호작용과 이해의 중요성을 더 많이 강조한다. 이는 수동성, 복잡성, 비교의 문제 등의 이슈는 기업고객에게는 아마도 덜 중요하고, 무형성과 탐색품질의 부족으로 말미암아 개인적 관계, 신뢰, 확신, 신빙성 등이 구매과정에 중요한 영향을 미칠 것임을 의미한다.

표 7.1 개인소비자의 금융서비스 구매행동

저자	연구분야	국가	핵심적 발견
Laroche et al. (1986)	은행선택에 영향을 미치는 요인	캐나다	위치편의성, 서비스속도, 직원의 역량 및 친밀성이 중요
Jain et al. (1987)	소매은행에서의 고객충성도	미국	고객충성도는 유용한 구성개념; 은행의 비충성고객은 경제적 이유로 전환. 충성고객 세분시장의 경우, 은행업의 인적측면에 강조점이 두어짐.
Joy et al. (1991)	민족적 특성과 금융서비스사용의 관계	캐나다	민족적 특성이 소비에 강한 잠재적 영향
Leonard and Spencer (1991)	고객방문을 증대시키기 위한 경쟁전략으로서 은행이미지의 중요성	미국	금융서비스 제공자로서 학생들은 은행 선호; 중대규모 은행에 더 높은 신뢰; 직원의 공손, 예금금리, 대출가능성이 중요

저자	연구분야	국가	핵심적 발견
Lewis (1991)	은행고객의 기대 및 서비스 품질 인식의 국제비교	영국 / 미국	서비스 품질에 대한 높은 기대와 받은 서비스에 대한 높은 인식, 그러나 갭이 존재
Ennew (1992)	독립 자문에 대한 소비자태도	영국	독립 자문사의 지위보다 이미지 및 명성을 더 강조해야함
Chan (1993)	젊은 지식인을 위한 은행서비스	홍콩	청년시장 금융의 세련
Boyd et al. (1994)	금융기관선정에서의 소비자선택기준	미국	직원의 친절, 현대적 시설, 드라이브인 서비스보다 명성 및 이자율이 더 중요
Harrison (1994)	소매금융서비스 시장세분화	영국	금융만기 및 금융서비스에 대한 지식을 토대로 세분시장 발견
Burton (1996)	민족적특성과 금융행동	영국	민족별로 연금채택 상의 다양성 발견; 금융서비스기관들이 다양한 민족그룹의 욕구에 부응하고 있지 못함
Goode et al. (1996)	ATM에 대한 만족도	영국	고객기대 및 지각된 위험이 만족도와 전반적 서비스 사용도에 영향을 미침
Kennington et al.(1996)	시장경제로 전환 중인 국가에서의 은행 습관 및 은행선택	폴란드	전환기경제의 소비자들은 은행선택 시 다른 나라와 동일한 기준을 적용, 가격이 특히 중요
Levesque and McDougall (1996)	소매은행에서 만족의 결정요인	캐나다	서비스 품질, 서비스 특성에 의해 만족이 영향을 받음; 이 변수들이 은행전환 의도에도 영향을 줌
Veloutsou (2004)	은행충성도의 결정요인	그리스	은행 브랜드 충성도 요인으로서의 만족, 지각된 품질, 이미지
Verma et al. (2004)	온라인 금융서비스에서의 고객 선택	미국	오프라인 가치와 온라인 혜택을 제공하는 온라인 서비스에 많은 지불의사
Pont and McQuilken (2005)	두 세분시장에서의 고객만족과 충성도	호주	은퇴자와 학생 분석; 세분시장 간에 만족 상의 유의한 차이는 없음, 그러나 몇가지 행동의도에 차이가 남--충성도, 고객관계

표 7.2 기업소비자의 금융서비스 구매행동

저자	연구분야	국가	핵심적 발견
Turnbull (1982a)	유럽자회사를 가진 중대규모의 영국기업의 국제금융서비스 구매	영국	상호작용이론의 적용을 통한 고객욕구 및 은행/고객 관계의 본질에 대한 깊은 이해 필요
Turnbull (1982b)	은행서비스 마케팅에서 지점장의 역할	영국	은행지점장들의 고객지향성 부족
Turnbull (1982c)	영국기업에 의한 외국은행의 이용	영국	의사결정상의 고도의 집중과 은행분산의 정도; 기업-은행 간 관계의 개발 및 유지의 중요성
Turnbull (1983)	은행의 기업고객과 금융서비스 원천 간의 관계	영국	중소기업은 주요 영국은행을 모든 금융서비스의 적절한 원천으로 여기지 않음
Turnbull and Gibbs (1989)	대기업과 은행 간의 관계	남아프리카	은행선정기준; 서비스 품질, 직원의 질, 서비스가격이 중요
Chan and Ma (1990)	기업고객의 은행서비스 구매행동	홍콩	은행이 고객의 태도를 이해하는 것이 더욱 중요
File and Prince (1991)	금융서비스의 구매 다이내믹스	미국	은행서비스의 혁신 구매자: 수익추구자, 관련성 추구자, 관계추구자
Edwards and Turnbull (1994)	영국 중규모기업에 의한 외국은행 이용	영국	국내은행에 대한 보수적 접근, 외국은행은 2차적 은행으로 이용
Zineldin (1995)	은행-기업 상호작용	스웨덴	소기업은 하나의 은행과 안정적 관계유지, 대기업은 다양한 은행관계 유지.
Ennew and Binks (1996a)	서비스 품질의 고객유지에 대한 영향	영국	상품특성과 서비스 품질이 소기업의 은행전환에 영향
Ennew and Binks (1996b)	고객의 은행관계에 대한 관여	영국	고객의 은행관계에 대한 높은 관여는 서비스 품질 향상을 낳음
Turnbull and Moustakatos (1996)	투자은행과 대기업 고객을 이용한 실증분석	영국	산업구조상의 양극화 시사. 주요 경쟁사는 전세계시장을 행해 풀서비스 투자은행, 전문화된 은행은 지역적 틈새시장에 집중.

저자	연구분야	국가	핵심적 발견
Mols et al. (1997)	국내 현금관리계좌에 대한 유럽기업고객의 선택	유럽	개인 및 기업고객에 대한 서비스제공물의 차이; 기업고객보다 개인고객에게 더 우월한 서비스
Athnassopoulos and Labroukos (1999)	기업고객과 금융기관 간의 관계의 본질	그리스	수익성이 높은 기업은 교차판매 거부; 범위를 넓히기 위해 관계마케팅 필요
Lam and Burton (2005)	중소기업의 은행선정 및 고객점유율	홍콩/호주	양국 기업 모두 은행의 자사의 신용 욕구를 충족할 의사가 중요하다고 봄. 홍콩의 기업이 이 요인을 더 중시. 호주 기업은 장기관계를 더 중시.

7.4 산업의 대응

이 장에 첫 부분에서 소비자가 금융서비스를 선택할 때 부딪치는 어려움을 논의하였다. 이 어려움은 부분적으로 서비스의 근원적 특성과 금융서비스의 독특한 특성 및 산업 그 자체의 실무에 각각 기인한다. 이러한 문제들이 존재하는 상황에서 효과적인 마케팅은 소비자가 구매과정에서 부닥치는 어려움을 감소시키거나 최소화하려는 노력을 해야만 한다. 산업의 대응에 관한 현재의 증거를 분석하기 위하여 이 절에서는 금융서비스의 특성들 - 무형성, 불가분성/소멸성, 이질성, 수탁책임 - 에 관련하여 채택된 전략 및 전술의 특성과 다수의 상품들의 장기적 특성과 불확실성을 고려한다.

7.4.1 무형성

무형성은 아마도 모든 서비스의 압도적인 특성이고, 그 영향을 완화시키기 위해 사용되는 다양한 전략들이 존재한다. 가장 단순한 접근법은 서비스를 유형화하는 수단들을 발견하는 것이다. 일정한 물리적 증거의 제공(근원적이든 주변적이든)이 아마도 무형성을 다루는 가장 일반적인 접근법이다(Shostack 1982). 주변적인 물리적 증거의 예는 보험증권이 들어있는 지갑, 수표책 커버, 판촉용 공짜선물 등을 포함한다. 근원적인 물리적 증거의 예는 전형적으로 지점망 혹은 본점사무실인데 그 외형이나 배치 등이 그 조직의 유형적 표시로 사용된다. 종종 이러한 특성의 물리적 증거는 유형적 이미지나 명칭의 사용으로 지원된다. 즉 가령 'Leeds Permanent'나 'Northen Rock'은 둘 다 조직의 명칭인데 안정이나 안전의 이미지와 연결시키고자 노력한다. 마찬가지로 Black Horse(Lloyds) 혹은 Direct Line의 자동차상의 붉은색 전화는 유사한 목적으로 사용된다. 물리적 증거나 형상을 금융서비스를 유형화하는데 사용하는 것은 대다수의 마케팅전략의 핵심 요소이다. 그럼에도 불구하고, 이러한 접근법의 단점도 있는데 특히 유형적 이미지의 개발과 관련하여 그러하다. 개발된 이미지는 필연적으로 소비자의 마음속에 기대를 창조하고 만약 조직이 그 기대에 부응하지 못할 경우 고객만족은 감소할 것이다.

서비스를 유형화하는 것은 물리적 형체의 결핍문제를 다루는 것이지만 상품의 복잡성이나 소비자 흥미의 부족(정신적 무형성)에 관련해서는 덜 효과적이다. 이러한 관점에서 두 가지 핵심전략이 중요하다. 첫째, 복잡성 이슈를 다루기 위해서 신뢰와 확신을 구축함으로써 지각된 위험을 줄이는 데 초점을 맞출 필요가 있다. 만약 소비자들이 서비스의 특성을 충분히 이해하지 못한다면 공급자를 신뢰할 수 있어야 하고, 자신들의 재무가 안전하게 관리된다고 확신할 수 있어야 한다. 그러한 신뢰와 확신을 구축하려는 시도는 종종 조직의 연륜에 달려있다. 예를 들어 The Royal Bank of Scotland는 아래와 같이 주장한다.

> 귀하는 귀하의 돈이 안전한 손에 있다고 확신할 수 있습니다. 우리는 약 260년 이상의 역사를 가지고 있으며 이것이 우리에게 풍부한 금융경험을 주었습니다.

이와 유사하게, MAA는 그 광고에서 아래와 같이 주장한다.

> 말레이시아 가족과 투자자들의 저축을 보호하는 데 30년 이상의 경험을 가진 신뢰성 높은 보험회사

둘째, 품질과 신뢰성을 나타내기 위하여 제3자 보증의 사용이 매우 중요하다. China Construction Bank는 The Banker Awards로부터 '올해의 은행'으로 선정된 것을 강조하는 한편, Arab Malaysian Unit Trust는 Standard and Poor의 Micropal의 보증을 받았음을 강조한다.

다수의 금융서비스에 대한 소비자 흥미의 부족과 소비가 본질적으로 우발적이라는 사실은 상품구매로부터 얻을 수 있는 혜택을 강조함으로써 다루어질 수 있다. 즉 개인대출의 촉진물은 대출의 결과 구매할 수 있는 상품구매(자동차, 오디오, 휴가, 주택)를 강조할 수 있다. 이와 유사하게 생명보험 및 타 관련 보호상품의 마케팅은 보험가입자의 부양가족의 안전혜택을 강조할 수 있을 것이다. 금융서비스는 일반적으로 소비자들이 회피하기를 선호하는 상품이고 그 자체는 명백한 가치를 가지지 않음으로 마케팅은 이 서비스가 제공하는 혜택을 강조하는 데 특별한 노력을 기울여야 한다.

7.4.2 불가분성/소멸성

금융서비스가 전형적으로 생산과 소비가 동시에 이루어진다는 사실은 그들이 소멸적이고, 본 논의에서 가장 중요한 점으로, 고객들이 구매전 평가에 상당한 어려움을 가진다는 것을 의미한다. 비록 특정 상품에 대한 사전적 평가는 어려울지라도, 소비자는 조직을 평가할 수 있고 타인의 경험에 의존할 수 있다. 따라서 금융서비스마케팅에서의 공통적 주제는 조직으로부터 상품으로의 후광효과(halo effect)를 거두기 위해, 조직 및 그 직원의 성과와 품질을 강조하는 것이다. 그러한 접근은 종종 구전효과를 거두기 위한 적극적

인 시도에 의해 보강된다. 가령 American Express는 기존 고객에 의한 신규 고객 추천을 적극 장려하고 신규 회원을 소개한 고객에게 보상한다.

그 위에 고객과 종업원 간의 상호작용의 중요성과 신뢰와 확신을 심어주는 데 있어서 종업원의 잠재적 역할을 감안하여, 다수의 조직들은 인적자원 정책을 검토하고, 고객유지와 재구매를 장려하기 위하여 훈련과 내부마케팅을 고객과의 효과적 관계 구축의 수단으로 활용한다. 이러한 관계는 구매전의 지각된 위험 및 구매후의 인지적부조화 둘 다를 감소시키는 데 상당히 중요한 것으로 인식되고 있다. 가령 First Direct는 자사의 텔레뱅킹서비스의 론칭을 위하여 고객접촉 직원을 채용할 때 은행서비스에 대한 상세한 지식보다 대인관계기술에 더 강조점을 두었다.

7.4.3 이질성

불가분성과 종업원 역할의 중요성의 논리적 결과는 서비스제공 품질이 고도로 변동적이라는 것이다. 분명히 그러한 변동성의 잠재력은 소비자에 의한 평가과정을 저해할 것이다. 가령 ATM을 통한 서비스제공의 기계화, 자동전화기반시스템, 인터넷기반시스템 혹은 전문가시스템의 사용 등 비록 이러한 옵션이 모든 서비스에 획득가능하지는 않겠지만, 품질의 변동성을 감소시킬 잠재력이 있다. 서비스전달의 기계화가 불가능할 경우 금융기관은 서비스전달에 고도의 일관성을 담보하기 위하여 내부마케팅과 훈련을 강조하여야 한다.

7.4.4 수탁책임

수탁책임의 개념은 금융기관이 자사가 판매한 상품에 관하여 가지는 암묵적이고 명시적인 책임에 관한 것이다. 수탁책임의 영향은 구매단계에서 가장 크다고 볼 수 있다. 소비자가 그것을 발견하였을 때 적극적인 마케팅 캠페인을 통하여 그것을 구매할 의사결정을 내리도록 자극하였음에도 불구하고, 조직이 그 상품을 제공할 수 없다고 밝힌 경우이다. 예를 들어 개인고객 및 소규모기업으로부터 공통적인 불평은 은행들이 적극적으로 자사가 다양한 대출을 제공한다고 촉진하였음에도 불구하고, 어떤 고객의 대출신청을 기각하곤 한다는 것이다. 유사한 이슈가 보험과 관련해서 발생하는데, 다수의 회사가 점점 양호한 위험에 대한 판매만을 추구한다는 것이다. 이는 부분적으로 단순히 이익의 전반적 중요성과 위험이 너무 높을 경우 대출이나 보험을 공급하기 꺼림을 반영한다(Knights et al., 1994). 그러나 그러한 결정은 금융서비스제공자는 자사의 다수의 원재료가 다른 고객으로부터 제공된 자금이라는 것을 인식할 의무가 있다는 점에서 수탁책임의 요소를 반영하는 것임을 유의할 필요가 있다. 자금관리와 관련하여 책임성 개념의 확장이 Cooperative Bank 사례에서 발견된다. 동 은행의 포지셔닝과 촉진캠페인은 자사의 윤리적방침과 자금의 책임성 있는 조달 및 배분을 중심으로 이루어진다.

공급자와 고객 간에 상당한 정도의 정보의 비대칭이 존재하기 때문에 판매과정 자체도 유의할 영역이다. 이 문제를 다루는 것은 어렵다. 가장 단순한 접근은 촉진캠페인의 주제로 정직과 신뢰를 강조하는 것이다. 예를 들어 HSBC가 캠페인에서 아래와 같이 주장하였다.

> 우리가 전진하는 길은 일련의 금융서비스를 정직하게, 단순하게, 성실하게 제공하는 것이라고 믿는다. 이것이 우리가 81개국에서 2천3백만명의 고객을 가지게 된 방법이다.

더욱이 수탁책임이 빈약한 위험으로 생각되어 구매할 가능성이 낮은 개인들에게 자사가 상품을 촉진하는 것을 의미함으로 금융서비스 조직에 어려움이 있다. 이는 분명히 다수의 공급자들이 회피하고자 하는 것이지만 실제로 정확히 누가 적합한 고객인가 하는 것을 파악하기는 어렵다. 심지어 정교한 마케팅정보시스템으로도 이 과정에서 완벽을 기하기 어렵다.

마지막으로, 수탁책임에 관해서 구매(판매)과정 그 자체의 이슈가 있다. 공급자와 고객 간에 존재하는 정보의 비대칭성을 감안할 때, 다수의 고객들은 고강도의 판매노력과 잘못된 조언에 노출된다. 사실 이것이 최근 금융서비스부문의 이미지를 훼손하는 데 가장 많이 기여한다. 그럼에도 불구하고 이 이슈가 내부적으로 혹은 외부적으로 다룰 방법들이 있다. 다수의 조직들이 채택한 하나의 접근방법은 커미션기반 판매를 불식하거나 최소한 이에 대한 의존도를 줄이려는 관점에서 보상시스템을 재검토하는 것이다. 많은 사례에서 보상구조의 특성(가령 '우리의 판매원은 단지 커미션만으로 지불하지 않는다')이 소비자들에게 공급조직의 높은 표준을 확신시켜주기 위한 광고의 요소로 사용된다.

7.4.5 상품의 장기적 특성과 불확실성

다수의 금융상품은 계속적으로 소비되어(당좌계정, 신용카드) 장기적 관계를 필요로 하거나, 단지 장기적으로 혜택을 제공하여 이러한 혜택의 정확한 특성이 불확실하다. 앞에서도 지적되었듯이, 이러한 금융상품의 특성은 구매와 관련된 지각된 위험을 증가시키고 사전적 및 사후적으로 서비스에 대한 소비자의 평가 능력을 감소시킨다. 이 문제를 다루기 위하여 공급자의 오랜 역사, 신뢰, 확신, 신빙성을 강조하는 마케팅활동에 강하게 의존하는 경향이 있다. 이 접근법의 좋은 예는 Clerical Medical이 19세기 전반에 시작된 기업의 기원과 그 때부터 특정 고객그룹을 섬기는 데 성공한 것을 강조하는 TV 광고를 수행한 것이다. 보다 최근에는 Royal Insurance가 특정 재무자문가와 고객 간의 관계에 초점을 둔 캠페인을 수행하였다. 동 광고는 그 두 사람이 함께 늙어가는 것을 묘사하며, 개인의 변화하는 금융욕구에 부응하는 계속적인 관계를 제공하는 자사의 능력을 나타내려고 힘썼다.

7.5 요약 및 결론

고객선택을 분석한 다양한 실증분석이 있었지만 금융서비스의 구매과정에 대한 이해는 여전히 제한적이다. 그러나 개념적으로 또한 기존의 실증분석의 증거로 볼 때 명백한 것은 금융서비스의 어떤 특성이 소비자들이 선택을 할 때 많은 문제를 제기한다는 것이다. 금융서비스는 탐색품질이 낮고 경험품질과 신뢰품질이 높다. 정보를 수집하고 해석하기 어렵고 공급자가 제공하는 정보 보다는 다른 사람의 경험에 심하게 의존하는 경향이 있다. 부분적으로 탐색품질의 부족과 다수의 상품의 복잡성 및 다수의 공급자들이 상품간 비교를 용이하게 하기를 꺼리기 때문에 평가가 더욱 복잡하다. 소비자욕구는 종종 실제 구매시점까지 명백해지지 않고, 정보 탐색 및 평가의 문제가 구매자들이 항상 과도한 판매노력에 노출된다는 것이다. 고객이 전에 특정 금융상품을 구매하였다 하더라도, 평가를 여전히 어렵게 생각할 수 있으며, 다수의 구매자는 고수준의 구매 후 인지적부조화를 경험한다.

소비자선택의 이러한 문제점들을 다룰 다양한 전략 및 전술이 있다. 그것들은 서비스를 유형화하는 것, 이미지의 특정 차원을 강조하는 것, 직원훈련 및 내부마케팅에 투자하는 것 등이다. 그러나 소비자들이 경험한 문제점들을 강화시키는 경향이 있는 금융서비스마케팅의 많은 측면들이 있다. 특히 가격설정과 상품혜택이 종종 분명히 제시되지 않고, 과거부터의 커미션 기반 판매에의 의존이 이미 출판을 통하여 잘 알려진 것처럼 심각한 손상을 초래하는 특정 상품의 과도한 판매사례를 낳았다. 이 문제들 중 일부는 기업에 특수한 행동과 산업전반의 규제의 결합을 통하여 교정되고 있다. 그러나 마케팅관점에서 금융서비스조직이 구매자 - 판매자 간 관계와 신뢰와 확신을 토대로 한 장기적 관계의 구축이 고객의 성공적 유지와 미래고객의 조달에 진정한 시사점을 가지는 고접촉 비즈니스에서 영업을 한다는 것을 인식하는 것이 긴요하다.

복습문제

1. 금융서비스와 관련하여 개인소비자와 기업소비자 간의 소비자행동 상의 주요 차이점은 무엇인가?
2. 소비자는 금융서비스들 가운데 선택을 돕기 위하여 어떻게 정보를 수집할 수 있는가? 마케팅은 어떻게 이 과정을 도울 수 있는가?
3. 금융서비스를 유형화하는 것이 왜 중요한가?
4. 금융서비스조직이 신뢰와 확신을 어떻게 구축할 수 있는가?

CHAPTER 08

시장세분화, 표적시장선정, 포지셔닝

chapter 8 시장세분화, 표적시장선정, 포지셔닝

학습목적

이 장을 다 공부한 후 귀하는

- 시장세분화에 대한 상이한 접근법들을 설명할 수 있고,
- 표적시장 선정에 관련된 이슈들을 이해하며,
- 가치제안을 커뮤니케이션하는 데 있어서의 포지셔닝의 역할을 이해 할 것이다.

8.1 서론

시장세분화, 표적시장선정, 포지셔닝은 효과적인 전략적 마케팅의 중심이다. 세분화는 마케팅에 관련된 방식들에 대하여 유사한 반응을 보이는 상이한 고객그룹들을 파악하는 과정이다. 시장을 세분하기 위해서는 누가 고객인가, 왜 그들은 특정한 방식으로 행동하는가, 어떻게 그들이 그룹화될 수 있는가를 이해하는 것이 중요하다. 파악된 세분시장의 범주를 토대로 하여 표적화 결정이 이루어질 수 있다. 가장 적절한 표적시장을 선택하기 위하여 상이한 세분시장이 무엇을 원하는가 그리고 조직이 그 원하는 것들을 공급할 수 있는 정도를 이해하는 것이 필요하다. 마지막으로 표적시장을 선정한 후 조직은 그 세분시장에서 스스로를 어떻게 포지셔닝할 것인가를 생각해야 한다. 포지셔닝은 고객에게 자사가 독특한 제공물을 가지고 있다는 것을 확신시키기 위하여 조직이 표적시장에 자사의 가치제안을 의사전달하는 방법을 말한다. 요컨대 포지셔닝은 조직이 자사의 경쟁우위를 구축하고 의사전달하는 방법에 관한 것이다.

이 장에서는 세분화, 표적시장선정, 포지셔닝을 살펴본다. 먼저 시장세분화와 표적시장선정의 공급자 및 고객 둘 다에 대한 혜택을 설명한다. 성공적 세분화의 요건을 일반적인 용어로 분석할 것이고, 최종 소비자 및 기업시장의 세분화 접근법들을 상세히 검토할 것이다. 표적시장선정의 상이한 접근법들을 논의하고, 마지막 절에서는 포지셔닝 및 재포지셔닝의 핵심 요소를 설명할 것이다.

8.2 세분화 및 표적시장선정의 혜택

세분화는 상품 및 서비스 제공자가 마케팅활동에 상당한 시사점을 가지는 일련의 공통적 특성을 기반으로 예상고객을 그룹화하는 과정이다. 시장을 세분화하기 위해서 사용하는 공통 특성들은 연령, 소득, 개성, 라이프스타일 등을 포함한다. 이러한 공통 특성을 기반으로 하여 세분시장들은 마케팅활동에 대하여 상이하게 반응할 것으로 예상된다. 그들은 상이한 제품특성을 원할 수 있고, 더욱 높거나 낮은 가격민감도를 가질 수 있으며, 특수한 유형의 마케팅 커뮤니케이션에 반응할 수 있으며, 상이한 경로를 사용할 수도 있다. 표적화는 조직이 섬기고자 하는 적절한 세분시장을 파악하는 것이다. 세분화 및 표적화를 시도하는 결정들은 암묵적으로 어느 조직도 모든 것을 모든 사람에게 제공할 수 없다는 것을 실현하고 있는 것이다. 어떤 상품은 어떤 종류의 사람에게 특별히 어필한다는 점은 불가피하다. 극단적으로는 각 개인이 상이한 욕구를 가질 경우 각 개인 고객이 하나의 세분시장으로 표현될 수 있다. 그러한 경우 마케팅믹스가 단 한사람 혹은 조직의 특성 및 욕구에 맞춤화된다. 이러한 실제는 아마도 상상하는 것보다 더 자주 실행된다. 소매시장에서 금융자문사들은 개인고객에게 독특한 서비스를 제공한다. 프라이빗 뱅커가 하는 것처럼 말이다. 기업시장에서는 대규모 기업고객을 섬길 때 맞춤화 접근이 필수적이다. 또 다른 한편, 극단적으로 전 인구가 단일의 동질적 세분시장으로 취급될 수 있다. 전통적으로 은행들은 개인뱅킹시장을 동질적인 것으로 취급하여 단일의 표준적 당좌계정을 모든 고객에게 제공해 왔다. 점차적으로 고객들이 상이한 뱅킹욕구를 가지고 있다는 것을 인식하기 시작하였고 특별한 세분시장에 적합한 특별한 상품을 개발할 여지가 있음을 깨닫기 시작했다. 예를 들어 Barclays는 현재 영국시장에서 10가지의 상이한 당좌계정을 다양한 세분시장, 즉 어린이, 학생, 고소득자, 저소득자 등을 표적으로 하여 제공한다.

세분화 및 표적화는 상품 및 서비스의 제공자와 소비자 둘 다를 위하여 많은 중요한 혜택을 확보할 수 있는 수단이다. 요컨대 세분화 및 표적화의 혜택은 아래와 같다.

1. 효율적인 자원활용을 촉진한다. 마케팅믹스의 비차별적 사용은 희소자원의 낭비이다. 구별된 소비자(소매 혹은 기업) 세분시장을 파악하고 표적화함으로써 기업은 믹스의 개별적 요소의 범위를 제한할 수 있고 그 결과 원가를 절감할 수 있다. 간단한 예로 언론매체를 사용한 광고프로그램은 전체 인구보다는 구별된 표적 세분시장에 의해 읽혀지는 잡지를 사용한다면 더 저렴하게 실행할 수 있다. 이와 유사하게 주어진 세분시장의 특별한 욕구를 충족하기 위하여 설계된 상품은 요구되지 않는 특성은 필요로 하지 않는다. 즉 세분화는 더 큰 자원의 효율성을 낳는데 이는 소비자에게 더 높은 가치를, 주주에게 낭비를 줄이고 비용을 낮추며, 환경에게는 자원의 효율성을 가져다 준다.

2. 새로운 고객의 효과적 표적화를 가능하게 한다. 시장을 세분화한 다음의 논리적 단계는 마케팅활동을 위해 표적으로 삼을 세분시장의 선택이다. 오늘날 기업이 새로운 고객을 표적화함에 있어서 완전히 비차별적인 접근을 하는 것은 생소한 일이다. 고객획득비용이 증가하고 기업이 점점 더 고객이익

률에 초점을 두면서 어떤 종류의 사람과 조직을 고객으로 삼기를 원하는가 하는 측면에서 선택적이 되어야 한다. 상이한 고객이 고객가치에 영향을 주는 상이한 특성 및 행동을 나타낸다는 것이 인식되어야 한다. 예를 들어 영국에서는 SAGA가 자사의 일련의 레저 및 금융서비스를 위하여 50세 이상의 사람들을 표적화한다. SAGA는 50세 이상의 고객들이 자동차사고 클레임을 제기할 위험이 낮은 그룹임으로 자동차보험 가격을 매우 예민하게 책정할 수 있다. 즉 SAGA는 만약 자사가 매스시장을 섬기려고 했다면 불가능하였을 방법으로 이 그룹의 소비자에게 매우 가격경쟁적이면서 우월적인 가치를 제공할 수 있다.

3. 경쟁우위를 촉진한다. 조직이 시장을 세분화하는 접근법이 독특하면 할수록 경쟁우위를 확보하고 유지하는 것이 더 용이하다. 이는 경쟁우위는 상대적 개념이고, 조직을 고객의 관점에서 경쟁자로부터 차별화하는 것에 관여하는 것이기 때문이다. 자명하게도, 표적화함에 있어서 비차별적일수록 조직이 그들로부터 스스로를 차별화해야 할 경쟁자의 폭이 더 넓어진다. SAGA의 경우 50세 이상의 고객을 표적화하는 다른 조직들 가령 RIAS 등을 상대로 경쟁우위를 유지하는 것이 요구된다. 이는 SAGA에게 전체 성인인구를 표적으로 삼는 경우보다 더 적은 수의 핵심 라이벌을 제공한다. 이는 다시 차별화를 성취하고 유지하는 것을 더욱 쉽게 만든다.

4. 마케팅 믹스를 지도한다. 최선의 사례는 조직이 선정한 각 표적시장은 특수하고 관련성이 있는 마케팅 캠페인을 실행해야함을 실증한다. 이를 통해 마케팅이 각 표적시장에 최적합하도록 관리된다. NFU Mutual Insurance Company를 생각해보라. 당초 영국의 농민들의 보험욕구를 충족시키고자 의도하였으나, 아래 세분시장의 보험 및 투자 욕구를 충족시키는 것으로 재포지셔닝 하였다.

- 농민
- 농촌지역 거주민
- 비도시지역 및 도시근교 지역 거주민

농촌지역 세분시장을 위한 마케팅믹스로는 농작물이나 가축보험 등과 같이 농민들에게 특별히 필요한 상품을 포함한다. 촉진으로는 농업관련 언론에 광범위하게 광고한다. 농촌지역 거주자와 관련해서는 현저하게 농촌지역에 거주하는 사람들을 표적화하기 위하여 라디오와 TV를 선택적으로 사용한다. 상품 범주로는 승마 등 농촌지역에서 할 수 있는 특별한 것에 관심을 가진 농촌 거주자에게 적합한 상품의 제공을 추구한다.

어떤 금융서비스 제공자는 동업자단체를 기반으로 하는데 이는 특별히 마케팅믹스의 밀접한 표적화를 가능하게 한다. Police Mutual Assurance Society(PMAS)는 Lichfield, Staffordshire에 기반을 두고, 영국 경찰과의 동질적 관계를 최대한 활용하는 믹스를 가진다. 예를 들어, 지역 경찰관을 유통과정의 한 부분으로 활용한다. 소위 '위임경관'이 경찰관과 민간인 직원 및 PMAS 간의 커뮤니케이션 통로 역할을 한다. 위임경관은 소개자 지위를 가지고, 이는 PMAS로 하여금 특별히 낮은 사업획득비용을 가능하게 한다. PMAS의 저원가 공급은 경찰급여시스템을 통하여 보험료를 자동공제함으로써 추가적으로 향상된다. 믹스의 촉진요소는 경찰잡지 및 발간물 등의 특수한 커뮤니케이션 형태를 띤다. Bournemouth에 기반을 둔 Teacher Provident Society는 Maif가 프랑스 교사노조와 가지는 관계처럼 영국의 최대 교사노조와 동업자단체 관계를 향유한다. 그들의 마케팅 믹스는 맞춤화 접근을 달성하기 위하여 동업자단체와 밀접한 관계를 최대한 활용한다.

5. 고객만족을 향상시킨다. 세분화와 표적화는 믹스가 고객욕구 및 필요와 밀접한 대응을 이뤄야 하는 방법을 통하여 고객만족을 향상시키는 효과적 수단이다. 분명히 상품 특성이 주어진 개인소비자그룹의 특성을 더 정확하

게 반영하면 할수록, 소비자들이 그것의 소비로부터 경험하는 만족은 커진다. 이는 고객들로 하여금 다수의 상품특성이 자신들과 무관하고, 커뮤니케이션 메시지는 잘 못 판단된 것이며, 개인적 환경 및 선호와 관련성이 없다고 느끼게 만든다. 그 결과, 그러한 소비자들은 보다 초점이 높은 세분화를 통하여 더 높은 고객만족을 가져다 줄 수 있는 경쟁자로 전환할 위험성이 높다.

이러한 혜택과 더불어 세분화와 관련된 비용이 존재한다. 세분화된 시장 시스템을 파악하고, 측정하며 유지하는 것은 그 자체가 비용을 수반한다. 또한 이 상이한 세분시장을 위하여 상이한 상품과 상이한 마케팅 캠페인을 개발하는 것은 추가적 비용을 발생시킨다. 모든 시장세분화는 이러한 비용을 인지해야 하고, 세분화의 혜택이 그 비용을 초과할 때만 실행되어야 한다.

8.3 성공적 세분화

시장을 세분화하는 데 있어서 최선의 방법은 없다. 반면에 아래의 절에서 분명해질 것이지만 다양한 정도의 복잡성과 정교성을 가지고 사용될 수 있는 다양한 접근법들이 존재한다. 궁극적으로 상업적 판단은 세분화가 발생시키는 추가적 비용과 실현가능한 추가적 가치간의 최선의 적합성을 담보하도록 이루어져야 할 것이다. 조직이 '옳은' 세분화 접근법을 취하는 것의 여부는 시장에 대한 충분한 이해, 올바른 숙련과 지식, 상이한 옵션에 대한 조심스런 평가 등에 달려있다. 숙련과 지식의 측면에서 아래의 영역들이 특히 중요하다.

1. 시장에 대한 접촉감각. 시장을 세분화하고자 하는 관리자들은 자사가 활동하는 시장에 대해 충분한 이해를 해야만 한다. 이러한 이해는 시장에 대한 응집력있고 전체적인 그림을 형성할 수 있도록 모든 관련된 지식원천을 통

합하는 능력에 토대를 두어야 한다. 이는 시장가치, 고객수, 구매빈도, 경쟁자 및 그들의 시장점유율 등 객관적 사실뿐만 아니라 보다 주관적이고 질적인 투입에도 관여해야 한다. 그러한 투입은 소비자선택에 대한 이해와 경쟁자의 전략에 대한 인지 등을 포함한다. 시장에 대한 접촉감각은 마케팅관리자에게 차별화의 기회를 파악하는 능력과 경쟁우위를 제공한다.

2. 분석기술과 자원. 적절한 자료에 대한 접근과 그것을 조작하고 해석할 능력이 중요하다. 시장에 대한 자료가 다양하면 할수록, 세분화의 옵션 수도 크다. 시장들은 획득 가능한 자료원천의 다양성뿐만 아니라 자료의 최신성, 빈도, 일관성, 정확성의 면에서 다양하다. 관련 자료를 구하고 분석하는 능력이 항상 눈에 띄지 않는 역량이다. 그러므로 이러한 역량이 이미 존재하지 않는다면 이를 개발하고자 몰입할 필요가 있다.

3. 상업적 판단. 광범위한 범주의 '공통적 특성'이 시장세분화에 사용될 수 있다. 이는 나이, 성별 등의 기본적인 인구통계학적 기준으로부터, 개성적 특성을 토대로 한 미묘하고 복잡한 기준까지 다양하다. 표적시장의 선택이 마케팅전략의 중요한 요소이며 경쟁우위의 핵심적 촉진자라는 것을 인식할 필요가 있다. 선택한 세분화접근방법이 상업적 성과에 미치는 영향에 대하여 훌륭한 판단이 이루어져야 한다. 이는 주어진 모든 세분화방법의 비용 및 혜택에 대한 신중한 고려를 포함한다.

4. 창조적 통찰력. 세분화가 성공하기 위해서는 예술 및 과학으로서의 마케팅요소들을 결합하는 것이 필요하다. 정보를 수집하고 분석하며, 다양한 모델링과 시뮬레이션과정을 사용하는데 과학이 필요하다. 궁극적으로 어떤 접근법이 효과적 차별화와 경쟁우위를 가장 잘 촉진할 수 있는가에 대한 판단이 이루어져야 한다. 성공적으로 침투될 수 있는 세분시장을 파악하려면 고도의 창조적 통찰력이 요구된다. 그것은 또한 주어진 세분시장에 침투하고

자 하는 기업의 열망을 그 세분시장에 어필하는 구체적 마케팅믹스로 전환하기 위한 창조적 통찰력을 필요로 한다. Co-operative Bank는 전통적 사실분석보다 창조적 통찰력을 토대로 하여 윤리적 소비자 세분시장을 선택한 것으로 이해되고 있다.

즉 좋은 세분화는 과학요소와 예술요소를 결합하고, 양적인 목적요소와 질적인 판단요소를 결합한다.

세분화를 위한 상이한 옵션들을 평가함에 있어 고려해야 할 몇 가지 요인들이 있다. 현재의 활동과 서비스능력의 적합성에 관련한 조직에 특수한 기준이 분명히 중요하다. 마찬가지로 제안된 세분화방법을 핵심 영역별로 그 성과에 대하여 평가하는 것도 도움이 된다. 하나의 공통된 접근법이 아래의 기준들에 초점을 두는 것이다.

1. 측정가능성. 이는 상이한 세분시장의 선호, 규모, 구매력을 어느 정도 측정할 수 있는가 하는 정도를 말한다. 어떤 세분화변수는 측정하기 어려워 세분시장의 규모와 구매력을 측정하기 어렵게 만든다. 투자회사는 위험을 회피하는 소규모 투자가들을 매력적인 세분시장으로 파악할 수 있으나, 위험회피를 측정하기 어려워 얼마나 많은 사람이 이 부류에 속하는지를 정확하게 파악하기가 어렵다. 반면에 60세 이상의 여성 세분시장은 측정하기가 한결 쉽다.

2. 이익력. 이는 세분시장이 어느 정도로 대규모인가 혹은 이익력이 높은가의 정도이다. 한 세분시장은 맞춤화한 마케팅 프로그램을 제공할 만한 가치가 있는 가능한 최대의 동질적 그룹이어야 한다. 의대생들은 매우 구별되는 동질적 세분시장이지만, 은행이 이 특별한 그룹만을 위하여 차별적 당좌계정을 개발하는 것은 현실성이 없다.

3. 접근가능성. 이는 세분시장이 어느 정도 효과적으로 도달되고 서비스를 공급할 수 있는가의 정도이다. 특정 사회계층에 있는 개인들을 표적화하기를 원하는 은행은 그런 개인들이 보는 TV프로그램과 그들이 읽는 신문에 대한 충분한 정보를 수집할 수 있어야 하고, 이것이 그 세분시장을 상대적으로 접근하기 용이하게 만든다.

4. 관련성. 이는 고객들을 그룹화하는 데 사용된 공통적 특성이 고객의 결정에 어느 정도 관련성이 있는가 하는 점이다. 개인들을 라이프스타일을 토대로 그룹화하고 신용카드의 유형(표준, 골드, 플래티넘)을 개인의 열망과 자아개념을 토대로 결정하는 세분화시스템은 선호를 설명하기 위하여 개성을 기반으로 한 특성을 사용한다. 이러한 유형의 특성들은 어느 신용카드를 채택할지에 관한 소비의사결정에 있어서 나이나 소득 등의 변수보다 보다 관련성 있는 예측변수일 가능성이 크다.

지금까지의 논의를 토대로 시장을 세분화하는 데 사용되는 다양한 접근법들이 존재한다. 그들이 가지는 공통점은 일련의 공통 특성 - 즉 한 그룹의 모든 고객들이 공유하는 특성 및 그 소비자들이 마케팅활동에 반응하는 방법과 연관된 특성 - 의 발굴이다. 다음 절은 고객시장 및 기업시장을 세분화하는 데 사용되는 공통 특성을 논의한다.

8.4 소비자시장 세분화 접근법

이 장의 앞부분에서 세분화란 마케팅에 관련성이 있는 공통적 특성을 중심으로 소비자를 그룹화하는 것으로 설명하였다. 공통적 특성이 표적시장을 효과적으로 정의하고 조직이 그 시장에 제공할 것이라고 기대되는 것에 영향을 줌으로 이의 선택이 시장을 세분화할 때 성공적인 결과를 얻는데 긴요하다. 소비자시장을 세분화하는데 사용될 수 있는 공통적 특성의 유형은 크게 두 가지 카테고리로 나눌 수 있는데 이는 고객지향적 세분화와 상품기반 세분화이다.

8.4.1 고객특성: 고객지향적 세분화

이 카테고리는 누가 고객인가, 그들은 어디에 사는가, 그들은 어떤 종류의 사람들인가, 그들이 추구하는 라이프스타일의 종류는 어떠하며 그들이 보유하는 견해는 어떤 것인가를 정의하는 특성들을 포함한다. 즉 그것은 세분화의 한 접근법으로 전적으로 고객중심적이다. 구체적으로 말해서 세분화에 사용되는 특성들의 종류는 아래와 같이 분류할 수 있다.

1. 인구 통계적	2. 사회경제적	3. 지리적	4. 사이코 그래픽
• 나이	• 소득	• 거주 국가	• 태도
• 성별	• 재무자산	• 지방 혹은 지역	• 라이프스타일
• 가족관계	• 사회계층	• 수도권	• 신념
• 민족그룹	• 직업	• 도시/농촌	• 동기
• 종교			• 개성유형
• 생애단계			
• 교육수준			

고객지향적 세분화에서 더욱 활발히 사용되고 있는 접근법이 지리인구통계적 세분화, 인구통계적, 사회경제적 및 지리적 정보의 결합이다. 지리인구통계학의 기초가 되는 원칙은 특정지역 내에 존재하는 가구는 유사한 구매행동을 나타내고, 유사한 태도, 기대 및 욕구를 나타낸다는 신념이다. 이웃은 그 지역에 거주하는 개인들의 특성에 따라 분류될 수 있고, 폭넓게 분리되어 있더라도 그룹화할 수 있다. 그 결과 지리인구통계학은 유사한 행동적 패턴을 보이는 특정지역의 고객을 표적화할 수 있다.

이러한 세분화를 위한 다수의 상업적 시스템이 존재한다. 영국에서는 대표적 상품이 MOSAIC(Experian)과 ACORN(CACI)인데 둘 다 일반적 분류 및 금융서비스에 특화한 분류를 제공한다. 후자가 표 8.1에 나타나 있다.

표 8.1 금융MOSAIC 및 금융ACORN에 의한 영국 가구의 분포

금융 MOSAIC	%	금융 ACORN	%
모험적 지출자	14.5	부유한 투자자	28.7
부담스런 차입자	6.6	번성하는 가족	11.3
자본 축적자	6.3	전통적 화폐	13.4
분별력있는 투자자	5.1	젊은 도시거주자	12.9
지분보유 원로	4.2	중년의 안락한 생활자	11.7
농장주 및 상인	6.5	만족하는 연금생활자	5.1
좋은 보수를 받는 현실주의자	19.5	착륙자	4.1
어려운 현금 수령자	18.7	수수한 생활자	6.7
채무를 진 분투자	4.7	빈약한 수단	2.1
근근히 생존하는 자	13.9	시내 거주자	2.2
		가난해진 연금생활자	1.4
		미분류자	0.4

이 시스템들은 전형적으로 센서스 자료를 토대로 구성되어, 정기적으로 각 조직에 의하여 최신화되고, 소비자 서베이 등의 수단으로 보충된다. 분류는 우편번호 수준에서 이뤄진다. 즉 사용자들이 개인별 우편번호(일반적으로 약 15개 가구로 형성되는 그룹)를 아래에서 보는 바와 같은 세분시장들 중의 하나로 분류하고 이 세분시장들을 일련의 소비자 특성 및 구매특성을 토대로 윤곽을 그린다.

Experian은 미국, 호주, 홍콩, 일본, 스페인 등의 나라에서 지리인구통계적 시스템을 공급한다. Experian은 또한 이와 유사한 시스템(SUPERMAP)을 중국에 제공하고, 전세계에 글로벌 MOSAIC을 제공한다. Acxicom은 일본에 지리인구통계적 시스템인 Chomonicx 시스템을 제공하고, SIG는 멕시코에 CAMEO시스템을 제공한다.

세분화에 사용할 특성의 선택은 이 절의 처음에서 논의한 고려점들을 토대로 하는 상황적 문제이다. 특히 실행에 관련된 실무적 이슈들에 관해서는 종종 균형이 이루어질 필요가 있다. 인구통계적 변수들은 늘 접근가능성 및 측정가능성의 요구를 용이하게 충족함으로 사용하기에 가장 쉽지만, 인구통계적 변수 하나만으로는 개인이 왜 특정 구매를 하는지를 설명하기 어렵기 때문에 관련성의 측면에서 취약하다. 마케팅믹스의 촉진적 관점에서, 매체가 인구통계적 변수에 기반을 둔 독자수, 청취율, 시청률 등의 자료를 제공한다.

생애단계는 금융서비스 상황에 특별한 관련성을 갖는 세분화의 접근법이다. 이는 마주치는 다수의 상품의 장기적 특성과 효용을 경험하는 기간의 장기적 특성 때문이다. 생애단계 접근법의 기본 원칙은 사람들이 생애기간 중 다양한 단계를 밟아 나가며, 각 단계는 상이한 상품 욕구와 연관된다는 점이다. 〈그림 8.1〉을 보면 출입구 상품으로서의 당좌계정에 의해 수행되는 역할이 충분히 인식될 수 있다. 그것은 또한 개인이 청년기에서 자녀를 가진 중년기로 나아감에 따라 금융서비스의 복잡성도 증가함을 보여준다. 상이한 생애단계마다 자산과 부채의 균형이 변화하는 것을 보면 흥미롭다. 영국의 경우 한 개인이 학교를 졸업할 시기에 그는 약12,000파운드의 부채를 지는 것으로 예상된다. 이 부채는 신용카드와 무담보대출이 누적되면서 계속 증가한다. 개인이 주택구입을 위하여 모기지를 쓰면서 부채의 중대한 증가가 발생한다. 점차로 순부채가 일정 시점 - 전형적으로 50세에서 60세 사이 - 까지 감소하는데 이때 개인은 순자산 보유자가 된다. 이는 정확히 50세 이상의 연령대가 투자상품 마케팅활동의 주 표적이 되는 이유이다. 다른 형태의 생애단계가 상이한 라이프스타일 - 가령 계속 독신을 유지하는 사람들, 기혼이나 자녀가 없는 사람들, 이혼한 사람들 등 - 을 반영하기 위하여 설계될 수 있다.

생애단계								
독신의 전일제 학생 →	독신의 취업자 →	기혼자 →	자녀가 있는 젊은 기혼자 →	자녀가 있는 중년 기혼자 →	자녀가 독립한 중년기혼자 →	활동적인 기혼 은퇴자 →	독립적인 독신 은퇴자 →	의존적인 독신 은퇴자
상품욕구								
당좌계정 예금계정	당좌계정 신용카드 여행보험 대출 자동차보험 예금계정	당좌계정 신용카드 여행보험 대출 모기지 생명보험 내용물보험 빌딩보험 자동차보험 예금계정	당좌계정 신용카드 여행보험 대출 모기지 생명보험 내용물보험 빌딩보험 자동차보험 예금계정 연금	당좌계정 신용카드 여행보험 대출 모기지 생명보험 내용물보험 빌딩보험 자동차보험 예금계정 연금	당좌계정 신용카드 여행보험 대출 모기지 생명보험 내용물보험 빌딩보험 자동차보험 예금계정 연금 투자	당좌계정 신용카드 내용물보험 빌딩보험 자동차보험 예금계정 투자 여행보험 연금	당좌계정 신용카드 내용물보험 빌딩보험 자동차보험 예금계정 투자 여행보험 연금	당좌계정 신용카드 내용물보험 빌딩보험 예금계정 투자 법률가의 힘 장기간호

<그림 8.1> 전형적 생애단계와 연관된 금융상품 욕구

사이코그래픽 변수들이 실행상의 차별화와 창의성의 가장 큰 잠재력을 제공할 수 있다. 그러나 측정가능성, 이익력, 접근가능성을 결정하는 데 있어서 특별한 도전이 존재한다. 1990년대 초반 이후 Co-operative Bank는 사회적 책임을 수행하는 은행실무를 특별히 선호하는 사람들을 표적으로 해왔다. 즉 이 은행은 자사를 '윤리적 은행'으로 포지셔닝하기 시작했다. 동사는 사이코그래픽 변수를 세분화전략의 토대로 사용하는 흥미로운 은행의 예이다.

8.4.2 고객욕구 및 행동: 상품지향적 세분화

이 접근법은 소비자가 한 상품 혹은 서비스의 소비로부터 얻고자 하는 효용의 특성을 정의하는 변수들로 구성된다. 그것은 또한 소비자의 상품 간의 상호작용의 특성도 포함한다. 즉 그것은 세분화를 위한 고객지향적 접근법이라기보다 상품지향적 접근법이다. 보다 구체적으로 아래와 같이 세분할 수 있다.

핵심 금융욕구	상품/서비스 사용량	상품특성
저축 투자 주택소유 은퇴계획 생명보험 건강보험 소유물보험 은행업	서비스 사용빈도 구매량 서비스접근 수단 구매수단 구매시점 서비스접근 시점 구매빈도	가치 제공자의 소유권 지위 특성의 단순성/복잡성 가격

실제로 다수의 금융서비스 제공자들은 세분화에 다변량 접근법을 사용하는데, 이는 고객지향적 특성 및 상품지향적 특성 모두를 토대로 한다. 가령, 투자회사는 아래와 같이 정의된 세분시장을 표적화할 수 있다.

> 은퇴를 위하여 투자하기를 희망하고 투자에 있어서 윤리적 접근을 선호하는 35세에서 60세 사이의 여성.

이 경우 세분시장이 실행가능하고 상업적 실현가능성이 있는지 확신할 수 있도록 측정가능성 등에 적절한 주의를 기울일 필요가 있다.

8.5 기업간시장의 세분화 접근법

세분화로부터 생기는 혜택은 기업간시장 상황에도 동일하게 적용된다. 기업간시장에서 새로운 고객을 획득하는데 드는 비용이 소비자시장에서의 그것보다 훨씬 높고, 소득흐름도 역시 높다. 이는 효과적인 마케팅자원의 표적화를 더욱 중요하게 만든다. 이미 논의한 바와 같이 B2B 및 B2C관계를 관리하는 것은 비교 및 차이의 포인트에 관여하는 것이다. 소비자 영역에서와 마찬가지로 조직시장의 세분화에 대한 접근법도 다양하다. 아래의 특성들이 가장 광범위하게 사용되는 것이다.

기업시장 인구통계적 변수	
산업부문	소매: 음식, 의류 등 전문 서비스: 경영컨설팅, 회계, 법률실무 엔지니어링 정보기술 금융서비스: 은행, 일반보험, 건축조합 등.
조직규모	자산 관리 펀드 종업원수 수수료 소득 회전율
조직구조	지점기반 중앙집중
소유권	상호형태 핵심기업 지사 소유형태

기업시장 지리적변수	
국제	진출국가 본사 소재 국가
단일 국가	지역 집중화된 전국규모
지역	촌 대도시

사업 프로세스	
구매	위임 중앙집권화
의사결정	협상 개인/위원회 기반
선택기준	맞춤화 정도 서비스 강도 상품/서비스 범주 성과기준 이미지 및 포지셔닝 R&D 및 혁신 저원가
사업성과	사업성장률 자본수익률 시장성장률 고마진/저마진
진출시장	상업시장 소비자시장 부유층개인 주류 대중시장 하류층 틈새시장
상품 특성화	상품 특성화

소비자시장 세분화와 마찬가지로 다변량 세분화가 B2B시장에서도 종종 발견된다. 가령, 손해보험회사는 아래와 같이 정의된 기업세분시장을 선택할 수 있다.

> 부유층 개인 고객을 섬기며 책임보험과 관련하여 특별한 욕구를 가진 연간 2천5백만 파운드 이하의 총매출액을 가지는 호텔, 케이터링 및 레저업체들.

8.6 표적시장선정 전략

시장을 세분화할 기준을 선택하는 데 더하여 어느 세분시장을 표적으로 삼을지를 선택해야 한다. 이는 반드시 순차적 과정인 것은 아니다. 실제로 세분화선택과 표적선택(표적시장선정 전략)은 상호작용적이고 최종적인 전략적 포지션에 도달하기 이전에 고도의 반복을 되풀이하는 것을 요구하는 상호의존적인 과정이다. 세분시장들이 조직에 주는 매력도, 이익 잠재력, 요구되는 서비스를 전달할 조직의 능력 등의 측면에서 평가되어야 한다. 그리고 어느 세분시장을 표적화할 것인지를 결정할 때 이 정보들이 고려될 수 있다. 표적시장선정 전략의 기본 정렬은 아래와 같다.

- 비차별적: 시장의 하위세분시장을 구별하지 않고 단일의 마케팅믹스로 전체 시장을 섬기는 전략.
- 차별적: 전체시장 가령 은행서비스시장이 다수의 세분시장으로 조직화되고, 그들 각각이 맞춤화된 마케팅믹스로 표적화.
- 집중: 다수의 세분시장 가운데 소수의 세분시장을 선택하여 그 세분시장의 욕구를 가장 잘 충족시키는 단일의 마케팅믹스로 표적화하는 전략.
- 맞춤화: 표적시장을 구성하는 각 개인이 각각의 특별한 욕구에 맞춤화한 마케팅믹스를 제공하는 대상이 된다.

8.6.1 비차별적 표적시장선정

비차별적 전략이 반드시 본질적으로 열등한 형태라고 전제할 필요는 없다. 고객특성 분석은 단순히 세분화가 토대로 할 압도적인 변수가 존재하지 않음을 보여줄 뿐이다. 마찬가지로 시장세분화 및 맞춤화된 마케팅믹스의 생산에 드는 비용은 상업적으로 정당화되기 어려울 수 있다.

최근에 영국에서 영업하며 단지 커미션만 지급하는 판매원만 고용하는 생명보험회사들이 대규모로 비차별적 전략을 채택하였다. 이는 때때로 '숫자게임'이라고 불리어졌는데, 낮은 신규고객 획득비용과 높은 최초 보험료를 토대로 하여 획득된 거의 모든 신규고객이 내재가치에 공헌할 가능성이 높다는 것이다. 일련의 발전, 가령 규제로 인한 신규고객 획득비용의 상승, 낮아진 상품마진, 지속률을 개선하라는 압력 등이 생명보험산업으로 하여금 신규고객획득 접근법을 차별화하는데 기여하고 있으며, 그 결과 비차별적 접근법으로부터 탈피하는 경향이 가속화되고 있다. 명백히 세분화를 도입하려는 시도들이 때로는 다소 초보적이어서, 종종 단순히 최소 소득기준을 토대로 한다. 비차별적 접근법을 사용한 대다수 생명보험회사는 더 이상 신규고객에게 개방적이지 않다.

8.6.2 차별적 표적시장선정

이는 기업이 전체 시장을 세분화하는 토대로 사용할 상업적으로 유효한 기준을 파악할 수 있을 때 발생한다. 급변하는 소비재부문이 아마도 차별화 마케팅의 최고의 모범이 될 것이다. 차별적 세분화는 금융서비스부문에서 인기가 증가하고 있다. 동 부문에서의 마케팅지향성의 상대적 부족으로 그 발전이 정체된 감이 없지 않다. 그러나 Barclays, Lloyds TSB, HSBC 등 주요 결제은행들이 점점 차별적 마케팅을 많이 사용함을 보여주고 있다. 주류 결제은행들에 의해 조우되는 근원적 세분시장들이 아래와 같다.

■ 기업금융 세분시장

- 단독 거래상 및 합명회사
- 소기업(전형적으로 5-50명의 직원)
- 중기업(전형적으로 50-250명의 직원)
- 대기업(전형적으로 250-1000명의 직원)
- 대규모 기업시장(직원 1000명 이상)
- 신설 기업

■ 소매금융 세분시장

- 정규의 당좌계정 고객
- 부유층고객(연소득 50,000파운드 이상)
- 프라이빗뱅킹고객(500,000파운드 이상의 투자가능 자산 보유)
- 학생고객

앞에서 예시된 은행업 세분시장들은 세분화의 기본적 접근법을 보여준다. B2B뱅킹의 경우 세분화는 전형적으로 기업의 인구통계적 변수를 토대로 한다. B2C뱅킹의 경우 전형적으로 인구통계적 변수 혹은 사회경제적 특성을 토대로 한다. 영국의 경우 직원 50,000명 이상을 가지고, 그 중 10,000명 이상이 2,000여개 이상의 지점에서 근무하는 전형적으로 대규모의 결제은행에서 실제로 사용된다. 세분화는 세분화전략을 실행하는데 있어서 대규모의 다양한 직원들의 관여를 획득하는 실용성을 반영해야 한다.

8.6.3 집중 세분화

이는 기업이 시장을 다수의 세분시장으로 나눈 후 그 중 일부의 세분시장이나 단 하나의 세분시장을 표적으로 삼는 접근법이다. 집중접근법은 아래와 같이 다수의 상이한 형태를 취할 수 있다.

1. 단일 세분시장 집중. 이 접근법에서는 조직이 시장의 단 하나의 세분시장에만 집중하고 그 고객그룹의 욕구에만 특별히 맞춤화한 상품을 공급한다. 이 접근법은 종종 틈새마케팅이라고도 불린다. 이는 조직이 강한 차별적 우위가 있는 특별한 세분시장에 자사의 모든 노력을 집중하기 때문에 잠재적으로 매우 수익력이 높다. 동시에 만약 그 세분시장이 사라지거나 새로운 경쟁자가 시장에 진입하면 조직이 심각한 사업상의 손실을 당할 취약성이 있음으로 이 접근법은 위험성이 있다. 손해보험사인 Hiscox는 부유층고객에 집중하고, 반면에 Ecclesiastical Insurance Company는 교회 및 관련기관에 손해보험을 제공한다. Endsleigh Insurance는 학생 세분시장에 집중함으로써 틈새시장을 공략했다.

2. 선택적 전문화. 선택적 전문화는 또 다른 유형의 틈새마케팅이다. 그러나 단일 세분시장에 집중하는 대신 조직이 몇 개(아마도 관련성이 없는)의 세분시장을 선택한다. 이표적화 접근법은 단일 세분시장 전문화보다 덜 집중적이지만 아마도 덜 위험하다.

3. 상품 전문화. 대다수의 시장은 다수의 상이한 고객그룹과 다수의 상이하지만 관련된 상품들로 구성되는 것으로 이해할 수 있다. 일련의 고객그룹에게 특별한 상품유형을 공급하는데 집중하는 조직은 상품전문화 전략을 추구하는 것이다. 이 표적화 접근법은 특정기술 혹은 상품과 관련된 특별한 강점이나 지식을 가진 조직에 특히 적합하다. 즉 바레인의 Al Baraka Islamic Bank, 말레이시아의 Bank Islam 및 Islamic Bank of Britain은 이슬람 금융서비스(특별한 상품유형)를 매우 단순한 은행서비스를 원하는 소매고객으로부터 매우 복잡한 금융서비스를 요구하는 기업고객에 이르기까지 일련의 상이한 고객그룹(세분시장)에 제공함으로써 상품전문화전략을 추구하고 있는 것으로 볼 수 있다.

4. 시장 전문화. 이 접근법은 상품전문화의 정반대이다. 특정 상품에 집중하는 대신에 조직은 특정 고객그룹의 욕구를 만족시키는데 전문화하기로 선택한다. 이 전략은 경쟁우위를 구축하는데 고객그룹의 특별한 욕구를 이해하는 것이 특히 중요한 토대가 될 경우에 가장 적합할 수 있다. 프라이빗 뱅크는 부유층을 대상으로 이 접근법을 추구한다. 그들은 부유층의 욕구를 충족시키는 일련의 상이한 금융상품을 제공하려고 노력한다.

8.6.4 맞춤 표적시장선정

이는 각 고객을 위하여 별개의 맞춤화한 마케팅 믹스를 제공함으로써 세분화개념의 극단적 모습을 나타낸다. 특히 고도의 인적접촉이 개입되는 서비스부문에서 자연적으로 맞춤화 접근법으로 기울어진다. 금융서비스 부문에서 맞춤 표적화는 특정 세분시장(가령 대기업)에 차별적인 서비스(투자은행서비스)를 제공하고 그 서비스가 세분시장 내의 각 개인에게 맞춤화되는 융합전략의 한 부분으로 나타나고 있다.

8.7 상품 포지셔닝 및 조직화

포지셔닝은 세분화 및 표적화 과정의 다음에 뒤따르는 논리적 단계이다. 시장을 세분화할 기준을 선택하고, 어느 세분시장을 표적화할지 선택한 다음 기업은 표적시장을 구성하는 개인들에게 기업 자체로 혹은 특정한 상품브랜드로 자사를 가장 잘 나타낼 방법을 선택해야 한다. 포지셔닝은 지각에 관련된 마케팅 용어의 하나이다. 포지셔닝의 핵심은 기업이 어떻게 경쟁자로부터 차별화할 것인가 혹은 어떻게 고객에게 가치를 제공할 것인가 하는 관점에서 브랜드 혹은 기업의 경쟁우위의 문제이다. 즉 포지셔닝은 자사의 표적시장을 구성하는 개인들의 마음속에 기업 혹은 브랜드가 어떻게 인식되기를 원하는가 하는 문제이다. 위치의 선택은 합의된 차별화의 형태를 토대로 한다. 포지셔닝의 목적은 고객에게 명확한 가치제안을 창출하고 유지함으로써 브랜드 혹은 조직으로 하여금 시장에서 독특한 자리를 창조하는 데 있다. 성공적이라면, 포지셔닝은 브랜드 혹은 기업이 경쟁자로부터 구별이 분명하게 되는 결과를 낳는다.

상업적으로 유리하게 되려면 포지셔닝은 아래와 같은 상품 및 서비스의 특성을 토대로 할 필요가 있다.

- 표적시장에 관련성이 있는
- 경쟁자로부터 차별성을 달성하는
- 시장에 명확하게 의사전달 될 수 있는
- 지속가능한

포지셔닝은 오랜 기간 상당한 투자를 요하는 진정으로 전략적인 개념이다. 그것은 경쟁우위의 주요한 표명이고, 브랜드가치 및 기업가치의 중요한 원천을 나타낸다. 성공적이기 위해서는 그것은 조직(혹은 브랜드)이 어떻게 소비자에 의해 인식되기를 원하는가와 실제로 어떻게 인식되고 있는가 간의 정렬을 필요로 한다.

포지셔닝할 때 그 토대로 삼을 수 있는 브랜드 특성은 명백한 상품 및 서비스 속성 혹은 이미지 관련 요인들이다. McDonald's는 역사적으로 그 포지셔닝을 재미, 음식 및 가족에 관련된 속성에 토대를 두어왔는데, 이는 소비자의 브랜드에 대한 관여의 일체를 통하여 적절한 것으로 인식되고 있다. 동사는 즐거움의 감각을 나타내는 '음 난 그것을 사랑해'라는 슬로건을 사용한다. Burger King은 반면에 맥도널드보다 더 진지한 방식으로 상품의 품질을 보다 명백하게 언급하는 데 토대를 두는 포지셔닝을 채택한다. L'Oreal은 특정한 상품속성보다 이미지에 더욱 토대를 두는 브랜드 포지션의 예이다. 동사의 머리카락 및 피부화장 상품들은 자기탐닉의 개념과 그에 합당한 가격을 채택하였음을 전달하기 위하여 '왜냐하면 나는 그것을 누릴만큼 가치가 있으니까'라는 슬로건을 사용한다. 디자이너 표식의 사치품은 상품 자체의 유형적 속성보다 배타성의 이미지를 토대로 포지셔닝하는 경우가 매우 많다.

포지셔닝은 소비재보다 금융서비스분야에서는 덜 발전된 개념이다. 소비자의 마음속에 성공적인 포지션을 구축하는 데는 시간이 걸린다는 앞에서의 주장을 감안할 때, 금융서비스 포지셔닝에 뚜렷한 견해를 두는 것은 다소 이르다. 우리가 말할 수 있는 것은 금융서비스 포지셔닝은 개별 상품 혹은 브랜드수준 보다는 기업수준에서 놀랄 만큼 잘 작동한다. 이런 점에서 조직들이 유형의 상품영역에서 관찰된 것처럼 상품/서비스 속성이나 이미지관련 요소들에 관하여 포지셔닝에 의존해오고 있다. Morgan Stanley의 포지션은 상품/서비스의 속성에 기반하고 있고, '금융자문 및 시장실행에서 뛰어남'을 강조한다. 이와 유사하게 Standard Bank of South Africa는 '더 단순한, 더 빠른, 더 좋은' 은행이 되기 위해 주력하고 있다. 보다 이미지 기반적인 접근법의 예로는 HSBC를 들 수 있는데 동사는 현지에 관한 지식과 글로벌 강점을 동시에 기반으로 하여 가치를 제공하는 은행이라는 이미지를 창조하기 위하여 자사를 '세계의 지역은행'으로 포지션하고 있다. 이와 유사하게, 일본에서는 은행들이 전통적으로 기업에 기여하는 데 보다 더 초점을 두어왔는데 Shinsei Bank는 소매고객을 만족시키고 강력한 관계를 구축하는 것을 지향하는 데 강조점을 둔다.

Co-operative Bank는 이미지관련 속성을 토대로 자사를 포지셔닝하는 예이다. 동사가 1990년대 초반에 경쟁적 포지션에 대한 검토를 수행하였을 때 자사의 미래 포지션은 상품 혹은 서비스의 속성을 토대로 할 것이라고 예상하였다. 그러한 속성들은 지점수, 서비스의 범위, 서비스 전달 품질, 수수료, 이자율, 투자수익률 등의 요인들을 포함할 수 있었다. 이는 지점을 기반으로 한 금융서비스에 매우 예측가능한 접근법이고, 이를 기반으로 하여 Co-operative Bank가 보다 대규모의 경쟁사로부터 차별화하기는 어려웠을 것이다.

통찰력과 판단력을 발동한 결과 '윤리적 은행'을 자사의 포지션의 기반으로 선택하였다.

사례연구 8.1은 Co-operative Bank의 관련된 금융서비스업인 CIS가 투자 및 펀드관리에 대한 접근에 어떻게 윤리적 자세를 반영하였는지를 보여준다.

사례연구 8.1 윤리적 투자정책과 윤리지향적 투자가 세분시장 –Co-operative Insurance Society Ltd.(CIS)

CIS는 영국 맨체스터에 본점을 두고 있는 영국의 유일한 상호보험회사이고 영국의 대규모의 개인 금융서비스 제공사의 하나이다. 특별히 흥미로운 점은 상호회사가 일련의 이슈에 있어서 강한 윤리지향성을 나타낸 사람들로부터 강한 친화력을 발전시켰다는 점이다. 실제로 상호은행은 윤리적 은행으로 명확하게 포지셔닝하였다. 재미있는 것은 상호은행과 CIS가 자사의 마케팅믹스를 세분화와 포지셔닝의 방법과 일치하는 방향으로 적응화한 점이다. 이러한 점에서 윤리지향적인 세분시장의 욕구가 투자관리에 대한 CIS의 방법론에 어떻게 반영되었는가 하는 점을 고려할 필요가 있다.

상호회사 운동의 한 회원으로 CIS는 윤리적 토대를 공유하는데 이는 투자에 적용될 경우 항상 고객에 대한 재무수익률의 최적화를 요구하는 것으로 이해되어 왔다. 시장이 점점 더 정교화되는 것을 감안하여 1989년에 CIS는 일련의 단위신탁(상호펀드)를 도입하였는데, 1990년에 여기에 더하여 환경, 건강 및 안전을 기준으로 기업들을 선별한 펀드를 추가하였다. 이러한 긍정적인 기준에 더하여 동물실험, 무기, 폭압적 정부, 담배, 핵 발전 등에 대한 부정적 기준을 추가하였다. 다른 CIS의 상품과 마찬가지로 이 단위신탁은, 현재로는 CIS 지속가능 리더스 펀드라고 알려진 것으로 가정에 있는 동사의 직접 판매원들을 통하여 판매된다. 이 상품의 획득가능성은 동사의 고객기반 안에서 사회적 투자에 대한 흥미를 확대시켰고, 신탁이 CIS 전체 자산의 1%에도 미치지 못하지만 그러한 종류의 가장 큰 규모의 펀드 중의 하나였다. 그 펀드의 관리자들은 펀드구조에 대한 윤리적 접근의 채택이 재무적으로 뿐만 아니라 윤리적으로 건전함을 입증할 수 있었다. 실제로 S&P Micropal

이 제공한 아래의 자료는 그 신탁이 동종업계 평균에 비하여 얼마나 좋은 실적을 거두는지 보여준다.

2002년 12월 31일에 투자된 1,000파운드가 2005년 12월 31일에 그 가치가;

- 만약 FTSE 전체주식 지수에 투자되었다면 1,664파운드
- 영국 전체 주식 펀드 평균을 토대로 하면 1,672파운드
- 단위신탁을 구매하였다면(수입이 재투자된 것으로 가정) 1,733파운드

잠재적으로 더 큰 금융위험이 고객에게 분명히 알려져야 하겠지만 정제된 투자에 대한 시장이 계속적으로 존재한다. 그럼에도 불구하고 투자의 본류에 사회적, 윤리적, 환경적(social, ethical, environmental: SEE) 고려를 통합하는 데 필요한 진전된 분석을 사용하는 방향이 추세이다. 1999년에 CIS는 '책임있는 주식보유'로 알려진 프로그램을 출범시켰는데, 이를 모든 주식펀드에 적용하고 우려사항과 관련된 기업에 관여하는 것을 토대로 하였다. 이러한 문제들은 고객자문연습을 통하여 파악되었고, 이로부터 기업에 접근하는 기반을 제공하는 윤리적 관여정책이 개발되었다. 부분적으로 이는 Co-operative 운동의 민주적 뿌리의 재확인을 대변하지만, 한편 이는 또한 SEE 이슈들이 점점 기업의 사회적 책임과 미래의 지속가능성을 확립하는데 중요하다는 사실을 확인해 준다. 이는 단지 기업의 커뮤니티활동에 관련될 뿐만 아니라, 기업이 인력을 개발하는 방식과도 관련되고, 무엇보다도 경영자, 이사회, 주주 및 기타 이해관계자들 간의 관계에서 스스로를 다스리는 방식과 관련된다. 기업지배 분석은 책임있는 주식보유의 중요한 부분이고, CIS는 가능한 한 피투자기업에 관하여 제기된 모든 동의안에 투표하려고 시도하였으면, 때로는 필요시에 방청석에 출석하여 질문을 제기하기도 하였다. 보고가 기업책임의 핵심적 요소로 간주되고 있으며, 이 조합이 투표를 어떻게 실행할 것인가를 결정하기 위하여 경영자 보수 및 SEE이슈들과 같은 문제의 공시에 관한 상세한 분석이 수행된다. 다른 영국의 투자가들과 함께, CIS는 언론에 영국에서 가장 사회적으로 책임성 있는 투자(socially responsible investment: SRI)를 수행하는 기관들 중의 하나로 인식되고 있다. 그러한 활동이 투자의 지속성에 공헌한다는 사실이 점점 널리 받아들여지고 있다. UNEP의 자산관리 실무그룹은 2004년에 환경적, 사회적 및 기업지배 이슈들이 장기적 주주가치에 영향을 미치고, 때로는 지대하게 영향을 미친다고 결

론지었다. 만약 이것이 증명된다면 SEE에 대한 기업의 활발한 대응과 고객에 의해 표출된 지배구조에 대한 우려는 그들이 받는 재무수익률을 개선시킬 것이다.

자료: Robert Taylor, CIS Investment Management.

상품/서비스 포지셔닝의 또 하나의 변형은 차별적인 표적세분시장의 욕구를 섬기는 포지셔닝, 즉 집중적 포지셔닝 전략이다. 그러한 전략에 의하여 조직은 표적시장을 구성하는 개인들의 욕구에 대한 독특한 이해를 가지고 있다는 인식을 창조하려고 노력하고 있는 것이다. 그 시사점은 전반적 가치 재위치화가 고객의 눈에 경쟁자보다 우월한 것으로 보여질 것이라는 점이다. Police Mutual Assurance 및 Teachers Assuarance는 자사를 각각 경찰청 직원 및 교사의 욕구에 특화한 것으로 포지셔닝하고 있다.

비록 금융서비스 분야에서 포지셔닝이 상품 - 브랜드 수준이라기보다 압도적으로 기업수준에서 이루어지고 있으나, 전반적 기업구조 내에 존재하는 조직브랜드의 포트폴리오의 사례가 증가하고 있다. Smile.co.uk는 윤리적 Co-operative Bank를 포함하는 Co-operative Financial Services 라는 우산조직 속의 젊고, 접근가능한 고기술 브랜드로 포지셔닝하고 있다. HBOS는 Bank of Scotland and Halifax와 같은 조직브랜드에 있어서 명확하게 차별되는 포지셔닝을 유지하고 있다. 이와 유사하게, Lloyds TSB는 자사의 전반적 브랜드 구조 내에 Scottish Widows, Cheltenham Gloucester 등은 브랜드의 차별적 포지셔닝을 계속적으로 지원하고 있다.

8.7.1 지각적 도표화

기업의 혹은 상품의 위치를 결정하는데 사용되는 과정의 유형을 이해하는 것이 중요하다. 흔히 사용되는 한 접근법이 지각적 도표화인데, 이는 자사조직 및 경쟁사에 대한 소비자의 인식에 관한 정보에 주로 의존한다. 이 정보는 계량적 조사기반 자료, 혹은 보다 주관적 판단을 토대로 한다. 포지셔닝되는 것이 단순히 상품뿐만이 아니라 상품 및 서비스 특성, 이미지, 품질 및 가격 등을 포함하며 제공되는 상품전체 혹은 기업의 제공물이라는 것을 기억하는 것이 중요하다. 지각적 도표화는 조직이 우선 소비자에게 획득가능한 상품 카테고리의 주요 속성들을 파악하는 것을 필요로 한다. 다음 단계는 그 속성들의 소비자에 대한 상대적 중요성 및 경쟁상품의 상대적 성과를 파악하는 것이다. 속성들의 상대적 중요성 및 경쟁상품의 평가를 위하여 시장조사가 사용된다. 독창적이고 통찰력있는 새로운 위치를 추구하기 위하여 포커스그룹 및 개인심층면접 등의 정성적 연구방법이 유용한 수단이다.

연구 및 평가과정을 통하여 조직은 경쟁우위의 기반을 형성하는 자사 혹은 자사상품에 관하여 전형적으로 두 가지의 주요 차원을 파악하려고 노력한다. 이는 부분적으로 판단의 문제이며, 또한 소비자 지각에 관한 보다 상세한 통계적 분석에 의해 지원될 수도 있다. 〈그림 8.2〉는 투자펀드관리 부문에 적용될 수 있는 가상적 지각도를 나타낸다. 그것은 기업 A가 자사의 포지션의 토대로 삼기를 희망하는 선택한 차별수단들이 투자성과 명성 및 투자가의 이해에 관한 배려라고 가정한다.

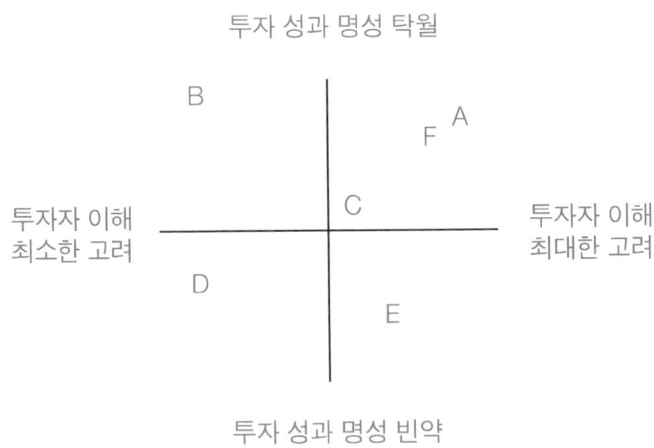

<그림 8.2> 투자펀드관리 기업의 지각도

기업A는 우월한 투자성과를 제공하고, 고객에 대한 배려를 잘 하는 기업으로 인식되는 포지션으로부터 발생하는 경쟁우위를 가진다. 이 회사의 가장 가까운 경쟁사는 기업F로서, 기업A는 상대적으로 우월한 포지션을 유지하기 위하여 기업F를 주도면밀하게 관찰할 필요가 있다. 기업D는 그 투자성과 및 투자자의 이해에 대한 지각된 배려면에서 분명히 경쟁적 열위에 있다. 기업E는 투자자의 이해에 대한 배려 측면에서 상대적으로 높은 수준을 보이지만, 투자성과 측면에서는 그렇지 못하다. 기업B는 매우 좋은 투자성과를 보이지만, 투자자 이해에 대한 배려 측면에서는 그렇지 못하다. 마지막으로 기업C는 둘 다의 측면에서 평균정도의 수준에 머물러 어중간한 위치에 있다.

어떤 포지션으로 결정되든지 그것의 가능한 효과성에 관한 기본적 테스트를 충족시켜야 한다. Jobber(2004)는 아래와 같은 네 가지 테스트를 제시하였다.

1. 명확성--포지션의 토대가 명확하고 파악하기 쉬운가?
2. 신뢰성--포지션이 획득가능한 증거에 의하여 정당화되고 타당성이 검증되는가?
3. 일관성--포지션의 에센스가 모든 마케팅믹스 요소에 있어서 시간의 흐름을 통하여 일관되게 소통 가능한가?
4. 경쟁력--포지션이 경쟁자에 의해 제공되는 것보다 더 우월한 혜택을 고객에게 제공하는가?

결정적인 테스트는 기업(혹은 브랜드)이 차별적으로 인식되는가 하는 점이다. 상품의 무형성, 특허권의 미비, 경쟁자에 의한 모방의 용이성 등에 의하여 포지셔닝이 금융산업에 있어서 특별한 도전을 제기한다. 틀림없이 포지셔닝은 전세계의 금융산업의 여러 측면에서 초기단계에 있다. 분명히 소비자의 지각에 관한 한, 종종 주류은행과 보험회사 간에 거의 차이가 없는 것처럼 보인다. 시간이 흐르면 더욱 많은 차이를 기대할 수 있으나, 그것은 과거에 흔히 미흡했던 바인 지속적인 일관성을 필요로 한다.

8.8 재포지셔닝

포지셔닝의 중요한 측면의 하나는 그것이 상황중심적이고 시장 내의 요인들에 의하여 영향을 받는다는 점이다. 그러한 본질로 말미암아 그것은 고객들로 하여금 그들이 당면한 경쟁상품들 간에 비교하게 만든다. 마케팅전략의 다른 측면들과 마찬가지로 포지셔닝은 요구되는 차별화를 제공하는지 확신하기 위하여 적절한 기준에 의해 재검토할 필요가 있다. 시간이 지나면서 시장요인들은 포지션의 관련성 및 가치를 위협하는 압력을 행사할 수 있다. 소비자 선호 및 우선순위는 변화하고, 경쟁자는 끊임없이 변화를 창조하며, 욕구를 충족하는 새로운 방법들이 혁신요인을 통하여 발생한다. 따라서 기업들은 자신의 경쟁우위를 보호하기 위하여 부단히 경계해야만 한다.

그러나 주어진 포지션이 때때로 위협을 받을 수 있고, 혹은 신뢰성이나 경쟁관련성을 상실할 수 있다. 장기간 성공적인 포지션과 관련한 문제점의 예는 소비재 및 소매분야에서 흔하다. 1980년대에 Guinness의 브랜드 포지션은 전통적인 맥주 음주 상황에서 건강에 도움이 되는 속성의 의미에 기반을 두었었는데 점점 관련성이 떨어졌다. 동일한 시기에 Toyota는 자사가 아무리 노력하더라도 Corrolla 브랜드의 포지션을 고급차 시장에 확립하고 유지할 수 없었다. 1980년대에 Tesco 역시 제한적인 소비자 어필을 수반한 상품범주와 다소 구식의 아웃렛 건물에 기반한 포지셔닝에 갇혀 있었다.

Guinness, Toyota 및 Tesco 모두 차별화를 이루고 경쟁우위를 변경한 새로운 포지션을 낳은 대규모의 재포지셔닝 활동을 실행해야만 했다. Guinness의 경우 신상품 변형, 컬트배우인 Rutger Hauer를 등장시킨 다소 기발한 모던스타일의 광고와 함께 재포지셔닝되었다. Toyota는 Lexus브랜드로 고급차 시장에서 자신을 보다 더 급진적인 접근법으로 재포지셔닝을 시도하였다. 새로운 브랜드뿐만 아니라 완전히 새로운 범주의 자동차들이 등장하고 차별적인 딜러를 통하여 유통되고 서비스되었다. Tesco 또한 1980년대 후반부터 맹렬한 재포지셔닝을 출범시켰는데, 그 결과 영국에서 가장 이익력이 높은 소매상이 되었고, 전체 소매 지출의 15%를 점한다.

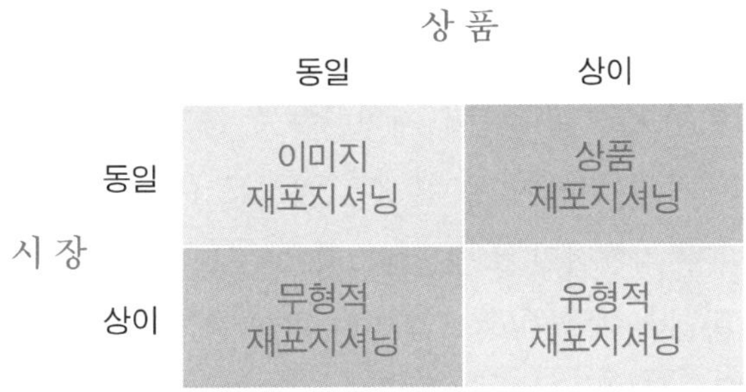

<그림 8.3> 재포지셔닝 전략

Jobber는 〈그림 8.3〉에 제시된 바와 같이 네 가지의 기본적인 재포지셔닝 전략을 제시하였다.

〈그림 8.3〉에서 제시된 접근법들은 경영자들이 현재의 포지션의 튼튼함에 대하여 우려를 가질 경우 재포지셔닝의 본질을 개념화하는 데 도움이 될 것이다. 2×2매트릭스에서 공통적인 것으로, 이들을 실제에 적용하고자 할 때 일정 정도의 모호성이 대두될 수 있음으로 어느 정도의 주의를 기울일 필요가 있다. 중요한 학습 포인트는 부당하게 정확한 분류에 매달릴 필요가 없다는 것이며, 차라리 이 모델을 재포지셔닝이 어느 정도로 상품/서비스 개발, 신시장 개척 혹은 이 양자의 결합에 관여할 것인지를 고려하는 데 사용하는 것이 좋을 것이다. 이는 또한 그 대답은 기존 시장에서의 상품에 대한 인식 - 즉 이미지 재포지셔닝 - 을 창조하는 데 달려있다는 결론에 이르게 한다.

은행부문에서 흥미로운 재포지셔닝의 예는 Mitsubishi UFJ Securities(MUFJ)가 제공해준다. 2005년 10월 Mitsubishi Tokyo Financial Group(MTFG)은 UFJ 홀딩스를 합병하여 MUFG를 창조하였는데, 이는 세계에서 가장 대규모의 은행으로 총자산이 6,000억U$달러를 상회한다. 역사적으로 일본 금융시장은 기업부문의 필요에 의해 좌우되었다 - 사실 Standard & Poor's에 의하면, 소매금융은 일본의 총 은행업 이익의 단지 30%를 점하는데 그친다. 이는 Barclays의 50%, Bank of America의 70%와 비교된다. 소매금융에 의한 MUFG의 영업이익의 비중은 15%수준인데, 동 은행의 경영자는 향후 몇 년 내에 이를 35%수준으로 끌어올릴 계획이다.

이 목표를 실현하기 위하여 동 은행은 자사를 HSBC 및 Citigroup과 경쟁할 수 있는 소비자 지향적인 소매은행으로 재포지셔닝하는 전략을 출범시켰다. 이는 보다 폭넓은 상품 범주, 새로운 지점 개점, 새로운 가격구조, 보다 대응적인 시스템(24시간 ATM 접근가능을 포함)등을 포함한 마케팅믹스의 변화 및 새로운 문화의 창조를 필요로 하였다. 소매고객에게 보다 더 적절하게 관련되도록 직원들을 재조정하기 위하여 동 은행은 내부에 소매대학을 설립하였다. 1일부터 3개월여에 달하는 훈련과정이 동행이 마케팅믹스의 사람요소에 기울이는 의지의 증거이다. 외부의 비평가들은 소매시장부문을 효과적으로 관리할 직원들의 충원수준을 향상시킬 필요가 있다는 점을 지적하였다. 이 은행의 재포지셔닝 전략에 수반하는 불가피한 비용의 증가를 충당하기에 충분할 만큼의 마진의 증가가 예상되기를 희망하고 있다.

8.9 요약 및 결론

세분화, 표적시장선정, 포지셔닝은 마케팅전략 개발의 핵심이다. 효과적으로 경쟁하기 위하여, 조직은 우선적으로 시장 내의 상이한 그룹의 소비자들 혹은 기업고객들을 파악해야만 한다. 이 그룹들은 서로 상이해야만 하는데, 그러나 각 그룹 내의 고객들은 그들의 욕구 및 필요의 측면에서 상대적으로 유사해야, 즉 공통의 특성을 가져야만 한다.

시장 내의 모든 세분시장을 섬길 만큼의 자원을 가진 조직은 거의 없으며 따라서 기업들은 표적화할 일련의 세분시장을 선택해야 한다. 이 표적시장들은 고객의 욕구의 본질과 그 욕구를 충족할 수 있는 조직의 능력을 고려하여 선택되어야 한다. 그 선택은 또한 경쟁자를 고려해야만 한다.

표적시장이 파악된 후 조직은 자사를 어떻게 표현하기를 원하는가에 관하여 세심한 주의를 기울여야 한다. 이는 조직이 자사의 경쟁우위의 원천에 대하여 명확한 아이디어를 가져야 하고 그것을 표적고객에게 효과적으로 소통할 수 있어야 한다.

복습문제

1. 효과적인 세분화의 기준들은 무엇인가?
2. 신용카드시장을 세분화하는 변수로 어떤 것들이 적절하다고 생각하는가?
3. 표적화를 위한 차별화 접근법의 장점은 무엇인가?
4. 언제 집중적 시장표적화가 가장 적절한가?
5. 경쟁적 포지션을 개발하고자 노력할 때 어떤 요인들을 고려해야만 하나?

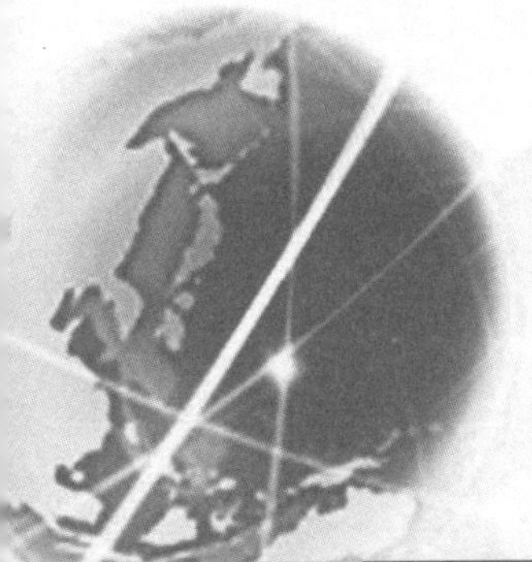

2부 고객 획득

CHAPTER 09

고객획득 전략 및 마케팅믹스

chapter 9 고객획득 전략 및 마케팅믹스

학습목적

이 장을 다 공부한 후 귀하는
- 마케팅전략과 마케팅믹스 간의 관계를 이해하고,
- 연간 마케팅계획과 전략적 마케팅계획 간의 차이와 관계를 인식하며,
- 금융서비스에 적용되는 마케팅믹스의 본질을 설명하고,
- 금융서비스 마케팅믹스의 개발에 관련된 도전들을 이해할 것이다.

9.1 서론

마케팅에 관한 논의는 전통적으로 새로운 고객을 어떻게 유인하는가 - 전형적으로 고객획득이라고 불리어졌다 - 에 초점이 두어져 왔다. 점차 기존 고객의 유지가 새로운 고객의 획득만큼 중요함이 인식되고 있다. 획득 및 유지에 사용되는 마케팅요소는 여러 측면에서 매우 유사하지만, 그들이 사용되는 방식은 매우 상이할 수 있다. 이 책의 제2부에서는 신규고객의 획득에 특별히 관심을 가지고 마케팅관리의 여러 측면에 대하여 초점을 둘 것이다. 특히 이 장에서 소개하고 다음에 보다 상세히 논의할 마케팅믹스의 잘 정의된 개념에 초점을 둔다.

마케팅믹스는 마케팅 경영자가 통제하는 마케팅 수단들을 설명하는 용어이다. 경영자들은 전반적 마케팅전략에 일치하는 조직의 상품 및 서비스의 명확한 경쟁적 포지션을 창조하기 위하여 이러한 상이한 수단들에 관하여 의사결정을 내려야 한다. 마케팅믹스를 구성하는 수단들은 흔히 4Ps라고 불

린다 - 상품, 가격, 유통, 촉진 - 서비스 마케팅에서는 이것이 종종 사람, 과정, 물리적 증거를 추가하여 7Ps로 확대된다. 전략이 실제적 효과를 가지는 것은 마케팅믹스를 통해서이다. 소비자들은 전략에 관하여 거의 혹은 전혀 지식이나 흥미를 가지지 않는다. 그들이 관심을 갖는 것은 마케팅믹스와 고객 접촉에서 경험하는 효용이다.

마케팅믹스에 관한 의사결정은 전략적 차원과 전술적 차원 둘 다를 가짐을 인식하는 것이 중요하다. 마케팅믹스의 전략적 차원은 주로 마케팅믹스의 상이한 요소의 상대적 중요성에 관한 의사결정에 관련된다. 가령 촉진, 특히 TV광고는 다수의 소매금융서비스의 마케팅믹스에 중요한 역할을 할 수 있지만, 전문화된 기업금융서비스와는 거의 관련성이 없을 수 있다. 마찬가지로 표준적인 은행계정 혹은 모기지와 같은 매스시장 금융서비스는 인구의 다수에게 쉽게 접근할 수 있게 하는 유통시스템을 필요로 할 것이지만, 고도로 전문화된 상품은 훨씬 선택적인 유통시스템에 의존할 수 있다. 반면에, 마케팅믹스의 전술적 측면은 개별 마케팅수단에 관한 특수한 의사결정에 관련된다. 즉 예를 들어 가격설정에 관하여 전반적 접근법(가령 프리미엄 가격설정)에 관한 의사결정이 내려지면, 실제 설정할 가격에 관한 특수한 의사결정이 필요하다.

이 장의 목적은 금융서비스의 마케팅믹스에 대한 개관을 제공하고, 고객획득을 위하여 마케팅믹스가 사용되는 방식들에 대해 특별한 주의를 기울일 것이다. 다음의 절들에서 전통적 4Ps를 보다 상세히 논의할 것이다. 다음 장은 믹스 요소들에 대한 논의의 배경을 제공하기 위하여 단기의 연간 마케팅계획에 대한 논의로부터 시작하여 마케팅믹스에 관련된 전략적 이슈들을 논의하고, 그 후 개별 마케팅믹스 요소와 그들의 금융서비스 상황에서의 관련성을 개관한다. 그 다음 금융서비스에서 고객획득을 위한 마케팅믹스의 사용에 관련된 도전들을 검토할 것이다.

9.2 단기 마케팅계획

5장에서 전략적 마케팅계획을 논의하고 그것의 주 역할은 중장기적 - 전형적으로 3~5년 - 방향을 설정하는 것임을 인식하였다. 어느 세분시장을 섬길 것인가와 고객에게 가치를 제공할 때 어떻게 차별화할 것인가 및 그 결과 경쟁우위를 여하히 달성할 것인가와 같은 주요 정책적 결정은 전략적 마케팅계획이라는 플랫폼 위에서 이루어진다. 전략적 마케팅계획을 보완하기 위하여 최선의 실무는 조직이 '연간 마케팅계획'을 가져야만 함을 보여준다. 전략적 마케팅계획이 장기적 방향을 세우고 경쟁우위를 결정하는 것이라면, 연간 마케팅계획은 단기적 마케팅목적을 성취하기 위하여 결합되고 조정된 접근법이다. 전략적 마케팅계획을 위한 보편적으로 합의된 과정이나 템플릿이 없는 것처럼 연간 마케팅계획을 위해서도 그런 모델은 존재하지 않는다. 그러나 주어진 조직의 전략적 계획과 연간 계획 간에 일관성을 갖는 것이 중요하다. 더욱이, 다수의 개별 전략적 사업단위(SBUs) 혹은 사업라인을 포함하는 조직들은 마케팅계획에 공통적인 접근을 채택한다는 것이 중요하다. 가령, HSBC와 같은 광범위한 기반을 가진 금융서비스 제공자는 자사의 일련의 모기지 및 자산 파이낸스상품을 위한 연간 마케팅계획을 작성할 수 있다. 이는 동사의 가령 연금상품 범주와는 상당히 별개의 것일 수 있다. 이 두 상품그룹이 '세계의 지역은행'이라는 전반적 기업 포지셔닝 선언에 의해 유도되기는 하겠지만, 그들은 각각 상당히 구별적인 시장에서 영업한다. 그러므로 각 상품그룹은 그들이 상술하는 시장별 특수목적, 마케팅환경을 분석할 때 고려해야 할 요소들, 그들이 파악하고 표적화하는 세분시장의 특성 등과 관련하여 상당히 상이한 필요조건을 가질 것이다. 예를 들어, 연금상품에 적용되는 경쟁자 집합은 모기지영역의 그것과는 상당히 상이할 것이다. 마케팅계획을 지나치게 총량적수준에서 수행할 위험이 있기 때문에 이는 매우 중요한 포인트이다. 모든 조직이 상품범주, 영역, 조직구조 등 각사의 특별한 환경에 가장 적합한 방법으로 이 이슈를 접근해야 한다는 말 외에는 이러한 어려움에 명쾌한 해결책은 없다.

연간 마케팅계획의 행동은 두 가지의 요소를 포함하는데 이는 과정과 작성된 계획 그 자체이다. 연간 마케팅계획에 엄격한 쾌도난마식의 접근법은 존재하지 않는다는 것을 염두에 두어야 한다. 차라리 주어진 조직의 특별한 특성에 적합하도록 맞춤화될 필요가 있다. 그러나 〈그림 9.1〉에서 보는 바와 같은 모델은 계획과정의 최종적 산출물의 견실한 핵심 구조를 보여준다.

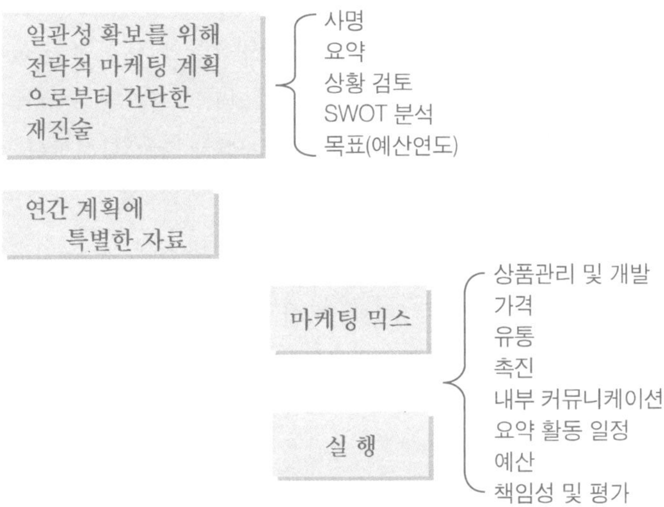

<그림 9.1> 연간 마케팅계획

동 계획은 어디에 마케팅 목적과 성공적인 마케팅믹스 활동의 완성에 대한 책임과 책무가 있는지를 명확히 해야 한다. 소유권이 명확하고 모호하지 않게 되어야 하며, 배달을 위한 유일한 소유권이 항상 추구되어야 한다. 무수한 책임의 공유를 직면할 경우가 일반적인데 이는 불분명한 소유권 감각을 낳는다. 실제로 잘 정의된 책임성이 적절한 평가시스템 및 성과평가를 위해 필요한 전제조건이다. 계획의 이 부분은 마케팅믹스 활동에서 나타나는

일련의 핵심성과지표(key performance indicators: KPIs)들을 요약하는 데 사용될 수 있다.

5장에서 전략적 마케팅계획을 논의하면서 내부 커뮤니케이션에 대하여 분명히 언급하였다. 이 이슈에 대한 충분한 강조의 부족은 마케팅계획이 그 목적을 달성하는데 실패하는 주요 요인이다. 금융서비스영역에서 마케팅목적이 다른 부문의 사람과 무관하게 성취되는 경우는 매우 드물다. 보험회사의 경우 판매원을 고려할 필요가 있다. 주택금융조합은 지점직원에 정보를 제공하도록 주의를 기울여야 한다. 모든 유형의 금융서비스 회사에 있어서 관리직원들은 자신의 업무에 영향을 미칠 마케팅활동에 대하여 충분히 인지하는 것이 중요하다. 이와 유사하게, IT 나 비즈니스 시스템 동료들은 신상품 및 새로운 상품특성이 그들 자신의 기능적 계획에 녹아들어가야 할 것인지에 대하여 아는 것이 필요하다.

모든 연간 마케팅계획의 핵심적 요소는 마케팅믹스에 관한 의사결정과 핵심 마케팅변수들이 어떻게 관리되고 통제될 것인가에 대한 세부사항이다. 이 장의 나머지 부분에서는 금융서비스에 적용될 경우의 마케팅믹스의 개념에 대하여 보다 상세하게 논의한다.

9.3 금융서비스 마케팅믹스의 역할

마케팅믹스가 고객경험을 결정한다는 점을 이해하는 것이 긴요하다. 즉, 고객만족을 전달하고 주주가치를 제공하는 마진의 흐름을 낳는 것이 믹스의 역할이다. 구매결정은 전반적 서비스 제공과 이것이 얼마나 소비자 욕구에 잘 부응하는가를 토대로 하여 소비자에 의해 이루어진다. 서비스 제공은 단순히 상품, 가격, 촉진 및 유통(그리고 사람, 과정, 물리적 증거)의 요소들로 분해되고, 이들은 전통적 마케팅믹스의 토대를 형성한다. 마케팅 경영자는 마케팅전략을 실행하기 위하여 이들 변수들에 대한 의사결정을 내린다. 특히, 그들은 명확한 시장 포지션을 창조하고 그들의 상품이 어떻게 표적시장 소비자의 욕구를 만족시키는지 증명해 준다. 이 과정이 〈그림 9.2〉에 나타나 있다.

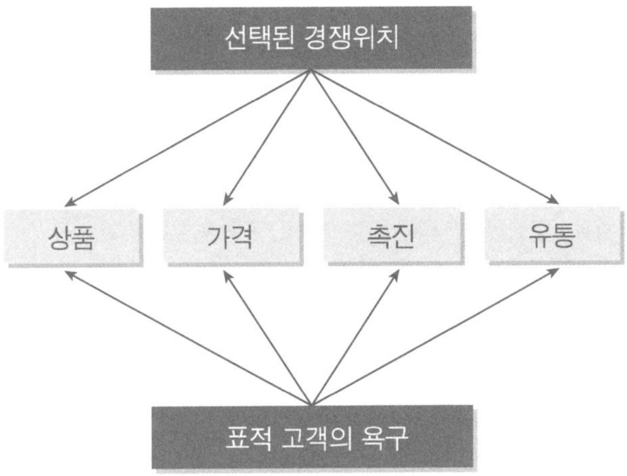

<그림 9.2> 고객욕구 및 마케팅믹스

제2부의 나머지 장들에서는 새로운 고객의 획득에 역사적으로 뛰어났던 마케팅믹스의 측면들에 대하여 상세히 논의될 것이다. 마케팅믹스의 동일한 요소들이 또한 부분적으로 고객유지의 역할도 함을 염두에 두어야 하고, 이러한 맥락에서 믹스의 범주가 이 책의 제3부의 초점이 될 것이다.

선택된 각 표적고객 세분시장이 맞춤 마케팅믹스의 대상이 될 것이다. 조직이 비차별적 마케팅전략을 선택하지 않는 이상, 믹스는 각 개별 세분시장의 특수한 특성에 적합하도록 조정되어야 한다. 세분화에 더하여 전략은 기업 경쟁우위의 토대를 정의할 것이다. 선택된 경쟁우위의 형태는 각 표적시장별로 설계된 마케팅믹스의 참조 기준이 된다. 즉 핵심 경쟁우위가 채택된 일련의 믹스를 통틀어 분명히 나타나 보일 수 있도록 세분시장별로 특수한 믹스를 설계함에 있어 일관성이 있어야 한다. 마케팅믹스의 모든 요소들은 상호 보완적으로 설계되고 제시되며, 전달되어야 하고, 기업의 선택된 차별화의 기반이 충실하게 반영되어야 한다.

실제로, 마케팅 경영자가 사용할 수 있는 일련의 상이한 마케팅수단들이 존재한다. 즉 우리가 4Ps라는 용어를 사용할 때 각 P는 일련의 상이한 마케팅 수단들을 포함함을 기억하는 것이 중요하다. 이들의 예는 아래와 같다.

- 상품 - 일련의 제공되는 상품, 속성, 브랜드, 품질, 포장, 보증, 조건.
- 가격 - 가격표 상의 가격, 할인, 지불기간, 신용조건.
- 촉진 - 광고, 인적판매, 판매촉진, 홍보, 공중관계.
- 유통 - 유통경로, 위치, 접근(영업시간), 직원충원.

마케팅믹스를 관리함에 있어서 특정 수단에 관한 각 의사결정이 소비자에게 메시지를 줄 것임을 기억하는 것이 중요하다. 가령 높은 가격은 고품질을 의미하는 것으로 해석될 수 있다. 특정 상품이나 서비스를 취급하는 한정된 수의 점포는 한정된 부수의 고가의 잡지에 광고하는 것처럼 배타성을 의미할 수 있다. 이처럼 만약 마케팅믹스가 조직의 희망하는 경쟁포지션을 창조하기 위하여 사용되려면, 아래와 같은 요구되는 두 가지의 핵심 요건이 있다.

1. 포지션과의 일관성. 각 믹스요소에 관한 의사결정은 선택한 포지션과 일관성을 가져야 한다. 예를 들어 Maybank가 말레이시아에서의 젊은 라이프스타일을 촉진하기로 결정하였을 때, 발랄한 브랜드, 휴대폰 관련 촉진물 제공, 주요 경품으로 VW Beetle을 내건 경쟁 등을 포함하였다. 이들은 젊은 이미지와 일관성을 갖는 모든 활동이었다. 만약 동일한 이벤트가 현악사중주를 포함하고 경품으로 Volvo를 내걸었다면, 다수의 소비자들은 이를 전달된 이미지와 일관되지 않는다고 느꼈을 것이고, 촉진이벤트는 덜 성공적이었을 것이다.

2. 믹스요소들로부터의 시너지. 믹스의 한 요소가 선택한 포지션과 일관성을 갖도록 하는 것도 중요하지만, 모든 믹스 요소들이 상호 일관성을 갖는 것 또한 중요하다. 믹스의 각 요소는 고객들에게 조직 및 상품에 관하여 매우 분명한 메시지를 전달하기 때문에 이것이 중요하다. 믹스의 각 요소가 소비자들에게 동일한 메시지를 전달할 때 창출되는 진정한 시너지가 존재한다. 마찬가지로, 믹스 요소들이 상이한 메시지를 보내면, 소비자들은 혼란스러울 것이다. 가령 American Express Platinum 직불카드가 고소득 소비자와 연관성을 가지고 권위와 성공을 상징한다. 대중적 매체를 이용한 언론 캠페인은 그것이 투사하는 상품 및 이미지와 일관되지 않을 것이다. 시너지의 기회가 없을 것이고, 실제의 표적시장은 그 카드가 자신들에게 적합한지를 깨닫지 못할 것임으로 그 카드의 이미지는 손상을 입게 될 것이다.

즉 효과적인 마케팅믹스는 일관성과 시너지를 의도해야 한다 - 전략적 포지션과의 일관성, 개별 요소들로부터의 시너지. 믹스의 개별 요소는 별개로 인식되어선 안된다. 믹스 내의 다른 요소들과의 일관성을 담보하기 위하여 지속적인 교차 참조가 중요하다.

9.4 금융서비스 마케팅믹스: 핵심 이슈들

3장에서 금융서비스의 구별된 특징들이 파악되었고 그들의 마케팅 시사점이 논의되었다. 금융서비스와 물리적 제품 간의 주요 차이점들은 아래와 같다.

■ 무형성

금융서비스는 물리적 형태가 없고, 종종 복잡하고 이해하기 어렵다.

■ 불가분성

금융서비스는 생산과 소비가 동시에 일어나고, 저장될 수 없으며, 고객과 공급자 간에 상당한 상호작용이 필요하다.

■ 이질성

소비자 간의 상이성과 서비스를 제공하는 사람들에게 심하게 의존하기 때문에 금융서비스의 질은 고도로 변동적이다.

■ 소멸성

금융서비스는 재고로 저장될 수 없다. 그들은 수요가 발생하면 그에 맞춰 생산되어야 한다.

무형성의 문제를 해결하기 위하여 마케팅활동은 아래의 점들을 고려할 필요가 있다.

- 소비자들에게 다소의 물리적 증거(혹은 최소한 유형적 이미지)를 제공함으로써 서비스를 보다 유형적으로 만드는 일.
- 서비스 전달을 돕는 사람들을 통하여 신뢰와 확신을 구축하는 일.

불가분성 문제를 해결하기 위하여 마케팅활동은 아래의 점들을 고려할 필요가 있다.

- 직원들이 친절하고 응대를 잘 하도록 훈련시키는 일.
- 고객지향적인 서비스 전달과정을 개발하는 일.

이질성 문제를 해결하기 위하여 마케팅활동은 아래의 점들을 고려할 필요가 있다.

- 서비스 전달과정을 표준화하는 일.
- 높고 일관성있는 수준의 품질을 장려하기 위하여 직원을 관리하고 훈련하는 일.

소멸성 문제를 해결하기 위하여 마케팅활동은 아래의 점들을 고려할 필요가 있다.

- 원거리 접근과정을 통하여 서비스 속성들을 자동화하는 일.
- 직원 명부를 사려깊게 사용하거나 특별한 가격메커니즘을 사용함으로써 수요를 관리하는 일.

즉 물리적 증거의 제공, 직원관리(사람), 서비스전달 시스템(과정)이 금융서비스를 위한 마케팅 의사결정의 중요한 요소들인 것으로 보인다. 그 결과 Booms and Bitner(1981)는 사람, 과정, 물리적 증거가 확장 마케팅믹스(7Ps)를 창조하기 위하여 사람, 과정, 물리적 증거가 원래의 4Ps에 추가되어야 한다고 제안하였다. 이 책의 나머지 부분은 전통적 마케팅믹스를 중심으로 구성될 것이지만, 확장 마케팅믹스 요소에 대한 간략한 논의가 아래에서 이루어질 것이다. 4Ps접근법을 채택할 것인가 혹은 7Ps접근법을 채택할 것인가의 선택은 개별기업과 상품그룹의 특별한 환경에 비추어 결정될 수밖에 없다. 4Ps모델이 완벽하게 목적에 맞다면 7Ps 모델을 맹종할 이유가 없다. 중요한 것은 계획에서 제시된 마케팅믹스 결정이 의도된 결과 - 목적 - 를 낳을 수 있도록 적절한 방향을 가진 일련의 활동을 파악하는 데 기여한다는 점이다.

9.4.1 사람

마케팅믹스의 '사람' 요소는 금융서비스 제공에서 개인에 의해 수행되는 역할의 중요성을 강조한다. 소비자들은 종종 금융서비스의 상세한 내용을 정확하게 이해하기 어렵게 생각하고, 지출의 대가로 유형적인 것은 볼 수가 없으며, 다수의 금융서비스로부터의 혜택은 어떤 경우 미래에만 분명해질 것이다. 더욱이 금융서비스의 정보 제공과 구매는 소비자와 조직의 직원 간의 상호작용에 달려있다. 이러한 금융서비스의 특성은 구매의사결정이 소비자들이 상호작용하는 직원들에 대한 인식에 의해 강하게 영향을 받을 가능성을 의미한다. 서비스를 제공하는 사람은 고객이 상품을 바라보는 방식, 그것이 어떻게 촉진되는가, 그것이 어떻게 전달되는가에 영향을 미친다.

특히 서비스마케팅의 사람요소는 마케팅믹스의 촉진과 유통요소에 관련되는 인적판매와 가장 깊이 연관된다. 그것은 서비스 품질에 상당한 영향을 미치기 때문에 또한 믹스의 상품요소에 관련된다.

9.4.2 과정

과정은 서비스 제공, 절차, 기계화의 정도 등에 대한 경영정책을 포함하여 서비스가 제공되는 방법에 관련된다. 과정이 왜 중요한지 몇 가지 이유가 있다. 첫째, 서비스의 이질성은 품질관리 및 통제의 이슈를 제기한다. 둘째, 불가분성은 서비스 제공과정이 소비자에게 고도로 가시적일 가능성을 제기하고, 잠재적 수요변동성을 수용할 수 있을 만큼 탄력적일 필요가 있다. 셋째, 서비스의 무형성은 서비스가 제공되는 과정이 소비자의 서비스 품질에 대한 평가에 중요한 영향을 미칠 가능성을 의미한다. 그 결과 과정과 관련된 주요 관심사는 전형적으로 유통상황과 관련되지만, 또한 가격결정과도 관련된다.

금융서비스의 유통시스템을 개발함에 있어서, 상품의 무형적 특성은 소비자에게 공급할 유형적인 무엇이 없음을 의미한다. 소비자는 혜택의 묶음에 대하여 돈을 지불하고, 전달과정은 이 혜택을 강조할 필요가 있다. 더욱이 서비스 품질의 변동성은 가능한 한 서비스전달을 자동화하라는 압력을 제기한다. 최근 전문가시스템의 발전이 보다 복잡한 서비스의 자동화를 가능하게 하지만, 어떤 서비스의 경우(가령 송금) 이것이 상대적으로 쉽지만, 또 다른 경우(가령 금융자문) 이것이 보다 복잡하다.

과정은 유통의 측면에서 중요하지만, 그것은 또한 생산원가의 감시와 측정에 대한 영향을 통하여 가격에도 관련된다. 서비스전달 과정에 대한 사려깊은 주의는 원가의 특성에 대한 이해와 가격설정의 지혜로운 접근법을 개발하는데 중요한 가치를 지닌다.

9.4.3 물리적 증거

물리적 증거는 주어진 서비스와 관련된 유형의 모든 것을 지칭한다 - 그것은 조직이 점유하고 있는 빌딩일 수도 있고, 직원의 외모일 수도 있으며, 수표책 홀더나 서류첩일 수도 있다. 마케팅믹스 내의 물리적 증거의 필요성은 서비스의 전형적인 무형성의 특성에서 직접적으로 제기된다. 일반적으로 물리적 증거는 두 가지 요소로 나뉠 수 있다.

1. 소비자가 가질 수 있으나 독립적 가치는 거의 없는 주변적 증거 (가령 서류첩).
2. 소비자가 가질 수 없으나 독립적 가치가 있는 본질적 증거 (가령 은행지점).

물리적 증거의 제공은 마케팅믹스의 상품 및 유통요소에 가장 명백하게 나타나며 또한 촉진과도 관련된다. 마케팅믹스의 상품요소에서 브랜드구축이 서비스의 유형화 과정에 중요하다. 브랜드가 위험을 줄이고 품질을 강조하는 방법임으로 이미지와 브랜드를 구축하는 것이 점점 더 중요하게 여겨지고 있다. 브랜드의 메시지를 보강하기 위하여 더욱 더 다양한 형태의 주변적 증거(수표책, 플라스틱 카드, 서류첩 등)가 브랜드에 동반된다.

물리적 증거의 필요성은 촉진의 측면에서 또한 중요하다. 금융서비스 제공자가 직면하는 특별한 문제는 그들이 소비자에게 보여줄 물리적 상품이 없다는 점이다. 즉 마케팅 관점에서 서비스를 보다 유형적으로 만드는 메시지와 프리젠테이션 형태를 개발하고자 노력해야 한다. 보다 성공적인 판촉 형태는 단순히 가격 촉진을 하는 대신 유형적 아이템을 공짜 선물로 주거나 (계산기, 시계 등) 경쟁을 내거는 것이라는 점이다.

9.5 고객획득 및 금융서비스 마케팅믹스

지금까지 이 장에서는 금융서비스를 위한 마케팅믹스에 관련된 핵심요소들에 대하여 개관하였다. 이 절에서는 신규고객을 획득할 때 이 요소들을 관리하고자 할 때 조직이 부닥치는 도전요소에 초점을 둔다. 사례 9.1은 인도의 HDFC Bank가 고객획득을 촉진하기 위하여 어떻게 효과적으로 마케팅전략과 마케팅믹스를 통합하였는지를 보여준다.

사례연구 9.1 HDFC Bank의 고객획득

1990년대까지 인도의 은행부문은 두 개의 주요 그룹--공적 은행과 국제 은행--에 의해 좌우되었다. 전자는 상품과 서비스의 품질은 빈약한 것으로 인식되었지만 매스시장을 취급하였다. 후자는 보다 부유한 세분시장에 초점을 두었고 신규고객을 받아들이는 데 전형적으로 매우 선택적이었다. 1990년대 자유화는 새로운 민간 은행의 유입 기반이 되었는데 그 중 첫째가 1995년에 출범한 HDFC였다. 동 은행의 조사 결과 고품질의 서비스와 그것에 대해 기꺼이 지불할 의사가 있는 중류시장을 발견하였다. 이 고객들은 공적 은행에서 보는 바와 같은 저질 서비스와 긴 대기열을 감내할 준비가 되어있지 않았지만, 동시에 국제은행을 신뢰하지도 않았으며, 그들은 고소득계층이 아니어서 국제은행에게 매력적이지도 않았다.

신규 진입자로서 HDFC는 이 고객들을 표적으로 하고 그들을 자사로 전환하도록 설득하기 위하여 마케팅믹스를 개발할 필요가 있었다. HDFC의 접근법의 토대가 된 기본적 가치제안은 '합리적 가격의 국제수준의 서비스'였다. 구체적 마케팅믹스 의사결정은 아래와 같았다.

▶ 상품

선택된 중류 세분시장의 욕구를 충족하기 위하여 HDFC는 국제은행의 상품범주에 필적하는 종합적인 은행서비스를 제공하였다. 이는 욕구, 기대 및 행동의 차이를 기반으로 한 하위세분시장에 특수한 상품을 표적화함으로써 보완되었다. 직원들 특히 일선 직원들을 중요하게 여겼고 은행은 좋은 고객서비스 기량을 가진 직원의 채용에 특히 중점을 두었다.

▶ **가격**

HDFC는 최초의 은행계좌에 대하여 500Rs(루피)의 최소잔고를 요구하였는데 이는 국제은행이 요구하는 최소잔고인 10,000Rs보다 훨씬 낮지만, 공적은행의 500Rs보다 훨씬 높은 수준이었다. 이는 HDFC가 우월한 서비스를 제공할 수 있도록 지원하고, 동시에 국제은행보다 훨씬 저렴한 수준을 유지하도록 담보하였다.

▶ **촉진**

HDFC는 상품 및 서비스 제공물을 다이렉트 메일, 이메일, SMS를 더욱 중시하는 가운데 통상적인 마케팅 촉진으로 지원하였다. 중요한 최근의 혁신은 캠페인을 테스트하고 평가하는 정교한 분석기법의 사용이다. 이는 HDFC로 하여금 소비자들이 어떻게 마케팅촉진에 반응하는가를 더욱 잘 이해하고, 이 정보를 보다 더 효과적인 미래의 캠페인에 사용할 수 있도록 하였다.

▶ **유통**

HDFC는 인도 인구의 약 40%를 점하는 10대 도시에 주의를 집중하고, 다른 도시로 확장해 나가기 전에 이 지역에서 최대한 시장점유율을 높이는데 집중하였다. 중앙처리부서를 운영하기로 한 결정이 동행으로 하여금 지점 네트웍을 구축하는 비용을 낮게 유지할 수 있도록 하였고, 그 결과 보다 광범위한 커버리지(약 200개 읍과 도시에 약 500개의 지점)를 지원하였다. 지점 네트웍과 더불어 HDFC는 중간시장고객의 다양한 욕구를 충족시키기 위해 서비스를 ATM, 전화, 인터넷, 이동통신을 통해 전달하였다.

HDFC의 성공은 연간 성장률 30%와 AsiaMoney, Forbes Global, Euromoney 등으로부터의 수상으로 입증되었다.

자료: Saxena(2000); Interview with Ajay Kelkar; HDFC Bank(www.HDFCBank.com).

그러나 모든 금융서비스 제공자들이 소비자획득을 위한 믹스관리에 성공적이었던 것은 아니다. 역사적으로 금융서비스부문은 기존 고객을 손상시키면서 신규고객 획득에 초점을 두는 경향에 대하여 상당히 비판받아왔다. 실제로 신규고객을 획득할 때 지속불가능한 매력적인 혜택을 제공하였다가 나중에는 축소되는 냉소적인 실무가 일부 산업에서의 모습으로 여전히 남아있다. 기업들이 촉진적 가격을 신규고객 획득전략의 일환으로 사용할 권리가 있음은 의심의 여지가 없는 사실이다. 촉진가격은 거의 모든 소비재 및 서비스 마케팅에서 보편적으로 사용되는데 금융서비스가 이에서 배제될 이유는 없다. 촉진가격은 금융서비스부문에서 완벽하게 합법적인 역할을 가진다. 그러나 상품의 복잡성, 그들이 운영되는 시간, 제한적인 소비자의 이해 등을 감안할 때 그것은 조심스럽게 사용되어야 한다. 가령 텔레비전이나 휴일과 같이 일회에 한정하는 구매의 경우, 소비자는 자신이 지불해야하는 순가격을 분명히 이해하고, 충분히 정보가 제공된 상태에서 선택을 할 위치에 있다. 은행이나 건축조합으로부터 예금계좌를 '구매'할 때, 소비자들은 단기 가격촉진에 관한 사실을 잘 파악하지만, 이자율의 장기적 경쟁력에 대하여 판단할 위치에는 있지 않다. 모기지부문에서 연간등가율(Annual Equivalent Rate: AER)을 도입함으로써 특별 도입가격의 영향을 계산에 넣으려고 시도한 바 있다. 핵심 포인트는 기대에 대한 적절한 관리를 담보할 수 있도록 신규고객 가격촉진을 사용할 때 신중을 기해야 한다는 점이다.

마케팅믹스 변수들이 사용되는 방법들에 대한 관심에 더하여 금융서비스부문의 특별한 속성이 창조하는 추가적인 도전을 인식할 필요가 있다. 2장에서 소매금융서비스 영역을 구성하는 일련의 상품들을 살펴보았다. 10장에서는 상품의 성공적 관리를 위한 핵심 모델과 개념들을 제시한다. 한편 금융서비스의 경우 상품과 과정 간의 관계는 특히 밀접함을 인식하는 것이 중요하다. 가령 한 사람이 당좌계좌를 '구매' 한다고 하자. 그 사람은 계속적으로 일련의 서비스혜택에 대한 접근을 추구하는 것이다. 인터넷뱅킹 설비는 상품특성으로 인식될 수도 있고 혹은 상품소비와 관련된 과정특성으로 인식될 수도 있다. 그러나 고객획득의 관점에서 - 본 저서에서 이 장의 초점 - 어떻게 한 개인이 주어진 금융서비스 제공자의 당좌계정 고객이 되는가의 관점에서 과정을 고려해야 한다. 고객획득과 관련된 과정은 조직이 요구하기로 선택한 것들 및 규제당국 등 외부 에이전트에 의하여 부과된 것들을 포함한다는 것을 염두에 두어야 한다. 당좌계정의 예를 계속 논의하자면 다수의 국가들이 자금세탁에 대하여 엄격한 규칙을 가지고 있다. 이는 신원 및 주소증명으로서 원본의 서류를 제공할 필요를 낳는다. 그것은 신규고객 획득과정에 일정 수준의 복잡성을 추가시키고, 고객에게는 좌절감을 초래할 수 있다. 그러나 그것을 회피할 수는 없으며, 이것을 설명하고 관리해야만 한다.

금융서비스 상황에서 도전이 되는 믹스의 또 다른 측면은 유통이다. 전통적 소비재 상황에서 유통은 꽤 간단하다. 그것은 소비자가 상품을 구매하기 위하여 접속하는 수단에 관련된다 - 즉 유통경로를 말한다. 이 용어의 의미는 금융서비스에도 마찬가지로 적용된다. 예를 들어 IFAs는 소비자가 스웨덴계 생명보험회사인 Skandia의 상품을 구매하기 위하여 접속하는 대표적 유통수단이다. 그러나 일단 Skandia의 고객이 된 이후에는 전화 등을 이용하여 기업에 의해 직접적으로 계속적인 서비스접촉이 이루어진다. 즉 유통은 소비자가 고객이 되기 위하여 사용하는 유통경로를 의미하기도 하고, 고객이 서비스 제공회사와 상호작용하는 수단들을 의미하기도 해 다소 모호한 개념이다.

신규고객획득의 경제성 때문에 동일한 고객에 의하여 장기간동안 다수의 상품이 구매되는 계속적인 고객관계가 존재할 것이라는 전제하에 기업들이 자신을 마케팅하는 일이 점점 더 중요하게 여겨지고 있다. 다시 말해서 이익은 신규고객의 평생가치에 있는 것이고, 반드시 구매된 최초 상품의 이익률에 달려있는 것이 아니다. 고객이익률은 상당부분 대다수 형태의 금융서비스상품에 일관되게 적용되는 소규모그룹의 변수에 의해 결정된다. 가령 소비자주택의 가치에 의해 담보되는 대출을 생각해보자. 이 유형의 대출은 법적으로 최초의 모기지부채가 이행된 이후 대출자가 그 재산가치에 접근할 수 있어 때때로 제2차 모기지라고도 불린다. 새로운 2차모기지 고객의 이익률은 아래의 변수들의 함수이다.

- 대출금액
- 대출상환 기간
- 대출미상환 위험
- 이자율 마진
- 대출회사로부터의 타상품 구매

긍정적이든 부정적이든 이 변수들 중 하나 혹은 여러 개의 변수에 발생하는 상대적으로 소규모의 변화가 이익률에 심각한 영향을 초래할 수 있는데, 특히 다섯 개 모두의 변수가 영향을 받는 경우이다. 이 모델은 1차모기지 및 무담보 대출 모두에 적용된다.

생명보험부문의 경우 신규고객의 이익률은 아래의 변수들의 함수이다.

- 보험에 부보된 가치총액
- 보험증권이 유효한 조건
- 클레임 제기 가능성
- 보험증권 마진
- 보험회사로부터 구매한 타 상품

다시 말해서 이 핵심변수들의 긍정적 혹은 부정적 변화의 누적적 효과가 고객이익률에 복합적인 영향을 미친다. 이 변수들이 신규고객획득의 목표수준을 달성하기 위하여 설계된 계획에 녹아 들어가야 한다. 이러한 사고의 논리는 신규고객 표적설정의 균형된 스코어카드 접근법을 나타낸다. 주어진 예산 하에 신규고객 혹은 판매상품의 극대화를 토대로 투박하게 표적화하는 것은 상당한 장기적 위험을 야기시키는 단순 산술게임을 하는 것이다. 사례연구 9.2가 이 점을 예증하는 몇몇 예를 제공한다.

사례연구 9.2 중앙집권적 모기지대출-유익한 이야기

영국에서 1980년대 후반에 중앙집권적 모기지대출의 급속한 성장과 급속한 쇠퇴 현상이 일어났다. The Mortgage Corporation, National Homeloans 및 Mortgage Express 등이 출범한 후 1990년에 신규 모기지사업의 25%를 차지할 만큼 성장하였다. 그들의 성공은 시의적절한 타이밍과 주택금융조합 등 전통적 모기지 원천들의 비응대적 특성이 결합된 결과였다.

좋은 타이밍이라는 측면에서 중앙집권적인 대출회사는 도매금융시장의 자금조달비용이 소매금융시장보다 저렴한 기간 동안 그 강점을 활용할 수 있었다. 주택금융조합 모기지는 주로 소매금융펀드에 의해 자금이 조달되었다--실제로 도매금융시장으로부터 모기지펀드의 자금을 조달할 수 있는 비율에 엄격한 제한이 있었다. 그들은 중앙집권적 대출자로 부담할 지점 인프라 유지비용이 없었고, 하나의 중앙 관리센터에서 효율적으로 신규 모기지신청을 처리할 수 있었다. 이는 저렴한 자금조달비용에 더하여 추가적인 비용우위를 제공함으로써 전통적 라이벌에 비하여 명백한 가격우위를 제공하였다.

가격우위와 아울러 다른 세 가지 요인이 합력하여 중앙집권적 대출회사에게 압도적 경쟁우위를 제공하였다. 첫째, 그들은 신규 모기지대출 신청을 매우 신속히 처리할 수 있었다(당시 주택금융조합의 경우 전형적으로 4-6주가 소요된 것에 비하여 종종 24시간 이내). 일단 바람직한 신규 주택이 발견되면 주택 소유주와 거래를 먼저 체결하기 위한 경쟁이 있었고, 속도가 전형적인 주택구입자의 핵심요소였다. 둘째, 중앙집권적 대출회사는 새로운 모기지 비즈니스를 펼치는데 있어서 부동산 에이전트, 모기지 브로커, 보험회사 판매 에이전트 등 중개상의 중요성을 인식하였다. 1980년대 후반 신규 모기지의 60%가 중개상을 통한 대출자에 의해 체결되었다. 이는 전통적 대출회사의 지점비용에 비하여 중앙집권적 대출회사의 신규 비즈니스 획득 비용을 매우 낮게 만들었다. 중개상의 역할을 인식하고, 중앙집권적 대출회사는 자사의 신규고객 획득활동을 이들에게 집중하였다. 즉 다수의 신규 비즈니스가 저비용으로 창출되었고 단기간에 이 신규진입자들은 잘 정착된 기존의 경쟁자들을 위협하였다. 셋째, 중앙집권적 대출회사들은 모기지 비즈니스에 서비스 및 상품혁신을 제공하였다. 그들은 자사가 보유한 재무관리 역량을 이용하여 고정금리 및 'cap-and-collar'대출 등 새로운 형태의 이자율관리를 도입하였다.

그들은 증권화를 대출을 대차대조표에서 제거하는 수단으로 사용하여 주주에 대한 자본이익률을 제고하였다. 그들은 모기지의 첫해에 표준변동률(standard variable rate: SVR)보다 3% 낮은 이자율을 적용하고, 이차연도에 2%를 깎아주며, 삼차연도에 1%를 삭감해주는 3:2:1 구조의 소위 이연 이율 모기지(deferred rate mortgage)를 도입하였다. 이러한 방식으로 이연된 6%의 이자율이 삼차연도의 말에 미결제된 대출에 합해져, 이 새로운 금액에 대하여 사차연도부터 SVR의 이자율로 상환된다.

혜성과 같은 중앙집권적 대출회사의 증가는 또한 통제 밖의 세 가지 요인에 의해 지원되었다. 첫째, 영국에서 주택구입시장은 1985년 이후 지속적 성장을 경험하였다. 둘째, 이자율이 1980년대 말까지 지속적으로 하락하였다. 셋째, 대처정부가 1999년에 '복합 MIRAS'로 알려진 조세구분을 폐지한다는 사전 경고를 발동하였는데 이것이 주택가격을 급격히 상승하게 만들었다.

상서로운 타이밍이 중앙집권적 대출회사의 극적인 대출 증가를 야기한 것처럼, 일련의 부정적인 경제적 요인들이 거의 동일하게 극적인 쇠퇴를 초래하였다. 1990년대 중에 이자율이 상승하기 시작하여 기준율이 7.5%에서 15%로 두 배로 상승하였다. 그에 따라 수개월 만에 주택시장이 호황에서 불황으로 바뀌었다. 중앙집권적 대출회사의 가격경쟁력도 상실되었고 이미 쇠퇴하기 시작한 매출이 더욱 급격하게 감소하였다. 이자율의 급격한 상승은 차입자들에게 큰 어려움을 주었고 모기지 지불불능이 증가하기 시작하였다. 동시에 하락하는 자산가격이 급속히 대부기관의 안전 마진을 침식하기 시작하였다. 더욱 사태를 악화시킨 것은 이연이자율모기지(deferred-rate mortgage) 상품의 다수의 차입자들이 지불불능자에 속한 점이었다. 이는 이자 미지불이 급속히 증가하고 안전마진이 소멸하면서 초래되는 손실을 증가시킴을 의미하였다. 중앙집권적 대출회사의 모기지의 자산기반은 자산가격이 거의 역사적 최고수준에 가까이 이르렀을 때 축적되었다는 점과, 자산가치 대비 대출비율(LTV)이 전형적으로 90%에 달하였다는 점을 염두에 두어야 한다. 다시 말해서 대출회사는 안전마진을 단 10%만 가졌는데 1990년부터 1992년 중의 평균 자산가치 하락은 30%에 달하였다. 그 결과는 주주에 대한 추가적인 잠재 손실을 제한하기 위해서 새로운 사업을 수용하는 것을 중단하면서 새로운 대출자가 시장에서 철수하는 현상으로 나타났다. 모든 경영 초점은 지불불능 상태에 있는 자산가치에 조금이라도 안전이 남아있으면 이에 접근하도록 신속히 행동을 취함으로써 손실을 최소화하는데 두어졌다. 압류가 급격히 증가하였고 중앙집권적 대출회사의 재무적 손실도 그러하였다.

불가피하게도 가장 큰 손실을 입은 것은 최대 사업규모의 성공적이었던 기업이었고, 고자세의 대출회사의 대다수가 퇴출되었다. 소규모의 대출회사의 일부는 생존하여 경영을 지속하였다.

이 사례연구에서 배울 점은 무엇일까? 첫째, 양적 핵심성과지표와 신규고객의 가치에 지나친 강조가 두어졌다는 점을 들 수 있다. 신규 대출 명부의 질에 대한 불충분한 강조가 두어졌다. 둘째, 이러한 새로운 시장부문의 배후에 있는 요인을 평가함에 있어서 보다 깊은 주의를 기울여야 했었다. 부정적 환경요인의 잠재적 영향의 테스트를 강조하기 위한 시나리오 계획의 사용을 포함했어야 했다. 셋째, 중간상의 행동의 요인과 그들의 작동 실무에 대한 보다 상세한 분석이 이루어져야 했었다. 이것이 부적절한 보수시스템과 다수의 중간상이 다루었던 저질의 고객의 영향을 드러내었어야 했었다. 넷째, 채무불이행 완화 자원과 과정에 대한 보다 많은 투자가 이루어져야 했었으며, 악성 채무를 위한 지원마련에 보다 깊은 사려가 있어야만 했었다. 마지막으로, 비즈니스모델이 신규고객 가치의 평가에 대하여 이 장 초반에서 논의한 바와 같이 보다 전체적인 접근법을 취했어야 했다.

이 사례분석의 요소들은 1980년대 후반 및 1990년대 초반의 개인연금 붐과 1990년대 중반의 닷컴 붐과 같은 시장상황에서도 발견된다. 모든 급속하게 성장하는 신규 시장현상은 보다 세밀하게 살펴보아야 한다. 특히 아래의 사항에 대한 이해를 개발하기 위하여 특별한 주의를 기울이는 것이 필요하다.

- 성장을 촉발시키는 배후의 동인
- 고객들의 동기와 행동
- 중간상 및 다른 유통업자의 동기와 행동
- 고객가치모델

9.6 요약 및 결론

모든 마케팅전략의 효과성은 효과적인 마케팅믹스의 개발에 달려있다. 마케팅믹스는 표적시장에 조직의 서비스제공을 의사전달하는 데 사용할 수 있는 모든 마케팅 수단으로 구성된다. 효과적이 되려면 마케팅믹스의 요소들은 조직의 선택된 포지션과 일관성이 있어야 한다. 금융서비스에서 마케팅믹스는 서비스상품의 독특한 특성을 인식하고 이에 대응해야 한다. 특히 상품, 가격, 촉진 및 유통의 요소들을 관리함에 있어서 금융서비스 부문의 마케터들은 서비스를 전달하는 사람, 서비스전달 과정, 서비스를 대변하는 물리적 증거에 특별한 주의를 기울여야 한다.

복습문제

1. 효과적인 마케팅믹스의 개발에 있어서 일관성이 왜 중요한가?
2. 금융서비스를 위한 마케팅믹스를 물리적 제품의 마케팅믹스와 다르게 만드는 것은 무엇인가?
3. 고객획득을 위한 마케팅믹스를 개발할 때 금융서비스 제공자가 부닥치는 주요 도전들은 무엇인가?
4. 금융서비스 제공자의 어떤 실제 관례가 고객신뢰를 훼손하고, 어떤 실제 관례와 행동이 신뢰를 향상시키는가?

CHAPTER 10

상 품 정 책

10.1 서론
10.2 서비스상품의 개념
10.3 이슬람의 재무도구들
10.4 상품관리에 대한 영향
10.5 기존 상품라인의 관리
10.6 신상품개발
10.7 요약 및 결론

chapter 10 상품정책

학습목적

이 장을 다 공부한 후 귀하는

- 재무서비스 상품본성을 설명할 수 있고,
- 주요 이슬람 재무서비스운영을 설명할 수 있고,
- 상품정책에 영향을 미치는 이슈들의 윤곽을 잡을 수 있고,
- 기존상품관리와 관계되는 이슈들의 개관을 제공할 수 있고,
- 마케팅믹스에 대한 상품라이프사이클 개념의 의미들을 이해하고 발전시킬 수 있고,
- 신상품개발과 연관된 이슈들의 윤곽을 잡을 수 있을 것이다.

10.1 서론

상품은 어떠한 마케팅활동에도 당연히 기본이 되는데, 고객이 즐거움과 효용을 경험하는 것은 상품을 소비함으로써 비롯되기 때문이다. 분명하게 고객이 원하는 가격에 고객이 원하는 것을 제공하지 못하는 상품은 결코 성공하지 못할 것이다. 금융기관이 제공하는 상품에 대한 결정은 전략적이고 전술적이다. 상품 포트폴리오 관리와 연관된 전략적 이슈들은 5장에서 소개되었고, 8장에서 세분화, 표적화 및 포지셔닝에 관련하여 더 논의되었다. 상품에 대한 전략수준의 결정들과 함께 고려되어야하는 중요한 전술적 이슈들도 있다. 이러한 것들은 시장에 제공되는 상품들의 개발, 도입 및 관리와 관련된다. 따라서 마케팅믹스의 상품요소는 개별상품의 속성과 특징(features)에 관련된 결정을 고려하는 것뿐만 아니라 적절한 상품 범위와 상품라인을 개

발하는 이슈들을 취급한다. 이러한 맥락에서 브랜딩이슈는 전반적으로 금융기관뿐만 아니라 개별상품들에 대해서도 매우 중요해 지고 있다. 마케팅믹스의 상품요소는 신상품개발과 관련된 이슈들도 취급한다. 신상품개발이나 기존상품들을 수정함으로써 상품범위와 상품라인을 확장하는 것은 급속히 변화하는 시장 환경 하에서 경쟁우위를 바라는 금융기관들에게는 더욱 중요하다.

본 장은 재무서비스상품의 개관과 이러한 상품들이 마케팅에 어떠한 도전들을 주는지를 제공하는 것으로 시작한다. 최근 폭넓게 이용할 수 있게 된 이슬람의 재무서비스의 주요 유형들도 소개한다. 그 다음 절에서 마케팅믹스의 상품요소 개발에 대한 결정에 영향을 미치는 요인들을 살펴본다. 상품라이프사이클 개념을 다시 살펴보고, 보다 자세하게 그의 유용성과 한계를 생각한다. 그 다음 절에서는 재무서비스부문에서 상품범위전략의 특징들과 신상품개발과정을 자세히 취급한다.

10.2 서비스상품의 개념

유형재 영역에서 상품을 구성하는 것에 대한 개념은 상품이 감지할 수 있는 물질적 특성들로 구성되어 있기 때문에 상당히 간단하다. 그러나 재무서비스의 경우에는 상품이 실용적인 특징(feature)과 서비스 특징으로 구성되기 때문에 간단하지 않다. 전자는, 예를 들어 퇴직 후에 소득을 주는 개인연금과 같이, 상품이 구매되는 본원적인 욕구와 관련이 있다. 연금과 연관된 유용적인 특징들 중에 투자펀드의 선택, 펀드들 간에 전환하는 능력 그리고 소득삭감에 대한 옵션 등이 있다. 서비스 특징들은 확장된 마케팅 믹스(7P)의 과정요소에 다소 유추적이다. 개인연금의 경우에 펀드의 가치에 관여하고 추가적인 분담금을 온라인으로 하거나, 혹은 24/7 콜센터를 통해 정보와 도움을 받는 것을 포함할 수 있다. 때때로 이러한 두 가지 유형 간의 경계는 다소 불분명할 수도 있다.

가치있는 추가적인 차원은, 제 3의 중간상(intermediary)이 상품제공자의 분배과정에 부분적으로 참여할 때, 서비스 특징들에 의한 역할이다. 이러한 경우에, 진정한 경쟁적 우위는, 신규 사례를 온라인상에 입력하는 능력과, 제공자 및 중간상의 IT 체계 간에 연결성 제공과 같은 일련의 보조적이고 응답적인 서비스 특징들을 중간상에게 제공함으로써 성취될 수 있다.

따라서, 재무서비스의 맥락에서 상품, 상품관리와 상품개발과 같은 용어들을 언급할 때, 유용한 특징과 서비스 특징 모두가 고려되어야 한다.

상품들은 소비자에게 이러한 혜택들을 제공할 수 있을 때만 구매된다. 그러므로 상품들과 상품들이 어떻게 관리되어야 하는지를 이해하기 위해서는, 그러한 혜택들이 무엇이고 어떻게 제공되는지를 이해하는 것이 중요하다. 서비스상품의 본성을 이해하기 위해서는 고객의 욕구와 이러한 욕구를 충족시켜야 하는 금융기관의 능력 모두를 이해하는 것이 요구된다.

10.2.1 고객이 원하는 것

대다수의 금융기관들은 다양한 고객욕구를 충족하기위해 다양한 고객집단에 다양한 상품들을 제공 한다. 재무서비스에서 주요 고객집단은 개인, 기관 및 기업이다. 개인 시장에서 재무기관은 높은 순가치 개인들(high net-worth individuals: HNWI)을 타 고객집단으로부터 구별하곤 한다. 기업 시장에서는 은행이 일반적으로 대기업을 중소기업으로부터 구별한다. 이러한 고객집단들은 매우 다양한 재무적 욕구를 가지고 있다. 2장에서 윤곽이 잡힌 고객욕구의 다양성은 아래 6가지 주요 제목들로 분류될 수 있다.

1. 돈을 옮기고 지불할 욕구(예: 현행 계좌, ATM 부채카드)
2. 돈에 이익을 획득할 욕구(예: 저축 계좌, 투자신탁, 채권)

3. 지불을 미루거나 소비를 앞당길 욕구(예: 대부, 신용카드, 모기지)
4. 리스크를 관리할 욕구(예: 생명보험, 손해 보험)
5. 정보에 대한 욕구(예: 배당가격 정보서비스, 상품정보)
6. 충고나 전문성에 대한 욕구(예: 세금기획, 투자기획, IPO에 대한 충고, 합병 및 취득(merger and acquisitions)에 대한 충고)

Box 10.1은 통상적이나 가끔 잘못 이해되는 재무 상품, 즉 돈에 대한 이익을 획득할 구매자 욕구와 소비를 앞당길 발행자(issuers)의 욕구를 만족시키기 위해 사용되는 채권의 주요 특징들의 윤곽을 제시한다.

BOX 10.1 채권(bond)이 무엇인가?

매우 단순하게 채권은 채권소유자가 채권발행자에게 빌려준 대부이다. 정부, 기업 그리고 때때로 자치단체들은 자본이 필요할 때 채권을 발행한다. 정부채권을 구매하면 정부에게 돈을 빌려주고 있는 것이고, 회사의 경우에도 동일하다. 타 대부와 마찬가지로, 채권은 주어진 비율에서 정기적으로 이자를 지급한다. 이것이 쿠폰이며, 정해진 시점에 원금을 되갚는다. 채권소유자의 리스크는 채권발행자가 대부의 이자지급 혹은 실제 되갚음을 불이행할 수 있다는 것이다.

▶ 채권 특성

채권은 발행된 후에 제2의 공개시장에서 거래될 수 있고, 채권의 시장가격은 이자율, 공급과 수요 및 만기(maturity)를 포함한 일련의 변수들에 달려있다 - 이론에서는 채권의 가격은 최종 상환을 포함한 미래의 모든 현금흐름(cashflows)의 현재가치와 같다고 할지라도 채권은 상습적으로 €100(100유로화)의 액면(명목 또는 동등) 가치로 발행되며, 상환시 투자자에게 돌아오는 액수로 단순히 이해될 수 있다. 채권가격은 채권이 발행된 국가와 통화에 따라서 펜스 혹은 센트로 상습적으로 견적된다. 예를 들어, 채권이 99p로 견적되면, 가격은 채권 액면가 100유로화 당 99유로화이다. 같은 채권이 101p로 견적되면, 가격은 액면가 100유로화 당 101유로화이다. 첫 번째 예로 채권의 견적가격 혹은 시장가격은 (100유로화의) 명목가격에서 '할인'되어졌다고 (즉, 보다 낮은) 하며, 돈은 ('자본이득'은) 상환 시 만들어질 수 있다. 두 번째 예로 채권은 '우대(prime)'에서 (견적가격이 명목가격보다 높은 경우에) 거래된다고 한다. 이러한 경우에는 상환 시 돈을 ('자본손실') 잃을 것이다. 채권이 100유로화의 액면가에 있으면 (견적가격이 100p를 의미함), 그 때 '동등(par)'에서 거래되는 것으로 설명된다.

채권의 또 다른 중요한 특성은 수익(yield)이다. 가장 기본적인 수준에서, 이것은 투자자가 그러한 도구로부터 기대하는 보수로 이해될 수 있다. '명목수익'은 채권이 명목가의 퍼센트로 매년 창출하는 소득이다. 이런 고로 매년 5퍼센트 이자를 지불하는 100유로화의 채권에 대한 (연소득을 명목가로 나눔으로써 계산되는) 명목수익은 (5/100) × 100 =5 퍼센트. 이 수익은 보통의 경우 유가증권을 설명하는 데서 발견될 수 있다. 예를 들어, 명목수익 4.25 퍼센트로 '기금 4.25% 2016'. 이러한 수익은 발행 시 혹은 '동등'시에 채권을 구매하는 자에게 유익한 반면, 채권이 명목가치에 우대 혹은 할인 시에 구매될 때 사용할 수 없다. 여기에서는 연소득을 채권의 통용 시장가격으로 나누어서 계산된 '현행 수익(current yield)'을 사용하는 것이 적절하다. 5퍼센트 쿠폰을 지불하는 상위 100유로화 채권이 95유로화에서 거래된다면, 수익은 (5/95) × 100 = 5.25 퍼센트이다. 당좌 수익의 한계는 오늘의 시장가격에 기초한 단면만을 제공하고, 채권만기 시 발생하는 자본손실 혹은 이득에 대해 설명하지 않는다는 것이다. 광범위하게 사용되는 '총상환수익(gross redemption yield)'이 바로 이 문제를 해결하고, 개인들이 타 쿠폰과 만기의 다양한 채권들을 비교할 수 있고 그러한 채권들이 할인인지 우대인지를 알아내는 기준을 제공한다. 상환수익의 목적은 (세금 전에) 지불되는 이익/쿠폰, 채권만기 시 잔여연수, 그리고 채권이 현행 시장가격에서 구매되고 상환 시까지 유지된다면 발생되는 자본손실 혹은 이득 등을 고려하는 동안 채권의 총수익을 보여주는 것이다. 총상환수익(혹은 다르게 알려진 바와 같이 만기수익)을 사용할 때 주의할 중요한 것은 수익(return)은 투자자가 채권구매 시 수익과 같은 수익에서 받은 쿠폰을 재투자한다는 가정 하에 계산된다는 것이다.

채권가격은 항상 채권수익과 역방향으로 움직이며, 그 결과 이자율이 상승하면, 채권가격은 하락하고 수익은 상승한다. 그리고 그 역도 성립된다. 이자율과 가격 간에 이러한 관계는 완전 선형적 관계는 아니고 약간의 곡선관계이다. 허선이 이 곡선에 탄젠트로 그려지고, 수익의 주어진 변화에 대한 가격의 변화의 추정은 '수정된 기한'으로써 나타나게 된다. 기한과 관련된 생각은 상당히 간단하다. 예를 들어, 채권이 3년 기한이라면, 채권가격은 이자율 1% 하락 대비 3%씩 상승할 것이다. 그러한 채권은 10년 기한보다도 위험하지 않다. 그 채권은 이자율 1% 상승에 대해 10%씩 가치가 감소할 것이다.

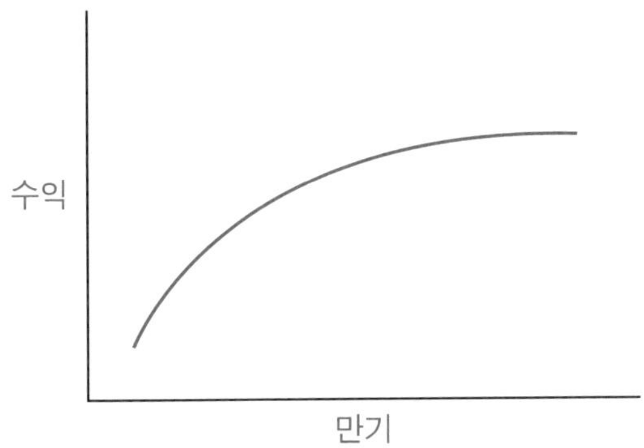

<그림 10.1> 수익곡선

수익과 만기까지의 잔여시간 간에, 이자율 변화는 채권들마다 다르게 영향을 미친다는 사실로부터 채권에 해당하는 또 다른 관계도 있다. 채권 상환기한이 길수록 이자와 인플레이션율이 변동하거나 더 높게 오를 리스크가 크고, 투자자로 하여금 추가적인 리스크를 지는 것에 대해 더 고수익을 기대하게 만든다. 주어진 시점에서 만기가 타 채권들의 수익을 좌표로 나타내는 선이 '수익곡선'이다. 이 곡선은 일반적으로 단기 채권의 저수익으로부터 장기채권의 고수익으로 상승한다. 수익곡선의 모양은 세심하게 고려되는데 그것은 미래 이자율변화와 경제활동에 대한 아이디어를 주기 때문이다. 3가지의 주요한 수익곡선모양의 유형이 있다. 정상의, 역의 그리고 평평한(또는 구부린) 곡선 모양이다. 정상의 수익곡선 〈그림 10.1〉은 장기채권이 단기 채권에 비해 시간과 연관된 리스크로 인하여 더 고수익을 가지는 것이

다. 역의 수익곡선은 단기수익이 장기수익보다 더 높은 것으로 절박한 경기쇠퇴의 징조일 수 있다. 이것은 최근 US 수익곡선의 경우였는데, 2년 기금채권이 10년 기금채권보다 더 많은 수익을 냈다. 평평한(혹은 구부린) 수익곡선은 단기수익과 장기수익이 서로 매우 비슷한 것으로 경제 과도기의 예보자이기도 하다. 수익곡선의 기울기도 중요하다. 기울기가 클수록 단기와 장기 비율 간에 차이는 더 크다.

▶ 신용품질과 등급(rating)

고정소득 유가증권을 평가할 때, 채권은 장기간 만기에 도달하지 않을 수 있기 때문에 신용품질이 중요한 고려대상이다. 그 동안 투자자는, 채권발행자가 계획한 대로 이자를 지급하고 채권상환 시 명목가치를 변제해 줄 것이라고 믿는 것이 필요하다. 다양한 실체들이 발행하는 많은 유형의 채권들이 있고, 신용등급은 발행자의 신용가치와 재무건전성을 평가하는 표준을 제공한다. 채권이 발행될 때 채권에 등급을 할당하고, 이자와 원금을 지급해야 할 때 발행자의 의지와 능력을 측정하면서 채권의 라이프타임동안 감시하는 등급기관들(Standard & Poor's, Moody's and Fitch)이 있다. 최고 등급(즉, 가장 최소로 지급 불이행을 할 것 같은 채권, 'default risk'로도 알려져 있는)이 S&P의 AAA이고 Moody's의 Aaa이다. 등급스케일이 아래로 진행된다 - AA+, AA, AA-, A+, A, A-, BBB+, BBB, BBB-, BB+, BB, BB- 등등. BBB- 이상의 등급이 '투자등급'이고, 낮은 확률의 불이행을 할 실체들을 나타낸다. BB+ 이하의 등급은 '높은 수익 채권' 혹은 '정크 채권'으로 알려져 있다.

▶ 채권의 유형

일련의 채권유형들이 다음의 범주로 설명될 수 있다.

- 별도의 Bullet이 필요함: 정부 혹은 다양한 타이틀로 불리는 독립적인 실체들에 의해 발행된 채권, 즉 UK-Gilts, USA-Treasurie, Germany-Bunds, Japan-JGBs, France-OATs 등이 있다. 일반적으로 정부는 매년 이자지급을 하고 상환시 명목가치를 갚아주는 신뢰성있는 발행자로 생각되기 때문에, 이러한 유가증권들은 투자자에게 최소의 리스크를 가지고 있다고 생각된다. 그러나 작은 신흥시장 국가로부터 발행된 많은 채권들 중에 Columbia와

Ukraine을 포함한 매우 위험한 채권들이 있다. World Bank와 European Investment Bank와 같은 비정부조직에 의해 발행된 '준(quasi)' 정부채권도 있는데, 비슷한 특성으로 인해 독립부채(sovereign debt)와 비교되곤 한다.

- 지수연계 채권. 많은 정부들은 인플레이션율과 연계된 지수연계 채권들도 발행한다. US에서는 TIPS(Treasury Inflation Protected Securities)로 알려져 있고, 유럽에선 Linkers라고 알려져 있다.
- 지역 정부채권. UK에선 사실상 사라졌지만 타지역 특히, US와 캐나다에서는 통용된다.
- 연동비율 어음. 정부 혹은 고정쿠폰이 없는 기업에 의해 발행될 수 있는 채권이다. 즉 이자지급은 고정적이지는 않지만 통상적으로 LIBOR(London Interbank Offer Rate)의 비율에 대한 퍼센트로 산출된다.
- 기업채권. 기업이 지출 혹은 투자의 자금을 조달하기 위해 발행한 채권으로 현재 UK 고정이자(fixed interest) 시장의 50% 이상이다. 이런 경우 발행자의 신용등급이 중요해진다. 기업의 재무상태, 경영관리, 경제적 그리고 부채 특성을 고려하여 각 등급에 따라 두 가지 주요한 등급범주가 있다. 투자등급과 높은 수익 채권, 높은 수익채권은 높은 불이행 리스크를 의미하고, 투기적이고 리스크 높은 기업들을 위해 만들어졌다. 투자자의 추가적 리스크를 채권에 반영하기 위해 상당한 할인이나 높은 쿠폰에서 거래되곤 한다.
- 안정채권 혹은 자산후원 유가증권. 이 분야에서는 다양한 유형의 대부와 지급(모기지 혹은 신용카드지급, 그리고 예를 들어 유명한 'Bowie' 채권과 같은 리코딩 수입)으로부터 현금흐름을 묶어서 유가증권으로서 투자자에게 재판매된다.

채권은, 주주 소유권과 같이 Regulated Investment Exchange에서 거래되거나 목록에 실려 있지는 않지만, FSA에 의해 규제되는 딜러들을 통해 취급된다. 고정이자 시장은 대부분 국가에서 주식시장보다 훨씬 크다. UK에서 대략 4.5배정도 크다. 채권은 전문적 포트폴리오 구성, 제공 소득(providing income), 분산, 타 투자가 영향을 받을 때 경제침체로부터 보호, 그리고 (지수연계 채권에 대한) 인플레

> 에 대한 보호 등의 중요한 부분을 형성한다. 많은 주식시장과 달리 자산 등급이 여러 규모의 기업으로부터 커져 가는 인기와 함께 여전히 성장하고 있다.
>
> 원천: Justin Urquhart-Stewart, Marketing Director, Seven Investment Management

재무서비스 부문에 있는 기관들은 특별한 욕구에 부합하는 상품과 서비스를 개발하는데 초점을 맞춘다. 그러나 성공하기 위해서는 매우 기본적인 욕구에 부합하는 상품만으로는 부족하다. 금융기관들은 고객의 요구와 선호를 이해하려 해야 하며, 금융기관들이 상품을 특별히 매력적으로 만들 수 있는 방법을 확인하고, 고객을 확신시켜 구매토록 해야 한다. 기관들이 상품을 고객에게 매력적으로 보이도록 하는 방법을 이해하기 위해 상품 그 자체의 본성을 이해해야 한다.

10.2.2 금융기관이 제공하는 것

금융기관이 고객욕구에 부합하는 상품을 제공하여야 한다. 상품에 대한 공통적인 생각은 핵심을 둘러싸고 있는 여러 층으로 보는 것이다.

1. 핵심 상품

핵심 상품은 제공되는 기본적인 욕구를 설명한다. 은행의 당좌계정의 경우, 핵심 상품은 금전 송금이다. 핵심 상품 수준에서 시장에 있는 모든 금융기관들(organizations)은 기본적으로 동일하다. 모든 당좌계정은 금전송금업무를 제공하고, 모든 신용카드는 지불을 연기하는 기회를 제공하고, 모든 투자 신탁은 투자기회를 제공한다.

2. 유형 상품

상품의 다음 층은 유형 상품으로 설명되고, 이 수준에서 금융기관은 확실한 특징, 편의, 상표 등을 더함으로써 상품을 확인할 수 있게 한다. 소비자의 입장에서 이 층에서 제공되는 모든 특징들은 소비자가 구매이전에 최소한으로 기대하는 것일지라도, 금융기관마다 제공하는 상품은 조금씩은 다를 것이다. 이 수준에서 상품을 차별화하는 것이 진정으로 어렵다는 것을 의미한다.

3. 확장 상품

확장 상품으로 묘사되는 3번째 층은, 기관이 상품을 경쟁자로부터 구별하기 위해 플래티늄 신용카드 소유자에서 제공되는 특별한 고객서비스와 같이, 추가하고 싶은 특징에 관한 것이다. 이러한 수준에서 기관은 경쟁상품이 제공하지 못하는 매력적인 특징들을 제공함으로써 경쟁우위를 얻기를 희망한다. 물론, 3장에서 설명할 바와 같이, 재무서비스의 특징들은 쉽게 따라할 수 있기 때문에 어렵다.

4. 잠재 상품

상품의 마지막 층은 잠재 상품으로 묘사된다. 이것은 매우 새롭거나 아직은 없지만 상품에 더해서 상품을 매우 멋있게 만들 수 있는 특징들을 언급한다.

이러한 여러 층들의 예시가 〈그림 10.2〉에 제시된다. 〈그림 10.2〉에서 예시되는 재무서비스는 단위신탁(unit trust)이다. 단위신탁의 핵심요소는 고객들에게 기존의 부를 투자하고 미래에 이득을 일으키는 방법을 제공한다. 유형요소는 구체적으로 공급자(브랜딩), 투자실현방식(소득 대 자본성장)의 선택, 추정된 이득, 접근성 등과 연관이 있을 것이다. 그때 확장상품이 소비자 기대 이상의 추가적인 특징들을 혼합할 수 있을 것이다. 단위신탁의 경우 환경적으로 책임 있는 기업들에만 투자옵션을 포함시켜야 한다. 마지막으로, 잠재상품은 소비자가 인터넷에서 사고 팔수 있는 편의를 포함해야 한다.

<그림 10.2> 서비스 상품

이런 방식으로 상품에 대해 생각하는 것을 기본으로, 마케팅 관리자는

- 상품이 제공하는 핵심혜택과 고객의 욕구를 이해해야 하고
- 소비자가 기대하는 상품의 유형요소들을 확인해야 하고
- 기본적으로 상품을 차별화시키는 확장 상품의 특징을 확인해야 하고
- 기본적으로 잠재적인 미래의 특징에 대한 개발을 감지해야 한다.

이러한 업무를 수행하는데 있어서, (3장에서 논의된)서비스의 독특한 특징들을 아는 것이 중요하다. 특별히, 소비자에 대해 상품의 유형적 재현을 만들어야 하고, 품질의 변화성과 관련된 이슈들을 설명할 명확한 욕구가 있다.

10.3 이슬람의 재무도구들

2장에서, 전형적인 재무서비스의 범위가 자세하게 논의되었다. 그러한 상품들은 세계 여러 시장에서 폭넓게 접할 수 있고, 상당 기간 그래왔다. 추가적으로 지난 30년에 걸쳐 신규 재무서비스의 범위가 이슬람 원리로 구성되어 출현했다. 이슬람 재무서비스 자체는 새롭지는 않지만 서비스의 보편적인 발전은 Central Bank of Malaysis, Bank Negara (Hume 2004) 의 개척적인 작업에 기인한다. 이슬람의 재무서비스의 핵심 상품은 전형적인 재무서비스의 핵심 상품과 동일하다. Murabaha와 모기지는 모두 자산을 구매하고 미래에 지불하는 소비자 필요성을 충족시키나, 매우 다른 방식으로 운영된다. 특별히, 이자를 지급하고 받는 것이 이슬람의 가르침에 어긋나서 haram (불법적)이기 때문에, 재무제도가 이슬람의 재무서비스제공에 대해 대안적인, 이자를 기본으로 하지 않는 접근을 사용한다(예: Mills 1999). 이슬람 재무서비스 조항에 주요한 접근들의 예를 다음에 제시 한다.

1. Murabaha

전형적인 대부의 대안으로, 비용플러스 파이낸싱으로 언급되곤 한다. Murabaha에서 은행은 고객이 제3자로부터 요구하는 재화를 구매한다. 그 당시에 은행은 지체 지급으로 먼저 동의한 높은 가격에 재화를 고객에게 판다. 은행에 돈을 예금하려는 고객은 Murabaha 펀드로 예금을 해서, 그 당시 발생한 이득을 나누어 가진다. Malaysia에서 Bay Bithamin Ajil (BBA)는 지정된 재화를 전달한 후에 할당지급을 하는 Murabaha의 가장 흔한 형태이다. 아랍 말레이 은행의 알 - 타슬리프 비자카드는 BBA 파이낸싱를 하는 상품인 반면, Muanalat 은행은 BBA 원칙으로 주택구매와 고정자산 구매를 제공한다. UK에서 이슬람의 Britain 은행은 Murabaha로 무담보의 개인대부를 제공하고, 바레인에 있는 Al Baraka 이슬람 은행은 완성품, 원료, 기계 및 장비를 동일한 조건으로 상업적 고객에게 파이낸싱을 제공한다.

2. Musharakah

사업과 은행이 특정한 벤처에 투자하는 주식 펀딩(파트너십 파이낸스)의 형태이다. 이익은 양편에 나누어지고, 손실도 같이 책임을 진다. 이것이 아마도 이득이 불확실하고 양편이 이익과 손실을 나누는, 이슬람 파이낸싱의 가장 순수한 형태이다. 요르단 이슬람 은행은 에미레이트 이슬람 은행이 하는 것과 같이 상업 고객들에게 Musharakah 기반의 파이낸싱을 제공한다.

3. Mudarabah

이것은 자본제공자와 전문경영인 간의 계약이다. (rabb al-mal 즉 잠자는 파트너로 언급되는) 제공자는 계약된 과제와 연관해서 (mudarib 즉 일하는 파트너를 언급되는) 전문경영인에게 금전을 신탁한다. 과제가 완성될 때, mudarib은 rabb al-mal에게 과제의 원금과 선동의된 지분을 환급한다. 손실은 rabb al-mal에게 부담된다. 자본제공자로서 은행과의 Mudarabah의 운영은 대부를 해주는 것이다. 예금자자가 자본제공자이고 은행이 전문경영인이면, Mudarabah는 예금 기반으로서 - 예를 들어 아랍 말레이 파이낸스의 GIA Quantum 예금서비스 혹은 Affin 은행의 Tiny Tycoon Savings 계정으로서 역할을 한다.

4. Al-Ijara

재무(finance)를 빌리는(leasing)하는 형태이다. 은행은 고객이 요구하는 자산을 구입하고, 생산적으로 사용될 자산을 Shari의 법칙에 위배되지 않는 방식으로 그 당시 미리 정한 비율로 고객에서 자산을 빌려준다. 에미레이트 이슬람 은행은 장비, 차량 등을 Al-Ijara의 원칙에 입각해서 빌려주는 은행이다.

5. Qard Hasan

이것은 차용자가 대금업자에게 원금을 되갚아야 하지만 추가적인 지급은 전적으로 선택적인, (이자가 없는) 이익이 되는 대부이다. Qard Hasan 대부는 대부분 이슬람 은행들에 의해 제공되지만, 특별한 목적으로 필요한 고객들에만 제한된다. Qard Hasan 대부는 은행자본 또는 zakat 증여를 통해 항상 펀드된다.

6. Amanah 와 Al Wadi'ah

이러한 접근법은 금전의 합계를 안전하게 보장하는 것과 관련되어져 있다. 실질적인 용어로 Amanah(신탁)과 AlWadi'ah(안전-유지)를 기반으로 하는 상품은 유사하다. 그들은 (개인이 대부를 하던지 혹은 예금을 하던지) 원리상환을 보장하지만, 추가적인 지급은 없다. Affin 은행은 현행 계정을 Al Wadi'ah를 기반으로 하고, HSBC는 Mastercard를 Amanah를 기반으로 한다.

7. Al Kafalah

이것들은 유효한 서류상의 신용이나, 이자로서가 아닌 수수료가 있다. 대부분 상업은행은 다양한 사업 활동에 이러한 신용장을 제공한다.

8. Takaful

이것은 Ta'awon의 코란 원리를 기본으로 한 이슬람 보험의 형태이다. 자산과 재산의 상호 보호를 제공하고, 구성원에 의한 손실발생에 공동으로 위험부담을 제공한다. Takaful에서, 보험 프리미엄과 동등한 것(증여)이 두 펀드로 나누어진다. 작은 부분의 증여는 상호(mutual) 펀드로 지불되고, 보험에 든 사건이 발생하면 이 펀드가 사용되어 지불된다. 큰 부분의 증여는 투자 펀드로 지불되고, 투자 펀드로부터 생긴 잉여는 al-mudarabah의 원리에 따라 참여자와 보험자간에 계속적으로 공평하게 분배된다. 개인 증여의 크기는 (건강과 라이프스타일 등과 같은) 위험요소와 희망 보상금(사망 시 지급액)에 달려있다.

이러한 재무적 도구들은 전형적인 상품으로서 재무적 욕구에 명확하게 부합될 수 있어야 한다. 재무적 도구를 차별적으로 만드는 것은 이자지급을 회피하고 지분을 기반으로 한 재무에 근접한 접근에 의존하는 것으로, 양편이 효과적으로 위험요소를 나누어 가지는 것이다. 많은 무슬림 고객들에게 이러한 재무서비스의 제공 접근법은 종교적인 이유로 매우 매력적이다. 증가하는 추세로 이슬람 원리로 제공되는 상품은 비 무슬림 고객들에게도 매력적이다. 예를 들어, 말레이시아에서 70%정도의 이슬람 재무는 비 무슬림에게 실질적으로 공급된다(Hume 2004). 동시에 일부 고객들은 많은 이슬람 재무서비스와 연계되어 있는 확실한 위험에 대해 걱정을 한다. 이러한 위험들은 실질적으로 매우 적은 반면, 그러한 리스크의 존재는 이슬람 재무서비스의 마케팅이 안전과 보증을 강조해야 하고 위험에 대한 소비자지각을 줄이려 노력해야 한다는 것을 의미한다. 특히, 은행이나 보험회사가 무슬림 고객들을 넘어 표적시장을 확대하고자 한다.

10.4 상품관리에 대한 영향

재무서비스 기관들은 일부 혹은 모든 고객집단들의 일부 혹은 모든 재무적인 욕구를 만족시키는 서비스를 개발하고자 할 것이다. 어떤 기관은 일부 고객들에게 서비스하는데 초점을 둔다(시장전문화로서 8장에서 설명되어졌다). 어떤 기관은 일부 욕구에만 초점을 둔다(시장전문화로 8장에서 설명되어졌다). 적은 수의 기관들은 - 전형적으로 주요 은행들은 - 다수의 고객집단을 서비스하고 다수의 고객욕구를 충족시키려고 한다.

선택된 고객들의 선택된 욕구를 충족시키는 것은 일련의 타 상품범주들을 요구한다. 개인고객에게 제공되어야 하는 상품범주의 단순한 예는 말레이시아에 있는 Southern Bank Berhad에 대해 표 10.1에 제시된다.

표 10.1 Southern Bank Berhad의 상품라인들

저축	투자	당좌계정	주택대부	신용카드
Regular Savings Account Teen-in Charge Maxpuls Savings Maxplus Two-in-One	Regular FD Golden Time Deposit Maxplus Fixed Deposit	Regular Current Account	SUMO 1 Home Sweet Home	Gold Mastercard Mastercard Classic Eco Gold Mastercard Eco Mastercard Classic Espre Gold Mastercard Espre Mastercard Classic Jordan Gold Mastercard Honda Gold Mastercard Gold Visa VIsa Classic

범주의 폭은 타 상품유형 혹은 라인(저축, 투자, 신용카드)의 수에 대한 것이다. 각각의 유형 혹은 라인은 많은 관련상품으로 구성되고, 그러한 상품의 수는 라인의 길이를 결정한다. Southern Bank Berhad의 경우에 신용카드 라인은 10개의 다른 변형들로 구성되고, 상품라인은 오직 4개의 다른 개별 상품으로 구성된다.

상품관리의 주요 국면은 기관이 경쟁적 위치를 유지하고 향상시키기 위해 이러한 범위의 개발에 대해 결정을 하는 것이다. 본 장의 서론에서 설명된 바와 같이 이것은 전략과 전술적 결정들을 포함하고, 넓은 범위의 활동들을 포함한다. 이러한 논의를 위해 상품관리는 2개의 주요한 표제 하에 논의된다.

1. 기존 상품라인의 관리

이것은 상품디자인(특징, 품질, 브랜드, 차별점 등), 상품수정(상품성능을 체크하는 것과 필요한 경우 상품디자인에 적용하는 것) 그리고 상품라인관리(기존상품의 신규 변형을 추가)를 포함한다.

2. 상품범위관리

이것은 제공할 상품의 범위에 관한 종합적인 선택에 초점을 둔다. 신상품의 소개와 오래되어 성능이 모자라는 상품들을 제거하는 것이 이 분야에서 특별히 중요하다.

상품관리의 각 국면은 분리해서 본장의 뒷부분에 고려되지만, 국면들은 항상 상호의존적이라는 것을 알아야 하고, 상품속성결정은 상품범위에 의미를 가지고 있으며, 상품범위에 관련된 결정들은 신상품개발과정, 상품 라이프사이클에 걸쳐 상품을 관리하는 것과 상품제거의 국면들에 의미도 가지고 있다.

5장은 상품 라이프사이클(PLC)의 개념을 소개했다. PLC는 많은 비방자들이 있는데, PLC개념과 관련된 비방자들의 이슈는 3가지이다. 첫째, 성장으로부터 쇠퇴와 소멸의 단계를 걸친 상품의 진보는 자연 생명에 관한 불변의 법칙보다도 상품의 서투른 마케팅과 더 관련이 깊다. 이러한 결점 있는 마케팅 접근은 직접적인 판매원 유통을 지닌 회사에서 분명해 보이곤 한다. 신상품이 론칭되고, 성공하면 책임자인 상품관리자는 승진하며, 상품은 상품의 옹호자를 잃게 된다. 추가적으로 연 40%의 판매원 회전률로 인해 초기 상품 론칭 때에 있던 대부분 판매원들은 회사를 떠난다. 그 다음 신상품이 대부분 새로 구성된 판매원들에 의해 론칭되는 반면, 이전 '신상품'의 중요한 유통력은 없어진다. 놀랄 것 없이 이전의 '신상품'은 빠르게 쇠퇴한다.

둘째, 비평집단은 자주 패키지 상품영역에서 발견된다. 이들은 단순히 상품에 대한 욕구가 있고 적절히 마케팅이 이루어지면 무한으로 성장하지 못할 이유가 없다. Mars는 PLC가 자신의 브랜드들에는 적용되지 않는다는 견해를 항상 가지고 있다. 1930년대 초기에 UK에서 론칭하여, Mars Bar는 70년 넘게 브랜드로 계속해서 번창하고 있다. Mars는, 브랜드 관리자의 후속세대들이 브랜드의 유산(브랜드를 물려받는 것)은 계속적인 성공을 확신하기 위해 유지되는 것임을 확신하기 위해 '브랜드경작(brand husbandry)'의 정책을 따른다고 확신한다.

PLC 개념의 비방자들에 의해 언급되는 세 번째 이슈는 안정된 상품으로 상품이 라이프사이클 상의 어느 단계에 정확하게 도달했는지 결정하기가 매우 어렵다는 것이다. 예를 들어, 상품의 판매수준은 대략 성장단계의 중간점에 있다면, 성숙단계로 들어갈 것인지, 그 전에 성장이 몇 년이나 계속될지 알 수 있는가?

이러한 비판들을 알지만, PLC는 조심스럽게 취급될 때, 상품을 보조하는데 있어서 구조를 결정하고 마케팅믹스에 적용하는 개념적 장치로 사용될 수 있다. 예를 들어, 론칭 이전의 마케팅믹스는 유통을 확보하고 스태프를 훈련시키는 것을 강조 할 것이다. 론칭단계에서는 인지를 성취하고 상품에 대한 더 많은 것을 발견하려는 욕망을 북돋아주는 (믹스 중에) 촉진요소를 많이 사용할 것이다. 유형 상품 분야에서 이것은 시험구매를 장려하기 위해 샘플링과 특별 가격촉진에 금전이 많이 소비될 때의 단계이다. 성장이 계속되면 상품을 다시 신선하게 하고 유통분배자와 소비자에 의한 관심을 재활성화하기 위해 추가적인 특징이 상품에 소개될 시점이 올 수 있다. 탄력성 없는 판매가 계속되는 기간에 상품을 재정립할 필요성을 제시하게 되는데, 가능하면 상품성과향상과 연관되어야 한다.

마케팅의 어느 국면에서와 같이 상품관리과정은 일련의 외적 요소들에 의해 영향을 받을 것이다. 특히, 기관들은 소비자 욕구를 충족시키는 새로운 방법을 확인하기 위해 고객, 경쟁자 그리고 외적 및 내적 환경을 규칙적으로 감시해야 한다. 동시에, 상품관리는 기관의 강점과 약점을 명확하게 이해하는 것을 기본으로 해야 한다. 각각의 요소는 교대로 여기서 고려된다.

1. 고객

소비자 욕구는 상품관리에 중요한 영향이다. 개인 시장에서 고객의 취미와 선호, 라이프스타일, 인구통계적인 변화패턴과 소득수준과 같은 요소들은 상당히 중요하다. 기업고객에게는 마케팅 관리자가 고객의 목적과 전략에 대해 그리고 재무적 욕구를 확인하기 위해 고객이 운영하는 사업환경을 이해하는데 초점을 두어야 한다. 소비자들, 특히 소매 소비자들을 이해하는 것은 매우 어려울 수 있다. 소비자들은 재무서비스에 대해 복잡하고 흥미가 없는 것으로 생각하기 때문에 조사하기 어렵다. 고려해야 하는 중요한 요소는 고객의 변화하는 라이프스타일과 이것들이 고객의 재무적 욕구가 가지는 의미를 이해하려는 생각이다. 예를 들어, 많은 소비자들이 시간 압박을 더 받고 유동성에 대한 욕구가 증가한다는 것을 인지하면 은행이 지속적으로 더 유동적이고 편리한 방법으로 서비스를 전달하는 방법을 찾을 수 있게 한다. (24시간 ATM, WAP 전화, 인터넷 등)

2. 경쟁자

규칙적으로 경쟁자를 감시하는 것은 여러 가지 이유로 상품관리자를 위한 중요한 정보 원천이다. 첫째, 경쟁자의 상품범위와 상품특징에서의 변화는 경쟁패턴의 가능한 변화를 나타낸다. 둘째, 재무적 서비스는 상대적으로 쉽게 따라할 수 있기 때문에, 경쟁자가 하고 있는 것을 감시하는 것은 신규 상품 아이디어의 중요한 원천일 수 있다.

3. 외적 환경

외적환경과 그것의 마케팅 전략에 대한 영향력의 중요성은 4장에서 자세하게 논의되었다. 마케팅관리자는 새로운 위협과 기회를 확인하기 위해서 환경에서 발생하는 일반적인 추세를 알아야 한다. 예를 들어, 중국의 WTO 가입으로 세계에서 가장 높은 저축률을 가지고 있는 시장에 접근하기 위해 국제 재무서비스 제공자들에게 주요 기회가 주어졌다. 유사하게, WAP 기술의 개발은 새로운 분배방식의 개발에 대한 기회를 제공했다. 대조적으로 재무서비스에서 단일의 유럽시장을 만들려고 하는 EU 정책의 진전은 많은 국내 제공자들에게 중요한 위협으로 간주되어야 한다.

4. 내적 요소

5장에서 설명된 바와 같이, 내적 요소를 이해하는 것이 무엇이 가능한 지를 정해주기 때문에 중요하다. 좋은 상품결정을 하기 위해 관리자는 금융기관에서 이용할 수 있는 자원들을 충분히 이해하고, 기회와 위협에 가장 최선의 대응책을 마련하기 위해 자사의 강점과 약점을 정확히 파악하여야 한다. 예를 들어, Prudential의 강점과 생명보험과 투자관리에 관한 진로 기록(track record)은 베트남, 태국, 인도네시아와 필리핀과 같은 국가에서 출현하는 시장기회에 맞출 수 있는 강점을 준다.

자신, 고객, 경쟁자 및 외적 환경의 분석은 계속적인 과정이다. 마케팅 관리자는 이러한 요소들에 뒤지지 않고 따라가서, 주요 변화에 가장 잘 대처하는 법을 생각해야 한다. 금융기관이 마케팅환경의 모든 변화에 대응하는 것은 운영적으로나 재무적으로 가능하지 않다. 동시에, 금융기관은 법적, 사회적 혹은 경제적 변화로 나타나는 주요 기회를 놓칠 여유가 없다.

10.5 기존 상품라인의 관리

기존 상품라인의 관리는 두 개의 넓은 분야를 포함한다. 첫째, 특정한 상품에 붙이는 특징들에 대한 결정을 취급하고, 둘째, 상품라인관리 그리고 상품수정과 상품 길이 수정과 관련된 이슈들을 취급한다.

10.5.1 상품속성

가장 기본적인 결정들의 세트는 상품속성(특징, 브랜드 네임, 품질 등)의 선택과 관련된다. 이러한 속성은 본 장의 앞부분에서 묘사된 바와 같이, 유형 혹은 확장상품을 만드는데 사용된다. 그러므로 총칭적인 서비스상품(예를 들어, 생명보험)은, 전신 혹은 영구적인 불구, 불구의 경우에 프리미엄 면제 등과 같은 다양한 특징을 더해서, 유형 혹은 확장상품 형태(예를 들면, General China's GC Living Assurance Plan)로 개발되어져야 한다.

특정한 서비스상품의 부분으로서 제공되는 특징들은 서비스를 차별화하는 수단이다. 예를 들어, NatWest Current와 NatWest Current Plus의 중요 차이점은 전자는 현금잔고에 이자를 지급하지 않으나 약간 낮은 초과인출 이자율을 가지고 있어서 적은 양의 잉여 현금을 유지하고, 정기적으로 초과인출하는 소비자들에게 적합하다. 반면, Current Plus 계정은 이자를 지급하나 높은 초과인출 이자율을 부과하므로 많은 현금잔고를 가지고 있고 초과인출하지 않는 고객들에게 더 적합하다.

그러나 특정한 재무서비스에 따라오는 독특한 특징들의 실제 범위는 제한되고, 그러한 특징들은 쉽게 따라 할 수 있기 때문에 차별화를 위해 장기적으로 제공하지는 않는다. 당좌 계정에 이자지급을 제공하는 것은 고객들에게 여분의 매력일 것이지만, 경쟁자들이 쉽게 따라 할 수 있는 것이다. 그러므로 상품속성으로 차별화하는 것은 매우 어렵다. 이런 이유로 기대 혹은 확장 수준에서 상품을 차별화하려는 시도는 단순한 상품특징 그 이상을 보아야 하고, 품질, 브랜딩 그리고 기관의 이미지와 같은 이슈들을 대신에 고려해야 한다.

품질은 증가하는 추세로 중요한 상품특징으로 간주되고, 의도된 업무를 수행하는 상품의 능력이라고 언급된다. 15장에서 설명되듯이, 일반적으로 서비스 부문에서 품질은 차라리 더 복잡한 개념일 수 있다. 일부 연구자들은(Groenroos, 1984) 고객이 기술적인 그리고 기능적인 품질을 기본으로 서비스 품질을 설명해야 한다고 제안한다.

- 기술적(혹은 결과) 품질은 상품이 어떻게 수행하는지와 관련이 있다(즉, 자본성장 투자신탁은 자본성장이 될 만한 비율을 제공하는가?)
- 기능적 또는 (과정) 품질은 서비스가 전달되는 방법과 관련이 있고, 스태프가 고객에게 행동하는 방식과 질문에 응답하는 속도와 같은 요소들을 포함해야 한다.

가끔 서비스가 전달되는 방법(과정)은 상품의 기술적 품질 그 자체만큼 중요할 수 있다.

브랜딩은 상품을 마케팅하기 위해 개발되어지고, 재무서비스에서 현재 증가되는 추세로 중요하다. 브랜딩은 경쟁시장에서 명확한 아이덴티티를 창조하는 수단을 제공하기 때문에 특별한 가치를 가진다. 브랜딩을 단지 기억하기 쉬운 이름을 만드는 것 이상이라는 것을 인식하는 것이 중요하다. 효과적인 브랜딩은 상품과 고객의 관계를 창조하려고 의도하고, 그 관계가 존재할 때, 브랜딩은 품질에 대한 정보를 주고, 상품을 경쟁으로부터 차별화하고, 고객 충성도를 제고하는 수단을 제공한다. 많은 재무서비스 제공자들에게, 방카슈랑스로 옮기려는 정당성을 제공하는 지각된 브랜드의 강점이다. 예를 들면, 스페인의 Banco Santader의 강점은 전문보험제공자를 취급하는 것과 반대로 은행으로부터 보험관련 상품을 고객이 선택하는 체제를 제공한다.

재무서비스 부문에서 이용할 수 있는 브랜딩의 가장 중요한 유형은 아마 틀림없이 고객의 금융기관에 대한 이미지일 것이다. 대부분 재무상품들은 공급자의 이름에 의해 주로 확인되고, (Citibank EZ Checking과 Citibank Everything Counts와 같이) 개별상품 브랜드가 만들어지는 곳에서는 전형적으로 회사이름과 상품이름이 결합된다. 회사이름은 시장에서 높은 인식 수준과 전체 기업 명성을 이용할 수 있는 잠재력 때문에 특별히 중요하게 보인다. 재무서비스에서 브랜드의 의심할 바 없는 중요성에도 불구하고, UK에서 재무서비스 브랜드는 상대적으로 약하고, 고객관련성이 부족하고 표적 시장과 강한 정서적인 유대를 구축하지 못한다고 조사되었다(Devlin and Azhar 2004). 이 조사는 고객들과 연결하는 가장 좋은 방법에 대해 조심스럽게 생각하는 중요성을 강조하고 브랜드를 경쟁으로부터 차별화한다. 고객들을 연결하는 것은 상품의 기능적 가치를 기반으로 한 호소뿐만 아니라 정서적인 호소에 의존하고 대부분 재무서비스 기관은 적절하게 그러한 호소를 개발하지 못했다(Dall'Olmo Riley and de Chernatony 2000; O'Lauglin et al.

2004). 전통적으로, 재무서비스 기관들은 크기 및 장수와 같은 기능적 가치에 매우 치중되어 있다. 이것들이 신뢰와 확신을 구축하는데 매우 중요한 반면에, 고객들과 진정한 관계를 만들 만큼은 충분하지 못한 것 같다. Devlin and Azhar(2004)는 재무서비스로 비전통적인 참여자가 상대적으로 성공하는 것은 그들의 브랜드가 훨씬 좋게 개발되어 있고 훨씬 더 명확하게 차별화되어 있고, 고객들을 훨씬 잘 연결할 수 있기 때문이라고 제시한다. 예를 들어, Virgin 그룹은 비전통적인 고객 옹호자의 브랜드이미지를 구축하여 재무서비스 부문에서 중요한 성공을 보였다.

10.5.2 상품수정/ 상품개발

상품이 자리를 잡으면, 주의를 끄는 2개의 영역이 있다. 상품수정과 상품개발. 상품수정은 시장에서 상품을 더 매력적이게 하기 위해 상품속성을 변화시키는 것과 관련이 있다. 상품개발은 기존상품의 새로운 변형을 만드는 것이고 전형적으로 상품라인 확대 혹은 상품증식과 연관된다.

재무서비스에서 상품수정은 기존 상품의 성능을 향상시키는 목적이 있다. 이것은 서비스를 사용하기 쉽게 만드는 것(예를 들어, 기존 모기지에 고정 연지급), 서비스 품질을 향상시키는 것(기업고객을 위한 개인 계좌관리자) 혹은 전달체계를 향상시키는 것(더 사용할 수 있도록 온라인 은행 사이트를 재디자인 하는 것)을 의미할 수 있다. 경쟁이 치열해지고 높은 소비자 기대로 상품수정은 고객기반을 유지하고 확대하려는 금융기관들을 위해 중요하다.

분명하게, 상품이 라이프사이클의 성숙기 혹은 쇠퇴기에 있다면 그 상품에 추가적인 지출은 위험스러울지 모른다. 동시에 완전히 신상품을 개발하려는 것도 위험스러우며, 기존상품을 수정하는 접근이 매우 매력적일 수 있다.

상품 라인확대 혹은 상품증식은 기존 서비스라인에 신규 서비스를 더하는 것을 의미하며, 전통적으로 재무기관의 신상품개발활동을 설명한다. 이러한 형태의 활동의 널리 알려진 예는 고객들에게 일련의 추가적인 서비스를 제공하는 프리미엄 은행계정의 개발이다. 예를 들어, Regular Savings Account에 더해서, 인도의 HDFC Bank는 Payroll Account, Classic Salary Account, Regular Salary Account와 Premium Salary Account를 제공하는데, 각각은 약간은 다른 세트의 특징과 속성들을 제공한다. 상품라인을 확장하는 근본적 이유는 시장의 더 구체적인 세분시장에 호소하기 위해 기존상품을 더 차별화하는 것이다. 라인 확장은 금융기관이 익숙한 시장에서의 신상품개발의 형태이기 때문에, 위험은 상대적으로 낮은 경향이 있다.

라인확장에 위험들이 있다. 특히, 재무서비스의 고객들 간에 많은 세분시장을 확인하고 이러한 세분시장의 욕구에 부합하는 기존상품의 변형을 개발하는 것이 가능하다. 그러나 이러한 세분시장이 충분히 크지 않다면 혹은 차이가 뚜렷하지 않다면, 라인확장의 효과는 비용만 증가시키고 수익은 증가시키지 않을 수 있다. 금융기관은 너무 많은 상품의 변형을 가지고 있으며, 상품라인은 관리하기에 복잡하고 어려우므로 너무 많은 선택에 직면한 고객들 간에 혼동을 초래할 수 있다. 따라서 상품라인 관리는 신상품을 소개하는 것은 물론이고 기존상품을 철수할지 고려하는 필요성을 알아야 한다. 이것이 많은 상품들의 생명이 확장됨으로 인해 재무서비스의 많은 분야에서 상당한 문제이다.(예를 들어, Harness and Marr 200) 예를 들어, 회사는 신규 모기지 상품을 론칭해야 하고(맥시 모기지라고 부르자), 얼마 있다가 또 다른 신규 모기지(메가 모기지)를 진수한다. 유형재 시장과 달리, 회사는 단순히 주식을 줄이고 상품범위로부터 맥시 모기지를 제거할 수 없다. 대신에, 그것을 이미 구매하고 앞으로 25년 동안 더 계속해서 사용하기를 바라는 고객들을 위해 상품을 유지해야 한다. 그러한 상품은 유물 상품(legacy product)으로 알려져 있고, 세계의 인정된 재무서비스 회사들은 과다한 유물체계를 운영하는 비용으로 대부분 부담이 되고 있다. 이런 점에서 재무서비스에 신규 참여자가 정착한 라이벌들과 비교해 매우 비용 효과적일 수 있다. 그들은 유물체계의 비용부담을 지고 있을 필요가 없다. 이것의 의미는 신상품개발과 론칭은 제공자를 위해 오래갈 수 있는 중요한 신상품에 기본을 둘 필요가 있다. 유물 비용문제를 완화하기위해 현행상품을 신규 변형들로 쉽게 이주시키는 방법을 상품과 계약을 디자인하는 것도 중요하다.

10.6 신상품개발

신상품을 개발하는 것은, 개발범위를 현실적이고 혁신적이며 변화하는 소비자 욕구에 부합시켜야 하기 때문에 상품관리의 중요한 국면이다. New Product Development(NPD)라는 용어는 혁신에 관한 일련의 유형들을 포함한다. 일부의 신상품은 진짜로 새로운 것이나, 다른 것들은 실질적으로 기존 상품의 개발품들이다. 혁신은 실용적 특징뿐만 아니라 서비스 특징에 관한 분야에도 있을 수 있다는 것을 명심해야 한다. 본 절에서 신상품개발의 두 가지 구체적인 유형들을 고려한다.

1. 주요 혁신들

금융기관에 새로운 그리고 시장에 새로운 상품들이다. 이와 같이 이득(returns)의 관점에서 커다란 잠재력을 제공하는 반면 전형적으로 훨씬 높은 투자와 신기술의 사용을 요구하기 때문에 더 위험스럽다. 또한 금융기관을 비교적 경험이 없는 분야로 이동 할 수도 있다. 그러한 주요 혁신들은 재무서비스에서 드물다. 1980년대에 론칭한 중병 보험이 자본양도(equity release: 순수재산 양도)와 같은 상품이고 1990년대의 Virgin One 옵세트 계정의 론칭, 두 가지 모두 일련의 변형들을 만들어 냈다. Box 10.2는 이러한 혁신, 즉 자본양도의 주요 특징의 일부에 관해 윤곽을 제공한다.

BOX 10.2 노년층을 위한 재무기획 옵션으로서 자본양도

자본양도는 빠르게 성장하는 UK 재무환경 부문이다. 오랫동안 주택소유자가 그들의 재산(유형자산)으로부터 순수재산(자본)을 양도하도록 모기지 채무를 연장하는 것은 흔히 있는 일이 되었다. 역사적으로, 이렇게 양도된 펀드는 전형적으로 건물확장이나 로프트 전환과 같이 주택향상을 위해 사용되어졌다. 더욱 최근에 주택소유 자본(순수재산)이 양도되어, 2번째 주택, 자동차구매와 현행 소비 형태를 포함하여, 훨씬 다양한 목적들을 펀드한다. 그러나 여기서의 요점은 노인들이 살아있을 때 반환하지 않으려는 의도로 자본을 소모하는, 그러나 대신에 그들의 재산을 통해서 그렇지 않다면 유산으로 남겨줄 주택 자산의 가치를 거래하려는 노인 주택소유자들에 관한 것이다. 이것이 그들에게 단기에 그들의 집에 잠겨있는 소비력을 즐기는 능력을 가지게 한다.

▶ 시장 드라이버

많은 유럽 국가들과 마찬가지로, UK에서 퇴직소득 대비의 필요성에 관한 근심이 증가되고 있다. 일반 고객의 두 가지 구별되는 유형이 나타났다. 즉, 유형자산 유지, 의료 또는 다른 급박한 요구를 위해 다른 곳에서 가용할 수 없는 펀드에 대한 구체적이고 급한 요구가 있는 'needy(필요한 사람들)'와 그들의 생활수준을 향상 혹은 유지하기 위해 양도를 사용하려는 '라이프스타일' 고객들이다.

신세대의 퇴직자들은 그들의 주택을 오랜 기간 일을 해서 획득한 투자로 보고 있고, 유산으로 물려주는 대신에 자산으로서의 가치를 이용하는 것이 그들의 권리라고 느낀다. 이러한 요소들이 결합해서 자본양도가 개발되는 좋은 환경을 만든다.

▶ 시장 개발

양도된 총량은 1995년에 3300만 유로화에서 2005년 15억 유로화로 성장했으며 2010년까지 50억 유로화로 증가하리라 예상 된다 (Northern Rock Plc 예상, 2005년 12월).

자본을 양도하는 방식으로 시장에 보편화된 두 가지 주요 상품유형이 있다.

1. 생애 모기지 - 이자가 대부기간동안 적립되고, 총 적립 부채는 채무자가 사망 시, 장기 치료 시 혹은 재산을 팔았을 시에 반제된다. 위험의 전이와 고정이자율 펀딩의 성격은 이자율이 전통적인 고정이자율 모기지에 비해 약간 높다는 것을 의미한다. 예를 들어, 2005년 12월 전형적인 생애 모기지에 대한 생애고정이자율은 전형적인 주택구매의 목적을 위한 15년 고정이자율 5.19%에 비해, 5.89%의 이자율을 가진다.
2. 전환 - 전환 제공자는 재산의 전부 혹은 할당을 구매하므로, 기술적으로 거래는 모기지가 아니라 판매이다. 판매자는 모기지의 경우와 같이 지속적인 점유의 동일한 권리를 누리지만, 렌트는 지불하지 않는다. 결과적으로, 제공자가 지불한 구매가격은 시장가치로부터 할인되고, 할인된 가치는 판매자의 기대수명을 반영해 보험 통계적으로 계산된다.

생애 모기지 판매기준은 2004년 10월 이후 재무서비스당국(Financial Services Authority)에 의해 규제되어 왔다. 유사한 규정이 2006/2007년부터 전환에 적용될 것이다. 상품의 두 가지 유형이 규제될 때, 전환이 최근보다 유의미하게 높게 시장의 10-15%에 상당할 것으로 기대된다.

▶ 경쟁

생애 모기지를 위한 시장구조는, 3개의 지배적인 대금업자들 Mortgage Express, Northern Rock 그리고 Norwich Union, 각 업자가 25%가량의 시장점유율을 유지하고 나머지는 많은 대금업자들 사이에 나누어져 있어, 성숙이 부족한 것을 반영한다. 일부 주요 모기지 브랜드가 시장에 참여하여 경쟁이 치열해 질 것이 기대된다. 특히 Northern Rock이 활동적이지만, 상품개발에 혁신이 증가하는 추세로 발생하고 있다.

전환 시장은, 많은 소규모 제공자들 사이에 사업이 전개되고 있어서, 훨씬 더 쪼개져 있다. 주요 브랜드의 부재로 이 시장을 억제하고 있는 듯하지만, 2005년 이 부문에 Norwich Union의 참여는 새로운 자극을 주고 있는 것 같다.

위에서 윤곽이 잡힌 것들에 유사한 자본 양도 상품은 ('역모기지(reverse mortgage)'오랜 동안 USA에서 이용 가능했고, 2004/2005년 동안에 Australia, New Zealand와 Sweden도 유사한 상품의 출현을 보았다.

원천: Bob Wright, Assistant Director, Northern Rock Plc.

정부가 산업을 위해 주요 신상품개발의 원천이었다는 것이 흥미롭다. 예를 들어, UK에서 1980년대의 Thatcher 정부는 개인 연금시장의 거대한 성장에 책임이 있다. 유사하게, Personal Equity Plan(PEP)과 Tax Exempt Savings Account(Tessa)도 고안했다. 보다 낫지는 않지만 Tony Blair 정부는 이제까지 Stakeholder Pension, Individual Savings Account (ISA)와 Child Trust Fund를 소개했다. 제 3자가 맡아서 보관하는 상품인 소위 Sandler 모음(suite)은 Blair 정부 편에 주도권을 가지게 하여, 순진한 소비자들을 위한 좋은 금전적 가치를 주는 쉽게 이해할 수 있는 상품들을 제공할 수 있게 한다.

세계의 정부들이 상품개발에 중요한 역할을 하기 때문에, Britain만이 이 분야에 있는 것은 아니다. 폴란드 정부는 IKE 개인연금계정을 소개했다. IKE는 폴란드정부의 세 번째 연금수준의 형식 중에 하나이고, 생명보험정책, 혹은 다른 종류의 은행투자 또는 투자 펀드의 형식일 수 있다. 세금공제가 있다. 예를 들어, 자본이득 세금은, 소비자가 퇴직 시 적립 펀드를 받으면, 지불할 필요가 없으나, 퇴직이전에 돈을 인출하기를 원하면, 세금을 지불한다. 가나 정부는 학생들의 저축계정을 만들었고, 리비아에서는 주택구매를 위한 신규 세금 혜택 대부를 소개했다.

신상품 소개에 대한 책임뿐만 아니라, 정부는 다른 방식으로 상품정책에 영향을 미칠 수도 있다. 예를 들어, 위에서 언급된 제 3자가 맡아서 보관하는 상품은 범위를 구성하는 상품들에 대하여 징수되는 요금에 가격상한을 둔다. 유사하게, 규제는 요금과 커미션의 엄격한 명세와 같은 규칙과 사실발견에 관한 규칙을 둠으로서 서비스 특징수준에서 중요한 영향을 미쳐왔다.

아마도 틀림없이, 혁신이 고객경험에 가장 눈에 띄는 효과를 미치는 것은 바로 서비스 특징의 영역에서 이다. 예를 들어, 전화와 인터넷 뱅킹 그리고 ATM들과 콜센터에서의 혁신은 최근에 실용적인 특징 혁신보다 더 심오하게 그리고 직접적으로 고객들에게 미쳤다.

2. 신규 서비스 라인

이것들은 기관에는 새롭고, 시장에는 새롭지 않은 상품들이다. 때때로 'me too' 상품으로 언급되고, 상품개발의 양상은 과거의 오리지널 상품개발보다 더 명료하다. 경쟁상품이 이미 시장에 정착해 있기 때문에, 잠재 이득은 낮을 수 있으나, 동시에 기관은 기술 혹은 시장의 관점에서 상당히 익숙한 분야로 움직이는 것이다. 이것이 재무서비스 부문에서 NPD의 가장 공통적인 형태일 것이고, 특별히 규제적 변화는 조직이 할 수 있는 것에 대한 제약들을 줄이고 있다. 예를 들어, 많은 경쟁자들은 원래 Virgin에 의해 고안된 옵세트 계정을 따라하고 있다. 사실적으로, 어떠한 라이벌 회사들에 의해 채택되지 않은 단 하나의 신상품도 수집하는 것은 불가능하다. 상품 특징들이나 펀드 변형들에도 같은 일이다. 많은 유추적인 상품들이 시장에 들어간 후에 1980년대 후반에 첫 번째 윤리적 펀드가 진수되었다.

재무서비스에서 신상품개발 프로그램의 성공에 영향을 미치는 요소는 상당한 연구관심 대상이다. Athanassopoulos and Johne (2004)는 초기 단계에서 고객관여의 중요성과 주요 혹은 앞선 고객과 하는 대화의 중요성을 강조하였다. 리더십, 팀웍과 권한부여의 중요성이 Johne and Harborne(2003)에 의해 UK의 소비자 뱅킹에 관한 연구에서 강조되었다. 태국의 경우 Rajatanavin and Speece(2004)는 소비자 정보를 위한 도량으로서 판매스태프에 의한 중요한 역할을 강조하고, 교차 - 기능적인 팀웍의 중요성도 강조하였다.

순수 혁신 혹은 신서비스 라인의 추가를 고려하는지, 어떤 개발이 가장 적절한 지를 고려하는 구조화된 과정을 운영하는 것으로부터 많은 혜택이 있다. 신상품개발과정의 기본적인 요소는 〈그림 10.3〉에 윤곽이 잡혀져 있다.

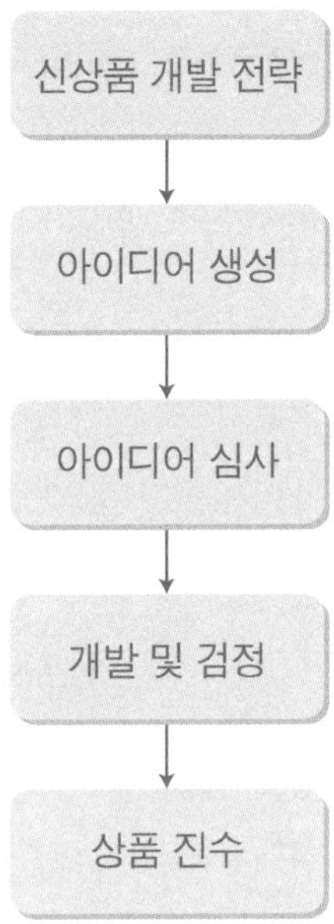

<그림 10.3> 신상품개발과정의 기본적인 요소

1. 신상품 개발전략

관여된 모든 사람들이 NPD의 중요성과 금융기관이 성취하고자 하는 것을 이해하도록 하는 명확한 전략이 중요하다. 예를 들어, 관여된 모든 이들이 NPD의 과정이 신규 세분화시장을 통해 이득을 획득하도록 지향되어 있는지, 기관의 계속적인 경쟁력에 필수적인지, 수익성을 유지하도록 요구되는지 또는 변동하는 수요에 균형을 맞추어 주는지를 이해하는 것이 필수적이다. 고려되어야 하는 아이디어는 NPD 프로그램의 목적에 따라 변화하기 쉽다.

2. 아이디어 생성

아이디어는 기관의 내적 혹은 외적 모두로부터 생성될 수 있다. 아이디어는 내적으로 전문화된 NPD팀으로부터, 고용자 피드백이나 제안으로부터 생성될 수 있다. 외적으로 아이디어는 고객 피드백, 시장조사, 전문가 신상품 기관 또는 경쟁자를 따라함으로써 생성될 수 있다. 아이디어 생성에서 흔한 실패는 시장이 요구하는 것보다 가능한 것에 초점을 맞추는 경향이다. 이것은 기술이 할 수 있는 것에 집중하고 소비자가 원하는 것에 충분히 집중할 수 없는 신기술을 기반으로 하는 상품에 특히 확실하다.

■ 아이디어 심사

아이디어 생성단계에서 생산된 다양한 아이디어들은 적절한 것들인지를 심사해야 한다. 이것은 항상 아이디어가 평가될 때 사용되는 평가기준 세트를 미리 결정하는 것을 의미한다. 사용되는 평가기준의 종류는 변화하나 질문들은 다음의 것들을 포함하는 경향이 있다.

- 아이디어가 금융기관의 전략에 적합한가?
- 아이디어가 금융기관의 능력에 적합한가?
- 아이디어가 올바른 세분시장에 호소하겠는가?
- 아이디어가 비용과 이익의 견지에서 실현가능한가?

3. 개발과 검정

심사과정을 통과한 아이디어들은 구체적인 서비스 개념으로 작업되어진다. 즉, 신상품에 대한 기본적인 아이디어는 상품이 전시하는 구체적인 세트의 특징과 속성들로 옮겨져야 한다. 이 단계에서 새로이 정의된 상품을 검정하고, 론칭 전에 상품에 대한 필요한 수정을 하기 위해 소비자와 시장의 반응을 확인하는 것은 당연한 일이다. 재무서비스 부문에서 시험마케팅의 문제는 경쟁자들에게 금융기관의 가장 최근의 아이디어에 대해 미리 경고를 주고 모방할 기회를 제공하는 것이다. 결과적으로 재무서비스의 시험 마케팅은 비교적 유별난 것이다. 많은 금융기관들은 신상품을 개발하는 실제 비용은 매우 낮으나, 경쟁자들에게 미리 경고를 주는 것으로부터 오는 손실은 상당히 높을 수 있다.

4. 상품 론칭

상품 론칭는 마지막 단계이고 새로이 개발된 상품의 진정한 시험이다. 금융기관이 상품에 전 규모로 사업적 몰입을 하는 시점이다. 이 단계에서 주요한 결정은 필수적으로 운영적인 본성을 가진다. 론칭의 타이밍, 론칭의 지리적 위치 및 론칭을 보조하는데 사용될 구체적인 마케팅 전술들에 관한 결정들이다.

효과적인 신상품개발은 경쟁적인 위치를 유지하는데 중요하다. 결과적으로, 신상품을 개발하는 과정은 폭넓게 조사되고, 성공에 필요한 중요한 실습들이 확인되었다.

1. 시장특성과 고객요구의 변화를 확인하기 위해 외적환경과 정기적인 접촉을 유지하라.
2. 혁신적인 아이디어에 민감한 기업문화를 진작하라.
3. NPD 과정을 자극하고 장려하기 위해 관리에 유동적인 접근을 하라.
4. NPD 과정에 구체적인 책임을 가진 중요한 개인들을 확인하라.
5. 지지하는 환경을 진작하라.
6. 헤드 오피스/고급 관리자로부터 보조와 몰입을 확보하라.
7. 내적과 외적으로 효과적인 커뮤니케이션을 확보하라.
8. 회사와 적합한 상품을 선택하라.
9. 판매의 강점들을 개발하라.
10. 상품품질을 제공하라.
11. 시장지식과 소비자 이해를 이용하라.

이러한 실습들은 성공을 보장할 수는 없지만 상품 론칭 시 좋은 마케팅에 의해 보조된, NPD에 열려있고, 지지하고 유동적인 접근은 NPD 활동의 성공에 중요하게 공헌할 수 있다.

10.7 요약 및 결론

성공적인 상품관리에 이르는 열쇠는 적절한 상품범위를 개발하고 유지하는 것이다. 이것은 재무서비스가 소비자 요구에 해당하는 속성들로 개발되고, 기존 서비스가 수정되고 신규 서비스가 개발될 수 있도록 이러한 서비스 범위가 계속적으로 감시되어야 한다. 재무서비스 부문에서 신상품개발의 과정은 기관의 포트폴리오 내에서 기존 상품들을 다시 디자인하고, 부문에는 반드시 새롭지는 않지만 기관에는 신규 상품개발에 초점을 두는 경향이 있다. 재무서비스 상품의 제공자가 직면하는 계속되는 문제는, 상품들이 쉽게 모방이 가능하다는 것과 신상품이 론칭될 때 원하는 세분시장에서 빠르게 시장침투를 확보하는 중요성이다.

복습문제

1. 익숙한 상품을 선택하라. 이 상품에 다른 층들은 무엇인가? 생각하기에 이 상품과 타 경쟁상품들 간에 주요 차별점들이 무엇인지 선택하라.
2. 왜 라인 확장이 상품관리의 중요한 부분인가? 이러한 접근의 상품관리와 연계된 위험들은 무엇인가?
3. NPD 과정의 주요 단계들은 무엇인가? 신상품을 개발하는 조직된 과정을 가지는 것이 왜 유용한가?
4. 이슬람 재무서비스의 주요 유형들은 무엇인가? 재무서비스를 마케팅할 때 주요 도전들로 무엇을 생각하는가?

CHAPTER 11

촉 진

chapter 11 촉진

학습목적

이 장을 다 공부한 후 귀하는
- 마케팅의 기본적인 커뮤니케이션원리를 설명할 수 있고,
- 촉진 캠페인을 기획하는 과정을 고찰할 것이며,
- 재무서비스를 위한 여러 가지 촉진 방법들의 강점과 약점의 개관을 이해하게 될 것이다.

11.1 서론

'촉진(promotion)'은 태도 위치와 적절한 행동반응을 일으키도록 실제 고객 및 잠재고객과 통신하려는 조직에 의해 사용되는 일련의 방식들에 관한 것이다(예: 광고, 공보/홍보, 개인판매와 판매촉진). 특히 서비스산업에서 내적 커뮤니케이션과 촉진은 시장지향성을 구축하는데도 중요하다. 촉진(혹은 마케팅 커뮤니케이션)은 고객뿐만 아니라 고용자들에게도 초점을 맞추고 있다. 마케팅 커뮤니케이션은 인지를 만들어 낼 뿐만 아니라 고객의 마음속에 호의적인 이미지/연상을 구축함으로써 브랜드를 구축하고 그 브랜드에 가치를 부여하는 과정에 중요한 역할을 한다. 고객과 직원의 마음속에 명확한 브랜드 이미지 혹은 브랜드 연상을 구축하는 것은 촉진활동의 높은 협조에 달려있다. TV 광고에 표현된 메시지는 광고가 언급하는 내용, 스폰서십이 의미하는 것과 판매원이 전달하는 메시지와 일관될 필요가 있다. 마케팅커뮤니케이션이 일관되고 통합된다면, 총체적인 마케팅믹스를 가지고 총체적인 캠페인의 효과는 더 클 것이다. 사실, 통합의 개념은 최근에 주의를 끌어서

업자들은 단순히 '마케팅 커뮤니케이션' 보다 '통합 마케팅 커뮤니케이션 (IMC)'으로 언급하는 것으로 증가하는 추세이다

재무서비스를 촉진하는 것은 여러 측면에서 유형 상품을 촉진하는 것과 매우 유사하다. 그러나 재무서비스 기관은 중요한 도전을 직면한다. 3장에서 설명된 바와 같이, 소비자에게 줄 유형적 상품은 가지고 있지 않고, 결과적으로 촉진의 중요한 요구는 금융기관이 원래 무형인 상품을 유형으로 표현하도록 하는 표현의 메시지와 형태를 개발하는 것이다. 더욱이, 재무서비스는 차별화하기 어려울 수 있고, 이것은 금융기관이 그의 상품의 우수성에 대한 명확한 메시지를 개발하도록 하는 것을 어렵게 만들 수 있다. 소비자는 재무서비스에 상대적으로 무관심한 경향이 있고, 이것은 주의를 끌만큼의 필요성이 있어야 한다는 것을 제시하며, 따라서, 커뮤니케이션에 창조적 방법을 개발하는 것이 재무서비스 금융기관에게는 특히 중요할 수 있다.

본 장은 재무서비스에서 효과적인 촉진전략의 개발에 관한 이슈들을 설명한다. 재무서비스에서 커뮤니케이션 과정의 개관과 촉진 캠페인의 개발을 살펴본다. 여러 형태의 촉진의 상대적 장점들이 논의되고, 요약과 결론도 제공된다.

11.2 커뮤니케이션 원리

마케팅관점에서 '커뮤니케이션'이란 용어는 매우 단순하게 금융기관이 표적 시장에 메시지를 보낼 수 있는 방법으로 언급된다. 커뮤니케이션 과정은 특정 상품의 특징, 혜택과 유용성에 대해 소비자들에게 알리고, 구매를 하도록 설득하는 것과 관련되어 있다고 흔히 생각된다. 그러나 증가추세로, 커뮤니케이션은 상당히 광범위한 역할을 가지고 있다고 인식되고 있다. 상품에 대한 소비자 관심을 자극하는 것 외에도, 커뮤니케이션 과정은 금융기관이

자신을 투영하는 방법과 다양한 이익집단과 이해관계자(stakeholder)를 비롯해 추구하는 이미지와 아이덴티티와도 관련이 있다.

커뮤니케이션 과정은 〈그림 11.1〉에서 윤곽이 잡힌다. 이 과정의 주요 구성요소는 다음과 같다.

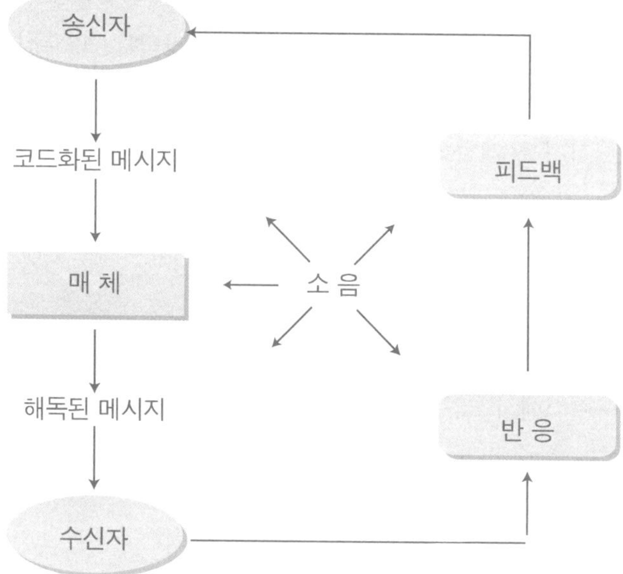

<그림 11.1> 커뮤니케이션 과정

1. 원천(또는 송신자)

원천은 메시지를 보내는 자이다. 이것은 금융기관 혹은 금융기관의 대리이다. 그러나 공보 혹은 홍보가 커뮤니케이션의 선택된 형태라면, 원천은 특정한 상품 혹은 서비스에게 '객관적인' 보조를 주는 준독립적 집단으로 보일 수 있다.

2. 코드화된 메시지

금융기관이 커뮤니케이션 과정을 통해 전하고자 하는 아이디어는, 말로 혹은 심벌로, 표적 청중이 이해할 만한 형태로, 코드화되어야 한다. 예를 들어, Phillips Securities는 Asset Savings Plan의 안전성 측면을 강조하기를 원하고, 그렇게 하기 위해 'As Safe As Possible'(사실상 상품이름과 같은 글자들)이란 단어와 3개의 부풀릴 수 있는 생명 벨트의 이미지에 의존한다.

3. 중개자(매체)

매체는 메시지가 통과하는 특정한 채널을 나타내고, 개인적(판매원) 혹은 비개인적(광고, 공보 혹은 판매촉진)일 수 있다. 적절한 매체의 선택은 메시지가 표적 청중에게 도달하는 것을 확신하는데 결정적이다. 대중 시장에 표적한 재무서비스는 TV, 라디오와 일반 신문에 자주 의존하며, 틈새시장에 표적한 서비스는 더 전문적인 매체(예. Investors' Chronicle, Mortgage Magazine)에 초점을 둘 것이다.

4. 해독된 메시지

메시지가 보내지면, 수신자는 메시지에 구성된 글자와 심벌에 의미를 해석하고 부여한다. 송신자는 소비자가 의도된 데로 메시지를 해석하도록 메시지를 코드화하기를 희망한다. 이것은 상당히 어려운 임무일 수 있는데, 소비자가 세상을 보는 방법을 이해할 수 있느냐에 달려있기 때문이다.

5. 수신자

수신자는 커뮤니케이션 과정을 위한 표적 청중을 대표한다. 이것은 구체적인 세분시장 혹은 일반 공중, 혹은 심지어 회사의 직원일 수 있다.

6. 반응

반응은 수신자가 자신의 메시지 해석에 따라 메시지에 반작용하는 방식을 설명한다. 전형적으로, 이것은 표적 청중이 상품과 관련하여 형성하는 일종의 태도로 언급된다.

7. 피드백

일부의 수신자 반응은 송신자에게 피드백된다. 피드백은 메시지가 성공적이라면 조회 혹은 구매의 형태일 수 있으나, 메시지가 실패라면 혹은 싫었다면, 똑같이 불평의 형태일 수 있다.

8. 소음

소음은 커뮤니케이션 과정에 메시지를 왜곡시키는 예기치 않은 간섭을 언급한다. 어느 커뮤니케이션 과정에 소음의 출현은 피할 수 없다. 어느 정도 왜곡되지 않은 메시지는 거의 없을 것이다. 표적 청중은 전달된 메시지의 일부만을 받고, 자신의 선입견에 의해 해석하고 메시지의 부분만을 회상할 수 있다. 효과적인 커뮤니케이션은 메시지를 간결하고, 명확하고, 표적 청중과 관련 있고, 애매모호하지 않게 유지함으로써 왜곡을 최소화하려고 하는 것이다.

커뮤니케이션은 소비자들이 금융기관이 제공하는 것(특징, 혜택 등)과 그것이 시장에서 어떻게 포지션하고 있는지를 알게 하는 시장전략에 있어서 필수적이다. 그러나 어떤 형태의 커뮤니케이션이나 그릇 해석되고 왜곡될 수 있다. 그러므로 효과적인 커뮤니케이션 전략은 금융기관이 명확하고 일관된 메시지를 가지도록 주의 깊은 사고와 기획이 요구된다. 이 메시지는 명확하고, 단순하고, 정직하며 믿을 만해야 한다. 마침내, 어떠한 촉진 활동도 금융기관이 전달할 수 없는 것을 약속하지 않는 것이 중요하다. 광고기준의 입장에서 이것이 지니는 법적 의미는 제쳐두고라도, 제공될 수 없는 것을 약속하는 것은 구매와 관련된 소비자 불만족과 미래 소비자의 잠재적 손실을 가져올 것이다.

특정 상품 혹은 서비스와 관련된 것으로서 커뮤니케이션을 생각하는 것이 보편적이겠지만, 점점 많아지는 재무서비스 기관들은 기관 자체를 위한 긍정적 이미지와 명성을 구축하는 커뮤니케이션과 촉진활동을 한다. 실제로, 재무서비스 기관들은 기업 브랜딩을 더 강조하고 있고, 마케팅 커뮤니케이션이 기업 브랜드를 구축하는 중요한 도구가 되어가고 있다.

11.3 촉진 캠페인 기획

앞 절에서 커뮤니케이션 과정이 효과적이도록 하기 위한 잘 관리된 그리고 기획된 촉진 캠페인의 중요성을 강조하였다. 신중한 기획은 타 방식의 마케팅 커뮤니케이션들이 일관된 메시지를 보내도록 하고 마케팅 커뮤니케이션이 마케팅 믹스의 타 요소와 일관되도록 하는 것이 중요하다. 촉진 캠페인 기획에 대해 생각할 수 있는 가장 단순한 방법은 〈그림 11.2〉에서 제시되고 아래에 설명된 바와 같이 여러 단계로 생각하는 것이다.

11.3.1 목적

목적을 정의하는 것이 촉진캠페인에 관계되는 모두가 그들이 성취하고자 하는 것을 알도록 하기 위해 중요하다. 종종 목적은 판매 증가에 의해 구체화되나, 타 목적들은 인지를 올리는 것, 특정한 이미지를 만드는 것, 수요의 패턴을 균등하게 하는 것 등과 관련될 수 있다. 일반적으로, 촉진 캠페인을 받치는 2가지 폭넓은 형태의 목적이 있다.

1. 수요에 영향을 줌

촉진은 서비스 혹은 일련의 서비스의 수요수준에 영향을 미치도록 명시적으로 관리될 수 있다. 보통 이것은 신규고객을 경쟁자로부터 끌어오는 것, 기존 고객에 의한 사용을 증대하는 것과 상품을 사용하지 않는 자를 사용하도록 권장하는 것을 통해 수요수준을 증가시키는 것을 의미한다.

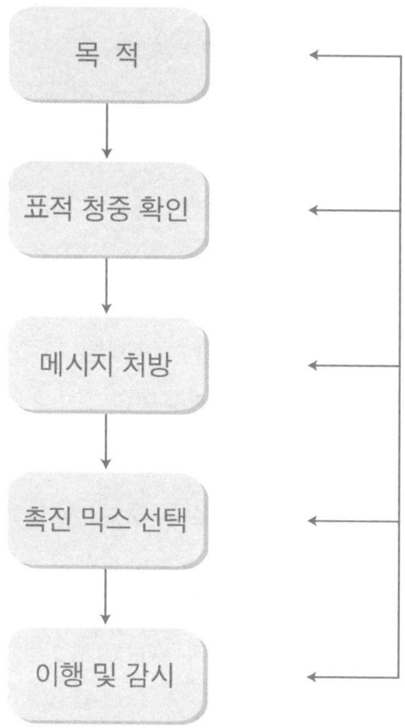

<그림 11.2> 촉진 캠페인 기획

2. 기업 이미지

많은 촉진 캠페인은 특정한 기업이미지를 만들고 유지하도록 관리된다. 그러한 캠페인은 (3장에서 논의된 바와 같이) 재무서비스의 특성이 기관이 그들의 브랜드와 명성에 특히 주의해야 한다는 것을 의미하기 때문에 재무서비스부문에서 특히 주시할 만하다.

가능한 한, 목적들은 수치화 되어져야 한다. 적합하게 건실한 마케팅 목적들을 위한 판단의 기준에 관해 5장에서 주어진 가이드라인은 촉진 목적들과 균등하게 관련이 있다. 이것이 증가된 판매액과 가치를 위한 표적을 구체화하는 것을 단순히 의미할 수 있다. 대체적으로, 이미지를 기반으로 한 목적의 경우에, 표적은 기관의 인지수준 혹은 기관에 대한 태도를 기반으로 책정될 수 있다.

11.3.2 표적 청중

촉진 기획의 다음 단계는 촉진활동의 표적이 되는 그룹, 즉 메시지를 받도록 해야 하는 그룹을 확인하는 것을 요구한다. 한 수준에서, 이것은 단순하게 특정 서비스에 대한 표적 시장을 정의하는 것 혹은 '일반 공중'을 (촉진이 기업이미지와 관련이 있다면) 구체화하는 것을 포함할 수 있다. 그러나 소비자 지식, 금융기관의 이미지에 대한 인지와 서비스의 범위에 의해서 소비자 간에 차이가 있다는 것을 인식하는 것도 중요하다. 특별히, 연구자들은 소비자가 구매를 할 때 4개의 단계를 거쳐 간다고 제시한다. 이것이 이른바 AIDA 모형으로 알려져 있는데, 소비자가 인지에서 관심으로, 욕망으로 그리고 드디어 행동으로 움직이도록 기대되기 때문이다. 표적 청중을 정의하는 것은 AIDA 순서의 어느 단계에 소비자가 도달했는지를 고려해야 한다. 촉진 메시지와 매체는 상품의 인지(혹은 관심)를 불러일으키는 것과 관련이 되어 있어, 구매욕망을 불러일으키거나 실제구매를 자극하는 것과 다르기 쉽다.

11.3.3 메시지를 처방하는 것

타겟 청중을 확인한 후에, 다음 단계는 메시지가 가질 형태를 성립시키는 것이다. 어떤 메시지도 2개의 주요한 요소, 즉 메시지 내용과 메시지 형태로 나누어 질 수 있다. 메시지 내용은 송신자가 수신자에게 전달하고 싶은 기본 아이디어와 정보에 관련이 있다. 상품이 왜 차별화되는지, 무슨 혜택을 제공하는지와 소비자가 타 대안들 대신에 이 상품을 사야 하는 이유를 명확히 해야 한다. 메시지의 기본 내용이 성립되면, 다음 단계는 메시지가 취할 형태를 고려하는 것이다. 광고기관과 같은 외부기관으로부터 창조적인 투입이 중요한 시점이 바로 이때이다. 이 과정은 표적 청중에게 가장 최적의 형태로 메시지의 내용을 나타낼 언어, 오디오 및 비쥬얼 신호의 가장 최적 조합을 찾는 것을 포함한다. 이것은 가능한 그릇된 이해를 회피하기 위해 코드화하는 과정에 주의를 기울여야 한다는 것을 의미한다. 동시에, 정보는 잠재 소비자가 전달되고 있는 정보를 흡수할 수 있도록 광고 또는 전단(리프릿)에 주의를 끌고 충분한 관심을 유지하는 형태로 출현되어져야 한다. 때때로 유머 있는 스케치나 경쟁자와의 간접적인 비교를 포함할 수 있고, 단순히 상품 혹은 금융기관에 초점을 둘 수도 있다. 예를 들어, UK에서 Sainsbury's Bank는 'Bill'이 개인과 자동차보험의 비용 모두를 언급하도록 한다는 사실위에 'Little Bill'이라는 캐릭터를 사용해서 자동차 보험을 촉진한다(그림 11.3을 보라). 재무서비스 기관은 개인적 터치를 강조하는 광고의 창조적 요소에 구성원을 많이 이용하곤 한다. 예를 들면, Halifax Bank는 구성원을, Howard Brown을, 이용해서 일련의 재무서비스를 촉진한다.

메시지의 디자인과 출현에 있어서 정확성과 정직성은 어떠한 광고에서도 필수적이지만, 아마도 재무서비스에서는 소비자가 상품이 복잡하고 이해하기 어렵기 때문에 특별히 필요하다. 대부분 국가들은 오도하는 광고의 잠재적 유해 효과로부터 소비자를 보호하기 위한 정책들을 가지고 있다. 그럼에도 불구하고, 광고의 정확성과 정직성은 근심의 원인이 되고 있다. 예를 들면, UK에서 비즈네스와 재무고문 Grant Thornton에 의한 재무서비스광고에 대한 최근 연구는 재무서비스 광고의 4분의 3이 넘는 량은 오도하고 있고 Financial Services Authority에 의한 가이드라인에 맞지도 않는다(Grant Thornton 2006)고 한다. 특정 문제 분야는 가격 비교를 오도하는 것, 실제적으로 고객이 알지 못하는 상품에 대한 헤드라인 비율, 은어의 지나친 사용, 정당화 될 수 없는 주장과 위험에 대한 경고를 포함하지 않는 것이다.

<그림 11.3> Sainsbury's 'Little Bill' 촉진

11.3.4 예산

예산은 총괄하여 촉진활동을 위해, 그리고 나중에는 촉진 믹스의 개별 구성요소를 위해 성립되어야 한다. 촉진예산의 크기를 결정하는 견고하고 확실한 규칙은 없고, 동일 시장 내에서조차 촉진지출에 의해 상당히 차이가 있다. 촉진예산의 형식에 많은 차별적인 접근들이 있다.

1. 감당가능방식

이것은 단순히 금융기관의 촉진 지출은 전체 기업예산에 따라 결정되도록 제시한다. 금융기관은 기본적으로 감당가능하다고 여겨지는 것을 소비한다.

2. 판매수입 방식

이 접근은 판매수입의 퍼센트로 촉진예산을 책정한다. 의미대로, 촉진이 판매를 선도하는 것이 아니라 판매가 촉진을 선도한다는 것을 의미한다. 이것이 원하는 것이어야 한다. 즉, 촉진예산의 크기는 바람직한 미래 판매보다는 과거 판매에 달려 있다.

3. 증분 방식

예산은 전년도 지출의 증분으로서 책정된다. 이것은 폭넓게, 특히 소규모기업들에 의해 사용된다. 그러나 이것은 시장과 촉진지출 간에 진짜 링크를 제공하지 않고, 촉진 혹은 마케팅 목표들이 지출수준을 안내하도록 허용하지 않는다.

4. 경쟁적인 패리티(평형) 접근

이러한 접근은 경쟁적 도구로서 촉진의 중요성에 초점을 맞추고, 책정예산은 경쟁자와 비교할 수 있도록 한다.

5. 목표/업무 방식

이것이 아마도 촉진예산을 책정하는데 가장 논리적인 접근일 것이지만, 많은 계산의 복잡성으로 말미암아 사용하기도 가장 어려울 것이다. 결과적으로 널리 사용되지는 않는다. 구체적인 수량화된 목표에 의존하고, 정확한 비용이 이러한 목표를 성취하는데 요구되는 활동을 근거로 계산되도록 한다. 예산은 바로 이러한 비용들을 근거로 하고, 그 결과 마케팅 관리자는 서술된 목표를 성취하는데 들어야 하는 정확한 예산을 가진다.

점점 많은 연구자들은 일반적인 마케팅예산과 특정 촉진예산은 연간 비용으로서가 아니라 투자로서 여겨져야 한다고 주장한다(예, Doyle(2000)을 보라). 이러한 접근은 많은 마케팅 활동들, 특히 광고는 축적되는 효과가 있고 브랜드를 구축하는데 중요한 역할을 한다고 주장한다. 촉진지출의 효과가 수년에 걸쳐 영향력을 가진다면, 1년 단위로 비용에 초점을 맞추는 것은 과오일 것이다.

11.3.5 촉진믹스의 선택

적정한 촉진지출 수준을 결정한 후에, 기관에게 가능한 여러 가지 촉진도구들, 즉, 광고, 공고, 판매촉진과 개인판매 간에 할당되어져야 한다. 이러한 믹스는 기관, 상품과 시장 간에 다양할 것이다. 일반화하기는 어렵지만, 소매시장은 광고, 판매촉진 그리고 홍보/공고와 같은 대중 커뮤니케이션 방식을 더 자주 이용하지만, 개인판매가 기업고객에게는 더 중요할 것이다. 재무서비스에서, 12장에서 설명한 바와 같이, 개인판매는 더 복잡한 재무서비스를 소매시장에서 상대적으로 널리 퍼져있다. 그렇지만, 커뮤니케이션의 대중형태는 신용카드, 당좌계정과 저축계정과 같이 복잡하지 않은 상품에서 인기가 여전하다.

촉진도구들 간에 높은 대체가능성이 있어서 금융기관은 기타 방식의 커뮤니케이션의 장점과 단점을 생각하고, 특정 상품과 시장에 최적 조합을 선택해야 한다. 촉진믹스의 개별 구성요소를 다음 절에서 자세히 살필 것이다.

11.3.6 이행과 감시

어느 계획이던지 마지막 단계는 이행과 감시의 과정이다. 이행은 업무의 할당과 시간척도의 구체화와 관련이 있다. 감시는 촉진 캠페인 진행의 규칙적인 평가와 변화가 필요한 부분을 확인하는데 초점을 두어야 한다. 많은 기관이 직면한 문제는 촉진활동의 효과성을 측정하는 어려움이다. 촉진 캠페인의 효과성을 설명하는 많은 접근들이 있다.

1. 시험검정

   시험검정은 선택된 소비자들에게 촉진캠페인을 제시하는 것을 포함한다. 그들의 반응에 따라서, 기관은 캠페인의 가능한 효과성을 예측하고, 약점을 제거하려고 한다. 그렇지만, 시험검정이 효과성을 보증치 않고, 많은 성공적인 광고도 시험검정에 실패했다.

2. 사후광고 시장조사

   일단 캠페인이 시작되면 광고 시장조사는 회상과 이해의 수준을 정하는데 폭넓게 사용된다. 회상과 이해 조사는 기본 메시지가 표적청중들에게 전달됐는지를 가리킬 수 있지만 캠페인이 구매를 장려하는 것으로서 효과적인지를 설명하는데 적합하지 않다. 단순히 사람들은 광고를 회상한다고 혹은 인지한다고 혹은 상품에 관심이 있다고 언급했기 때문에 그 상품을 구매하려고 의도하는 것을 의미하지는 않는다.

3. 통계분석

   통계분석은 판매수준에 대한 광고의 영향을 평가하는데 사용된다. 기본적으로, 이것은 캠페인 이후 판매와 캠페인 이전 판매와의 비교를 포함한다. 그러한 연구의 발견들은 캠페인 이후 판매에 변화를 보이지만 캠페인이 실제적으로 변화를 일으킨 것인지를 보여주기는 어렵다.

따라서, 캠페인을 평가하는 것은 어려울 수 있고, 이상적으로 금융기관은 여러 가지 타 정보원천들을 사용하고, 소비자에 대한 자세한 조사를 수행할 것이다. 실질적으로, 타 유형의 조사비용은 일반적인 상업적 연구에 의존하게 하고, 평가에서 자세함과 관련성을 잃는 것은 인정하게끔 한다.

11.4 촉진의 형태

앞의 절에서 지적된 바와 같이, 재무서비스의 공급자들에게 유용한 일련의 타 촉진 도구들이 있다. 본 절에서 촉진의 중요한 방식들을 상당히 자세하게 논의하고, 장점과 단점을 강조한다. 상이한 촉진 도구들을 한데 섞는데, 통합의 이슈에 초점을 둔다. 즉, 각 촉진의 형태에 포함된 메시지는 타 촉진 메시지와 일관되고 통합되는 것을 확실하게 하는 것이 필수적이다. HSBC Bank는 이러한 접근의 좋은 예를 제공한다. 스트랩(끈) 선 'The World's Local Bank'에서 사용되듯이, 빨강색, 흰색과 검정색의 색깔 조합은 모든 커뮤니케이션 채널에 일관된다. HSBC의 세계적인 강점과 지역적인 지식에 관한 '문화충돌(Cultural Collision)' 시리즈의 주의를 끄는 TV광고는 인쇄매체, 포스터, 판매시점 자료, 공중-브릿지 광고 그리고 HSBC 웹사이트 상에서도 반복된다.

11.4.1 광고

광고는 지불성의 대중 커뮤니케이션의 형태이고 재화/아이디어의 비개인적인 출현을 포함한다. 이와 같이, 이것은 직접 - 메일과 직접 - 반응 광고와 같이 타 접근들과 함께 텔레비전, 라디오, 인터넷과 인쇄광고를 포함한다. 광고는 두 가지 형태를 가지는 것으로 항상 분류된다.

1. 경상지출광고(above-the-line advertising)

수수료가 지불되는 모든 형태의 광고를 언급하고, 인쇄, TV, 라디오, 인터넷, 영화와 포스터 광고를 포함한다. 경상지출광고의 중요 이점은 기관이 개인당 낮은 비용으로 크고 다양한 청중에 도달할 수 있도록 하는 것이다. 더 큰 강점은 스폰서(즉, 기관)가 메시지내용, 표현 및 타이밍에 대한 상당한 조절력을 보유한다는 것이다. 잠재적인 불이익은 광고 메시지가 너무 표준화되고, 그만큼 광고는 비탄력적인 촉진도구일 수 있다는 것이다. 또한 광고는 잠재 소비자가 아닌 많은 개인들에게 도달하기 때문에 낭비적일 수도 있다.

2. 지출하지 않는 광고(below-the-line advertising)

커미션비가 광고기관에 지불되지 않는 광고형태이고 직접메일과 직접반응광고, 전시와 판매시점 자료를 포함한다. 위에서 설명한 매체광고의 유형과 비교할 때, 이 방식은 표적시장이 집중되어 적은 수의 사람들에게 전달되어 개인당 지출비용이 높다. 그렇지만 이러한 방식과 연계된 더 높은 정확성에 의해 다시 균형화 되곤 한다. 사례연구 11.1은 ING Direct가 기존 고객군에 신상품을 표적화하기 위해 직접메일을 사용한 방법을 설명한다.

사례연구 11.1 ING Direct의 직접메일 캠페인

2003년에 무대에 뛰어든 후에, ING Direct는 UK 소비자들의 마음과 지갑을 얻기 위해 고이자, 불편 없는 저축상품을 사용했다. 수요는 확고하게 남아 있고, 회사는 단기간에 세계의 선도하는 직접 저축은행이 되었다. 그렇지만, ING Direct 고객군의 일정부분은 'do not mail(메일을 하지마라)'로 세워졌다. 이것이 회사로 하여금 고객들에게 잠재적으로 관심이 있을 촉진과 오퍼에 대해 경청할 기회를 주지 못하게 막는다. ING Direct는 탈퇴옵션이 있는 문제를 부딪치는데 혼자만은 아니다. 많은 재무서비스 회사는 고객이 '더 이상 마케팅 커뮤니케이션을 받기를 원치 않는다'로 마크된 BOX에 표시하는 의미를 완전히 이해하지 못한다고 믿는다.

현재 ING Direct는 UK시장에 오직 하나의 상품을 제공한다. 회사의 고객들은 ING Direct를 98% 기꺼이 추천하는 예외적으로 충성심이 있을지라도(TNS는 2004년 9월 1934명의 고객을 조사했다), 미래의 상품 론칭는 이탈 고객수에 의해 방해를 받을 수 있다. 이번 시험캠페인의 목적은 그런 고로 명백하다. ING Direct의 기존 고객군을 교차하여 교차판매의 잠재력에 문을(그리고 우편함을) 여는 것. 이러한 고객들을 다시 붙잡기 위해, 회사는 직접 통신하고, 그들이 마케팅 커뮤니케이션을 받지 않는 결정을 재고할 단순하지만 강력한 이유를 제시할 필요가 있었다.

'Royal Mail Key Account Manager에 언급한 후에 재무서비스회사는 유사한 상황에서 우리가 찾던 성공을 달성하기 위해 메일링을 사용하고 있다는 것을 알았다.'고 ING Direct의 Direct Marketing Manager(직접마케팅 관리자)인 Sarah Barnes는 설명한다. '그래서 비용을 최소화하면서 지정된 개인들에게 도달하고 영향을 미치는 능력이 있는 직접마케팅은 우리에게 논리적인 매체였다.'

캠페인목적은 다음과 같다.

- 고객을 초대하여 마케팅 자료를 받는데 다시 가입하게 하는 것
- 그들이 관심이 있을 수 있는 현재 미래 상품과 서비스뉴스를 놓치고 있다는 것을 설명하는 것
- ING Direct 데이터베이스로부터 무작위의 10,000명의 고객을 표적하는 것.
- 표적 청중을 장려하여 엽서 반응을 완료하고 회답하거나 ING Direct 콜센터로 전화하는 것.
- 3개의 주요 판단기준 - 응답률(%), 고객당 비용, 수신된 불만수.

회사는 'ING Direct에 속임수 없음'을 약속한 C5 브랜드 봉투 안에 구멍이 뚫린 응답 쪽지와 함께 똑바른 A4의 접은 편지를 메일하는 것을 선택했다. 편지는 고객이 다시 가입을 결정한다면 즐길 주요한 혜택의 윤곽을 잡았다. 이것들은 미래 ING Direct 상품, 서비스 및 촉진을 최근 것으로 유지하는 것에 초점을 두었다. 이 점을 설명하기 위해, 편지는 고객이 회사의 첫 번째 생일을 Orient Express위에서 축하할 기회를 이미 놓쳤을 수도 있었다는 것을 설명하였다. 편지는 고객들에게 숨겨진 속임수가 없음을 - ING Direct는 개인정보를 타 회사에 결코 전해주지 않아

서, 고객이 다른 곳으로부터 원치 않는 커뮤니케이션을 결코 수신하지 않을 것이다라고, 다시 확신시켰다.

'Royal Mail은 우리에게 캠페인을 돕기 위해 매우 열심히 일했다.'라고 Sarah Barnes는 말한다. 첫째로 메일링을 제안할 뿐만 아니라, 그들은 우리에게 최대 반응을 확보하기 위해 Business Response 봉투를 포함하는 것을, 우리가 처음에 의도하지 못했던 것을 조언했다. 우리는 Mailsort 2를 사용하기로 결정하고, 결과에 만족하였다. Royal Mail의 힘은 모든 응답이 우편으로 수신되었고 전화응답은 없었다는 사실에 의해 명백히 나타난다.

ING Direct는 약 9000유로화의 비용으로 10,000개의 편지를 메일했다. 캠페인은 우수한 응답률을 성취했고, 그것은 회사가 오퍼와 촉진을 통신할 수 있고, 더 많은 고객들과 미래상품과 서비스를 교차판매할 수 있다.

원천: Leonora Corden, Head of Marketing Development, Royal Mail.

광고는 비용 효과적으로 다수의 고객들에게 도달하는 능력 때문에, 소매재무서비스에서 가장 폭넓게 사용되는 촉진 도구들 중의 하나다. 그렇지만 재무서비스의 특징들은 광고를 개발할 때 몇 가지 어려움을 나타낸다. 앞에서 언급된 바와 같이, 재무서비스는 무형이어서 광고에 보여줄 것이 거의 없다. 더구나 고객은 구매결정을 위해 많은 정보를 요구하곤 하지만 많은 형태의 경상지출광고는 이러한 정보를 유용하게 하는데 그다지 효과적이지 않다. 인쇄광고는 TV, 라디오, 영화 및 포스터 광고보다 더 많은 정보를 제공하지만, 정보의 양은 여전히 제한적이다. 인터넷은 특정광고에 클릭한다면 소비자에게 더 많은 정보를 줄 수 있다.

그렇지만 거슬러 올라가면, 인터넷 광고는 재무서비스에 매우 효과적이라고 증명되지는 않았다. 특히 많은 금융기관들이 배너 광고에 투자할지라도, 소비자 클릭을 통한 비율은 실망스러웠고, 이것이 그다지 효과적인 광고매체는 아닐 수 있다는 것을 제시했다. 대조적으로, 금융기관이 소유한 웹사이트는 고객과 통신하는데 훨씬 큰 잠재력을 보일 수 있다. 그렇지만, 웹사이트는 기관이 능동적으로 고객과 통신하는 대신에 고객이 사이트를 방문하는데 의존하기 때문에, 매우 수동적인 형태의 커뮤니케이션을 제공한다.

고객들은 구매결정을 하기 위해서 많은 정보를 필요로 하기 때문에, 경상지출 광고는 인지를 상향하고 관심을 발생시키는 과정에 더 적합하다고 생각되고, 타 촉진도구들은 욕망과 행동을 격려하는데 사용된다(전 절에서 논의된 AIDA 모형을 기억하라). 예를 들어, 많은 단위신탁 회사들은 그들의 펀드성능에 대해 고객인지를 상향하고, 관심을 장려하기 위해 캠페인을 운영할 것이다. 이러한 광고는 최소의 정보를 고려한다. 차라리 그들의 목적은 고객이 내용설명서를 위해 회사에 접근하는 것을 생각할 만큼 혹은 대안적으로 내용설명서가 그들에게 메일된다면 긍정적으로 반응할 만큼 관심을 충분히 장려하는 것이다.

경상지출광고는 이런 유형의 커뮤니케이션은 자세한 정보를 요구하지 않으나 차라리 폭넓은 일반적 메시지에 초점을 두기 때문에, 금융기관의 명성과 이미지를 구축하는데 특히 효과적일 수도 있다. 이런 후자 유형의 광고의 예는 Great Eastern의 'Great Trust Great Confidence' 캠페인일 것인데, 최소의 정보 - 단지 로고와 메시지를 포함한다. 동일한 정도로, HSBC의 지역 지식을 제시하는 캠페인은 세계적으로 운영되고, HSBC 브랜드를 구축하는데 중요한 역할을 한다.

다이렉트 - 메일과 직접 - 반응 광고의 특별한 이점은 최종 구매결정을 하는데 필요한 많은 자세한 정보를 고객들에게 잠재적으로 제공할 수 있다는 것이다. 진실로, 적정한 고객집단에 정확하게 표적된 다이렉트 - 메일은 기존 고객들에게 교차판매뿐만 아니라 신규사업을 일으키는데 매우 효과적일 수 있다. 따라서 이러한 방식의 광고는 AIDA 모형에서 최종 단계 - 즉, 구매(행위)를 장려하는데 더 효과적일 것이다. 추가로, 다이렉트메일은 경쟁자들에게는 보이지 않는 이점을 가지고 있다. 그렇지만, 다이렉트메일을 사용하는 능력은 금융기관이 가지고 있는 좋고, 정확하고 최신의 고객 데이터베이스에 실제로 달려있고, 이것은 많은 재무서비스 기관들에게 문제일 수 있다.

재무서비스의 광고는 오도할 수 있는 잠재력 때문에 많은 국가에서 조심스럽게 규제된다. 상품 복잡성과 제한된 소비자관심의 조합은 어떤 형태의 창조적인 제시는 그릇된 인상을 줄 수 있다. 이자율은, 많은 소비자들이 타 형태의 제시(APR과 AER과 같은)와 헤드라인 비율과의 관계(Buch, 2002)를 완전히 이해하지 못하기 때문에, 특별히 관심이 있는 영역이다. 투자성과의 제시는 또 타 관심영역이다. 많은 광고는 상품의 품질을 보여주는 과거 성과에 대한 숫자에 치중되게 의존하고, 그러한 광고는 과거 성과가 미래에 발생되는 것의 안내자가 아님을 가리키는 작은 인쇄로 부인하는 광고도 수반한다. 추가적으로, 투자성과의 숫자를 제시하는데 사용되는 실제 포맷은 Box 11.1에 보여주는 바와 같이 제시스타일에 따라 다르게 해석되는 동일한 사실적인 성과를 초래할 수 있다.

BOX 11.1 과거 성과 정보의 제시에 대한 소비자반응

기존 연구는 시장기반의 상품서비스(예: 자본기반 펀드, 채권펀드 등)의 과거 성과는 미래의 성과를 예측하지 못하기 때문에 투자자에게 소용이 없지만, 제공자와 고객에 의해 폭넓게 사용되고 있다. 재무서비스의 규제자는, 시장기반 재무서비스를 판매하는 회사들이 제공하는 상품의 품질에 대한 고객들 간의 더 호의적인(그리고 아마도 비현실적인) 입장을 만들기 위해, 선택적으로 과거 성과에 대한 정보를 제시할 수 있는 방법들에 관해서 걱정을 해왔다. 과거 성과는 그래프의 포맷으로 자주 제시된다.

이번 연구는 통제된 실험에서 실제의 과거 성과 도표를 사용해서 타 형태의 제시와 타시간 척도로의 데이터 사용 고객들에 대한 영향을 접근했다. 실험은 투자에 대한 아니면 혹은 펀드의 변화하는 절대가치에 대한 연간 퍼센트 수입으로서 제시되는 과거 성과를 가지고, 고정 이자 대 자본 투자 펀드의 선택을 사용했다. 결과는 시간척도가 투자자의 선호에 효과를 가지지 못하나 제시포맷은 그렇다는 것을 제안한다. 특히 성과가 연간 퍼센트 수입을 사용해서 도표화될 때, 응답자들은 자본기반 펀드를 선택하지 않는 경향이 있었다. 펀드가치를 기반으로 정보를 보았을 때 FTSE-기반 트래커 펀드를 선택한 응답자들 중에서 반 정도는 연간 퍼센트 수입 숫자들을 사용해서 동일한 정보를 보았을 때 선택을 바꿨다. 더욱이 연간 퍼센트 수입 숫자들을 과거 성과의 측정으로서 사용하는 것이 위험 지각을 증가시킨다고 알려졌다.

원천: Diacon(2006)

그러므로, 광고는 많은 형태를 취할 수 있고 재무서비스 기관에 의해 사용된 광고형태는 서술된 목적과 표적청중의 본성에 의해 영향을 받을 것이다. 어떤 유형의 광고가 사용되었든지, 특정한 관심이 서비스가 더 유형적으로 만들려고 노력하는데, 고객의 지각위험을 감소시키는데, 그리고 신뢰와 확신을 구축하려 노력하는데 주어져야 한다.

11.4.2 개인판매

개인판매는 13장에서 더 자세하게 논의된다. 개인판매는 재무서비스 마케팅에서 이중적인 역할을 한다. 유통채널과 커뮤니케이션 방식이기도 하다. 개인판매는 기업시장에서 아마도 가장 공통적으로 사용되지만, 일부 더 복잡한 재무서비스와 관계된 개인시장에서도 광범위하게 사용된다.

커뮤니케이션형태로서 개인판매의 중요한 혜택 중에 하나는 소비자로부터 기관(또는 대리인)에게 즉각적인 피드백을 한다는 것이다. 타 형태의 커뮤니케이션은 기본적으로 일방향이지만, 개인판매는 양방향이다. 고객은 판매원과 질문들을 만들 수 있고, 그러한 질문들 혹은 관심사들은 즉시 조치될 수 있다. 이것은 정보커뮤니케이션은 특정 개인들의 욕구에 매우 정확히 맞추어 질 수 있다. 더욱이 개인판매는 질문과 대답들을 허용하기 때문에, AIDA 과정의 끝부분에, (구매)행동을 장려하는데, 매우 효과적이라고 생각된다.

그러므로, 개인판매가 촉진의 가치 있고 효과적인 형태일 수 있을지라도, 이것도 매우 값비싸다. 또한 상대적으로 고가치 상품에 대해서 고객이 구매 시점에 근접 시 더 비중 있게 사용되는 경향이 있다. 값비싸고 관리하기 어려울 수 있는 촉진형태이기도 하다.

11.4.3 공보/홍보

공보는 보통 비지불적이고 비개인적인 커뮤니케이션의 형태로서 정의되고, 광고와 같이 대중적 청중을 대상으로 한다. 이러한 논의를 위해서 추가적 요소, 즉 홍보를 포함하기 위해 공보의 개념을 확대한다. 홍보는 지불되고, 공보는 '무료'라고 가정된다. 그렇지만, 기관과 일반 공중 간에 이해를 구축하고 유지하는 것과 더 일반적으로 관련되기 때문에 이러한 표제 하에 포함된다.

공보는 금융기관에 많은 혜택을 제공한다. 그것은 심각한 시간 비용을 들이지 않고, 큰 청중에 접근을 제공하고, 메시지는 고도의 신용성을 지닌다고 생각된다. 정보는 금융기관 그 자체로부터 보다는 독립적인 혹은 준독립적인 원천으로부터 나온다고 보여 진다. 그렇지만, 이것도 금융기관에 대한 최종 제시와 정보 타이밍이 텔레비전, 신문과 온라인 뉴스제공자와 같은 매체에 의해 편집될 것이기 때문에, 이행하고 통제하기 더 어려운 촉진형태들 중의 하나이다.

전통적으로, 공보와 홍보는 정규적인 정보를 주는 인쇄물을 만드는 것에 중심이 있고 저널리스트와 좋은 접촉을 하고 있는 것으로 보여 진다. 결과로서, 그것들의 중요성은 과소평가 되곤 한다. 그렇지만, 광고 면적과 비용에 대한 증가적인 압박으로 인해, 공보의 중요성은 쉽게 증가하는 것 같다. 두 분야는 기업이미지 창출과 스폰서십에 특별한 주의가 요구된다.

1. 기업이미지

기업이미지와 금융기관브랜딩의 중요성은 본장의 앞부분에서 일찍이 언급되었다. 적절한 기업이미지의 개발은, 기업명성 혹은 이미지는 소비자선택에 중대한 영향을 지니기 때문에, 재무서비스 기관에 특히 중요한 홍보의 국면이다. 실제로, 기업이미지는 재무서비스 기관에 맞는 브랜딩의 최고로 중요한 형태들 중에 하나로 보여 지곤 한다. 매 12월에, PR Week 잡지는 UK에 있는 사업체들이 받는 홍보 커버리지의 정보와 본성에 기초한 기업명성에 대한 보고서를 편집한다. 유사한 보고서는 세계의 다른 부문에서 발견되어 지고, 그렇지만 재무서비스 회사들이 그러한 조사의 상위계층에 포진한다는 것이 특이하다. Australian 2005보고에서, 상위 3위까지는 Toyota, Microsoft와 Sony이다. 2005년 12월 6일 Wall Street Journal 온라인기고에서, Ronald Alsop은 명성에 대한 공중 지각에 기초하여 상위 5개의 회사들은 Johnson & Johnson, Coca Cola, Google, UPS와 3M이라고 보고했다.

호의적 이미지 창출에 공헌하는 요소들은 많고 변화한다. 명확한 기업 아이덴티티는 금융기관을 즉시 인식할 수 있게 하는데 중요하다. 금융기관의 기업 아이덴티티는 촉진 자료, 지점 네트워크와 스태프 외모와 관련된 다양한 비주얼 상징들에 의해 재현될 수 있다. 타 커뮤니케이션 형태는 이미지와 개성을 창출하는데 사용될 수 있다. 내부 마케팅이 스태프가 기업 아이덴티티에 몰입하고 기관이 창출하려는 이미지를 믿도록 장려하는데 사용될 수 있다.

2. 스폰서십

증가추세로 홍보와 바람직한 기업이미지의 창출의 중요한 특징은 스폰서의 성장이다. 이러한 커뮤니케이션 방식의 사용정도는 조직체에 따라 상당히 다르지만, 텔레비전 광고기획에 대한 치열한 경쟁과 상승하는 매체비용으로 스폰서십은 금융기관이미지를 투사하는 중요하고 효과적인 방법으로 보여 진다. 특정한 스폰서십의 사용성에 대한 특성은 후원된 활동특성과 연계된 후원 브랜드의 능력과 기업 환대를 위해 사용되는 설비를 포함한다. 후자의 특징은 스폰서십이 B2B 마케팅에 관여된 재무서비스 회사들에 의해 선호되는 이유이다. 재무서비스 기관들은 스포츠 이벤트(예 축구), 엔터테인먼트(예, 음악회)와 문화 이벤트(예, 미술전시회)를 포함한 다양한 이벤트의 스폰서십에 관여된다. 이러한 유형의 스폰서십은 금융기관을 소매고객에 의해 주시되도록 하는데 매우 효과적일 수 있다. 비용효과성과는 달리 스폰서십의 이점은 광고의 전통적인 형태들 보다 소비자에 의해 냉소적으로 비춰지지 않는 경향이 있다는 것이다.

11.4.4 판매촉진

재무서비스에서 판매촉진은 촉진의 수요 - 당기기(풀) 방법으로서 항상 묘사된다. 수요 - 풀 촉진은 구체적으로 소비자들에게 상품을 시험하고 구매하는 직접 인센티브를 제공하는 것과 관련되어 있다. 판매촉진의 사용은, 전문가 판매촉진 기관에 의해 수행된 사업 볼륨의 급속한 성장에서 보듯이, 마케팅 캠페인의 부분으로서 최근에 상당히 증가되었다.

다양한 기술들이 접근가능하나, 가장 대중적인 것들은 아마도 다음과 같다.

1. 상품사용에 결합된 혜택

이것은 재무서비스와 여러 타 부문에서 사용되는 가장 인기 있는 촉진의 형태 중에 하나이다. 소비자가 특정상품 혹은 서비스를 사용/구매한다면, 무료 혹은 할인된 선물을 받는다. Barclays는 신규개인연금 고객에게 신규고객 유치를 장려하기 위한 촉진도구로서 3개월의 분담금을 면해주는 것과 같은 것을 제공하고 있다. 촉진은 지점 내 촉진 자료들에 의해 지원되고 고객과 상호작용하는 지점 사원에 의해 강화되었다. 신용 혹은 충전카드에 소비수준에 근거한 Air Miles와 같은 보상을 제공하는 로얄티 계획은 재무서비스에서 광범위하게 사용되고 상품 - 사용 혜택에 근거한 촉진의 또 다른 예이다. 이러한 계획들은 이 책의 III부에서 더 자세하게 논의된다.

2. 축소 가격

이것은, 단순히 축소 가격으로 소비자에게 상품을 제공한다는 사실에서, 판매촉진의 가장 직접 방식을 구성한다. 이것은 쿠폰을(아래를 보라) 주는 것과 유사하지만, 쿠폰을 가지고 있는 소비자들에게 제한되는 것보다 누구에게도 쓸모 있다. 예를 들어, Citibank는 Citibank Blue Credit Card를 진수했을 때 촉진장치로 1년 요금을 면제했다.

3. 경쟁

경쟁은 촉진의 인기 있고 쉽게 관리할 수 있는 형태이다. 상품의 소비자들은 매력적인 상을 획득하기 위해 경쟁에 입문하는 기회를 제공받는다. Citibank의 '99 Wishes' 캠페인은 카드소지자에게 99개의 목록으로부터 상위 9개의 소원을 보내도록 허용하는 경쟁이고, 그들의 목록이 그 날의 인기 있는 목록과 부합하면 고객의 첫 번째 소원이 충족되었다. 오직 Citibank 고객만이 입문할 수 있었기 때문에, 이것은 주지시키는 것뿐만 아니라 신규고객을 Citibank로 권하려는 일종의 경쟁으로 볼 수 있다. 유사하게, Standard Chartered는 Standard Chartered Motorists' Club 비자에 서명한 사람에게 상 - 뽑기의 입문을 제공했다.

4. 쿠폰주기

할인 쿠폰은 판매촉진과 아마도 가장 흔하게 연계된 기법이다. 많은 회사들이 어떤 표적 고객들에게 직접 메일을 통해서 특정한 할인을 제공할 지라도 재무서비스에는 흔치 않고, 구매를 장려한다는 사실에서 유사한 효과를 가질 수 있다. 관련 개념은 초기 오퍼의 것이고 점점 늘어나는 재무서비스 제공자들은 신용상품에 초기할인을 제공하던지 혹은 저축상품에 초기 이자 우대를 제공하고 있다.

판매촉진은 소비자를 장려해서 실제로 구매를 하도록 디자인되어 있기 때문에 AIDA의 최종단계에 매우 효과적일 수 있다.

11.5 요약 및 결론

촉진전략은 금융기관과 고객, 직원 그리고 타 이익 당사자들 간에 커뮤니케이션의 모든 측면을 다룬다. 4개의 주요 촉진도구들이 기관에 유용하다 - 광고, 공고, 판매촉진 및 인적판매. 이러한 도구들 간에 균형은 전체의 마케팅전략, 상품의 특성, 조직의 자원과 표적시장의 본성에 따라 변할 것이다. 어떤 촉진 믹스가 선택되었든지, 커뮤니케이션 과정의 효과성은 정확한 표적청중에게, 정확한 시간에 최적의 매체를 통해서 제시되는 명백하고 애매모호하지 않은 메시지개발에 의존한다.

촉진은 재무서비스에 항상 중요해 왔지만, 오히려 그것의 중요성은 증가하고 있다. 재무서비스의 시장은 빠른 변화의 기간을 겪고, 경쟁수준은 증가하고 있다. 규제 철폐, 증가된 소비자 식견과 기술 발전은 마케팅, 특히 촉진활동의 빠른 성장을 장려했다. 재무서비스 기관은 지금 일련의 표적청중에게 다양한 상품과 브랜드 메시지를 교신하는데 유의한 량을 소비한다. 촉진에 유의한 량의 마케팅 지출을 들이면서, 촉진활동이 조심스럽게 계획되고 운용된다는 것과 금융기관의 나머지 타 마케팅 활동과 일관된다는 것이 중요하다.

복습 문제

1. 금융기관이 사용하고 있는 광고 캠페인을 생각하라. 커뮤니케이션 과정에서 타 단계들은 무엇인가? 이 캠페인을 예로 사용해서, 설명하라.
2. AIDA란 용어로 무엇을 이해하는가? 이러한 구조는 특정 재무서비스의 촉진방도를 선택하는데 어떻게 사용될 수 있는가?
3. 경상지출광고와 지출하지 않는 광고 간에 차이점은 무엇인가? 단위신탁 마케팅에 가장 효과적인 것은 무엇이라고 생각하는가?
4. 4개의 주요 촉진도구들의 강점과 약점은 무엇인가?

CHAPTER 12

가 격 책 정

chapter 12 가격책정

학습목적

이 장을 다 공부한 후 귀하는

- 재무서비스 마케팅믹스에서 가격책정을 역할을 설명할 수 있고,
- 재무서비스에서 가격책정과 연계된 복잡성을 이해할 수 있고,
- 가격을 책정하는 타 접근과 방식들을 이해할 수 있을 것이다.

12.1 서론

마케팅 믹스의 모든 구성요소들 중에서, 가격책정이 마케팅 경영진에게 가장 문제가 되기 쉽다. 마케팅 믹스의 모든 타 구성 부분과 달리, 가격책정은 수입의 결정과 관련이 있고, 상품마진과 이익을 도출하는데 결정적인 역할을 한다. 많은 재무서비스 기관들에서 가격은 마케팅 기능의 조절 하에 있지 않은 믹스 요소이다. 진실로, 마케팅팀이 가격을 책정하는데 영향력을 가지고 있지 않으나, 가격이 금융기관의 타 부분에 책정된 가격의 수동적인 수용자가 되는 것은 다반사이다. 보험회사의 경우 가격은 보험통계적인 기능 중에 하나로 규정된다. 은행에서는 가격이 재무 혹은 재정 부분에 의해 책정되는 반면, 사회를 구축하는데 있어서 재무팀의 특권이다. 그러므로, 가격책정은 많은 내적 기관의 정치활동의 원천이고, 모든 관련 당사자들이 적절하게 동맹적인 방식으로 과정에 참여하도록 조심스럽게 취급되어져야 한다.

본 장은 재무서비스와 관련하여 가격책정의 개관을 제공한다. 가격책정의 역할과 특성에 관한 논의로 시작해서 재무서비스에서 가격책정과 연계된 몇

개의 도전들을 더 자세하게 조사한다. 다음의 절들은 가격 - 책정 방법, 가격차별과 연계된 이슈들, 가격결정과정과 개괄적인 가격책정 전략의 본성을 고려한다.

12.2 가격의 역할과 특성

가격은 시장교환에서 구매자와 판매자를 위해 재화 혹은 서비스의 가치로서 정의되었다. 의도적으로 가격은 화폐적인 가치로서 표현되고, 그와 같이 금융기관의 재무성과가 평가되는 측정규준이다. 그러므로 가격은 구매자와 판매자 혹은 고객과 제공자를 위한 가치측정이다. 고객의 관점에서 가격은 많은 기능을 수행한다.

- 경쟁옵션들을 비교하는 척도로서 사용된다.
- 가치가 평가되는 수단이다.
- 상품 혹은 서비스 품질의 지표로 사용될 수 있다.
- 재화 혹은 서비스의 비용을 표시한다.
- 구매주기 혹은 개별 구매량에 영향을 미칠 수 있다.

제공자에 관한 한, 가격은 다음 이유들 때문에 중요하다.

- 마진과 이익의 중요한 결정자이다.
- 상품과 서비스의 수요수준에 영향을 미친다.
- 상대적인 경쟁포지션에 영향을 미치는 주요 역할을 한다.
- 제공자로 하여금 단기의 량 혹은 마진의 우선권을 성취하도록 빠르게 적용될 수 있다.

마케팅 믹스의 타 요소들과 결합하여 상품 라이프사이클의 타 단계에서 변화될 수 있다.

전형적인 유형재 마케팅 교과서에서, 가격은 시장에서 발생하는 사건 혹은 기회적인 상황에 반응하여 빠르게 변화할 수 있다고 보는 것은 통례적이다. 그렇지만, 일부 상품의 경우 가격을 변화시키는 것이 극도로 시간 소모적이고 비용 소모적일 수 있다. 예를 들어, 생명보험분야에서 가격변화의 운용은 보험통계와 시스템 부서로부터 주요한 자원을 요구하는 복잡한 문제일 수 있다. 보편적인 시스템 설계에 의존해서 가격변화는 신상품 진수의 자원만큼을 요구하고, 비교할 수 있는 리드타임을 포함한다. 그렇지만, 어떤 이자율 중심의 상품과 같이 급한 데드라인에 매우 유연하고 반응적인 타 상품들이 있다.

12.3 재무서비스에 가격을 책정하는 도전

패키지 재화의 마케터들에게 가격책정은 고객에게 발생되는 비용이 고객이 지불하는 가격이므로 상대적으로 간단한 문제이다. 이익의 출현은 이해하기에 단순하다. 그것은 모든 직접과 간접비용을 제외한 구매가격이다. 그렇지만, 가격책정은 재무서비스의 경우에 훨씬 더 복잡하다. 가격책정과 연계된 용어는 복잡하고 다양한 이슈 그 자체이다. 예를 들어, 다음 상품들과 가격이 표현되는 방법을 생각하라.

상품	가격과 연계된 용어
평생(whole-of-life) 보험정책 입찰; 오퍼 차액 초기부담 연간 관리부담 정책요금 조기해약 위약금 시장가치 정산 충고비용	프리미엄

상품	가격과 연계된 용어
수익축소	
모기지	조정요금
이자율	
평균등가율(AER)	
조기상환 위약금	
무담보 대부	이자율
연간 퍼센트비율 (apr)	
현행계정	초과인출율
부담 - 초과인출 조정요금	
부담 - 월권의 초과인출요금	
부담 - 추가 명세	
부담 - 체크 신청요금	
개인연금	분담금
초기부담	
입찰; 오퍼차액	
부담금	
정책요금	
연간 관리부담	
충고비용	
수익축소	
신용카드	연간 요금
연간 퍼센트 비율(APR)	
평균등가율(AER)	
납기 후 지급부담	
이자부담	
손해 보험	프리미엄
초과부담	

이번 세트의 예제로부터 고객은 가격을 표현하는데 사용되는 광범위한 용어들에 친숙해질 필요와 직면되어 있다는 것을 쉽게 알 수 있다. 추가적으로, 고객의 전체 비용은 여러 가지 다르게 표현된 부담들의 축적으로 자주 이루어진다. 많은 상품들의 경우, 상품에 지불된 개념상의 금액은 부담금이 차감된 고객투자를 나타낸다는 사실로부터 발생하는 추가적 혼돈이 있다. 그러므로 연금에 지불되는 분담금, 기부금 저축계획에 지불된 프리미엄 그리고 상호펀드에 이루어진 투자 모두는 고객을 위해 투자되고 있는 총액을 나타낸다. 그것들이 정확하게 가격을 나타내지는 않고, 가격은 고객이 치룬 희생을 의미한다. 이런 경우에 가격은 상품제공자에 의해 차감된 다양한 부담금으로서 설명된다. 그렇지만 주택내용물과 자동차보험과 같은 손해 보험상품의 경우, 프리미엄은 실제로 고객에게 가격으로 나타낸다. 그런 경우에는 프리미엄에 반영된 투자내용은 없고, 계약기간 만기 시에 펀드상환이 없다. 클레임이 발생한다면 초과부담지급과 같은 고객에게 징수되는 추가 부담이 있을 수 있다.

기한 보험은 고객이 지불하는 프리미엄에 반영된 투자내용이 없다는 점에서 손해보험과 유사하다. 프리미엄은 일정수준의 생명보호 커버를 제공하는 비용을 제공하는데 대부분 사용된다.

소비자가 재무서비스 상품에 지불하는 가격을 완전히 평가하는데 직면하는 어려움은 복잡성과 부담금 축적의 조합에 의해 더욱 복합화 된다. 재무서비스 가격책정에 적용된 전문용어의 범위로부터, 그리고 소비자가 여러 형태에 투자하는 총액의 취급을 둘러싼 추가된 혼동으로부터 복잡성이 어떻게 발생하는지를 이미 관찰했다. 더 평가해야 할 이슈는 상품의 생명기간 동안 부담금이 축적되는 방법이다. 개인연금의 경우를 Box 12.1에서 고려하라.

투자정책의 라이프타임 동안 축적된 부담금의 영향을 제시하고자 한다. 수익축소(RIY)라고 불리는 방법이다. RIY는 소비자 투자에 대한 평균 연간 수입을 어떻게 줄이는가에 의해 부담금의 영향력을 보여줌으로써 운영된다.

예를 들어, 개인연금에 대한 축적된 부담금의 영향력이 2.8퍼센트의 RIY를 가진다면, 소비자가 분담금으로부터, 즉 7.5%의 연간성장을 받는 대신에 4.7%의 실제 수입을 받는다. 타 방법을 보면 2.8% RIY의 효과는 투자에 대한 수입을 37%(2.8÷7.5×100)줄인다.

이미 논의된 복잡성과 혼동은 비용과 가격책정에 관한 상대적인 투명성 부족에 기인한다. Llewellyn and Drake(1995)는 재무서비스의 가격책정을 고려할 때 가격책정의 2가지 주요형태, 즉 명시적 혹은 열린 가격책정과 암묵적 혹은 닫힌 가격책정 간에 구별하는데 도움이 되어야 한다고 제시한다.

BOX 12.1 개인연금 - 직설적인 부담금 축적효과

소비자가 개인연금(PP)에 매월 300유로화를 분담금으로 내고 30년의 기간 동안 그렇게 해왔다고 가정하자. PP는 다음의 부담금을 내는 구조로 구성되어있다고 또한 가정하자.

초기부담금	5%가 각 분담금으로부터 차감된다.
정책요금	매월 2 유로화의 요금이 차감된다.
연간 관리부담금	고객 펀드가치의 1%의 AMC가 매년 차감된다.

그러므로, 30년 기한의 과정동안 소비자는 다음의 부담금을 발생시킨다.

초기부담금(300유로 × 5% × 12 × 30)	5400 유로
정책요금(2유로 × 12 × 30)	20 유로
AMC(7.5%의 평균연간성장을 가정함)	32730 유로
총비용	38850 유로

그러므로, 개인연금이 유효한 30년의 과정 동안에 소비자는 총 부담금으로 38,850 유로를 지불할 것이다.

12.3.1 명시적 혹은 열린 가격책정

이 접근은 서비스에 지불된 가격을 매우 투명하게 한다. 소비자는 이 서비스에 지불할 것에 대해 투명하고 정확한 숫자를 제시받는다. 은행이 ATM 인출에 대해 청구할 때, 신용카드회사가 연간 요금을 청구할 때, 이것이 명시적 가격책정의 예이다. 이 접근은 소비자와 공급자에게 매우 투명하다는 이점을 가지고 있다. 공급자는 대략의 수입을 예상할 수 있고, 소비자는 서비스의 비용을 명확하게 알게 된다. 더욱이, 명시적 가격은 기관이 타 서비스의 비용을 신호하게 하고, 소비자행동에 영향을 미치는 방법으로 가격을 사용하게 한다. 예를 들면, 지점 기반의 거래는 (높은 비용 때문에) 상대적으로 높게 가격이 책정되었다면 그리고 ATM 거래는 (낮은 비용 때문에) 상대적으로 낮게 가격이 책정되었다면, 금융기관은 ATM을 선호하여 지점 기반의 거래로부터 옮기도록 장려하는 가격책정을 사용할 수 있었다. 그렇지만 명시적 가격책정의 좋고 효율적인 시스템을 운영하는 것은 비용기반과 비용할당의 원리를 철저히 이해하는 것을 요구한다. 앞에서 설명하였듯이, 이것은 재무서비스기관에게 어려운 분야일 수 있다.

12.3.2 암묵적 혹은 닫힌 가격책정

이것은 소비자에게 실제 가격이 불투명하고 소비자에 의해 지불되지 않는 것처럼 보이는 가격책정 시스템이다. 무료뱅킹을 제공하지만 신용잔고에 이자를 지불하지 않는 은행은 암묵적 가격책정정책을 추구하고 있는 것이다. 소비자는 그것을 인지하지 못할 수 있으나, 현저한 신용잔고의 크기를 근간으로 효과적으로 가격을 지불하고 있다. 유사하게, 보통의 저축 상품을 제공하는 금융기관은 서비스에 대해 명시적으로 청구하지 않을 수 있으나, 비용을 커버하고 이익이 발생하도록 초기지급의 일부 몫을 차지할 것이다.

암묵적 가격책정은 금융기관과 고객에게 매우 단순하다는 이점을 가지고 있고, 반드시 비용에 대하여 자세한 이해를 요구하지 않기 때문에 상대적으로 저 행정처리비용이 든다. 그렇지만 이 접근에 유의한 단점이 있다. 첫째, 고객지불가격과 은행지불수입이 이자율 혹은 소비자의 저축/투자액에 따라 변할 것이다. 둘째로, 제공되는 모든 서비스가 무료처럼 보이기 때문에 소비자들이 더 저비용의 서비스로 이동할 인센티브가 없다. 셋째로, 암묵적 가격책정은 교차 - 보조에 대한 잠재력을 만든다. 예를 들어, 상당한 정(+)의 신용잔고가 있는 고객은 최소의 신용잔고가 있는 고객보다 일정 서비스에 대해 훨씬 고가격을 지불할 것이다. 사실상 큰 신용잔고가 있는 고객은 작은 신용잔고를 가지고 있는 고객에게 제공되는 서비스를 보조한다.

12.4 가격을 결정하는 방법

경제이론의 많은 요소들은 어떻게 가격수준이 정착되었는지를 이해하게 해준다. 수요곡선은 가격과 수요 간의 관계를 이해하는 보조로서 유용하다. 〈그림 12.1〉에서 보듯이, 주어진 상품의 가격이 낮을수록 그 상품에 대한 수요수준이 커진다.

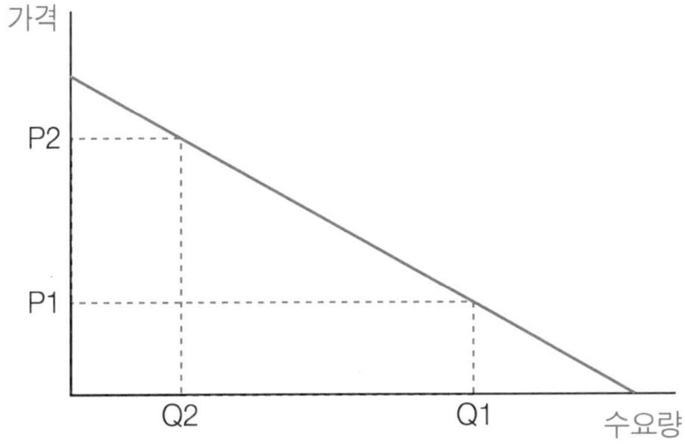

<그림 12.1> 수요곡선

〈그림 12.1〉에서 가격이 P1유로에서 P2유로로 증가함에 따라, 수요는 Q1에서 Q2로 떨어진다. 공급측면에서 가격이 높을수록 제조업자와 상품제공자가 공급하려는 산출량이 클 것이다. 그렇지만 이것은 소비자편에 경제적 합리성과 최적 가치를 확인하는 능력을 가정하고 있기 때문에, 과대단순화이다. 또한 고가격은 공급자자의 관점으로부터 고마진에 대한 대리(proxy)이다. 가격의 기본적인 경제 원리는 완전 경쟁과 연계된 특성들을 의미한다. 소비자주권은 완전경쟁의 개념에 기본적이며, 소비자는 문제 상품의 모든 특징들에 대해 상당한 지식을 가지고 있고 모든 공급자에 관한 모든 형태의 정보에 완전히 그리고 방해받지 않는 접근성을 가지고 있어야 한다. 실제적으로 그러한 조건은 재무서비스분야에는 거의 적용되지 않고, 정보대칭성이란 용어는 소비자와 제공자 지식 간에 균형을 설명하는데 흔히 사용된다. 그럼에도 불구하고, 어떤 상황 하에서는 수요가 가격축소에 의해 자극되고, 가격증가는 수요를 줄이는데 사용될 수 있다는 것은 의심되지 않는다. 예를 들어, 2005년 9월에 Fidelity는 자본의 전체 규모를 줄이는 과정의 일부로서 Special Situations 펀드의 신규투자에 적용되는 부담금을 증가시킬 것이라고 예고하였다. Shapiro and Jackson(1979)는 가격결정에 3가지 핵심접근을 제안한다.

1. 비용-기본적인 접근
2. 경쟁적인 접근
3. 시장-지향적인 접근

12.4.1 비용-기본적인 접근

간단히 말하면, 가격책정에 비용 - 기본적인 접근은 주어진 상품에 연계된 비용을 확인하고 가격에 이르는 이익마진에 더하는 것으로써 운영된다. 실제적으로 가격책정에 비용 - 기본적인 접근의 2가지 주요 변형들이 있다. 완전 - 비용 가격책정과 한계 - 비용 가격책정. 완전 - 비용 가격책정은 비용의 모든 요소(직접 혹은 변동비용뿐만 아니라 오버헤드)를 고려하는 반면, 한계 - 비용 가격책정은 재화 혹은 서비스의 제조업체와 연계된 직접비용에만 관계된다. 2개의 예는 이러한 대안적인 접근을 예시할 것이다.

예: 완전-비용 가격책정	
고정 오버헤드 비용	100,000 유로
단위당 변동(직접) 비용	25 유로
예상 판매	5,000 개
이익마진 마크업	20%
총비용	100,000 + (5000×25)=225,000
단위당 완전비용	225,000÷5,000=45
마크업(20%)	9
가격	54

완전 - 비용 가격책정의 이점은 이익이 성취되고 모든 비용이 커버된다고 확신해야 한다는 것이다. 그렇지만 비교할 수 없을 정도로 고가격을 초래할 수 있다는 잠재적으로 중요한 단점이 고질적이다. 그러한 상황은 두 가지 관점으로 발생할 수 있다. 첫째로, 예상판매에 주의 깊은 접근의 수용은 고정비용이 산출량에 기인할 수 있는 정도를 제한할 것이다. 위의 예제에서, 5000개 대신에 20,000개의 판매량을 예상한다면, 아래에 보이는 바와 같이 비용과 가격의 자료가 다른 경우를 가질 것이다.

고정 오버헤드 비용	100,000 유로
단위당 변동(직접) 비용	25 유로
예상 판매	20,000 개
이익마진 마크업	20%
총비용	100,000 + (25,000×25)=600,000
단위당 완전비용	30
마크업(20%)	6
가격	36

두 예제의 차이는 단위 당 오버헤드 비용이 20유로에서 5유로로 감소함으로써 설명된다. 제공자가 판매에 더 낙관적이라면, 더 높은 판매 예상을 선택하고 5000단위의 주의 깊은 예상에 근거한 가격보다 36% 낮은 가격에 책정했을 것이다. 두 번째 약점은 가장 근접한 경쟁자에 적용되는 가격수준을 알지 못하는 것이다. 경쟁상품의 가격이 45유로에 책정된다고 가정한다면, 54유로의 가격 태그는 매력적이지 않을 것이다라고 가정하는 것은 사려있는 일이다. 그러한 시나리오가 5000개의 예상 대신에 3000개의 실제 판매를 초래한다면, 가격이 다음과 같이 검토되어야 할 것이다.

고정 오버헤드 비용	100,000 유로
단위당 변동(직접) 비용	25 유로
예상 판매	3,000 개
이익 마진 마크업	20%
총비용	100,000 + (3,000×25)=175,000
단위당 완전비용	58.33
마크업(20%)	11.67
가격	70

그러므로, 이 예제는, 경쟁이 청구하는 것을 완전히 반영하지 못한 보수적 예상에 근거하여 자기만족의 예언을 만드는 것을 보여준다. 이것이 경쟁적이지 못한 가격을 결과하고, 판매는 기대에 못 미치고, 이것이 다시 더 가격 증가를 결과하며 비례하여 판매를 더 낮게 한다.

예: 한계비용 가격책정

한계비용을 기본으로 한 가격은 제조업체의 직접, 변동비용에 이익 마진을 더함으로써 구해진다. 이전의 예제를 가지고;

단위당 직접비용:	25유로
마크업(20%)	5유로
가격	30유로

한계적인 비용계산은, 오버헤드 비용의 귀속이 고려되지 않았기 때문에, 완전 - 비용 접근보다 훨씬 더 낮은 가격을 결과한다. 가격이 적어도 직접비용을 커버하는 한 고정비용 오버헤드에 공헌을 한다는 것을 근거로 매우 경쟁적인 상황에서 가끔 사용된다. 그렇지만 실제적으로 가격이 비현실적으로 저수준에 책정되고, 사실상 타 상품들이 직접비용 - 중심의 상품을 보조하고 있다는 것을 의미한다. 오버헤드가 무엇인가에 대해 지불되어져야하는 것은 생활의 경제적 사실이고, 한계비용을 가격책정 결정을 위한 기본으로 사용하는 강력한 상업적 이유가 있어야 한다.

지점 - 중심의 기관은 개별 상품에 대한 고정비용의 정확한 할당을 구하는데 어려움을 겪곤 한다. 은행은 전형적으로 매우 폭넓고, 다양한 상품범위를 가지고 있고, 지점 비용의 어느 정도가 개별상품에 할당되어야 하는 지를 확인하는 것은 어려움으로 가득 차 있다. 그럼에도 불구하고, 임의의 비용할당제는 오버헤드 비용이 적절히 역할을 하도록 사용될 수 있다.

12.4.2 경쟁적 접근

확인된 단점과 더불어 비용중심의 가격책정보다도, 가격은 경쟁자 가격수준에 근거될 수도 있다. 두 가지 변형을 흔히 본다. 현행비율가격책정과 경쟁적 입찰.

현행비율 가격책정은 경쟁상품 간 차이가 거의 없고 제공자는 가격책정자가 아니라 가격순응자임을 의미한다. 현행비율 가격책정의 아이디어는 상품과 서비스차별화에 근거한 전략과 잘 맞지 않는 것 같다. 그것은 프리미엄 가격책정에 대한 여지가 거의 없이 주로 상품화된 시장을 제안한다. 그렇지만 벤치마크 가격책정으로 불러야 되는 것이 주로 상업 영역에서 적용됨은 의심할 바 없이 사실이다. 예를 들어, 1.5 퍼센트 요금이 보통의 벤치마크인 부동산시장에서 청구되는 가격 프리미엄에는 매우 좋은 이유가 있어야 한다. 때때로 정부와 규제자는 UK의 아동신탁펀드(Child Trust Fund)에 대한

1.5퍼센트 부담금 상한과 이해관계자 연금과 같은 현행비율 가격책정을 제정할 수 있다.

두 번째 기본적인 경쟁기본 가격책정 접근은 경쟁적 입찰이다. 이 경우에, 가망 있는 공급자들이 판매할 만한 고객에게 가장 경쟁적인 입찰을 제출한다. 가격책정에 대한 그러한 접근은 국내 시장에서 거의 없으나, 기업 간 환경의 특징이다.

쉽게 인정될 수 있듯이, 그러한 방법은 지나치게 고가격을 입찰해서 사업을 획득하지 못하거나 너무 낮게 입찰하는 것 그리고 마진을 손상시키는 한 쌍의 위험으로 어려움이 있다. 경쟁적 입찰을 포함한 영역에서 성공은 소유하고 있는 기관의 비용 토대와 경쟁자의 비용 토대를 이해하는데 상당한 전문성을 요구한다. 경쟁적 입찰에 의해 특정 지워지는 시장에서의 차별화와 프리미엄 가격책정을 성취하기는 현저히 어려울 수 있다. 입찰에 성공하면, 서비스 혹은 상품 제공자는 큰 힘을 가질 수 있는 고객에게 그들 자신을 약하게 만들 수 있다.

12.4.3 시장지향적인 접근

비용과 경쟁 중심의 가격책정과 연계된 한계는 마케팅 지향적인 가격책정의 개발을 초래하였다. 마케팅 지향적 가격책정은 가격을 결정하는데 광범위한 변수를 반영하기 시작한다. 중요하게도 그것은 가격이 포지셔닝과 경쟁우위와 같은 이슈에 함유되어 있는 강력한 전략적 차원을 가진다는 것을 인식한다. David Jobber(2004)는 마케팅 지향적인 가격책정 접근의 10개 요소를 다음과 같이 확인한다.

- 마케팅전략
- 가격-품질 관계
- 상품라인 가격책정
- 협상 마진
- 정치적 요소
- 비용

- 유통업자와 소매업자에 대한 효과
- 경쟁
- 설명가능성
- 고객가치

■ 마케팅전략

가격책정은 회사가 마케팅전략 실행에 있어서 극히 섬세한 접근을 시도할 가치있는 기회를 나타낸다. 이것이 재무서비스 가격책정의 다중 - 변수 본성에 의해 부분적으로 가능하게 된다. 표준 약정 보험(level term assurance LTA)의 예제를 고려하라. 이것은 생명보험의 가장 단순한 유형 중에 하나이고, 그것의 가격(프리미엄)은 다음의 고객속성에 따라 고객 간에 다르다.

- 총 보험액
- 기간약정
- 연령
- 성별
- 흡연자/금연자
- 건강상태
- 직업
- 여가추구

위의 변수들로부터 발생하는 수열의 최대 수에 따라, 개별 가격들은 수천에 이른다. 보험자는 그러한 수천의 개별 가격들에 대해 경쟁자와 관련하여 어디에 포지션할 지 선택해야 한다. 만들어지는 선택들 중에 대항해서 벤치마크 해야 하는 경쟁자들이 있다. 이것은 타 집단의 경쟁자들이 타 부분의 LTA 시장에서 발견되기 때문에 명백하지 않다. 대답은 표적세분시장과 포지셔닝에 관해서 마케팅전략을 보충하도록 디자인되어 있는 가격책정 정책을 수용하는데 있다. LTA의 두 가설적인 제공자들과 그들의 각 전략에 일관된 가격책정을 사용할 수 있는 방법들을 생각하자.

예제: Hallmark 보험

Hallmark 보험은 USA의 동부 해안지방에 근거한 보험회사이다. 그 회사는 10년 기간 내의 보험이 들어 있는 총액에 LTA를 제공하는 것을 전문화한다. 특정한 전문영역은 Hallmark의 LTA를, 기업의 바이아웃 및 취득과 같은 목적을 위해 고가치 대부를 하는 SME 회사 디렉터를 위한 대부보호 정책으로서 사용하는 것이다. 그와 같이, 그들은 회사 재정가와 투자은행을 표적해서 상품과 서비스를 촉진한다. Hallmark은 다음 영역에서 경쟁가격전략을 설계했다.

- 100만 달러에서 2000만 달러까지 보험에 든 총액
- 5-10년의 기간 약정
- 35-55세의 개인

〈그림 12.2〉는 Hallmark가 위에서 제시된 주요변수들에 대한 4분위 랭킹에 의해 가격을 책정하는 것을 보여준다. '4분위'에 의해 25%를 의미한다. 그러므로 첫 번째 4분위는 가격경쟁력을 기초로 랭크된 회사들의 상위 25퍼센트를 의미한다.

(보험 총액 - 5~10년, 연령대 35~55세)

구 분	$1m-5m	$5m-10m	$10m-15m	$15m-20m
Q1			Hallmark	Hallmark
Q2		Hallmark		
Q3	Hallmark			
Q4				
경쟁자의 수	200	50	25	10

<그림 12.2> 우선 부문에서 Hallmark의 LTA 가격 포지셔닝

Hallmark는 매우 경쟁적인 구획을 구분하는 것을 알 수 있는데, 보험총액이 증가할수록 더 그렇다. 보험총액이 증가하면서 경쟁자 수가 어떻게 감소하는지를 보라. 그에 따라 포지션을 더욱더 중요하게 만든다.

예제: Everyman 보험 - Everyman 은행의 자회사

Everyman 보험은 Australia Melbourne에 근거하고, Australia의 선도적인 중심가 은행들 중에 하나의 방카슈랑스 지류이다. 중요한 전략부분은 은행의 영세사업 운영을 지원하고자 하고, 미래 5년 동안 대부 장부의 크기를 3배로 늘리는 목표를 가지고 있는 것이다. 영세사업 뱅킹운영은 은행에 높은 충성도를 보이는 고객들과 긴밀한 관계를 즐긴다. Everyman은행전략의 일부는 은행의 영세사업 소유자가 당연한 절차로 훨씬 더 큰 사업의 소유자와 디렉터가 계속해서 되는 것이다.

Everyman보험은 전체 Everyman대부와 보험 패키지의 부분으로서 영세사업 고객에게 경쟁적이기 위한 주요 전략을 디자인했다. 그러므로 다음 분야에서 특히 경쟁적이고자 한다.

- $50,000 Au에서 $250,000Au까지 보험총액
- 5-10년 기간의 약정
- 30-40세의 개인들

〈그림 12.3〉은 Everyman 보험이 선호되는 사업 프로파일에 따라 4분위 랭킹 약정으로 가격을 포지션한 것을 보여준다.

〈그림 12.3〉은 보험총액이 최적위치로 증가함에 따라 가격 포지셔닝을 통제하는 Everyman 보험이 더욱더 경쟁적으로 되어가는 것을 보여준다. 이러한 수준의 보험총액에서 경쟁자 수는 거의 변함없이 남는다. 보험총액, 약정과 연령의 표적이 아닌 영역에서 Everyman의 가격 포지셔닝은 세 번째 4분위 중간점에 전형적으로 위치한다. 이것이 그들이 추구 하지 않는 사업에서 좋은 마진을 성취할 수 있게 한다.

이러한 두 개의 가정의 예제들은 가격책정이 전체적인 마케팅전략에 맞추려고 어떻게 조직될 수 있는가의 명백한 지침을 주어야 한다. 1990년 후반에 작가들 중에 한명에 의해 민간기반으로 수행된 UK 약정 보험시장 연구에서, 가격 포지셔닝이 얼마나 무작위한지는 주목할 만하다. 연구된 20개의 보험회사들 중에서, 오직 1회사만 〈그림 12.2〉와 〈그림 12.3〉에서 설명된, 일종의 논리적이고 시종일관된 접근을 보여준다. 그러므로 가격책정은 회사의 시장세분화 접근과 일관된 방법으로 사려있고 상업적으로 빈틈없는 매너로 사용되어야 한다.

■ 가격-품질 관계

소비자는 가격과 품질의 관계에 대한 판단을 내린다. 고품질, 개인화된 서비스는 비차별화된 기본적인 형태의 상품화 서비스보다 제공자에게 더 높은 비용을 발생시킬 것이다.

■ 상품라인 가격책정

상품라인 가격책정은 전체적인 상품범위를 구성하는 모든 상품 가운데 통합성에 대한 필요성에 관계된다. 이에 따라 투자관리 회사는 패키지화된 투자 포트폴리오를 관리하는 것보다 개인화된 포트폴리오 관리 서비스에 더 많이 부과하도록 기대될 것이다.

■ 협상 마진

협상 마진은 고객들이 짓궂게 값을 깎을 수 있는 환경에 적용되므로 여분의 마진이 협상을 참작해 기본적인 가격표에 포함된다. 협상 마진의 포함은 판매자가 전문적인 구매자에 직면하는 B2B마케팅의 특정한 특징이다. 그러한 구매자는 협상을 수행하는데 능숙하고, 항상 개인적인 성취목적을 가지고 있는데, 조달활동의 성공적인 협상을 포함한다.

■ 비용

회사가 손실회피를 위한 가격책정을 할 때 비용이 명확히 고려되어져야 한다. 재무서비스는 개별상품에 오버헤드 비용뿐만 아니라 변동비용의 할당에 관해서 특정한 문제를 준다. 문제는 마케팅팀이 가격책정과정의 주위에 있는 환경에서 더 악화된다. 그러한 환경에서 마케팅스태프는 예리한 상업적 판단력을 개발하기 어렵다. 가격책정을 마케팅팀의 책임이라는 견해를 가지고 있는 기관은 비용에 대해서 그리고 이익이 어떻게 나오는지에 대한 확고한 이해를 가지고 있는 마케팅간부로부터 혜택을 기대할 수 있다.

■ 유통업자와 소매업자에 대한 효과

유통채널은 상품제공자를 위해 열성적이고 확고한 태도로 일할 수 있도록 동기를 주는 보상수준을 요구하기 때문에, 가격책정에 심오한 효과를 가질 수 있다. 유통의 일부 형태는 상품제공업자가 유통업자의 보상 욕구와 그들 자신의 요구이익을 만족시키기엔 고비용이 발생한다. 즉, 은행과 보험회사가 이해관계자 연금, 보험 ISA와 아동신탁펀드(Child Trust Fund)와 같은 상품들을, 그들의 비용체계가 유통업자 보상의 적정수준이라고 생각하는 만큼 마진을 남기지 못하기 때문에, 시장에 론칭하지 않기로 결정하는 것은 다반사이다.

상품제공업자에게 자주 일어나는 딜레마는 유통업자가 유통활동으로부터 보상을 최대화하려 들지만 그들의 최종 고객에게는 경쟁적인 가격을 제공할 수 있기를 원치 않는다는 것이다. 슈퍼마켓은 유통하는 상품들에 대해 좋은 마진을 협상하려하지만 고객에게는 최저가격을 제공하려하지 않는 식품영역에서 이러한 문제를 발견한다. 이것은 슈퍼마켓을 선호해 힘의 균형을 기울이고 제공업자에게 약한 포지션을 초래한다. 이렇기 때문에 예를 들어 중개업자는 자동차보험을 유통하는데 고수준의 커미션을 당연히 기대해야 하지만, 그들의 고객들에게는 낮은 프리미엄을 제공하기를 원한다. 이와 같은 특별한 동태성은 자동차보험과 같은 많은 분야에서 원거리, IT-기반의 유통방식 개발에 주요 촉매제이었다.

유통마진과 고객끌기를 최적화하는 가격을 책정하는 것에 관해서 건전한 판단 결정을 하는 능력이 결정적인 마케팅역량이라고 말하는 것은 공정하다. 선호되는 접근은 낮은 고객가격이, 고마진에 적은 량의 판매수입보다 단위당 저마진일지라도 유통업자가 최종적으로 더 고수입을 올릴 수요량을 초래할 것이라고 주장하는 것이다. 그러한 접근은 재무시장 부문에서 반드시 공통적이지는 않은 완전시장의 요소와 수요의 가격탄력성을 가정한다.

■ 경쟁

몇 가지 점에서 재무서비스의 가격책정은 타상품범주보다 경쟁에 덜 영향을 받아왔다. 비교적 최근까지 생명, 연금 그리고 투자상품들은 금전에 대한 경쟁적 가치를 확보하는 것보다 유통자 지원을 확보하기 위해 가격책정이 된다. 중요하게도 재무서비스 가격책정의 복잡성과 투명부족은 경쟁적 가격책정에 방해자로 작용한다. 다행스럽게도, 규제적인, 법제적인, 기술적인 그리고 경쟁적인 발전의 조합은 재무서비스의 가격책정에 관한 경쟁의 역할에 상당한 증가를 성취하도록 작용하고 있다.

경쟁은 상품 단순성, 소비자지식과 신뢰, 주로 최저비용옵션을 기반으로 구매하는 것으로부터의 낮은 지각위험, 제한된 상품차별화, 구매과정의 단순성, 스위칭의 편리성과 많은 경쟁제공자들에 의해 특징된 환경에서 가장 강력하게 효과가 있다. 그러므로 자동차보험은, 영세적인 회사 혹은 위급한 질병보험에 대한 뱅킹 서비스 조항보다 경쟁에 의해 더 크게 영향을 받는다고 평가될 수 있다.

■ 설명가능성

설명가능성에 의해 상품이 경쟁품들에 비해 중대하게 더(혹은 진실로 덜) 값 비싼 이유를 설명하고 정당화하는 능력을 의미한다. 보통보다 저렴한 상품은 상대적 소비자무시와 서투른 선택과 연계된 위험에 의해 유형화되는 상품분야에 소비자의심을 끌어들일 수 있다. 이것에 대한 추론은 소비자무시와 지각위험의 조건하에 보통보다 더 고가격은 품질을 의미하고 소비자확신을 심어주게 보일 수 있다. 이것은 소위 이름의 시조가 되는 빅토리아 시대의 경제학자 Robert Giffen으로부터 '기펜 효과'에 다소 가깝다. 기펜효과에 의해, 어떤 환경 하에서 가격이 오르면 수요가 오른다. 이것은 배타적인 혹은 디자이너 - 표가 붙은 재화에 대한 매력을 부분적으로 설명할 수 있다.

설명가능성은, 시장조건이 완전 경쟁에 접근될수록, 더 성취하기 어렵다. 마케터를 위한 의미는 프리미엄 가격포지션을 성취하고자 하는 마케터는 가격프리미엄을 정당화할 수 있는 적절 수준의 상품/서비스 차별화에 투자해야 한다. Barclays와 Lloyds TSB와 같은 여러 중심가 은행들이, 최근에 프리미엄가격에 더 높은 순가치 당좌계정 뱅킹서비스를 시장화하려고 시도한다는 것을 주시하면 흥미롭다. 전달된 느낌은 소비자들이 부과되는 프리미엄 가격에 충분한 가치를 주지 않기 때문에, 아무도 특별히 성공적이지 못했다는 것이다.

■ 고객가치

가격의 최종 검정은 고객들이 공정한 가치를 받고 제공자와 상호 이익이 되는 관계를 유지할 것이라고 느끼는 정도이어야 한다. 일찍이 논의한 바와 같이, (제공자의 관점으로부터) 고객가치는 대부의 경우에 다음과 같은 현저히 구별된 세트의 변수들의 함수이다.

- 차입총액의 가치
- 대부기간
- 채무불이행의 발생률
- 교차판매/타상품의 구매
- 이자 마진

그러므로 고객들이 즐기는 화폐가치의 지각을 기초로 한 고객유지는 회사의 마케팅전략에 훨씬 큰 중요성을 가정하고 있다.

12.5 상품 차별화와 판별

많은 시장에서 가격판별에 관한 규칙과 규제가 있다. 판별은 타구매자에게 적용되는 것보다 저가격에 구매자에게 제공되는 상품 혹은 서비스를 언급한다. 고가격을 부여받은 구매자는 불공정하게 취급되었다는 생각이 가격판별에 내포되어 있다. 재판매 가격유지는 한때 UK 소비재시장의 상습적 특징이었다. 그렇지만, 엄격한 가격책정 접근은 당대의 경쟁적인 환경 밖으로 점점 밀려나고 있다. 실제로는, 차별적 가격책정의 부과는 소비자 지향적인 시장의 적법하고 진정으로 바람직한 특징이라고 점점 인식되고 있다. 마케팅믹스 요소로서 가격은 일련의 구매환경에 적합하도록 조정될 수 있다. 그러한 가격변형은 타 구매 시나리오에 적용되는 그야말로 저비용의 반영일 수 있다. 예를 들어, 소비재영역에서 대량으로 청량음료를 구매하는 것은 최종 소비자에게 단위당 저비용으로 반영될 수 있는 유통 채널에 그야말로 비용절감을 의미한다. 유사하게, 대량 할인은 청량음료시장과 연계된 유통채널에 적용된 가격책정구조의 방어적 양상이다. 백만 상자의 펩시콜라를 구매하기로 약속한 소매업자는 간헐적으로 오직 한 타의 상자를 구매하는 자보다 좋은 가격을 받기를 기대한다.

이와 같이 철도회사가 러시 워 시간 동안에 적용하는 것보다 저가격을 부과함으로써 기차의 비성수기 사용수준을 높이도록 자극하는 것은 전적으로 이치에 맞는 것이다. 이런 방도로 더 효율적으로 자원을 사용함으로써 차별적 가격책정은 공급자와 고객뿐만 아니라 더 큰 공동사회의 관심이 된다. 교대로, 이것이 (더 고갈시키지 않고) 유지하는 목적 - 넓고 다양한 내용에서 계속해서 늘어나는 중요성을 가정하는 이슈에 공헌한다.

그러므로, 의도적으로 가격판별을 통해 한 집단의 고객들을 불리하게 하는 것은 매우 바람직하지 못한 처리이다. 타 측면에서, 가격차별화는 다양한 범주의 이해관계자의 관심을 끄는 많은 긍정적인 특징들을 가지고 있다. 차별적 가격책정은 그야말로 제공자편의 상업적 고려뿐만 아니라 고객특성까지도 반영하면서 많은 요소들은 기초로 할 수 있다.

- 대량 구매와 연계된 저비용
- 노동비용과 지대에 있어서 지리적 편차와 같은 타 요소에 따라 변화하는 비용
- 구매자 특성에 따라 변화하는 비용 - 예를 들어, 나쁜 신용 이력을 가지고 있는 사람이 대부에 불이행할 성향이 높다는 것을 가리키므로 고이자율을 지불할 수 있다.
- 비성수기 이용능력
- 인구통계적인 요소 - 연령, 고용상태, 성별.

주장컨대, 가격차별은 재무서비스분야에서 특히 선진화되었다. 가장 시각적인 예는 생명보험으로 가격이 연령, 성별, 직업과 건강상태에 따라 차이가 있다. 이런 경우에 가격차별은 연령 등에 따라 변화하는, 죽음을 면할 수 없음에 관한, 그야말로 비용관련 요소들에 기초한다.

타 유형의 고객들과 연계된 차별 비용은 선호생명(preferred lives) 보험회사에 대해 기본으로서 작용해 왔다. 이것은 회사가 증거로 명백히 정의된 비용우위를 기초로 구체적인 세분시장을 표적한다. 예를 들어, SAGA Financial Services는 자동차보험에 상대적으로 낮은 프리미엄을 제공하는데, 50대 이상 - 상대적으로 낮은 클레임 경험을 가지고 있는 연령 코호트에게만 판매하기 때문이다. 사업명부로부터 젊은 운전자들이 제외시킴으로써 SAGA는 높은 클레임발생과 연계된 비용을 줄이고 있다.

선호생명 접근은 명백한 고객특성이 고객가치와 직접 그리고 물리적 관계를 가지고 있는 많은 상황에 적용될 수 있다. 예를 들어, 건강보험에서 회사는 호의적인 건강상태를 가지고 있는 개인들만 표적하려고 해야 한다. 선호생명 보험을 인정할 수 있는 것에 관해 세계에 명백한 차이가 있다는 것을 명심해야 한다. 어떤 사람들과 정치적 기관들에는 선호생명 보험이, 보험이

전체적인 공공재로 가장 쓸모가 있기 위해 풀제를 사용해야 한다는 사실에서 모순으로 보인다. 이러한 철학적 원칙은, 프리미엄은 연령을 기초로 판별하지 않는다는 프랑스의 건강상호의 접근을 지지한다. 남아프리카에서 소비자들은 대중시장을 기반으로 선호생명 접근을 수용하기 위해 필요한 정보를 내놓으려 하지 않기 때문에 개념에 적개심이 있다. 선호생명 보험은 US 보험시장에서 가장 진보되어 있다.

12.6 가격결정

금융기관이 최종적으로 합의된 판매가격에 이르도록, 일정한 형태의 과정이 요구된다. 본 장의 앞부분에서 가격이 개발되는 3개의 주요 기반들 - 즉 비용기초적인, 경쟁적인 그리고 시장지향적인 기반들을 고려했다.

그렇지만, 어떠한 기반이 사용되더라도, 가격을 책정할 때 많은 단계가 고려될 필요가 있다. 그러한 단계들의 본성은 비용기초적인, 경쟁적인 혹은 시장지향적인 접근이 사용되는지에 따라서 변할 것이다. 여기에서 마케팅접근과 일치하는 가격을 책정할 때 적용되어야 하는 과정을 고려할 것이다. 〈그림 12.3〉은 관련되어 있는 단계들을 나타내고 아래에서 논의된다.

12.6.1 1단계: 가격책정 목표에 대한 결정하라

착수시점에 추구하고 있는 재무적인 그리고 비재무적인 목표들에 관한 투명성이 필요하다. 전형적인 재무적 목표들은 다음을 포함해야 한다.

- 판매가치
- 마진
- 이익
- 자본에 대한 보상

비재무적인 목표들은 다음 것들 중에 하나 혹은 둘을 포함할 수 있다.

- 판매량
- 시장점유율
- 시장포지션
- 고객가치

12.6.2 2단계: 10개의 가격책정요소의 영향력을 평가하라

바람직한 가격책정목표에 대한 의견을 형성하면서, 다음 10개의 요소들이 최종 가격에 어떻게 영향을 미치는지에 대한 평가를 수행하는 것이 중요하다.

- 마케팅전략
- 가격-품질 관계
- 상품라인 가격책정
- 협상 마진
- 정치적인 요소
- 비용
- 유통업자에 대한 효과
- 경쟁
- 설명가능성
- 고객가치

1단계	가격책정 목표에 대한 결정하라
2단계	10개의 가격책정요소의 영향력을 평가하라
3단계	직설적 가격책정 접근을 제안하라
4단계	가격/수요 관계를 모형화하라
5단계	가격책정 목표에 대한 영향력을 평가하라
6단계	경쟁자와 유통업자로부터 기대되는 반응을 평가하라
7단계	관련 있는 내부 부서들과 상의하고 가격에 동의를 구하라
8단계	활용계획을 책정하라
9단계	가격을 론칭하라

<그림 12.3> 가격결정과정

12.6.3 3단계: 직설적 가격책정 접근을 제안하라

분명한 가격목표 세트와 관련 영향들의 평가로 준비되면, 직설적 가격이 제안될 수 있다. 과정상 이 단계는, 계산되어져야 하는 커다란 형태의 개별 프리미엄이 있는 보험관련 사업의 경우에 상대적으로 복잡할 수 있다. 그러한 경우에, 주요 시장 포지셔닝을 나타내는 많은 구체적 헤드라인 프리미엄들이 제안되는 것을 추천한다. 타 부문의 재무서비스 - 예를 들어, 모기지 - 에 대해서 단순히 하나의 이자율을 제안하는 경우이므로 간단하다.

이것도 역시 특별한 촉진적 가격책정과 같은 요소가 고려되는 단계이다. 예를 들어, 신규 저축자를 유치하려는 회사들이 첫 6개월 동안 보너스 이자율을 제공하는 것은 보통의 일이다.

이 단계에서 설명되어야 하는 가격의 타 측면들은 다음과 같다.

- 신분요구 - 예를 들어, 자동차보험에 대한 노우(no) 클레임 보너스, 소득, 직업, 재무이력, 증거기록
- 볼륨(량) 관련 요소 - 예를 들어, 고가치 대부에 부과되는 낮은 이자율
- 결합된 부과금 - 예를 들어, 기한 초과 지급에 대한 벌칙요금, 비공인 초과인출 부과금
- 고객 분담금 - 예를 들어, 손해 보험계약에 초과지급 수준, 고정비율 모기지 대부에 대한 조기청산 벌칙금

12.6.4 4단계: 가격/수요 관계를 모형화하라

주어진 제안가격에서 수요의 가격탄력성이 작동하는 방법을 모델화하는 것이 적절할 것이다. 저가격이 시장점유 혹은 판매량에 의해서 중요하게 향상된 결과를 초래할 수 있는지와 같은 다양한 교환(trade-off)을 만드는데 사용될 수 있다. 그러한 결과는 손익분기점에 대한 영향력과 이익출현에 비춰

서 판단될 필요가 있을 것이다. 생명보험 정책에 대해, 신사업 부담과 이런 고로 자본요구에 대한 물질적 영향을 가질 수 있다.

12.6.5 5단계: 가격책정 목적에 대한 영향력을 평가하라

4 단계에서 수행된 모델화는 바람직한 가격책정 목표를 성취하는데 직설적 가격의 가능한 영향력을 평가하는 주요한 투입이다. 비호의적인 견해는 가격책정 목표 혹은 직설적 가격책정 접근에 변화를 만들 필요를 초래할 수 있다. 더 많은 자원을 전 과정에 위임하기 전에 관련 당사자들이 이 단계에서 조율하는 것을 충고할 수 있다.

12.6.6 6단계: 경쟁자와 유통업자로부터 기대되는 반응을 평가하라

어느 정도, 이 단계의 일부 요소들이 3, 4, 5단계에서 이미 반영될 것이다. 그렇지만 분명한 평가가 이루어질 필요가 있을 시점이다. 시나리오기획은 모든 유통업자와 경쟁자 옵션을 고려하는 수단으로 수용할만한 접근일 수 있다.

12.6.7 7단계: 관련 있는 내부 부서들과 상의하고 가격에 동의를 구하라

적절한 수준의 상담과 협력이 이미 발생되었기를 기대한다. 많은 회사들은 가격이 최종적으로 합의되기 전에 확약이 요구되는 정식의 가격책정과 신용 위원회를 가지고 있다.

12.6.8 8단계: 활용계획을 책정하라

재무서비스에서 가격을 책정할 때 광범위한 복잡성이 있고, 일부 경우에는 광대한 과제관리가 요구될 것이다. 상당한 IT 자원을 포함하고 있는 가격책정 일들이 꽤 일찍이 - 아마도 이 과정의 1단계 이전에 계획된다. 시스템 자원은 항상 주요 경로의 중요한 요소이고, 표적 론칭 날짜가 맞추어 지려면 관련된 인사의 사용가능함이 초기 단계에 계획되어져야 한다. 여타 기능으로부터의 스태프는 똑같이 중요한 역할을 - 예를 들면 가격책정 보험통계를 가질 수 있고, 그래서 그러한 사용가능함의 기대는 적절하게 기획되어져야 한다. 적절한 행정스태프를 적시에 포함시키는 것에 당연한 관심을 가져야 한다. 그들이 그러한 활동에 다소 재고해야 할 것으로 취급되는 것은 결코 흔하지 않은 일이 아니다. 그러한 간과는 회피해야 한다. 활용계획으로 요소화될 필요가 있는 타 요구들은 가격목록, 서류와 평가명부, 컴퓨터 처리된 예제 시스템, 거래 커뮤니케이션, 고객 커뮤니케이션 그리고 스태프 훈련을 포함한다.

최종적으로 기존상품에 대한 가격변화는 경로상품사업에 관한 컷오프 날짜들을 참고할 필요가 있다.

12.7 가격책정전략과 촉진적 가격책정

마케팅믹스의 모든 요소들이 선택된 상품 혹은 기업의 포지션을 지원하기 위해 보완적이고 일관된 매너로 상호작용하는 것은 자명한 일이다. 그러므로, 프리미엄 - 품질의 서비스가 고객에게 명확한 부가가치적인 특징을 산출하도록 기대될 수 있고, 고품질의 시장 포지션을 유지하는 매너로 촉진되어야 하며, 우수한 특성을 반영한 기격을 도출할 수 있어야 한다. 가격책정은 그런고로 재무목표들을 성취할 뿐만 아니라 상품 혹은 기업의 포지션과 일관되어야 한다. 진실로, 이 두 개는(재무목표와 상품 혹은 기업의 포지션) 밀접하게 상호관련이 있다. 이런 방법으로, 가격사용에 관한 전략은 더 포괄적인 마케팅전략과 제휴되어야 한다. 그렇지만 어떠한 조정도 당연히 전체 상품포지셔닝을 고려하여 달성되고, 가능한 전술적인 압력에 반응하여 피상적으로 사용되어서는 안된다. 신상품출시의 가격책정 전략에 관하여 〈그림 12.4〉에 보여준 옵션을 고려하는 것이 도움이 될 수 있다.

〈그림 12.4〉에 제시된 4개 옵션들의 고려는, 수요가 가시화되기를 기대하는 시간척도와 같은 시장특성 외에 경쟁우위정도와 가치와 같은 상품특성에 당연히 고려할 필요가 있다. 그것은 투자보수에 대한 회사의 기대에 의존하기도 한다.

싸움의 원천이 되곤 하는 가격전략의 측면은 기존고객에 대립하는 것으로서 신규고객에게 청구되는 가격들 간에 관계한다. 사실상, 이것이 본 장 앞부분에서 논의된 가격차별의 후속 변형이다. 이러한 실행은 저축, 대부와 신용 분야에서 특히 흔히 발생하는 일이고, 실재하는 딜레마를 가진다. 저축예금계정의 사례를 보라. 예금수취인이 기존 저축자에 적용하는 것보다 신규 저축자에게 고이자율을 제공하는 것은 흔히 있는 일이다.

구분		촉 진	
		높음	낮음
가 격	높음	빠른 스키밍	늦은 스키밍
	낮음	빠른 침투	늦은 침투

<그림 12.4> 신상품: 가격전략

주장컨대, 신규 저축자에게 자주 제공되는 프리미엄 비율은 유지할 수 없게 높고, 기존 저축자의 교차보조금의 정도를 의미하거나(때때로 '북(book)'으로 언급되는), 아니면 당연한 과정으로, 신규 저축자에게 제공되는 비율이 상당히 저이자율로 축소될 것이다. 사실상, 신규고객에게 제공되는 우위 가격은 촉진적 가격책정의 예이고, 〈그림 12.4〉에 보이는 빠른 침투전략의 변형이다. 유사한 접근은, 신규 신용카드 고객이 예를 들어 첫 6개월 동안 무

이자율을 제공받을 때, 관찰될 수 있다. 모기지 시장에서 신규 모기지 차입자가 일정기간 동안 낮은 반제이자율을 제공받는 것은 흔히 있는 일이다.

이번 10년 기간의 초반에서, Nationwide Building Society는 신규 그리고 기존 차입자와 저축자 간에 차별적인 가격책정을 하지 않는 매우 윤리적인 위치를 수용했다(사례 연구 12.1을 보라). 결과적으로, 저축상품은 소비자 재무적인 프레스로 촉진되는 어떠한 최선의 거래테이블에도 보이지 않는 경향이 있다. 이것이 Nationwide의 시장점유에 손해되는 영향을 가진다. 그렇지만 장기 시간프레임, 즉 3~5년에 걸쳐 절약하는 자에게 가중된 비율로서 제시될 때 Nationwide는 호의적으로 동료와 비교한다. 이렇기에 회사는 책임 있고 도덕적으로 올바른 가격책정 전략이라고 생각하는 것을 수용하고, 소비자들은 이것을 인식하고 이자율에 장기적인 관점을 가지기를 희망한다.

사례연구 12.1 Nationwide Building Society의 가격책정 철학

순수하게 모기지와 저축에 초점을 두는 주택금융조합과는 완전히 다르게, Nationwide는 당좌계정, 신용카드와 개인 대부를 포함한 재무서비스 시장의 모든 측면에서 효과적으로 경쟁한다.

Nationwide의 고객에 대한 접근은 상호기관으로서 확고하게 기본적인 믿음에 기초하고 있다. 경쟁적 이자율과 낮은 요금과 부과금의 재무서비스 상품을 제공함으로써 회원자격에 최선의 가치를 전하고, 이것은 공정성, 정직성 및 투명성의 정책에 의해 지원된다. 그것은 Treasury에게 스탬프 의무를 다시 살피라고 부탁할 뿐만 아니라 신용카드, 개인 대부와 현금머신 부과금에 대한 투명성의 이슈들에도 성공적으로 캠페인한다.

Nationwide의 모기지 가격책정 접근은 기존의 차입자가 신규고객에게 제공되는 저이자율을 보조하기 위해 고이자율을 지불해서는 안된다는 믿음을 기초로 한다 - 많은 경쟁자사이에 흔한 일이지만. 이러한 공정하고 투명한 접근은 신규고객과 기존고객이 일반적으로 시장선도 비율에 있는 동일한 큰 가치의 상품에 접근한다는 것을 의미한다. 그들은 어떤 요금과 부과금이라도 최소로 유지되고, 필요한 경우에, 경쟁적이고, 공정하며 바로 앞에서 공개된다는 것을 인식하는 확신도 가지고 있다.

Nationwide에 의해 제공되는 저축률은 유사한 철학에 달려있고, 정직성, 투명성과 공정성의 동일한 브랜드신뢰에 의해 지지되고 있다. Society는 장기가치를 의미하는 경쟁적인 저축률을 제공하려고 한다. Nationwide는 저축영역에 있는 많은 경쟁자들과 달리, '일시적인(flash-in-the-pan)' 초기보너스를 제공하지 않거나 상품에 이성적이지 못한 제약적인 경고를 하지도 않는다. 모든 Nationwide의 고객들은 고정 그리고 변동비율 저축상품의 광범한 선택에 접근하고 이것들은 지점, 우편 그리고 인터넷 채널을 통해서 접근가능하다. 모두는 이해하고 사용하기 쉽다.

Nationwide는 최근에 '실버 세대'를 겨냥한 저축과 보험 분야에 걸쳐 몇 가지 상품을 진수했고, 이것들이 좋은 가치를 전달하겠다는 확약을 보이고 노년 그룹의 욕구에 부합되도록 디자인되었다.

어린이 저축의 이슈에 캠페인도 시작하였고 어린이 저축 보고서(Children's Savings report)가 2005년 12월에 발행되었다. 보고서는 Nationwide가 믿기에 저축에 대한 태도와 사람들이 재무를 관리하는 방법을 변화시켜주는 활동계획을 지니고 있다. 그것은 정부로 하여금 더 많이 사람들이 저축하도록 장려하게 하고, 젊은 연령부터 시작하는 혜택을 촉진하도록 한다.

투자 상품은 전적으로 소유된 자회사, Nationwide Investment Group을 통해서도 제공된다. 상품은 초기부과금은 없고 낮은 연(annual)관리부과금을 가지고 있다 - 두 상품들은 시장에서 떨어져 있다. NIG는 고객들에게 일련의 상품들을 교차하여 경쟁적인 연 관리부과금을 제공하고자 하고, 가격책정은 시장에서 공정하고 독특하기 위해 노력한다.

일부의 사람들은 초기의 보너스나 전체적으로 부풀어진 헤드라인 비율을 제공하지 않는 정책은 Nationwide를 많은 최선의 구매 테이블의 위에 나타나지 못하게 할 것임을 생각해야 한다. 많은 다른 플레이어들이 최선의 구매 테이블에 정기적으로 나타나도록 그들의 계정과 비율을 조정한다는 것이 인정되지만, 이것이 소비자에게 더 큰 그림(picture)을 보여주지는 않는다. 한때 매력적인 비율이 단순히 사라지고 관리 저하되는가? 고객서비스와 경험이 어떻게 쌓일 것인가? 최근에 이러한 테이블들의 편집자들이 다른(그리고 일부는 '더 공정한' 이라고 말할 것이다) 접근을 적용하기 시작했고, 그렇게 하면서 상품의 오직 한 특징만 스냅사진을 찍는 것이 장기에 좋은 가이드는 항상 아님을 조용히 설명하는 진전을 만들고 있는 듯하다. 희망적으로, 미래에 더 많은 테이블들이 일정 기간에 걸쳐, 좋고, 일관된 비율을 제공하는 상품들을 반영할 것이다 - 그리고 그것이 발생할 때, Nationwide는 훨씬 더 자주 나타날 것이다.

원천: Stuart Bernau, Commercial & Communications Director, Nationwide Building Society

실제로, 많은 소비자들은 장기적인 견해를 가지지 않고 신규고객들로 그들에게 제공되는 헤드라인 비율에 의해 이끌린다. 일단 촉진적 가격책정 기간이 끝나면, 구매 이너시아가 들어와서 고객은 더 낮은 비율로 복귀한다 ('명부(the book)'의 부분이 되어서). 대체적으로, 일부의 소비자들은 계속되는 신규고객 거래추종자가 된다(때때로 경멸적으로 '비율 타트(행실이 단정치 못한 여자)'로 언급되는). 이러한 고객들은 특히 최대 우위를 얻기 위해 신용카드와 저축계정에 대한 특별한 어퍼를 이용한다.

재무서비스 회사들이 패키지 상품과 중심가 소매영역에서 접하는 촉진적 가격책정 접근을 서로 경쟁하는 방법들을 관찰하는 것은 흥미롭다. 2005년 12월, HSBC는 배너 헤드라인 '반값 세일까지 그리고 다른 좋은 제공으로 일련의 가격 - 기초적인 촉진을 통신하기 위해 중량급 촉진 전시를 사용했다. 촉진적인 전단광고의 주요 카피는 2005년 12월 28일에 시작해서 2006년 1월 31일에 끝나는 '세일'로 특별 가격촉진을 나타낸다. 이것은 제공하는 특별 모기지 촉진을 포함한다.

50퍼센트까지 깎아서, 6개월 고정비율 모기지를 대량의 50퍼센트까지 축소했다 - 100,000 유로까지의 차입에 대해 5.3퍼센트에서 2.69로 깎아서. 이 오퍼를 차지하는 것은 빠르고 쉽지만 서둘러라 - 이것은 재고가 있을 때만 오직 유효하다.

다소 유사하게, Scottish Widows는 Lloyds TSB의 점내 촉진을 했다.

> 총괄 ISA 투자에 대한 초기부담금의 50 퍼센트를 절약하라. 2006년 2월 1일부터 4월 30일까지 Scottish Widows는 총괄 ISA 투자에 대한 초기 부담금에 50% 할인을 제공하고 있다.

뒤처지지 않기 위해, Sainsbury는 특별 대부 촉진을 나타내는 점내 전시를 다음의 헤드라인으로 했다.

> 대부 세일. 최상 점내 비율. 6.1% APR (전형적). 3월 31에 마감. 금전을 차입하기에 더 좋은 시기는 없었다. 단지 6.1% APR에 최상의 점내 비율을 제공하는 Sainsbury의 은행대부세일이 지금 가능하기 때문이다.

그리고 본류의 소비재와 소매시장에 더 전형적인 촉진 접근을 모방하려 노력하는 재무서비스부문을 본다. 고참 은행관리자들은 자신들이 소매시장에 있다고 생각하고 전통적인 소매부문으로부터 스태프를 채용한다고 자주 언급한다. 아마도 위의 예제들은 신규 신입사원들이 그들의 기술을 한 분야에서 타 분야로 이전하려고 하는 증거이다. 그러한 접근들이 재무서비스부문에서 작용하는 정도를 보는 것은 뒷 날로 미루어진다.

12.8 요약 및 결론

본 장은 마케팅과정에서 가격책정의 중요성을 강조했다. 가격책정은 비용보다는 수입에 공헌하는 유일한 마케팅믹스 요소이므로, 중요성은 과소평가되어서는 안된다. 어느 금융기관에 대해서든지, 가격책정 결정은 일련의 내적 그리고 외적 요소에 의해 영향을 받는다. 재무서비스 기관은 비용책정의 큰 복잡성, 위험을 다루는 필요성, 변화성의 문제와 소비자가 가격을 이해하는데 가지는 어려움 때문에 추가적인 도전들에 직면한다.

복습 문제

1. 가격책정이 마케팅믹스에 무슨 도움이 있는가?
2. 재무서비스를 위한 가격을 책정하려고 할 때 마케팅 관리자가 직면하는 특정한 어려움은 무엇인가?
3. 비공개 그리고 공개 가격책정 간에 차이를 설명하라. 공개가격책정의 이점은 무엇인가?
4. 어느 유형의 가격책정 전략이 뱅킹서비스에 가장 적합하다고 생각하는가?
5. 빠르게 움직이는 소비재와 소비부문의 가격촉진 테크닉들이 중심가 은행과 슈퍼마켓에 어느 정도 전이된다고 믿는가?

CHAPTER 13

유통채널: 시장에 이르는 길

chapter 13 유통채널: 시장에 이르는 길

학습목적

이 장을 다 공부한 후 귀하는

- 재무서비스의 독특한 유통 본성을 이해하게 될 것이고,
- 재무서비스 제공자에 의해 사용되는 여러 가지의 유통 형태를 설명할 수 있을 것이고,
- 여러 유통 채널들의 강점과 약점을 평가할 수 있을 것이다.

13.1 서론

어떠한 마케팅믹스에서도, 유통은 상품이 편리한 시간과 장소에 표적시장에 도착하도록 하는 것과 관련되어 있다. 유형재와 관련하여서 유통결정은 채널관리와 로지스틱스와 관련되어 있다. 채널관리는 생산자와 제품을 유통하는 다양한 기관들(예: 도매업자와 소매업자)간에 관계를 관리하는데 포함된 모든 활동들을 언급한다. 로지스틱스는 생산 장소로부터 구매 장소로의 상품의 물리적 이동과 관련되어 있다. 소비재영역 내에서 소매는 재화가 구매되는 지배적인 채널이다. 이 채널은 상품이 제조업자로부터 소비자에게 직접 선적되는 직접 베이스로 운영될 수 있다. 대안적으로, 재화는 제조업 사이트에서 구매사이트로 간접적인 베이스로 이동될 수 있다. 간접유통채널은 생산자와 소매업자간에 삽입된 에이전트(대리인), 중개인과 도매업자의 조합을 포함할 수 있다. 유형재 유통의 로지스틱 차원은 공급체인관리로서

자주 언급된다. 유형재 유통의 성공은 판매채널의 전략과 관리 그리고 공급체인관리에서 전문성을 필요로 한다.

물론, 재무서비스의 물리적 상품은 없으므로 유통의 로지스틱스 요소는 거의 관련성이 없다. 대신에 재무서비스 마케팅에서 유통은 서비스가 고객이 편리한 장소와 시간에 유용하도록 어떻게 소비자에게 전달되는가와 관련이 있다. 3장과 8장에서 재무서비스상품이 유형재와 타 측면들을 목격했고, 그러한 차이들은 채널전략을 개발하고 시장에 이르는 길을 결정할 때 중요한 의미가 있다. 예를 들어, 무형성에 의해 재무서비스는 공급체인관리의 로지스틱 특징을 포함하고 있지 않다. 유사하게, 사멸성의 특성으로 창고와 재고관리 및 조절에 대한 필요가 없다. 소비기간, 성과의 불확실성, 우발적 소비, 투명성부족, 소비자 재무 문맹 및 수탁자의 책임과 같은 타 중요한 재무서비스의 특징들 모두는 재무서비스의 유통에 중요한 의미를 가지고 있다.

본 장은 재무서비스 유통의 본성과 관리 전반에 관해 제공한다. 본 장은 유통의 특징을 조사함으로써 시작하고, 표적시장에 재무서비스를 전달하기 위해 사용될 수 있는 여러 가지 채널들을 자세하게 고찰하고 이익과 불이익을 논의한다.

13.2 유통: 특별한 특징

재무서비스에 관한 한, 유통은 다음의 역할을 충족시킨다.

- 구체적인 상품의 적합성에 관한 적절한 충고와 안내의 제공
- 고객욕구에 대한 상품선택과 일련의 상품해결책들의 제공
- 상품구매수단
- 고객관계 수립수단
- 상품판매기능
- 재무서비스의 관련 특성에 관한 정보제공

- 상품 혹은 서비스의 진행 사용법(소비)에 요구되는 행정시스템과 과정의 접근성
- 시간흐름에 따른 고객관리 수단
- 기존 고객에 대한 추가상품의 교차판매

본 장의 과정동안 유통이 위에 있는 목록 1~6의 역할들을 설명하는 방법들에 관해 주로 초점을 둘 것이다. Ⅲ부에서 항목 7,8과 9에 구체적인 주의를 기울일 것이다.

마케팅믹스의 요소로서 유통은 타 믹스요소들과 구별되는 여러 가지 독특한 특징들을 가지고 있다. 이것들이 아래에서 논의된다.

13.2.1 비용

유통과 연계된 비용은 타 믹스요소들 모두의 합친 비용을 작게 느끼게 할런지 모른다. 예를 들어, 지점 - 기반의 소매은행의 부동산 비용은 10억 파운드를 넘을 수 있다. 유사하게 방대한 지점 네트워크와 연계된 직원을 두는 비용은 수억 파운드로 넘어갈 것이다. 생명보험회사에 대해서 규모있는 다이렉트 판매부를 개발하고 유지하는 비용은 1억 파운드를 훨씬 넘는 연간 운영비를 발생시킬 것이다.

인터넷 사용은 뱅킹 혹은 보험부문의 잠재가담자에게 극적인 비용절감을 제공할 수 있다. 그렇지만 이러한 절감은 인지와 수요를 발생시키고 신뢰와 신임을 쌓을 목적의 마케팅 커뮤니케이션 및 촉진과 연계된 큰 비용에 의해 삭감된다. 분명하게 채널전략과 연계된 비용은 가격책정과 이익성에 중요한 의미를 가진다.

13.2.2 시간스케일

확실한 채널의 개발은 결실을 맺는데 상당 기간의 시간이 걸릴 수 있다. 이것의 분명한 예는 지점 하부조직의 창설 또는 규모 있는 다이렉트 판매부

의 창설과 연계된 시간스케일이다. 유사하게 일단 시작되면 제 3자 유통조정과 관련된 시간스케일은 장기간에 걸쳐 전략적 옵션에 제약을 줄 수 있다.

13.2.3 신사업 부담과 자본 요구

일련의 투자관련 상품들의 유통과 착수 비용은 자본에 중대한 압박을 줄 수 있다. 개인연금의 경우를 보자. 신규 개인연금정책은 효력발생시 까지 오래 걸리므로 쉽게 손익분기점에 이르지 못한다. 손익분기점 도달 전까지 판매된 정책은 상품제공자에게 현금흐름 용어로 적자를 의미할 것이다. 이러한 적자는 신규 사업 부담으로 언급되고, 잉여가 발생될 때까지 적절한 자본량이 부담을 융자하기 위해 요구된다.

그러므로, 유통채널과 연계된 상품특징과 비용은 자본에 중대한 의미를 가지고 있다. 또한 이것은 상품범위의 구조, 상품공급원천과 유통방식에 영향을 미칠 것이다. 예를 들어, 1999년에 Barclay는 생명보험과 연금상품의 유일한 공급자이기를 중단하는 결정을 내렸고, 그러한 상품의 제조를 위해 Legal and General과 계약을 맺었다. Barclays가 물론 장기에서 이러한 상품들로부터 발생하는 계약이익을 보류하는 반면, 그 변화는 연계된 신규 사업 부담을 자본으로 펀드해야 하는 필요를 줄여 줄 것이다. 그러므로 Barclay는 내부의 자본수익을 향상시킬 수 있거나 그렇게 저축된 자본을 사업뱅킹과 같은 사업의 잠재적으로 더 매력적인 측면으로 전용할 수 있었다.

13.2.4 계약 조정

금융기관의 상품유통에 제 3자를 포함하는 것은 장기간 지속되는 계약조건에 공약을 요구할 수 있다. 이것이 확실성 정도를 촉진하고 장기기획을 도울 수 있는 반면, 계약기간 동안 어느 정도의 비유연성을 포함하게 된다.

13.2.5 통제의 상실

보험중개인, 재무중개인과 지명대리인과 같은 제 3자를 통해 상품을 유통하는 상품제공자는, 모든 유통채널 구성원들 간의 일관성에 관해서 요구되는 수준의 통제를 할 수 없는 위험에 처해 있다. 물질적 고객 불만이 커지면, 상품제공자 명성에 타격을 초래할 수 있다. 추가적으로, 하부 표준문서화가 발생하면 비용이 추가 발생 할 수 있고, 중개인이 상대적으로 저가치 고객을 제공자에게 소개하면 사업의 전체적인 기준 품질을 약화시킬 수 있다.

여담으로, UK 연금 오판매 스캔들에서 정책이 직접적으로 그들의 고용 하에 있는 판매대리인을 통해 잘못 판매된 경우, 상품제공자가 위로금에 대해 완전 책임을 인정해야만 하는 것을 보았다. 그렇지만, IFA에 의해 오판매된 소비자들은 관련된 IFA로부터 배상을 구해야 했다. 그러한 경우에, 상품제공자는 IFA의 판매 실시를 통제하는 위치에 있었다고 생각될 수 없다.

13.2.6 타 믹스요소와 상호의존

어느 시장에 - 이르는 - 길을 고용하느냐의 선택은 타 모든 마케팅믹스 요소들에 대해 잠재적으로 멀리 영향을 미치는 의미를 가지고 있다. 이러한 의미는 능력, 자원과 비용 그리고 타 요소들 가운데 타이밍과 반응의 형태로 발생한다.

예를 들어, 순수 인터넷 - 기반의 유통방식을 수용하려는 일반적인 보험회사는, 적어도 이론적으로 매우 경쟁적인 가격책정구조에 대한 기회를 가지고 있어야 한다. 그렇지만 그러한 전략은 금융기관이 잠재적 시장을 인터넷에 항시 접근할 수 있고, 이런 방식으로 보험요구를 거래하고자 하는 개인들에게만 제한한다는 것을 의미한다. 그것은 고도로 개발된 기술과 역량의 촉진믹스 사용을 필요로 할 수도 있다. Esure는 이러한 접근을 상품유통에 수용한 신규 손해 보험의 좋은 예이다. 회사는 인지를 창출하고 구매를 자극하기 위해 일련의 높은 프로파일 형태의 마케팅커뮤니케이션에 크게 투자해야 한다. 이것은 London Underground 시스템과 같은 장소에서 포스터 광고 및 인쇄광고와 함께 영화감독 Michael Winner를 형상화한 주요 텔레비전 캠페인을 포함한다.

유통채널로서의 원거리 판매 경우는 중대한 수요를 믹스의 인적 그리고 과정적 요소에 의존한다. 그것은 들어오는 견적에 대한 문의를 자극하고 견적 후의 요구를 충족시키는 수단으로서 다이렉트 메일을 사용하는데 주요투자와 협조될 수도 있다. 이것은 다이렉트 메일을 그리고 가능하면 인쇄로 직접반응광고를 사용하는데 중요한 전문성을 요구한다.

13.2.7 상품 인터페이스

상품특성과 시장에 - 이르는 - 길 간에 매우 밀접한 관계가 있다. 상품들이 일정한 유형의 채널에 적합하다거나, 혹은 진실로 타 옵션들을 제거한다는 것은 일정한 상품들의 본질 그 자체와 같은 것이다. 연금은 고객과(반드시 상품제공자는 아닐지라도) 판매자/충고자 간의 대면적인 상호작용을 포함한 채널전략에 대한 필요의 고전적 사례이다. 많은 이유 때문에, 소비자들은 대부분에 대해 인터넷, 직접 반응 혹은 원거리 판매에 의해 원거리 기반으로 개인연금을 기꺼이 구매하려고 하지 않는 것 같다. 신뢰, 성과의 불확실성, 성과전달을 위한 시간스케일, 그리고 소비자 재무 문맹성에 관한 이슈들은 소비자가 대면세팅으로 적절히 자격이 부여된 개인에 의해 충고될 필요를 강하게 느낀다. 이것은 소비자들 편에서 위험을 줄이는 행동의 확실한 예인 듯하다. 아직까지 어느 연금상품 생산자도 원거리 유통채널에만 의존하여 일정한 규모의 사업기준을 구축하지 않았다. 반면에, 원거리 채널에 의해 유통된 자동차 보험은 굉장한 성공이었다. 다시 말해, 이것은 소비자가 자동차보험에 대한 높은 친숙성과 이러한 유형의 상품에 관한 낮은 지각위험과 같은 요소들의 함수이다.

13.3 유통 방식과 모형

13.3.1 직접 대 간접 유통

유통의 역할과 특성을 논의해왔으므로, 21세기 환경에 유용한 일련의 옵션들을 구체화하는 것이 적절하다. 이러한 본성의 내용으로 - 이러한 유통의 대체적인 모드들이 이미 언급되었지만, 직접 대 간접 유통채널들의 기본적인 패러다임에 대해 언급하는 것이 관례적이다. 직접/간접 유통의 개념은 유형재 시장의 맥락 내에서는 매우 단순하고 분명하다. 그렇지만 재무서비스 유통에 대한 주요 접근들을 설명하는 수단으로서는 그다지 단순하지 않다. 진실로, 재무서비스 맥락에서 다이렉트(direct)라는 용어의 사용은 그것이 사용되는 불분명성으로 인해 혼동이 생기기 쉽다.

순수한 용어로, 직접 유통은 별개의 소유권, 관리와 통제 하에 있는 중간상 없이 제조업자/제공자로부터 고객에게 재화 혹은 서비스를 제공하는 것에 관계된다. 그러므로 유통이 직접적인가 또는 간접적인가를 판단하는 것은 유통채널의 구조라기보다 차라리 채널 소유권이다. 직접 시장에 - 이르는 - 길의 경우에, 고객을 유치하고 상품을 판매하는데 관여된 모든 단계들은 상품제공자에 의해 소유된다. 반면에, 간접유통은 제 3의 기관에 의해 소유된 한 형태 혹은 타 형태의 대리인을 사용하는 것을 포함한다. 상상 가능한 대로, 직접유통은 간접유통보다 고객경험을 훨씬 쉽게 통제한다. 그렇지만, 그 정도의 통제는, 어떤 형태의 간접유통이 사용된다면 발생할 것보다 더 저수준의 판매가격에서 구매될 수 있다. 일련의 요소들이 직접 대. 간접유통의 이슈들을 설명할 때 고려되어야 하며, 이것들은 아래에 요약된다.

1. 직접유통

직접유통의 이익과 불이익은 아래와 같다.

■ 잠재적 이익:

- 브랜드가치통제
- 고객경험통제
- 기업명성의 통제
- 독특한 상품과 특징으로부터 경쟁우위의 유지
- 규제적 책임의 통제
- 행위의 자유
- 전략적 탄력성
- 내부 커뮤니케이션의 투명성과 일관성

■ 잠재적 불이익:

- 직접유통은 유통 커버리지를 제한한다.
- 판매량을 억제한다.
- 시장점유를 제한한다.
- 상당량의 자본을 요구한다.

2. 간접유통

여러 측면에서 간접유통의 잠재적 이익과 불이익은 위에서 주어진 것들의 반대편이다. 그렇지만, 그것들은 별개의 리스트로 제시하는 것이 도움이 될 수 있다.

■ 잠재적 이익:

- 제공자는 유통이 아닌 타 핵심역량에 초점을 맞출 수 있다.
- 상품 품질과 비용에 초점을 맞추는 능력
- 신규 형태의 유통과 연계된 착수비용의 회피
- 국내와 국제적으로 시장의 빠른 침투를 가능하게 한다.
- 상품들을 강한 브랜드명성을 지닌 높은 프로파일의 중간상에 의해 유통되게 하는 추가 특징

- 제한적인 비용 파라미터 내에서 신규 판매채널들과 실험하는 유연성
- 경쟁자에 의한 시장접근을 제한할 런지 모른다.
- 제공자와 주요 유통업자가 궁극적으로 합병을 초래할 수 있는 영업 파트너십을 검정할 수 있게 한다.
- 자본에 대한 필요성을 줄일 수 있다.

■ 잠재적 불이익:

- 길고 변동적인 커뮤니케이션 각색은 전술적 사건에 반작용을 늦출 수 있다.
- 브랜드 가치, 고객경험과 명성에 대한 조절상실
- 규제적 위험
- 장기 유통계약은 전략적 옵션을 제한할 수 있다.
- 간접유통은 지배적인 유통업자에 대한 과도한 의존을 초래할 수 있다.

표 13.1 2003 일반보험 프리미엄의 UK 원천들

	개인라인	상업라인	해상 및 항공	총
국내브로커	10	54	88	31
체인브로커와 텔리브로커	5	5	-	5
기타 독립 중간상	16	24	4	19
다이렉트	32	7	6	21
회사 서태프	3	1	-	2
회사 대리인	5	5	2	5
기타	28	3	-	16

자료: ABI Statistical Bulletin.

직접 및 간접유통모델의 요소들을 대부분의 재무서비스영역에서 부딪히게 마련이다. 그렇지만, 어떤 영역에서는 둘 중에 하나에 대해 더 큰 경향을 보인다. 예를 들면, 소매뱅킹은 압도적으로 직접적인 채로 남아있다. 생명보험(Life Assurance)은 UK에선 증가추세로 간접적이 되었다 - 실로, 2003년 12월 31일까지 12개월 만에 신규 개별생명과 연금사업의 66% 가량이 IFA에

의해 이루어졌다. 이것에 결합된 대리인에 의해 소개된 사업을 더하면, 비율은 대략 80% 정도이다. 총 재무서비스부문 내에서 일정한 상품카테고리는 직접 혹은 간접유통에 대해 현저한 편이를 나타낸다. 표 13.1은 이러한 편이가 손해보험부문에서 나타나는 방법들을 보여준다.

13.3.2 상품구매 혹은 판매여부

현재 유용한 유통방식들의 개관을 제시하기 전에, 재무상품들이 구매되는 건지 혹은 판매되는 건지의 곤란한 이슈를 잡는 것이 중요하다. 이 이슈는 재무서비스 마케팅에 기본적인 중요성을 지니고, 처음에 7장에서 논의되었다.

재무서비스의 범위에 표현된 욕구는 쉽게 이해되고 쉽게 인정될 지라도 적극적인 상품조사와 구매행동에 참여하는 소비자편의 동기는 더욱더 알기 어렵다. 연금구매로부터 퇴직 시 향상된 소득의 혜택을 또는 생계를 맡은 자가 중환자보험정책을 구매할 때 가족이 받는 안전을 모두 잡을 수 있다. 그렇지만, 명확한 수요수준과 사전 적극적인 구매행동은 비교적 낮은 순위이다. 이러한 마음 내키지 않는 구매를 하는 데에는 일련의 요인들이 관련되어 있는데, 적어도 가격적합성은 그러한 요인이 아니다. 추가적으로, 더 큰 즐거움을 주는 재화와 서비스의 현행소비에 대한 기회비용이 있다. 의심할 바 없이 소비자의 적극적 구매환경은 모기지와 자동차보험에는 분명하다. 후자의 예에서, 자동차 소유자가 적어도 제 3자 보험커버를 들도록 하는 것은 자동차소유자들을 위한 단순히 법적 책임일 수 있다.

타 상품들은 일반적으로 판매되는 범주로 속하는 동안에 일부 상품들이 압도적으로 구매되는 확실한 사례가 있는 한, 이것은 결코 상품 구체적인 이슈는 아니다. 차라리, 상품, 고객과 상황적 고려의 상호작용에 관여되는 복잡하고 다측면적인 문제이다. 개인은 기회에 사전 행동적으로, 예를 들어, 상호 펀드를 구매해야 하고, 동등하게, 그는 또 타 기회에 상품제공자 혹은 중계자 편에서의 사전 행동적인 판매활동의 결과로써 계획되지 않은 구매를 결정해야 한다.

사전 행동적인 구매자에게 유통되는 상품들에만 기반으로 하는 재무서비스 부문은 사전 행동적인 판매에 종사하는 부문보다 물질적으로 작은 규모를 가질 것이다. 사전 행동적인 판매활동이 고객환경에 적절하다는 것은 모든 당사자(소비자, 제공자, 중간상, 규제자 및 정부)의 관심 속에 있다. 다른 표현으로, 모든 당사자의 권리가 존중되도록 조심해야 한다. 모든 당사자는 그들의 책임을 인지하고, 그러한 책임에 상응하는 방식으로 행동하는 것이 중요하다.

중간상에 의한 역할이 생명과 손해 보험 맥락에서 주목할 만할 지라도, 간접채널이 다음의 타 영역에서도 중요한 역할을 한다.

- 모기지
- 신용카드
- 담보대부
- 무담보대부
- 건강보험
- 채권자 보호보험
- 임대구매
- 주식 취급

13.4 유통채널

재무서비스를 유통하는데 사용되는 다양한 채널들이 있다. 이것들은 다음을 포함한다.

- 은행, 주택금융조합지점, 신용조합사무소와 같은 전문가 재무서비스 대리점
- 슈퍼마켓, 전기 상품, 자동차 딜러, 의류점, 백화점과 같은 비재무적 서비스 소매점
- 우체국, 부동산 중개업자와 같은 준재무적 서비스 대리점
- 재무자문사, 다이렉트 판매부, 신용 브로커, 보험대리인과 같은 대면 판매채널
- 방카슈랑스

- 송출 및 인출 콜센터를 통한 전화 판매
- 인터넷
- 다이렉트 메일
- 신문과 잡지, 상업적 라디오와 텔레비전을 포함한 직접-반응 광고
- 고용자, 거래조합, 축구클럽, 대학교와 같은 유사그룹

위의 유통방식들은 아래에 설명된다.

13.4.1 전문가 재무서비스 대리점

대리점은 최근까지 뱅킹 및 모기지와 연계된 주류 상품들에 접근하는 지배적인 수단이었다. 이러한 맥락에서, 지점은 상품들의 진행 중인 행정을 쉽게 처리하는 일련의 과정처리적인 기능을 제공할 뿐만 아니라 구매와 판매 활동이 발생할 수 있는 소매 대리점으로서 작용하는 이중적인 역할을 수행한다. 소매뱅킹에서 지점네트워크의 중요성은 지점네트워크 없이 운영하는 은행들이 세계에 거의 없다는 사실에 의해 증명된다. 예를 들어, 인도에 있는 HDFC 은행은 은행의 성공적인 시장 - 침투 전략 뒤에 중요한 요소로서 지점 네트워크의 빠른 개발에 주의를 기울인다. 그렇지만, 방카슈랑스의 개발과 더불어 은행지점들은 상품판매 대리점이 되는 것을 더 지향했고, 행정적인 기능들에 덜 관여했다. 근본적으로 고객서비스 대리점으로서의 지점으로부터 고객판매 대리점이 되는 것으로의 전이는 어려움이 없이 되지는 않았다. 구축된 지점 네트워크를 위해, 지점의 문화는 스태프가 새로운 판매지향적인 역할 - 많은 전통적인 은행 스태프가 도전적이라고 생각하는 과정을 수용해야 하기 때문에, 중요 변화를 겪어야 했다(Sturdy and Morgan 1993).

지점 그 자체는 복잡한 환경이다. 그것은 소비자가 일상적인 거래를 하고, 스태프는 판매를 하며 일련의 배후 업무들이 이루어져야 하는 영역이다. 전통적인 지점 디자인은 배후 업무과정처리에 매우 치중하여 강조를 하고, 전통적인 은행지점은 상대적으로 환영받지 못하는 환경을 제공한다. 지점 디

자인의 최근 개발은 고객 - 친화적인 환경을 확보하고 고객에게 유용한 면적을 증가시키는 것을 강조해왔다. 그러므로 은행은 열린 - 계획 레이아웃과 은행의 기업 아이덴티티에 따라 주제가 정해진 형식에 의존한다. 예를 들어, Standard Chartered의 새로운 'Financial Spas'는 객장면적을 고객들에게 내주고, 지점은 우아하게 불이 켜있고, 독서거리, 편안한 자리, 컴퓨터 터미널과 텔레비전 화면을 갖추고 있다.

많은 은행도 '구역제(zoning)'를 소개했다. 이것은 객장면적을 분할해서 특정 유형의 뱅킹거래를 위한 구별되는 영역이 있도록 하는 것을 의미한다. 예를 들어, 은행은 자주 ATMS에만 의존하는 기본적인 금전전송, 잔고확인 등을 위한 구별된 '자기서비스(self-service)' 영역을 가지도록 결정할 수 있다. 지점의 타 영역은 신규계좌, 신용카드 지원과 기본적 대부와 같은 표준 상품들에 할애될 것이다. 마지막으로, 3번째 영역은 지점스태프 구성원과 자세한 논의를 요구하는 복잡한 상품을 찾는 고객들을 위해 남겨질 수 있다.

많은 은행들도 그들의 네트워크를 효율적으로 이용하기 위해서 지점을 통해 가능한 서비스의 범위를 확장하려고 하고 있다. 다시, 주요 예제는 원-스톱 재무관리 센터 혹은 '재무슈퍼마켓'으로 표현되는 Standard Chartered의 Financial Spa이다.

신규고객을 유치하는 수단으로서 전문가 재무서비스 대리점과 연계된 이익과 불이익은 아래에 요약된다.

■ 대리점과 연계된 이익

- 무형서비스의 물질적 증거를 나타내고
- 재보험을 제공하고 제공자의 견고함을 나타내고
- 고객이 서비스 특징과 도움에 접근할 수 있다는 확신을 주고
- 강화된 브랜드인지를 성취하고
- 대면 서비스와 충고에 접근을 제공하고
- 복잡한 거래를 쉽게 수행되도록 하고

- 현금과 체크의 저축과 인출을 용이하게 하고
- 복잡한 상품을 판매하는 수단으로 특히 효과적이고

예를 들어 기존 고객들에게 추가적인 상품을 판매하는 이른바 '교차판매'를 성취하는 수단으로서 매우 효과적이다.

1. 대리점과 연계된 불이익
   - 지방과 빈곤한 공동체에 자주 불충분하게 서비스되고
   - 제한된 운영시간이 서비스접근을 한정하고
   - 지점의 배열(방위치 등)이 과거 사용패턴을 기초로 하고
   - 높은 비용이 들고
   - 교차판매의 표적 성취를 위한 스태프 압박이 고객 불만족을 야기할 수 있다.

13.4.2 비재무적 서비스 소매점(NFSR)

광범한 소매대리점들은 그들의 핵심사업의 부속물로서 재무서비스 유통에 일부 관여한다. 일부의 이러한 대리점들은 그들 소유의 제조상품을 직접 유통하는 것에 관여하고, 타 대리점들은 제 3자 상품 제공업자를 위한 대리인으로서 활동한다. 추가적으로, 일부 소매점들은 그들이 대리점 베이스로 타 제공업자에 의해 제조된 상품뿐만 아니라 그들 자신의 상품들을 유통한다는 사실에 혼합식이다. 대부분 형태의 NFSR들의 특성은 재무서비스가 그들의 핵심사업이 아니라는 것이다. 표 13.2는 전형적인 NFSR 변형들의 몇 가지 예를 제공한다.

UK에서, Tesco와 Sainsbury와 같은 슈퍼마켓은 그들 소유의 뱅킹 자회사를 설립하고 당좌와 저축계정 시장에서 큰 경쟁을 위한 촉매제로서 활동해 왔다. 타 형태의 소매점은 오랜 동안 마진의 중요한 원천을 나타내는 임대구매와 같은 다양한 형태의 파이낸스를 제공해 왔다. 그렇지만, 주류사업의 비핵심 부분이 되는 것은 이런 방식으로 유통될 수 있는 재무서비스 범위에

확실한 제한을 준다. 예를 들어, 자동차 딜러십을 통해 유통되는 자동차 파이낸스와 같은 서비스는 단일 제공자에 의해 제공되는 단일 상품인 경향이 있다. 이런 경우에, 자동차 파이낸스는 딜러 소유의 자동차판매 사업에 신용 있는 보조로 소비자에 의해 검토된다. 자동차 딜러십과 자동차 파이낸스 간에 공명은 중요한 것으로서 혹은 알맞은 적합을 나타내는 것으로서 합리적으로 비춰진다. 그렇지만 자동차 딜러십과 타 형태의 재무서비스 간의 관계는 동일한 정도의 중요성을 가진 것으로 보이지 않을 수도 있다. 예를 들어, 자동차 딜러십이 판매를 위해 상호 펀드를 고려하고 있다면, 상품(상호펀드)이 제공자(자동차 딜러)와 쉽게 연계되지 않기 때문에 소비자는 다소 저항적일 거라고 예상하여야 한다.

표 13.2 전형적인 NFSR의 변형들

소매 대리점	유통되는 전형적인 재무서비스
슈퍼마켓	당좌뱅킹 계정, 손해 보험: 자동차, 건강, 휴가, 무담보대부, 신용카드
자동차 딜러	자동차대부, 채권자 보호보험
주택개선 회사	파이낸스, 채권자 보호보험
전기 상품소매상	임대구매, 확장 보증, 채권자 보호보험
백화점과 외류 소매체인	자기 라벨 신용카드
가구대리점	임대구매, 채권자 보호보험

브랜드 현저성의 이슈는 슈퍼마켓의 경우에 역할을 한다. 그들은 자동차와 휴일보험과 같이 상대적으로 단순한 상품을 유통하는데 물리적 진전을 거뒀으나, 연금 및 투자와 같은 상품을 유통하는데 수단으로서 중요한 성공은 아직 기록하지 못했다. 주요 소매지점들이 단순한 재무서비스 상품으로 확장하지만 아직까지 재무서비스의 더 도전적인 영역으로 확장하지 않는 이

유에 대해 숙고하는 것은 흥미롭다. 이 이슈에 대한 대답은 상품이 구매되는 건지 혹은 판매되는 건지의 이슈보다 브랜드 현저성과 관계가 적을 런지 모른다. 주장컨대, Virgin, Tesco와 Sainsbury와 같은 브랜드는 유치의 구매(bought) 모드에 의해 특정화되는 상품영역으로 성공적으로 확장할 수 있지만 판매(sold) 모드에서 효과적으로 운영할 능력을 가지고 있지는 않다.

소비자는 재무상품의 원천으로서 원래 재무서비스 지향적이지 않은 브랜드에 신뢰를 기꺼이 준다는 Devlin(2003)의 연구로부터 증거가 있다. 적어도 UK에서 비전통적인 재무서비스 브랜드는 그들의 브랜드 연상을 재무서비스 영역으로 레버리지 할 수 있다고 제시한다. 그렇지만 브랜드 현저성 혹은 판매능력이 주요 소매와 소비자 브랜드를 복잡한 재무서비스 상품영역으로 침투시키는데 있어서 한계가 되는 정도는 아직까지 불투명하다.

신규고객유치 수단으로서 NFSR의 이익과 불이익은 다음과 같다.

■ NFSR의 이익

- 존중되는 소비자 브랜드는 고수준의 신뢰를 창출하고 가치와 의존성을 의미할 수 있다.
- 물리적 지점 출현은 저비용 촉진적 전시를 용이하게 해준다.
- 대면 도움이 상대적으로 저 한계비용으로 제공될 수 있다.
- 중계자로서의 역할에서 많은 신규고객들에게 접근을 제공할 수 있다.
- 그들은 보완상품의 유통에 적절히 적용된다(예: 자동차 딜러를 통한 자동차 파이낸스)
- 그들은 상대적으로 유통의 저비용수단일 수 있다.

■ NFSR의 불이익

- 그들은 재무 자문의 믿을 만한 제공자로 보이지 않을 수 있다.
- 그들은 연금, 모기지 및 투자 펀드와 같이 복잡한 상품의 믿을 만한 제공자로 보이지 않을 수 있다.
- 사업품질에 대한 통제 상실이 발생한다.

- 고객경험의 품질에 대한 통제 상실이 있다.
- 소개자에게 지불되는 잠재적으로 높은 커미션비용이 있다.
- 높은 볼륨을 하는 대리인에 대한 지나친 의존은 공급자를 상처받기 쉽게 할 수 있다.

13.4.3 준재무적 서비스 대리점(QFSO)

이 용어는 전통적인 재무 서비스 대리점은 아니지만, 그것들과 강한 유사성을 가지고 있는 채널에 대해 언급한다. QFSD의 최선의 예는 우체국과 부동산 대리인이다. 전 세계를 걸쳐서 우체국은 사회적 담보지금이 이루어지는 채널이 되고, 이것은 그들을 금전전송역할을 가진 것으로 자리매김한다. 국가혜택의 현금지급할 뿐만 아니라, 우체국은 UK에 있는 National Savings & Investments와 같은 국가 - 소유 저축기관에 접근을 제공하는데 전형적으로 사용된다. 그러므로 그것들은 민간 부문에 의해 공급되는 상품들을 유통하는 능력에는 당연히 제한적일 수 있다. 그렇지만 세계적으로 재무시장의 규제철폐의 기간에는 미래에 걸림돌이 되지 않을 수 있다. 일본은 우편체계를 민영화하는 것을 고려하고 있고, 이것은 민간부문이 우체국 채널에 접근하는 신규 기회를 창출할 수 있다.

부동산 파이낸스의 복잡한 본질 때문에 부동산 대리인들은 NFSR이라기보다는 차라리 QFSO라고 생각한다. 부동산 구매의 파이낸싱은 잠재적으로 다음을 포함한 일련의 복잡한 재무 상품들의 상호작용에 관여한다. 모기지, 기증 보험설계, 생명보호정책, 연금과 중환자보험 등 패키지 될 수 있는 묶음상품들에서 부동산채널은 고수익성의 고객유치방식이 되는 잠재력이 있다. 실제로, 이것은 1980년대 후반과 1990년대 초반에 부동산체인을 획득하는 주요 은행과 보험회사들의 중요한 이론적 근거였다. 새로운 소유자들은 유치한 체인을 적절히 가치평가하고 일찍이 경험이 없는 사업을 경영하는데 필요한 역량을 적절히 인식하지 못했기 때문에, 대부분의 유치들은 실패하였다. 불행하게도 그것은 UK 주택시장에서의 극적인 쇠퇴와도 일치한다.

신규고객유치 수단으로서 QFSO의 이익과 불이익은 다음과 같다.

■ QFSO의 이익

- 상당히 지역화 된 우체국의 지점 네트워크는 모든 소비자들이 쉽게 접근할 수 있다
- 우체국은 신뢰할만하고 안전하게 보인다.
- 우체국은 현금 계산을 다루고, 일련의 금전송금 옵션들을 위한 시스템 능력을 가지고 있다.
- 우체국은 자주 은행과 비교되는 영업시간을 확장한다.
- 우체국은 재무적 산입을 쉽게 하는데 필수적 역할을 할 수 있다.
- 부동산 대리인은 고가치 판매기회의 접근을 제공할 수 있다.
- 대리점은 대면 조언과 지원에 도움이 된다.

■ QFSO의 불이익

- 단순 상품에는 적합할지라도, QFSO들은 자문이 요구될 수 있는 복잡한 상품유통에는 적합하지 않다.
- 소비자들이 발견하는 거래본질에 어긋나는 프라이버시 침해가 종종 있다.
- 효과적인 판매시점 촉진을 위한 제한된 스페이스가 필요하다.
- 대기 열은 우체국의 특징이고, 이것은 유통대리점으로서 그들의 유용성을 억제한다.
- 부동산 대리인은 소비자 신뢰를 훼손시킬 수 있는 좋지 않은 명성의 이미지로부터 고통을 자주 받는다.
- 부동산 기업은 상당히 독립적 접근을 하는 강한 지역적 인물에 의해 자주 선도된다.
- 규제와 소비자 경험의 준수에 대해 통제 상실의 잠재력이 있다.

13.4.4 대면 판매채널

다이렉트 판매요원들은 수십년 동안 전 세계에서 생명보험 산업의 중축이었다. 그렇지만 그들의 직무역할, 문화 및 스타일이 점점 더 많은 시장들이 엄격한 규제기준들을 수용함에 따라 급진적으로 변해 왔다. 예를 들어, 1980년대에 UK에서 200,000명 넘게 생명보험 다이렉트 판매부의 조정자(LAUTRO: the Life Assurance and Unit Trust Regulatory Organization)에 등록되었다. 지난 세기의 전환까지 이 숫자는 극적으로 20,000보다 적게 감소되었다.

역사적으로, 다이렉트 판매부 모형의 주요 추진력은 생명보험, 투자 그리고 연금 상품이, 기본적으로 구매되기 보다는 차라리 판매된다는 생각이다. 비록 의심할 바 없이 구매되는 일정한 사업수준이 있다고 할지라도, 판매(sold) 모형의 신봉자는 수요의 중요 요소는 표현되는 것보다 숨겨져 있는 것이 생명, 연금 그리고 투자 상품의 본성에 있다고 주장한다. 다이렉트 판매부의 주요 역할은 숨겨진 수요를 신규고객을 찾아내는 능력을 통해 실로 신규사업으로 전환하는 것이다. 따라서 강력한 (고객) 탐사 수단으로써 일하는 다이렉트 판매부 능력의 성공의 키로서 보여 왔다. 종종 '숫자 게임'으로서 언급되듯이, 전통적인 탐사 다이렉트 판매부는 〈그림 13.1〉의 깔때기 모형에 의해 지지된다. 고객용의자 대 고객예상자 대 고객의 비율이 100:10:1의 순이라는 것은 흔치 않은 일이 아니었다. 즉, 100명의 고객용의자를 가지고 10명의 고객예상자를 만들고 오직 1명의 고객으로 선도한다. 다이렉트 판매는 때때로 근본적으로 숫자 게임으로 보여 왔다. 개별 판매원이 능숙하면 할수록, 판매 깔때기의 각도가 더 협소하다. 재무적 규제와 조정의 엄격함이 발효할 때까지, 이론대로 하면 판매원이 증가하면 판매량은 증가하기 때문에 다이렉트 판매부는 매년 숫자를 증가시키려 한다. 반면, 다이렉트 판매부는 극도로 높은 스태프 회전률을 나타낼 수 있다. 실제로, UK에서 1980년대 후반기에 연당 40%를 자주 넘었다. 이런 고로, 3,000명자문사의 다이렉트 판매부를 가진 회사는 (40%의 회전율을 가정하고) 유지하기 위해선 매년 1200의 신규 판매원을 채용해야 할 것이다.

- 고객용의자: 생명, 연금 및 투자 상품(lpips)에 필요성을 가질 수 있는 사람들
- 고객예상자: lpips에 필요성을 가지고 있다고 확인되고 자격도 있는 사람들
- 고객: 제공자 회사의 lpips 고객이 된 사람들

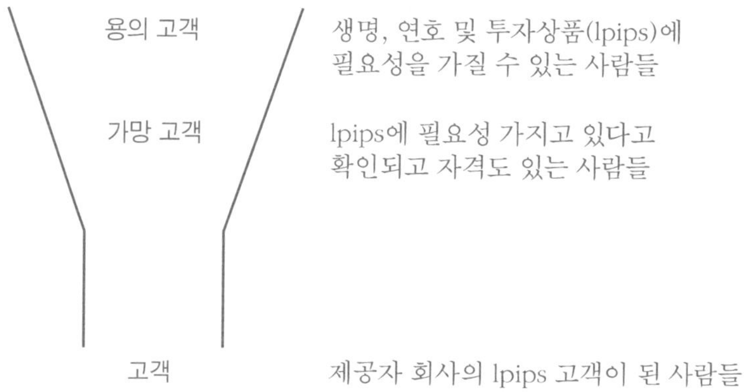

<그림 13.1> 탐사 깔때기

상상될 수 있는 바와 같이, 매월 100명의 신규 판매원 채용은 도전적인 업무이다. 이런 이유로 판매관리자는 그들의 기존 판매원과 판매여원들을 훈련하고 개발하는데 소비되는 시간에 비해 신규 채용자를 발굴하는 시간에 너무 많이 소비하게 되어 있다.

그러한 모형은 분명히 비효율적이고, 지속할 수 없는 고유통비용을 초래한다. 생명, 연금 및 투자 상품은 구매되는 것보다 기본적으로 판매되고 실지로 구매하는 고객에 의해 부담되는 전반적인 탐사 활동과 연계된 비용을 초래한다는 것을 앎으로써 가능한 모형이다. 그러므로 앞에서 주어진 탐사 깔때기의 예에서 구매하지 않는 99명의 사람들과 연계된 비용은 구매한 한 사

람에게로 부담된다. 이것은 빈약한 고객가치를 전달하는 것에 대해 비판을 받아온 유통 관련비용을 초래한다.

다이렉트 판매부가 보수를 받는 수단은 많은 논의와 토론의 주제이었다. 필수적으로 2가지 기본적 접근, 즉 커미션 혹은 급료 플러스 보너스가 있다. 그렇지만, 이러한 2가지 기본적 접근에 기초한 많은 변형들이 발견되어진다. 커미션 베이스 접근에서, 판매원은 판매를 기초로만 지급을 받는다. 그러므로 열심히 일하지만 판매하지 못하는 개인은 수입을 가져가지 못할 것이다. 판매부와 연계된 오버헤드 비용을 회피할 수 있기 때문에, 이것은 제공자 회사에 당연히 혜택인 듯하다. 이러한 보상방식에 대해 비평가는 판매원에게 지나친 압박을 해 판매하도록 하고, 교대로 소비자 이익을 손상하는 강력한 판매 실시를 초래한다고 주장한다(Diacon and Ennew 1996).

급료 - 기초 모형의 신봉자들은 이러한 보상방식은 판매원의 직업주의를 인식함으로써 현재 고용철학과 더 일관된다고 주장한다. 중요하게도, 급료가 지급되는 방식은 판매원에 대한 판매압박을 줄이고, 교대로 더 좋은 사업품질과 더 큰 고객만족 수준을 초래한다고 주장한다. 그렇지만 탐사 소비시간과 비용은 여전히 지불되어야 하고, 이러한 비용은 커미션 - 기초 접근과 매우 동일한 방식으로 구매고객에게 부담되어 진다. 예컨대, 제공자의 높은 고정비용으로 말미암아, 비용은 커미션 - 기초 모형보다는 급료 - 기초 모형에서 훨씬 높다.

지금까지 보상에 관한 논의는 판매원에 의해 제공된 자문의 기능이 가망고객에게 무료로 유용하다고 가정하고 있다. 반대적 견해는 재무적 자문은 법률가 혹은 회계사에 의해 주어진 자문과 동일하게 직업적인 서비스로 취급되어야 한다는 것이다. 따라서 논쟁은 가망고객들이 다음에 구매를 하던 혹은 안하던 간에 자문비를 지급할 기회가 제공되어야 한다. 결국에는, 상품비용으로 부과되는 유통비용은 실제 구매자가 탐사활동과 연계되어 지워진 비용으로부터 경감됨에 따라 떨어질 것이다. 이것은 당연히 이론적으로 좋을 듯하지만, 실제 광대한 다수의 국내 소비자와 사업 고객들은 아직 기꺼이 자문에 선금을 지불하려고 하지 않는다. 소비자들은 증가하는 추세로 광범한 모기지에(흔히 600유로화의) 조정요금을 기꺼이 지불하므로, 이것은 이상한 듯하다. 명백하게 이것은 인간의 태도, 지각과 행동에 관한 복잡한 문제이다.

2005년에, UK에서 판매양극화 규칙으로의 변화는 IFA가 그들의 고객들에게 자문에 대한 선금을 지불하던지 아니면 상품제공자가 IFA에 지불하는 커미션으로 지불될 것이라는 이해 하에 '무료 자문'을 받는지를 선택하는 기회를 제공해야 함을 초래했다. 판매원들이 판매가치 혹은 물량 - 관련된 보너스가 없는 일정률의 급료를 기초로만 지급되는 예들이 있다. 이러한 접근에 대해 주장되는 이익은 판매원을 판매압박으로부터 자유롭게 하고, 그것이 좋은 - 품질 판매와 높은 고객만족 수준을 결과한다는 것이다. 그렇지만 널리 퍼져있는 기업의 정설은 어느 정도의 인센티브는 높은 성과를 장려하는데 필요하고, 판매결과에 기초한 보상은 규칙이라고 주장한다.

1990년대 초 이후로 커미션에 의해서만 보상을 받는 다이렉트 판매원들의 비율에 급격한 감소와 급료를 기초로 하는 비율의 비례적 증가가 있었다. 이것이 회사들을 그들의 접근에 훨씬 더 직업적이 되고 판매부에 의해 성취되는 생산성 수준에 중요한 증진을 성취하는데 관여하도록 한다. 후의 요점이, 1990년대 초에 전형적인 다이렉트 판매부의 평균 판매 숫자는 주당 개인당 1개의 판매 순이었기 때문에 상당히 중요하다. 실제로, 상당히 적은 간부단의 생산적인 판매원들은 주당 1개의 판매를 넘게 성취하고 있었고, 불균형적으로 큰 집단의 개인들은 변변치 못하게 비생산적이었다 - 소위 판매부의 '꼬리'라고 불림.

커미션과 급료를 받는 다이렉트 판매부에 적용되는 문화적 차이는 매우 큰 의미를 가지고 있기 때문에 조금 논평할 만한 가치가 있다. 커미션을 기초로 한 판매기관은 높은 성과를 내는 개인들을 존경하고, 거의 판매 프리마돈나의 컬트(숭배)를 장려하는 것에 비난되어 왔다. 그러한 판매기관은 판매원의 역할을 활동하는 자유를 상당히 즐기는 자체 고용 사업가로 자리매김한다. 극한 경우에, 판매원들은 독립적 계약자로 그들의 일을 조직하는 자유를 즐긴다. '갱신 커미션'으로 불리는 것의 가치는, 적은 기업가들이 그들의 사업을 판매해서 자본이익을 실현할 수 있는 것과 동일한 방법으로 높은 성과를 내는 자문들이 실현하는 자본가치를 성취하는 것으로 변환될 수 있다. 엄격한 규제에도 불구하고, 자가 고용된 커미션 - 기초 판매 자문들은 그들의 개인적인 라이프스타일의 기대수준을 만족시키는 수준에서 판매성과에 관한 그들 자신의 타겟을 설정한다. 그들은 상당히 징수되는 생명보험판매 분야에서 그들의 열등자들이라고 생각하는 판매관리자들에게 자주 불손하다.

급료기반의 다이렉트 판매부의 문화는 훨씬 더 통제된 사업 환경을 재현한다. 직원으로서, 개별 판매원은 행정 혹은 IT에 일하는 직원들과 같이 타 직원과 동일한 방법으로 고용자 회사의 가치 스타일과 과정들에 따라가기를 기대된다. 관리적인 위계에 더 전통적인 접근은 상위의 성과를 내는 자문들이, 그들이 주요 관리(Chief Executive)에 직통 라인을 가지고 있다고 느끼지 않도록 하는데서 증거가 된다. 중요하게도 엄격한 표준은 하루 당 혹은 주당 수행된 약속들의 숫자와 같은 투입지향적인 성과를 달성하는 것에 정해진다.

독립적인 재무자문들에 관한 추가적인 논평을 하는 것이 적절하다. 면접적인 유통의 형태는 UK의 많은 상품들에 지배적인 유통형태가 되었다. 원칙적으로, IFA는 소비자 대리인으로서 보인다. 이것은 제공자 회사의 대리인으로 생각되는 Appointed and Company Representatives(ACRs)와 대조된다. 결과적으로 IFA는 시장에서 전체 범위의 상품 제공업자로부터 고객의 욕구에 대한 가장 좋을 수 있는 성과를 제공하는 특정한 의무를 가지고 있는 것으로 보인다. Box 13.1은 UK에서 IFA부문의 개관을 나타낸다.

BOX 13.1 UK에서의 IFA

IFA는 커다란 전국적인 판매부로부터 일인밴드까지 많은 방법으로 조직된다. Matrix-Data 기업에 의해 공급된 정보에 따르면, IFA 영역은 2004년 중반에 다음과 같이 구조화되었다.

IFA 유형	기업의 총수
전국규모	109
대규모 IFA	235
지역규모	560
소규모 IFA	11,207
총	12,111

IFA를 대표하는 거래연합은 AIFA이고, 25,000-30,000명의 개인 재무 자문들이 위에 보이는 12,000 기업들에 의해 고용된다. 재무 자문의 제공에 관한 신규 규칙들은 양극제거(depolarization)라는 규제적 발기에 관련되어 2005년 6월에 소개되었다. 실질적인 효과는 완전 독립된 그리고 (본 장의 앞부분에서 언급된) 다자-결합 대리인의 추가로 결합된 자문 간에 명백한 경계를 대체하는 것이었다. 초기 지적들은 대체로 IFA가 완전히 독립적이기를 선택하고 있다는 것이다. 그렇지만 신규 규칙 하에서는 IFA가 상품에 실은 커미션에 대안으로서 자문 요금을 지불하는 기회를 고객에게 허용해야 한다. 자문 요금 옵션을 제공하지 않기로 선택한 회사는 그 자체를 IFA라고 칭할 수 없게 되고, 대신에 '전체 시장 재무자문사(Whole of Market Financial Adviser: WMFA)'로서 생각된다. 이러한 발전은 다음의 정돈된 자문사의 유형 하에, 소비자 혼돈의 정도를 더욱 크게 만드는 역할을 할 수 있다.

1. IFA
   - 시장에 있는 모든 상품으로부터 가장 적절한 자문을 주어야 한다.
   - 상품에 실린 커미션 대신에 자문 요금을 지불하는 옵션을 고객에게 제공해야 한다.

2. WMFA

- 시장에 있는 모든 상품으로부터 가장 적절한 자문을 해 주어야 한다.
- 자문은 상품에 포함된 커미션 기금이다.

3. 다자-결합 대리인

- 공급자 회사 패널에 의해서 제공된 상품들로부터 가장 적절한 자문을 주어야 한다.
- 자문 비용은 커미션 기금이다.

4. 회사 대표

- 급료를 받는 직원 혹은 자가 고용된 자문사로서 단일 공급자회사에 직접 계약된다.
- 공급자회사의 상품범위로부터 가장 적절한 자문을 주어야 한다.
- 자문 비용은 상품에 포함된 커미션의 형태로 고객에게 부과된다.

5. 위촉된 대표

- 제3자 중개 유통업자를 대표해서 일하고 직접 상품제공업자를 위해서 일하지는 않는다.
- 커미션 혹은 급료에 의해 보상을 받을 수 있다.
- 공급자 회사의 상품범위로부터 가장 적절한 자문을 해 주어야 한다.
- 자문 비용은 상품에 포함된 커미션의 형태로 고객에게 부과된다.

13.4.5 방카슈랑스

이름이 의미하듯이, 이것은 프랑스에 기원을 둔 유통의 형태이다. 단순한 용어로, 은행조직에 의해 생명, 연금 그리고 투자 상품을 취급한다. 실제로, 유럽대륙의 많은 국가에서 방카슈랑스는 이러한 본질의 상품을 위한 지배적인 유통채널이 되었다. 프랑스와 스페인 같은 나라에서는, 방카슈랑스는 보험판매의 60~80퍼센트를 나타낸다. 방카슈랑스는 규제철폐 기간 바로 후인 1986~1992년까지 빠르게 확장되었다. 그 당시에, 많은 산업 학자들은 방카슈랑스는 1990년 후반기까지 시장의 40 퍼센트를 차지할 것이라고 예견하고 있었다. 그 때에, 방카슈랑스는 UK 생명보험시장에 15퍼센트 가량에 정점을 두고 그 수준에 머물러 있었다. 방카슈랑스는 라틴 아메리카, (신규 생명보험판매의 24퍼센트만큼을 수지 결산하는) 싱가포르, 호주, 말레이시아, 인도 그리고 중국에서 중요한 유통채널도 되었다. 방카슈랑스는 인도에서 생명보험부문이 사유화되었던 1990년 말에 출현했다. 인도와 중국에 신규 보험 참여자는 그들 소유의 많은 지점 네트워크를 지닌 안정된 보험회사를 상대로 경쟁하기 위해 방카슈랑스 모형을 사용하고 있다. 두 나라는 부분적으로 국내 시장에 외국 참여자의 영향 때문에 그리고 부분적으로 국내 보험자에 의한 이러한 채널의 사용을 증폭시킴으로써, 미래 10년에 걸쳐 방카슈랑스 기반의 유통에 중요한 성장을 제시할 것이라고 기대된다.

방카슈랑스 모형의 진정한 힘은 자체 능력으로 다음을 추진한다.

- 낮은 고객유치비용 성취
- 교차판매의 기회극대화
- 관련 고객자료 활용

방카슈랑스는 일찍이 설명된 고객유치의 구매되는 그리고 판매되는 측면의 요소들로 구성되어 있다. 이것들을 방카슈랑스의 수동적 그리고 능동적 모형이라고 용어를 붙인다.

방카슈랑스의 수동적 모형은 다음과 같다.

1 단계	당좌 계정 고객은 은행지점을 방문해서 재무적 문제를 해결하려고 한다. 가장 전형적으로 이것은 어떤 종류의 모기지 혹은 대부의 필요성에 관계될 것이다.
2 단계	고객의 주요 필요성(예: 모기지에 대한)는 지점 스태프의 관련 구성원에 의해 해결된다.
3 단계	모기지의 예에서, 대부 관련된 보험의 형태는, 대부가 반제되기 전에 채무자 사망 시 은행에 채권을 제공하도록 요구될 것이다. 보편적인 규칙에 따라서, 대부 보호는 적절히 권위 있는 재무자문사에 의해 처리될 필요가 있을 수 있다.
4 단계	재무 자문사는 사실발견을 수행하고 보험정책의 구매를 완성한다. 이런 방법으로 은행은 보험 사업을 위해 고객을 유치한다.

수동모형은 고객선동에 반작용으로 운영한다고 쉽게 평가될 수 있다. 두 가지 현저한 결과가 이 모델로부터 나온다. 첫 번째, 생명, 연금 그리고 투자 상품의 믹스는 대부보호 보험정책을 선호하는 현격한 편이를 보인다. 두 번째, 적절히 문제해결 행동에 종사하기 위해 지점을 사전 행동적으로 사용하지 않는 총 당좌계정 고객기반을 끌어들이는데 실패한다.

이러한 결과는 1990년대 초기의 낙관적 주석자에 의해 간과 되었고, 그러므로 그들의 예상은 완전히 비현실적이었다. 실제로, 주택모기지 시장에 대한 방카슈랑스의 과도한 의존은 상품판매 믹스에 치명적 약점이었고, 주택시장이 1991년과 1995년 사이에 급격한 쇠퇴기간을 겪으면서 시장점유가 떨어진 이유를 설명한다.

방카슈랑스의 수동적 모형의 한계는 능동적 모형을 탄생시킨다. 이 모델에서 방카슈러는 전체적으로 당좌 계정 고객기반에 의해 제시된 판매기회를 최적화하고 잘 균형 잡힌 상품판매믹스를 성취하는 이중 목적을 성취할 필요성을 인식한다.

방카슈랑스 모델은 능동적 모델을 수용할 때 완전한 잠재력을 성취할 수 있다. 그렇지만 기관이 고객 - 끌기 유통방식(구매 (bought) 접근)으로부터 공급자 - 밀기 방식(판매 (sold) 접근)으로 전이하려 하기 때문에, 이것은 타수동모델 접근을 요구한다. 1990년대 중반, Barclays는 방카슈랑스 사업에 더욱 능동적인 접근을 수용할 필요성을 인식했다. 이러한 접근의 변화는 다음과 같은 일련의 주도권에 관여한 잘 - 조정된 변화관리 프로그램을 요구했다.

- 자문-관련된 규제와 상응하는 높은 표준을 확보하는데 필요한 시스템, 과정 및 자원을 강화하는 것
- 수동모형에 대한 자문 의존을 줄이기 위해 보상시스템을 적용하는 것
- 고객들에게 좋은 가치를 책임지고 자문에게 확신을 주기 위해 상품범위 경쟁력을 향상시키는 것
- 대부와 관련없는 상품의 지점 내 촉진활동의 효과성을 강화하는 것
- 지점방문을 원치 않는 잠재고객들과 사전 행동적으로 대화하는 것
- 판매부 작업률을 상승시키기 위해 판매관리감독을 강화하는 것
- 판매자문과 관리자의 기술기반에 기대하기 위해 주어진 훈련을 증가하는 것
- 지점 스태프와 그들의 관리 그리고 방카슈랑스 기관 간의 더 높은 수준의 커뮤니케이션을 달성하는 것
- 기존의 방카슈랑스 고객에 대한 자료를 더 좋게 사용하는 것

방카슈랑스의 능동모형을 수용할 때 명심해야 할 주요 이슈는 보험과 지점은행운영 간의 관계이다. 광범한 조직적 구조를 직면할 지라도, 보험과 지점은행의 두 실체를 구분하는 구조적 경계가 반드시 있다. 전형적인 모형은 출납원과 타 지점 - 기반 고객서비스 스태프는 방카슈랑스 운영의 판매자문에게 예상고객을 소개하는 역할을 수행하는 것이다. 따라서, 우수한 작업관계가 양자 간에 조성되는 것이 가장 중요하다. 실제로, 지점스태프는 성취할 목적을 갖춘 채점표를 가지고 있고, 방카슈랑스 자문은 존재하고 가치있는 시너지를 성취하도록 밀접하게 작업을 해야 하는 것이 규범이다. 이것은 고

도의 상호이해와 존경을 요구한다. 소개자 - 자문 접점관리의 중요성을 인식 못하는 판매기관은 방카슈랑스에 대한 기대를 성취하기 어렵다.

효과적으로 운영할 때, 방카슈랑스는 은행의 생명, 연금 그리고 투자 조직을 위한 신규고객들을 유치하는 매우 성공적인 수단일 수 있다. 전형적 방카슈랑스 자문은 생명보험회사만의 조사판매부를 웃도는 판매생산성 수준을 성취하도록 기대될 수 있다.

신규고객유치를 위한 수단으로써 방카슈랑스의 이익과 불이익은 다음과 같다.

■ 방카슈랑스의 이익

- 다수의 고품질 잠재고객들에 대한 접근을 제공하고
- 고수준의 자문판매생산성을 가지고 있고
- 조사판매부보다 잠재적으로 저유치비용을 가지고 있고
- 핵심 은행브랜드의 명성에 의해 뒷받침되고
- 지점, 주택 혹은 사무실에서 면접자문을 허용하고
- 판매기회의 유인으로써 당좌계정자료와 거래를 이용할 수 있고
- 은행과 생명, 연금 그리고 투자 상품에 관여한 결합가격책정정책을 개발하는 잠재력을 가지고 있고
- 진행되는 행정시너지를 가지고 있다.

■ 방카슈랑스의 불이익

- 미미한 은행명성이 생명, 연금 및 투자 상품을 구매하려는 고객의지를 제지할 수 있다.
- 은행브랜드가 특정상품의 현저성을 충분히 전달치 못할 수 있다. 예를 들어, 신용정도가 부족할 수 있다.
- 너무 열심히 전화조사를 하는 것은 은행핵심업무를 해친다.
- 면접자문은 저마진 상품의 경우 비쌀 수 있다.
- 수동 모형은 기대만큼 성공하지 못한다.

13.4.6 전화-기반 유통

전화는 소매재무서비스분야에서 일련의 목적을 성취하는 강력한 수단이 되었다. 가장 단순하게, 그것은 판매리드 확보를 위해 잠재 신고객을 탐사하는 비용을 효과적인 수단으로 활용할 수 있다. 가장 복잡하게, 그것은 완전히 기능적 뱅킹서비스를 제공할 수 있다. 이러한 두 극단 간에 지극히 성공한 상품유통수단으로서 특히 손해 보험 상품의 경우, 전화의 사용이 자리한다.

본 절에서 우선적으로 신사업유치의 맥락에서 유통채널로서의 전화역할에 초점을 둘 것이다. 진행 중인 고객관계관리를 위한 전화역할은 교과서 III부에서 취급될 것이다.

전화가 재무서비스에서 유통채널로서 주요한 의미를 가진 것은 1980년대 기간이었고, 그 이전에 판매원들에 대해 리드를 간청하는 것과 연관된 촉진기구로서 전형적으로 사용되었다. 그렇지만 1980년대가 진행되면서, 통신능력과 데이터 프로세싱이 유통채널로서의 전화사용에 관한 훨씬 더 통합된 접근을 쉽게 했다. 전 세계에 이러한 진보는 엄청난 규모로 자택근무 산업의 발전을 가능케 했다. 1998년까지 유럽 커미션은 백십만에서 4백만의 사람들이 EU에서 자택근무를 하고 있다고 추측했다. 자택근무를 하는 것으로 확인된 유럽 국가들은 덴마크(노동인구의 9.7%)와 네덜란드(9.1%)이다. 그 이후로 전화마케팅은 인도와 아시아의 타 부분에서 자리 잡은 주요 전화 콜센터들로 훨씬 더 글로벌해 졌다. 실제로, 인도 기반의 전화 콜센터는 재무서비스의 가장 빠르게 진화하는 해외 아웃소싱의 핵심이 되었다.

전화마케팅의 맥락에서 흔히 마주치는 두 용어는 아웃바운드(outbound;송출)와 인바운드(inbound:인출)이다. 아웃바운드에 의해서, 콜센터가 전화접촉을 시작해서 사람들과 접촉을 사전 행동적으로 한다는 것을 의미한다. 이것은 전화목록으로부터 냉정한 전화걸기와 같은, 혹은 다이렉트 메일 쏘기에 의해 촉발된 초기접촉반응으로 다양한 형태를 취할 수 있다. 이름의 의미대로, 인바운드 콜은 콜센터가 소비자 콜에 반사적으로 반응할 때와 관련 있다. 소비자는 텔레비전 혹은 잡지광고와 같은 제공자회사로부터 어떤 형태의 자극에 반응하여 전화하는 것을 당연시 할 수 있다.

아웃바운드 콜의 경제학은 심각한 어려움을 제시했다. 이것은 낮은 주간 반응율과 상대적으로 높은 사용중 라인의 발생률과 같이 실제적인 문제로부터 발생한다. 다시 말해, 기술적 도움에 의해 자동적으로 목록의 전화번호에 다이얼하고 소비자가 대답할 때 대리인에게 콜을 알려주는 다이얼러가 출현했다. 그럴지라도 아웃바운드 콜은 인바운드 콜보다 더욱 제한적인 경향이 있다.

유통채널로서 전화는 인바운드 접근을 사용하는 자동차보험과 같이 상대적으로 단순한 상품의 경우 특히 성공적이었다. 1985년에 시작해서, Direct Line은 직접 보험시장에서 성장하여 주요 플레이어가 되었다. Direct Line은 인터넷 사용의 성장에 반응하여 전략을 진화시켰고 1999년에 온라인으로 상품을 유통하기 시작했다.

전화 - 기반 유통은 값비싼 지점네트워크나 직접 판매부에 대한 필요 없이 실시간 개인 대 개인 상호작용을 가능케 한다. 그렇지만 소비자가 이러한 원거리베이스로 기꺼이 거래하려는 사업본질에 제약이 있으며, 상대적으로 단순하고 위험이 적은 거래를 기반으로 견고하게 남아 있다. 그렇지만, 아웃바운드베이스로만 중개서비스와 포도주, 일상품과 타 비주류 자산 등급과 같이 일련의 투자 상품과 서비스에 대해 이와 같은 형태의 유통사용이 증가하고 있다. 사례 연구 13.1은 전화 - 기반 유통 채널이 재무서비스 부문의 신규 참여자인, Kwik-Fit 보험 서비스에 의해 어떻게 효과적으로 사용되어 왔는가를 보여준다.

사례연구 13.1 Kwik-Fit 보험 서비스

첫 번째 Kwik-Fit 센터를 1971년 Edinburgh에 연 이후로, 회사는 성장하여 세계의 가장 큰 독립적인 자동차수리 전문가들 중에 하나가 되었고, 자동차운전 분야에서 선도하는 브랜드로서 신뢰를 쌓았다. 1994년 동안, Kwik-Fit은 진보된 전화와 데이터베이스관리 테크닉에 의해서 기술이 고객 독점판매권을 방어하고, 교차판매가능성을 만드는 두 가지 전략적 불가피성을 설명할 기회를 제공했다. 그러므로 Kwik-Fit 재무서비스(KFFS)의 아이디어가 태어났다. KFFS는 Kwik-Fit를 위한 주요 형태의 다각화를 신호했다. 자동차보험은 KFFS를 위한 명백한 첫 번째 상품이고, 그래서 자동차보험 제공자 패널을 만들고 1995년에 텔레마케팅 운영을 시작했다.

우선적으로 KFFS는 소비자 수요-풀을 창출하기 위해 중요한 경상지출 광고와 촉진을 이용하는 인바운드 모형을 만들었다. 이러한 모형이 로지스틱과 상업적 도전을 제시한다는 것을 KFFS는 오래 지나지 않아 인식했다. 첫 번째, 사내 시설을 사용할 때 수요-풀 텔레마케팅을 취급하는데 필요한 자원을 기획하기 어렵고, KFFS는 이러한 기능들을 아웃소스하기를 원치 않았다. 두 번째로, 판매 당 비용이 경제적 타당성이 없었다. Kwik-Fit는 이러한 경험에 빠르게 반응했고 전체적으로 신규 모형을 창출했다. 이것은 4개 별도의 집단화된 전화 콜 대리인들, 즉 리서치, 판매, 고객서비스 그리고 클레임의 창출에 관여했다.

리서치 팀의 역할은 이전 이틀 동안에 Kwik-Fit 서비스 센터를 사용한 고객들을 접촉하는 것이다. 만족평가에 따라서, 고객은 자동차 보험의 견적을 받을 건지에 관해 질문되고, 이러한 질문에 대한 긍정적인 반응은 리드를 결과한다. 자동차 보험 리드와 관련된 고객 데이터는 판매팀으로 전자적으로 이전되고, 아웃바운드 판매 콜을 만든다.

이러한 신규 모형은 이전 국면에서 직면된 자원대기와 비용의 문제를 해결한 커다란 성공임이 증명되었다. 처음에, 리서치 팀은 매일 5,000명의 고객을 접촉했고, 최근에는 회사가 경쟁적인 정책을 제공할 수 있다고 믿는 고객들에게 전화함으로써 더 정확하게 표적된 접근을 수용했다. 리드를 획득하기 위해 이러한 리서치를 사용하여, Kwik-Fit는 고객유치 비용을 극적으로 낮출 수 있었다. 동시에, 아웃바운드 접근을 수용하여 더 효과적으로 판매 콜 자원대기를 관리할 수 있다. 이러한 사업모형은 Ansoff의 용어로 상품개발전략이라는 것을 성취하는 경쟁 우위의 진정한 원천을 레버리지 하는 서비스 기관의 예이다. 이러한 리서치-리드-아웃바운드 콜 과정으로부터 기대치 않은 스핀오프는 '만족한(delighted)' 고객에 의한 구전 옹호의 결과로써 인바운드 견적요구의 구체적 수준이다.

이러한 신사업 유치 모델이 성공적이어서 회사는 모든 형태의 수요-풀 광고와 촉진을 중단했다. 유일한 형태의 홍보는 옐로우 페이지의 광고였다. 2005년 말에, KFFS의 신규고객의 75%는 Kwik-Fit 서비스 센터로부터 출처되고, 추가적인 15%는 인명록에 의해 근원되고, 나머지 10%는 인터넷에 의해 출처되었다.

제 3의 콜 대리인 집단화는 고객서비스에 관여하고, 주소변화와 같은 인바운드 고객서비스 요구들을 취급하거나 혹은 정책에 추가적인 추진력을 포함하는 역할을 한다. 고객서비스 콜 대리인은 또한 해체보험, 주택 기물 및 건물보험을 포함하여, KFFS 포트폴리오에 추가된 타 상품들을 교차판매하는 리드를 발생시키는 목적들도 가지고 있다. 일반적인 보험상품에 추가해서, 회사는 Legal & General의 지명된 대표로서 생명보험도 판매한다. 상품범위의 폭을 더 넓히는 것은 회사가 회사를 위해서 가스와 전기를 판매하기 위해 Scottish Power와 함께 개발했던 협정에 관여한다. 다시 콜-대리인-고객 대화의 품질을 확인하기 위해 콜들은 종종 감시된다. 제 4의 팀은 인바운드 고객 접촉에 반응하여 클레임의 초기 취급에 책임이 있다. 그렇지만 실제 클레임 관리과정은 개별적인 보험회사들에게 넘겨진다.

KFFS는 슈퍼마켓과 Esure와 HBOS 자회사 Sheilas' Wheels와 같은 온라인 브랜드를 포함해서, 다양한 원천들로부터 훨씬 더 강도 있는 경쟁에 직면했다. Direct Line은 단일의 가장 중대한 위협을 취하고 있다고 상상되어 진다. 그렇지만 Direct Line은 전국적인 Kwik-Fit 서비스 센터 네트워크를 통한 저비용 유치의 KFFS의 경쟁우위를 가지고 있지 않다. Direct Line은 자신의 정책들을 계약한다는 조건하에 다소 선택적인 고객신규모집 정책을 추구하고 있는 것 같다. KFFS는 또

한편으로 일련의 계약 회사들에 중계자로서 행위 하는 전략을 기반으로 전체적으로 더 포괄적인 접근을 가지고 있다.

지금 11년째 운영에서, KFFS는 500,000 정책들보다 더 많은 효력 있는 장부를 구축했고, 지난 재무년도 동안에 6백 80만 유로화의 운영 이익을 기록했다. 그곳의 운영은 성장해서 800명의 직원들로 구성되고, 그 이상의 상품 범위확장을 고려하고 있다. 회사는 UK에 기반을 둔 가장 큰 보험 아웃바운드 전화 마케팅 운영을 가지고 있다고 믿어진다. 더욱이 KFFS는 4년을 계속해서 UK의 가장 일하기 좋은 100 회사 중에 하나로 평가되었다.

원천: Martin Oliver, Chief Executive, Kwik-Fit 재무 서비스

신규고객 유치를 위한 수단으로서 전화 - 기반의 유통 채널의 이익과 불이익은 다음과 같다.

■ 전화-기반의 유통 채널의 이익

- 지점 하부구조의 고비용을 피하고
- 매우 유동적이고 24/7 접근을 제공할 수 있고
- 실시간 개인-대-개인 상호작용을 허용하고
- 더 비용을 줄이는 수단으로 제 3자 행정(TPA)과 아웃소싱에 적합하고
- 다이렉트 메일과 직접 반응 촉진의 타 형태를 보충하고
- 교차판매 전략의 부분으로써 기존의 고객 관계와 데이터베이스를 이용한다.

■ 전화-기반의 유통 채널의 불이익

- 어떤 상품과 서비스에 대해 면접만큼 효과적이지 않고
- 자동화된 콜-취급 체계는 고객 불만족을 일으킬 수 있고
- 부탁받지 않은 아웃바운드 판매 콜은 고객 불만족을 일으킬 수 있고 브랜드와 고객의 관계를 약화시킬 수 있다.

13.4.7 인터넷-기반 유통

1990년대 중반으로부터 계속해서 인터넷의 빠른 발전은 재무서비스에 대해 매우 중요한 의미를 가지고 있다. 전화 - 기반 발전과 같이, 인터넷은 고객욕구의 행정 해결뿐만 아니라 신규판매를 창출했다. 그렇지만 많은 과대광고가 황금시대에 인터넷의 발전을 둘러쌓다. 방카슈랑스의 잠재력이 1990년대 초기 동안에 과도하게 부풀려진 것과 같이, 약 10년 후 거의 같은 기간의 인터넷의 영향력도 역시 그랬다. 실제로, 더 극단적인 예상가들 중에 일부는 인터넷(클릭)은 지점(벽돌)을 5년 기간 내에 잉여로 만들 거라고 예상하고 있었다. 두 세트의 예측들은 소비자와 기관이 어떻게 상호작용하는지에 관해 불충분한 이해를 기반으로 했기 때문에 잘못되었다. 인터넷의 관점에서, 고객욕구, 상품과 세분화시장의 상호작용으로부터 발생하는 유통선호에 섬세한 범위의 변형들을 이해하지 못했다. 인터넷과 전화통신의 발전 간에 비교는 현저하다. 둘 다 전통적인 지점 - 기반의 혹은 다이렉트 판매부 - 기반의 유통방식에 더 낮은 비용 대안을 제공한다. 그렇지만 어느 것도 아직까지 고객이 실시간 대면 혹은 지점기반 서비스를 요구하는 상황에 실행 가능한 대안은 아니다. 소자본 사업들은 그들의 현금 - 그리고 체크 - 기반의 사업의 많은 것을 거래하기 위해 지점에 의존한다. 보증과 사기에 관한 진정성의 염려가 있다. 추가적으로, 모기지와 연금과 같은 복잡한 상품들은 아직 인터넷으로 판매되는 주류상품이 되지 않았다.

인터넷은 인터넷 뱅킹, 인터넷 트레이딩과 24/7 서비스의 선택의 등장으로 재무서비스의 접근하는 형태에 소비자혜택을 가져왔다. 대부와 예금수입과 같은 분야에서 금전에 대한 더 좋은 가치를 제공하는 상품들을 소개하기도 한다. 그렇지만 이것은 더 전통적인 형태의 재무서비스 유통과 행정에 대한 대체라기보다 보완적이 되었다.

인터넷은 지리적으로 분산되어 있는 인구에 의해 특징지어지고 지점 네트워크가 조직적이지 않은 나라에서 분명한 우위를 가지고 있다. 소비자들은 정보를 수집하고 대면으로 혹은 전화에 의해서 구매하는 수단으로서 증가적인 추세로 인터넷을 사용한다는 증거물이 늘어나고 있다. 그러한 행동은 웹사이트를 매력 있고, 흥미롭고 쉽게 항해하도록 하는 것이 마케터들에게 중요성을 강조한다. 은행과 주택금융조합과 같은 일반적인 재무서비스 제공자들에 대해 순수 '클릭' 접근에 반대되는 것으로 결합된 '벽돌과 클릭' 유통접근이 경쟁적으로 우수하다고 증가하는 증거도 있다. 순수하게 클릭 기반 접근은 마진에서 그리고 구체적인 좁은 상품범주(예를 들어 Egg 인터넷 은행과 손해 보험업자 Esure) 내에서 성공을 성취하고 있다. 상품구매에 대한 클릭 기반 접근의 상대적인 중요성은 이런 방식으로 거래하는 사업에 대해 커지는 소비자확신의 증가로써 시간이 흐름에 따라 성장할 것이다.

전략적 수준에서 인터넷은 제공자에게 두 가지 기본적인 옵션을 제시했을 것이다. 첫째로, 전화가 보완적인 유통수단으로 수용되었던 것과 같은 방법으로 상품과 서비스에 접근하는 단순히 또 다른 수단으로서 사용되었다. Citibank, Industrial and Commercial Bank of China와 인도에 있는 ICICI 은행은 모두 이러한 접근의 좋은 예이다. 둘째로, 재무서비스 공급자들에게 순수하게 인터넷 기반인 별개의 브랜드 아이덴티티를 가진 완전히 신규 기관을 만들도록 하는데 사용되었다. Co-operative 은행은 Cahoot 인터넷 은행과 그랬듯이 Smile.com을 시작할 때, 그랬다. 어느 전략이 추구되더라도 인터넷은 극적인 비용절감을 특히 지급과 펀드전송과 같은 일상적인 행정기능에 관해서 달성할 수 있다는 것을 의심할 수 없다.

직면되는 이슈는 요구되는 능력과 전적으로 인터넷 기반의 브랜드에 대한 고객 수요를 발생시키는 것과 연계된 비용에 관한 것이다. 일찍이 설립되었기 때문에, 재무서비스는 다수의 사례에서 일상적인 구매가 아니라, 자주 발생되지 않는 고관여 구매이다. 이것의 의미는 제공자가, 브랜드는 충분히 많은 사람들의 흔히 발생하지 않는 구매와 부합하는 계속적으로 고수준의 인지와 매력을 가진다고 확신해야 한다는 것이다. 이것은 예를 들어 다이렉트 메일을 통해 경상지출 광고와 보완적인 촉진에 대폭적인 그리고 지속적인 투자를 나타낸다. 전적으로 인터넷 기반 접근을 가진 신규 참여자는 브랜드 인지를 성취하고 유지하는 중비용이 인터넷이 제공하는 낮은 행정비용을 상쇄했다는 것을 발견했다.

마지막으로 주목할 점은 인터넷의 사용으로부터 생기는 비용절감의 물리적 요소는 제공자의 행정스태프로부터 고객에게로 작업이 전이(때때로 완전 구매)하는 것으로부터 발생한다. 완전 구매시나리오는, 예를 들면 자동차와 주택 내용물 보험에 적용된다. 그것은 투명함, 사용의 편이성과 구매과정 동안에 어느 단계에서 문제가 발생한다면 도움을 구하는 방법의 명백한 신호를 보내는 중요성을 나타낸다. 결코 모든 웹사이트는 가장 좋은 실제 모형에 적합하지는 않고, 인터넷 구매가 전화에 의해 거래되는 것보다 더 오래 걸리는 것은 흔치 않은 일이 아니다. 마케팅 관리자는 모든 신규 인터넷 기반 서비스는 이론으로 좋아 보이는 것이 고객의 혜택을 위해 실제에서 작용한다고 확신하기 위해 광범한 시험을 한다고 확신해야 한다.

신규고객유치를 위한 채널로서 인터넷의 우위들과 불이익은 다음과 같다.

■ 인터넷의 우위

- 어느 곳, 어떤 시간에도 고객 접근을 제공한다.
- 제공자에게 보편적인 유통을 획득하도록 한다.
- 타 채널을 보완한다.
- 기존 고객들과 비용 효과적인 사적 행동적 커뮤니케이션을 허용한다.
- 낮은 행정비용이 든다.
- 저비용 구매채널일 수 있다.
- 신규 제공자에 의한 편이한 참여를 통해 다양성과 선택을 장려한다.

- 소비자들에게 완전히 특정개인에 관계없고 원거리 방식으로 사업을 거래하게 허용한다.
- 더 저가격을 결과한다.
- 신상품과 서비스를 저비용에 시험되도록 허용할 수 있고, 그러므로 혁신을 장려한다.
- 제공자에게 시장의 변화에 빠르게 반응하도록 한다.
- 고객 조사를 쉽고 저렴하게 수행되도록 할 수 있다.
- 제공자에게 고객서비스에 맞춰서 더 세밀히 정돈된 시장세분화로 이동할 수 있게 한다.
- 고객화된 커뮤니케이션을 통해 친밀한 관계 발전을 용이하게 한다.
- 지점네트워크와 면접 판매자와 자문에게 부과된 수요를 경감한다.

■ 인터넷의 불이익

- 인터넷을 사용하지 않는 사람들의 권리를 빼앗고, 그러므로 재무적 배제를 악화시킨다.
- 보증과 사기에 관한 염려가 인터넷을 통한 소비자 구매를 억제한다.
- 사용하기 어려운 사이트는 소비자불만을 야기한다.
- 복잡한 상품과 개인 대. 개인의 대화를 통한 상호작용을 요구하는 고객 만남들에 잘 맞지 않다.
- 신규고객유치와 상품구매를 위해 잘 알려진 기존 브랜드 혹은 고비용 마케팅 커뮤니케이션 프로그램을 요구한다.

13.4.8 다이렉트 메일

인터넷의 최근 발전과 대조하여, 다이렉트 메일은 유통의 가장 오래된 설립 형태 중의 하나이다. UK 무역기관에 의하면, Direct Mail Association(DMA)은 9%의 연간 비율로 성장하고 있고, 마케팅 예산의 약 136억 유로화를 차지한다. 그러므로 텔레마케팅과 인터넷의 빠른 성장에 직면해서 어떠한 쇠퇴도 받지 않았다.

분명하게, 다이렉트 메일은 단순한 인지 상승과 정보제공으로부터 판매 - 리드 유발과 실제 판매마감까지 많은 역할을 수행한다. 재무서비스 부문에 의한 다이렉트 메일의 사용은 세계적 기반으로 성장했다. 어떤 점에서는, 이 매체는 재무서비스 맥락 내에서 특히 중요한 역할을 가지고 있다. 예를 들면, 규제적인 요구와 얽힌 상품 복잡성은 많은 경우에(움직일 수 없는) 지면 커뮤니케이션에 대한 필요에 적합하다.

데이터베이스 사용의 진보와 다이렉트 메일과 연계된 기술은 높은 정도의 개인화를 쉽게 하였다. 이러한 발전과 결합하여 회사들은 그 이전보다 더 큰 정확성과 효율성을 가지고 기존 고객들과 예상고객들 관점에서 다이렉트 - 반응 메일을 사용할 수 있다.

다이렉트 메일은 개인 우편발송인 당 비용, 판매전환율과 판매 당 비용과 같은 주요 성과지수(KPI)의 정밀한 분석에 적합한 매우 조절 가능한 유통 수단이다. 다이렉트 메일이 다소 경멸적으로 높은 낭비 비율을 지닌 정크 메일로서 자주 언급될 지라도, 그럼에도 불구하고 판매를 유지하는 매우 비용효과적인 수단일 수 있다. 실제로, 많은 기관은 신규 비즈니스 유치를 위해 주요 방법으로서 사용한다. 성공적인 다이렉트 메일의 사용은 상당히 작은 세트의 KPI들에 의존한다. 즉,

- 사용된 목록의 정확성
- 개별적인 우편물의 창조적 호소와 효과
- 반응속도와 처리
- 반응처리의 품질

우편물 수령인이 자신의 반응을 우편으로 부치는 시간으로부터, 우편물의 발송인 편에 대한 다음 처리활동에 임하려는 수령인의 동기에 빠른 소멸률이 있다. 첫 번째 우편물은 궁금증을 자극할 목적이고 그 다음 우편물은 실제 구매를 완성하려는 2단계 우편과정이 사용되는 곳에서 특히 중요하다.

빠른 소멸률은 초기 다이렉트 메일 커뮤니케이션이 다이렉트 판매원 혹은 전화 판매 대리인에 의해 개인 대 개인 기반으로 처리되는 판매 리드를 유발하기 위해 의도되었다. 경험법칙으로 다이렉트메일 반응은 반응수령 48시간 내에 상품 제공자에 의해 처리되어야 한다. 이것은 예상고객 반응에 대한 빠른 처리를 확신하는 필수 과정이다. 처리접촉에서 지연이 길면 길수록, 최종적인 판매전환율은 더 낮고 판매 당 비용은 더 크다.

신규고객유치 채널로서 다이렉트 메일의 우위와 불이익은 다음과 같다.

■ 다이렉트 메일의 우위

- 상당히 자세히 통신할 수 있다.
- 자세한 규제적 경고와 요구를 통신할 수 있다.
- 미래 근거를 위해 보유될 수 있다.
- 무형재의 물질적 증거를 제공하는 수단이다.
- 양이 처리를 위한 자원에 부합되도록 조절되어지게 한다.
- 메시지가 매우 개인화되도록 허용한다.
- 다수-세분시장 마케팅 전략에 적합하다.
- 비용과 효율이 상세하게 감지되도록 허용한다.
- 전화판매, 다이렉트 판매와 같은 타 채널을 보완할 수 있다.
- 기존고객들의 행동적 단서에 의해 제시된 기회를 이용할 수 있다.
- 시장에 저비용참여를 허용한다.
- 저비용에 실험을 참작한다.

■ 다이렉트 메일의 불이익

- 소비자 노여움과 불만족의 흔한 원천이다.
- 수령인의 읽고 쓰는 기술에 심대한 요구를 할 수 있다.
- 규제적 요구는 핵심판매 메시지로부터 예상을 바꾸는 많은 양의 복사와 정보를 초래할 수 있다.
- 낮은 반응 비율은 비경제적으로 만들 수 있다.

- 문제와 관심을 논의할 기회가 없다.
- 브랜드 신뢰를 낮게 평가할 수 있는 열등한 이미지로부터 고통을 자주 받는다.

13.4.9 타 유통 채널

다이렉트 메일 외의 방식을 사용하는 직접 반응 광고는 직접 - 반응 라디오, 텔레비전, 인쇄, 잡지와 포스터 광고를 포함한다. 이러한 형태의 직접 반응은 다이렉트 메일보다 덜 조절가능하고, 덜 쉽게 표적되지만, 그들 자신의 독특한 창조적인 우위를 제공한다. 예를 들면, 주간 시간표를 사용한 직접 - 반응 텔레비전 광고는 사회의 은퇴한 부문을 표적하는 기관을 위해 흔한 일이 되었다. 자본양도 설계와 단순한 형태의 생명보험 플랜은 이런 점에서 특히 주목할 만하다. 직접 - 반응 인쇄광고가 보증 대부(세컨드 모기지라고 불리는)를 마케팅하는 기관에 의해 광범위하게 사용된다. 우선 매체는 UK의 The Star, The Star and The Daily Mirror와 같이 대중시장을 겨냥한 것들이다. 사회적 연속성의 다른 끝에 투자신탁, 상호펀드 (단위 신탁과 OEICS)와 같은 투자 상품과 The Daily Telegraph와 The Sunday Times와 같이 제목을 사용해서 직접 - 반응 기반으로 유통된 채권이 있다.

유통의 최종 형태는 거래조합과 스포츠클럽과 같이 친화집단의 사용이다. 이들은 종종 전화판매, 다이렉트 메일과 다이렉트 판매와 같은 방식으로 사람들에게 접근할 수단을 제공한다. 그와 같이 그들은 판매 리드를 유발하는 수단만큼의 유통채널은 아니다. 그러므로 그들은 촉진 믹스를 형성하는 부분으로서 더 정확하게 검토되어야 한다.

13.4.10 다자-채널 유통

본 장에서 재무서비스 유통의 실제 세계에 대한 실용적 통찰력을 제공하려고 했다. 유통의 주요 방법은 개별 채널로서 논의되었지만, 증가적인 추세로 회사들은 동시에 다양한 채널들을 사용하고 있다는 것을 인식하는 것이 중요하다. 그러므로 다자 - 채널 유통 전략은 지금 가장 주류의 대중시장 재무서비스 기관을 위한 규범이다. 전형적인 청산 은행에 대해서 그러한 다자 - 채널 접근은 다음을 구성할 것이다.

- 지점 네트워크
- 다이렉트 판매부
- 다이렉트메일
- 인터넷
- 텔레마케팅
- 다이렉트-반응 광고

전형적인 대중시장 생명보험 회사는 다자 - 채널 유통전략을 사용할 것이다.

- 다이렉트 채널 - 다이렉트 판매부, 텔레마케팅, 다이렉트 메일, 직접-반응 광고 및 인터넷 판매
- 간접채널 - IFA 와 결합 대리인

13.5 요약 및 결론

본 장은 유통채널이 구매 혹은 판매가 이루어지는 기회를 제공하기 때문에 재무서비스 마케팅에 중심적인 역할을 한다고 주장한다. 재무서비스기관은 흔히 상이한 표적시장에 도달하는 상이한 유통채널을 사용하는 다자 - 채널 전략을 사용한다. 이러한 채널들은 기관 소유의 다이렉트 채널일 수 있고 혹은 중간상의 사용(간접 유통)을 포함할 수도 있다. 사용할 수 있는 가능한 유통채널의 범위는 부분적 기술에 의해서 그리고 부분적 규제에 의해서 결정된다. 비용, 고객 그리고 경쟁자 영향력이 어느 채널을 실제로 선택할 지를 결정할 것이다. 사용 가능한 여러 유통 채널 중에 지점 네트워크는 전통적인 당좌와 저축계정에 가장 중요하고, 개인판매는 아마도 연금과 투자를 위한 가장 보편적 유통방식일 것이다. 그렇지만 신규 전자 - 기반 채널이 급

속도로 발전하고 있고, 향후 5년에 걸쳐 더욱더 발전될 것 같다. 이미 ATM, 전화 그리고 웹 - 기반 유통시스템이 훌륭히 설립되었다. 웹 - 기반 유통은 첫째, 접근방식과 관련되어 있고 둘째, 웹을 통해 할 수 있는 것들과 관련되어 있는 중요한 개발로 인해, 가장 크게 성장할 것으로 기대된다. 접근방식에 있어서, 상호작용의 디지털 TV가 가장 중요하고 웹에 접근할 수 있는 다양한 방법들이 있을 거라고 예상된다. 추가적으로, 대역너비(bandwidth)가 증가하고 하부구조가 향상됨에 따라 고객들이 인터넷을 통해 판매스태프와 대면 상호작용을 할 수 있는 잠재력이 생길 것이다. 그러한 발전은 전통적인 대면 판매비용을 감소시키고 고객을 훨씬 더 편리하게 할 것이기 때문에, 재무서비스 유통에 중요 의미를 줄 것이다. 더욱이 다수 고객들을 위해 대면접촉을 한다는 예상은 온라인유통 사용의 저항을 어느 정도 줄일 수 있다.

복습 문제

1. 직접 및 간접 유통 간에 차이는 무엇인가? 재무서비스 기관을 위한 각 형태의 유통채널의 예를 제시하라.
2. 귀하의 기관은 어느 유통채널을 사용하는가? 어느 것이 직접이고 어느 것이 간접인가? 어느 것이 지배적인 채널인가, 그리고 그 이유는?
3. 은행을 위한 그리고 생명보험 회사를 위한 유통채널의 선택에 영향을 주는 요소는 무엇인가?
4. 지점 네트워크를 통해 재무서비스를 유통하는 이익과 불이익은 무엇인가?
5. www를 이용한 재무서비스를 유통하는 이익과 불이익은 무엇인가? 어떤 고객들은 그들의 재무문제를 관리하기 위해 www사용하기를 왜 꺼려해야 하는가?

3부 고객 개발

CHAPTER 14

고객관계관리 전략

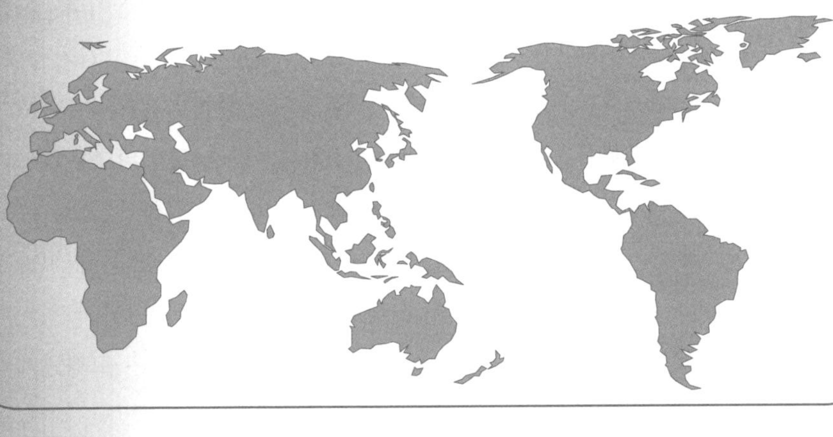

chapter 14 고객관계관리 전략

학습목적

이 장은 다 공부한 후 귀하는

- 재무서비스에서 관계마케팅과 고객유지가 점점 더 중요해짐을 이해할 수 있고,
- 고객유치, 고객유지와 마케팅활동 간에 상호작용을 이해할 수 있고,
- 고객평생가치 개념의 본성과 중요성을 이해할 수 있고,
- 고객관계관리에 대한 전후관계로 이해되는 영향력을 알 수 있을 것이다.

14.1 서론

비교적 최근까지, 마케팅은 원칙적으로 상업기관을 위한 고객창조를 둘러싼 과정과 관련이 있다고 가정되었다. 마케팅믹스 사용에 관한 결정은 주로 이러한 목적에 맞추어졌다. 부분적으로, 이것은 아마도 마케팅과 판매가 같은 것으로 간주되는 이유를 설명한다. 고객유치가 역사적으로 재무서비스분야에 지배적인 마케팅목적이었다는 것은 의심할 바 없이 사실이다. 그렇지만, 1980년대 후반부터 계속해서 마케팅기술과 자원은 기존 고객기반의 맥락에서 증가추세로 사용되고 있다. 즉, 금융기관은 증가추세로 기존 고객에게 동일한 상품을 추가 구매하던지 혹은 금융기관의 상품범위로부터 타 상품을 구매하는 것을 장려하면서 그들의 서비스를 마케팅하는데 초점을 두고 있다. 이런 과정은 여러 가지 방법으로 기술된다. 일부는 단순히 일반적인 용어 '관계 마케팅'을 사용하고, 기타 사람들은 고객유지 혹은 고객기반 마케팅으로 언급할 것이다. 증가추세로, CRM - 고객관계관리 혹은 고객관계마팅

- 이라는 용어가 이러한 형태의 마케팅을 기술하기 위해 사용된다. 어떠한 용어가 사용되든지 간에 중요하게 기억할 것은 고객유치 국면이 완료되면 마케팅 투입의 배당에 관계되는 마케팅 지류를 다루고 있다는 것이다. 이 책의 3부에서 기존고객의 유지, 관리 그리고 개발에 관계하는 것으로서의 마케팅에 초점을 둘 것이다. 따라서 본 절은 이 책의 기반을 형성하는 전략과 기획, 고객유치와 고객관리의 삼각형을 완성한다.

본 장은 고객관계관리와 연계된 몇몇 주요 이슈들에 관한 개관을 제공한다. 다음 장들은 서비스 품질, 가치, 고객만족, 서비스회복과 고객유지를 위한 마케팅 믹스관리에 관계된 이슈들을 다룰 것이다. 본 장은 기존 고객과 관계 관리에 더 초점을 두도록 하는 요소들을 탐사하는 것으로부터 시작한다. 다음 절들은 충성스럽고 이익이 되는 유치와 유지에 관련된 이슈들을 고려한다. 즉, 관계체인의 개념이 소개되고 여러 가지 관계단계에서 고객관리를 둘러싼 이슈들이 소개된다. 뒤에서 두 번째 절은 중개자를 통한 고객관계를 관리할 때 그리고 국제적인 맥락에서 관계를 관리할 때 발생하는 구체적인 이슈들을 다룬다. 최종적으로, 본 장은 고객평생가치와 고객데이터와 관계된 이슈들을 다룬다. 본 장을 통해 CRM, 관계마케팅과 고객 기반 마케팅의 용어들이 광범위하고 동등하게 취급되며 교차적으로 사용된다.

14.2 변화의 추진력

재무서비스의 본성은 제공자가 고객들과 항상 관계를 가지고 있다는 것을 의미하고, 마케팅은 원래가 관계적이라고 종종 주장된다(Stewart, 1998). 이러한 견해에 상당한 진정성이 있는 반면, 재무서비스 제공자들은 전통적으로 이러한 관계를 대중시장 맥락에서 잘 관리하지 않은 것도 사실이다. 이것이 분명히 변화하고 있다. 일련의 환경적인 요소들은 다음을 포함하는 재무서비스에서 고객유지와 고객 기반(혹은 관계) 마케팅의 발전에 대한 관심이 점점 늘어나도록 한다.

- 상승하는 고객유치비용
- 고객가치에 증가하는 초점
- 경쟁
- 소비자 압력
- 규정과 법규
- 기술혁신
- 타 부문에서의 관계마케팅의 발전

위의 요소들이 재무서비스에서 관계마케팅의 성장에 어떻게 영향을 미쳤는지에 대한 약간의 이해를 가지는 것은 교훈적이다.

1. 상승하는 고객유치 비용

시장 혹은 세분시장의 침투율이 상승함에 따라(즉, 이미 상품 혹은 서비스를 구매한 전체 시장의 비율), 아직 침투되지 않은 고객을 유치하는 한계비용이 상승한다. 1980년대 이후로 선진경제에 있는 대부분 상품범주의 침투율은 꾸준히 성장하고, 한계유치비용도 증가한다. 동시에, 세분시장의 마진에 있는 고객들은 이미 서비스된 고객들보다 더 낮은 가치를 가지고 있다고 기대될 수 있다. 상승하는 고객유치 비용은 타 분야보다도, 특히 규정으로 인한 비용증가의 관점에서 일부 분야에 영향을 미친다.

2. 고객가치에 증가하는 초점

위에서 언급된 한계고객유치의 경제는 상품수익성에 반대로 고객수익성에 점점 초점을 두고 촉매로 작용한다. 그것이 상품마진관리가 중요치 않다는 것은 아니다. 분명히 그러한 주장은 어리석을 것이다. 가치의 양면적 측정은 상업적 성능을 결정하는데 역할을 가지고 있다. 그렇지만, 개별적인 상품마진이 장기의 개별적 고객가치보다 중요하지 않다고 하는 것이 상품서비스 상품들의 본성에, 주목컨대 장수와 시간스케일과 연계된 특성에 있다.

3. 경쟁

소매 재무서비스 부문은 신규 참여자에겐 상대적으로 적은 장애물을 가진 동태적이고 다양한 영역이다. 제 3자 행정(TPA), 웹기반 유통, 콜센터 기능성과 자본접근과 같은 분야에서의 혁신은 신규참여자를 이미 상당히 침투된 시장부문에 참여할 수 있도록 한다. 추가적으로, 이전의 요소들이 기존 재무서비스기관이 신규영역으로 다양화하는 것을, 예를 들어 은행(Standard Life's Standard Life Bank와 Prudential's creation of Egg)을 설립하는 보험회사에게 발생되는 것과 같이 상대적으로 쉽게 한다. 이미 상당히 침투된 시장부문에서 경쟁적인 환경을 계속적으로 발전시킨다는 것은 회사의 새로이 유치된 고객이 증가추세로 라이벌기관의 고객이탈이 쉽다는 것을 의미한다. 그러한 환경에서, 기존의 가치있는 고객을 유치하는 것은 훨씬 더 중요하다.

4. 소비자압력

Which?, UK의 국가소비자회의(National Consumer Council), 미국의 소비자조합(Consumer Union)과 호주의 소비자연합(Consumer Federation)과 같이 소비자이익을 대표하는 기관들은 재무서비스산업이 소비자이익을 위해 봉사하는 방법을 향상시키기 위해, 장기간 캠페인을 해왔다. 그들의 캠페인은 상품부과금, 고아기금의 사용, 모기지 유증과 이사회가 고객이익을 위해 봉사하는 것을 어떻게 설명하느냐의 무엇보다도 우선하는 문제들을 포함한 이슈들을 대변한다. Which?는 모기지 유증판매에 관한 소비자문제를 해결하기 위해 산업에 압력행사를 위해 설립되어, 웹사이트 상에 많은 인기를 가지고 있다고 주장한다. 결과적으로, 회사는 그들이 고객이라면 손해를 입을 수 밖에 없는, 매력적인 제안으로 신규고객을 유치한다는 비난에 민감해진다. 이것은 기존고객에 관해 더 효과적이고 세련된 마케팅정책과 실행을 개발할 필요성에 더 큰 추진력을 제공한다.

5. 규정과 법규

1980년대 중반 이후로 발생한 규정과 법규의 발전범위는 산업전반에 영향을 미친다. 그러한 영향으로 운영비용은 추가될 수 밖에 없고, 사실상 이를 준수하는 신규 산업이 출현했다. 장기적으로 그러한 비용은 값비싼 오판매 보상을 회피하고 더 지속적인(그리고 수익성 있는) 상품판매를 함으로써 보상될 것이라는 열망이 있다. 반면에, 신규고객 유치 비용은 세계를 둘러싼 규정자의 규정집에 포함된 많은 양의 타 조항과 함께 판매자문사의 역량, 훈련, 감독과 연계된 비용에 의해 영향을 받아 왔다.

그들의 비용에 대한 영향에 추가해서, 이러한 영역에서의 발전은 가격결정과 부과결정 정책과 메카니즘에도 영향을 미친다. 이러한 이슈는 특히 생명보험과 연금과 같은 영역에서 증가추세로 중요해진다. 비교적 최근까지, 선급성의 고 상품 부과금의 보편화는 정규 프리미엄/배당 - 기초의 상품이 제공자에게 상당히 단기간 실시 후에, 수익성이 있을 수 있다는 것을 의미한다. 취소부과금과 한 가지 혹은 다른 형태의 페널티의 부과는 판매보상, 보험업과 정책 이슈와 연계된 높은 초기비용이 해결되고 여전히 이익을 낸다는 것을 의미한다. 이러한 유형의 가격책정 정책은 증가추세로 인정할 수 없고 정부와 규정적 조사에 달려 있다. 실제로, 펀드 가치의 1.5퍼센트 최대요금을 지닌 전형적인 제3의 이해관계자 연금은 제공자에게 손익분기를 성취하기 전에 적어도 8~9년이 걸린다. 그러한 환경 하에, 제공자에게 충성으로 남아있을 성향이 높은 고객들을 모집하는데 주의를 기울이는 것이 훨씬 더 중요하다.

6. 기술혁신

통신, 데이터베이스 관리와 월드와이드 웹(www)에서의 혁신은 고객관리에 극적인 영향을 주었다. 고객유치 과정 동안에 조심스럽고 자세하게 적절한 데이터를 획득하는 것은 금융기관에게 지금까지 가능했던 것보다 훨씬 더 효과적으로 관계를 관리할 능력을 제공한다. 기술혁신이 고객 데이터 베이스 마케팅의 주요한 촉진제라고 말하는 것은 당연하다.

7. 타 상권에서의 관계마케팅의 발전

주장컨대, B2B 부문이 진짜의 구매자 - 판매자 파트너십을 세우는 중요성 때문에 관계마케팅의 개념과 실제를 개척했다. 소매 재무서비스를 특성화한다고 언급되는 정보대칭성은 B2B 맥락에선 그다지 분명치 못하다. 이것은 구매자가 전문적인 조달 임원이고 전형적인 재무서비스 국내 소비자보다 상당히 권력이 주어졌기 때문이다. 사실, 주요 은행들의 B2B 사업영역은 주요한 기업 - 고객 관계를 취급하는데 효과적인 관계마케팅 과정을 오랜 동안 겪어 왔다.

필수적으로 기술 - 가능해진 관계마케팅인 CRM은 증가추세로 많은 소비재 시장과 소매부문에서 매우 중요한 마케팅접근 요소가 되었다. Tesco의 Clubcard와 같은 슈퍼마켓에 의한 빠른 고객 친화기획의 확장은 아마도 실제로 이러한 형태의 최선의 마케팅 예일 것이다. B2B, 빠르게 움직이는 소비재(fast moving consumer goods: fmcg)와 소매부문을 통한 관계마케팅의 광범한 사용은 재무서비스 기관에 의한 수용에 더 추진력을 주었다.

이러한 압력의 결과로써, 세계에 걸친 재무서비스 제공자들은 지금 고객들과의 관계 발전과 관리에 훨씬 능동적으로 초점을 맞추고 있다. B2B 시장에서, 많은 것이 개인적인 수준에서 계속하여 수행되고 있다. B2C 시장에서, (CRM 체제의 형태로) 기술은 고객들과 더 개인화된 관계의 창출을 보조하고 있다. 사례연구 14.1은 네덜란드에 있는 Rabobank에 의해 수용된 관계마케팅 접근의 예를 제공한다.

사례연구 14.1 Rabobank – 네덜란드 시장에서 국내와 사업 뱅킹 관계를 구축하기

Rabobank는 500만 소매고객을 가진 AAA 등급의 조합은행이고 대략 1,500 지점에 의해 눈에 띄는 매우 강한 지역적 존재이다. 1995년 Rabobank는 인터넷뱅킹을 도입한 첫 번째였고, 오늘날 유럽에 가장 많은 인터넷은행 계정을 유지하고 있다. 네덜란드 은행시장은 고객이 항상 신뢰받는 브랜드로부터 신규은행으로 기꺼이 전환하지 않고, 은행기관에 사용가능한 전략적 선택에 확실한 제한을 준다는 것을 학습했다. 실제로, 이것은 많은 재무기관들이 고객 침투전략을 선택하고 자원을 그들의 기존 고객기반에 쏟는다는 것을 의미한다. 이러한 침투전략과 Treacy와 Wiesema(1996)가 고객친교라고 부르는 것의 결합이 네덜란드의 상위 3개 은행들 중에 하나인 Rabobank의 매우 성공적인 전략특징이라고 증명되었다.

Rabobank는 인터넷과 물리적인 지점네트워크를 통해 고객과 실질적인 밀접함에 집중해 왔다. 당좌계정고객들에게 모기지와 저축상품의 교차판매는 Rabobank가 소매뱅킹에서 시장선도자가 되도록 하였다. 유사하게, 1990년에 방카슈랑스에 대한 제약의 제거는 Rabobank로 하여금 유치된 고객에게 서비스범위를 확대할 기회를 더 많이 제공했다.

Rabobank의 성공은 개인시장에만 국한되지는 않는다. 경영진은 농업시장에서 은행의 전통적 강점을 구축했고, 비농업의 중소기업시장으로 확장되었다. Rabobank는 지금 네덜란드에서 영세 사업시장의 21 퍼센트를 차지하고, 기존고객들에게 교차판매와 상향판매로 확고한 진전을 거두고 있다. 중·대기업에게 제공되는 서비스의 범위를 지원하기 위해, Rabobank는 은행이 국제적으로 고객운영에 포괄적 서비스를 제공할 수 있도록 지점사무실, 전략적 제휴와 유치의 국제적인 네트워크를 구축했다.

원천: Suzanne Tesselaar, TCI Communications, 네덜란드

14.3 고객 지속성 - 올바른 고객들을 유치하기

많은 사업들의 특징은 그들이 동시에 많은 기존 고객을 상실하면서 그들의 금융기관을 위해 신규고객들을 유치한다는 것이다. 그러한 유치와 감소의 과정이 고객의 수를 유지하기 위해 믿을 수 없을 만큼 열심히 일하는 사업을 초래할 수 있다. 이것이 Holiday Inn의 전 부사장이었던 James L. Schorr에 의해 붙여진 용어인 마케팅의 버킷 이론으로 언급된다.

금융기관이 유치한 신규고객수의 증가와 고객 이탈의 감소를 성취하고, 그 결과 총 고객기반에서의 순증가를 성취하려고 하는 것이 금융기관의 공통된 목적이다. 불행하게도, 버킷이론의 보편화는 그것을 완만하고 값비싼 과정으로 만들 수 있다. 그것은 회사가 단순히 유치된 신규고객의 수가 상실된 수에 상응하는 한 유지하고 있다고 생각하기 쉽다.

이러한 문제에 직면하여, 회사가 비용이 들지만 자상한 고객유지프로그램을 고안해야 하는 이해할 만한 반응이 있다. 그렇지만, 그러한 프로그램은 과정에 상대적으로 열등한 가치(그리고 어쩌면 부정적 가치)의 고객유지를 초래한다면 잘못 적용될 수 있다. 일부 고객들은 기타 고객들보다 상품제공자와의 관계를 유지하는 성향을 가진다. 제공자의 관점에서 모르는 사이에 지나갈 수 있는 고객특성을 확인하려는 것이 바람직하다. 이러한 필요성은 차별적인 소멸률이 B2B와 B2C 영역에서 고객들에게 적용되기 때문에 국내 고객뿐만 아니라 기관의 고객들에게도 적용된다.

상대적으로 높은 소멸 - 혹은 지속 성향과 연계된 고객의 특성을 확인하는 것은 중요한 마케팅 활동이다. 그것은 마케팅 믹스뿐만 아니라 고객들 자신의 어떠한 특성이 상대적인 지속과 원인적으로 관련이 있는지를 결정해야 한다. 이것은 결코 성취하기에 쉽고 빠른 과정은 아니다. 차라리 연장기간에 걸쳐 가능한 원인 요소들의 사려있고 자세한 분석을 요구한다. 그러므로 진정으로 가치있는 통찰력을 생기게 하는데 몇 주 혹은 몇 개월보다도 몇 년

이 걸릴 수 있다. 장기에 그것은 평균 고객가치를 증가시킴으로써 그리고 낭비적인 마케팅과 행정 소비를 감소시킴으로써 최종결과에 크게 이익이 되는 영향력을 미칠 수 있다. 고객지속 측정 프로그램을 수행하는 결정은 지속성에 영향을 미치는데 부분적으로 작용하는 데이터의 수집을 요구한다. 그러한 데이터는 고객 유치과정에서 수집되어야 하고 적절한 분석과 보고 체계의 개발에 의해 보조되어야 한다. 지속성과 연계된 특성들, 원인 혹은 상관변수들은 시장, 고객 세분시장, 구매상황 등등에 따라 다르고, 같은 크기의 모두에 맞는 해결책은 없다. 그렇지만 가능한 지속성 요소로서 고려될 수 있는 대상은 다음과 같다.

1. 고객특성들
    - 나이
    - 소득수준
    - 직업
    - 특정 상품유형을 소비하는 이전 히스토리
2. 유치과정 특성들
    - 고객의 실제 필요 강도
    - 상품이 구매 혹은 판매된 것(유치과정에서 고객 사전 활동정도)
    - 사용된 유통채널
    - 개인, 유통업자 혹은 판매원
    - 유치일
3. 기타 마케팅 믹스 특성들
    - 판매촉진의 사용
    - 판매 선도의 원천
    - 특별 가격 제공
    - 상품특징의 변형

위의 목록은 순수하게 가능 요소의 제시이고, 각 회사는 주어진 특정 상황에서 적절한 것을 결정해야 한다. 최종적으로, 그러한 분석은 마케팅기획을 알려야 하고 상대적으로 지속적인 고객에 관한 고객유치 활동에 초점을 두게 되어야 한다. 따라서 효과적인 고객 유지의 열쇠는 처음부터 지속성이 있을 거라고 생각되는 고객들의 유치이다.

14.4 올바른 고객을 유지하기

고객들이 상품제공자와 관계를 중지하는 이유는 4개의 기본적인 유형이 있다. 즉,

1. 고객 자신 - 유발적인 - 원래의 필요성은 더 이상 존재하지 않는다. 예를 들면, 모기지 대부는 일찍이 반제되었고 대부 보호 정책은 더 이상 요구되지 않는다. 또 다른 예제는 고객이 금전을 당장 찾기를 원하고 그래서 보험 유증 정책을 포기하는 것일 수 있다.
2. 고객 환경 - 유발적인 - 예를 들어, 고객은 고용되지 않고, 프리미엄/분담금, 이자지급을 유지할 수 없다.
3. 제공자 자신 - 유발적인 - 예를 들어, 열등한 서비스(서비스 실패)는 불만을 야기해서 고객으로 하여금 관계를 끊게 한다. 대안적으로, 가격책정 변화는 고객이 다른 공급자를 찾게 할 수도 있다.
4. 제공자 환경 - 유발적인 - 예를 들어, 보편적인 기본 이자율의 증가는 일부 고객의 소멸을 초래할 수 있고, 주가시장의 하락은 고객들이 자본 - 기반 투자로 현금화하는 원인이 될 수 있다. 매력적인 경쟁자 제의는 제공자를 바꾸려는 욕망을 유발하는 경우가 될 수도 있다.

위의 의미는 제공자가 그들의 조정 하에 있지 않은 요소들을 위해 부수적인 기획을 개발하는 반면 영향을 미칠 수 있는 그러한 요소들을 확인해야

한다는 것이다. 고객 자신 - 유발적인 이탈은 초기 유치과정 동안에 조심스러운 고객선정에 의해 가장 잘 완화된다. 그것이 발생하면, 그들의 '작별' 요구를 효율적이고 빠르게 가능하면 적은 비용으로 다루는 것이 아마도 가장 좋다.

제공자 자신 - 유발적인 고객 소멸은, 올바른 서비스 경험을 전달하지 못한 것과 연계되기 때문에, 마케팅 관점으로부터 특정한 관심의 원인이다. 지금까지의 조사는 교차/이탈이 구체적인 개인 사건에 대한 반응이라기보다는 차라리 과정이라고 제안한다(Stewart, 1998). 이탈의 방아쇠는 항상 부과금, 편의시설, 정보와 서비스 만남들이고, 이탈에 선행하는 부정적 경험의 축적이 항상 존재한다. 이탈이 축적의 과정인 것 같다는 사실은 비록 재무서비스 제공자가 이것들에 자본투자여부 정도는 더 논의할 필요가 있을지라도, 관계 재정립을 위한 기회가 있다는 것을 제시한다(그리고 불평에 효과적으로 반응하는 능력은, 15장에서 논의될 것이지만, 종종 그러한 과정의 최고 중요한 부분이다). 제공자 자신 - 유발적인 소멸을 통해 상실되는 고객들과 연계된 중요한 도전은 부정적인 구전에 대한 잠재력이다.

고객 환경 - 유발적인 경우들도 조심스럽게 관리될 필요가 있다. 직업상실과 연계된 어려움은 극복될 수 없을지 모르고 적절히 민감하나 효율적인 태도로 취급되어져야 한다. 그렇지만 실업은 일시적인 문제일 수 있고 휴일 분담금 혹은 정책 대부와 같은 법령들이 고객들로 하여금 실업상태가 다시 될 때까지 상품을 유지할 수 있게 한다. 소득수준, 직업, 고객 관계기간 그리고 여타 유지상품들과 같은 주요한 고객 변수들의 주의 깊은 분석은 건전한 판단이 성립되는데 필수적이다. 요구가 고객으로부터 받아들여 질 때 고객 - 상품 관계를 자동소멸하게 하는 것은 의미가 없다. 행정 스태프는 그들이 가치있는 고객 - 상품 관계를 유지하는데 할 수 있는 중요한 역할을 인식하도록 훈련이 되어야 한다. 이것은 상품소멸 단서를 관련 있는 고객데이터와 맞추는 적절한 관리정보시스템의 개발을 요구한다. 그러한 단서는 빼먹은 월급을 당연히 포함하고 또는, 서면 취소 요구뿐만 아니라 가치평가 요구와 조기포기 가치를 포함한다.

적절한 관리정보의 유용성 외에, 일련의 적합한 옵션들이 고객들로 하여금 이미 언급된 바와 같이, 제공자와 관계를 유지할 수 있도록 쉽게 유용될 필요가 있다. 회사가 고객 유지관점에서 명백한 전략과 관련 행정 스태프에게 지침서를 주는 정책세트를 가지는 것이 중요하다. 고객행정이 제 3자 행정(TPA) 파트너에게 아웃소싱한 곳에서, 당연하게 고객유지와 관련된 이슈들에게 관심이 주어지는 것이 중요하다. 그러한 상황에서, TPA의 스태프는 의도적인 고객유지 활동에 종사하도록 필요한 명령을 가진다는 것을 주의해야 한다.

효과적인 고객유지 실행의 개발은 예상소멸을 유발하는 이유들에 관해 조심스럽게 확인할 필요가 있다. 생생한 정보는 최적의 행동과정이 따라올 수 있도록 접근될 수 있다. 그러한 접근은 수신전화 기반 소멸요청과 관련되어질 때 특히 유용할 수 있다. 이것은 우편시스템에 의해 도착하는 소멸 - 관련 요청들과 연결되어 사용될 때 더 어렵고 잠재적으로 더 비용이 든다. 인터넷 - 기반의 고객 - 계약 과정은 잠재적으로 고객 이탈에 대해 방어하는 강력한 수단을 제공한다. 고신뢰도를 가진 예상 소멸의 원인을 결정짓는 일상의 과정들이 고안될 수 있다. 근원적인 원인을 확인하면서, 고객들은 실제적인 상품소멸에 의하지 않고 문제를 해결할 목적이 있는 일련의 옵션들이 제시될 수 있다. 이것은 일시적인 고난기간을 통해 그들을 도와줌으로써 고객들을 유지하는 매우 비용 효과적인 수단일 수 있다.

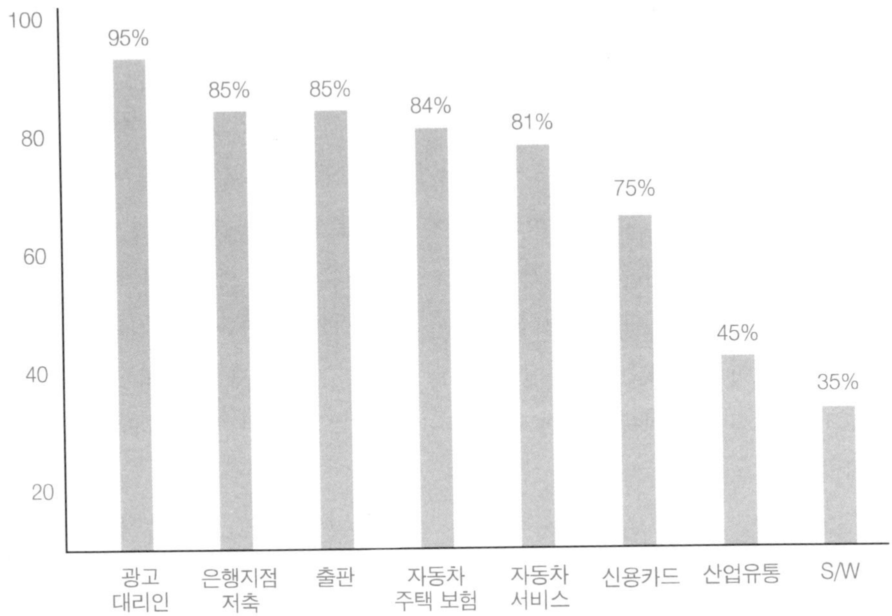

<그림 14.1> 고객 유지의 5% 점수 증가의 NPV 이익 효과
(Reichheld를 기본으로, 1994)

경쟁자들의 행동으로 인한 고객이탈은 재무서비스 회사들에게 특별한 도전을 준다. 이것은 타지역들보다 특정지역에서 더 맞닥뜨릴 수 있다. 예를 들면, 신용카드는 고객유치가 고객의 고 잔고를 매우 매력적인 이자율에 새로운 제공자에게 전이하는 것에 흔히 기반 한 격렬한 경쟁분야가 되었다.

고객유지에 대해 글을 쓸 때, Reichheld and Sasser (1990)의 작업을 이용해서, Payne(2000)은 이익이 고객유지 수준의 상대적으로 작은 이동에 얼마나 민감한지를, 〈그림 14.1〉에 볼 수 있는 바와 같이, 도표로 제시한다. Box 14.1은 관계마케팅과 고객유지의 재무적 그리고 비재무적 혜택의 다양성을 조사한 연구 발견에 주의를 끈다.

BOX 14.1 관계와 고객유지: 연구 발견들

재무서비스에서 고객유지의 경제적 혜택에 대한 실증적 증거는 제한되었지만. 직접적인 충성도의 재무혜택을 측정하는 것은 도전적이다. 결과적으로 선행연구는 고객관계 품질, 충성도와 고객유지 그리고 고객만족에 원인이 되는 요소들을 설명하는데 초점을 두고 있다.

Crosby and Stephens(1987)	고객만족과 유지에 대한 관계의 긍정적인 영향
Storbacka(1994)	수익성에 대한 충성도의 긍정적인 영향
Council on Financial Competition (1995)	5%의 유지를 증가시키는 것은 평균 고객평생에 3년을 더하고, 계정사용은 관계의 길이와 함께 증가한다(Murphy에서, 1997).
Ennew and Binks(1996)	고객의 관계본성과 서비스 품질은 충성도에 긍정적인 영향을 가지고, 순수하게 충성적인 고객과 부분적으로만 충성적인 (교차를 생각했지만 하지 않은) 고객들 간에 구별한다.
Zeithaml et al. (1996)	충성으로 남기 위한 의도의 결정자로서 서비스 품질의 중요성을 강조한다.
Paulin et al.(1997)	지각된 관계 강도와 고객의 계속해서 구매하려함, 추천하려함 그리고 품질과 만족에 대한 판단 간에 긍정적인 관계
Ennew and Binks (1999)	금융에 있어서 고객관여는 만족과 유지에 긍정적인 영향을 가진다.
Sharman and Patterson (2001)	신뢰와 만족은 관계에 대한 몰입에 긍정적인 관계를 가지고(만족이 특히 중요함), 높은 교차 비용은, 만족이 낮을 때 일지라도 몰입을 유발한다.

신규고객들을 유치하는 것보다 기존 고객을 유지하는 것이 훨씬 저렴하다는 주장은(때론 고객유지의 경제로서 언급되는) 고객관계관리에 관심이 커지는 강력한 동력이다. 그렇지만 이것이 모든 유지된 고객들이 이익이 되거

나 모든 고객들이 유지되어야 한다는 것을 의미하지 않는다는 것을 주의하는 것이 중요하다. 본 장의 뒷부분에 설명되어 있는 바와 같이, 고객의 평생 가치는 변화한다. 재무서비스 외의 연구에서, Reinartz와 Kumar(2002)는 '조개삿갓(barnacles)', 즉 고객 유지와 충성고객을 만들기 위해서는 서비스비용이 많이 들어가는 반면, 수익이 발생되지 않아 이익이 없는 고객층을 말한다. 따라서 마케터의 도전은 전체 고객유지가 아니라 이익이 되는 고객의 유지이다.

14.5 고객유지 전략

Zeithaml와 Bitner(2003)은 고객유지 전략의 개발을 위해 유용한 모형을 개발하기 위해 Berry와 Parasuraman(1991)에 의해 제안된 하부구조를 내세웠다. Zeithaml과 Bitner의 모형은 우수한 서비스 품질과 가치는 효과적인 유지전략을 위한 기반을 제공해야 한다고 가정한다. 그들은 마케팅 믹스에 의해 운영될 때 가치있는 고객을 유지할 높은 확률을 초래해야하는 순차적인 4개의 유대(재무적, 사회적, 고객화 그리고 구조적)의 순서를 나아가서 확인한다. 이것들은 다음과 같이 요약된다.

14. 5.1 수준 1: 재무적 유대 - 물량과 빈도 보수, 묶음과 교차판매, 안정 가격책정

수준 1에서 의도는 일련의 재무 인센티브 조항을 통해서 제공자에게 고객을 묶으려는 것이다. 이런 방식으로, 제공자는 고객을 유치하여 경제적 가치를 증가시킴으로써 지각된 고객관계의 가치를 반영하고 있다. 이것의 단순한 예제는 싱가포르 항공사에 의해 운영되는 단골고객(마일리지) 프로그램에서 발견된다. 재무서비스 분야에서 Fidelity와 같은 회사들은 기존 고객들이 차기에 상호펀드를 구입할 때 초기부담금 할인을 제공한다. 예를 들어 손해보험회사들은 주택가구정책을 가지고 있는 고객이 주택보험정책도 구매할 때 할인을 제공하는 경향이 있다. 신용카드 회사들은 항공여행, 호텔숙박과 자동차 렌터와 같은 일련의 여러 서비스에 특별 거래를 제공한다. 마스터카드는 관계유지를 격려하는 수단으로써 고객들에게 항공마일리지를 제공한다. 안정된 가격책정은 고객이탈 충격을 완화하는 수단으로써 제공자가 일반적인 가격상승으로부터 고객을 보호하는 것을 말한다.

재무적 유대는 상대적으로 이행하기 쉽고 전달하기가 단순하다. 이러한 이유로 쉽게 경쟁자에 의해 복사되므로 장기적 차별화를 성취하는 수단으로서 제한성을 가지고 있다.

14.5.2 수준 2: 사회적 유대 - 지속적인 관계, 개인 관계, 고객 간에 사회적 유대

수준 2에서 제안된 행위 유형들은 고객의 개별성을 인식하려는 제공자의 시도를 나타낸다. 이것은 제공자와의 소속감을 창출하는 수준 1에 의해 제공된 재무 인센티브에 기대하는 상호작용을 기반으로 한다. 이것의 고전적인 예제는 생명보험부문에서 발견되고, 자문사는 고객의 환경과 욕구를 검토하기 위해 상당히 규칙적으로 고객을 만나는 노력을 한다. 기반이 있는 재무자문사는 연간 신상품 판매의 3분의 2는 기존 고객으로부터 도출된다고 보고하고 있다. 추가적으로, 그들 판매의 추가적인 5분의 1은 기존 고객들에게 소개받은 사람들로부터 발생한다. 따라서 전적으로 신규고객에 대한 판매는 성공적인 장기 고객관리를 개발하는데 투자한 자문사들의 총 신상품 판매의 5분의 1보다도 작다.

사회적 유대의 개발은 재무서비스의 B2B 분야의 특별한 특징이다. 스포츠 후원과 문화행사를 포함하여 여러 형식의 환대를 자주 접하게 된다. 그러한 후원활동은 제공자와 고객 간 뿐만 아니라 실제 고객 공동체 자체 간에도 유대를 구축하는 매우 효과적인 수단일 수 있다. 경쟁자는 라이벌 경쟁자가 그의 고객들과 형성한 사회적 유대를 되풀이하는 것이 훨씬 더 어렵다.

14.5.3 수준 3: 고객화 유대 - 고객 친밀성, 대량 고객화, 기대/혁신

수준 3 전략은 고객의 특정한 욕구에 맞춘 마케팅 믹스를 창출한 목적으로 제공자와 고객 간에 정보의 양방향 흐름을 수반한다. 이러한 고객화 과정의 요소들은 수준 1과 2에서 입증될지라도, 수준 3에서의 한계는 개별 고객 요구에 대한 자세한 지식이 상품과 서비스 특징과 같은 구체적인 고객관계 믹스 요소로 변환됨에 따라 다르게 나타난다. Zeithaml과 Bitner는 개별고객의 욕구에 고객화된 해결책의 조항을 통해서 고객과의 관계를 구축하고자하는 Zurich 그룹의 예를 인용한다.

역사적으로, 수준 3 전략의 개발과 연계된 비용은 B2B 환경의 특별한 특징이라는 것을 의미한다. 그렇지만 고객 데이터베이스 기술에서의 진보는 대량고객화(즉 하나의 세분화시장에 마케팅함)의 개념이 B2C 분야 내에서 비용효과적인 현실이 되도록 한다. 인터넷은 고객과 통신하는 매우 효과적인 수단으로 활동됨으로써 고객화 유대를 진전시키는 도구이다.

14. 5.4 수준 4: 구조적 유대 - 공유 과정과 장비, 합자투자, 통합정보 시스템

제공자와 고객 간에 구조적 유대창조는 경쟁활동에 최고의 도전을 나타내고, 수준 1, 2 그리고 3에서 수행된 활동과 결합하여 장기차별화와 경쟁우위를 성취할 수 있다. 이것의 예들은 IT 공급자가 일련의 재무서비스 회사들과 시스템을 통합하는 방식으로 보여 질 수 있다. 수준 4 전략은 각 파트너가 전문성을 공헌하여 필적되지 않는 가치를 창출해 감에 따라 의미있는 시너지효과가 발생하도록 잠재력을 제공한다. 고객관점으로부터 그러한 통합된 관계는 장기적으로는 손해일 수 있다. 그러므로 고객들이 어느 잠재적인 장기 불이익을 완화할 수 있도록 안전장치가 고려되어야 한다. 종국에는, 상업적 판단이 공급자와 구조적 유대를 형성하는 비용 및 위험과 혜택에 관해 이루어져야 한다. 실제로, 강력한 고객이 장기에 걸친 계약 협상에서 상품 - 서비스 제공자에 대해 상당한 힘을 발휘할 수 있다는 사실 때문에, 이러한 위험유형은 양방향으로 작용할 수 있다.

14.6 고객관계 체인

본 장에서 지금까지, 고객을 유치하고 유지하는 것 사이에 상호관계에 대해 강조해 왔다. 처음부터 올바른 고객을 유치하는 것이 그들을 유지하는 수단이 된다고 확증되어 왔다. 그러므로 〈그림 14.2〉에 다이어그램으로 나타내고 아래에 설명된 바와 같이, 고객관계 체인이라고 부르는 우선 과정의 구성요소를 형성하는 것으로서 고객유치와 관리에 연계된 과정을 개념화하는 것이 도움이 된다.

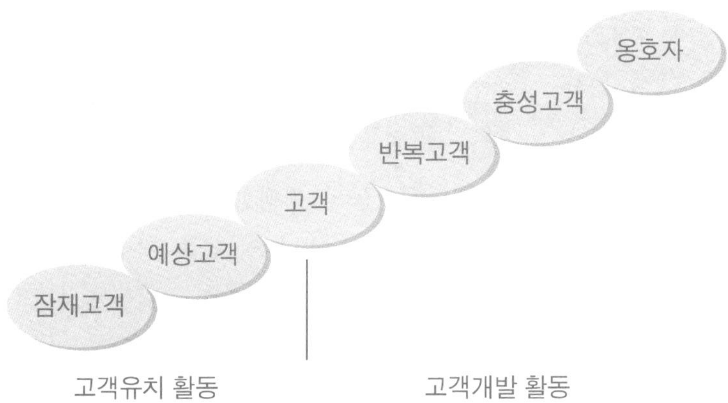

<그림 14.2> 고객관계 체인

고객관계 체인은 B2C와 B2B 영역에서 모두 적용가능하다. 실제로, 후자의 경우에 가치있는 고객을 상실하는 재무적 결과는 전자의 경우보다 훨씬 더 중요할 것이다.

14.6.1 잠재고객

잠재고객은 회사의 표적 세분화시장들 중에 한 시장의 구성원으로서 확인되는 개인이다. 회사는 잠재고객을 어떠한 형태의 대화에 끌어들이도록 마케팅믹스를 이용해서 잠재고객의 주의와 관심을 끌어들이려고 할 것이다.

14.6.2 예상고객

대화가 성립되면, 잠재고객은 예상고객이 된다. 체인에서 이러한 링크와 연계된 광범위한 행동들이 있다. 예를 들면, 잠재고객들을 겨냥한 텔레비전 광고는 제공자 회사 혹은 주어진 상품에 대해 더 많이 알아내기 위해 무료 전화번호에 의한 접촉을 유도할 수 있다. 대체적으로 잠재고객을 겨냥한 메일은 개인적 재무 리뷰를 요청하는 반응을 유발할 수 있다.

14.6.3 고객

고객이 되는 것은 효과적인 탐색활동의 명백한 결과이다. 예상고객은 예를 들면 보험정책을 구매하기로 동의했거나 혹은, 같은 경우일 수도 있지만, 상품구매를 실제로 하지 않고 고객이 된 것으로 등록이 되었을 런지 모른다. 이것이 증권거래기업의 경우에 자주 발생한다. 그렇지만 싱가포르 기반의 보험회사 NTUC는 최근에 사례연구 14.2에서 설명하듯이 어떠한 구매가 발생하기 전에 예상고객을 고객으로 등록하도록 하는 마케팅 모형을 소개했다.

사례연구 14.2 NTUC 싱가포르

NTUC Income은 '미래의 보험회사(Insurance Company of the Future)'라고 불리는 도큐먼트에 미래를 위한 사업전략을 착수했다. 이 전략을 지원하는 기술을 현재 구축하고 있다. 이 사례연구는 사업전략을 지원하는 다음의 분야에 관한 지금까지의 NTUC 경험을 강조한다.

- 웹사이트
- 우선 고객을 등록하라
- 고객을 교육하라
- 단순 상품들
- 풀 전략

NTUC Income의 웹사이트는 2005년 Asia Insurance Review Awards에서 가장 좋은 웹사이트로 투표되었다. 웹사이트(www.income.coop)는 매월 150만 히트를 가진다. 그것은 사용하기 쉽고, NTUC 상품과 실제에 관한 정보를 제공하고 3가지 언어로 가능하다.

고객-중심의 전략은 우선 고객으로 등록한 후에 상품을 판매하는 것이다. 이것은 여행보험 상품으로 10년 전에 성공적으로 실시되었다. NTUC는 우선 고객들을 등록하고 그들의 상세한 정보를 획득한다. 고객이 여행할 때, 직통으로 전화를 걸고 여행보험을 유효하게 한다. 그들은 저프리미엄(15% 할인)과 즉석에서 말다툼없이 보장해 주는 편리함을 즐긴다.

NTUC는 대략 500,000 고객의 활동기반으로부터 미화 6백만 달러의 우대소득으로 매년 120,000개 정도의 거래를 취급한다. 이는 25%의 추정 시장점유율을 차지한다. 저유통비용과 지출비율은 NTUC로 하여금 5.5%의 가격우위를 제공하도록 해준다. 이러한 여행보험 상품의 성공은 NTUC에게 '고객을 우선 등록하라'는 전략이 타 상품에 대해서도 잘 작용할 수 있다는 확신을 주었다. 이러한 전략의 주요 요소들은;

- 우선 잠재고객을 등록하라
- 접촉정보, 예를 들어 이름, 생일, 성, 접촉번호, 이메일주소 등을 획득하라
- 고객을 교육시킬 간단한 자료들을 보내라
- 고객에게 웹사이트를 소개하라
- 고객을 보험 상품에 대한 교육 세미나에 초대하라
- 고객을 나중에 콜센터에 접촉하도록 하라

NTUC는 시장에서 접근 가능한 일련의 보험 상품에 대해 고객을 교육시키는 것을 특히 강조한다. 웹사이트, 이메일 방송, 교육 세미나와 디지털 매체상의 비디오와 소리에 의해 정보가 제공된다.

지난 몇 년 동안에, NTUC는 의학보험과 투자-연계된 펀드와 같은 상품에 매주 교육 세미나를 개최했다. 매회, 약 150명이 각 세미나에 참석했다. 세미나에 참석하고 14일 이내에 구매하기로 결정한 잠재고객들에게는 특별 인센티브가 제공된다. 30%정도의 고객들은 인센티브를 가졌다.

'보험이 판매되어야 한다'고 가끔 언급될지라도, NTUC는 사람들이 이해하고 가격우위를 점할 수 있는 단순한 상품이 제공되면 기꺼이 '보험을 구매한다'고 믿는다. NTUC에 접근하는 잠재고객들에게 보험을 구매하도록 장려하는 것은 판매 대리인의 생산성을 증가시키고, 낮은 커미션비율을 유지하여 고객들에게 가격을 낮게 제공한다.

필수적으로, ICT와 특히 웹기반 기술은 NTUC로 하여금 초기에 능동적으로 상품을 고객들에게 밀지 말고 고객들과 긴밀한 관계를 구축하도록 할 수 있었다. 재무적 욕구와 상품들에 관해 고객들을 교육시킴으로써, 그들이 필요성을 확인해 가면서 NTUC에 접근하도록 장려된다. 이것이 비용을 줄일 수 있게 해주고, 고객들에 대한 판매압박에서 벗어나게 하고 결국에 고객들의 높은 만족과 향상된 기업성능을 초래한다.

원천: Tan Kin Lian, Chief Executive, NTUC Income

14.6.4 반복고객

흔한 실수는, 상품을 구매했기 때문에, 고객이 때때로 '온화한 고객기반'이라고 불리는 것의 부분이 되었다고 믿는 것이다. 그와 같이, 이것은 고객이 그 제공회사에 대해 좋은 태도를 가지게 한다. 재무서비스를 구매한 개인은 초기 구매 후 18개월 내에 그 이상의 상품을 구매할 높은 확률이 있다는 증거가 있다. 초기 상품제공자가 그 다음의 구매를 확보하지 못한다면, 관계는 약화되고, 더 강한 관계가 그 다음의 구매의 제공자에게 끌릴 수 있다. 그러한 상황에서, 고객은 십중팔구 온화한 고객이 되는 것을 탈피하게 된다. 실제로 그러한 고객들이 완전히 신규고객들보다 초기 제공자 회사의 마케팅노력에 더 이상 반응하지 않는다고 언급할 증거가 있다.

재무서비스 회사가 고객들이 한 개의 자사 상품을 가지고 있다는데 만족한 태도를 수용한 많은 사례들이 있다. 효과적인 마케팅은 신규고객이 타제공자로 부터가 아닌 그들로부터 2번째 상품을 구매하도록 하는데 기울여져야 한다. 그렇지 않다면 체인이 붕괴될 강한 조짐이 있다. 체인으로 고객을 연계하는데 효과적인 고객마케팅의 특징은 제공자가 사전 행동적으로 그 다음의 구매를 확보하려고 하는 것이다.

14.6.5 충성고객

충성고객은 특정 제공자와 두 개 이상의 상품을 가지고 있는 자이고, 욕구가 발생할 때 그 욕구에 해결책을 제공하는 현재의 제공자를 자진해서 초대하려고 한다. 고객들은 당연히 다른 잠재 제공자들을 접촉할 수 있고, 현재의 제공자로부터 반듯이 구매하지 않을 수 있다. 그렇지만 그들은 추가적인 사업을 확보하는 첫 번째 기회를 준 현재의 제공자에게 충분히 높은 수준의 만족과 확신을 경험하게 될 것이다. 고객 주도의 사전행동적인 행위는 충성고객을 정의하는 것이다.

14.6.6 옹호자

옹호자는 제공자에 그러한 높은 수준의 신뢰를 표현하는 고객으로, 그들 참조집단의 어느 구성원이라도 적절한 욕구를 가지고 있다는 사실을 알리면 그에게 그들의 제공자를 추천한다. 그러므로 친구, 가족구성원, 직업동료와 사회접촉은 옹호를 발생시킬 기회를 의미한다. 개인적인 추천은 재무서비스 분야에서 고객선택의 특별히 중요한 국면을 의미한다고 생각된다. 예를 들어 10%의 고객이 옹호자가 되는 잠재력을 생각하라. 2,000,000명의 고객기반을 가진 회사는 200,000명이 각각의 준거집단 접촉에 회사를 추천하게 할 수 있을 것이다.

14.7 평생고객가치

평생고객가치의 개념은 고객관계를 유지하고 개발하는 개념의 중심이다. 이것은 수익성에 대한 생각을, 상품마진이 중요할 지라도 단순히 1회의 상품마진을 넘어 훨씬 광범위한 고객가치의 평가로 이동하게 한다. 단기 상품마진을 극대화하려는 시도는 최적의 장기 수익성을 가져오지 않을 수 있다. 예를 들면, 고품질의 고객들은 프리미엄 가격이 주는 증가된 가치에 확신서지 않으면, 상대적으로 값비싼 부과구조를 가진 투자펀드를 구매하는 것이 제지될 수 있다. 대신에, 그들은 상당히 지속적인 제공자 관계를 가져오는 덜 비싼 대체품을 선택할 수 있다. 그러므로 기존고객기반의 전략은 강력한 평생고객가치모델에 확고히 근간을 두고 있다.

간단한 용어로, 평생고객가치는 다음의 변수들에 관한 일련의 가정들을 수반 한다.

수입변수	구매 상품수 구매 상품가치 개별상품 지속성기한
비용변수	고객서비스 제공비용 기타비용(예, 클레임 혹은 대손)
위탁변수	소개된 신고객수 위탁사업의 가치

있음직한 수입, 비용과 일련의 소비자와 금융기관의 고객유형에 적용되는 위탁 변수들에 대한 지식은 회사의 시장세분화 전략에 반영되어질 것이다. 이것은 시간에 따른 고객집단의 주의 깊은 수행분석을 통해 더욱더 조율될 수 있다. 결과로서 발생된 자료는 평생고객가치 모형개발에 사용될 수 있다. 이것이 무엇과 같을 지에 관한 설명적인 예제는 사례연구 14.3에 주어진다.

유사한 접근이 소비자 마케팅영역에 적용될 수 있다. 이것은 단순히 관련 수입, 비용과 위탁 변수자료를 확인하고 합을 계산해 내는 사례이다. 최종소비자와 사업소비자를 위해 평생고객가치의 적절한 모델개발은 효과적인 고객관리전략의 개발을 위해 필수적이다.

사례연구 14.3 Motim 제조수입 시나리오

Motim Manufacturing은 Motim이 Beta를 통해 공공책임보험증권의 출전을 명시할 때 시작한 일반보험 브로커인 Beta Broking과 관계를 가지고 있다. 1년 후에 Motim은 Beta로부터 관리자 책임보증금의 출전을 명시하기로 결정했다. 그 다음 년도에 모든 위험이 있는 빌딩과 공장 보험증권이 갱신하게 되었고, Beta는 기존의 제공자와 경합하여 사업을 확보했다. 이것은 15대의 차량함대에 대한 자동차 보험이 준비되어 있었다. 15년 기간 동안 Motim과 함께 Beta에 의해 확보된 프리미엄 소득가치는 다음과 같다.

수입변수(예시적 목적으로 연간 보험증권 증가를 가정하지 않음)			
구 분	연간 프리미엄(£)	기간	총프리미엄(£)
공공책임보험증권	2,200	15	33,000
책임자 보험증권	4,750	14	66,500
빌딩과 공장	12,250	13	159,250
자동차 보증금	7,500	12	90,000

총 평생 프리미엄 소득은 그런 고로 £348,750이고, 연간 프리미엄의 20%에서 발생된 커미션 소득가치는 £69,750이다.

위탁 변수	
Motim에 의해 소개된 신규고객수 (연 1번)	15
참조 사업가치(Motim 자신과 같이 같은 프로파일과 상품 믹스를 가정함)	£2,158,000
위탁 수입 커미션	£431,600

이런 고로, Motim Manufacturing과 관계에 대한 Beta Broking의 평생가치는 15년 기간을 넘게 걸쳐 약 £501,350의 커미션 수입에 이른다.

이러한 예는 커미션으로 오직 £440을 발생시킨 £2200의 공공책임보험증권의 초기 판매를 한 실제 가치에 대해 생각을 가지게 한다. 이것은 또한 고객옹호를 성취하기 위해 고객관계체인을 통해 따라 가는 것이 얼마나 가치있는가를 여실히 강조한다. 실제로, 이 예제에서 실제 가치는 위탁에서 도출된다. 이 예제의 15년 동안 Motim 관계에 미치는 평생가치의 88%는 결과에서 생기는 위탁에 의해 설명된다.

14.8 특정 맥락에서의 관계마케팅

아마 틀림없이, B2B 맥락에서 재무서비스는 장기 관계에 초점을 둠으로써 특정화되어 왔다. 대량 B2C 시장에서, 고객관계를 구축하고 고객유지를 장려하는데 초점을 둔 것은 더 최근의 일이다. 지금까지의 논의는, 이익이 되는 고객들을 이해하고 주의를 집중하는 중요성을 강조하며, 유치로부터 장기유지에 이르는 사려있는 고객관계관리의 중요성을 강조해 왔다. 이러한 원리들은 일반적인 관련성은 있지만, 적용은 맥락에 따라 변화할 수 있다. 이 절에서 2개의 구체적인 맥락들, 즉 중개자를 통한 마케팅과 국제마케팅에 주의를 기울인다.

14.8.1 관계마케팅과 중계자의 역할

제 3의 중개자가 관여될 때 관계마케팅 혹은 CRM 접근을 사용하는데 특정한 도전들이 있다. 전형적 예들은 중심가 손해보험 브로커, 독립적인 재무조언자(IFA)와 지명 대리인(AR)들을 포함하게 된다.

동반되는 잠재적인 불신과 함께, 본래부터 가지고 있는 이익충돌들이 있다. 이러한 분위기가 '누가 고객을 소유하는가?'의 가시 돋친 질문들이 에워싼다. 이것은 종종 어떠한 고객의 요구가 추가적인 판매수입/커미션을 초래할지 혹은 어떤 행정적인 업무와 동반되는 비용을 발생시킬지에 달려있다. 인센티브 구조(추가적인 판매는 수입을 의미하고, 행정은 비용을 의미한다)는 중개자들이 신규판매가 곧 예상될 때 고객을 '소유' 한다고 생각하는 선호를 나타내거나 커미션회수를 초래할 수 있는 잠재적인 정책소멸을 나타내는 위험이 있음을 의미한다. 대조적으로, 그러한 중개자들은 비소득 관련 업무에 대해선 핵심 상품제공자의 이익을 위해 고객소유권을 연기할 수 있다.

브로커를 통해 유통하는 회사들은 중개자가 주요 고객으로서 간주되는 문화를 몇 십년동안 구축하고 유지하여 왔다고 생각하는 것이 중요하다. 실제로, 브로커의 욕구는 최종고객의 욕구에 선행할런지 모른다. 그러므로 고객관계 혹은 CRM 기반의 접근을 개발하는데 강력한 문화적 차원이 있고, 제공자 회사의 중개적인 판매지점들은 브로커의 욕구를 앞서는 최종소비자의 욕구를 가지고, 브로커와 그들의 고객에 대한 관계를 새로이 보는 것을 배워야 한다. 이것은 충분히 명확해 보일지라도, 일부 회사들과 그들의 브로커 판매지원스태프들에게는 상당히 다른 방식의 생각과 행동을 의미할 수 있다.

제공자는 중개자와 최종소비자를 그들 각각의 욕구에 맞춘 CRM 프로그램의 주제로서 별도의 고객그룹으로 취급하는 관계마케팅 혹은 CRM의 형태를 생각할 필요가 있다고 주장될 수 있다. 그렇지만 그러한 접근은 모두 3편의 이익들 간에 균형을 성취하는 프로토콜을 요구한다. 형식적인 고객 - 공급자 협정은 이러한 목적으로 사용되곤 한다. 그러한 협정은 고객들과 발생할 수 있는 일련의 상호작용의 관점에서 상품제공자와 중개자 각각의 권리와 책임을 규정한다. 그것은 모든 가능한 형태의 고객접촉을 취급하는 상당히 정교한 모형의 구성을 의미할 수 있다. 아마도 다소 역설적이지만 소규모 중개회사는 대규모의 라이벌들 보다 더 친근하게 고객접촉을 하게 되는 경우이다. 후자는 고객접촉에 관해 더 친근하지 못한 자세를 취하는 경향을 나타낼 수 있다. 중개 시장에서 경험된 것들은 더 대규모의 브로커 회사들이 원래의 고객서비스를 희생해서 소득을 발생시키는 활동에 원칙적으로 그들의 활동을 맞춘다고 코멘트하곤 할 것이다.

상황은 직업 연금설계와 같은 집단사업에 대해서도 결코 다르지 않다. 직원 혜택시장을 전공하는 큰 회사들이 고용자에게 설계를 판매하는 쪽으로 그들의 역할을 제시하는 상당히 많은 일화적인 증거가 있다. 따라서, 개별 설계 구성원을 등록시키는 일은 상품제공자의 스태프에 맡겨진다는 기대가 종종 있다. 실제로, 중개자는 단순히 고용자에게 외형 설계를 '판매'하고, 전적으로 상품제공자에 의해 관리되는 직원 참여를 기대한다.

UK에서 공용체계 거래의 아키텍처를 개발하는데 어느 정도의 진전은 있었지만, 아직까지 기능면에서 다소 기본적이고 제한적인 상태로 있다. 최근 진전의 예 중에 커미션 메시징에 대한 공용의 접근이 있고, 공용 커미션 헌장이 개발되었다. 아마도 중개자의 욕구가 소비자보다 우선했다고 드러나는 것 같다. 완전히 개발된 공용의 거래 플랫폼 없이 고객 - 브로커 - 상품제공자 활동을 통합하려고 하는 CRM 프로그램에 대한 진정의 합체된 접근을 개발하려는 잠재력은 제한될 것이다. 중개자들을 개별적 회사기반으로 제공자 데이터베이스와 연계할 수 있도록 개방형 아키텍처 - 기반 체계를 개발하려는 시도가 많이 있었다. 그러한 기술에 투자해 온 제공자들은 물질적 상업혜택을 실현하기 시작했다. 당연하게 아직까지 그러한 투자를 하지 않은 제공자들은 미래의 신규 사업예상의 위험에 처해 있다. 진정으로, IFA가 기술적으로 더 진보된 제공자들에게로 이동함에 따라 심지어 현재 사업에도 위험을 주게 된다. 그러한 성과는 진보가 더딘 자에겐 더 경쟁적인 불이익을 주게 될 것이다. Friends Provident가 이러한 노력으로 더 진보된 기관이 된 것으로 이해된다. 그렇지만 전체 산업을 위한 적절한 일반적인 공용거래 플랫폼의 결여는 이러한 개발에 브레이크로 작용한다.

바람직한 공용 플랫폼의 부재로, 중개자는 그들이 사업을 함께하는 모든 제공자들에게 적용하기 위한 그들 자신의 개별적인 프로토콜을 디자인하려고 한다. 동시에 상품 제공자들도 그들 자신의 정책과 과정을 거래하는 모든 중개자들에게 적용하려고 한다. 예상대로, 중개자와 상품제공자가 각자 최선의 이익을 추구함에 따라 어느 정도 협상이 발생한다.

결론적으로, CRM 프로그램 관리는 사업유치와 진행 중인 고객관리과정에 중개자의 관여가 배제된 예들에서 훨씬 더 명백하다. 중개자가 관여되는 경우에는 고객관리 모형이 다음과 같이 요구된다.

- 최종 고객을 제공되는 상품/서비스의 최종 수익자로 포지션하고, 명백하게 그들의 이익을 우선시 한다.
- 제공자와 중개자 각각의 권리와 책임을 확립하는 강력한 프로토콜을 가지고, 적절한 수준의 안전성이, 어느 나라에 적용되는 데이터 보호규칙이나 중개자들 간의 상업적 민감성으로부터 협상이 없도록 보장되어야 한다.
- 명확한 고객관계가 유지되는 동안에 가능한 요인들을 확인하고, 그러한 요인들을 취급하는데 제공자와 중개자 각각의 역할들을 구체화한다.
- 최종소비자를 위해 디자인된 CRM 프로그램뿐만 아니라 CRM 프로그램을 중개자부문의 이익을 구체적으로 대변하도록 맞춘다.

14.8.2 관계마케팅: 국제적 입장

6장에서 국경을 넘어 운영하는 것이 마케팅전략과 기획에 영향을 미치는 방식들을 생각했다. 국제적으로 운영하는 것은 일련의 새로운 기회와 위협들을 만들 수 있고, 새로운 역량들의 개발과 유지를 요구할 것이다. 유사하게, 각 나라는 적절한 강점과 약점들에 어울리는 그들 자신의 독특한 기회와 위협을 나타낼 것이다. 명백하게, 이것은 전략개발과 마케팅 믹스 사용에 중요한 정도의 복잡성을 준다. Doole(1998)은 국제시장에서 성공적으로 경쟁하는 기관의 전략과 연계된 3가지 특정한 국면을 확인했다.

1. 각 시장에 대한 깊이 있는 지식, 강력한 경쟁적 위치선정과 진정의 국제마케팅전략에 밑받침한 명백한 경쟁적인 초점
2. 학습문화, 혁신성, 효과적인 모니터링과 통제과정으로 특정화되는 잘 관리된 금융기관과 국제시장에 높은 수준의 에너지와 몰입
3. 강한 고객관계, 품질 있는 상품과 서비스의 몰입에 기초한 효과적인 관계전략과 모든 국제시장에 걸쳐 고객서비스에 대한 높은 정도의 몰입

Singapore Airlines, Ritz Carlton Hotels와 American Express와 같은 브랜드에서 이러한 국면들의 모든 3가지 요소들을 관찰한다. 재무서비스의 경우에

구제와 문화와 같은 이슈들이, Kasper (1999)가 관찰했듯이, 나라마다 크게 다를 수 있고 심오한 중대성을 가질 수 있으므로 특별한 고려를 해야 한다.

> 당대 서양 해석에 기초한 관계마케팅의 형식들은, 문화적 경제적 환경이 관계 정책이 원래(맨 처음) 형성된 나라로부터 의미하게 다른 해외의 국가들에 이식된다면 실패할런지 모른다.

이러한 차이들은 B2B 영역에서 중대한 의미를 덜 가질 수 있다. 다시 말해, 고객관계관리는 B2B 시장의 특히 중대한 국면이다. 기술과 과정 혁신은 글로벌하게 운영하는 재무서비스 기관들에게 새로운 위협과 기회를 주었다. 추가적으로, 규제철폐와 경쟁의 새로운 형태로 시장을 개방하는 것은 B2B 영역에 해당되는 재무서비스 회사들을 위한 효과적인 국제 CRM 전략들의 가치에 추가되었다. 본 장의 앞쪽에서 제시된 Berry와 Parasuraman(1991)에 의해 제안되고 Zeithaml과 Bitner(2003)에 의해 논의된 4가지 관계 유대를 고려하는 것은 교훈적이다. 이것들은 재무적 사회적 고객화와 구조적인 유대가 비용 효과적이고 잠재적으로 의미있는 방식으로 개발될 수 있는 B2B 맥락에 특별한 관련성을 가진다. B2C 맥락에서 사용하기에는 쉽지 않고 비용 효과적이진 않지만 고객화와 구조적인 유대 개발에 특별한 기회가 있다.

B2B와 B2C 맥락 모두에서, 국제적인 CRM 프로그램의 개발과 수행에 관한 결정들은 다음과 같은 이슈들을 설명해야 한다.

- 시장세분화

  어느 집단의 고객들이 국제적 CRM 프로그램(ICRMP)의 초점이 될 만큼 경제적으로 충분한 숫자가 되고 가치가 있는가?
- 문화적 근접성

  ICRMP에 대한 바람직한 표적세분시장이 프로그램을 실제적인 제안이 될 만큼 충분히 문화적인 근접성을 제시하는가?

- 권한이양

  ICRMP의 어떠한 특성들이 중앙집권적으로 결정되고 관리되어야 하고 어느 것이 지방관리에 권한이양 되어야 하는가?

- 경쟁

  ICRMP는 해외 경쟁자들의 예비교섭으로부터 가치있는 고객들을 어떻게 보호할 수 있는가?

- 보상

  국제적 기반으로 개별적 보상이 표적 세분시장의 구성원에 의한 행동에 영향을 미치는데 얼마나 이전 가능한가?

- 파트너십

  보상 - 설계 공급자 관계 상호이익을 위해, 글로벌 기반을 우선으로, 어떻게 레버리지될 수 있는가?

- IT

  IT가 ICRMP의 비용효과성을 증진시키는데, 지방정부의 고객 데이터베이스와 중앙 관리시설 간에 상호연결성을 성취시키는 것을 우선적으로, 어떻게 사용될 수 있을까?

- 광고방송

  전략적 그리고 재무적 센스가 있는가?

위의 요소들은 총망라하지도 상호 배타적이지도 않지만, 그럼에도 불구하고, ICRMP발전을 고려하여 확고한 기초를 제공한다. American Express는 글로벌 규모로 고객 로얄티 프로그램을 관리하는데 중요한 전문성을 획득했다. 사례연구 14.4는 Amex가 고부가가치 고객들과의 관계를 강화하기 위해 국제 로얄티 프로그램을 어떻게 사용하는지를 보여준다.

사례연구 14.4 American Express 국제 로얄티 프로그램

American Express는 세계에서 가장 잘 알려져 있고 존경받는 브랜드들 중의 하나이다. 1960년대와 70년대에 글로벌 신용카드시장에 지배적인 역할을 해왔다. 그렇지만 1980년대부터 계속해서 회사가 관여하는 모든 영역에서 전례 없는 경쟁 심화에 대응해야 했다. 그러한 경쟁에 직면해서 회사가 고객들의 로얄티를 얻기 위해 열심히 일해야 하고, 지속적인 관계를 구축해야 하였다. American Express는 최근에 반격을 했다. 신상품에 집중적으로 투자하여, 보상과 로얄티 프로그램을 확대하고 고객욕구에 더 부합되도록 서비스능력을 강화하였다. 결과로서, 2004년에 5백만의 신규 카드를 유효하게 하였고, 카드당 평균지출에서 경쟁자보다 많이 앞선 416bn 달러 이상의 기록적인 지출을 달성했다.

많은 라이벌들과 명확한 대조로서, American Express는 흡수와 획득에 의해서보다는 유기적으로 대부분의 성장을 일으켰다. 이러한 접근을 통해, 회사는 유효카드수를 65.4mn으로 성장시켰다.

American Express는 처음 1991년 US 시장에 고객로얄티 프로그램을 소개했다. 그 이후 몇 년의 과정동안, 모형은 가치가 있는 것으로 증명되었고 세계의 많은 다른 시장으로 퍼져 나갔다. 2006년까지 국제적인 회원보상프로그램(MRP: Membership Rewards Programme)은 50개의 나라에서 운영되고, 13mn의 카드소유자를 초과할 정도로 확대되었다. 대략적인 체계는 다음과 같다.

- 상대적으로 고부가가치 고객들은 프로그램회원이 되도록 초대된다. 부가가치는 고객에 의해 차용된 연간 신용과 소유하고 있는 American Express 상품수와 같은 특성을 기본으로 한다.
- 성공적인 신청자는 국가 간에 차이는 있지만 대략 15$에서 50$ 범위에 있는 연간 회원요금을 지불한다.
- 일단 프로그램에 등록되면, 회원은 카드에 등록된 각 거래의 화폐적 가치를 기본으로 점수를 번다.

• 점수는 회원의 개인 '은행계좌'에 축적되고, 인터넷이나 지역에 위치한 전화 콜센터를 통해 많은 상품과 서비스로 상환된다.

로컬의 American Express 관리는 해당되는 국가의 카드 소유자에게 프로그램을 촉진하고, 그들의 회원 카탈로그에 있는 상품과 서비스 제공자와 로컬 파트너십 협정을 흥정하며, 업무이행서비스를 조직하는데 책임이 있다.

프로그램의 전반적인 사업관리는 목적을 달성하고 있고, 브랜드는 지속적으로 관리되고 있다는 것을 확인하기 위해 London에서 한다. 중앙의 기능은 프로그램이 진화하고, 중요 항공사와 국제적인 호텔그룹과 같은 주요 전략적 파트너와 공급자 관계를 흥정하며, 공용체계 플랫폼과 하부조직이 MRP를 구성하는 영역을 가로질러 운영되는 프로그램에 대한 필요한 기능성과 접근성을 제공하도록 확신하도록 해주는 새로운 보상혁신을 추진할 책임도 있다.

▶ 파트너십

총 1300정도의 파트너들은 MRP 회원들이 축적하는 포인트에 대한 교환으로 회원들이 좋아하는 상품과 서비스를 제공한다. 그들은 Hertz, Eurostar와 De Vere Hotels 그룹과 같은 회사뿐만 아니라 Canon, Panasonic, Dunhill, Montblanc와 Antler와 같은 브랜드를 포함한다. 항공사들은 특히 중요한 파트너들이고 American Express는 Virgin Atlantic, Cathay Pacific과 Singapore airlines를 포함해 거의 30여 항공사들과 파트너십 협정을 체결하였다.

American Express와 파트너가 됨에 따라, 회사는 많은 혜택이 주어졌다. 첫째, 회사는 회원이 American Express로부터 포인트를 교환하여 받는 상품 가치를 받는다. 둘째, 파트너에게 매우 바람직한 고객들 - 현재 MRP 시장에서 약 13mn에게 접근을 제공한다. American Express는 회원이 상환되는 포인트의 가치를 넘어 파트너 회사에 현금을 소비하는 현상을 설명하기 위해 '이중계산(double-dipping)'이라는 용어를 만들어 냈다. 예를 들어, 회원은 파리로부터 카이로로 돌아오는 비행을 받기위해 Air France와 충분한 포인트를 상환해야하고, 같이 여행하는 나머지 가족들을 위해 자신 계정으로 3개의 티켓을 구매해야 한다.

파트너가 얻는 3번째 혜택은 13mn MRP 고객들의 소비행동에 대한 데이터에 접근이다. American Express는 카드소유자가 어떻게 상품과 서비스를 소비하는지에 대한 통찰력을 가지기 위해 굉장한 양의 데이터 질문들을 수행한다. 그러한 분석은 무엇을 구매하는가 뿐만 아니라 어느 상인을 통해 구매하는지를 조사한다. 다양한 종류의 데이터 보호법령에 의한 제한에도 불구하고, 파트너들은 American Express로부터 행동적 통찰력을 사용하여 원하는 개별적인 마케팅 전략과 프로그램에 정보를 줄 수 있다.

▶ **결과**

2004년 기업 재무성과의 초점은 다음과 같다.

- 전년도 대비 15% 상승한 기록적 $3.4bn의 순소득
- $2.68로 17% 상승의 희석된 배당수익
- 13% 상승한 $29.1bn의 기록적 수입
- 1년 전 20.6%와 비교된 22%의 자본수익

현재, 국제적 MRP는 유럽에 2.2mn, 라틴 아메리카에 1mn 그리고 일본/아시아 태평양 지역에 2.6mn의 등록자를 가지고 있다. 이것들은 북미에 8mn 이상의 등록자로 확장되었다. 항공사 파트너들과의 최근 분석은 항공사에 대한 MRP 회원들의 수익은 평균해서 항공사의 평균 MRP가 아닌 고객의 수익보다 35-60% 높은 것으로 나타난다. 2004년 MRP는 'Best International Affinity Credit Card Loyalty Programme'에 대해 Freddie 상을 받았다. 2006년에 7년 연속으로 Business Traveller Magazine에 의해 'Best Credit Card Rewards Programme'으로 명명되었다.

출처: Elisabeth Axel, Senior Vice President American Express

14.9 고객 데이터 관리

기존 고객에 대한 마케팅의 중요성이 증가되는 것이 고객데이터베이스 관리영역의 혁신과 병행하는 것은 우연이 아니다. 이것은 의미있는 고객 데이터를 수집, 저장, 분석 그리고 활용하는 것이 중요한 마케팅 역량으로서 확고하게 자리 잡았기 때문이다. 기술은 많은 양의 데이터가 제공자와 고객에 대해 의미있는 관계를 보이는 요인들을 확인하기 위해 활용되는 수단들을 용이하게 한다.

지난 10~15년의 과정 동안에, 고객정보를 높은 사업적 가치를 지닌 자원으로 전환시키는 목적을 가진 소프트웨어와 하드웨어 회사들, 정보 - 기반 기관, 정보통신 공급자와 일련의 컨설팅업체들로 구성된 신규 산업이 진화되었다. 신규고객유치를 유형화하는 상대적으로 미완성의 데이터를 금융기관의 기존고객들을 유형화할 수 있는 풍부한 데이터와 비교하는 것은 흥미롭다. 따라서, 기존 고객들은 예비 고객들보다 정확하고 적절한 데이터 확보와 분석을 위한 훨씬 더 큰 잠재력을 준다. 신규고객을 조사할 때 사용가능한 고객데이터는 그들의 라이프 스타일을 분석하기 위해 경쟁관계의 모든 회사들의 공통적 필요사항이다. 그렇지만 실제 고객들과 고객으로서 그들의 행동에 대한 정보는 일정한 공급자에게 독특하다. 회사가 차별성과 경쟁우위를 위한 수단을 소유하는 것이 정보의 독특성이다.

Storbacka와 Lehtinen(2001)은 고객데이터의 수집과 조직을 '고객관계 메모리'의 창조로서 개념화한다. 학자들로부터 인용하면, '이러한 고객관계 메모리는 보통의 데이터베이스와 구체적인 고객관계 메모리라는 사실에서 구별된다.' 이것은 고객기반 마케팅에 기인될 수 있는 독특성과 하나의 세분시장에 고객기반 마케팅을 비용 효과적으로 하는 기술의 역할을 강조한다. 데이터는 고객을 위한 독특한 가치를 지닌 고객에 대한 지식을 생성하는데 사용될 수 있고, 장기의 상호혜택 관계를 위한 기반을 제공한다. 지식은 사실의 인식 혹은 한 조각의 데이터 그 이상을 의미한다. 차라리, 일정한 주제, 즉, 이 경우엔 고객에 관한 환경의 이해와 통찰력 있는 인식을 의미한다. Storbacka와 Lehtinen에 의해 언급된 '고객 메모리'의 관념은 기관이 적절한 데이터와 정보 투입의 분석을 통해 고객지식을 생성해 내는 필요를 나타낸다. 고객 지식 형성을 위한 플랫폼, 소위 고객메모리가 고객 데이터베이스이다.

고객 데이터베이스의 구성요소에 대한 기본적 접근은 4개의 핵심 요소로 구성된다.

1. 고객사실 파일
2. 고객상품 파일
3. 고객거래 파일
4. 고객통찰 파일

이러한 4개 파일간의 관계는 〈그림 14.3〉에 보여 진다.

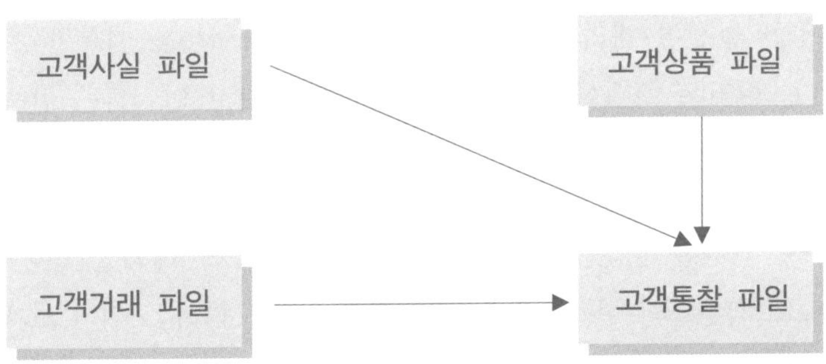

<그림 14.3> 고객 데이터베이스의 상부구조

고객사실 파일은 이름, 우편주소, 전화번호, 이메일 주소, 성별, 나이, 생일, 직업, 봉급, 결혼여부, 자녀수, 자녀의 성과 나이와 같은 데이터를 보유한 고객의 인구통계적인 프로파일로 구성된다.

고객상품 파일은 제공자와 유지되는 상품들에 관한 데이터로 구성되고, 상품이름, 선택적인 특성, 상품을 유지하는 가치, 선택되는 펀드와 같은 정보를 가진다. 또한 타 제공자와 유지되는 재무 상품에 대한 데이터를 저장한다.

고객거래 파일은 제공자와 고객 간에 발생하는 상호작용의 회계 감사 자취를 제공하는 데이터가 저장되는 곳이다. 이것은 ATM 사용주기, 거래 당 인출현금의 량, 거래인정 여부, ATM 사용장소와 같은 정보를 포함한다. 또한 제공자와 고객 간의 서면대화도 저장하고 예를 들면 모든 전화기반 접촉의 로그도 제공한다.

고객통찰 파일은 고객이 제공자와의 관계를 보는 견해에 대한 통찰을 주는 데이터가 기록되는 곳이다. 예를 들면, 고객만족조사에 대한 고객관여로부터 결과하는 정보는 여기에 저장된다. 어떠한 불평과 관련된 피드백도 이 파일에서 발견될 수 있을 것이다. 중요하게도, 제공자 스태프에게 고객선호와 비호에 대한 견해를 기록하는 장소를 제공할 것이다. 예를 들면, Singapore Airline을 자주 이용하는 고객의 음식, 드링크와 읽을거리에 대한 정보는 그러한 파일에 저장될 수 있다. 은행은 질문을 작성할 때 일정한 고객이 특정한 콜센터 대리인과의 거래에 관한 선호여부를 기록할 지를 결정해야 한다. 이것은 고객이 자주 그들에게 중요하다고 언급하는 친숙감을 만들어 반응할 수 있게 한다.

고객통찰 파일은 다른 3개 파일들의 투입으로부터 혜택을 받아야 한다. 그러므로, 고객생활의 현상들은 고객관계에 가치를 더하기 위해 고객통찰 창조와 제공자편에 대한 적절한 행동야기를 위한 출발점으로 작용한다.

그림 14.3에 있는 4개 파일의 데이터 캡처를 기준으로 한 적합한 시스템과 과정설계의 고안이 중요하다. 확실한 고객정보의 관리를 위한 프레임웍을 개발할 때 고려해야 하는 비용암시가 있다. 이것은 고객세분화 전략의 부분으로서 상업적 잠재력을 지닌 표적고객들의 선정이 중요하다.

필수적 마케팅 기술은 비용 - 효과적인 상호작용을 이해하기 위해 고객 데이터의 순열범위를 해석하는 법을 알아내는데 있다. 고객마케팅 목표를 추구하여 데이터 웨어하우스 사용을 탐구하려는 독자는 더 자세한 논의를 위해 Ronald Swift(2001)가 참조된다.

14.10 요약 및 결론

본 장은 고객관계마케팅의 발전을 초래한 환경적 요소들의 윤곽을 다룬다. 특히, 재무서비스와 연계된 특성들이 CRM과 연계된 특징들과 어떻게 현저한 공명을 가지는지를 보여준다. 예를 들어, 많은 재무서비스 상품들의 장기적 본성은 상품들을 CRM 프로그램이 성공할 수 있는 본연적 맥락이 되게 한다.

주의 깊게 처음에 올바른 고객을 선택해야 하는 필수적 중요성은 고객 장수와 생애가치를 위한 선행조건으로 나타난다. 고객 지속성에 함축되어 있는 일련의 요소들이 논의되었다. 고객유지를 쉽게 하려는 전략들이, 그 중에서도 특히 유대의 4개 수준에 관한 Zeithaml과 Bitner의 모델이 탐구되었다.

본 장은 독자들에게 고객관계 사슬을 소개한다. 이 모델은 마케팅 믹스가 국내 소비자와 사업고객들을 예비자에서 옹호자로 쉽게 진전하도록 사용될 수 있는 방법들에 대한 단순하지만 효과적인 기반을 제공한다. 고객관계 사슬의 가치는 생애고객가치에 중요성의 가치를 두는 것으로 연결되어졌다.

CRM기반의 접근을 수용할 때 중개자 사용의 의미가 고려되어졌고, 이것은 국제적 CRM 프로그램의 사용을 고려할 때 고려되어져야 할 필요가 있는 특별한 이슈들을 초래했다. 마침내, 데이터 역할의 중요성이 논의되었다. 여기에, 적절한 체계기능성, 고객개발 전략을 추구하려는 조직 내의 데이터분석과 질문역량에 대한 필요성을 이해하였다.

복습 문제

1. 당신의 국가에서 고객 개발이 재무서비스부문의 특성으로서 얼마나 중요한가?
2. 고객개발과 비교된 고객유치에서 마케팅 역할의 상대적 중요성은 무엇이라고 생각하는가?
3. 신규사업 공헌의 척도로서 상품 수익성과 고객 평생가치 각각의 장점은 무엇인가?
4. 고객개발 마케팅 믹스의 디자인은 B2B와 B2C 시장 간에 어떤 방식으로 변해야 하는가?
5. 저축계정을 위한 시장에서 고객소멸을 초래하는 고객 환경-유발적인 그리고 제공자 환경-유발적인 요인들은 무엇인가?
6. 귀하가 생각하기에 ICRMP에 적합한 사업고객 세분시장을 확인하라. 성공확률을 상승시키기 위해서 무슨 실제적 이슈들이 어드레스 될 필요가 있는가?

CHAPTER 15

서비스 전달 및 서비스 품질

15.1 서론
15.2 서비스 이익사슬
15.3 서비스 품질을 정의하는 것
15.4 서비스 품질의 모델들
15.5 서비스 품질 갭모델
15.6 서비스 품질의 성과
15.7 서비스 실패와 회복
15.8 요약 및 결론

chapter 15 서비스 전달 및 서비스 품질

학습목적

이 장을 다 공부한 후 귀하는
- 재무서비스 마케팅에서 서비스 품질의 중요성을 설명할 수 있을 것이고,
- 서비스 이익사슬의 기본적 원리를 이해할 수 있을 것이고,
- 재무서비스에서 품질의 본성을 이해할 수 있을 것이고,
- 서비스 품질관리에 대한 접근들을 복수할 수 있을 것이고,
- 서비스 회복의 중요성을 이해할 수 있을 것이다.

15.1 서론

전 장은 고객관리의 개발과 관리의 중요성 및 고객유지에 관한 증가하는 관심을 강조하였다. 고객전환을 유발하는 일련의 요소들은 어설픈 서비스공급과 관련된다. 품질을 확신하고 서비스 실패위험을 최소화하는 서비스전달 관리는 좋은 고객관리를 구축하고 유지하는 어떠한 접근에도 중심이 된다. 고객의 욕구와 기대를 충족하는 고품질 서비스를 전달하는 능력은 재무서비스 혹은 신상품 특징만을 제공하여 지속할 수 있는 경쟁 에지를 얻는 것은 어렵기 때문에, 품질에 점차적으로 주의 집중되어 진다. 적어도 금융기관이 제공하는 서비스 품질이 복사하기 어렵기 때문은 아니다. 더욱이, 고수준의 품질은 더 고수준의 고객만족과 더 고수준의 로얄티를 유도할 것이다. 고객유지 경제학은 유지고객이 재무서비스 제공자에게 2가지 이유 때문에 중요할 것이라고 제안한다. 첫째, 유지고객은 회사가 그들의 욕구에 대해 어느 정도 알고 있고 고객을 유지하는 마케팅 비용수준이 신규고객을 유치하는

비용보다 훨씬 낮기 때문에, 항상 서비스하기에 저렴하다. 둘째, 충성고객들은 가격에 덜 민감하고, 추가적인 상품과 서비스를 구입하려 하고, 긍정적인 구전을 만들 것이기 때문에 더 큰 수입을 발생시킬 수 있다. 어떤 면에서는 이러한 논의가 너무도 단순화되었다는 것을 인식하는 반면, 충성고객은 더 많은 이익을 발생시킬 수 있다는 것을 믿는 좋은 근거가 된다. 고품질 서비스의 전달은 고객이 재무서비스 제공자와 생산적인 관계를 유지한다고 확신하는데 필수적이고, 그런 의미에서 서비스 품질은 금융기관의 성과에 긍정적인 영향을 가질 거라고 기대할 수 있다. 스태프는 저품질 상품에 반대로 고품질 제품을 전달할 때 그들의 업무에 전형적으로 더 만족하기 때문에, 고수준의 서비스 품질은 직원 만족에도 공헌할 수 있다는 연구도 있다.

본 장은 재무서비스에서 서비스전달의 개관을 제공하고, 품질을 관리하는 것과 연계된 일부의 이슈들을 강조한다. 본 장은 서비스 전달과정과 고객에 대한 영향에 대해 생각하는 방식으로 서비스 이익사슬의 개념을 소개하는 것으로 시작한다. 그 이후로, 품질에 관해 더 구체적으로 논의가 되고, 서비스 품질을 정의하고 중요한 특징들을 강조하기 시작한다. 그 다음 절은 서비스 품질의 모델들, 서비스 전달 과정과 문제가 서비스 전달의 관점에서 발생하는 영역들을 논의한다. 본 장의 마지막 절은 서비스실패와 서비스 회복의 이슈에 특히 주의하는 서비스 품질의 성과를 검토한다.

15.2 서비스 이익사슬

서비스를 전달하고, 고객 로얄티를 발생시키고 수익성을 증진하는 과정은 서비스 이익사슬(Heskett 등, 1994)에서 개념화되었고 〈그림 15.1〉에서 예시된다. 이 모델은 내부 서비스 품질로 시작해서 금융기관의 직원들이 고객에게 효과적으로 서비스하도록 품질지원서비스를 전달할 수 있는 정도에 대해 언급한다. 업무디자인, 작업환경, 보상체계, 훈련과 지원체계와 같은 요소들이 일반적인 내적 서비스 품질의 개념에 포함된다. 내부 서비스 품질은 고수준의 직원 만족, 생산성과 유지를 초래할 것이다. 업무에 만족하고 잘 동기부여 된 직원들은 고객에게 고품질 서비스를 전달할 것이다. 이러한 고품질은 향상된 서비스가치를 전달하기 위한 기반이다. 가치는 증가된 수준의 고객만족과 유지를 인도할 것이다. 주어진 고객유지의 경제학(예를 들어 Heskett 등(1994)을 보라)에서, 증가된 수입과 이익은 기대된 결과들이다. 필수적으로 서비스 이익사슬은 금융기관이 내부적으로 금융기관 자체를 관리하는 것과 이것의 고객경험에 대한 영향과 금융기관의 성과에 의한 혜택들 간에 중요한 연결고리를 강조한다.

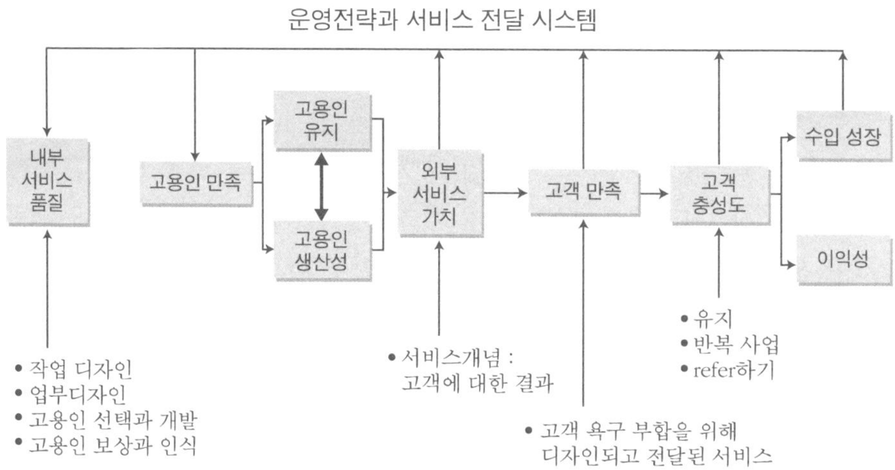

<그림 15.1> 서비스 이익사슬 (자료: Heskett 등 1994)

서비스 이익사슬의 논리는 매우 설득력이 있고, 모델은 컨설턴트와 관리자들에 의해 폭넓게 수용되었다. 특히, 내부 조직 및 관리와 관계되어 가장 주목할 만하게 일련의 관리적인 개입을 안내하는데 사용되고, 그것의 사용성은 다양한 세팅들에서 제시되었다(사례연구 15.1은 Sears의 사례에서 서비스 이

익사슬의 적용을 제시한다). 이 모델을 시험한 체계적인 연구는 데이터수집의 복잡성 때문에 어렵다. 서비스 이익사슬을 사용하는 첫 번째 그리고 가장 포괄적인 연구들 중에 하나는 미국의 소매뱅킹과 관련되어 수행되었다. Loveman(1998)은 간접적이고 지점 - 수준 데이터를 사용하고 내부 보상체계, 금융기관의 고객초점과 관리품질은 직원 만족에 긍정적인 영향을 가졌다고 발견하였다. 직원 만족과 충성도 간의 연계에 대해 차라리 증거가 제한적이다. 직원 서비스 기간은 고객만족에 영향을 미치는 것으로 발견되었으나, 직원 만족과 고객만족 간의 관계는 약하였다. 고객만족은 은행에 대한 충성도에 긍정적인 영향을 가졌고, 다음에 충성도는 재무성과에 영향을 가지는 것으로 발견되었다. 전체적으로 Loveman의 증거는 서비스 이익사슬을 지지하는 중요한 관계에 대해 시험적인 지원을 제공했다. 그렇지만 소매 세팅에서 Silvestro와 Cross(2000)는 서비스 이익사슬의 고객차원을 지원하는 증거를 찾았을 지라도, 상점 수익성은 고객만족과 긍정적으로 상관관계가 되어 있지 않고 부정적으로 그런 경향이 있다고 주지하였다. 서비스 이익사슬이 하는 것은 (품질과 함께 가치의 주요 요소로서) 가치의 중요성과 그 가치품질을 전달하는데 기관의 직원들의 중심적인 역할을 강조하는 것이다. 서비스 이익사슬이 하지 않는 것은 서비스 품질의 본성과 서비스 품질이 관리되어야 하는 방법 등에 대한 통찰을 제공하는 것이다. 이것은 본 장의 나머지의 초점이다. (품질과 비용 간의 관계로서) 가치와 만족의 개념들은 16장에서 더 자세하게 설명될 것이다.

사례연구 15.1 Sears의 서비스 이익사슬

직원과 고객만족을 실제적인 상업적 성과와 연계하는 그럴듯한 논리는 세계의 가장 잘 알려진 소매브랜드로 19세기에 시작한, 미국의 소매업자 Sears, Roebuck 회사의 경험에 의해 특히 잘 보여 진다. 1992년에 회사는, $52.3bn의 회전에 $3.9bn의 적자로 절정에 달하는, 만성적인 성과쇠퇴를 경험했다. 그러한 상황에 평상적이고 이해할만한 반응은 급격한 비용절감 실습이다. 그러한 반응은 때때로, 특히 주식 소유자와 주식 분석가에 관한한 조직을 살 수도 있다. 그렇지만 비용-기반 삭감은 지속된 선회를 성취할 수 있는 경쟁우위와 성과를 결과하지 않는 경향이 있다. 1992년에 회사에 들어온 Sears의 신규 Chief Executive인 Arthur Martines는 리스트럭처링과 비용절감을 어느 정도 수행했다. 예를 들면, 손실을 발생하는 Sears 카탈로그처럼 100 상점이 넘게 문을 닫았다. 그렇지만 많은 예리한 투자들이 상품 범위의 재정렬과 상점 일신의 중요한 프로그램을 포함하여 이루어졌다. 이러한 것들을 비롯한 행동들은 56%의 1993년 총 주식소유자 수익을 본 성과에 현저한 선회를 결과하였다.

회사는 이러한 초기의 진전에 열망적으로 고무되어, CEO는 장기 회생을 위한 프로그램을 시작하였다. 5가지 전략적 우선사항들이, 핵심적인 소매사업의 성장과 더 커다란 고객초점을 포함하여 확인되었다. Phoenix Team이라고 하는 무엇보다 우선하는 변화관리그룹이 만들어졌고, 태스크 포스의 작업을 감독했다. Phoenix Team은 고용자, 고객과 주주를 연계하는 사업을 위한 모델을 고안할 필요에 의해 증가하는 추세로 일이 많아 졌다. 모델의 중심에는 3가지 열망, 즉 Sears는

1. 직원들에게는 - 일할 수밖에 없는 곳
2. 고객들에게 - 쇼핑할 수밖에 없는 곳
3. 주주에게 - 투자할 수밖에 없는 곳

가 되어야 한다는 것이다.

회사는 재무적 성과측정과 연계된 스태프와 고객 조사를 기초로 원인 경로 모델링 방식을 고용했다. 시간이 흘러 회사는 스태프 조사를 구성하는 70개의 질문

중에서 10개는 직원 행동(과 결과적으로 고객만족)에 특히 강력한 연향을 가졌다는 것을 인식하게 되었다. 더욱이 그들은 직원 만족의 2개의 차원들, 즉 업무에 대한 태도와 회사에 대한 태도는 모든 다른 차원들보다 직원 로얄티와 고객에 대한 행동에 큰 영향을 미친다는 것을 발견했다.

2년 정도의 과정에서 Sears는 직원 태도, 고객만족과 수익성의 확실히 중요한 측정치들 간에 원인적 관계를 나타내는 접근을 도출하는 방법론과 모델링을 수정했다. 그러한 연계를 제시한 것은 진실로 인상 깊고 고무적이다. 사실, 이것은 고객과 스태프 만족측정과 그 결과로 발생되는 행동에 대한 Nationwide Building Society의 접근에 중요한 영향을 미친다.

자료: Ruccci 등(1998).

15.3 서비스 품질을 정의하는 것

품질은 물리적 재화에 대해서 보다 서비스에 대해 정의하기가 훨씬 더 어렵다. 물리적 재화에 대해, 품질은 상품이 소유해야 하는 물리적 특징들을 구체화함에 의해 측정될 수 있다. 예를 들면, 레이저 프린터의 품질은 1분에 인쇄될 쪽수와 인쇄물 결과물의 품질에 의해 구체화될 수 있다. 이것은 객관적 기준으로서 사용되고 - 프린터가 이러한 객관적 기준에 도달하면, 특정한 품질을 가졌다고 생각된다. 재무서비스에서 서비스 만남이 다양할 수 있고 고객욕구도 다양할 수 있기 때문에 객관적 기준을 구체화하기가 훨씬 더 어렵다.

품질에 대한 일련의 다른 관점들이 있다. Garvin(1988)은 이것들은 5개의 중요한 제목들 하에 조직될 수 있다고 제안한다.

1. 품질은 '본질적 우수성'이다. 이러한 견해는 그것의 되풀이된 (우리 자신의 혹은 타인들의) 경험으로부터의 우수성을 알고 있다고 상당히 단순하게

제시한다. 이것이 많은 사람들이 편안하게 느낄 접근일 지라도, 관리입장에서는 희미하고 정확하지 못하다.

2. 품질은 상품속성이다. 이러한 접근은 품질이 상품속성(자동차의 연료소비, 자동차 마력, 가속 등)의 구체적인 량에 의해 제공되는 정확하고 측정할 수 있는 변수라고 가정한다. 이러한 접근은 구체성과 측정가능성 때문에 많은 매력을 가지고 있으나 고객의 욕구와 선호를 고려하지 못한다.
3. 품질은 사용자기반이다. 이러한 접근은 품질의 정의가 고객관점과 상품이 고객욕구를 충족하는 정도에 기초한다고 제안한다.
4. 품질은 공급기반이다. 이러한 접근은 내적으로 개발된 구체적 특성에 대한 적합성을 중심으로 한다는 점에서 상품속성 기반적인 접근과 유사하다. 이것은 주로 생산성과 비용고려에 초점을 둔 운영 - 중심적인 접근이다.
5. 품질은 가치기반이다. 이러한 접근 성과와 가격 간에 트레이드 - 오프를 강조하고 '알맞은 우수성'으로서 설명되곤 한다.

서비스 품질을 생각할 때, 가장 흔한 견해는 서비스 품질은 주관적이라는 것이다. 즉, 서비스가 고객의 욕구와 기대에 얼마나 잘 부응하는지에 대한 고객의 지각에 기초한다. 서비스 품질은 고객이 서비스가 어떻다고 지각하는 것이다.

15.4 서비스 품질의 모델들

서비스 품질의 사용자 기반 견해는 품질이 고객에 의해 정의된다고 인식하는 반면, 서비스 품질을 관리하려는 어떠한 시도도 고객들이 받는 서비스를 어떻게 평가하고 어느 요소들이 가장 중요한지를 이해하는 것을 요구한다. 주관적인 서비스 품질의 견해를 수용했기 때문에, 고객이 서비스를 어떻게 평가하는지에 대해 생각하는 가장 상용적인 방법은 그들이 받는 서비스의 종류에 대한 기대를 가질 것이라는 아이디어이다. 그들은 그 때 실제 서비스를 기대되는 서비스와 비교할 것이다. 실제 서비스가 기대 서비스를 충족 혹은 상회한다면, 품질의 수준은 상대적으로 높은 것으로 보일 것이다. 실제 서비스가 기대된 것에 미치지 못하면, 소비자는 서비스 품질이 어설프다고 지각할 것이다.

서비스 품질이 기대와 실제 서비스 성과의 비교를 포함한다고 폭넓게 동의된 반면에, 중요한 서비스 측면에 대해 다른 견해들이 있다. 일반적으로, 서비스 품질의 요소들을 보는 두 가지 중요한 방식이 있다. 폭넓게 서비스 품질을 정의하고 이해하는 시도는 2개의 뚜렷한 방향으로 개발되었다. 하나의 연구 주류는 유럽에(주로 Scandinavia) 있고, 다른 하나는 북미에서 개발되었다. 유럽 연구주류는 Nordic School로서 설명되곤 하고, Christian Groenroos(예를 들어 Groenroos(1984)를 보라)의 작업에 기원한다. 이러한 접근은 질적인 경향이 있고, 조직의 전체적인 이미지, 서비스(기술적 품질)의 성과와 그것이 전달되는 방법(기능적 품질)을 강조한다. 북미의 연구주류는 Parasuraman, Zeithaml과 Berry(Parasuraman 등(1985; 1988)을 보라)의 작업으로부터 개발되었고, 명시적으로 서비스 품질을 지각과 기대의 차이로서 정의하고, 5개의 중요한 차원들, 즉 신뢰성, 확신성, 유형성, 공감성과 응답성(RATER)에 걸쳐 품질을 측정한다. 구체적으로 Parasuraman 등은 SERVQUAL이라고 불리는 측정모델을 사용하여 서비스 품질을 측정하는 방법론을 제안하였다. 그 이후로 이것은 서비스 품질 측정의 가장 광범위하게 사용되었고 SERVQUAL은 다양한 국가에서 다양한 서비스들에 적용되었다. 이러한 두 가지 접근들은 더 자세하게 아래에서 각각 논의될 것이다.

15.4.1 서비스 품질에 대한 노르딕의 견해

Groenroos에 의해 개발된 하부구조는 〈그림 15.2〉에 윤곽적으로 나타난다. 이러한 하부구조에서 고객은 기대를 형성하고 기능적 그리고 기술적 품질에 관련된 서비스 전달의 평가를 한다고 제안된다.

- 기능적 품질은 서비스가 전달되는 방식과 관련되어 있고 우정, 도움, 정중함, 즐거운, 이해 등과 같은 것들을 취급한다. 그것은 서비스만남이 발생하는 방식을 주로 취급한다. 예를 들어, 재무 기획자의 경우에, 기능적 품질은 기획자가 고객을 다루는 방식과 관련되어 있을 것이다.
- 기술적 품질은 서비스 성과의 품질과 관련이 있다. 즉, 그것은 서비스가 옳고 정확하게 수행되는 정도와 관련이 된다. 재무기획자의 경우에, 기술적 품질은 실제 조언의 품질과 관련이 있을 것이다.

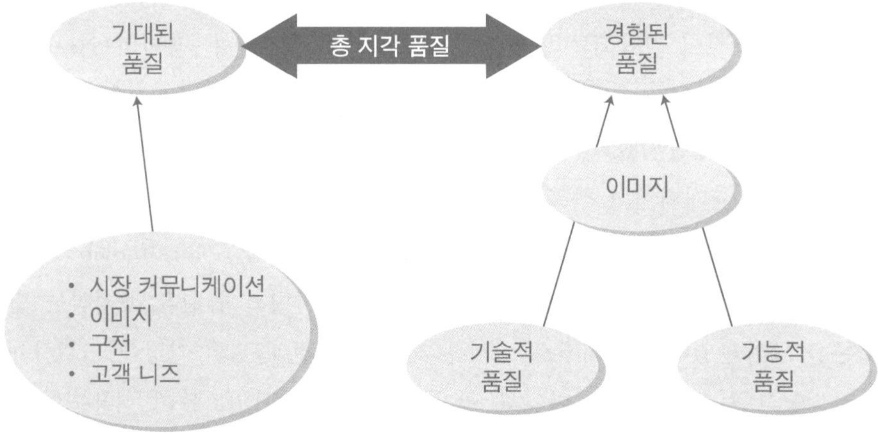

<그림 15.2> 서비스 품질에 대한 노르딕 견해(자료: Grönroos, 1988)

기술적 품질과 기술적 품질의 지각들은 결합해서 금융기관에 대한 이미지를 창조하고, 이것은 전체적인 품질의 지각을 도출한다.

전체적인 서비스 품질은 기능적 품질과 기술적 품질 모두에 의존할 것이기 때문에, 고품질의 서비스를 전달하는 것은 좋은 기술스킬뿐만 아니라 좋은 개인 간 스킬도 요구한다. 많은 경우에, 재무서비스 연구는 기능적 품질이 기술적 품질보다 중요할 수도 있다고 제안했다. 많은 개인적 고객들은 재무서비스가 이해하기에 복잡하고 어렵다는 것을 안다고 이미 제안되었다. 그러한 상황에서, 평가는 재무서비스 자체의 본래가치보다 재무서비스 제공자와의 상호작용의 품질에 기초하는 경향이 있을 것이다.

15.4.2 서비스 품질에 대한 북미의 견해

서비스 품질에 대한 북미의 견해는 Parasuraman 등(1985, 1988)의 작업에 기초한다. 그들은 명시적으로 품질평가는 그들이 받은 것에 대한 소비자 지각과 그들이 받아야 하는 것에 대한 소비자 기대의 비교에 기초한다고 제안했다. 그들은 그러한 비교는 5가지 주요영역에서 이루어진다고 제안했다.

1. 신뢰성

   약속된 서비스를 수행하고, 정확하게 수행하고 바로 첫 번째로 수행하는 금융기관에 고객들이 의존할 수 있는 정도와 관계되어 있다.

2. 확신성

   금융기관과 스태프가 유능하고, 예의바르고, 신용할 수 있고 신뢰할 수 있는 정도와 관련되어 있다. 그것은 소비자가 안전하다고 느끼는 정도도 고려한다.

3. 유형성

   지점의 인테리어, 스태프의 외모와 대화 내용물의 품질과 같은 물리적 시설물의 모양을 포함한다.

4. 공감성

   접근성, 좋은 대화, 고객욕구의 이해, 도달성과 친절과 같은 요소와 관련되어 있다.

5. 응답성

스태프를 통해 금융기관이 고객들에게 어떻게 반응하는지와 관련되어 있다. 중요한 이슈들은 스태프가 도움이 되고, 즉각적이고 문제를 해결할 수 있는 정도를 포함한다.

서비스 품질을 측정하기 위해, 이러한 각 영역에서의 고객기대와 고객들이 받은 품질에 대한 지각에 대한 데이터를 수집해야 한다.
실제로, Parasuraman 등은 구체적으로 서비스 품질의 이러한 5가지 특징들에 대한 데이터를 수집하기 위해 SERVQUAL이라고 알려진 질문표를 개발했다. 성과와 고객의 기대 간의 차이를 봄으로써, 금융기관은 주의에 초점을 두어야 하는 영역들을 확인할 수 있다. 〈그림 15.3〉의 예제를 고려하라. 그래프는 서비스 품질의 5가지 차원 각각에 대해 지각에서 기대를 차감한 가치를 구성한다. 정(+)의 스코어는 성과가 기대보다 크다는 것을 나타내고, 부(-)의 스코어는 성과가 기대보다 낮다는 것을 나타낸다. 이러한 금융기관의 경우에 유형성 차원과 공감성은 좋으며, 둘 다 고객기대치 보다 크다. 그렇지만 신뢰성과 응답성의 관점에서 성과는 명백하게 고객기대보다 낮다. 이러한 발견들은 서비스 품질의 전달을 관리하는데, 향상이 가장 필요한 영역으로서 신뢰성과 응답성에 초점이 두어져야 한다.

SERVQUAL 하부구조는 학교와 사업연구에서 광범위하게 사용되었고, 상당한 비판도 있었다(예를 들어, Buttle(1996)을 보라). 특정한 관심 원인은 서비스 품질이 차이 스코어라는 아이디어이었다(즉, 지각과 기대 간의 차이, P-E). 스코어가 부의 값일 때, 그것은 보잘것없는 품질을 나타낸다는 아이디어가 이러한 접근에 암시적이다. 그렇지만, 일부의 연구자들은 소비자들이 부(-)의 차이 스코어를 기록한 것에 불구하고 높은 수준의 품질을 여전히 지각할 수 있다고 제안했다. 예를 들면, 기대가 매우 높고 7에 스코어하고 지각은 정의 값이지만 6에 더 낮게 스코어 한다. 추가적으로, 차이 스코어는 매우 긍정적인 평가를 나타내는 P=7과 E=6의 상황과 매우 보잘것없는 평가를 나타내는 P=2와 E=1을 나타내는 것을 구별하지 못한다. 둘 모두 같은 품질 평가, 즉 1을 결과할 것이다. 타 비판들은 매우 다양한 서비스들에 걸쳐 해당되는 SERVQUAL의 일반성과 핵심 서비스 특징들의 커버리지의 충분성에 관심이 있다. 결과적으로, 많은 연구자들은 SERVQUAL을 추가적인 서비스 - 구체적인 질문들로 보충했다.

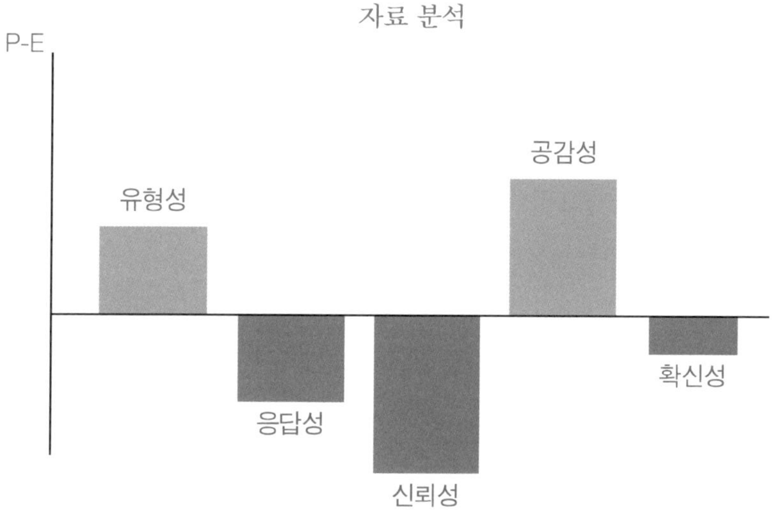

<그림 15.3> 오차 허용의 영역

비판에 대응해서, Parasuraman 등은 계속해서 SERVQUAL을 개발했다. 중요한 개발이 기대의 해석과 관련되어 있다. SERVQUAL에 대한 초기 작업은 기대를 이상, 즉 소비자가 생각하기에 그들이 가져야 하는 것의 측정치로 취급했다. 그러한 이상 기대가 비현실적으로 높을 가능성을 인식하여, Parasuraman 등(1991)은 '오차허용의 영역'의 개념을 제안했다. 이러한 접근은 소비자가 두 가지 유형의 기대, 즉 이상 기대와 충분 기대를 가져야 한다고 제안한다. 효과적으로, 소비자들은 그들의 서비스 이상표준과 서비스의 현실

적 표준 간에 구분할 것이라고 주장되었다. 후자는 그들의 필요에 대한 해결을 제공하는 최소의 인정할만한 표준에 관계되는 반면, 전자는 그들이 경험하려는 서비스의 수준을 나타낸다. Berry와 Parasuraman의 언어로: '고객이 믿기에 할 수 있는 것과 하여야 하는 것의 섞음이다'(Berry and Parasuraman 1991).

서비스의 바람직한 수준과 충분한 수준 간이 오차허용의 영역이나. 이것은 고객이 만족할 만하다고 생각할 서비스 성과의 범위를 나타낸다. 〈그림 15.4〉는 오차허용의 영역에 반하여 측정된 지각의 예를 제공한다.

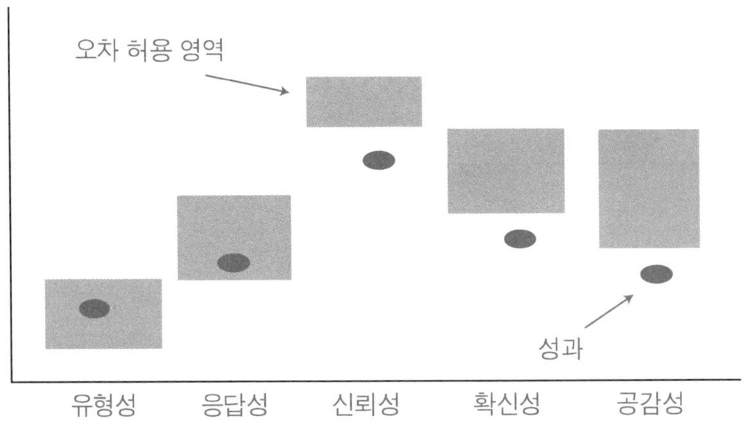

유형성과 응답성의 관점에서 성과는 오차허용범위내에 있다.
신뢰성, 확신성 및 공감성의 관점에서 성과는, 모두 오차 허용 영역 아래에 놓여있기 때문에 근심의 원인이다.

<그림 15.4> 서비스 품질의 지각과 오차허용 영역

다음의 예를 생각하라. 금융조합 고객은 저축계정에 약간의 현금을 저축하려고 하고 지점구내에 들어와서 떠날 때까지 4분(바람직한 서비스수준) 걸리는 전체 서비스 만남을 기대한다. 그렇지만, 고객은 일련의 타 변수들이

다소 더 긴 서비스만남을 초래할 것이라는 것을 인정한다. 예를 들면, 고객들 중에 한 명이 특히 많은 양의 동전과 저축한 현금을 가질 수 있기 때문에, 서비스받기를 기다리는 많은 타 고객들이 있을 수 있다. 고객은 발생할 수 있는 요소에 대한 기대를 기초로 고객이 12분의 서비스 만남 시간을 수용할 수 있다. 이 경우에, 12분(충분한 서비스 수준)과 4분(바람직한 서비스 수준)간의 차이는 오차허용의 영역을 나타낸다. 오차허용의 영역 내에 기간을 가진 서비스만남은 서비스 품질의 긍정적인 평가를 초래할 것이다. 그렇지만, 더 빠른 서비스만남은 전달된 서비스 품질에 상당히 호의적인 인상을 초래하고, 역으로 충분한 수준 아래에 떨어진 서비스만남은 부정적인 평가를 초래할 것이다.

상상될 수 있는 바와 같이, 오차허용 영역은 고객에 따라서 그리고 주어진 거래의 성격에 따라서 뿐만 아니라 주어진 거래를 둘러싼 환경에 의존하는 동일한 고객에 대해서도 다양한 매우 유동적인 개념이다. 오차허용 영역은 다른 개인적 상황, 과거 경험의 차이와 타 서비스 철학때문에 개인들 간에 차이가 있다. 오차허용 영역도 서비스를 평가하는데 고객이 사용하는 5가지 주요한 차원들 - 신뢰성, 확신성, 유형성, 공감성과 응답성 등에 따라서 다양하다. 신뢰성, 혹은 서비스 약속을 지키는 것은 서비스의 다른 특징들보다 훨씬 좁은 오차허용 영역을 가지고 있다고 생각된다. 오차허용 영역은 서비스 맥락, 예를 들면, 위급상황에 직면하면 오차허용 영역은 위급상황이 아닌 경우보다 더 좁을 수 있는 것에 의해서도 영향을 받는다. 최종적으로, 마케팅 활동은 오차허용 영역의 폭에 영향을 미칠 수 있다. 마케팅 커뮤니케이션은 기대를 창조하는데 중요한 역할을 하고, 마케팅 커뮤니케이션의 과대 약속은 '충족' 기대를 올릴 수 있고 오차허용 영역의 크기를 줄인다.

이 모델의 실제적 결과들은 다양하다. 예를 들면, 고객옹호의 개발은 지속적으로 오차허용 영역의 상위 극한위에 있는 고객경험으로부터 결과할 수 있다. 회사들은 주요 표적 세분시장의 더 중요한 만남들의 관점에서 상대적인 오차허용 영역의 중요성을 확고하게 이해하고자 할 것이다. 일반적으로, 주어진 서비스 특징이 더 중요할수록, 오차허용 영역은 더 좁고, 서비스에 대한 고객의 부정적 평가를 일으키는 경향이 있다. 중요한 서비스 만남이 무엇인지를 앎에 의해서 회사는 높은 전달기준을 확신하는 행위를 취할 수 있다.

서비스 품질을 평가할 때 소비자들에게 중요한 분야들을 확인하는 것 외에, Parasuraman 등(1985)은 관리자로 하여금 문제가 서비스 전달과정에 어떻게 발생되고 서비스 전달이 높은 수준의 품질을 확신하도록 어떻게 관리하는지를 이해하도록 하는 서비스전달 모델을 개발하였다. 이것은 본장의 뒷부분에서 논의될 것이다.

15.4.3 노르딕과 북미의 관점들을 통합하는 것

노르딕과 북미의 관점들은 그들이 서비스 품질을 관찰하는 방법에서 많은 유사점들이 있다. 2002년에, Brady와 Cronin은 주요한 서비스 모델들의 중요 구성요소들을 통합하는 하부구조를 제안했다. 특히 Groenroos(1984), Rust와 Oliver(1994)와 Parasuraman 등(1985)의 작업에서 가져와서, 그들은 소비자들에 의한 서비스 경험에 대한 계층적 접근을 제안했다. 이것은 〈그림 15.5〉에 도식적으로 보여 진다.

그림 15.5에서, Brady와 Cronin이 3개의 주요한 지각된 서비스 품질의 직접적인 결정요소들 - 상호작용품질, 물리적 환경의 품질 및 서비스 경험의 성과품질이 있다고 제안한다. 상호작용품질은 서비스 상호작용품질에 미치는 직원의 태도, 행동과 전문성이 어떻게 지각되는지의 함수로서 관찰된다. 이 모델의 요소는, 17장에서 자세하게 설명될 이슈인 마케팅믹스의 인적 요인에 첨부된 중요성을 설명한다. 물리적 환경품질에 의한 역할은 환경의 디자인과 레이아웃, 발생하는 사용수준의 성격(사회적인 요소)과 지각되는 분위기(순환 조건)의 함수이다. 순환조건은 조명과 음악과 같은 무드를 만드는

장치들에 의해 결정된다. Ireland의 Permanent TSB 은행은 Dublin의 지점들에서 음악이 연주되게 한다. 그것은 확실히 도시 내의 라이벌 분위기와 비교될 때 차별화의 형태를 띤다.

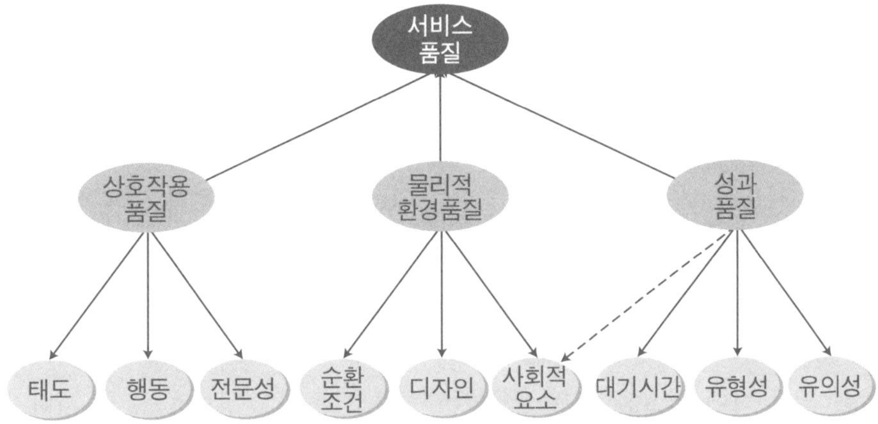

<그림 15.5> 소비자들에 의한 서비스 경험에 대한 계층적 접근

끝으로, 성과품질은 대기시간, 유형성과 가치의 함수이다. 대기시간은 자체 - 확실하고, 오차허용 영역과 관련된 위의 설명은 이것들이 고객지각에 어떻게 영향을 미치는지를 설명한다. 유형적 증거는 마케팅 믹스의 물리적 증거 요소와 밀접하게 관련된다.

유의성(유발성)은 고객이 서비스 경험의 최종성과가 좋았는지 나빴는지를 생각하게 하는 것을 나타내는 Brady와 Cronin에 의해 사용된 용어이다. 이러한 판단은 서비스 만남의 타 요소들을 평가하는 방법과 관계없이 고객에 의한 무엇보다 중요한 평가이다. 예를 들면, 주택 - 개선 대부를 위해 은행에 가는 소비자의 경우를 생각하라. 그의 상호작용품질과 물리적 환경에 대한 지각은 그의 대부적용이 거절된다면, 아무 의미가 없을 것이다. 다른 말로, 핵심 욕구가 만족되는지의 평가(유의성)는 고객의 서비스 품질에 대한 지각에 영향을 미치는 다른 8가지 요인들에 선행한다. SERVQUAL 모델의 신뢰성, 응답성과 공감 요소들은 품질의 9가지 하부차원의 설명자들로서 모델에 합체되어 있다.

Brady와 Cronin은 실증분석에 그들의 모델을 적용해서 결과들이 타당성 있게 지원했다. 그들은 일련의 서비스 품질 개념화를 '강력한 이론적인 기반을 지닌 단일의, 전체를 이해할 만한, 다차원 하부구조'로 결합하는데 성공했다. 작가들은 모델이 특히 유의성의 이슈에 관해서 더 연구할 필요를 제시한다고 인식한다. 그들은 지금까지 좁은 서비스 영역의 범위에서 시험되었을 뿐이고, 과도한 보편화의 위험에 있다는 것을 인정하기도 한다. 그럼에도 불구하고, 지각 품질수준을 향상시키려는 개업자들을 위해, 그것은 극도로 유용한 플랫폼을 제공한다. 이것은 서비스 품질이 시장점유, 상대적 수익성, 고객충성도, 프리미엄 가격책정과 재 - 구매율에 영향을 미치는데 하는 것 같은 역할 하에 중요하다. 관리자들은 서비스 품질을 정의하는 것, 서비스 품질 지각이 어떻게 형성되는지와 서비스경험이 발생하는 곳에 첨부되어 있는 중요성을 확인할 수 있게 하는 수단으로서 모델을 사용할 수 있다.

15.5 서비스 품질 갭모델

서비스 품질이 기대와 성과 간의 비교에 기초될 수 있다고 이미 설명했다. 고객이 기대하는 것과 얻는 것 간의 갭에 있는데, 그 갭은 서비스 전달과정에 4개의 다른 갭들과 관련될 수 있다. 단순한 용어로, 전달된 서비스가 고객 기대를 만족시키지 못한다면(갭 5), 이것은 서비스 전달과정에 있는 4개의 다른 갭들 중의 어느 것에 의해 설명될 수 있다.

- 기대를 잘못 이해하는 것(갭 1)
- 잘못된 스펙(갭 2)
- 전달실패(갭 3)
- 과대-약속(갭 4)

서비스 전달 과정과 갭들은 〈그림 15.6〉에서 윤곽이 잡혀진다.

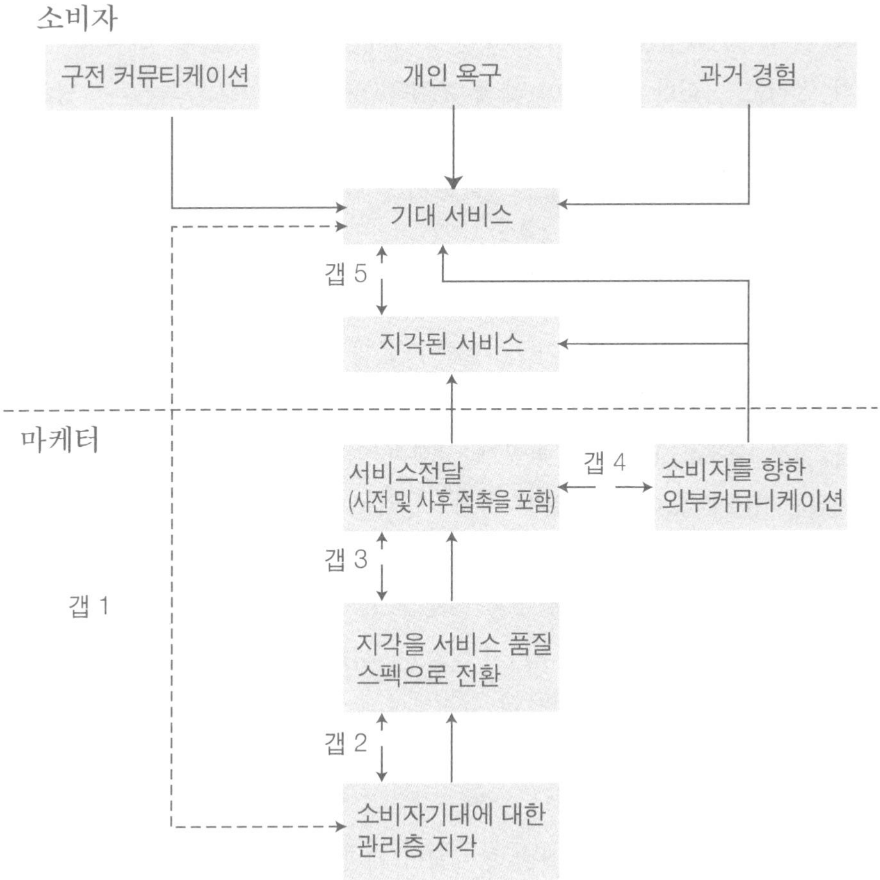

<그림 15.6> 서비스 전달 과정과 갭

서비스 품절을 제공할 때 고객들이 기대하는 것을 잘 이해하는 것이 필요하다. 고객이 기대하는 것에 대한 지식을 가지고, 관리자는 서비스에 대한 적절한 기준을 책정해야 하고 스태프가 구체적인 기준을 전달하는 것을 확실히 해야 한다. 금융기관의 마케팅 커뮤니케이션에 의해 고객들에게 약속

된 것은 금융기관이 전달할 수 있는 것과 일관된다고 확신시키는 것이 중요하다. 서비스 전달과정에서의 갭은, Parasuraman 등(1985 1991)이 설명하는 바와 같이, 이 과정을 통해서 주요한 곳에서 발생될 수 있다. 서비스전달과정의 관리는 이러한 잠재적인 갭에 초점을 맞출 수 있고, 그들을 설명하는 방법들을 확인할 수 있다면, 금융기관이 고객이 기대하는 품질의 종류를 전달할 수 있는 잠재력이 훨씬 더 클 것이다.

15.5.1 기대를 잘못 이해하는 것(갭 1)

이러한 갭은 상급 관리자가 고객들이 실제 서비스로부터 기대하는 것을 이해하지 못할 때 발생한다. 이것이 발생하는 몇 가지 이유가 있다. 시장조사를 직접 수행하지 못하기 때문에 고객이 실제로 원하는 것을 대략적으로 이해하게 할 수 있다. 불충분한 상향식 커뮤니케이션이 갭 1의 원인으로서 똑같이 중요하다. 일선의 직원들은 고객들과 정규적인 접촉이 있고, 아마도 고객들의 욕구와 기대에 대한 좋은 이해를 가지고 있다. 그렇지만 관리가 일선 스태프에 기꺼이 귀를 기우리지 않으면, 이러한 지식과 이해는 바로 낭비가 될 것이다. 금융기관이 그들의 고객들과 좋은 관계를 가질 때, 갭 1은 금융기관이 고객의 욕구와 기대에 대한 높은 수준의 지식을 구축했기 때문에 발생하기 어렵다.

명백하게, 갭 1을 다루기 위해 추가적인 시장조사를 통해 소비자를 이해하고 일선 스태프로부터의 정보흐름을 격려하고 고객들과 더 강력한 관계를 구축하는데 주의를 기울여야 한다.

15.5.2 그릇된 스펙(갭 2)

두 번째 갭(갭 2)은 서비스 스펙이 기대된 서비스와 일치되지 않을 경우에 발생한다. 이것은 회사가 특정한 서비스를 명시하고 디자인하지만, 특징들은 고객이 기대하는 것이 아님을 의미한다. 이 갭이 발생할 수 있는 몇 가지 이

유가 있다. 일부 서비스들은 표준화하기가 매우 어려울 수 있고, 관리자들은 고객 기대가 이성적이지 못해 만족될 수 없다고 생각할 수 있다. 일부 경우에 서비스 품질에 대한 몰입이 빠질 수 있고, 결과적으로 분별 있는 서비스 스펙을 책정하는데 관심이 줄어들 것이다. 갭 2를 없애는 것은 명시된 서비스가 소비자가 기대하는 서비스와 비슷함을 확신하는 것을 의미한다. 이렇게 하기 위해, 상급관리자는 서비스 품질을 제공하는데 몰입되어야 함은 필수적이다. 몰입이 현저하면, 고객서비스기대가 디자인과정의 부분임을 - 그들이 서비스개발로 구축됨을 확신하는 것이 필요하다. 주요 서비스 특징들(고객에게 중요한 것)이 확인되어야 하고, 분별 있는 스펙들이 소비자 우선 선호에 기초해서 확인되어야 한다. 예를 들어, 고객들 대부 신청을 할 때 빠른 서비스를 기대한다면, 관리자들은 '빠른'이 (하루만에, 혹은 일주 만에 반응하는 것인가?)를 확인해야 한다. 고객 역시 낮은 이자율과 융통성 있는 반환을 기대한다면, 이것들의 상대적 중요성이 확인되어야 하고 가장 중요한 특징에 더 주의를 기울여야 한다. 서비스가 표준화될 수 있을 때에 표준화되어야 하고, 그 결과 여럿의 표준세트가 아닌 단 하나의 표준세트를 허용하여야 한다.

상급관리자들은 갭 2에 관해 주요한 역할을 한다. 고객 - 정의된 성과지표를 세우고 사용하는데 확고한 몰입을 나타내는 것은 서비스 품질 갭 2를 완결하는데 중요한 영향을 미칠 수 있다.

15.5.3 전달 실패(갭 3)

전달되는 실제 서비스가 명시된 서비스와 일치하지 않을 때 갭 3이 발생한다. 분별있고 고객중심의 스펙이 있을지라도, 고객에게 전달된 서비스가 이러한 표준을 만족시킬 거라는 보장은 없다. 갭 3, 전달실패가 발생하는 많은 이유들이 있다. 특정한 스펙으로 전달하는 것은 적절한 자원(사람, 시스템과 기술)이 있고 지원되는 것을 요구한다. 폭넓게 언급하면, 갭 3은 인적 자원정책, 고객참여 및 중개의 문제들 때문에, 공급과 수요를 관리하는 것과 관련된 문제들 때문에 발생할 수 있다. 직원이 그들의 작업에 몰입되지 않고 기꺼이 할 수 없다면, 그 때 서비스전달의 관점에서 문제들이 발생할 것이다. 고객들이 그들이 해야 하는 것을 이해하지 못하면, 전달되는 서비스에 문제가 있을 것이다. 서비스 제공자가 서비스를 분배하는 중개자에 의존한다면, 그 때 중개자가 하는 품질을 통제하는데 어려움이 있을 수 있다. 최종적으로, 금융기관은 공급과 수요를 관리할 수 없다면, 수요수준이 높고 스태프가 압력을 받을 때 적절한 품질을 전달하기 어려울 수 있다.

갭 3을 완결하는 것은 스태프에 상당한 주의를 기울일 것을 요구한다. 높은 수준의 성과를 성취하고 고품질 서비스를 전달하는 것을 확신하기 위해 기관은

- 전달 품질서비스에 기술과 지식을 가진 바른 사람들을 모집하고,
- 분별 있는 보상체제를 확신해서 직원들이 고품질 서비스를 전달하는 것에 대해 (화폐적인 그리고 비화폐적인) 보상을 받고,
- 기술과 사람들 간에 좋은 적합, 즉 사람들이 작업에 맞은 기술을 가지고 있다는 것을 확신하고,
- 능력과 팀워크를 격려해서 스태프가 고객욕구의 갭에 적응하고 수용할 수 있도록 하는 것이다.

이와 같이 금융기관은 고객들이 원하고 있는 일을 하고 전달과정에 어떻게 공헌해야 하는지를 알도록 해야 한다. 예를 들어, 그들이 제공할 필요가 있는 정보와 완성할 필요가 있는 형태 등에 관한 효과적인 커뮤니케이션을 요구한다.

최종적으로 수요와 공급을 일치시키려는 노력이 자원이 지나치게 확장되지 못하고 표준품질이 유지될 수 있는 것을 확신하는데 중요하다. 금융기관

이 기대하는 서비스 표준을 전달하는데 동기화되도록 중개자와 좋은 협조적인 작업관계를 가지는 것이 똑같이 중요하다.

15.5.4 과대약속하기(갭 4)

금융기관이 실제로 전달하는 것보다 더 좋은 서비스를 약속할 때 4번째 갭이 발생한다. 이것은 고객기대를 상승시키고 전달된 서비스가 그들의 기대와 대등하지 않을 때 품질이 낮다고 평가될 것이다. 약속된 것의 전달 실패는 많은 이유를 때문에 발생할 수 있다. 빈약한 정보와 과대 약속에 대한 압력이 2개로 가장 중요하다. 마케팅과 나머지 금융기관 간에 빈약한 정보 흐름은 기관이 할 수 있는 것에 대한 어설픈 이해를 가지게 하고, 마케팅이 만드는 클레임은 부정확할 것이다. 똑같이, 마케팅 커뮤니케이션에 과대약속을 하고, 경쟁자보다 성과를 더 올리고 금융기관을 가장 호의적으로 보이게 하려는 경향이 있을 수 있다. 갭 4를 설명하는 것은 마케팅과 서비스 전달과정에 관련된 것들 간에 좋고 정확한 커뮤니케이션을 하려는 주의를 필요로 한다. 이러한 커뮤니케이션은 소비자가 기대할 수 있는 것에 대한 명백하고 정확한 정보를 제공해야 하고, 정보는 고객들이 일관되고 정직한 메시지를 받을 수 있도록 마케팅 커뮤니케이션으로 통합되어야 한다.

15.6 서비스 품질의 성과

서론에서 언급된 바와 같이, 금융기관이 고품질의 서비스를 전달할 수 있다면, 고객들은 더 좋은 가치를 받을 것이고 만족하게 될 것이다. 교대로, 만족된 고객은 더 잘 유지될 것이고 충성적일 것이다. 고객만족의 본성과 그것의 측정은 가치의 본성이 그런 것처럼, 16장에서 더 자세하게 논의된다. 이 절의 나머지는 충성도에 초점을 둔다. 고객 충성도와 옹호를 전달하는데 서비스 품질의 중심적 역할은 널리 인정된다. 사례연구 15.2는 Cheshire

Building Society가 그들의 서비스의 어느 특성이 충성적인 고객을 만드는데 가장 중요한지 정확하게 더 잘 이해하기 위해 사용하는 서비스 품질에 대한 데이터를 어떻게 수집하는지를 설명한다.

사례연구 15.2 Cheshire Building Society의 서비스 품질을 감시하기

'진실의 순간'에서 회원지각들의 정규적인 수집을 통해 Cheshire Building Society는 어느 회원이 높게 평가되고, 어느 회원이 충성적으로 남고 어느 회원들이 기관의 옹호자들인지를 이해하는 체계적인 접근을 개발하였다. 축어적인 회원 코멘트의 수집은 Cheshire로 하여금 충성도와 옹호도의 추진력을 결정하도록 해주기도 한다.

프로그램의 주요 목적들은

- 월단위로 회사별로 지역별로 그들에게 전달되는 서비스에 대한 회원들의 지각을 이해하고
- 재구매 의도와 추천수준을 찾아내고
- 서비스 품질을 향상하고 상품구매를 상향시키고
- 과정 소유자들에 이슈들을 알리고 서비스 성과를 향상시키는 실제적인 아이디어를 확인하는 매월 정보수급을 제공하고
- 회원 입장에서 제일 높은 서비스 제공자에 대해 성과를 벤치마크하고
- 직원들이 일관되게 우수한 서비스를 전달했다고 회원이 지각할 때 직원들을 인식한다.

매월 2000장의 조사 질문표가 최근 거래(전화질의, 신규 모기지, 신규 투자 혹은 지점방문)에 기초하여 회원들에게 우편 발송된다. 추가적으로, 지난 12개월에 Cheshire와 접촉하지 않은 조절집단의 회원들도 표본 추출된다. 조사는 다른 회원 세분집단이 프로그램에 더해짐에 따라 전화 혹은 이메일에 의해 전개될 수도 있다.

자세한 피드백 보고는 강점들과 향상될 분야를 확인하여 주요 회원 경험분석을 제공한다. 관리자들은 좋은 성과를 인식하고 약한 분야를 바로잡는데 초점을 두어 투자하면서 매월 피드백 보고서를 검토한다. 데이터의 결과는 다음을 초래한다.

- 채널들을 가로질러 회원들에게 향상된 서비스 전달
- 회원 피드백에 기초한 행동기획의 개발
- 충성도와 옹호를 추진하는 중요한 추진력에 관한 향상된 이해
- 계층 내 최선의 제공자에 대한 향상된 벤치마크 성과
- 서비스 우수성의 인식을 통한 향상된 직원 종업만족

월별 조사에 추가해서, Society(조합)는 회원 견해의 철저한 이해를 구축할 다른 피드백 메커니즘을 이용한다. 이것들은

- 지점들에 있는 'Have Your Say' 리플릿
- 웹사이트 피드백 폼
- 회원 포름이다.

불평-취급 과정도 서비스 전달을 향상시키는데 사용되어 진다. 회원들은, 불평의 결과에 관계없이, 2005년 동안 70%초과한 만족 비율을 지닌 불평과정의 품질을 평가하도록 요청된다.

회원들은 행동을 우선 순위화하고 '추측으로' 보다는 차라리 '알고' 행동할 수 있다. 시장조사, 미스터리 쇼핑과 불평데이터로 수집된 피드백은 우리들의 회원들이 어떻게 느끼는지에 대한 통찰력을 준다. 이러한 지식으로, Cheshire는 신규 상품을 개발할 수 있고 회원 충성도와 옹호를 한층 증가시킬 수 있다.

자료: Jason Gaunt, 마케팅 디렉터, Cheshire Building Society

구분	유지	미유지
긍정적 태도	충성적인/전도자	용병
부정적 태도	담보	배반/파괴자

<그림 15.7> 태도 충성도와 행동 충성도 (자료: Heskett 등 1995)

충성도는 이익에 미치는 영향때문에 특히 중요한 서비스 품질의 결과로서 보여 진다. 그렇지만 충성도는 잠재적으로 복잡한 구성이다. 이것은 태도적인 차원(즉, 고객이 금융기관에 대해 생각하거나 느끼는 것)과 행동적인 차원(즉, 고객이 행동하는 것과 재구매 여부)을 가지고 있다. 고객들은 금융기관에 대해 매우 긍정적으로 느낄 수 있고, 태도도 충성적일 수 있지만, 그들의 상황은 더 이상의 구매가 이루어지지 않는다는 것을 의미할 수 있다. 역으로, 고객은 금융기관에 대해 매우 부정적으로 느낄 수 있으나(태도로 충성적이지 않지만) 대체적인 것이 부족하기 때문에 계속해서 구매할 수 있다(예를 들어, Dick과 Basu 1994). 태도 충성도와 행동 충성도의 타 구성의 윤곽이 〈그림 15.7〉에 보여 진다.

'충성적인/전도자'로 분류된 고객들은 금융기관에 대한 경험에 긍정적인 견해를 가지고 있는 자들이고 계속해서 구매를 한다. '용병들'은 금융기관에 긍정적인 평가를 가질 수 있으나 여러 가지 이유로 재구매하지 않는 것을 선택할 수 있다. 예를 들어, 상호 펀드를 구매하는 소비자들은 특정 투자회사에 대한 매우 긍정적인 경험을 가지고 있음에도 불구하고, 위험을 분산하기 위해 많은 펀드에 걸쳐 그들의 사업을 분산하는 것을 선택할 수 있다. 다른 고객들은 최선의 이자율을 찾아서 다른 제공자들 간에 저축을 움직일 수 있는데, 사적금융기관에 의해 제공된 서비스에 대한 부정적인 견해를 가지고 있기 때문이 아니다. '배반/파괴자' 카테고리에 있는 고객들은 부정적인 평가를 가지고 있고 재구매를 하지 않기로 결정한다. 그러한 고객들은 명백하게 조직과 매우 빈약한 경험을 가지고 있고, 그들의 경험의 결과 부정적인 구전에 참여하기가 쉽다. 최종 카테고리, '담보'는 금융기관에 부정적인 태도를 가졌으나 대체부족으로 계속해서 구매를 하는 고객으로 구성된다. 그러한 고객들은 (계속해서 구매하기 때문에) 충성적인 것 같으나 그렇지 않고 경쟁자로부터의 매력적인 제안에 잠재적으로 변하기 쉽다. 예를 들면, 많은 은행 현행 - 계정 고객들이 이러한 카테고리에 속한다고 생각된다. 그들은 그들이 받는 서비스에 대해 긍정적인 견해를 가지고 있지 않으나, 과정이 너무 복잡하고 경쟁 은행들 간에 갭을 많이 지각하지 못하기 때문에 그들의 은행 계정을 전환하지 않는다.

충성도의 혜택을 완전히 인식하는 것은 계속해서 재구매를 하고 긍정적인 태도를 가지고 있는 고객들에 달려 있다. 그러한 고객들로, '고객유지의 경제'에 관한 논쟁거리를 제공하는 많은 잠재적 재무 그리고 비재무 성과들이 있다.

1. 더 좋은 고객욕구에 대한 지식

   이것은 금융기관이 고객욕구를 더 잘 만족시킬 수 있고 (신규 정보를 수집할 필요가 없기 때문에) 낮은 비용으로 할 수 있다는 것을 의미한다.

2. 긍정적인 구전

   태도충성적인 고객들은 금융기관에 대해 긍정적인 것들을 언급하는 경향이 있고, 이것은 중요한 (그리고 비용효과적인) 특히 재무서비스에서 마케팅의 형태일 수 있다.

3. 유치비용을 분산하기

   재무서비스 기관들은 많은 돈(마케팅 지출)을 고객을 유치하는데 소비한다. 고객이 충성적 행동일 때, 이러한 비용은 훨씬 장기관계에 걸쳐 그리고 더 많은 거래에 걸쳐 분산될 수 있다.

4. 더 작은 가격 - 민감성

태도가 충성적인 고객들은 금융기관과의 관계에 가치를 두기 때문에 가격에 그다지 민감하지 않다고 생각된다.

5. 교차판매

태도가 충성적인 고객들은 특정한 금융기관으로부터 추가적인 상품을 구매하는 경향이 있다.

전체적으로, 태도 그리고 충성적 행동인 고객을 만드는 것은 비용절감과 고수입을 의미할 수 있고, 서비스 이익 사슬 하부구조에서 논의된 바와 같이 수익성에 긍정적인 효과를 가질 수 있다. 앞 장들에서의 논의는 모든 유지 고객들이 수익성이 있다고 가정하는 것은 현명하지 않을 수 있다는 것을 주지했다. 특히, Reinartz와 Kumar(2002)는 일부 유지고객들은 '조개삿갓' - 유지되어 있으나 수익성이 없는 고객들이라고 제시했다. 이것은 그러한 고객들이 가격에 더 민감하기 때문에 발생할 수 있고, 그들은 조직에 대한 잠재적 가치를 알고 특별한 조치를 요구하고 그들을 서비스하기에 더 값비싸게 만든다. 그러한 고객들은 긍정적인 구전에 참여하지 않기 때문에 금융기관에 대한 유지 혜택이 삭감될 수도 있다. 모든 유지고객들이 수익성이 발생하지 않는다는 것을 아는 것은 중요한 반면에, 이것이 재무서비스 기관에 대한 고객 충성도와 유지의 중요성과 가치로 훼손되어서는 아니 된다.

14장에서와 같이, 서비스 품질의 혜택적인 성과를 강조하려는 재무서비스의 발전해가는 연구 집단이 있다. 재무성과에 영향을 미치는 서비스 품질에 대한 증거는, 비록 Storbacka(994)와 Loveman(1998)이 서비스 품질/고객만족과 뱅킹에서의 수익성 간에 정(+)의 관계의 증거를 제공했을 지라도, 차라리 제한적이다. Yeung과 Ennew(2001)은 재무서비스 제공자와 고객만족이 1994~1999년의 기간에 걸쳐 재무성과의 다양한 측정에 중요한 긍정적인 영향을 가졌다는 증거를 제공하기 위해 American Consumer Satisfaction

Index(ACSI)로부터 데이터를 사용했다. 다른 연구자들은 서비스 품질이 만족(Crosby와 Stephens 1987), 유지(Ennew와 Binks 1996)와 추천의향과 계속 구매의향(Paulin 등 1997)에 정(+)의 영향을 미친다고 보였다. 그러므로 서비스 품질의 성과의 정확한 본성에 대한 일부 논의가 있을 수 있는 반면, 고품질 고객서비스의 전달에 주의하는 기관을 위해 중요한 혜택들을 제시하는 강력한 증거가 있다.

15.7 서비스 실패와 회복

물론 고품질의 서비스를 확인하는데 아무리 주의를 기울여도 때론 서비스 실패가 있을 수 있다. 즉 무언가 잘못되고, 실수가 발생하고 고객은 불평할 수 있다는 것을 기억해야 한다. 예를 들면, 스태프 부재중에 (특정 고객이 적절하게 취급될 수 없는 것을 의미함), 접객기술이 실패할 수 있는 등의 실수가 발생하는 경우가 있다. 낮은 서비스 혹은 서비스 실패는 고객 불만을 결과하고 이것은 다양한 반응들을 촉발할 것인데, 불평, 부정적인 구전과 재구매하지 않는 결정 등을 포함할 수 있다. 서비스 실패와 불만족을 피할 수 없다면, 금융기관이 그들의 역효과를 최소화하는 방법을 이해하는 것이 증가적인 추세로 중요하다. 효과적인 서비스 회복은 불평 취급이 서비스 회복에서 주요한 요소로서 비춰지면서, 일련의 긍정적인 고객반응을 발생시킬 수 있다고 제안하는 점점 늘어나는 증거들이 있다. 소비자 불평에 효과적으로 반응하는 것은 만족, 재구매의도와 구전확산에 중요한 영향을 가질 수 있다.

서비스 실패를 극복하기 위해 금융기관은 먼저 실패가 발생했다는 것을 인지해야 한다. 이것은 고객들이 불평하기를 쉽게 만든다는 것을 의미한다. 너무도 자주, 고객들은 서비스 실패를 경험하지만 어떤 이유로 - 너무 많은 노력, 혹은 아무것도 되지 않을 거라는 기대로 - 그들은 제공자에게 불평하지 않는 것을 선택할 수 있다. 그들은 단순히 다른 제공자로 전환하거나 부정적인 구전에 참여한다. 정식 불평의 부재는 금융기관이 개별 고객의 불만족을 조사할 기회를 가지지 않았고 고객의 경험으로부터 배우려는 기회를 가지지 않았다는 것을 의미한다. 그러므로 금융기관은 무료 전화번호와 불평 핫라인 등을 제공함으로써 고객이 불평하지 않게 만드는 것이 의미 있다. 예를 들면, 인도에 있는 ICICI 은행은 24 시간 고객 보살핌 핫라인을 홍보하고 고객들에게 '고객들의 불평에 효율적으로, 예의 있게 그리고 공정하게 반응하려고 한다. 고객은 2일 이내 불평 해결을 기대할 수 있다'고 약속한다. 유사하게, 남아프리카에 있는 African Bank Investment는 불평반응에 몰입을 강조하고 고객들에게 불평을 신고하는 3단계 과정을 제공한다. 그러한 안내와 격려는 금융기관이 서비스 실패에 반응하고 서비스 실패로부터 학습하는 가치를 깨달아 가면서, 증가하는 추세로 보편적이다. 불평 과정을 투명하고 올바르게 하는 것에 추가로, 금융기관은 서비스 전달이 잘 되었는지 검증하는 능동적인 연구도 고려할 수 있고, 이것은 소비자에게 필요하면 불평할 기회를 제공하기도 한다.

금융기관이 서비스 실패로부터 학습하려면, 실패가 발생했다는 것을 인식하는 것에 추가로, 서비스 실패의 유형을 명확히 이해하는 것이 중요하다. 실패가 서비스 전달과 관련하여 발생한다면, 적절한 주목은 서비스 운영과 디자인일 수 있다. 대조적으로 실패가 직원 행동의 결과라면, 적절한 반응은 인적 자원관리 정책들과 실습들을 재고려해야 할 것이다. 서비스 실패는 많을 형태를 가질 수 있다. Bitner 등(1990)은 서비스 실패의 3가지 주요 유형을 확인하고 분류하는 필수적인 사건 테크닉을 사용했다.

1. 서비스 전달실패

서비스 전달 시스템에서의 실패는 일반적으로 3개의 카테고리에 속한다. 첫째, 서비스가 단순히 이용하지 못할 수 있다 - ATM 혹은 웹사이트가 작동하지 않거나 특정 고객을 접객하는 스태프의 주요 회원이 없을 수 있다. 둘째, 이해할 수 없을 만큼 늦은 서비스는 이해할 수 없을 만큼 늦은 전달경험을 커버하고 긴 행렬, 반응이 느린 웹사이트와 고객에게 서비스를 제공하는데 다른 지연 등도 포함한다. 셋째 카테고리, 타 핵심서비스 실패들은 예를 들어 화폐전송의 에러, 클레임 처리의 미숙과 서비스신청과징 상의 실수를 포함하여 일련의 핵심실패들을 폭넓게 포함한다.

2. 고객욕구에 반응실패

고객들은 특정서비스와 관련해 다양한 욕구와 요구들을 가질 수 있다. 명시적이건 암시적이건 간에 실패의 두 번째 카테고리는 이러한 욕구에 반응하는 실패와 관련된다. 암시적인 욕구는 고객들에 의해 정식으로 언급되지는 않지만 중요하다. 서비스의 조건 조항에서의 변화에 대해 고객들에게 알리지 못한 것은 암시적 욕구에 반응하지 못한 것이다. 명시적 욕구는 일반적으로 4가지 유형, 즉 특별한 욕구, 고객 선호, 고객 실수와 와해적인 다른 것들로 되어 있다고 생각된다. 재무자문사에 의한 투자자의 리스크 선호에 맞는 상품선택의 실패는 그 개인의 특별욕구에 반응실패를 구성할 것이다. 유사하게, 고객이 다른 대부변제 계획을 요구할 때 발생하는 것과 같이 고객의 요구대로 전달시스템의 수정실패는 고객선호에 대한 반응실패일 것이다. 명시적 요구의 세 번째 유형은, 고객의 실수로 인하여 발생하는 경우, 예로 신용카드 혹은 ATM 카드분실, 제 때에 대출을 갚지 못하는 실수에 대하여 스태프가 적절하게 반응하지 못할 때에 발생한다. 최종적으로, 서비스실패는 직원들과 고객들 간에 논쟁을 해결하도록 요구될 때에 발생할 수 있다.

3. 촉구되지 않고 간청되지 않은 직원 행동

서비스 실패는 직원들이 규범적이고, 기대되는 서비스 전달 시스템 외에 해당되는 행동에 참여할 때 발생할 수도 있다. 이러한 서비스 실패

카테고리에 어설픈 직원태도, 버릇없음, 고객무시, 차별 행동, 비공정성과 부정직 등이 포함된다.

서비스회복을 관리하는 최선의 방법에 대한 많은 추천들이 있다. 예를 들면, Bell과 Zemke(1987)은 고객 불평을 취급하기 위한 5단계 전략을 제시했다.

- 사과: 이것은 기업사과보다는 선호적으로 제 1인자 사과이어야 하고, 실패가 발생했다는 것을 인정해야 한다.
- 즉각반응: 실패가 인식되었으면, 가능한 상황을 확인하려는 빠른 반응이 필수적이다.
- 공감: 고객의 불평을 취급하는 과정은 고객 상황을 이해함에 의해 특징화되어야 한다.
- 상징적 화해: 고객은 실패의 본질에 대하여 적절한 어떤 형태의 보상을 받아야 한다(예: 서비스 비용 리펀드, 작은 선물, 미래 할인 혹은 무료서비스).
- 속행: 이것은 회복과정에 고객만족을 감시하는 것을 포함한다.

Bitner 등(1990)은 유사한 접근을 4가지 주요 요소들에 초점을 두어 제안했다.

- 문제의 인정
- 서비스 실패 이유에 대한 설명
- 적절할 때에 사과
- 무료 티켓, 식사 혹은 음료와 같은 보상

뱅킹부문에서 Lewis와 Spyrakopoulos(2001)에 의한 연구는 서비스회복이 소비자들이 원래 기대했던 것을 - 이것이 예외적으로 취급되어야 할지라도 - 얻게 되도록 하는 것의 중요성을 강조했다. 이러한 연구는 비록 은행과 장기적인 관계를 가지고 있는 고객들이 그들의 서비스실패를 경험할 때 더 요구하는 경향이 있을지라도, 소비자의 회복기대가 일반적으로 적절하다고 제안했다.

서비스회복에 대한 최근 연구는 서비스 회복 전략의 효과성을 이해하는데 지각된 정의의 역할에 주의를 한다(예를 들어 Tax 등(1998)을 보라). 지각된 정의 고객들이 서비스회복이 마땅히 당위적인 과정과 결과를 지각하는 정도에 초점을 둔다. 지각된 정의수준이 높은 경우에, 소비자들은 더 만족하는 경향이 있다. 지각된 정의의 3가지 차원은 해결과정의 공정성(과정적 정의), 개인 간 대화와 행위(상호행동적인 정의), 그리고 성과(배분적 정의)이다. 이것들은 다음과 같이 정의된다.

1. 과정적 정의
   고객의 회복 욕구를 수용하기위해 불평처리 지연, 과정조절, 접근성, 타이밍/스피드 및 융통성과 같은 요소들과 관련되어 해결해야 된다.
2. 상호행동적인 정의
   직원이 보인 예의와 정중함, 공감, 상황을 해결하는데 관찰된 노력, 그리고 실패가 발생된 원인 설명을 하려는 회사의 의지를 포함하여 불평을 처리하는 과정동안 취급되는 매너와 관련된다.
3. 배분적 정의
   서비스 만남의 성과의 지각된 공정성에 초점을 둔다. 효과적으로, 배분적 정의는 사과와 보상의 수준 및 본질과 관련된다.

늘어나는 많은 실증연구들은 불평에 대한 소비자반응을 조사하는데 지각된 정의를 적용했다. Blodgett 등(1997)은 소비기반 시나리오를 사용해서 차후의 소비자 행동에 영향으로서 상호작용적인 정의의 중요성을 보여주었다. 횡단적인 연구에서, Tax 등(1998)은 불평취급의 긍정적인 평가를 발생시키는데 모든 3가지 차원의 중요성에 대한 증거를 제시했다.

효과적인 서비스 회복에 중요한 한 요소는 일선의 스태프가 고객 불평과 문제가 발생되면 취급하도록 권력이 주어지고 격려되어지도록 하는 것이다. 그들은 그들의 판단을 사용할 수 있어야 하고 고객문제를 해결하는 주도권을 가져야 한다. 다수의 세계 최선 서비스 제공자들을 두드러지게 하는 많은 것들 중에 하나는 서비스실패를 효율적으로 그리고 효과적으로 다루는 스태프의 능력이다. 서비스 품질과 같이 서비스 회복에 투자하는 선의의 이유들이 있다. 성공적인 서비스회복은 고객 충성도에 정(+)적인 영향을 미칠 수 있다. 추가적으로, 고객 불평을 취급하고 해결하는 과정은 서비스 전달과정의 본성에 가치있는 통찰력을 제공할 수 있고 금융기관이 더 세심한 주의와 개발이 요구되는 분야를 확인하도록 해 줄 수 있다.

15.8 요약 및 결론

본 장은 서비스 가치의 중요 요소로서 서비스 품질에 주의를 두었다. 서비스 품질은 경쟁우위의 원천을 제공하기 때문에, 재무서비스에서 증가하는 추세로 중요하다고 설명하였다. 고수준의 품질은 고객만족과 충성도를 증가시킬 수 있기 때문에 더 고수준의 수익성에 공헌할 수 도 있다. 이러한 혜택들은 금융기관이 서비스전달을 관리하고 고객이 고품질서비스를 경험하도록 하는데 상당한 주의를 둔다는 것을 의미한다.

서비스에서의 품질은 고객에게 전달되는 것에 대한 지각에 기초한다. 특히, 소비자의 서비스 품질의 평가는 고객이 받은 실제 서비스와 기대되었던 서비스의 비교에 기초한다. 이러한 비교를 만드는 다른 방식들이 있다. 하나의 접근은 소비자들이 서비스 품질의 기능적인 그리고 기술적인 차원을 모두 고려한다고 제시한다. 또 다른 접근은 소비자들이 신뢰성, 확신성, 유형성, 공감성과 응답성과 같이 서비스의 특징들을 가로질러 비교할 것이라고 제시한다. 어떠한 접근이 수용되든지, 이러한 차원들을 교차해서 서비스 품질의 평가는 관리자가 향상이 만들어져야 하는 분야를 확인하도록 할 수 있다.

서비스전달을 최선으로 관리하는 방법을 결정하기 위해, 서비스 품질에 대한 고객기대와 실제로 받은 서비스 간에 갭이 있다고 생각해야 한다고 제시되었다. 이러한 갭은 4가지 문제 영역과 관련되어 질 수 있다(갭들). 즉 고객기대를 잘못 이해하는 것, 올바른 서비스 스펙을 구하지 못하는 것, 스펙대로 전달하지 못하는 것과 서비스 품질에 대한 과대 약속 등 고품질 서비스의 전달을 관리하는 것은 관리자가 고객이 원하는 것을 이해하고, 그들이 올바른 서비스를 구체화하고, 스태프가 스펙대로 전달할 수 있고 마케팅이 정확한 약속을 하도록 하기 위해 주의 있는 사람, 과정 그리고 시스템의 관리가 요구된다. 이러한 관리 과정은 비록 금융기관이 항상 서비스 전달을 올바르게 한다는 것을 보장하기는 아마도 불가능 하겠지만, 고수준의 서비스 품질을 가져와야 한다. 일부의 서비스실패는 일어나기 마련이고 기관은 실패를 취급하고 고객문제를 해결하는데 명백한 전략을 가지고 있어야 한다.

복습 문제

1. 서비스 품질이 재무서비스에서 왜 그렇게 중요한가?
2. 기능적인 그리고 기술적인 품질 간에 차이는 무엇인가?
3. 서비스 품질의 갭 모델에서 갭 1, 갭 2 그리고 갭 3 간의 차이점은 무엇인가?
4. 고객유지의 혜택은 무엇인가?

CHAPTER 16

고객만족, 고객가치 및 공정한 고객대우

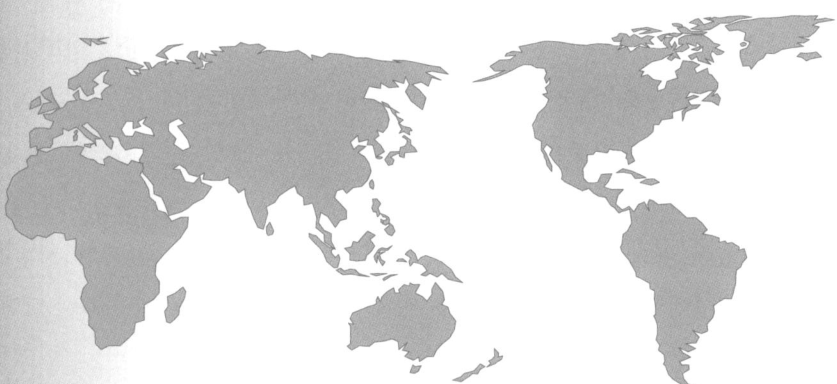

chapter 16 고객만족, 고객가치 및 공정한 고객대우

학습목적

이 장을 다 공부한 후 귀하는

- 고객만족과 고객가치의 본성을 이해하고,
- 고객만족을 측정하고 감시하는 것과 연계된 이슈들을 확인하고,
- 기관의 고객과의 상호작용에서 공정성의 중요성을 이해하게 될 것이다.

16.1 서론

기본적인 마케팅 원리들 중에 하나는 금융기관이 고객욕구에 반응하고 만족시키는 것을 확인함으로써 성과를 향상시킬 수 있다는 것이다. 이러한 단순한 생각은 선행 장에서 소개된 서비스 이익사슬의 중심이다. 장기에 걸쳐, 고객만족을 충족하지 못한 사업들은 실패한다. 따라서, 경영자와 고객들의 관심을 연계하는데 모순이 있어서는 안 된다. 다른 그룹의 희생으로 한 그룹의 단기적인 욕구를 만족시키려 할 때 문제들이 발생하곤 한다. 예를 들면, 회사는 투입 쪽의 비용감소와 가격상승의 조합으로 상향 추세의 이익성장을 성취하려 한다(예를 들어, 스태프 수를 줄이고 잘 훈련된 스태프를 이용함). 상품마진은 단기의 지원을 받게 되지만, 경쟁자와 소비자는 점차적으로 발생하는 것을 알게 되고, 고객이탈이 발생할 것이다. 다른 한편으론, 더 낮은 가격에 더 높은 품질에 대한 고객선호를 좋아하는 회사는 단기적인 시장점유의 시장을 성취할 것으로 기대될 수 있지만, 수익성이 과정에서 축소되면 사업의 장기적인 실행가능성을 위협하게 될 것이다.

15장은 서비스 이익사슬의 개념을 소개했고, 소비자에게 전달되는 서비스 품질은 그것의 가치에 대한 영향때문에 고객만족의 중요한 결정요인들 중에 하나이다. 고객만족은 증가된 고객충성도와 향상된 이익과 수입을 결과한다고 기대된다.

마케팅의 목적은 고객을 유치하고 유지하는 것이라는 조건하에 마케팅의 성공은 고객욕구와 요구가 얼마나 충족되는지에 의해 판단되어야 하는 것은 공리이다. 고객만족의 대리로서 판매수준에 의존하는 것은 불충분하다. 사업은 필수적으로 재무적인 성과측정에 기초한 피상적인 지속적 성공의 모양을 보일런지 모른다. 판매가치와 상품마진과 같은 재무적인 성과측정이 명백히 중요할 지라도, 그들은 오직 소비자행동의 재무적 반영일 뿐이다. 예를 들면, 은행은 고객들이 능동적으로 회사를 싫어할 지라도, 경쟁이 거의 없는 시장에서 건전한 고객유지율을 보고할 런지 모른다. 그렇지만 돈과 더 높은 고객만족을 위한 더 선의의 가치를 제공할 수 있는 경쟁자의 출현은 기존 은행으로부터 의미있는 시장점유를 빼앗아 갈 수 있다.

그러므로 금융기관은 그들의 고객들에 의해 어떻게 보이는지에 대한 확립된 지식을 획득할 수 있는 수단을 개발하는 것이 절실이 필요하다. 고객지각에 대한 정보는 판매수준에 대한 영향에 선행해서 가치있는 통찰력을 산출할 수 있다. 본 장은 특히 만족과 가치에 참조해서 서비스의 고객평가를 탐지할 것이다. 본 장은 만족과 가치를 정의함으로써 시작하고 특히 기관이 만족측정에 어떻게 접근하는지를 조사할 것이다. 본 장의 후반부는 기관이 고객을 대우하는 공정성과 방식과 관련한 이슈들을 조사한다.

16.2 소비자평가: 가치와 만족

성공적인 고객과의 관계관리는 소비자가 서비스를 소비할 때 선의의 경험을 가지도록 하고, 긍정적으로 서비스 경험을 평가하게 하고 제공자와 관계를 유지하는 이유를 가지고 미래 구매를 하게 하는데 달려있다. 15장은 서비스 전달, 서비스 품질의 고객평가와 서비스 회복에 초점을 두었다. 제공된 서비스 품질의 소비자 평가는 명백하게 금융기관을 취급하는 전체적인 경험에 대한 평가의 중요한 특징이다. 아마도 더 중요하게 서비스 품질의 평가는 가치와 만족의 중요한 결정요인이기도 하고, 이러한 2개의 성과는 다음 논의의 핵심사항이다.

그렇지만 때때로 진실로 혼동이 없을 지라도, 고객만족, 상품과 서비스 품질과 가치와 같은 용어에 관해 상호교환성의 정도가 어느 정도 있다는 것을 주의하는 것이 중요하다. 모두 3개의 용어들은 고객이 고객 - 공급자 관계에 참여하는 것으로부터 그들이 받은 혜택들을 평가하는 방법에 관여한다. 서비스 품질은 고객이 받아야 하는 서비스유형에 대한 고객기대와 관련되어 판단되는 특정 서비스 제공의 평가이다(즉, 판단은 '우수성'에 대한 소비자 기대와 관련되어 생성된다). 품질은 일반적으로 고객만족의 선례로서 인식된다. 가치는 흔히 서비스 품질의 성과로서 취급되고, 가격 혹은 비용과 관계되어 받은 혜택과 비교한다. 이것은 상대적으로 저품질인 것이 소비 비용도 낮다면 여전히 가치를 전달할 수 있다는 가능성을 인식한다. 만족도 서비스 경험의 평가이고, 기대와 지각의 비교로서 흔히 개념화된다. 품질과 같지 않게 기대는 고객들이 소비동안에 실지로 가질 거라고 기대하는 것에 기초하므로 만족을 제공하는 정도의 판단을 생기게 한다.

16.2.1 고객가치

Zeithaml(1988)은 가치의 결정은, 소비자가 넓은 범위의 속성과 구성요소에 대해 여러 가지 다른 방법으로 그 용어를 사용한다는 사실에서, 단순한 작업이 아니라고 관찰한다. 그녀는 고객들은 4가지 기본적인 방식으로 가치를 정의한다고 제안한다.

1. 가치는 낮은 가격이다.

일부 구매상황에서 가치는 낮은 가격과 동등한 용어로 또는 값쌈으로 정의된다. 가치가 낮은 가격임을 기반으로 구매하는 고객들은 주어진 재화와 서비스의 필수적인 기능적인 특징들에 초점으로 두고, 다른 상품들과 유사정도를 기대하므로 주로 또는 심지어 배타적으로 낮은 가격에 초점을 둔다. 자동차 보험에선 이러한 가치에 대한 특정한 접근이 지배적이라고 논쟁된다.

2. 가치는 서비스로부터 원하는 모든 것이다.

이것은 가격이 훨씬 덜 중요한 역할을 하는 구매 시나리오를 설명한다. 대신에, 고객들은 재화 또는 서비스가 그들의 욕구만큼 그들의 요구를 가장 가깝게 만족시키는 정도에 중요성을 준다. 낮은 가격으로서 가치는 기본적인 욕구 만족에 관여한다면, 내가 원하는 모든 것으로서 가치는 스펙트럼의 반대에 있고, 욕망의 만족에 관여한다. 바로 그 본성에 의해 욕망은 욕구보다 훨씬 더 복잡하고 다중측면이고 훨씬 더 개인적이고 고객 특이성에 달려있다. 프라이빗 뱅킹이 이러한 가치개념과 관련이 있는 재무서비스의 특징적인 예이다.

3. 가치는 내가 지불한 가격에 대해 내가 받는 품질이다.

이것은, 어떤 의미에서는 앞의 가치에 대한 두 가지 접근들의 조합이다. 그것은 고객들이 받는 혜택의 범위 및 품질과 그들이 만든 재무적 희생 간에 소비자교환을 포함한다. 예를 들어, 주택내용물 보험을 구매할 때 고객들은 '헌것에 대한 새것' 대체를 가지고 그것에 따라서 지불할 것을 원해야 하나, 카펫과 실내장식 가구에 대해 포괄적인 사고 커버를 지불하기를 꺼려한다.

4. 가치는 내가 주는 것에 대해 내가 얻는 것이다.

이것은 특히 정량적인 그리고 측정할 수 있는 방식으로 가치를 평가한다. 그러한 상황에서, 고객들은 그들이 만든 희생의 모든 요인들 뿐 만

> 아니라 그들이 받은 모든 혜택들을 자세히 평가한다. 예를 들면, 고객들은 단일 최선의 저당 계약을 탐색하는데 발생한 추가적인 시간비용이 충분히 높아서 그들은 '최선의' 상품과 연계된 가치를 실제적으로 줄일 수 있다고 결정해야 한다. 그러한 소비자들은 탐색비용을 거의 혹은 전혀 들이지 않고 적정한 가격에 인정할 만한 상품 특징들을 획득함으로써 좋은 가치를 얻었다고 지각할 수 있다.

Zeithaml(1988)은 가치에 대해 이렇게 다소 다른 입장들을 보면서 가장 적절한 가치에 대한 견해는 다음과 같이 광의로 정의된 혜택과 비용 간에 교환을 인식하는 것이라고 제시한다.

> 지각가치는 받은 것과 주어진 것에 대한 지각을 기초로 서비스의 효용에 대한 소비자의 전반적인 평가이다.

정확한 가치의 측정은 더 문제가 있고, 정확하게 혜택과 비용이 가치를 만들어 내기 위해 어떻게 결합하는지는 명백하지 않다(단순히 혜택과 비용 간의 차이인가 또는 비율인가?). 그렇지만 명백한 것은 가치는 제안된 것의 가치를 증가시킴에 의해 또는 소비비용을 감소시킴에 의해 또는 이 둘의 조합에 의해 증가된다. 두 가지 모두의 경우, 혜택과 비용은 그들의 가장 광의로 생각되어야 한다고 인식하는 것이 중요하다. 예를 들어, 혜택은 단지 기능적일 뿐만 아니고 감정적이기도 하다. 소비자에게 신뢰와 확신을 주는 (그런고로 위험을 줄이는) 강력한 브랜드는 재무서비스에서 중요한 혜택일 수 있고, 심지어 경쟁과 높게 관련된 가격이 제시될 때에도 더 높은 가치를 전달할 수 있다. 유사하게, 비용측면에서, 지불가격뿐만 아니라 타소비의 비화폐적인 비용도 생각해야 한다. 전화뱅킹으로 인한 특정한 세분시장에 제공된 편리성의 증가는 소비의 비화폐적인 비용을 줄임으로써 효과적으로 가치를 향상시키고 있다.

16.2.2 고객만족

분명하게, 고객만족은 쉽게 평가할 수 있는 단순한 개념이어야 될 것 같다. 그렇지만 더 고려하면 학계와 실무자 사회로부터 굉장한 주의를 끄는 복잡하고 다중측면적인 개념으로서 인정될 수 있다. 적어도 개인, 기업 그리고 경세 전체의 복지에 중대하다고 인식되기 때문만은 아니다. 공공서비스 개혁에 대한 수상집무실(Prime Minister's Office of Public Services Reform)을 위한 리뷰에서, 일부 15,000여편의 상업과 학계의 논문들이 1990년 중반까지 20년 만에 쓰여 졌다고 평가되어 왔다고 MORI는 관찰하고, 고객만족의 본성과 의미에 대한 다양한 다른 입장들을 제공하였다. 고객만족의 본성에 대한 가장 포괄적인 리뷰 중에 하나는 정의, 이론적인 하부구조 그리고 고객만족의 선례와 결과를 제공한 Oliver(1997)에 의해 발표되었다.

만족은 일반적으로 즐길 만한 성과, '바람직한 소비 혹은 후원의 최종상태'로서 인식된다(Oliver 1997 p 10). 만족의 정확한 정의는 다양하지만, 공통의 주제는 받은 것과 기대되는 것의 비교를 포함하는 일종의 심리적 과정을 통해서 형성된 소비경험의 고객판단이라고 강조한다. 이것이 만족의 중간판단이 이루어 질수 있는(예를 들어 소비과정의 중간에서) 가능성을 배제하지 않고, 만족판단이 구체적인 거래 후에 또는 축적된 일련의 거래에 관련해서 이루어 질 수 있다. 예를 들어, 고객은 재무 자문사와의 구체적인 만남과 관련된 만족판단과 그 자문사와 전반적인 관계와 관련한 만족판단을 형성할 수 있다. 유사하게, 소비자들은 서비스의 구체적인 속성에 대한(예를 들어 스태프의 반응성, 제공된 정보량, 지점의 열린 시간 등) 혹은 서비스 전반에 대한 만족판단을 형성할 수 있다.

'충족완수(fulfilment)'란 용어는 만족의 논의에 흔히 사용된다. 그렇지만, 너무 좁게 그러한 용어를 해석하는데 위험이 있다. 만족을 기본적인 고객요구를 단순히 충족시키는 것으로 생각하기 보다는, 만족을 긍정적인, 즐길 수 있는 경험과 관련된 것으로 보는 경향이 증가하는 추세로 있다. 일부 주석자들은 한 단계 더 가서 마케터는 만족 그 이상으로 가야하고 고객들을 '즐겁게 하는 것'에 주의를 두어야 한다고 제안한다(Berman 2005). 만족은 긍정적인 경험과 고객기대와 동등한(혹은 가능하면 초과하는) 서비스의 전달에 관여할 것이고, 즐거움은 기대 이상을 전달하고 더 강력한 정서적인 반응을 일으키며 다음 단계로 간다.

만족(혹은 심지어 즐거움)의 대부분 논의에서 분명한 것은 소비자판단이 일부 이미 존재하는 표준에 대하여 경험되는 서비스를 비교함으로써 이루어진다는 것이다. 비교의 강장 흔한 기본은 기대에 대한 지각의 비교이다. 이것은 공통적으로 만족불일치 모델(Disconfirmation Model of Satisfaction)로서 언급된다. 단순한 용어로, 지각이 기대보다 적을 때 결과는 부정적인 불일치이고, 부정적인 평가와 만족의 부족을 결과한다. 기대의 일치 혹은 긍정적인 불일치의 상황(성능이 기대는 상회하는)은 긍정적인 평가, 항상 만족 그러나 아마도 즐거움도 결과할 것이다. 고객만족에 대한 이러한 입장과 서비스 품질이 받아야 하는 기대와 실제로 받은 지각 간의 차이로부터 도출된다는 아이디어에 명확한 유사성이 있다. 중요 차이는 기대가 구체화되는 방식에서 발생한다. 서비스 품질의 경우에, 비교의 출발점은 '아이디얼' 기대(내가 얻어야 하는 것)에 대한 생각이고, 고객만족의 경우, 출발점은 예측된 기대(내가 얻을 것)이다. 기대는 비록 아마도 가장 상용으로 사용될 지라도, 오직 하나의 비교표준 만을 제공한다. 만족판단과 관련될 수 있는 다른 비교표준은 고객욕구와 공정성/적정성(형평성 이론)에 관여된다.

16.3 고객기대를 관리하는 것

지금까지의 논의로부터, 품질, 가치와 만족은 모두 어떤 형태 혹은 타 형태의 고객기대와 지각에 의해 영향을 받는다는 것은 확실하다. 지각이 효과적으로 서비스 만남의 상품이고 서비스전달의 주의 깊은 관리에 의해 관리되어야 하지만(15장에서 논의된 대로), 기대(아이디얼 혹은 예측된 것이든 간에)는 서비스를 경험하기에 선행해서 형성된다. Berry와 Parasuraman(1991)이 보여주었듯이, 고객기대에 영향을 미치는 다양한 요소들이 있다.

고객의 경험은 기대를 결정하는데 중요할 것이다. 빈약한 서비스 경험은 기대를 축소하는 경향이 있고, 좋은 과거경험은 기대를 상승시킬 수 있다. 그렇지만 경험은 반드시 직접적으로 문제의 정확한 상품 혹은 서비스와 관련되지 않을 수 있지만, 차라리 유추적인 소비기대와 관련된다. 첫 번째로 서비스를 경험할 때 조차, 소비자는 다른 곳에서의 경험을 기초로 기대를 형성할 수 있다. 첫 번째로 재무자문사를 방문한 고객은 그들이 받을 서비스의 본성과 자문사와 상호작용의 본성에 대한 기대를 형성하는데 그들의 은행과의 경험에 의존할 수 있다. 고객들은 동등, 선택과 편리성의 더 높은 기준에 익숙해져서 완전히 다른 상품과 서비스 카테고리에 대해 벤치마크를 만드는 경우이기도 하다.

제3자 커뮤니케이션도 기대형성에 영향을 미친다. 이것은 가족구성원, 친구, 아는 사람들과 직장동료로부터 수집된 구전정보와 인상들을 포함한 많은 원천들로부터 나올 수 있다. 그것은 상품, 서비스 혹은 회사의 긍정적인 그리고 부정적인 특징들에 관해 저널리스트와 매체 주석자들에 의해 표현된 견해도 포함한다. 제3자 커뮤니케이션의 타 형태들은 Which?와 같은 소비자 이익기관에 의해 수행된 평가를 포함해야 한다. 2006년 1년, 예를 들면, Which?는 주택자본양도 상품에 대해 수행한 연구와 그들의 비용과 잘못으로 결과하는 코멘트에 대한 폭넓은 공공성을 성취했다. 이러한 정보는 불가피하게 그러한 상품의 구매를 고려하는 다수 고객들의 기대에 영향을 미친다. 유사하게, 주식브로커와 분석가들은 일반적인 산업부문에 대한 리포트와 투자관리 공동사회에 대한 기대를 알리는 개별적인 회사들에 대한 전망을 산출한다.

Zeithaml과 Bitner(2003)는 기대를 형성하는데 역할을 하는 것으로서 명시적인 그리고 암시적인 서비스 커뮤니케이션의 아이디어에 주의를 끌었다. 명시적인 서비스 커뮤니케이션은 회사가 상품과 서비스 품질의 본성과 그것이 제공하는 성과에 관해 회사가 알리는 형식적인 서면 그리고 방송 메시지들을 언급한다. 여기에서 위험은 회사가 실제로 전달하지 않는 회사의 상품 혹은 서비스에 대한 클레임을 만들 수 있다는 것이다. 소비자들이 과대 약속하고 미흡하게 전달하는 회사들을 처벌하는 방법들을 제시한 잘 개발된 연구기반의 문헌이 있다.

암시적인 서비스 커뮤니케이션은 금융기관이 그들이 하는 것과 그들이 그것을 어떻게 하느냐의 본질에 관해 내놓은 섬세한 단서들의 범위로 언급된다. 사업 구내의 물리적 조건과 상태가 이것에 포함된다. 예를 들면, 빈약하게 만들어져서 전시된 촉진 자료로 인해 정돈되지 않은 재무 자문사의 사무실은 고객기대에 부정적인 영향을 미칠 수 있는 조직적이지 못하고 아마추어 같은 인상을 전달할 수 있다. 거꾸로, 많은 전통적인 은행지점과 연계된 우아한 대리석 입구는 확신성, 신임, 신뢰 등과 연관된 기대를 향상시킬 수 있다.

개별적인 소비자들의 가치와 믿음 시스템도 일정한 회사에 대한 기대와 관련이 있을 것이다. 명백하게, 이러한 영향들은 매우 변화할 수 있고 주관적이다. 사회적인 책임에 상당한 중요성을 주는 고객은 특히 재무서비스 제공자의 행동특성에 특히 높은 기대를 가질 수 있다. 동등하게, 개인적 서비스에 강한 믿음을 지닌 개인은 전형적으로 고객에게 제공된 서비스본성에 높은 기대를 가지고 있을 것이다. 다른 개별적인 - 구체적인 요소도 기대에 영향을 미칠 수 있다.

기대는 일시적인 개인적 환경에 따라 변화할 수 있다. 예를 들면, 신용카드를 잃어버린 소비자는 특히 카드가 대체되어야 하는 욕망 때문에 서비스

속도에 대해 특히 높은 기대를 가질 수 있다. 재무적인 어려움을 경험하고 있는 고객은 대부변제의 융통성에 대해 높은 기대를 가질 수 있다.

재무 서비스 제공자는 고객에게 고품질 서비스를 제공하고, 경쟁적인 가격에 그들의 욕구를 충족시키는 것을 제공한다고 믿을 수 있다. 그렇지만 고객평가는 품질, 가격과 만족의 최종적인 조정자이다. 이런 이유로, 금융기관이 고객기대와 지각을 관리하기 위한 전략을 제 때에 쓰는 것이 필수적이다. 최종적으로, 지각은 15장에서 설명되었듯이 고객에게 서비스를 전달하는 과정을 통해 관리된다. 기대관리는 동등하게 중요하다. 갭 모델의 논의는 차이 4에 주의를 끌었고, 조직이 약속한 것과 전달하는 것 간의 차이, 그리고 고객기대를 관리하는 전략을 가지고 있는 중요성을 강조했다. 그러한 전략은 다음의 요소들을 구성해야 한다.

1. 목적. 이것들은 금융기관이 다양한 주요 고객 세분 시장에 의해 어떻게 지각되기를 원하는가를 정의한다. 이러한 구성요소는 9장에서 논의된 대로, 포지셔닝의 관념과 밀접하게 정렬된다. 그것은 전체적으로 고객 경험을 위한 지각의 총체적인 수준을 구체화할 뿐만 아니라, 혜택과 희생에 관한 주요한 성능 지수에 따라 명세해야 한다.
2. 전달. 고객의 기대는 상품디자인과 성능에 반영되어야 한다. 동시에, 그들은 고객들이 제공자와 관계하는 동안에 경험할 서비스 만남으로 인수분해 되어야 한다. 특정한 주의가 '진실의 순간'으로 설명되어온 서비스 만남에 주어져야 한다. 중요하게도, 스태프는 요구되는 표준을 알아야 하고 한편 만족을 전달하고 다른 한편 불만족을 전달하는 개인적 역할을 알아야 한다. 유사하게, 희생에 대한 기대는 가격책정 결정과, 시스템과 과정개발로 인수분해 되어야 할 필요가 있다. 예를 들어, 자동차보험의 경우에 일부 회사들은 휴일에 자동차를 다른 도시로 가져가는데 추가적인 요금을 부과하지만, 다른 회사들은 하지 않는다. 소비자

들이 그들의 정책으로부터 기대할 수 있는 것과 없는 것, 무엇이 포함되고 추가적인 요금을 발생시키는 것에 대해 명확하게 하는 것이 지각된 낮은 가치의 결과로서 발생할 불만족을 최소화하게 할 것이다.

3. 회복. 15장에서 설명되었듯이, 혜택과 희생의 관점에서 전달실패에 따르는 효과적인 회복을 확보하도록 하는 분명한 정책과 절차가 요구된다. 효과적인 서비스 회복은 적절히 취급된다면 고객옹호를 만들어 낼 수 있다. 품질 실패는 감정이입과 반응성을 나타내는 가치있는 기회로서 보여져야 한다. 너무도 자주, 빈약한 회복 정책과 절차(또는 진실로 그들의 완전한 부재)는 나쁜 상황을 더 나쁘게 만든다.

4. 커뮤니케이션. 제공자는 프로그램이 고객에게 전달하는 혜택의 실제 수준을 적절히 알리도록 해야 한다. 고객들이 회사가 초기에 약속했던 것 이상으로 서비스 표준을 달성하고 있다는 것을 알고 있다고 회사가 가정하는 것은 불충분하다. 유사하게, 회사가 다음연도에 가격을 안정되게 유지하고, 추가적인 상품구매에 관한 선호적인 취급을 주고 있을 때, 고객에게 알려질 필요가 있을 수 있다.

5. 측정. 긍정적인 혹은 반대의 추세를 확인하기 위해 시간에 따른 지각의 자취추적을 쉽게 하는 과정들이 필요하다. 이상적으로, 측정과정은 정식 고객조사, 불평 피드백, 특별 고객 피드백, 스태프로부터 피드백과 매체와 같은 외적 원천으로부터의 피드백을 포함한 일련의 원천들로부터 지각 데이터를 수집하는 것을 의미한다. 후자는 기업명성에 중대한 영향을 미치는 매체능력 때문에 중요하다. 혜택전달과 희생에 대한 기대는 최초에 성립되어져야 한다. (17장에 있는) 사례연구 17.2는 기관과 상호작용동안에 고객의 경험을 측정하기 위한 짜여 진 해답을 제공하는 회사의 예를 제공한다.

6. 피드백. 고객가치와 만족측정의 결과는 기관의 관련 부분에 피드백 되어져야 하고, 적절하게 고객에게 알려져야 한다. 재무서비스부문 내에서

기업 대 기업의 공급에 관여한 한 금융기관은 중요한 만족조사를 맡았다. 서비스의 주요 측정치에서 회사는 타 중요 라이벌을 앞질렀고, 총체적으로 서비스 품질에서 1등으로 평가되었다. 불행하게도, 고객에게 이러한 강력한 스토리를 알리는데 충분한 자원을 기꺼이 사용하지 않음으로써 주요 기회가 놓쳐졌다.

16.4 만족의 측정

만족측정에 대한 대부분의 논의는 성능측정기준으로서 중요성 때문에 고객만족의 측정에 주로 초점을 둔다. 그렇지만, 서비스 이익사슬이 보여주는 바와 같이, 직원 만족과 고객만족 모두 성능측정기준으로서 관련이 있을 수 있고, 둘 모두 이 절에서 고려될 것이다.

16.4.1 고객만족

본 장에서 지금까지, 고객만족은 다중측면적인 개념이고 결코 1차원적이 아니다라고 개념을 성립시켰다. 그와 같이, 개별적인 관리자는 충족시켜지는 욕구, 경쟁의 정도와 다양성, 세분시장의 다변성과, 결과하는 데이터가 어떻게 사용될 것인지와 같은 요소에 대해서 그들 자신 금융기관을 위한 만족의 본성에 대한 견해를 형성해야 한다.

일반적으로, 고객만족은 정량조사의 형태를 사용하여 측정된다. 고객만족과 데이터사용이 본성으로 인해 조사는 통계적으로 신뢰받을 수 있고 강력해야 한다. 예를 들어, 그것의 아웃풋은 서비스전달의 요인을 상향시키는데 시간, 돈 그리고 시스템자원에 주요투자를 위한 기반으로 사용될 수 있다. 그러한 투자를 결정하고 수행하는데 책임 있는 관리자는 타당하고 신뢰 있는 정보를 기초로 그렇게 해야만 한다. 따라서, 고객만족 조사의 표본크기와 구조는 필요한 신뢰를 생기게 하는 규모와 범위를 가져야 한다.

고객만족 조사를 위한 출발점은 비즈니스 중심의 객관성과 관련성을 확인하기위해 명백하고 정확한 결과를 산출하는 것이다. 유용한 출발점은 어떠한 비즈니스 의사결정이 이루어져야하고 고객만족에 대한 지식을 필요로 하는지를 결정하는 것이다. 어떠한 데이터 포획과 분석 연습에 공통으로, 비즈니스 의사결정에 영향을 미치는 역할을 하지 않는 한 그것을 할 필요가 없다. 따라서, 고객만족은 고급관리 정보흐름의 통합적 부분을 형성해야 한다. 이런 방법으로 그것은 다음과 같은 질문에 대답함으로써 일련의 결정에 영향을 미칠 수 있다.

- 고객유지를 향상시키기 위해 무엇을 할 필요가 있는가?
- 고객들을 우리와 비즈니스를 하도록 하기위해 무엇을 할 필요가 있는가?
- 어느 경쟁자가 더 큰 위협을 가지고 있고 그러한 위협에 대처하기 위해 무엇을 할 필요가 있는가?
- 시장점유를 증가시키기 위해 무엇을 할 필요가 있는가?
- 고객만족을 훼손하지 않은 채 운영비용을 감소시키기 위해 무슨 기회가 있는가?
- 무엇이 미래의 경쟁우위의 기반을 형성해야 하는가?

위의 6개 비즈니스 질문은 단순히 고객만족 정보가 정보를 줄 수 있는 이슈들의 범위를 나타내고 있고, 그밖에 많은 다른 것들이 있다. 그럼에도 불구하고, 이것은 그러한 정보가 지속할 수 있는 금융기관의 성공을 결정하는 큰 이슈들의 바로 핵심에 있다는 점을 설명한다. 이것의 의미는 명백하다. 첫째로, 효과적인 고객만족 측정의 행동은 협상할 수 있는 것이 아니고, 둘째로 가장 고수준의 관리는 그러한 조사결과를 가지고 능동적으로 참여해야 하고 그것들에 따라 행동할 준비가 되어 있어야 한다. 상습적인 실패하기는 적절한 고객만족 측정의 부재이거나 그러한 발견물의 가시성 부족과 비효과적인 후속이다.

그러므로, 고객만족조사(CSS)를 위한 목적은 그것이 알려주는 비즈니스 결정의 본성에 근거해야 한다. 다음의 목록은 CSS에 의해 정보가 전달되어야 하는 목적들의 종류를 나타낸다.

- 고객들은 우리가 제공하는 서비스로부터 무엇을 기대하는가?
- 우리로부터 그들이 받은 서비스에 의해 충족되는 고객기대는 어느 정도인가?
- 우리의 고객들이 어떤 수준의 만족을 서비스를 구성하는 개별적인 구성요소들로부터 경험하는가?
- 우리의 고객들이 서비스 예측을 위해 우리의 경쟁자들 중에 어느 것을 사용하며 그들이 각 경쟁에 대해서 표현하는 만족 수준은 무엇인가?
- 우리의 서비스와 고객만족의 수준은 우리의 라이벌 들과 비교하여 어떠한가?
- 고객들은 경쟁자와 비교된 우리의 서비스로부터 받은 화폐가치를 어떻게 평가하는가?
- 고객들은 우리의 서비스의 어떠한 특징으로부터 거의 가치를 얻지 못하고 고객으로서 그들의 경험과 거의 관련되어 있지 않다고 생각하는가?
- 만족이 고객세분시장에 따라서 어떻게 다른가?
- 우리가 지난번에 고객지각을 조사한 후에 고객기대는 어떻게 변화하였는가?
- 서비스 품질의 고객지각이 시간이 지나감에 따라 어떻게 기울어져 가겠는가?

최종점은 시간에 따라 추세의 개념을 소개한다는 사실에서 흥미롭다. CSS는 기관을 위한 중요한 결과를 가지고 있는 성능 - 관련된 추세를 확인하는 중요한 역할을 한다. 이런 이유로 CSS 프로그램의 시작에, 금융기관은 장기에 걸쳐 추적하려는 변수에 관한 견해가 취해진다는 것이 중요하다. 그러므로, 그러한 변수는 벤치마크를 성립시키기 위해 초기 연구에 의해 명백하게 설명될 것이다. 추가적으로, 다음의 조사들은 어법이 전적으로 일관되도록 하고 도출되는 추세 데이터에 의존될 수 있도록 디자인 되어야 한다. 유사하게, 시간이 흐름에 따라 사용된 표본의 하부구조는 그것의 선행자와 일관된다는 것이 중요하다.

금융기관은 CSS로부터 요구하는 목적에 관한 명확성을 가지고 있다면, 그것은 가장 적절하다고 여겨지는 과정과 방법론을 생각해야 한다. 기본적인 질문은 내부 자원을 사용하여 조사가 수행되는지 혹은 USA에 있는 SPSS 혹은 UK의 MORI와 같은 경험 있는 대리인에 하부계약 되는지에 관계한다. 전문가 대리인을 사용하는 것은, 앙케트 디자인, 데이터 포획, 데이터 분석 해석과 재현에 그것이 소유하고 있는 전문성으로 인해 항상 최선의 옵션이다. 더욱이, 그러한 대리인은 필요한 정도의 독립과 이탈을 소개한다. 대부분의 그러한 대리인은 스태프 만족조사도 수행한다(어느 것이 개별적인 기반으로 진정으로 행해져야 하는지). 같은 외적 대리인 내에 조사의 형태를 조합하는데 강력한 논리가 있다. 주의가 보증된다. 모든 외적 대리인을 사용해서, 전문가 CSS 공급자의 관여는 항상 서면 적요의 개발에 달려 있어야 한다. 그러한 적요서의 글쓰기는, 일단 목적에 대해서만 투명하면, 상대적으로 단순하다.

사내 옵션은, 고객기반이 상대적으로 적을 때에, 매우 중요한 옵션일 수 있다. 이것은 회사 연금 설계의 제공자가 커다란 기업 고객들 간에 만족수준을 평가하려는 곳에서와 같이 B2B 영역의 일부 부분들에서 적용된다. 그러한 환경에서 각 기업고객에 의해 설명되는 높은 비율의 비즈니스에서 모든 고객들에 대한 만족수준을 측정하는 것이 바람직스러울 수 있다. 그러한 CSS 활동들의 논리적인 그리고 분석적인 특징들은 조사를 사내 기반에서 수행되도록 하는 규모를 가질 수 있을 지라도, 독립성과 공평성에 대한 필요는 전문가 대리인에 외부조달을 선호하여 주장한다. 사내 옵션을 고려하고자 하는 그러한 금융기관을 위해 높은 량의 소비자 시장을 포함해서, 광범위한 환경에서 사용될 수 있는 패키지가 유용할 수 있다. 예를 들면, USA에서 AT&T는 $500이하로부터 유용할 수 있는 네 - 자신이 - 하라 패키지로서 Business Builder를 개발하였다.

사내 기반으로 또는 외부조달에 의해 수행되든지 간에, 서면 적요서는 필수적이다. 목적을 구체화하는 것 외에, 다음과 이슈들을 말해야 한다.

- 그것이 조사하고 싶은 서비스의 구체적인 특징과 같은 어떤 개별적인 이슈들에 대한 데이터를 요구하는가(Brady와 Cronin(2002)에 의해 제안된 서비스 품질의 9개 구성요소들은 이것을 위한 기반을 형성해야 한다).
- 데이터 줄임의 기본으로 구체적으로 세분시장, 고객관계의 길이, 서비스의 경량, 경중량, 또는 중량 사용자인지, 확실한 경쟁자 이미지 등으로 어느 범주의 고객들을 사용하고자 하는지.
- 인구통계적인 계층 판단의 기준, 예를 들어, 연령, 성별, 직업, 소득, 지리적 위치
- 결과 제시의 포맷
- 시간척도 및 비용

이러한 이슈들이 완전히 해결된다면 가장 적절한 연구방법이 고려될 수 있다. 데이터는 다양한 방법으로 가장 상용으로 우편 질문, 전화 인터뷰 또는 최근에 인터넷에 의해 캡처될 수 있다. 대면 인터뷰하기는 의사결정단위(DMU)와 사용자 공동사회로 구성된 많은 사람들과의 논의에 관여될 수 있는 고가치 B2B 상황에 자주 맞부딪힌다. 이러한 4개의 데이터 캡처는 원칙적 방식들이 각각의 장점과 약점을 가지고 있고 적요에 명시된 요구에 비추어 고려되어져야 한다. 예를 들어, 전화는 연구자가 직접적으로 고객과 말하게 하고 발생하는 애매모호한 어떠한 이슈에도 반응하도록 허용한다. 그렇지만, 일반적으로 10분보다 길지 않은 통화로 가장 잘 제한되고, 어떠한 평가 스케일의 사용에 대한 일부 문제들을 제시할 수 있다. 우편에 의해 행정처리된 서면조사는 더 많은 이슈들이 조사되도록 허용될 수 있다. 그것은 상대적으로 복잡한 평가스케일 뿐만 아니라 보이는 자극의 형태로 사용되도록 할 수도 있다. 그렇지만, 그것은 낮은 반응율과 비스듬한 반응 프로파일을 결과할 수 있다. 인터넷은 우편 앙케트의 기능성을 많이 제공하지만 비용이 적게 들고 빠르고, 융통성 있고 비용효과적인 데이터 분석을 하게 한다. 사

용자집단편향은 인터넷 사용이 주워서 모으는 세계 혹은 세분시장에서 특히 이슈가 될 수 있다.

어떠한 방식의 데이터 캡처가 선호될지라도, 초기의 파일로트연구가 수행되는 것이 강력히 추천된다. 파일로트 연구의 범위는 데이터 캡처 수단의 적절성과 개별적인 질문들 자체의 본성을 검증할 뿐만 아니라 결과 제시의 포맷도 검증하기 위한 것이어야 한다. 있음직한 산출문의 시뮬레이션은 최종점으로부터 계속 리드되어야 한다. 이것은 금융기관이 제안된 대로 목적을 알리는 정도를 판단하게 해 줄 것이다. 파일로트 연구의 결과로서, 데이터 캡처수단, 개별적인 질문들의 어법, 혹은 진실로 포함된 질문들의 수와 본성에 대해 재고려될 수 있다. 이런 방식으로, CSS는 목적을 성취할 가능성이 더 커진다.

고도의 엄격함은 결코 적당한 엄격함과 통제의 부재에서 강조의 범위를 낮추고 재조정해야 하는 것이 이러한 본성의 연구 활동에 흔하지 않지 않기 때문에 CSS 활동을 수행할 때 필요하다.

최종점으로서, 고객만족 조사의 결과는 금융기관 자체의 스태프 중에 폭넓게 정보가 알려져야 할 뿐만 아니라, 고객에게 결과들을 다시 알려주는 것을 고려해야 한다. 이것은 클라이언트 스태프와 대면 인터뷰에 관여한 B2B 맥락에서 특히 중요하다. 그러한 환경에서 그러한 개인들이 실제 조사에 공헌한 시간을 고려해서 조사에 피드백을 받는다는 강력한 가정이 항상 있다.

재무서비스 맥락에서 특정한 고려를 요구하는 고객집단은 중개자와 브로커집단이다. 재무서비스의 많은 분야에서 저당과 연금, 예를 들면, 브로커는 기본적으로 중요하고, 그들이 공급자 관계와 서비스로부터 얻는 만족이 평가되어져야 한다.

16.4.2 직원 만족

고객만족 측정에 보완적인 활동은 스태프 만족의 평가의 측정이다. 고객의 유치와 유지가 금융기관에 중요한 것과 같이, 고품질 스태프의 고용과 유지도 그렇다. 그러므로, 스태프 만족조사는 스태프 끌어당김과 유지 정책 및 실습의 개발을 보조할 수 있는 가치있는 통찰력을 산출할 수 있다. 좋은 품질의 서비스를 준비하는데 스태프 사기와 동기가 중요하고, 회사는 스태프 감정과 지각에 대한 확고한 지식을 갖는 것이 중요하다.

고객조사에서와 같이, 스태프 조사는 그들의 기획과 실행에 관한 적당한 엄격함이 있어야 한다. 이것은 목적들이 명백히 언급되고, 데이터 세트가 구체화되고, 분류 카테고리가 정의되어야 한다. 고객서비스의 특징들에 관한 질문들이 스태프 조사로 반영되도록 하는 것이 특히 중요하다. 예를 들어, 스태프는 그들과 그들의 부서가 수행하는 역할에 관해 고객의 적절한 기대라고 믿는 것에 대해 질문되어져야 한다.

스태프 조사의 사용을 둘러싼 공통의 믿음은 상급 관리자는 그들에 영향을 미치지 않을 것이라는 것이다. 더 좋은 사기와 동기를 북돋는 것과는 달리 빈약하게 정보 전달된 그릇되게 수행된 스태프 조사는 이익보다는 손해를 미칠 수 있다. 어떤 회사는 첫째 주 동안 인트라넷상에 스태프 조사의 결과를 만들어 놓고 곧 잊혀졌다. 염려스럽게도, 중간 계급과 하위 스태프의 지각은 상급 관리자가 그것을 '시늉을 하는 것'의 냉소적인 실행으로 취급했던 것 같다.

Nationwide Building Society(전국주택금융조합)는 사례연구 16.1에서 보여 지듯이 스태프 만족조사를 평가하고, 알리고 영향을 미칠 때 극도로 좋은 실례를 재현한다.

사례연구 16.1 Nationwide 주택금융조합의 만족조사

Nationwide 주택금융조합은 1993년 이후로 계속해서 ViewPoint라고 불리는 직원 의견조사를 실행하였다. 등장의 촉매는 Nationwide와 Anglia 주택금융조합들 - 타 문화, 과정과 비즈니스 체계를 가진 두 기관의 합병이다. 이러한 합병이 발생한 이후 여러 해가 지나, 그것의 성공에 대한 직원 간에 증가 추세로 불편함과 불확실성이 지각되었다. 추가로, UK PFS 비즈니스 풍토는 증가 추세로 경쟁적이 되고, 규제철폐로 은행과 보험 회사들이 저당과 저축 비즈니스를 위해 주택금융조합들과 경합하게 허용되고, 더 큰 불확실성을 낳았다.

목적은 직원들에게 그들이 리드되고 관리되고 개발되는 그들의 작업, 작업환경과 매너의 다양한 특징들에 대해 말할 수 있는 플랫폼을 주었고 여전히 주고 있다. 요약하면, Nationwide는 잘 하고 있다고 그들이 믿는 곳에서, Society는 더 잘 할 수 있다고 그들이 믿는 것 그렇지만 의견을 묻는 것이 중요하지만 듣는 것 이외에 회사는 조사에서 생긴 이슈들에 영향을 미치고 (미치고 있다고 보이는 것이) 필수적으로 중요하다. 그렇게 하는 것을 실패하면 조사하는 과정에 대해 냉소와 냉담을 가져 올 것이다.

Nationwide의 ViewPoint 조사는 ORC International, 외부 컨설팅기관에 의해 매년 4월에 실행된다. ORCI를 사용하여 Nationwide는 공정하게 있고, 데이터는 기밀로 유지할 수 있다. 조사는 2004년까지는 종이-기본이었고, 그 이후에 종이 옵션은 유지한 채 Society의 인트라넷을 통해 수행되었다. 시간은 완성을 위해 근무일 동안에 할애되었다.

조사는 3 부분으로 구성된다.

- 직업 유형, 위치, 연령, 성별, 인종, 성 지향성, 종교, 등을 포함한 직원 인구통계
- 5점 Likert 스케일을 기반으로 다양한 작업-기반 질문들(전부 104개)
- 코멘트가 직원에 의해 만들어지도록 자유형태의 반응 BOX와 함께, Nationwide에서 일하는 것에 대한 적은 수의 개괄식 질문들

2005년, 91%의 직원(약 14,000명)이 조사를 완성했다. 104개의 작업-기반 질문들은, 직원 만족, 급여와 혜택, 리더십과 그룹 이미지, 훈련과 개발, 그리고 직원과 고객몰입을 포함한 많은 다른 주제와 지침들로 집단화된다.

비즈니스를 가로질러 관리자에게 분배를 위해 부문별, 부서별 그리고 팀 수준의 결과는 ORCI에 의해 합쳐지고, 보고는 Group에서 산출된다. 익명과 기밀성을 유지하기 위해 6개의 반응 미만의 보고는 이슈 되지 않는다. 보고는 동료와 외부 벤치마킹 데이터 및 전년도의 결과와의 비교를 포함한다.

보고를 받을 시, 지역 관리자는 보통 팀 모임을 조직해서 결과를 알리고 빈약한 점수를 받은 주제 혹은 결과에서 감소를 보이는 주제를 살피는 행동계획을 만든다.

회사수준에서 결과는 인트라넷 사이트와 사내 잡지를 포함한 타 매체를 통해서 유용할 수 있게 된다.

요소	호의적 반응
직원 만족	77%
직원 몰입	83%
성실한 고용주	87%
일-라이프 균형의 만족	78%

ORCI를 사용하는 것은 타 재무서비스 제공자와 타 산업들로 많은 질문에 대해 외적인 벤치마킹을 가능케 한다. 일반적으로, Nationwide는 매우 호의적으로 벤치마크를 한다. 타 재무서비스 기관과 비교될 때, 41개의 벤치마크를 한 질문들 중에서 Nationwide는 최고였다 - 11개의 질문 점수는 가장 높고, 13개는 두 번째, 그리고 4개는 세 번째였다.

조사 자체는 지난 3년에 걸쳐 거의 변화하지 않았고, 처음부터 거기에 있어온 많은 수의 질문들이 있다. 이것은 조사를, 시간이 흐름에 따라 진보와 회귀가 보여지도록 허용하는 추세가 데이터에서 성립될 수 있기 때문에, 강력하게 해준다. 유사하게, 그것은 확실한 주도권의 영향이 보여 지도록 한다.

Nationwide는 대부분 보다 한 단계 더 조사결과를 가지고, 데이터를 그들의 고객과 비즈니스 성능 데이터와 연계한다. 이러한 연구는(게놈 프로젝트) 〈그림 16.1〉에 보여 지는 모델로 인도된다.

몰입된 직원들, 몰입된 고객들과 더 좋은 비즈니스 성과 간에 연계가 성립되었다. 지급, 코칭, 가치 그리고 몰입된 사람들의 만족 데이터 모두는 ViewPoint로부터 온다.

모델을 통해서 직원 '가치'의 3% 이동은 1% 증가, 저당 판매로 £6.5밀리언의 증가된 순현가(net present value)를 가져오는 고객몰입을 결과한다. 모델은 고객행동을 통한 직원 행동으로부터의 조준선을 최종선으로 한다. 결과적으로, 직원 의견조사는 미래 비즈욕구성과의 초기 주의 시스템으로 사용될 수 있다.

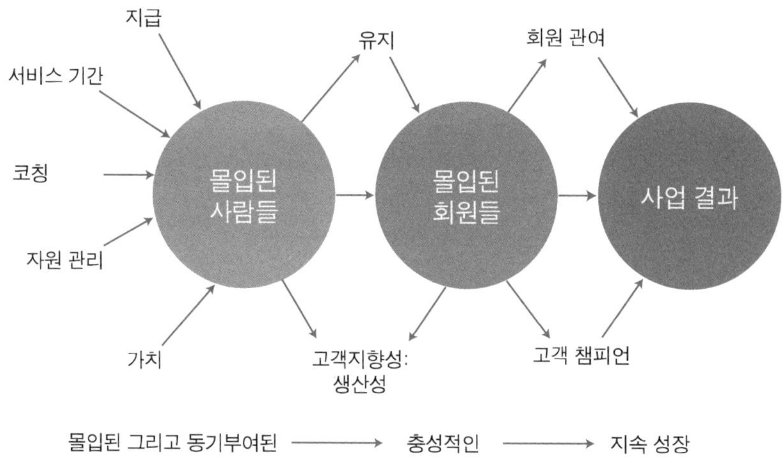

<그림 16.1> Nationwide 게놈 모델

직원 지각을 측정하기 때문에, 직원 의견조사에 관해 어느 정도 주의를 하는 것이 가치가 있을 수 있다. 이러한 지각은 확고할 수 있거나 일시적일 수 있고, 직원이 그날 아침에 침대의 어느 쪽에서 일어나는가에 달려 있다. 조사 타이밍도, 일시 해고기간에 조사를 수행하는 것은 결과를 왜곡시키는 경향이 높기 때문에, 매우 중요하다. 다른 하나의 생각할 점은 '말과 행동하기'의 역설이다. 직원은 조사에서

그들이 할 거라고 말하는 행동의 과정을 반드시 취하지 않을 것이다. 높은 반응 비율과 시간경과 데이터는 대부분의 이러한 잠재적인 문제영역을 극복할 것이다.

2005년 Sunday Times,가 '근무하고 싶은 가장 좋고 큰 회사'로 명명되어 진 것은 Nationwide가 1990년대 초의 불편함 이후로 먼 길을 왔다는 상당히 좋은 징조이다. 직원의 피드백을 듣고 행동한 것은 그 성공에 필수적이 되었다.

자료: Stuart Bernau, 광고 및 커뮤니케이션 디렉터, Nationwide Buildings Society.

16.5 고객을 공정하게 대우하기

고객들이 공정하게 대우되었다고 느끼는 것은 만족개념에 중심이다. 실제로, 사람들은 생각하게에 공정한 방법으로 행동하는 개인들과 금융기관들을 신뢰하는 기꺼움을 보여준다는 사실에서, 공정성과 신뢰의 관련 간에 밀접한 연결이 있다. 이것의 추론은 분노와 불신은 불공정한 실습이라고 생각하는 것에 노출된 고객들의 결과라는 것이다. 지속되는 고객관계를 관리한다는 맥락 내에 금융기관들이 공정하게 행동한다고 보이는 것을 통해 신뢰를 구축하는 노력을 해야 한다. Berry와 Parasuraman(1991)로부터 인용하면:

> 신뢰는 공정한 행동을 요구한다. 거의 고객들은 공정치 못하다고 지각하는 기업과 관계를 구축하고 계속하고 싶어 하지 않는다.

공정성의 개념은 세계를 통한 일련의 맥락에서 점점 더 중요해지고 있다고 가정한다. 예를 들어, 공정 - 거래 상품은 글로벌 기반으로 과일, 야채, 패키지 식품과 음료 시장의 양상이 되었다. 필수적으로, 공정성은 법조항과의 적합보다는 올바른 일을 하는 정신에 집착하는 것과 더 관련이 있어야 한다. 공정성에 의해 특정화된 환경에서, 금융기관은 증가 추세로 징벌적인 그리고 불공정한 계약 용어들 뒤에 숨는 것을 피하도록 노력해야 한다. UK의 공정거래소(Office of Fair Trading)는 시장이 소비자를 위해 잘 작동하는 목적으로 설립되었다. 그것은 소비자들이 시장의 모든 타 부문들에 걸쳐 가능한 한 많은 선택을 가지도록 한다. OFT에 따라서 소비자들이 선택할 때 그들은 진짜의 지속력을 가진다. 그것의 웹사이트를 인용하면;

> 독립적인 전문 조직으로서 OFT는, 비즈니스가 공정하고 경쟁적이 되도록 하면서, UK 전체를 통해 소비자 이익을 촉진하고 보호하는 주도적인 역할을 한다.

그것은 목적을 추구해서 다음의 활동들을 수행한다.

- 경쟁과 소비자 보호규칙의 강화
- 시장이 어떻게 작동하는지의 시장연구
- 인지와 이해를 설명하고 향상시키는 커뮤니케이션

공정성은 재무서비스 기관(FSA)의 의제의 부분으로서 확고히 자리를 잡았다. 진실로 이것은 고객을 공정하게 대우하는 요구는 명백하게 비즈니스를 위한 원리의 원리 6에 배치되어 있고, 다음에 서술된다.

> 기업은 고객의 이익에 적당히 관심을 가져야 하고 공정하게 대우해야 한다.

그것은 2001년 Treating Customers Fairly After the Point of Sale(판매 후 고객들을 공정하게 대우하기)의 발생과 그것의 계속되는 발표를 통한 강화 및 다양한 공식적인 대화와 산업 컨설팅과 함께 본격적으로 공정성의 이슈를 말하기 시작했다. 이러한 주도 하에, 규칙중심 규제와 시장의 힘은 지금까지 소비자들을 불공정하게 대우되는 것으로부터 보호하지 못했다는 FSA의 염려가 있다. FSA의 TCF 주도권에 대한 비평에서 쓴 바와 같이, Kirk와 Middleton(2004)은 다음과 같이 지적한다.

낮은 수준의 재무능력과 재무서비스 상품의 복잡성으로 인해, 고객들은 자주 그들이 불공정하게 대우되는 것을 효과적으로 평가할 수 없고 그들의 고객들을 불공정하게 대우한 기업들을 처벌할 만큼의 힘을 실행할 수 없다.

OFT와 공통적으로, FSA는 공정성을 구성하는 것의 정의를 제안하지도 않고 확고한 규칙 세트를 제시하지도 않았다. 차라리, 그것은 원칙 - 기반 접근의 반포를 통해서 공정성의 이슈를 말하는 것을 선택한다. 상급관리자는 공정성이 그들 자신의 금융기관 맥락 내에서 의미하는 것을 정의하고 해석하도록 기대된다. 상급관리자가 공정성이 전략, 문화와 운영에 의해 어떻게 그 자체를 명백히 해야 하는지를 결정한다. 더욱이, FSA 규칙의 요구에 단순한 순종은 기관이 고객을 공정하게 대우하고 있다고 나타내는데 충분하지 못할 것이다.

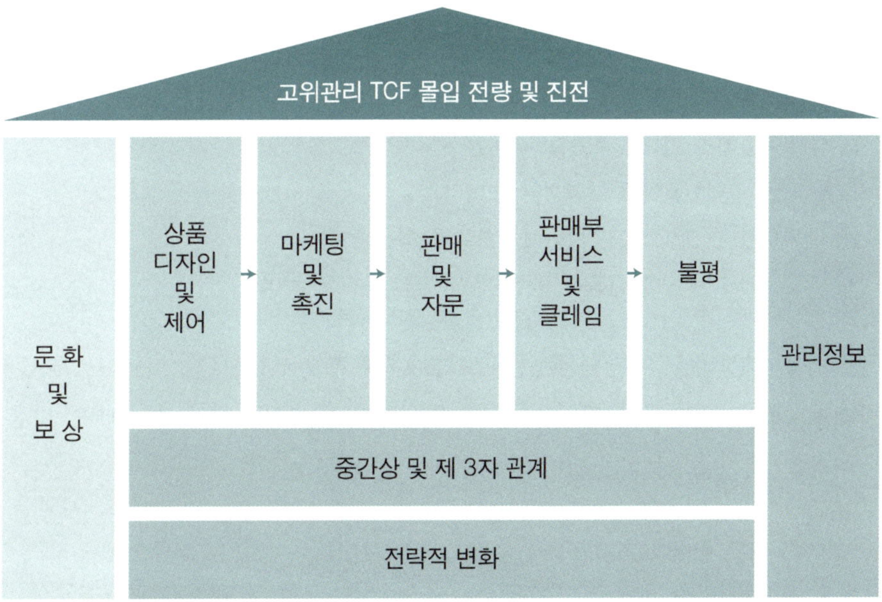

<그림 16.2> TCF 원리를 기관의 활동 가운데 끼워 넣기

FSA는 그것이 인가한 금융기관들에게 TCF 원리는 금융기관의 모든 부분과 모든 수준에 끼워져야 한다고 조언한다. TCF의 범위와 정도를 완전히 인정하는 보조기구로서, FSA는 〈그림 16.2〉에 보이는 개념적인 설계를 고안했다.

실제적인 용어로, TCF는 다음과 같은 상황에서 고려되어져야 한다.

1. 상품 디자인: 많은 기업들은 신규 상품을 고안하는데 소비자 조사를 이용하지만 그들은 이것이 정확한 방법으로 사용되는지 확인할 필요가 있다.
2. 급여: 판매원 적절히 관리되고 인센티브 처리되지 않는다면, TCF에 위험을 만들 수 있는 영역들이 있다.
3. 불평관리: 불평을 조사하고 평가하는 품질은 기업마다 폭넓게 다양하다.

TCF 프로그램의 부분으로서, FSA는 다음과 같은 공정성의 정의를 이끌어 내는 소비자조사를 실행했다.

- 고객들에게 그들이 지불한 것을 주라
- 고객들을 이용하지 마라
- 고객들에게 가능한 최선의 상품을 제공하라
- 모든 고객취급에서 투명성을 보여라
- 가능한 한 빠르게 실수를 해결하도록 최선을 다하라
- 고객을 다루는데 융통성, 감정이입과 심사숙고를 보여라

이것을 경상비용 부담에 추가되는 또 다른 부과로서 보는 것보다, FSA는 산업이 최종적으로 다음의 형태로 TCF를 인정하는 것으로부터 혜택을 받을 것이라는 의견을 가지고 있다.

- 더 많은 반복 비즈니스
- 산업에 더 큰 확신
- 더 적은 규칙
- Financial Ombudsman Service의 의해 주장된 더 적은 불평들

Mulberry House Consulting에 의해 주도된 최근 생명보험 고객경험관리 조사와 50개 회사들과의 논의 세트는 생명보험회사들이 TCF와 이루고 있는 진보에 큰 불일치가 있다는 것을 보여준다. 대부분 분야에서, 응답자들은 그들 자신 조직에 성취될 필요가 있는 것을 인식하고 맞는 계획을 가지고 있지만, 조사는 진전이 초기 단계에 있거나 지속성과 범위에서 제한된다. Mulberry House 조사에 다르면, TCF 수행으로 진보한 다수의 회사들은 비즈니스 혜택(때때로 향상된 유지와 교차판매를 포함해서)을 보고 있다고 클레임 했지만, 거의 진보를 추적하고 과정 증진을 표적하는 정식의 측정을 가지고 있지 않다.

대부분 회사들은 TCF를 말하기 위해서 더 구조화된 프로그램의 필요성을 확인했으나 자주 이것을 제대로 하기 위해 투쟁하고 있는 것 같다. Mulberry House 조사는, FSA가 기대하는 대로, 대부분 회사들에서 CEO는 TCF의 중요 스폰서라는 것을 명백히 보여주었다. 그렇지만, 내적인 옹호자는 다음 수준의 디렉터들이고, 이것이 비즈니스 사일로에 의해 노력을 당장에 분리한다. 내부 구조와 고객관리 과정의 분리는 전형적으로 상처 없는 그리고 지속적인 고객경험을 준비하는데 반하여 작용한다. 계획은 항상 제대로 일지라도, Mulberry House 연구는 참여하는 금융기관의 모든 특징들에 걸쳐 지속적으로 TCF가 전개되도록 성취될 것이 여전히 많다고 제시한다.

글을 쓸 때와 같이, Ernst & Young은 회사들이 가장 적절하게 다음의 것들에 의해 TCF의 요구에 반응하도록 권고한다.

- 전략과 운영의 체계적 리뷰를 수행하고
- 상처받기 쉬운 가능 영역들을 확인하고
- TCF를 지원하는 정책과 절차의 자세한 서류를 제공하고
- TCF를 평상시 비즈니스로 구축하는 계획을 가짐

이것은, FSA가 기업들이 고객들을 ARROW라고 불리는 그들의 회원 평가 과정으로 공정하게 대우한다고 보여주기 위해 그들의 효과성과 능력의 평가를 반영하려 한다는 조건하에 현명한 조언이다. 그것은 2006년 주제에 대한 더 많은 안내를 이슈하고, 좋고 나쁜 실습의 예제를 계속해서 발행할 것이다. 다시, Ernst & Young은 상급관리자가 그들의 TCF의 접근을 결정할 때 고려할 쓸모 있는 질문들을 제안했고, 이것들은 Box 16.1에 제시된다.

독자가 어느 국가에 거주하든지, 어떤 형태의 TCF 주도는, 이미 실제로 그렇게 하지 않았다면 일어날 것이다. 조정자는 제쳐두고, 공정성이 핵심원리로서 확고히 끼워지는 것은 좋은 마케팅전략과 수행의 공리이다.

BOX 16.1 '회의실에서 보일러실까지'

우리의 경험으로부터, 많은 기업들은 FSA의 기대를 만족시키기 위해 요구될 수 있는 광범위한 간섭에 의해 놀라는 경향이 있다; 비즈니스전략과 고수준의 의사결정으로부터 일선 스태프의 훈련과 급여 및 인센티브 체계의 수정에 이르기까지 상급관리자는 그들이 TCF 의무를 어떻게 만족시키는지를 제시하는 중요 질문들에 대답할 수 있어야 한다. 어떤 질문이든 옳거나 그른 답은 없고, 반응들은 TCF가 전반적인 비즈니스전략에 가지는 영향을 고려하고 어떻게 운영하는 지로부터 도출되어야 한다. 전략적 수준에서 정해진 경계와 안내 없이, 운영수준에서의 의사결절은 고객들을 공정하게 대우하지 않을 위험에 처해 있다(또는, 역으로, 고객들을 공정하게 대우하는데 주식소유자를 불공정하게 대우하게 되는).

관리가 고려하고자 할 수 있는 일부 질문들은 다음을 포함한다.

- 공정성이 귀하의 표적고객들, 상품들과 서비스 약속에 의해 의미하는 것이 무엇이고, 비즈니스 내의 행동을 안내하는 주요 공정성 원리들은 무엇인가?
- 귀하는 고객들을 공정하게 대우해야 하는 요구와 함께 증가하는 판매와 이익의 목표를 어떻게 균형 잡는가?

- 귀하는 고객의 재무적 욕구와 능력을 고려하여 표적 시장을 완전히 이해했는지를 어떻게 확인하는가?
- 귀하는 상품개발 과정동안에 그리고 상품라이프사이클을 통해 상품에서 고객의 위험을 평가하기 위해 무슨 단계들을 취하는가?
- 귀하는 마케팅 내용들이 이해할만하고 이해되고, 그들이 혜택은 물론 위험, 요금 및 처벌의 명백하고 균형 잡힌 평가를 제공하는지 확인하기 위해 무슨 단계를 취하는가?
- 급여전략은 판매 및 마케팅 사람들을 어떻게 격려해서 고객들을 공정하게 대우하도록 하는가?
- 귀하는 고객이 제공되는 상품을 이해하고 구매할 수 있는지 알아보기 위해 무슨 단계를 취하는가?
- 귀하는 요금이 항상 투명하고 이해되는지 어떻게 확신하는가?
- 귀하는 판매이후 그들의 상품에 영향을 미칠 수 있는 더 넓은 환경의 변화에 대해 고객들에게 알리기 위해 무슨 단계를 취하는가?
- 귀하는 고객들이 그들의 상품 혹은 공급선을 그만 두거나 전환하는 것을 어렵게 혹은 값비싸게 할 수 있는 무슨 장애물을 가지고 있는가?
- 귀하는 귀하의 불평취급과정이 고객들로 하여금 따르기 쉽고 각 불평이 공정하게 취급되고 있는지 확신하기 위해 무슨 단계들을 취했는가?
- 귀하가 불평들이 재발하지 못하도록 불평의 원인들을 확인하고 해결하는 것을 확인하기 위한 귀하의 과정은 무엇인가?
- 고객들이 얼마나 공정하게 대우되는지와 이러한 정보가 어떻게 사용되는지를 추적하도록 상급관리자에게 어떤 관리 방법으로 접근가능한가?

자료: Kirk와 Middleton(2004).

16.6 요약 및 결론

금융기관이 비즈니스의 고객중심적인 견해를 취하고 고객만족전달에 초점을 둠으로써 전반적인 성과를 향상시킬 수 있는 아이디어는 마케팅개념의 중심이다. 이러한 일반적인 아이디어는 서비스이익사슬의 개념 속에 포착된다. 만족과 가치는 서비스경험의 중요한 평가로 그리고 고객유지와 충성도의 경쟁요인으로서 보여 진다. 만족은 서비스가 고객기대에 대하여 전달할 수 있는 정도와 관련이 있고, 반면에 가치는 그것의 연계된 비용과 관계되는 서비스에 의해 제공된 혜택의 범위와 관련된다. 서비스 품질에 관련해서, 만족과 가치의 소비자평가는 재무서비스 제공자들과 관계발전에 중요한 역할을 한다. 고객 불만 그리고/또는 빈약한 가치는 어떠한 재무서비스 관계를 끊게 하는 잠재적 이유들이다.

만족의 주의 깊은 측정은 관계 마케팅/CRM 프로그램의 중요한 요소이다. 일부 최선의 예제들에서, 직원 만족이 고객만족의 중요한 결정요인으로 서비스할 것이므로, 고객만족의 측정은 직원 만족의 측정에 의해 동반될 것이다. 만족을 측정하는데 가능한 다양한 접근들이 있는 반면에, 데이터 수집과 분석을 위한 외적인 그리고 독립적인 대리인을 사용하여 획득되는 많은 혜택들이 있다. 그렇지만, 그러한 실습의 가치는 결정적으로 발생되는 정보를 금융기관이 사용하려는 기꺼움에 결정적으로 달려 있다. 고객과 직원 만족조사를 그들의 결과에 영향을 미친다는 심각한 몰입 없이 단순히 떠맡는 것은 고객관리를 관리하는데 거의 가치가 없을 것이다.

특히 재무서비스에서, 고객관계관리는 공정성의 개념과 고객들을 공정하게 대우할 필요에 대해 증가 추세로 초점을 두고 있다. 그러한 발의들은 규제 단체에 의해 촉구되고 아마도 대부분 UK에서 개발되었을 지라도, 공정성 의제는 세계적으로 재무서비스 부문에 좋은 관계 관리의 부분이 증가 추세로 되어가고 있는 것 같다.

복습 문제

1. 재무서비스 기관들은 고객만족을 전달하는 것에 왜 걱정해야 하는가?
2. 고객만족이 무엇이고 그것이 서비스 품질과 가치와 어떻게 다른가?
3. 기대는 고객만족과 관련하여 무슨 역할을 하는가? 금융기관들은 고객 기대를 어떻게 관리하려고 해야 하는가?
4. 효과적인 소비자 만족조사를 개발하는데 주요 단계들은 무엇인가?
5. 공정성이 재무서비스 마케팅에 왜 중요한가? 고객들을 공정하게 대우하는 것이 마케팅의 어느 분야에서 가장 크게 중요한가?

CHAPTER 17

고객관계관리 실무

17.1 서론

17.2 사람과 문화

17.3 상품고려

17.4 가격책정과 가치

17.5 광고와 촉진

17.6 유통과 접근

17.7 과정

17.8 마케팅 성과평가

17.9 기업의 사회적 책임(CSR)

17.10 지속할 수 있는 미래를 향하여

17.11 요약 및 결론

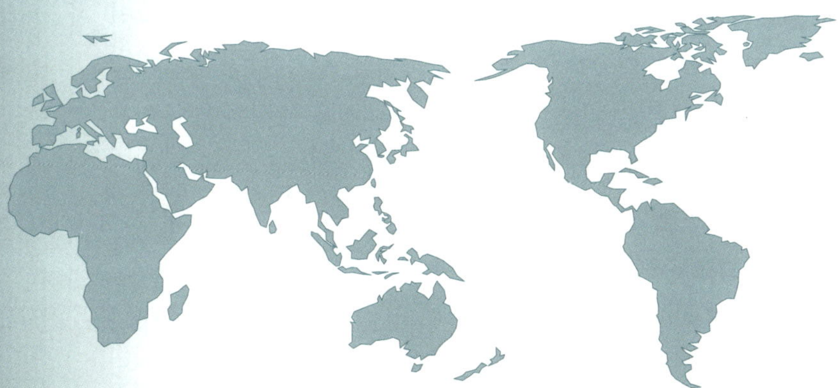

chapter 17 고객관계관리 실무

학습목적

이 장을 다 공부한 후 귀하는
- 마케팅믹스의 요소들이 고객개발전략의 부분으로서 사용될 때 수정될 필요가 있는 것을 인정하게 될 것이고,
- 고객유치와 개발과 연계된 마케팅 믹스를 통합하는 중요성을 인정하게 될 것이고,
- 금융기관의 마케팅에 의해 만들어진 공헌을 평가하는 방법을 이해하게 될 것이고,
- 기업의 사회책임과 지속성의 맥락 내에서 마케팅의 더 넓은 공헌을 이해하게 될 것이다.

17.1 서론

지속되는 고객관계를 관리하는데 있어서 마케팅 역할의 인정은 고객유치가 마케팅의 주요 목적인 곳에 적용하는 것보다 마케팅믹스를 사용하는데 정량적인 차별적 접근을 요구한다. 고객을 유치하는 것과 연결되어 사용되는 언어의 대부분은 다소 군사용어 같은 것을 주목하면 흥미롭다. 전략, 캠페인, 표적, 전술과 마케팅 제작소와 같은 용어들은 다소 마케팅이 고객을 유치하는 영웅적 전쟁과 관련이 있다는 생각과 다소 공명하는 것 같다. 앞에서 언급 되었듯이, 반론 - 처리는 판매훈련의 중요한 요소이고, 대결적이 아닐지라도 반론자 마인드 정립의 징후이다. 희망적으로, 단편적으로 신규고객

을 추구하는 것에 의해서만 마케팅을 보는 것은 재무서비스 마케팅의 역사 속으로 사라져야 한다고 확신한다.

대조적으로, 고객개발에 있어 마케팅 역할에 관한 이야기는 사회과학과 고고학의 언어가 되었다. 관계, 공동사회, 문답, 친밀성과 옹호와 같은 말들은 유치에 따르는 고객들을 유지하고 개발하기 위한 마케팅사용의 맥락에서 공통적으로 만난다. 이러한 강조 변화는 마케팅 믹스의 개별적인 요소들이 사용되는 방식에 의미들을 가지고 있다. 강제적인 마케팅의 고객유치기반 모델은 마초, 남성중심의 다소 냉소적으로 유형화되는 조직문화와 자주 일치하는 것 같다. 그러한 문화에서, 보상과 인식체계는 발기된 신규 정책(고객이 아닌)의 수, 신규 프리미엄의 가치, 제안된 신규 대부 건들과 인정된 대부가치와 같은 신 비즈니스의 주요 성과지표를 선호하는 쪽으로 지나치게 편향되어있다.

고객 깔때기의 존재는 신규고객유치를 기반으로 한 숫자게임이 많은 금융기관의 지배적인 비즈니스 모델이라는 것을 의미해 왔다. 그러한 문화적 배경은 분배채널 내의 요소들을 과대 보상하고, 고객 일상적인 욕구를 서비스하는데 관여된 스태프에게 과소 보상하고, 고객에게 불충분한 가치를 전달하는 실무를 초래한다. 판매기관은 가끔 과도한 권력과 영향을 휘두르고, 이것은 금융기관을 일련의 위기와 위험에 처하기 쉽게 하였다. 불충분한 비즈니스품질, 부실채권, 잘못 판매된 상품들과 대다수 예측치 못한 위기들은 문화가 너무도 부실 - 기반으로 되어 있는 금융기관으로부터 결과한다.

장기 고객관계의 유지와 옹호 발생시키기에 확고하게 강조하고, 문화와 마케팅믹스는 상호 강화하기 위해 상호작용해야 한다. 본 장의 나머지는 마케팅 믹스의 개별적 요소들을 사용함으로써 고객들을 유지하는 마케팅 역할의 의미를 고려한다. 추가적으로, 마케팅원리와 실무수행에 관한 문제들과 그러한 성공이 어떻게 평가되어야 하는지에 주의를 한다. 최종적으로, 금융기관의 사회적 책임을 이행하는데 마케팅의 역할과 마케팅이 훨씬 더 중요하다고 가정하는 지속성 의제에 어떻게 공헌할 수 있는지를 생각한다.

17.2 사람과 문화

마케팅의 강조가 고객관계의 유지와 개발 쪽에 비중을 둘 때, 문화는 그에 맞게 적응해야 한다. 예를 들어, 고객경험을 결정하는 책임은 거의 전 금융기관에 속한다는 인식이 있어야 한다. 판매기관이 과도한 권력을 휘두르는 것은 더 이상 적절하지 않다. 과거에 이것은 고객서비스를 행정처리 하는데 관여된 것들에 손상을 일으켰던 남용으로 인도된다. 그렇지만, 현재 그리고 미래의 고객지향적인 문화에서, 행정스태프는 자기 자신들이 고객만족을 전달하는 중요책임을 짊어진 것으로 본다. 고객들과의 상호작용을 통해서 그들은 서비스과정과 체계의 요소들, 그리고 심지어 상품디자인을 증진하기 위해 가치있는 피드백을 제공할 수 있다. IT 기능에 관여된 사람들은 그들이 고객만족을 증진시키기 위해 그들의 지식, 스킬과 자원을 사용하도록 힘을 부여받았다고 지각해야 한다. 유사하게, 예를 들어, 조달에 관여된 사람들은 기관이 고객의 혜택을 위해 더 효율적으로 운영하는 것과 같이 사들여진 상품과 서비스의 품질을 증진시키는데 가치있는 역할을 할 수 있다. 그러한 혜택은 고객을 위한 증진된 기능성 때문에 혹은 가능한 비용을 절감하여 가격인하를 가능하게 함으로써 발생할 수 있다.

나타나는 것은 모든 스태프가 무엇을 하는지, 그것을 어떻게 하는지가 고객지각에 영향을 미치는 방식들을 인정할 필요성이다. 이상적인 세계에서, 모든 스태프 구성원은 그들 자신들이 어느 정도 고객을 대면하고 있다는 것을 알게 될 것이다. 장기 고객관계의 유지에 기반을 둔 비즈니스들은, 필수적으로 한번 팔기와는 반대로, 믹스의 사람 요소를 고객만족과 옹호의 주요 결정요인으로 본다. Yorkshire Building Society가 고객만족수준을 향상시키는데 경험 있는 스태프의 중요성에 관해 확인한 증거를 주목하는 것은 흥미롭다. 조직은 고수준의 고객만족과 높은 광고성과와 원인관계로 그리고 독립적으로 연계되어 있는 것 같은 요소들을 폭넓게 조사하였다. 분석은 그러한 원인 관계는 상대적으로 낮은 스태프 회전율과 고평균 서비스길이를 가진 지점들에서 증명된다. 그러한 지점들에 있는 스태프는 금융기관에 상대적으로 고수준의 몰입을 보이고, 이것은 주요 성과지표의 균형 잡힌 점수카드에 교차해서 상대적으로 우수한 비즈니스 결과들에 반영된다. 독립적으로 증명되지는 않았을 지라도, 그러한 발견은 상호혜택적인 장기관계를 유지하는데 스태프/고객 상호작용의 계속성의 중요성을 나타낸다.

17.3 상품고려

상품이 목적에 적합해야 한다는 것은 무엇보다도 중요하다. 이것은 구성특징과 적용된 기능성은 구매시점에 확인되고, 상품의 평생 동안 잘 보증되어야 함을 확인하는데 주의를 기울여야 한다.

3장에서 개요가 논의된 바와 같이, 재무서비스 상품의 특정한 특성으로 상품들이 가능한 투명한 방법으로 제시되도록 주의해야 한다. 충분한 투명성 부재 시, 고객들은 그들의 욕구와 개인적 환경에 적합한 상품을 의식하지 않고 구매할 수 있다. 규제자는 판매시점에 상품특징의 공개에 관한 상당히 처방적인 요구를 정하곤 한다. 그렇지만 책임 있는 마케팅은 규제자에게만 의존해서는 안 되고, 상품들이 적절히 투명하게 제시되도록 하는 것은 개별적인 상품제공자에게 달려 있다. 소비자들이 촉진 그리고 판매시점 자료로서 제시된 대로 상품 특징을 이해하는 정도를 정립하는 연구를 수행하는 것은 상대적으로 단순하다. 그러한 기본적인 연구는 비용이 발생하는 행정적 질문, 불평 취급과 잠재적으로 잘못 판매된 혹은 잘못 - 재현된 상품을 위한 보상을 제거할 수 있다. 제공자가 약속한 특징과 기능성을 전달할 수 있도록 하는 요구들이 초기 판매시점에 투명성으로부터 계속되고 있다. 과거에, 상품생애기간 동안 일련의 고객요구를 다루는 시스템과 행정적 하부구조가 적절치 않아도 신상품이 출시되는 것이 보통이다. 이러한 해결되지 않은 과정들에 대한 완곡어법은 '연기된 특징'이고 그들의 보급은 비현실적으로 짧은 시간척도 내에 신상품을 출시하는데 지불되어야 하는 가격이었다. 총 IT 개발의 약 50%는 연기된 특징을 해결하는데 충당되어온 예제들이 있다. 그러한 연기된 특징의 예제는 예를 들어, 단위 - 연계된 전체 생애 정책 혹은 개인연금의 경우에 하나의 펀드에서 또 다른 펀드로 전환 취급할 능력일 수 있다. 연기된 특징은 금융기관에 일련의 어려움을 만들고, 마케팅 부서에 대한 존경과 신뢰를 줄이는 중요한 공헌요소가 될 수 있다. 행정 스태프는 가능하게 될 뛰어난 시스템 지원을 기다리는 반면 다양한 매뉴얼 작업을 착수해야 한다. 그러한 시나리오는 고객들의 장기 이익을 훼손하여 전반적으로 신사업을 선호하는 쪽으로 향한 기관에서 전형적으로 발생할 수 있다. 장기적 고객들의 이익은 회사 자체의 상업적 이익과 정렬된다. 다시 언급하면, 쉽게 상상될 수 있는 문화적 의미들이 있다.

그러므로 상품개발은 초기 구매 시에 약속된 것이 상품 지수 날짜로부터 완전히 지원받을 수 있도록 조직되어야 한다. 상품에 관한 더 이상의 고려는 상품디자인이 예상되는 상품생애기간 동안에 고객의 환경에서의 적당한 변화에 맞춰나갈 수 있는 충분한 융통성을 제공하려고 하는 것이어야 한다. 대부분 재무서비스에 대해 발생할 것이라고 적당히 기대되는 확실한 변화들이 있다. 그러므로 변화하는 환경에 적절히 반응하는 능력은 대부분 재무상품들, 확실히 12개월 이상의 기간을 가진 것들의 중요한 국면이다. 충분한 상품 융통성의 부족은 빈약한 지속성과 빈약한 상품 수익성을 초래한다. 그것은 페널티 부과가 초기단계를 경과한 상품에 적용되는 경우에, 고객의 이익에 크게 반하여 작용할 수 있다. 명백하게, 판단은 장기 상품의 기간 동안에 융통성을 증명하는 것과 연계된 비용에 대해 이루어져야 한다. 그렇지만, 그렇게 하지 못하는 것은, 추측컨대 기관에 더 고비용을 초래할 수 있다.

17.4 가격책정과 가치

가격은 장기의 상호 혜택적인 관계를 보호하는 방식으로 관리되도록 주의를 기울여야 한다. 상업적으로 지속할 수 없을 만큼 저가격으로 신규고객을 끄는 것은 거의 의미가 없다. 또한, 매력적인 가격으로 고객을 끌고 다음에 대폭적인 가격상승을 소개할 수밖에 없는 실무는 장기적인 관계를 위험하게 할 수 있는 냉소적인 실무이다. Nationwide Building Society는 신규 그리고 기존 회원들에게 가격책정정책에 관하여 공정하게 행동하는 정책을 가지고 있다. 사례연구 12.1에서 Nationwide는 이러한 다소 논의의 여지가 있는 문제에 관한 중요하고 철학적인 이슈에 어떻게 접근하는지를 보았고, 독자들은 그것을 다시 참조하도록 조언되어진다.

고객유지와 개발을 지향하는 가격책정정책은 단기 상품수익성보다 장기 고객가치의 장점들을 조목조목 말해야 한다. 이것은 장기 고객가치의 모델을 구축하고 그러한 가치와 회사의 단기 이익요구들 간에 균형을 이루는 가격책정 정책을 진화시킬 필요성을 강조한다. 이것은 회사의 시스템 구조가 개별적인 고객의 회사와의 관계에 대한 전반적인 견해를 제공할 수 있다는 것을 더 중요하게 만든다. 고객의 제품 소유물들을 모두 합쳐서, 회사는 특별한 가격책정 정리를 통해 고객에게 가치를 더해주는 기회를 확인할 수 있다. 이것은 14장에서 논의된 Bittner와 Zeithaml의 '재무 본드'라고 부른 것에 대해 그들이 제안한 유지를 위한 모형과 일관되어 있다.

그러한 세밀하게 조율된, (정책 또는 계정 기반과 반대로서) 고객 - 기반 시스템은 효과적인 신상품 가격책정의 주도권을 발생하게도 한다. 예를 들어, Fidelity는 기존 고객들이 온라인으로 그들의 비즈니스를 거래하려고 선택한 것에 대해 2006년 1월에 3.25%에서 0.5%까지 3개의 펀드에 대해 초기 부담을 줄여준다고 촉진하였다. 대조적으로, 동시에 M&G Securities는 PEP와 ISA 상품에 'X'Share Class라고 명한 것을 소개한다고 알렸다. 'X'Share Class는 고객들로 하여금 초기부담금 없이, 그러나 처음 5년 동안 감소하는 퇴장요금으로 투자하도록 허용한다. M&G는 그러한 가격책정정책이 자본투자는 중기에서 장기 동안, 전형적으로 최소 5년 동안은 되어야 한다는 믿음과 일관한다. 그렇지만 추가적으로 회사는 'A'Share Class에 투자하는 선택을 제공하고, 지불할 퇴장비용은 없으나 선택된 펀드에 따라서 초기 부과가 있게 마련이다. CRM - 기반 마케팅은 기존 고객에게 교차판매와 상향판매가 매우 중요하며, 정확하게 설계된 가격결정정책의 활용이 성공의 중요한 역할을 하게 된다.

17.5 광고와 촉진

기존 고객개발의 맥락에서 특정한 마케팅의 특징은 구체적으로 그러한 개인들을 겨냥한 촉진캠페인과 프로그램의 사용이었다. 아주 기본적인 수준에서 유치과정 동안에 언급되고 제시되는 것과 고객 라이프사이클의 생애기관 동안 언급되고 제시되는 것 간의 일관성이 성취되는 것이 당연히 중요하다. 이것은, 적어도 부분적으로, 15장에서 논의된 기대의 이슈와 관련이 있다. 광고와 촉진 장치들이 고객유지, 상향판매, 교차판매와 옹호개발과 같은 활동에 중요한 역할을 가지고 있다. 커뮤니케이션과 촉진에 관한 11장에서 제시된 것 중에 많은 부분은 기존 고객에 대한 마케팅 맥락에 적용된다. 그렇지만, 개인이 고객이 되면, 제공자 회사가 진정으로 고객에 대해 깊이 있고 자세한 지식을 가지고 있고, 고객의 욕구는 상당히 개인화된 기반으로 정착될 수 있다는 가정이 있다. 오차허용 영역의 개념을 다시 참조하면(15장을 보라), 고객들은 그들이 받는 커뮤니케이션에 관해 상대적으로 좁은 오차허용 영역을 보여 준다. 그들은 고 관련성, 고객지식과 정확성을 기대한다. 결정적으로, 그들의 관습은 가치 있고 관계는 인정되고 존경받아야 한다.

신규고객 유치와 대조해서, 커뮤니케이션의 직접 - 반응 유형은 기존 고객에게 마케팅 할 때에 유의미하게 더 중요하다. 주로 이것은 메시지와 제안이 높은 정확성을 가지고 개인별 기반으로 표적되게 하는 자세한 고객데이터를 사용할 수 있기 때문이다. 그러므로 직접 우편에서의 역량, 텔fp마케팅과 인터넷은 기존 고객에게 마케팅믹스를 사용할 때 특히 중요하다. 앞 절에서 M&G와 Fidelity와 같은 회사들이 기존 고객에게 특별 제공을 촉진하는 수단으로 직접우편을 광범위하게 사용하는 것을 보았다. 그러한 목적은 전형적으로 고객의 돈에 장기적 가치를 제공하는 것을 기반으로 한다. 그러한 프로그램에 적용되는 목적들 중에

- 고객유지
- 고객옹호
- 증가된 고객지갑 배당
- 경쟁우위

현재 고객의 맥락에서 커뮤니케이션은 관계가 고객최선이라고 재확신을 제공하는데 중요한 역할을 가지고 있다. 인지부조화는 중요한 결정과 자주 연계된 근심에 관여한다. 적절히 선택되고 주의 깊게 수행된 메시지는 고객들에게 그들이 제공자 회사와 관계를 유지하는데 건전한 판단을 하고 있다고 확신을 주는 것을 목적으로 할 수 있다. 이것은 포화점에 다다른 시장의 재무서비스 분야에서 특히 중요하게 되었다. 그러한 시장은 눈에 띄게 경쟁자로부터 이탈을 성취하려는 고객유치 전략을 초래한다. 이것의 명백한 증거는 이탈 - 기반 전략이 상용되는 가스와 전기시장 그리고 통신영역과 같은 부문에서 보인다. 경쟁자의 예비교섭을 감소시키고 기존 관계를 유지하는 현명함을 고객들에게 확인시키는 마케팅 커뮤니케이션 프로그램의 사용은

14장에 참조된 Bitner와 Zeithaml의 고객유지모델과 결합하여 효과적으로 작용할 수 있다. 다시 언급해서, 개별적 고객들에 대한 많은 량의 정보를 유용할 수 있음은 상당히 초점이 잡히고, 잘 표적된 고객 커뮤니케이션에 적합하다. 이것은 직접우편, 인터넷 혹은 콜센터와 같은 매체에 관여할 수 있다. 재무서비스는, 개별회사들의 수익성을 결정하는데 많은 상품들의 장기적인 본성과 생애 고객가치의 중요성 하에, 이러한 커뮤니케이션 사용국면에 주의 깊은 고려를 해야 한다.

17.6 유통과 접근

고객개발의 맥락에서, 사람과 장소 간에 많은 연계가 있다. 은행지점의 사례를 보라. 지점의 역할은 신규고객을 확보하는 수단으로서 보다도 기존 고객들을 위한 유통포인트로서 훨씬 더 중요하다. Barclays의 신규고객에게 당좌 계정을 열어주는 과정에서 개인적 은행가(personal banker)라는 것에 약속할 것을 요구하는 Barclays의 사례를 주목하는 것은 흥미롭다. 상대하는 스태프가 신규고객 계정을 열어주도록 허용되는 NatWes, HSBC와 Llyds TSB와 달리, 출납원은 신규계정을 열어 줄 수 없다.

지점은 대부분 개인고객들에게 은행의 가장 명시적이고 효력 있는 표현이다. 그러므로, 지점이 고객요구들을 거래하는 방식은 고객지각에 심오한 영향을 가진다. 지점은 주장컨대 은행 혹은 주택금융조합이 상품 교차판매와 상향판매를 위해 권유함으로써 증가하는 고객가치를 위한 최상의 수단이다. 이와 같이 지점을 기반으로 한 유통은 지점을 기반으로 하지 않은 원거리 경쟁자에게 있지 않는 강력한 판매자원을 가지고 있다. 물론, 이러한 능력은 어떠한 비용에서 오고, 그러한 금융기관은 계속해서 개별적인 지점의 가치부과를 평가하고 지점설치의 포트폴리오를 적용하고 있다.

지점스태프에 의한 역할은 고객욕구를 만족시키는데 결정적이고, 지점 자체의 욕구에 고객욕구를 만족시키는 것을 조화시킨다. 이것은 현재 유지된 상품과 연계된 서비스를 제공하는 것과 추가적인 상품을 구매하는 고객의 가능성을 소개하려고 노력하는 것 간에 올바른 균형을 형성하는데 스킬과 외교가 필요하다. 예를 들어, 고객은 청구서를 지불하기 위해 지점을 방문할 수 있고, 출납원은 고객이 상당한 신용잔고를 유지한다는 것을 알고 있다. 이것은 어떤 종류의 투자 상품을 판매할 기회를 나타낸다. 고객이 다소 이용되고 있다는 느낌을 가지지 않도록, 스킬과 민감성이 이러한 가능한 교차판매 기회를 소개하는데 필요하다. 상당한 정도로, 대답은 고객지향적인 그리고 고객을 위해 가치를 제시할 접근을 수용하는데 놓여 있다. 그러한 지점스태프는 고수준의 상호개인적인 스킬로 훈련되었다는 것을 확신시키는 것도 중요하다. 고객들이 지점에 들어갈 때마다 강제적으로 구매하라는 지각보다 고객의 노여움, 불만족 그리고 이탈을 일으키기 쉬운 것은 없다고 말하는 것은 공정하다.

지점을 현재 고객들에게 추가적인 상품을 유통하는 수단으로서 사용하는 것은 단호히 마케팅믹스의 사람 요소에 달려 있다. 사람의 역할을 쉽게 하는 다른 시나리오는 보험회사의 직접 판매원 또는 전화 콜센터에 있는 콜 대리인과 같은 직접 대면판매와 서비스에 관여하는 것들이다.

직접 판매원은 고객관계를 강화하는 수단으로서 굉장히 중요하다. 모든 형태의 보험대리인, 브로커, 직접 판매 자문사와 독립적인 재무 자문사들은 모두 상품제공자와 고객 간에 관계를 강화하는데 도구적 일 수 있다. 헌터와 파머의 표현들은 직접 판매원의 맥락에서 때때로 사용된다. 헌터는 신규고객들을 유치하는 역할을 수행하는 자문사들이고, 파머는 이름이 의미하는 대로 서비스 욕구와 기존 고객의 신상품 요구를 돌보는 책임이 있다. 때때로 회사들은 별도의 farming 판매 팀으로부터 구별되는 헌팅 판매 팀을 가지고 있다. 그러한 책임의 분할은, 그렇게 주장되듯이, 고객관계를 유치하고 개발하는 각각의 목적에 초점을 높게 두는 것을 허용한다. 그러한 주장을 많이 칭찬하지만, 실무에선 고객들이 자주 초기에 그들에게 상품을 판매하는 자문사와 긍정적이고 신뢰하는 관계를 구축하고, farming 자문사에게 맡겨지는 것을 원망한다. 이러한 이유로, 헌팅/farming에 초점을 둔 접근은 모든 자문사들이 헌팅과 farming 모두에 책임이 있는 혼합 모델로 되돌아가는 경향이 있다. 이러한 후자의 접근은, 진행 중인 고객관계에 대한 책임을 가짐으로써, 자문사는 전달될 수 있는 것만을 제공하려 한다는 사실에서 관계마케팅 철학에 더 잘 맞다. 적절하게 자원 조달되어, 잘 훈련된 성실한 직접 판매원은 배당소유자 가치와 고객혜택을 모두 발생시키기 위한 강력한 차체이다. 헌팅과 farming 역할의 명백한 구별은 많은 비용과 시간이 드는 신규 비즈니스 포석이 실무적으로 그리고 경제적으로 실용 가능한 정리를 할 수 있는 B2B 환경에서 더 보편적이다. 예를 들어, 중고차 딜러에게 임대설비를 판매하는 재무회사는 비즈니스를 예측하고 그러한 판매를 확보하는데 상당한 노력이 필요할 수 있다. 그렇지만 신규 과정과 절차의 확보와 지속적인 검토는 훨씬 더 복잡하고 시간소모적일 수 있고, 전용의 금융기관구조를 요구하는 다른 스킬세트를 요구한다. 그러므로 대규모 B2B 상품서비스 준비의 여러 국면에서의 복잡성은 자주 판매와 클라이언트 관리역할의 구별이 필요하게 되는 전문화를 요구한다.

사례연구 17.1에서, National Savings & Investments가 어떻게 성공적으로 고객유치와 개발에 관한 마케팅 믹스의 요소들을 통합했는지를 본다. NS&I 경우의 특정한 특징은 회사가 Siemens Business Services에 행정 역할 모두를 외부조달 했다는 것이다.

사례연구 17.1 National Savings & Investments

▶ 배경

National Savings & Investments는 8%의 시장점유와 투자자산으로 £70bn을 지닌 UK의 3번째 큰 소매 저축과 투자 제공자이다. 그것은 전화, 인터넷, 우체국과 우편으로 매년 6천만 거래 정도를 발생하는 26백만 이상의 고객을 가지고 있다. 1999년에, NS&I는 UK의 가장 큰 Public Private Partnership(PPP)에서 기능(운영, 프로세싱과 하부구조개발)의 90%를 외부조달 했다. 관계는 몇 단계를 거쳐 클라이언트/공급자의 관계를 넘어 상호 의존적인 파트너십의 관계로 진화되었다.

▶ 사람과 과정

외부조달 된 콜센터와 NS&I의 클라이언트 팀은 친밀한 관계를 향유한다. 대부분 콜센터 스태프는 후방사무실 역할로부터 고용되어서, 신규스태프는 고객이 채널을 바꿀 때 전 과정을 부드럽게 도와주는 비즈니스의 살아 있는 지식을 가지고 있다. 훈련부서는 전화통화법 적정성, 고객 오리엔테이션, 커뮤니케이션과 상세한 주의를 평가하고, 인터뷰과정은 비즈니스인식, 협조와 몰입에 초점을 둔다. 판매와 서비스전달 관리자들은 효과성을 극대화하기 위해 개인적인 목표를 공유한다. 이러한 파트너개발에 대한 접근은 〈그림 17.1〉에 요약된다.

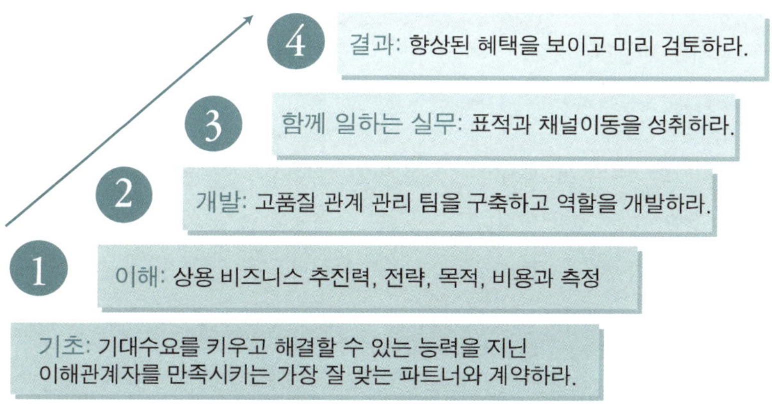

<그림 17.1> 파트너십 개발

스태프에 대한 파트너십의 몰입은 위쪽의 사분위의 고용 용어들에 의해, Employee Bonus와 Recognizing Excellence Schemes; Defined Benefit Pensions와 작업환경, 과정에 영향을 미치는 기회를 포함하여 증명된다. 훈련은 전문가 팀에 의한 협조적이고 전달된 사내의 일이다. Customer Service Representatives(CSRs)은 9개의 주요 콜 요소들을 커버하는 20주 모듈의 프로그램이다. Employee Opinion Survey 산출물은 분석되고, 개선을 이야기 할 기획들이 제자리를 잡는다.

▶ 유통

NS&I의 전화통화법 채널의 급속한 팽창과 개발은 성취된 성장과 함께 주요 비즈니스 목적이었다.

- 능력이 작년에 160에서 285 좌석으로 (120에서 250 FTE) 증가되었다.
- 기준 시점으로부터 매년 전화판매는 2000/2001년에 £188m으로부터 2004/2005년에 £1,399m으로 8배 이상 상승하였다.
- 통화량은 동일 기간에 걸쳐 811,000로부터 2,933,000으로 증가하였는데, 모든 통화는 IVR(상호작용하는 음성인식)에 의해서가 아닌 사람에 의해 취급되었다.
- 전화와 인터넷 판매는 지금 모든 판매의 30%를 구성하지만, 전체적인 표적도 유의미하게 증가되었기 때문에, 우체국 판매에 대해서도 여전히 동일한 가치를 받는다.

▶ 고객관리와 조사

비즈니스의 현대화를 지원하는 직접 판매 성장의 추진력은 충성적인 기존 고객 기반의 비용으로 된 것이 아니었다. 이러한 결과들은 NS&I의 상품들을 우편 만에 의해서 보다 전화판매가 가능하게 함으로써 능력구축과 전화서비스 인식을 구축하는 결합에 의해 성취되었다. 전반적인 만족수준은 일찍이 높은 90%로부터 93%로 향상되었다.

시장조사는 판매를 성장시키고, 선호하는 선택채널이 우편 혹은 지점이었던 고객들을 이탈시키지 않고 더 저비용이 드는 채널, 예를 들며 전화통신으로 이동하도록 개발된 주요 고객세분시장을 확인했다(표 17.1을 보라).

표 17.1 NS&I의 세분화

주요 전화포커스	연령 프로파일	사회집단 프로파일	전화성향	세분시장별 전화사용 우도
성숙 주류	62	A와 저 DE	전화의 주요 세분시장은 아니지만 전통적인 채널에서 일부를 제거할 기회	저
부유 퇴직자	61	고 AB	전화로 구매하고 전화로 거래하는 평균보다 높은 성향을 가진 주요 세분시장	중
분별 있는 성숙	62	B	전화로 구매하고 전화로 거래하는 최고 성향을 가진 주요 세분시장	중
기획자	40	B	전화로 구매하고 전화로 거래하는 고 성향의 주요 세분시장	고
커리어 빌더	26	B	전화와 전자수단에 의해 구매하는 성향을 가진 표적 세분시장	고
확립된 전문인	40	C	전화로 구매할 표적 세분시장	고

조사와 피드백 도구들이 고객욕구를 이해하고 예상하고 고객기대를 넘는 NS&I의 전략들을 지원하고, 채널은 완수된 최고수준이 되도록 사용된다. 집단들 High AB를 C로 매칭하고, 전화 혹은 인터넷에 의해 비즈니스를 거래하려고 하는51%의 고객들로, NS&I는 인터넷에 의해 바로 따라오는 전화통신 이동주도권을 개발했다. 과제는 고객경험을 고객들이 더 향상되게 반복하려는 것으로 만들고자 한다.

조사에 의거하여, NS&I는 고객 옹호를 경쟁우위를 구축하기 위해 고객경험을 향상시킬 것이다. 더 이상의 타겟은 50%의 판매가 전화와 인터넷에 의해 전달되는 것이다. 다음의 피드백 도구가 고용 된다. 포커스 그룹과 고객패널, 자주 질문되는 질문들, 반면에 고객 의견은 순환되는 주제, 이슈와 증진분야, 신비스러운 쇼핑가조사를 위해 평가된다. 추가적으로, 월별 고객전화조사는 최근 서비스 사용자가 중요하다고 생각하는 것, 경험과 NS&I가 타 재무서비스 제공자와 어떻게 비교하는 지에 대한 코멘트를 위해 최근 서비스 사용자를 인터뷰하는 MORI에 의해 수행된다.

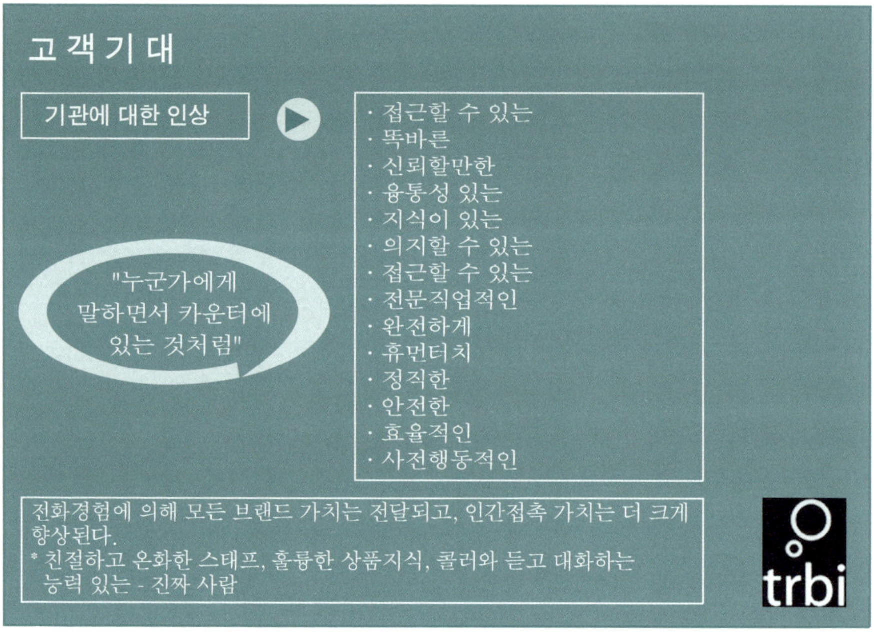

<그림 17.2> 고객경험

▶ **고객경험**

독립적인 조사는 고객경험을 평가하기 위해 사용된다(그림 17.2를 보라). 일부 헤드라인 사실들은 다음과 같다.

- 97%의 통화는 20초 내에 대답 된다.
- 99.5%의 판매통화와 98%의 모든 통화는 첫 번째로 대답 된다.
- 낮은 스태프해고(11%)는 콜센터 스태프가 경험이 있고, 상품, 문화 그리고 목적들을 이해하고, 그리고 고객들에게 고품질 서비스를 제공하는데 우수하다는 것을 확인 한다.

- 브랜드가치를 전달하는데 있어서 성공이 측정된다.

자료: Jill Waters, Head of Direct Sales, National Savings & Investments.

17.7 과정

고객개발을 위한 재무서비스 마케팅 믹스의 요소로서, 과정은 추가적인 상품의 구매뿐만 아니라 서비스와 행정적인 일과의 전달을 쉽게 하는 역할을 한다. 재무서비스 마케팅믹스의 사람요소는 고객개발과 연계된 판매행정 기능을 제공하는데 역할을 가지고 있을 지라도, 과정들과 밀접하게 결합되어 있다. 예를 들어, 전화 콜센터와 인터넷은 판매, 구매와 행정적인 역할을 수행하기 위해 그들의 능력에 비추어 고객개발 진행에 매우 큰 공헌을 했다.

인터넷은 고객들에게 데이터 유용성 관점에서 그들의 욕구와 24/7의 비율로 일련의 행정기능의 성능을 최소비용으로 만족시킬 수 있게 하였다. 그와 같이, 훨씬 더 비용이 드는 은행과 주택금융조합의 지점 - 기반 자원들을 보충한다. 그렇지만 그것이 적어도 시장개발의 이 단계에서는 대체적인 역할보다는 보완적인 역할을 수행하는 것을 주목하는 것이 중요하다. 전화 콜센터는 고객개발을 위한 마케팅믹스의 부분으로서 특히 중요했다. 그것은 일련의 구매와 행정적인 일과를 제공하는 저비용 수단이다. 최근에 콜센터의 역외 외부조달은, India에 가장 괄목하게, Fidelity, Norwich Union과 GE Capital과 같은 회사들에게 증가하는 역할을 한다. 그들은 들어오는 고객행정과 구매요구를 거래하는 저비용 수단을 제공한다. 그렇지만, 재무서비스만에 아니고, 일련의 산업들의 기존 고객기반에게 아웃바운드 선제적인 판매행위에 있어서 그들의 역할은 더 논쟁의 여지가 있다. 모바일 전화와 정보통신 부문은 외부로 나가는 판매통화를 하기 위해 역외의 콜센터를 사용하는데 특히 능동적이었고 이러한 판매형태에 점차로 증가하는 적개심의 증거가 있다. 이러한 적개심은 실제 통화의 발단보다는 그것의 강제성에 더 관련이 있다. 그럼에도 불구하고, 원하지 않는 아웃바운드 판매전화사용의 비용효과는 전반적인 고객만족수준에 부정적인 영향에 반하여 균형이 잡혀야 한다.

인터넷과 콜센터의 사용경우에, 디자인과 과정의 특징들은 고객들을 좌절시키고 만족을 높이기보다는 감소시킨다. 웹사이트는 고객 또는 예비고객의 욕구를 가장 잘 반영할 수 없는 질문의 본질에 대해 항해하고 가정을 만들기 어려울 수 있다. 예를 들어, 그러한 사이트는 일반적인 질문들을 하기 불가능하게 만들고, 제품기반으로 하는 것이 보통이다. 불평처리는 자주 불충분하게 처리되고, 검토된 대다수 불평들은 서비스와 해결을 위한 서면요구를 요구한다. 고객을 도와줄 적절한 전화번호의 부재와 통화에 응답하지 못함은 종종 원성의 원천이다.

콜센터는, 자동 전화취급과정(IVR)이 요구되는 서비스 반응정도를 전달하지 못하는 것 때문에 유사한 좌절을 결과할 수 있다. 지적되는 것은 소위 고객여행(customer journey)의 훨씬 잦은 사용이다. 이 용어에 의해 임원진은 철저하게 인터넷과 전화 기반 과정들의 반응성, 기능성과 효과성을 처음으로 검증해야 된다는 것을 의미한다. 이것은 그들 지점의 사용자로서 그들의 고객경험에 상당히 개인적인 시간을 할애하는 슈퍼마켓 CEO들의 실무와 다소 유추적이다. 그러한 접근은 쇼핑고객 뿐만 아니라 그러한 소매회사들의 주주들에게도 엄청난 혜택을 제공했다.

마케팅믹스의 요소들이 장기에 걸쳐 고객관계를 개발하기 위해 사용되어지는지에 관계없이, 그들의 영향을 평가하는데 노력이 경주되어야 하는 것은 필수적이다. 고객유치과정의 영향을 측정하는 것은 상대적으로 단순하다. 예비고객은 구매하고 고객이 되든지 혹은 초대를 거절한다. 이런 개인의 두 가지 유형은 미래정책과 실무를 알리는데 목적이 있는 피드백에 참여할 것을 초대될 수 있다. 그렇지만 예비고객이 고객이 되면, 고객이 상호작용하는 폭넓은 방법들이 있고 제공자회사에 노출된다. 고객의 마케팅믹스와의 상호작용은 부정적이고 긍정적인 지각을 형성하는데 의식수준 뿐만 아니라 무의식에서도 영향을 가지고 있다.

ResponseTek은 비즈니스 향상을 확인하는 수단으로서 고객들의 기대를 캡처하는 방법론을 발전시킨 회사이다. 그 회사는 향상분야를 확인하는 수단으로서 갭분석의 개념을 사용한다. 고수준의 옹호를 발생시키는 목적은 ResponseTek의 접근에 중요한 역할도 한다. 그것은 오늘날의 고객의 소리는 인터넷에 의한 그리고 블록과 온라인 채팅에 의해 더 그렇게 된 강력한 것임을 강조한다. ResonseTek의 견해에서, 회사들은 그들의 전통적인 밀기/당기기 마케팅노력을 유지하고 고객욕구와 요구라고 생각하는 것을 전달할 수 있다. 대체적으로, 그들은 그들에게 고객들을 더 잘 듣고 발생하는 통찰력에 따라 행동하도록 디자인되어 온 ResponseTek의 고객경험관리(CEM)를 수용할 수 있다. 사례연구 17.2는 ResponseTek의 접근을 더 자세하게 설명한다.

사례연구 17.2 ResponseTek의 고객경험관리

CEM에 의해 회사는 고객의 소리를 사업전략과 운영에 반영할 수 있다. 목적은 옹호의 최종목적으로 인도할 신뢰와 충성도의 개발이다. ResponseTek에 의하면 옹호의 영향과 고객의 만족을 감시하는 것은 충분치 못하다. 대신에, 고객옹호와 만족을 위해 회사가 고객만족과 옹호의 근원을 이해할 수 있게 함으로써 더 고수준의 이해로 가져가는 것이 필요하다. 그러한 근원이 확인되면, 효과적이고 잘 초점이 맞춰진 행동이 만족, 옹호와 수익성을 올리도록 수행될 수 있다. ResponseTek은 그것의 핵심 한 벌은 다음에 구성된 고객경험관리 능력의 완전한 세트를 전달하는 유일한 소프트웨어 플랫폼이다.

- 다채널 경험수집
- 분석

- 보고하기
- 작업흐름 관리
- 닫힌 루프 피드백

CEM 방법론은 3개의 핵심요소들을 기반으로 한다. 즉,

1. 관여하기

고객경험이 발생할 때마다 발생하는 곳에서 고객경험을 잡는다. 이것은 계속해서, 고객, 회사 혹은 사건주도적인 고객통찰력을 콜센터, 웹 혹은 스토어 판매점과 같은 어떠한 채널로부터도 그들이 원할 때 그리고 그들의 의견들이 즐거움 혹은 실망의 순간에 형성될 때 수집한다는 것을 의미한다.

2. 통합하기

고객의 소리를 과정과 직원 활동으로 통합한다. 스태프, 파트너와 임원진들은 실질 시간 고객경험 정보에 기반으로 한 결정들이 알려지도록 할 필요가 있다. 올바른 정보는 임원진으로부터 일선 직원까지 올바른 개인에게, 올바른 시간에, 여과될 필요가 있다. 사용자는 고객에 되돌아가는 개선 혹은 코멘트를 알려 줄 수 있어야 한다.

3. 개선하기

계속해서 고객경험 통찰력을 성취할 수 있는 개선으로 바꾼다. 고객경험 정보를 기반으로 한 기업 커뮤니케이션과 변화를 쉽게 하는 능력은 더 큰 고객경험관리 혜택을 성취하는데 또 다른 중요한 국면이다. 성취할 수 있고, 닫힌 루프 커뮤니케이션 능력은 회사들이 사업전략을 고객통찰력과 정렬할 수 있게 하고, 과정에서 옹호고객을 창출할 수 있게 해준다.

〈그림 17.3〉은 ResponseTek이 CEM의 모든 국면들을 고객지향 기업으로서 설명되는 통일된 개념 틀 속에 통합하려 한다.

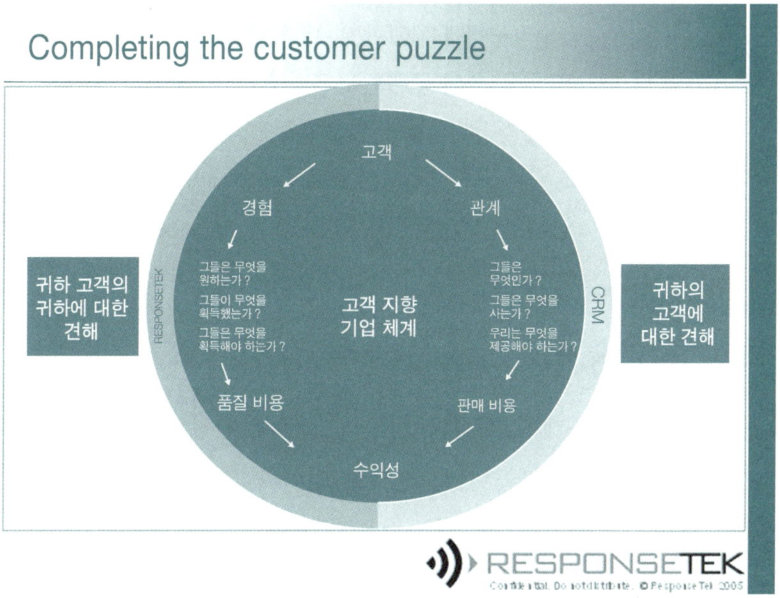

<그림 17.3> ResponseTek의 고객지향 기업체계

Aon Reed Stenhouse(ARS)는 ResponseTek의 시스템을 사용하는 많은 재무 서비스 조직 중에 하나이다. ARS는 AON의 캐나다 지국으로, 위험관리와 보험브로커 서비스의 글로벌 제공자이다. 증가하는 경쟁과 고객에 대한 제한된 이해에 직면하여, ARS는 유지를 향상시키고, 더 좋은 이해로 고객경험을 향상시켜서 ARS로 하여금 경쟁과 관계없게 하는 효율적인 해결책을 찾고 있었다. ResponseTek은 실제시간 고객경험의 정규적인 감시를 제공하는 ARS 시스템, 상급관리자에게 세분시장별 그리고 지역별 고객경험의 매일매일의 요약을 제공하는 '계기판' 시스템과 매일매일 기반으로 '위기에 처한' 고객(잠재적인 훼손)을 위한 조기경보 시스템을 실행했다.

David Cliche, ASR의 마케팅관리는 CEM을 실행한 혜택을 요약했다.

우리는 변화하는 보험산업의 경쟁적인 환경에 반응해야 하고, 더 많은 정보를 가지고 비즈니스결정을 하는 대체적인 방법을 찾아야 한다. ResponseTek은

> 고객의 소리를 우리의 비즈니스 과정으로 통합함으로써 이것을 성취하게 했다. 우리는 이전보다 우리의 고객에 대해 훨씬 더 많이 안다. 한 접촉점보다 우리는 고객의 라이프사이클을 통해 고객들과 우리의 상호작용을 이해할 수 있다. 우리의 고객들이 원하는 것과 그들이 필요로 하는 보완적인 상품과 서비스를 아는 것이 가치있는 정보이다.
>
> 원천: Yalman Khan and Richard Sharp, ResponseTek

17.8 마케팅 성과평가

이 절에서 우리는 마케팅 개념과 실무의 실행에 관한 이슈들과 그들의 공헌이 어떻게 평가되어야 하는 가를 생각할 것이다. 지금까지 마케팅은 그 이름을 지닌 부서들에 의해 종사되는 실무적 활동에 대해 더 적으나, 차라리 비즈니스 철학 또는 오리엔테이션을 구성한다고 확고하게 확립되었다. 고객의 문제, 욕구와 요구를 이해하고 이것들이 만족될 수 있는 수단을 제공하는 것이 이러한 오리엔테이션의 중심이다. 상당히 단순하게, 마케팅은 고객을 얻고 유지하는 것이고, 이러한 노력의 성공은 고객의 이익에 엄청난 유의미성이 주어져야 함을 요구한다. 그러므로, 진실로 마케팅 중심의 조직은 경쟁적으로 우수한 고객만족을 전달하는 것이 모든 이해관계자 이익의 장기적인 최적화를 가져온다고 위에서 밑까지 믿는다. 주장컨대, 금융기관의 CEO는 자신에게 모든 책임이 금융기관의 고객 중심을 위해 CEO에게 맡겨졌으므로, 사실상 마케팅 디렉터 혹은 VP로 보아야 한다. 마케팅 성과의 감사는 고객만족에 영향을 주는 모든 기능의 성과를 평가함으로써 철저하고, 전체적인 접근을 해야 한다.

금융기관별로 마케팅오리엔테이션의 정도와 고객지각에 영향을 가지는 모든 부서의 영향을 평가하는 것 외에, 마케팅부서의 공헌을 평가할 필요가 있다. 마케팅전략, 고객유치와 고객개발의 활동들이 적절하고, 효과적이며, 효율적이고 전문적인 매너로 수행되도록 하는 것이 마케팅팀에 달려있다. 마케팅팀은 쉽게 요구되는 효과성, 효율성 및 전문성의 수준으로 운영하지 못함으로써 지지자의 신뢰뿐만 아니라 잃게 되는 마케팅신뢰에 책임이 있다. 이것은 SERVQUAL 모델에 발생하는 것들과 다소 유추되는 많은 갭의 보편성 때문에 발생할 수 있다. 마케팅 성과분석에서 특히 주목할 것은 다음의 갭들이다.

- 갭 1: 외적인 역할 갭 - 마케팅 역할에 관한 다른 기능적 관리와 스태프의 기대와 실제적인 역할과 책임 간에 차이
- 갭 2: 내적인 역할 갭 - 마케팅 관리와 스태프의 역할에 대한 그들 간의 기대차이
- 갭 3: 내적인 전달 갭 - 마케팅 팀이 전달하는 것과 그들이 믿기에 실제로 전달해야 하는 것의 차이

위의 모두 4개의 갭들은 지각되는 것과 객관적으로 증명될 수 있는 것의 조합에 관여한다고 쉽게 인정될 수 있다. 두 개의 구성은 상급마케팅관리자가 지각관리에 충분히 주의를 기울이지 못하면 정렬되지 않을 수 있다. 그들 부서의 내적인 지각을 관리하지 못하는 반면 그들 회사의 고객지각에 영향을 미치는 훌륭한 작업을 하는 열심히 일하고 생산적인 마케팅팀의 많은 예들이 있다. 상급 마케팅관리자에 의한 너무 잦은 성과평가는 갭 2에 따르는 갭 4로 인하여 편향된다. 갭 3과 4를 말하는데 부족한 주의가 기울여지고, 이러한 빠뜨림은 마케팅 신뢰를 잃게 된다. 그러므로 상급 마케팅관리자는 그들이 모든 4개의 갭에 원래부터 있는 위험들을 확인하고 그들을 봉쇄할 전략을 만들도록 해야 한다.

마케팅 임원진은 주어진 활동과 행동과정에 연관될 수 있는 위기들을 정확하게 인지할 필요가 있다. 타상업적 부문에서 보다 재무 서비스 분야에서 인식하지 못한 것을 대면하는 위기가 있다고 말하는 것은 아마도 공정하다.

재무적인 그리고 규제적인 위기는 특히 어렵고, 적당한 신중함과 근면함을 경주하지 못하면 극한의 경우에 기업이 도산될 수 있다.

주요 임원진과 마케팅 디렉터는 자주 그들의 마케팅 자원으로부터 얻는 가치를 평가하기 위해 투쟁한다. 고객개발을 위한 Canford Centre는 Marketing Mentor에 의해 기업목적에 대한 마케팅공헌을 평가하기 시작했다. Marketing Mentor를 통해서, CEO들과 마케팅 디렉터들은 그들이 다음과 같이

- 기업 목표에 타당하고 가치있는 공헌을 하고 지속되도록, 유지해야 하고
- 기대 수준 이하로 실행하는 것을 기능개선프로그램으로 핵심을 틀림없이 개선되도록, 개선해야하고
- 현재 검증할 수 없는 것은 마케팅활동 프로그램에 소개되도록, 시작해야 하고
- 조직의 목표에 도움이 되지 않는 것은 포기하도록, 삭제해야하는

마케팅 활동을 확인하는 방도를 가지고 있다.

마케팅성과는 7개의 핵심 진실의 순간(moment of truth)에 의존한다는 주장이 방법론의 핵심이다. 즉:

1. 마케팅전략
2. 고객유치
3. 고객개발
4. 상품 및 서비스 관리
5. 커뮤니케이션 및 지각관리
6. 기획 및 실행
7. 인적 관리 및 개발

최종적으로, 엄격함, 식별력과 판단은 개별적인 마케팅 임원이 사건을 발생시킬 수 있지 않는 한 쓸모없을 것이다. '힘 실어주기'의 흔한 진언에도 불구하고, 일련의 힘들은 마케팅관련 변화가 발생하지 못하게 활동한다. 그러한 금지시키는 힘들 중에

- 위기 회피
- 실패의 공포
- 개별적인 그리고 집단의 냉소
- 인어시아와 기업야망의 부족
- 상급관리자의 통제변덕
- 비난 중심의 문화

상위 목록은 포괄적도 아니고 완전히 상호 배타적인 것도 아니지만, 각각은 진정으로 마케팅 중심의 금융기관이 되기 어렵게 하는 일종의 금융기관 배경을 캡처한다.

17.9 기업의 사회적 책임(CSR)

Alferoff 등(2005)은 지난 20년 동안에 일련의 요소들이 당대의 재무서비스 기관들을 위한 운영풍토의 심오한 변화에 책임이 있고, 다음의 것들을 포함한다.

- 글로벌화 그리고/또는 지역화
- 시장화 그리고/또는 특정 개인에 속하는 파트너십
- 커뮤니케이션의 속도와 투명성
- 서비스 경제로의 이동
- 사적인 지급을 선호한 공공복지의 후퇴 또는 제한

동시에, 기업윤리와 사회적 책임에 초점을 두는 국가정보, 국제단체와 규제자들을 포함하여 다양한 이해관계자들로부터 증가된 수요가 있다.

세계적으로 정부들은 지금 이사회에서 기업지배와 내적 및 외적인 이해관계자들의 사회적 책임의 표준을 개선하는 '가혹한' 그리고 '온건한' 법령을 소개함으로써 비즈니스 부문에 더 큰 투명성, 개방성 및 반응성을 창출하고자 하고 있다. 몇 개의 높은 프로파일 추문에 의해 더 긴급해진 이러한 요구에도 불구하고, 기업의 사회적 책임이 비즈니스 정책과 실무의 중심부분 이어야 하는지에 대한 일치감의 부족 외에도, 중대한 문제들이 기업의 사회적 책임의 정의를 둘러싸고 있다.

일찍이 언급되어진 대로, CSR은 세계무대에서 더 중요성을 가정하고 있고, 미국의 생명보험 Mutual of America는 Mutual of America Foundation의 매체를 통해 여러 해 동안 그 자체 소유의 CSR 에이젠더를 진전시켜 오고 있다. 사례연구 17.3에서 재단이 CSR의 책임을 완수하려는 공헌의 중요한 요소로서 공동사회 파트너십상을 어떻게 사용했는지를 알 수 있다.

사례연구 17.3 Mutual of America와 기업의 사회적 책임

Mutual of America는 미국에 여전히 운영하는 규모 있는 몇 안 되는 상호 생명보험회사들 중에 하나이다. Mutual of America는 본디 National Health and Welfare Retirement Association(NHWRA)이었고 퇴직기획과 보험 커버리지를 제공하는 비즈니스를 1945년 10월 1일에 시작하였다.

NHWRA는 비영리 건강 및 복지기관을 위한 퇴직시스템을 만드는데 독특했다. 그러한 그룹들은 일반적으로 고용된 사람의 수가 적기 때문에 동시에 보험 캐리어로부터 커버리지를 얻을 수 없었다. 더욱이, 그들의 직원들은 대부분 비영리기관에 노동자를 배제한, Social Security에 참여할 자격이 없었다. 이런 고로 명백한 필요성은 신규유형의 퇴직기관을 위해 존재했다.

회사는 원래 Community Chest(지금은 United Way)로부터의 대부로 1945년에 자본형성 되었고, 1984년에 Mutual of America Life Insurance가 되었고 곧 50주 모두에서 비즈니스를 하도록 면허되었다. 2005년 말에, Mutual of America의 자산총액이 US$11bn이 넘었다.

Mutual of America는 일급기관의 재무적 강점에 의해 뒷받침되는 최고 품질의 상품과 서비스를 제공하는 회사로 오늘날 알려지고 있다. 회사가 독립적이고 커미션기반의 프로듀서들을 고용하지 않는다는 사실에 직접 처리하는 회사이다. 모든 상품들은 회사 자체의 정규 봉급을 받는 전문 스태프에 의해 시장화되고 서비스된다. 상호 윤리의 접근에 또 다른 중요한 지적은 회사는 보험해약 페널티를 반영한 어떠한 상품도 판매하지 않는다는 것이다. 많은 경쟁자들과 달리, Mutual of America는 고객들에게 판매 대리인을 통해 그러한 시설에 접근해야 하는 대신에 웹기반 시스템의 직접 사용자가 되라고 장려한다.

회사는 공동사회 기반 활동과 자선의 오랜 역사를 가지고 있고, 1996년 공동사회 파트너십상(CPA)를 설립했다. CPA를 지지하는 것은 자선 그리고 공동사회지원기관과 같은 비영리기관들이 그들의 접근에 더 전문적이 되고 재무적인 안전성을 더 가지도록 장려하는 바램이다. 지금은 11년째인 CPA는 비영리기관들을 위한 매년 국가경쟁으로서 확고히 자리를 잡았다. CPA 설계는 공공, 사설 그리고 사회적 부문 기관들 간에 더 큰 파트너십이 공공안녕에 충당되라고 장려할 목적이다. 그러한 파트너십은 아동학대, 청년실업, 무주택, 정신적인 질병과 많은 다른 사회적 공공사회 이슈와 같은 이슈들을 말한다. CPA의 사명은

> 더 큰 안녕을 위해 협동하는 모델로서 단결하는 공동체를 구축하기 위해, 기부자나 수혜자가 아닌 동등한 파트너들로서 함께 일하는 공공, 사적 또는 사회부문 리더들과 파트너십을 가능하게 함으로써 모범적인 리더십을 보여주는 미국의 뛰어난 비영리 기관을 인식한다.

이것의 예는 Conneticut주 Harford시의 Boys' and Girls' Club이다. 클럽은 오락 활동을 위한 펀드를 일으키고 적절한 시설을 확보하는데 어려움을 경험하고 있었다. 그것은 지역 대학(Trinity College)에 접한 조그만 토지를 확인하고, 대학자제 스포츠 시설을 공유하도록 대학의 이사회와 성공적으로 협상하였다. 스포츠시설의 지급에 추가로, Trinity College 학생들은 클럽의 회원인 청년들에게 스포츠와 공부 자문사로서 활동했다. 클럽자체의 스포츠, 아트와 컴퓨터시설에 추가로 클럽의 청년들은 Trinity 행사와 시설들, 즉 콘서트와 연극, 운동장, 수영장, 도서실과 기술 방들에 접근한다. 월요일부터 금요일까지, 3시 이후에 그리고 토요일 아침에, Trinity 학생들은 작업-연구 프로그램, 인턴십과 클럽에서 자원 활동을 한다. Boys' and Girls' Club 스태프와 함께 일하면서, 그들은 숙제를 도와주고, 스포츠를 지도하고, 아트와 컴퓨터 스킬을 가르치고 성격개발, 리더십과 청년을 위한 생활스킬들

의 프로그램을 운영한다. 이런 방식으로 관여된 다양한 이해관계자 집단들을 위한 실제 시너지를 성취하는 힘찬 공동체 자원들이 개발되었다.

CPA는 매년 경쟁을 위해 수백의 신청서를 받는 데까지 성장하였다. 독립적인 평가 패널이 이 숫자를 짧은 목록으로 줄이고, 이러한 신청들은 승자가 최종적으로 선택되기 전에 더 엄격한 평가를 한다. CPA의 중요한 국면은 상당한 자원들이 판단과정을 통해 확인된 아이디어와 최선의 실무들을 촉진하는데 받쳐진다는 것이다. 이런 방식으로, 지식이 미국의 더 넓은 비영리부문의 혜택을 위해 공유되고 추가된다.

자료: Thomas Gilliam, Chairman, Mutual of America Foundation

17.10 지속할 수 있는 미래를 향하여

여러 측면에서, 마케팅과 미래의 고려는 풀 수 없을 만큼 연결되어 있다. 이러한 관계는 미래의 시장을 형성시키는 힘을 이해하고자 할 때 마케팅의 역할에서 증명된다. 전략적 마케팅기획은 형식적으로 환경적인 추세를 평가하는 과정을 설명하고, 금융기관의 미래 생존과 성공을 유지하기 위해 그러한 추세에 반응하는 시나리오를 제시한다. 고객관계마케팅은 계속성의 개념과 확장된 기간에 걸쳐 개별적인 고객의 변화하는 욕구에 반응하는 것을 기반으로 한다. 그러므로, 지속성이란 용어는 마케팅맥락에서 특별한 공명을 가지고 있다. 그것의 유의미성은 마케팅을 넘어 금융기관의 미래생존의 바로 핵심에 있다.

마케팅이 두 개의 특정한 방식으로 지속성의 이슈에 공허할 수 있다. 첫째, 그것은 전략적으로 그리고 전술적으로 하는 역할을 통해 금융기관 자체의 생존과 미래 성공을 확신하는 결정적인 역할을 담당한다. 둘째, 그것은 사회적인 그리고 환경적인 지속에 관해 더 많은 이슈들에 공헌하는 역할을 할 수 있다. 전자를 내적 지속성 그리고 후자를 외적 지속성이라 부르자.

내적 지속성에 관한 한, 마케팅은 책에서 다양하게 참조된 전략적 삼각지대를 형성하는 필수적 역할을 한다. 환경적인 스캐닝에 마케팅의 역할 중요성은 특히 주목할 만하다. 이것은 금융기관의 생존이 보호될 수 있는 미래 수요와 공급을 형성할 노력에 대한 지식을 계속적으로 상기하여야 한다. 이런 이유로 환경적인 스캐닝은 필요한 헬리콥터 비전정도를 제공하는 적절하고 광범위한 것이 필수적이다. 이것이 다국적인 플레이어의 경우에 특히 중요하다. 예를 들어, 세계 주요 집단화의 인구통계적인 프로파일을 고려하면, 북미, 유럽 그리고 일본(옛날 경제라고 부르는 것)의 인구는 8억에 다다른다는 것을 관찰한다. 중국의 인구는 13억 3천만정도이고, 대서양 아프리카 해협에서 동쪽으로 인도네시아 군도까지 모하메드 세계의 합친 인구는 20억 이상이다. 주요 문화적 갭은 이러한 3개의 기본적인 집단화사이에 적용되고, 명백하게 다국적 기관들은 그들 각각의 변화추진력에 특히 조준되어 있어야 한다. 시나리오 기획은 다국적 기관의 매크로환경에서 가능한 기회와 위기를 확인하려는 수단으로서 특히 유용한 테크닉이다. 그러한 접근 받아들여진 현명함과 균형점에 도전하는 새로운 통찰력을 자극하는 수단으로서 봉사할 수 있다. G8 자본주의적 민주주의 전형적인 사고방식에 순전히 기초한 세계관은 미래전략을 형성하기 위한 기반으로서는 매우 부족할 수 있다.

추가적으로, 마케팅은 마케팅이 봉사하려는 금융기관의 미래전망을 위험하게 하지 않는 것과 같은 마케팅 믹스의 사용관점에서 책임을 이행해야 하는 의무가 있다. 이것은 한편으로 마케팅활동과 연계된 위기의 날카로운 인식에 관여하고 다른 편으로 건전한 상업적 판단을 수행할 필요에 관여한다. 전자에 관한한, 건전한 기업자원의 관리뿐만 아니라 규제적인 그리고 법적인 요구를 철저하게 인정하는 것을 요구한다. 몇 년 전에 무료 대서양횡단 비행에 관여한 Hoover의 부도덕하게 고안된 판매촉진은 거의 회사의 붕괴를 일으켰다. 촉진과 자격심사의 사용에 관한 효과적인 통제부족은 회사를 재무적으로 그리고 명성에 의해 엄청나게 비용을 들게 했다.

건전한 상업적 판단은 필수적이고, 마케팅과 상품개발 분야에서 혁신은 너무 진전하기 전에 상업적 성실의 강력한 도전에 저항할 수 있어야 한다.

2006년 3월 Cazalet Consulting(www.cazaletconsulting.com)에 의해 수행된 분석은 어떠한 실질적인 신규연금저축도 과거 4년 동안 거의 발생하지 않았다고 제시한다. 분석은 거의 전체적으로 기존 연금투자를 휘저은 것을 기반으로 한 산업의 천명된 신규사업결과들을 지적했다. 그러한 전이를 거래하는 책임을 진 중개자들은 그들이 발생시키는 요금과 커미션으로 혜택을 입는 반면에, 이것은 제공자 혹은 소비자의 장기적인 이익이 되지는 못한다. 단일 -프리미엄 연금판매의 분석은 고객에게 부과된 청구금액으로부터 지불된 커미션을 공제하기 위해 단순히 8 혹은 9년 정도 걸릴 수 있다고 누설한다. 생명회사의 자체 초기비용이 더해지면, 정책이 손실을 메우는데 10~12년 걸릴 수 있다. 이상하게도, 커미션 환수 기간은 전형적으로 단지 3년일지라도 말이다. 이것이 의미하는 것은 소비자와 제공자를 모두 손상시키고 비즈니스를 전환하려는 격려로서 작용한다고 결론 내려져야 한다. Cazalet은 £40,000 단일 - 프리미엄 연금이 13년까지 수익성에 도달하지 못한다고 보여 준다. £150의 매월 규칙적인 프리미엄 연금에 대해 그들이 준 예제는 더 나쁘다. 중단에 대한 고려조차도 없이 Cazalet의 청구금액 모형을 사용하는 그러한 상품은 생애 18년까지 수익성이 없다. 중단을 고려하여(실제적인 산업경험보다 좋은 - 매년 실효성 있는 비즈니스의 7.5%의 경과소멸과 2.5%의 전이) 상품은 25년까지 여전히 손실발생을 하고 있다.

Cazalet의 분석이 인정된다면, 당대의 UK 생명과 연금 산업에 증거가 되는 비즈니스 모델에 그늘을 투영한다. 마케팅은 고객과 제공자 모두 정(+)의 합이 되는 게임의 혜택을 누리도록 장기이익을 최선으로 서비스하는 상품, 가격, 촉진적인 그리고 유통실무에 에너지를 헌신하는 의무를 가지고 있다.

최종적으로, 외적 지속성의 이슈로 우리의 주의를 돌리자. 다시 언급하면, 1부에서 참조된 마이크로 환경을 넘어 외부 환경에서 금융기관과 작용하는 변수들 간에 상호관계를 인정하는 것이 마케팅에 귀속되어야 한다. 마케팅이 사회적인 그리고 물리적인 환경에 관한 더 넓은 이슈들에 어떻게 공헌할 수 있는지를 인정하는 증거들이 수집되고 있다. 예를 들어, 환경을 오염시키는 것과 관여있는 실무의 회피와 효율적인 자연자원의 사용은 환경적인 지속성에 공헌하는 역할을 가지고 있다. 세계의 대부분 회사들은 환경적인 정책수용을 위한 역할모델이 되어가고 있다. 특히 흥미를 돋우는 예제는 스웨덴의 보험회사 Folksam이다. Folksam은 UNEP Statement of Environmental Commitment의 초기서명인이 된 세계 19개 보험회사들 중에 하나이다. Statement는 지금 보험산업으로부터 180 서명인을 넘게 가지고 있고, 숫자는 착실히 늘어나고 있다. 사례연구 17.4는 Folksam의 환경적인 복지와 지속성에 대한 접근에 일부 흥미있는 통찰력을 제공한다.

사례연구 17.4 Folksam과 지속성

Folksam은 비전이 '우리는 개인이 안전하다고 느끼는 장기 지속할 수 있는 사회를 위해 일한다'라고 서술하는 상호회사이다. 4백만이 넘는 고객들과 그들을 위해 SEK 130bn을 관리하면서, Folksam은 유럽회사의 Fortune 랭킹에 10개의 가장 좋은 일자리들 중에 하나가 되었다.

▶ 카본 배출 줄이기

Folksam은 환경적인 지속성에 공헌할 목적이 있는 정책들을 소개하는데 선도자이었다. Folksam의 환경적인 목표가 염려하는 모든 이들에게 완전히 분명해지는 것을 확인하기 위해, 비즈니스의 부분들이 ISO 14001에 지금 환경적으로 인증되어 있다. 몇 년 전에, Folksam은 운전 스케줄이 꽉차있음을 확인하고 특별 '검사일'을 정함에 의해서 클레임검사와 연관된 효율적인 자동차사용을 장려하는 스태프여행 정책을 소개했다. 정책은 또한 다른 루트로 사용되는 교통수단도 처방한다. 추가적으로, 스태프는 Stockholm과 Gotenburg에 있는 회사의 주요 사이트 간에 항공과 자동차여행을 피하고, 가능할 때마다 기차로 여행하기를 기대된다. 이것이 얼마만큼 카본 다이옥사이드배출을 줄이는지를 계산했다. 2004년, 계속적으로 17년째 1년 동안에 Folksam 풍토지수는 스웨덴의 기업 카본다이옥사이드 배출을 측정했고 그들이 그것들을 줄이려 취한 조치와 결과들이 공공 영역에 발간된다.

▶ **시골에서 자동차난파를 없애기**

350,000개까지의 포기된 자동차 난파가 스웨덴의 시골길에 언제나 흩어져 있곤 했다. Folksam은 자동차를 포기하고 환경을 헤칠 수 있는 대로 그들을 내버려 두는 것은 스웨덴에서 환경적인 위반이라는 사실을 더 인식시키도록 Keep Sweden Tidy Foundation과 일하고 있다. 100,000개 이상의 자동차 난파들이 지금까지 회복되었다. 캠페인이 시작된 이후로, 시골길은 그렇지 않으면 환경을 침해할 수 있었던 거의 1톤의 수은, 650톤의 납과 140 입방미터의 배터리 산으로부터 깨끗해졌다. 또 다른 60,000톤의 금속은 재활용되었다.

Folksam은 환경정책으로부터 상업적으로 혜택을 입고 높은 환경 표준을 책정함으로써 큰 저축을 한다. 2000~2004년 기간에, 본래의 부분을 재사용하고 플라스틱 부분과 바람막이를 수리함으로써 자동차수리에 SEK 200mn만큼 절감했다. 2004년에 이러한 실무를 통해 절감된 양은 SEK 62mn, 더 낮은 프리미엄의 형태로 Folksam의 고객들에게 귀속되는 돈이다.

▶ **환경적으로 의식 있는 주택수선에 대한 안내**

Folksam은 300명의 빌딩 계약자와 1,200개의 자동차수리 가게와 고철하치장과 협정을 맺었다. 그것이 25%의 스웨덴 주택과 자동차 보험시장을 차지하고 있다는 조건 하에, 이러한 산업들에 많은 계약자들은 회사와 협정을 맺는 것을 걱정한다. 이것은 Folksam이 엄한 환경 요구와 품질요구를 선택된 자들에게 부과할 수 있게 한다. 잠재적인 계약자로 고려되기를 원하는 기업은 자세한 환경명세서를 완수해야 한다. 빌딩업자, 자동차 수리가게와 고철하치장에 대한 명세서가 있다. 이러한 접근으로, Folksam은 녹색 정책조건들을 소개한 세계의 최초 보험회사가 되었다. 이것들은 회사가 항상 클레임을 안정시킬 때 환경고려에 주의를 준 것이라는 약속을 나타낸다.

자료: Kjell Wiren, Folksam

17.11 요약 및 결론

고객관계를 시작하고, 유지하고 개발하는 전략들은 적절한 마케팅 실무에 의해, 특히 마케팅믹스 사용을 통해, 신규고객을 유치할 뿐만 아니라 기존 고객들과의 관계를 개발함으로써 지원되어야 한다. 기존 고객기반에 효과적인 마케팅은 고객욕구와 기대 그리고 그러한 욕구에 반응하는 기꺼움의 철저한 이해를 요구한다. 교대로 이것은 금융기관의 모든 수준에서 고객욕구를 충족시키는 몰입을 확신시키는 시장 - 혹은 고객 - 중심의 기관의 문화를 요구한다. 그렇지만, 관계마케팅은 단지 기존 고객기반에 교차판매 혹은 상향판매의 무조건적인 의무를 의미하지는 않는다. 기업의 사회적 책임과 지속성의 요구는 마케팅 관리자가 그들이 제공하는 상품과 서비스의 더 넓은 사회적 결과들을 그리고 그들이 시장에서 거래되는 방법들을 인지하고 반응해야 한다는 것을 의미한다.

더 일반적으로, 성공적인 마케팅 옹호자는 좋은 실무는 많은 요소들의 - 주목컨대 아래에 있는- 결합을 나타낸다는 사실의 고취된 인정을 보여 준다.

1. 관련 개념과 도구들의 엄격한 적용
2. 창조적 통찰력과 식별력
3. 건전한 상업적 판단
4. 추진하고 할 수 있다는 태도
5. 사회적 책임

이 책은 적어도 위의 5개 요소들 중에 첫 번째에 공헌이 있다는 희망이 있다. 그 요소가 중요할 지라도, 그 자체로 재무서비스 기업의 상업적 욕구에 마케팅의 성공적인 적용을 확신하기는 불충분하다. 좋은 마케팅과정의 엄격한 적용은 스태프, 유통업자와 고객의 선입관과 공명하는 창조적인 식별력에 의해 보완되어야 한다. 두 개의 매우 유사한 옵션 하에, 인간으로서 우리는 전형적으로 더 흥미롭고, 매력적이고 호소력 있는 것을 선호해서 선택을 할 것이다. 다시 말해, 엄격함과 식별력은 마케팅 임원진의 제안과 산출물이 건전한 상업적 판단을 보이지 못한다면 성공을 보장하지 못할 것이다. 마케팅에 관여된 것들에서 미경험의 여지는 없을 것이고, 신뢰는 마케팅 가치를 가장 의심 많은 동료들을 확신시킬 수 있는 잘 정당화된 그리고 잘 주장된 사례의 제시에 의해 얻어진다. 아직도, 상업적 의무에도 불구하고, 마케팅은 그것의 사회적 맥락에 의해서 조절되고 반응적이어야 한다. 끝으로, 마케팅은 고객들을 유치하고 유지하는 것이라는 단순한 사실에 대한 초점을 잃어서는 결코 안 된다. 최종적으로, 마케팅의 성공은 그 기반으로만 판단될 수 있다.

복습 문제

1. 고객유치에 의해 지배되는 것 같은 회사의 문화특성들은 무엇인가? 이것들을 마케팅의 관계-기반 접근을 위한 옹호인 듯한 것들과 비교하고 대조하라.
2. 신규 그리고 기존 고객들의 가치있는 대우를 확신하기 위해 무슨 원리들이 재무서비스 회사들의 가격책정 정책을 받쳐주어야 한다고 생각하는가?
3. 마케팅이 환경 지속성의 목적을 진전시키는데 할 수 있는 역할을 논의하라. 그것이 마케팅자원의 적법한 사용이라고 믿는가?
4. 귀하의 국가에서 운영하는 어느 은행과 보험회사가 CRM의 최선의 모범이라고 믿는지 확인하라. 그들의 CRM 정책과 실무에 대해 귀하는 무엇이 특히 인상적이었는가?

INDEX

◈ 영문 색인 ◈

◈ 한글 색인 ◈

ㅍ

ㅎ

역자소개

◈ 문병준 (文炳俊 / bmoon@khu.ac.kr)

서울대학교 경영학과에서 경영학사와 경영학석사 학위를 취득한 후 미국 University of Connecticut에서 경영학박사 학위를 취득하였다. 현재 경희대학교 경영학부 교수로 재직하고 있고, 한국은행 조사제1부 행원과 일본 International University of Japan 경영대학원 조교수로 재직한 바 있고, 한국마케팅학회 상임이사, 한국국제경영학회 상임이사로 활동하였으며, 한국신용카드학회 이사, 한국인터넷비즈니스학회 부회장으로 봉사하고 있다.

마케팅전략, 국제마케팅, 인터넷비즈니스, 스포츠 비즈니스 등을 저술하였고, Advances in Consumer Research, Psychology and Marketing, International Business Review, Journal of International Consumer Marketing, 마케팅연구, 소비자학연구, 광고학연구, 마케팅과학연구, 인터넷비즈니스연구 등의 학술지에 논문을 게재하였다.

◈ 손용석(孫庸碩 / ysohn@khu.ac.kr)

한국외국어대학교 경제학과에서 경제학 학사학위 취득한 후에 미국 New York University에서 경영학석사, 통계학석사 및 경영학 박사학위 취득하였다. 현재 경희대학교 경영학부 교수로 재직하고 있으며 신상품 개발, 브랜드선택 및 브랜드가치평가 등을 비롯한 전반적인 마케팅분야에 관심을 가지고 있다. 최근 들어 하이테크제품관련 연구 외에도 금융 및 의료서비스 분야, 특히 컨버전스 상품개발과 수요예측에 관한 교육 및 자문활동을 하고 있으며, 또한 이와 관련된 연구는 Journal of Marketing 과 Journal of Interactive Marketing 등에 게재되었다. 현재 한국마케팅학회 이사, 한국소비자학회 상임이사, 한국유통학회 이사 등으로 활동하고 있다.

금융마케팅

2009년 9월 10일 초판 인쇄
2009년 9월 15일 초판 발행

공역자 문병준 · 손용석
발행인 추일재
발행처 비즈프레스

서울시 강동구 천호 359-23
E-mail : bizpress@hanmail.net
등록 : 2006년 11월 27일 제324-2006-0044호

정가 23,000원
ISBN 978-89-92730-14-3(93320)